本书出版得到清华大学双高计划资助

傅璇琮文集

唐代诗人丛考

上册

中华书局

图书在版编目(CIP)数据

唐代诗人丛考/傅璇琮著. —北京:中华书局,2023.3
(傅璇琮文集)
ISBN 978-7-101-16138-0

Ⅰ.唐… Ⅱ.傅… Ⅲ.诗人-评传-中国-唐代 Ⅳ.K825.6

中国国家版本馆 CIP 数据核字(2023)第 042851 号

书　　名	唐代诗人丛考(全二册)	
著　　者	傅璇琮	
丛 书 名	傅璇琮文集	
责任编辑	李碧玉　郭惠灵	
责任印制	管　斌	
出版发行	中华书局	
	（北京市丰台区太平桥西里 38 号　100073）	
	http://www.zhbc.com.cn	
	E-mail:zhbc@zhbc.com.cn	
印　　刷	北京中科印刷有限公司	
版　　次	2023 年 3 月第 1 版	
	2023 年 3 月第 1 次印刷	
规　　格	开本/920×1250 毫米　1/32	
	印张 20⅜　插页 4　字数 435 千字	
国际书号	ISBN 978-7-101-16138-0	
定　　价	120.00 元	

傅璇琮文集

出版说明

傅璇琮先生(1933—2016)，浙江宁波人。1951年至1955年，先后就读于清华大学中文系、北京大学中文系，毕业后在北京大学中文系任助教。1958年3月调至商务印书馆任编辑，后因出版分工调整，进入中华书局工作，历任中华书局文学组编辑、古代史编辑室副主任、中华书局副总编辑、总编辑。2008年受聘为中央文史研究馆馆员。曾任国务院古籍整理出版规划小组成员、秘书长、副组长，中国唐代文学学会会长，中国人民大学国学院特聘教授，清华大学中文系教授、古典文献研究中心主任等。

傅璇琮先生是著名出版家。他一生致力于古籍整理出版事业，参与制订《古籍整理出版规划(1982—1990)》、《中国古籍整理出版十年规划和"八五"计划》、《中国古籍整理出版"九五"重点规划》。在中华书局主持或分管编辑工作的数十年间，策划、主持整理出版了一系列具有重大学术影响的古籍图书，培养了一批中青年编辑人才。

傅璇琮先生是著名学者，"学者型编辑"的杰出代表，在古代文史研究领域笔耕不辍,著作宏富。其撰著的《唐代诗人丛考》、《唐代科举与文学》等,体现了开创性的研究方法和深刻的治学理念,产生了广泛而深远的影响;其领衔和参与主编的《续修四库全书》、《续修四库全书总目提要》、《中国古籍总目》、《全唐五代诗》、《全宋诗》、《唐才子传校笺》、《宋才子传笺证》、《全宋笔记》、《唐五代文学编年史》等古籍整理图书和学术著作,成为相关领域的基础性文献和重要学术成果,在海内外学术界、出版界享有广泛和崇高的声誉。

此次整理出版《傅璇琮文集》,收录其个人著作《唐代诗人丛考》、《唐代科举与文学》、《唐翰林学士传论》、《李德裕年谱》四种,合著《李德裕文集校笺》、《河岳英灵集研究》两种,另将傅璇琮先生 1956 年至 2016 年间发表在报刊杂志和收录于文章专集的单篇文章,包括学术论文、杂文、随笔,以及所作序跋、前言、说明等三百六十馀篇,依时间为序结集为《驼草集》。

文集的出版,得到清华大学以及傅璇琮先生家属的鼎力支持,在此谨致谢忱!

中华书局编辑部
2023 年 3 月

目　录

2003 年版题记

　　我的这部《唐代诗人丛考》,最近被列入"中华学术精品丛书"而再次重印,我感到衷心愉悦。近日另使我感到欣慰的,恰好还有三件事:一是大百科全书出版社通知我,《大百科全书·中国文学卷》于上一世纪 80 年代出版,现已时隔 20 年,经研究,计划出新版,以体现新的学术水平;而这次新版现当代的学术著作,拟将我的《唐代诗人丛考》和《唐代科举与文学》收入,作为单列条目。同时列为专条的,还有任二北先生的《唐声诗》《唐戏弄》,程千帆先生的《唐代进士行卷与文学》,共五种。二是今年 7 月底 8 月初,《文学遗产》编辑部与西北师范大学文学院合作,共同举办古典文学学术论坛,我作为《文学遗产》的编委,应邀参加。在兰州开会与至甘南考察期间,一位文学院研究生丁宏武受赵逵夫教授委托,一直陪伴、照顾着我。有一天晚上,他突然拿来一本多处破损的旧书,即我的这本《唐代诗人丛考》,是 1980 年 1 月的初版书。他说这是几年前在一个旧书摊上买来的,一直保存着,这次正好见到我，拿来给我看看，并让我写几句话。我的这部书，1980年1月出版后，已重印过几次，至1996年2月再印时，印数已达32200册，为数确已不少，但初版书已难于找到，我自己手头也没有，这次恰从兰州的这位青年学者手中看到。三是8月中旬，忽然收到湖北省十堰市五堰北街5号一位与我同姓的傅天斌同志寄来的书，也是初版《唐代诗人丛考》，虽已很旧，却较完整，封面盖有某单位资料室的印章，大约也是从旧书摊上收购来的。从五堰北街5号的地址来看，正是当地新华书店所办《书友》报刊的所在地，这位傅天斌同志当是《书友》的工作人员，他寄来也叫我写几个字。

以上都是近两个月内的事。使我甚有感触的是，我二十几岁时在北京大学中文系当助教，就受到政治冲击，戴上右派帽子，幸亏后来长期在中华书局工作，免受欺侮。当时总经理兼总编辑金灿然同志当面给我说："你就在工作中好好改造吧，安心看稿。"这样，我在编辑工作中学到了那时大学环境中也学不到的许多实在学问，这也得力于中华书局在学术界的特殊处境。但后来却又受到一种莫名其妙的压抑、欺凌，以及因所谓世态炎凉而致的落井下石的遭遇。但我这个人毕竟是个书生，从50年代起，不管环境如何，总是抓时间读书作文。我的两部资料书，即近70万字的《黄庭坚和江西诗派研究资料汇编》，近20万字的《杨万里范成大研究资料汇编》，就是在50年代末60年代初，戴着帽子时，于夜间、假期，从图书馆借出成堆的古书中辑出而成的。这部《唐代诗人丛考》，1978年成稿（自序即作于1978年11月），而其中几乎一半是写于"文革"后期。1973年4月我从湖北咸宁"五七"干校调回，参与"二十四史"点校工作，任山东大学王仲荦先生校点的《宋书》的责任编辑。那时虽已是"文革"后期，但政治运动仍很频繁，且当时还没有个人著作出版的希望，但我不管这一切，日夜躲在书室中，读书写文。"文革"刚结束，我就将已写就的《刘长卿事迹考辨》一文寄交上海古籍出版社编印的《中华文史论丛》，后于1978年10月的第8辑上刊出。我后来听说，那时在上海古籍出版社工作的老编辑、唐代文学研究前辈朱金城先生，审阅我这篇文稿，颇为欣赏，即很快采用。今年由傅杰同志主编，云南人民出版社出版的《二十世纪中国文史考据文录》，收录清末民初至90年代约百位学者每人一文，我的这篇关于刘长卿的文章也为选入。现在回想起来，那时，即"文革"中，有些人干劲很足，日夜投入，实在是浪费时间，运动一过，自己也就不免两手空空。我在那时所做的积累，以及后来的一些成果，确是对我一直主张的"时还读我书"的一种回报。

我觉得，我们这样的读书人或学者，不必有什么需求，更不必有什么做官、致富的奢望。如果有什么需求，那就应该是，自己所做的，要在时间历程上站得住，在学术行程中得到认可。我于1990年6月在《唐诗论学丛稿》的后记中曾说："近十年来，我有两个收获，一是写了几本书，二是结识了不少学术上的朋友；在某种意义上说，第二个收获比第一个更宝贵，更值得忆念。"前面提到的兰州西北师大的丁宏武，湖北十堰的傅文斌，更使我有这样的收获感。我曾几次说过，我希望自己能做一些实事，使这些实事犹如扶梯，让有志于学者循此而上，达到更高一层，这就是我最大的欣慰。

应该说，此书主要成于上一世纪70年代中期，在此后二十几年中，学界友人对我所考述的，多有所辨正。如蒋寅同志对刘长卿、戴叔伦所作的新考，赵昌平同志对顾况等所作的新证，都是超越于我的。后来居上，这也是我的欣慰之一。

这里要交代的是，原版书后曾专有一篇《后记》，写于1979年7月。在这之前我一边读书有得，拟作新的补充，一边又求教于前辈学者，如《崔颢考》中提及崔颢诗"十五嫁王昌，盈盈入画堂"，曾写信给钱锺书先生询问诗意，钱先生特地写一长信，引用不少典故，甚至还提及《儿女英雄传》，其治学之精博，我很受启发，就写入《后记》（可惜钱先生此信，我并未珍藏，今已不存）。又如我的《韦应物系年考证》在《文史》第5辑刊出（1978年），南京师范大学孙望先生特地给我寄来《千唐志》中韦应物所作墓志一篇，这是他书所未见的。这些，本可在各有关文中补入，但因当时全书都已排定，版面不能变动，只得将所得材料写于书后。这次中华书局重印，乃重排，为使读者阅读方便，就将《后记》分散列于有关各篇之后。又，《卢纶考》一文，对于卢纶的生年与进士登第年，后觉得所考有不妥之处，正好有一位中学教师寄赠我在陕西蓝田发现的一篇卢绶墓志，我曾作有专文，对《卢纶考》有所订正，这次也就约略写一后记，附于文末。

另，我于1986年9月应中华书局总编室所编的《书品》之约，撰有《〈唐代诗人丛考〉余论》一文，介绍我写这部书的前后情况及我对唐代文学研究的一些看法（刊于《书品》1986年第4期）。今改题为《〈唐代诗人丛考〉摭谈》，列于书后，也谨请学界与对此书有兴趣的读者参阅、指正。

傅璇琮

2002年8月下旬

前　言

　　若干年前，我读丹纳的《艺术哲学》[1]，印象很深刻。丹纳在他的书中写道：

　　　　艺术家不是孤立的人。我们隔了几世纪只听到艺术家的声音；但在传到我们耳边来的响亮的声音之下，还能辨别出群众的复杂而无穷无尽的歌声，像一大片低沉的嗡嗡声一样，在艺术家四周齐声合唱。（第一章《艺术品的本质》）

又写道：

　　　　艺术家本身，连同他所产生的全部作品，也不是孤立的。有一个包括艺术家在内的总体，比艺术家更广大，就是他所隶

_____

①中译本见人民文学出版社 1963 年 1 月版，傅雷译。

属的同时同地的艺术宗派或艺术家家族。例如莎士比亚，初看似乎是从天上掉下来的奇迹，从别个星球上来的陨石，但在他的周围，我们发现十来个优秀的剧作家，……在画家方面，卢本斯好像也是一个独一无二的人物，前无师承，后无来者。但只要到比利时去参观根特、布鲁塞尔、尔鲁日、盎凡尔斯各地的教堂，就发觉有整批的画家才具都和卢本斯相仿……到了今日，他们同时代的大宗师的荣名似乎把他们湮没了；但要了解那位大师，仍然需要把这些有才能的作家集中在他周围，因为他只是其中最高的一根枝条，只是这个艺术家庭中最显赫的一个代表。（同上）

作为十九世纪法国资产阶级美学思想家，丹纳当然不可能从经济基础与上层建筑的关系，从阶级与阶级斗争的角度，来阐述文学艺术发展的历史，更不可能懂得"在现在世界上，一切文化或文学艺术都是属于一定的阶级，属于一定的政治路线的"[①]这一马克思列宁主义原理。但丹纳还是在他那一时代资产阶级美学理论所能达到的高度，力求在上层建筑这一范围内，对欧洲艺术发展的某些阶段，从整体出发，作了细致的叙述。他对意大利文艺复兴期的绘画，对尼德兰的绘画，对希腊的雕塑，作了细腻的，富有才学的分析，读来使人感到新鲜，具有吸引力。

由丹纳的书，使我想到唐诗的研究。唐代的诗歌，在我国古代文学上，是一个重大的发展。在唐代的诗坛上，往往会有这样的

---

①毛泽东：《在延安文艺座谈会上的讲话》。

情况，即每隔几十年，就会像雨后春笋一般出现一批成就卓越的作家，其中还产生了像李白、杜甫、白居易那样有世界声誉的伟大诗人。譬如七世纪后五十年，相当于高宗、武则天时期，先是王、杨、卢、骆"四杰"，再则是陈子昂，并辅以杜审言、沈佺期、宋之问等，正式展开了唐诗发展的独特的道路。八世纪前半期，主要是开元、天宝以及稍后肃宗、代宗时期，唐诗到了它的繁荣发展时期，名家辈出，佳篇竞传，除了李白、杜甫外，如王维、王昌龄、孟浩然、李颀、高适、岑参、王之涣、元结、韦应物、刘长卿等等，一口气可以说出二三十人来。八世纪的后半期和九世纪的头二三十年，先是以钱起、卢纶等为代表的"大历诗风"，后是白居易、元稹为代表的"元和体"诗，以及韩愈、柳宗元倡导的古文运动，韩愈、李贺提倡的浪漫主义诗歌，形成风格多样的文学流派交相辉映、竞放异彩时期。可以注意的是，在这些发展阶段，有才能的作家，不是一二个、三四个出现，而是成批地产生，而且有些诗人还兼备其他出众的才具，如王勃的博学，王维深湛的绘画和音乐修养，李白的懂得多种西域少数民族语言，等等。在这同时，绘画、雕塑、音乐、舞蹈、书法，以及各种实用工艺美术，在经济发展、文化繁荣的基础上，都达到了非常高级的程度。丹纳说："个人的特色是由于社会生活决定的，艺术家创造的才能是以民族的活跃的精力为比例的。"[①]同样可以来说明唐代的艺术发展。

对于这样的一种文学现象，如果只是以诗论诗，以文论文，显然是不够的。另外，我们现在的一些文学史著作的体例，对于叙述

①《艺术哲学》，第三编《尼德兰的绘画》。

复杂情况的文学发展,似乎也有很大的局限。我们的一些文学史著作,包括某些断代文学史,史的叙述是很不够的,而是像一个个作家评传、作品介绍的汇编。为什么我们不能以某一发展阶段为单元,叙述这一时期的经济和政治,这一时期的群众生活和风俗特色呢?为什么我们不能这样来叙述,在哪几年中,有哪些作家离开了人世,或离开了文坛,而又有哪些年轻的作家兴起;在哪几年中,这一作家在做什么,那一作家又在做什么,他们有哪些交往,这些交往对当时及后来的文学具有哪些影响;在哪一年或哪几年中,创作的收获特别丰硕,而在另一些年中,文学创作又是那样的枯槁和停滞,这些又都是因为什么?

我想,如果我们这样研究和叙述文学史,可能会使研究更深入一步的。我在若干年前,曾希望在唐代文学这一范围内做这种尝试。我想先从材料积累着手,先编唐代文学的编年资料,与此平行的,是为每一个有成就的作家撰写比较信实可靠的传记。这是一项大工程,决非短短几年所能够完成的,而且可能也非一人之力所能胜任。但我愿意为此努力,贡献自己的一点微力。我经常参考的,是《旧唐书·文苑传》《新唐书·文艺传》《唐诗纪事》《唐才子传》等。在工作进行过程中,我逐渐感到,过去的这些文献记载,固然有可以依据的地方,但却有不少缺漏和错误。如《唐才子传》,它集中记载唐代诗人的事迹,其中的登第年确可参据,但其谬误之多是很使人吃惊的。而这些错误,却一直为一些文学史著作和唐诗选本所沿袭。又如闻一多先生的《唐诗大系》,这是解放前较早的一个有特色的唐诗选本。闻一多先生有很高的艺术鉴赏力,《唐诗大系》所选的诗,在艺术性方面是很可以作唐诗选的借鉴的，但书中有关作家生卒年的记载却往往很不可靠。经过比较核对，我发现现在的不少文学史著作和唐诗选本，有关生卒年的记载，却大都本《唐诗大系》。这种种情况，使我对作家事迹考辨的工作发生了兴趣，并由此搜辑了有关的材料，后来把高宗至德宗前期的部分加以整理成文，就是呈献在读者面前的这本《唐代诗人丛考》。这本书偏重于资料的辑集和考证，它只不过是研究工作的初步阶段。我希望我们的文学史研究工作者，在马列主义、毛泽东思想指导下，比丹纳更进一步，从文学艺术的整体出发，来深入研究唐代诗歌的发展。我自感能力和基础较差，只能为这样的一种研究提供经过审核、整理的资料，盼望有成熟的研究著作产生。

在工作进行中，我不得不接触历史记载，因此查阅和参考了建国前后的一些史学著作。这方面，陈寅恪、岑仲勉等学者的有关著作给我很多启发和帮助。从资料考据的角度说，岑仲勉先生的书对我尤有帮助。这真是一位勤勉的学者，他的著作中材料的丰富是使人获益不浅的。我觉得，对唐代的研究，史学方面的成绩要比文学方面大得多，研究唐代诗歌一定要批判地掌握和继承已有的史学研究成果。

本书共收文二十七篇，其中七世纪的两篇，即《杨炯考》和《杜审言考》；开元、天宝时期的比前一时期多，而属于肃宗、代宗时期的则占较大的比例。我个人认为，过去对大历时期诗歌的研究是不够的；一说到大历诗风，往往作为形式主义加以批判。这样做未免有些简单化。本书不仅对大历十才子诗人尽可能考证其事迹，还论到了他们作品反映现实的某些方面；此外，还考核了大历时期的其他一些诗人，希望在这方面能以补充过去研究的不足。

本书尽可能吸收建国前后文学史研究的成果,有些并已在文中作了说明;对于研究者的某些论述,本着百家争鸣的精神,也表示了不同的看法。建国以来的实践已经证明,毛主席为我们党制定的百花齐放、百家争鸣的政策,确实是促进社会主义文学艺术繁荣发展的可靠保证。正因如此,我也期待着学术界和广大读者的批评,以纠正本书的缺失和错误。

本书主要是考证诗人的事迹,间也论述其创作,那也是从文学批评史的角度,引用前人的一些论说,帮助说明某些作家在文学史上的地位和影响,而并不是全面评论其作品的思想与艺术。对于作家的事迹,凡所能接触的,择其可资参考者尽可能加以引用,这或许对某些查获资料不便的读者会有些帮助。——但由此也使得引文显得冗长,文字单调,这当是本书的一个很大缺点。

清初著名的思想家和学者顾炎武,在他的《日知录》一书自序中曾说过:

> 尝谓今人纂辑之书,正如今人之铸钱,古人采铜于山,今人则买旧钱,名之曰废铜,以充铸而已,所铸之钱既已粗恶,而又将古人传世之宝舂剉碎散,不存于后,岂不两失之乎? 承问《日知录》又成几卷,盖期之以废铜,而某自别来一载,早夜诵读,反复寻究,仅得十余条,然庶几采山之铜也。

这番话表现了顾炎武对当时有些人以贩卖现成旧材料自诩的讽刺,以及对自己治学的严格要求,是很可为做学问的参考的。本书参考和吸收了不少研究成果,但尽可能作到不依傍成说,并对引用的材料经过检核，希望对研究者有所帮助，不敢望"采山之铜"，但希望免于"买旧钱"之讥。

本书《刘长卿事迹考辨》曾刊载于《中华文史论丛》第八辑，《韦应物系年考证》曾刊载于《文史》第五辑，《王昌龄事迹考略》曾刊载于《社会科学战线》所编《中国古典文学研究丛刊》第一辑，这次收入本书时，都作了修改和补充。

中华书局编辑部在审阅本书时，提出了宝贵意见，并改正了书中不少材料上的错误；另外，又承蒙启功先生为本书封面题签，谨此一并致谢！

作者

1978 年 11 月

杨炯考

一

　　杨炯,弘农华阴人,字不详,有传见《旧唐书》卷一九○上《文苑传》,《新唐书》卷二○一《文艺传》。

　　《旧唐书》本传谓:"炯幼聪敏博学,善属文。神童举,拜校书郎,为崇文馆学士。"《新唐书》本传也说:"举神童,授校书郎。"两书都未载何年应神童举,何年为校书郎,而从上下行文看,则杨炯似于神童举及第后即授校书郎。元人辛文房所著《唐才子传》卷一杨炯小传即言:"显庆六年举神童,授校书郎。"似校书郎即于显庆六年(661)所授者。考南宋人晁公武《郡斋读书志》卷四上集部别集类于《杨盈川集》下云:"显庆六年举神童,授校书郎。"马端临《文献通考》卷二三一"经籍考"五十八,集部别集类著录《杨盈川集》二十卷,其下引晁氏曰,即与此处所引《郡斋读书志》同。《唐才子传》所谓"显庆六年举神童",显然本之于晁志或《通考》。

但显庆六年的记载是有问题的。

现在所见杨炯诗文全集的最早本子，是四部丛刊的《杨盈川集》十卷，这个十卷本系据江南图书馆所藏明童氏刊本影印。所谓童氏刊本，即明万历中龙游童珮重新编次的。这个本子除诗文十卷外，尚辑有本传、祭文、《唐会要》、《文献通考》等有关资料为附录一卷。值得注意的是附录所载《通考》文，为："晁氏曰：唐杨炯也。炯，华阴人。显庆四年举神童，授校书郎。"这里说是显庆四年（659）举神童，与传世的诸刻本《通考》所载作显庆六年者不同。按杨炯有《浑天赋》一文（《杨盈川集》卷一），其自序中说："显庆五年，炯时年十一，待制弘文馆。上元三年，始以应制举，补校书郎。"从这里可以考见：第一，显庆五年（660），杨炯十一岁，则其生年应为唐高宗永徽元年（650）。第二，显庆五年已待制弘文馆，则其应神童举当在此之前（与《杨盈川集》附录载《通考》作显庆四年举神童合），不当在此之后，所谓显庆六年应神童举就成了问题。第三，他于上元三年应制举及第后才补为校书郎，上元三年为公元676年，上距显庆五年有十六七年之久，这时杨炯已二十七岁；由此可见，他之为校书郎，并不是像新旧《唐书》、《唐才子传》所载的那样，是由神童举及第而授的。

关于第二、第三点，现在再参稽有关史料，考之如下。

《新唐书》卷四十四《选举志》上，载："唐制，取士之科，多因隋旧，然其大要有三。由学馆者曰生徒，由州县者曰乡贡，皆升于有司而进退之。其科之目，有秀才，有明经，有俊士，有进士，有明法，有明字，有明算，有一史，有三史，有开元礼，有道举，有童子。……此岁举之常选也。其天子自诏者曰制举，所以待非常之才焉。"这就是说,唐朝取士的途径有三,一为生徒,二为乡贡,三为制举。一、二为"岁举之常选",制举则并非每年举行,"所以待非常之才",其设置的科目依当时的政治情况及统治者的政治需要而定(所谓"其为名目,随其人主临时所欲",见《新唐书·选举志》上)。杨炯所应的童子举为乡贡之一①,属于"岁举之常选",而他于上元三年应试的则为制举,从唐朝政府取士的途径来看,这两者本来就是不同的。

关于童子科,《新唐书·选举志》上又说:"凡童子科,十岁以下能通一经及《孝经》《论语》,卷诵文十,通者予官;通七,予出身。"这里讲到了"十岁以下"如何如何,但还是不很明确。考《唐会要》卷七十六《贡举》中则载:"广德二年五月二十四日敕,孝弟力田科,其每岁贡宜停,童子每岁贡者亦停,童子仍限十岁以下者。至大历三年四月二十五日敕,童子举人取十岁以下者,习一经兼《论语》《孝经》,每卷诵文十科,全通者与出身,仍每年冬本贯申送礼部,同明经举人例考试讫闻奏。"此处"每卷诵文十科,全通者与出身"与《新唐书·选举志》稍有小异,可注意的是它明确记载应童子举者须十岁以下(十岁当亦在其列)。《唐会要》这里所载为广德二年(764)敕,在杨炯之后约一百年,但它说"童子仍限十岁

①《旧唐书》卷一二三《刘晏传》称刘晏"年七岁,举神童",也是在十岁的年限以内,作为"岁举之常选"的。又清徐松《登科记考》卷七开元十七年,载《广卓异记》引《登科记》:"开元十七年,荆州解童子萧同和并弟同□,俱及第。"都是应童子举的例子。徐氏《登科记考》卷首凡例中谓:"《玉海》引《中兴书目》云崔氏《登科记》一卷载进士、诸科姓名,是诸科之名始于崔氏,乐史沿而不改。所谓诸科者,谓明法、明字、明算、史科、道举、开元礼、童子也。"此亦可备参。

以下者"，云"仍限"，意即谓这一年龄限制仍然照旧，可见这一命令虽是广德二年下的，而童子举的年龄在十岁以下，早在广德二年之前即已实行，因此大历三年（768）的命令再次重申"童子举人取十岁以下者。"

既然童子举的年龄在十岁以下，则显庆六年杨炯已经十二岁，按照唐朝政府的规定，已不可能再应神童举。再参照《浑天赋》序中所说显庆五年杨炯已待制弘文馆，则显庆四年应童子举无疑是正确的，这一年他正好十岁，在年龄限制之内。由此可见，四部丛刊本《杨盈川集》附录所载的《通考》引晁氏曰，足可校正《郡斋读书志》和刻本《文献通考》之误，当然也可驳正《唐才子传》相同的误载。

杨炯的家世，其父、祖两代已不得其详，据其所作的《常州刺史伯父东平杨公墓志铭》（《杨盈川集》卷九），他的伯父为杨德裔，曾官御史中丞，历任棣、曹、桓、常四州刺史；德裔之父名不详，曾为左卫将军，封武安公；德裔之祖为常州刺史，封华山公。又据《从弟去盈墓志铭》（同上），去盈之父某，曾为润州句容、遂州长江县令，官至邓州司马，则去盈之父并非德裔。去盈之祖名安，曾在隋末王世充部下为将领，谋归唐，被王世充杀害。去盈曾祖名初，"周大将军、隋宗正卿、常州刺史、顺杨公、皇朝左光禄大夫、华山郡开国公"。显然，这一任常州刺史、封华山公的杨初，也就是《常州刺史伯父东平杨公墓志铭》所叙述的杨德裔之祖，而且我们还可以推断，杨炯与杨德裔、杨去盈，是同出于杨初的。杨初在北周时曾为大将军。据《通典》卷二十九《职官》十一，"大将军，战国时官也。楚怀王与秦战，秦败楚，虏其大将军屈匄，是矣"。在这之后，汉高祖刘邦以韩信为大将军，汉武帝以卫青为大将军，汉光武帝以吴汉为大将军，汉和帝以窦宪为大将军，等等，职位是相当高的。据《周书》卷十六《赵贵传》，魏孝庄帝曾因尔朱荣有推戴之功，拜尔朱荣为柱国大将军，"此后功臣位至柱国及大将军者众矣，咸是散秩，无所统御"。《旧唐书》卷四十二《职官志》一也载："勋官者，出于周、齐交战之际。本以酬战士，其后渐及朝流。"可见在北周时，大将军已为勋官，本以酬军功，后又"渐及朝流"，只是一种散秩，所授人数又多，已与过去汉魏时的大将军名高位崇者大不一样了。杨炯的曾祖杨初在北周时任大将军，恐也只是"朝流"而授以勋阶罢了，因此入隋时也只不过任宗正卿那样的闲职。

又据《旧唐书》杨炯本传，杨炯另有伯祖虔威，唐高祖时官至右卫将军。虔威子德幹，"历泽、齐、汴、相四州刺史，有威严，时语曰：'宁食三斗炭，不逢杨德幹。'"（据《新唐书》卷一九七《循吏·贾敦颐传》，杨德幹又曾为洛阳令，为政也以酷烈著称，也载其为泽、齐、汴、相四州刺史。）

由此可见，杨炯的伯父辈，都曾任州县的地方行政长官，但杨炯自己的祖父、父亲，却不仅史失其名，而且连仕履也毫无记载。杨炯的《梓州官僚赞》一文①，在自赞中称"吾少也贱"，这句话当是实录，这说明，尽管杨炯的曾祖在北周时曾为大将军，他的伯父辈也曾任州刺史一类的官职，但他自己的祖、父辈却看来是未有高位的。

---

① 按，此文仅见《全唐文》卷一九一，四部丛刊本《杨盈川集》未载。

二

《旧唐书》卷一九〇上《文苑上·王勃传》载:"初,吏部侍郎裴行俭典选,有知人之鉴,见(王)勮与苏味道,谓人曰:'二子亦当掌铨衡之任。'李敬玄尤重杨炯、卢照邻、骆宾王与勃等四人,必当显贵。行俭曰:'士之致远,先器识而后文艺。勃等虽有文才,而浮躁浅露,岂享爵禄之器耶!杨子沉静,应至令长,余得令终为幸。'果如其言。"此又见《新唐书》卷一〇八《裴行俭传》,所记略同。关于裴行俭对于王、杨、卢、骆的评价,在古代是记载颇广的,"士先器识而后文艺"也成为传诵的一句名言。事实究竟如何,本文拟稽引一些有关材料,作一些考核。

按,新旧《唐书》以前,记载此事的,有刘肃的《大唐新语》,其书《知微》第十五中云:

> 裴行俭少聪敏多艺,立功边陲,屡克凶丑。及为吏部侍郎,赏拔苏味道、王勮,曰:"二公后当相次掌钧衡之任。"勮,勃之兄也。时李敬玄盛称王勃、杨炯等四人,以示行俭。曰:"士之致远,先器识而后文艺也。勃等虽有才名,而浮躁浅露,岂享爵禄者?杨稍似沉静,应至令长,并鲜克令终。"卒如其言。

刘肃是中唐时人。此处所记,大致与两《唐书》相同,但新旧《唐书》所载裴行俭语,说"余得令终为幸",是杨炯除外的,《大唐新语》则说是"并鲜克令终",则连杨炯也包括在内,评论似更苛刻。可见此事的记载,在流传过程中,已有歧异。

考张说有《赠太尉裴公神道碑》(四部丛刊本《张说之文集》卷十四),所谓太尉裴公,即裴行俭。文中说:"官复旧号,为吏部侍郎,加银青光禄大夫。自居铨管,大设网综,辨职羞才,审官序爵法,著新格言成故事。……在选曹,见骆宾王、卢照邻、王勃、杨炯,评曰:'炯虽有才名,不过令长,其余华而不实,鲜克令终。'见苏味道、王勮,叹曰:'十数年外,当居衡石。'后果如其言。"张说此文后曰:"开元五年四月二日归真京邑,其年八月迁窆于终南山。"则碑文当作于开元五六年间。这是记载裴行俭对"四杰"评论之最早者,《大唐新语》、新旧《唐书》等大抵都出于此。按新旧《唐书·裴行俭传》皆未明载行俭何时为吏部侍郎。据《旧唐书》卷一九〇上《杜易简传》"咸亨中,为考功员外郎,时吏部侍郎裴行俭"云云,则裴行俭于咸亨中(670—674)为吏部侍郎。又《旧唐书》卷五《高宗纪》下,总章三年"十二月庚寅,诸司及百官各复旧名",又咸亨二年"冬十月,搜扬明达礼乐之士"。总章三年即咸亨元年。参以上面引述的张说所作裴行俭神道碑"官复旧号,为吏部侍郎",则裴行俭为吏部侍郎当在咸亨元年十二月或咸亨二年初,而王勃等参选或当在咸亨二年十月及在此后的数年间。杨炯有《王勃集序》(《杨盈川集》卷三),中云:"咸亨之初,乃参时选,三府交辟,遇疾辞焉。"王勃于咸亨二年六月尚在梓州,其所作《梓潼南江泛舟序》(四部丛刊本《王子安集》卷五)称:"咸亨二年六月癸巳,梓潼县令韦君以清湛幽凝,镇流靖俗。"(王勃于咸亨二年上半年在蜀,还可见于《王子安集》卷一《春思赋》,《永丰乡人杂著》续编所载王子安佚文《夏日仙居观宴序》等文。)其由蜀返京即在咸亨二年下半年,与杨炯《王勃集序》"咸亨之初,乃参时选"

也大致相合。卢照邻于咸亨二年春也在四川成都（见四部丛刊本《幽忧子集》卷七《益州玉真观主黎君碑》）。他不知于何时由蜀北返，有材料可查者，咸亨四年（673），已在长安，《幽忧子集》卷一《病梨树赋》自序谓"癸酉之岁，余卧病于长安光德坊之官舍"。癸酉即咸亨四年。骆宾王则咸亨三年（672）尚在蜀，后又往云南（见《骆临海集笺注》卷十《兵部奏姚州道破逆贼诺没弄杨虔柳露布》、《兵部奏姚州破贼没蒙俭等露布》、《为李总管祭赵郎将》等文）。他大约于上元元年（674）前后返长安（见其所著《畴昔篇》，及陈熙晋笺注——《骆临海集笺注》卷五）。杨炯则于显庆五年（660）待制弘文馆，至上元三年（676）补校书郎，为崇文馆学士，一直在长安。由此可见，王勃、卢照邻、骆宾王于咸亨元年及元年以前都在四川，他们返京的时间虽各有先后，但咸亨中期是都在长安，这时裴行俭正为吏部侍郎。因此，裴行俭的评论，从时间上说，参以王勃等四人的行迹，是相合的。

但稽考王勃、骆宾王与裴行俭交接的事迹，裴行俭的评论，其真实性究竟如何，也有使人可以怀疑之处。王勃有《上吏部裴侍郎启》（《王子安集》卷八），其中说："殊恩屡及，严命并加，……诚恐下官冒轻进之讥，使君侯招过听之议。"又说："今者接君侯者三矣，承招延者再矣。"则裴行俭为吏部侍郎，王勃参选时，裴行俭对王勃是很看重的，王勃几次受到裴行俭的接见，裴行俭也再次为之延誉，以致使王勃担心裴行俭因而"招过听之议"。骆宾王也有与裴行俭的书启，也表示过与王勃类似的意思，他的《上吏部侍郎帝京篇》一文（《骆临海集笺注》卷一），自序有云："宾王启，昨引注日，垂索鄙文，拜手惊魂，承恩屡息。"说"引注日"，即咸亨中裴行俭为吏部侍郎时，骆宾王参预铨试事。由此可见，至少裴行俭对王勃、骆宾王的才器是相当看重的。再看王勃《上吏部裴侍郎启》中所表达的思想，与上面所引材料中裴行俭的见解，可以说是十分相似的。王勃的文中说："文章之道，自古称难。……苟非可以甄明大义，矫正末俗，俗化资以兴衰，家国由其轻重，古人未尝留心矣。"又说"君侯受朝廷之寄，掌镕范之权，至于舞咏浇淳，好尚邪正，宜深以为念也。伏见铨擢之次，每以诗赋为先，诚恐君侯器人于翰墨之间，求材于简牍之际，果未足以采取英秀，斟酌高贤者也。"这里的议论，与所传裴行俭的"士之致远，先器识而后文艺"，可以说是如出一辙；而且这些话又都直接说给裴行俭听的，裴行俭又何从而获得王勃等"浮躁浅露"的印象呢？因此，包括张说在内的诸种有关裴行俭对"四杰"评论的记载，是否是事实，确是大可怀疑。本文提供的王、骆等人的第一手材料以及对这些材料的说明，希望有助于对这一记载的进一步的探讨。

三

据本文第一节所述，杨炯于上元三年（676）应制举及第，补校书郎之职，时年二十七岁。又《新唐书》本传载："永隆二年，皇太子已释奠，表豪俊充崇文馆学士，中书侍郎薛元超荐炯及郑祖玄、邓玄挺、崔融等，诏可。迁詹事司直。"（《旧唐书》杨炯本传未载此事）

《旧唐书》卷五《高宗纪》下，确曾载永隆二年"二月丙午，皇太子亲行释奠礼"。但《旧唐书》卷七十三《薛收传附元超传》谓：

"永隆二年,拜中书令,兼太子左庶子。高宗幸东都,太子于京师监国,因留元超以侍太子。……于是元超表荐郑祖玄、邓玄挺、崔融为崇文馆学士。"而据《旧唐书·高宗纪》下,高宗幸东都在永淳元年(682)四月:"丙寅,幸东都,皇太子京师留守,命刘仁轨、裴炎、薛元超等辅之。"薛元超既然在高宗赴东都、在长安辅佐太子时表荐邓玄挺、崔融等,则当在永淳元年,而非永隆二年,即不在681年,而在682年。由此可知,杨炯与崔融等因薛元超之荐为崇文馆学士,及为太子东宫僚属,当从《旧唐书》的《薛元超传》及《高宗纪》在永淳元年,而非如《新唐书》杨炯本传在永隆二年。杨炯《中书令汾阴公薛振行状》(《杨盈川集》卷十)也说:"及兼左庶子,又表郑祖玄、沈伯仪、贺䂮、邓玄挺、颜强学、崔融等十人为学士。"所记之事与《旧唐书·薛元超传》合,也可为一佐证①。

杨炯在任校书郎与崇文馆学士、太子詹事司直的约十年期间,写作了不少篇文章,其中最值得提及的是《王勃集序》(《杨盈川集》卷三)。这篇序中说王勃"春秋二十八,皇唐上元三年秋八月也,不改其乐,颜氏斯殂,养空而浮,贾生终逝"。虽然关于王勃的卒年还有歧说,但可以确定的是,杨炯的这篇序中称"薛令公朝右文宗",指为中书令的薛元超,而薛元超之为中书令在永隆二年七月(据《旧唐书·高宗纪》下),则杨炯之为王勃编集及为其作序,当是在崇文馆学士期间。

这篇序文简略地记述了王勃的生平事迹,而突出地论叙了王

①崔融《瓦松赋》(《全唐文》卷二一七),自序中云:"崇文馆瓦松者,产于屋霤之上……俗以其形似松,生必依瓦,故曰瓦松。杨炯谓余曰:此中草木,咸可为赋。"当是同为崇文馆学士时所作。

勃在唐初文坛上的贡献,尤其是王勃对以上官仪为代表的形式主义诗风的批判,给我们提供了初唐时期文学思想斗争的较为直接的材料。文中说:"尝以龙朔初载,文场变体,争构纤微,竞为雕刻,糅之金玉龙凤,乱之朱紫青黄,影带以徇其功,假对以称其美,骨气都尽,刚健不闻。思革其弊,用光志业。……长风一振,众萌自偃,遂使繁综浅术,无藩篱之固,纷绘小才,失金汤之险。积年绮碎,一朝清廓,翰苑豁如,词林增峻,反诸宏博,君之力焉。"龙朔为公元661—663年。王勃与杨炯还是十四五岁左右的少年。《旧唐书·高宗纪》上载龙朔二年十月"庚戌,西台侍郎上官仪同东西台三品。"同书卷八十《上官仪传》载:"高宗嗣位,迁秘书少监。龙朔二年,加银青光禄大夫,西台侍郎,同东西台三品,兼弘文馆学士如故。本以词彩自达,工于五言诗,好以绮错婉媚为本,仪既贵显,故当时多有效其体者,时人谓为上官体。"龙朔年间,正是上官仪"贵显"之时,也是上官体诗风盛行之际,《隋唐嘉话》卷中曾对上官仪诗作过形象的记述:

> 高宗承贞观之后,天下无事。上官侍郎仪独持国政,尝凌晨入朝,巡洛水堤,步月徐辔,咏诗云:"脉脉广川流,驱马历长洲。鹊飞山月晓,蝉噪野风秋。"音韵清亮,群公望之,犹神仙焉。

这段记载说明以绮错婉媚为主的上官体诗,产生于"天下无事"之时,也就是像上官仪这样居高位的显贵,以诗来作为粉饰太平、讴歌朝政的工具。杨炯序文中所说的"影带以徇其功,假对以称其美",在宋魏庆之《诗人玉屑》卷七所引《诗苑类格》中还保存了一部分材料：

> 唐上官仪曰：诗有六对：一曰正名对，天地日月是也；二曰同类对，花叶草芽是也；三曰连珠对，萧萧赫赫是也；四曰双声对，黄槐绿柳是也；五曰叠韵对，彷徨放旷是也；六曰双拟对，春树秋池是也。又曰诗有八对：一曰的名对，送酒东南去、迎琴西北来是也；二曰异类对，风织池间树、虫穿草上文是也；三曰双声对，秋露香佳菊、春风馥丽兰是也；四曰叠韵对，放荡千般意、迁延一介心是也；五曰联绵对，残河若带、初月如眉是也；六曰双拟对，议月眉欺月、论花颊胜花是也；七曰回文对，情新因意得、意得逐情新是也；八曰隔句对，相思复相忆、夜夜泪沾衣，空叹复空泣、朝朝君未归是也。

初唐时期讲究诗的对偶，是律诗发展所带来的必然需要，适当探讨诗歌对偶这一艺术形式，也并无不可，但像这里所引述的六对、八对说，那简直是在做文字游戏了，其间所举的词和句，也毫无艺术美可言。上官体诗可以说是初唐时期形式主义诗风的一大代表，不但受到王勃、杨炯、卢照邻① 的责难，也是为后来的陈子昂所

---

① 《王勃集序》中提到王勃在反对上官体诗时得到卢照邻的支持，说"卢照邻人间才杰，览清规而辍九攻"。这样一来，"知音与之矣，知己从之矣。（王勃）于是鼓舞其心，发泄其用，八弦驰骋于思绪，万代出没于毫端"。卢照邻自己在《驸马都尉乔君集序》(《幽忧子集》卷六)中曾表露过这样的创作思想："凡所著述，多以适意为宗，雅爱清灵，不以繁词为贵。"在《乐府杂诗序》（同上）中更明确地提出："其有发挥新题，孤飞百代之前，开凿古人，独步九流之上，自我作古，粤在兹乎。"这样的文学革新主张是王、杨所未讲到的。

反对的,卢藏用《右拾遗陈子昂文集序》(《全唐文》卷二三八)在谈到陈子昂对前朝文学的看法时也提及:"宋齐之末,盖颣领矣,逶迤陵穨,流靡忘返,至于徐、庾,天之将丧斯文也。后进之士若上官仪者,继踵而生,于是风雅之道,扫地尽矣。"由此可见,初唐四杰的文学思想,与陈子昂的以复古而革新的主张,是前后一致的,而在当时,则共同反对上官体诗所带来的诗歌单纯追求形式对偶、以绮错婉媚为美的偏向。

四

杨炯的卒年,各书都没有明确记载,而关于他后期的仕履,新旧《唐书》所载不仅有自相矛盾之处,而且还有漏略。

《旧唐书》本传载:"则天初,坐从祖弟神让犯逆,左转梓州司法参军。秩满,选授盈川令。如意元年七月望日,宫中出盂兰盆,分送佛寺,则天御洛南门,与百僚观之。炯献《盂兰盆赋》,词甚雅丽。……无何卒官。"传末又载:"(德幹)子神让,天授初与徐敬业于扬州谋叛,父子伏诛。"《新唐书》本传载:"迁詹事司直。俄坐从父弟神让与徐敬业乱,出为梓州司法参军。迁盈川令。……卒官下。"关于杨德幹与神让的事,《新唐书》则载于卷一九七《循吏·贾敦颐传》,云:"德幹历泽、齐、汴、相四州刺史。……天授初,子神让与徐敬业起兵,皆及诛。"

按据《旧唐书》本传所载,杨炯于武则天即皇帝位的初期,即因从祖弟神让"犯逆",被贬为梓州司法参军。武则天即帝位在光宅元年（684）。梓州司法参军秩满，又授为盈川令，后卒于官。又叙杨炯献《盂兰盆赋》在如意元年，叙事的位置在选授盈川令及卒于官之间。如意元年为公元 692 年。也就是说，692 年杨炯献《盂兰盆赋》，是在盈川令任上。但传末又载杨神让是"天授初与徐敬业于扬州谋叛"，因而被杀。《新唐书》本传也说杨炯之出为梓州司法参军，是"坐从父弟神让与徐敬业乱"，而神让也是"天授初……与徐敬业起兵"而被杀的。天授为武则天称帝后年号，公元 690—692 年，共三年，天授初即天授元年，690 年。那就是说，杨炯是在 690 年左授为梓州司法参军的。这里就出现了几个矛盾：第一，690 年始为梓州司法参军，692 年已在盈川令任上，相隔只有两年或甚至两年不到，不能称为"秩满"；像州一级的司法参军的官，至少要三、四年才算秩满的。第二，徐敬业起兵及失败是在光宅元年（684），在这之后，武则天就开始了对唐宗室及持异见者的大规模镇压。新旧《唐书》都说神让于天授初与徐敬业起兵，天授初距光宅元年有六七年，这在时间上有矛盾。第三，杨炯有《为梓州官属祭陆郪县文》（《杨盈川集》卷十），显系在梓州司法参军时所作，文中说："维垂拱二年太岁景戌正月壬寅朔二十二日癸亥，长史刘某谨以清酌庶羞之奠，敬祭于陆明府之灵。"垂拱二年为 686 年。就是说，686 年春杨炯即已在梓州，这与天授初（690）云云，也发生矛盾。

这些矛盾之产生，归根到底是新旧《唐书》的叙事有问题。就是说，新旧《唐书》所载，有正确的，有错误的，有虽然无误但却是含混不清的，也有漏载的。今为之辨析如下：

一　《旧唐书》本传谓"则天初，坐从祖弟神让犯逆，左转梓州司法参军"。以杨炯出为梓州司法参军在武则天在位初,而不在天授初,大致是正确的。最主要的根据是上面引述过的杨炯《为梓州官属祭陆郪县文》,此文作于垂拱二年(686)春。这是杨炯本人的作品,当然可以信从。这就是说,686年春他已在梓州。徐敬业起兵在684年。杨炯因杨神让参与徐敬业起兵而受累,贬谪外出,这在时间上是相合的。又,薛振(元超)卒于光宅元年冬①。杨炯有《祭汾阴公文》(《杨盈川集》卷十),称:"维大唐光宅之元祀,太岁甲申冬十有二月戊寅朔丁亥御辰,杨炯以柔毛清酒之奠,敢昭告于故中书令汾阴公之贵神。"这篇祭文是光宅元年(684)十二月作的,则那时尚未外出。《杨盈川集》卷十又有《中书令汾阴公薛振行状》,文中称"垂拱元年四月四日故中书令汾阴公府功曹姓名谨状"。如前所述,杨炯曾与崔融等因薛元超之荐为皇太子东宫官属,薛元超与杨、崔等有故主之情,因此杨炯因薛元超府中诸功曹之请,为之作行状。文中称垂拱元年四月四日,垂拱元年为685年。可见这时杨炯还未外出。再据上述《为梓州官属祭陆郪县文》作于垂拱二年正月,则其出为梓州司法参军即在垂拱元年四月至十二月之间。

　　二　宋之问有《秋莲赋》文(四部丛刊续编本《宋之问集》卷一),自序云:"天授元年,敕学士杨炯与之问分直于洛城西,入阁,每鸡鸣后。……"这就是说,天授元年(690)秋,杨炯已在洛阳。

---

① 《旧唐书》卷六《则天皇后纪》,嗣圣元年"十二月,前中书令薛元超卒"。《旧唐书》卷七十三薛元超本传:"弘道元年,以疾乞骸,加金紫光禄大夫,听致仕。其年冬卒,年六十二。"嗣圣元年为684年,弘道元年为683年,两处所记有异,当以本纪所载为正。

按《旧唐书》卷一九〇中《文苑中·宋之问传》："初征令与杨炯分直内教。"《新唐书》卷二〇二《文艺中·宋之问传》也说："甫冠，武后召与杨炯分直习艺馆。"《新唐书》这里说宋之问"甫冠"与杨炯分直习艺馆，这个"甫冠"的记载是错误的，《唐才子传》卷一宋之问小传也说"甫冠，武后召与杨炯分直习艺馆"，即沿袭《新书》之误[①]。关于习艺馆，据《通鉴》卷二〇八中宗景龙元年十月"习艺馆内教苏安恒"条胡三省注："习艺馆，本名内文学馆，选宫人有文学者一人为学士，教习宫人。武后改为习艺馆，又改为翰林内教坊，以地在禁中故也。《新书》曰：掌教习宫人书算众艺。"这是亲近之职。杨炯死后，宋之问有《祭杨盈川文》（《全唐文》卷二四一），其中说："大君有命，征子文房，余亦叨忝，随君颉颃。同趋北禁，并拜东堂，志事俱得，形骸两忘。"由此可见，杨炯于天授元年秋已在洛阳武则天宫中习艺馆任职。由垂拱元年（685）至天授元年（690），约有五六年的时间，在这段期间他在梓州司法参军任，五六年的时间是可以称为秩满的。

---

① 《唐才子传》卷一宋之问小传谓宋之问为"上元二年进士"。徐松《登科记考》卷二即据此系宋之问为上元二年进士科及第，同年同科及第者尚有沈佺期、刘希夷、梁载言、张鷟等。上元二年为675年。唐时登进士第者，以年龄之较年轻者计算，至少当为二十岁，则宋之问的生年当为656年（闻一多《唐诗大系》即定宋之生年为656年，或即据此推算）。也就是说，宋之问的生年只能在656年之前，不能在656年之后。即以656年而言，则天授元年（690）宋之问已为三十五岁，不当称为"甫冠"。又骆宾王有《在兖州饯宋五之问》、《送宋五之问》诗（《骆临海集笺注》卷二），据陈熙晋笺注所考，此二诗作于高宗调露元年（679），可以信从。若以天授元年宋之问为"甫冠"即刚满二十岁计算，则骆宾王作此二诗时，宋之问仅九岁，显与情事不合。由此种种，都可证《新唐书·宋之问传》的记载是错误的。

三　宋之问《祭杨盈川文》叙述宋与杨炯同在习艺馆时，称"载罹寒暑"，可见是经历寒暑，至少一年以上。宋之问另有《温泉庄卧病寄杨七炯》诗（《宋之问集》卷一），称"多病卧兹岭，寥寥倦幽独，赖有嵩丘山，高枕长在目"；又说："伊洛何悠漫，洲源信重复。夏余鸟兽蕃，秋末禾黍熟。秉愿守樊圃，归闲欣艺牧。惜无载酒人，徒把凉泉掬。"此诗虽未明载何时所作，但所写为洛阳南郊风物，宋之问有山庄在此处^①，诗中所寄又为杨炯，则很可能即同居洛阳时作。诗中写夏秋景色，与祭文所云"载罹寒暑"者相合。杨炯又有《杜袁州墓志铭》（《杨盈川集》卷九），称杜为京兆杜陵人，官至袁州刺史，天授三年二月与其妻合葬于杜陵，这篇墓铭当即是天授三年春作（天授三年四月改元如意，文中仍称天授三年，可证写作于该年四月以前）。可见这时仍在洛阳。由此我们有理由推断，杨炯的《盂兰盆赋》也当作于洛阳，文中说："粤大周如意元年秋七月，圣神皇帝御洛城南门，会十方贤众，盖天子之孝也。浑元告秋，羲和奏晓，太阴望兮圆魄皎，阊阖开兮凉风嫋，四海澄兮百川晶，阴阳肃兮天地肎。"文中毫无涉及盈川一字，而满篇全写洛中秋色。据上所述，杨炯当于天授元年（690）秋至如意元年（692）秋在洛阳，任教习艺馆。在此之后，则又出为盈川令。由此可见，新旧《唐书》等所载杨炯由梓州司法参军秩满后选授为盈川令是不对的，他应当是梓州司法参军秩满后入京（洛阳），与宋之

_____

①杜甫有《过宋员外之问旧庄》（《钱注杜诗》卷九），中云："宋公旧池馆，零落守阳阿。"此诗约为杜甫于开元二十九年居河南陆浑时作。杨伦《杜诗镜铨》卷一载此诗，并引浦起龙曰："按之问有《陆浑别业》诗。陆浑、首阳俱在洛阳之南，公亦有陆浑庄，当相去不远也。"

问分值习艺馆,数年之后,乃又出为盈川令。新旧《唐书》等皆漏略习艺馆一事,《旧唐书》则因而又误以《盂兰盆赋》为在盈川令时作。

四 杨炯终于盈川令,卒年无可考。宋之问所作祭文云:"自君出宰,南浮江海,余尝苦饥,今日犹在。"又云:"昔子往矣,追送倾城。"可证杨炯确是由洛阳出发而赴盈川的。又据《新唐书》卷四十一《地理志》五,江南东道衢州信安郡有龙丘县,下注云:"本太末,武德四年置,以县置谷州,并置白石县,八年州废,省太末、白石入信安。……如意元年,析置盈川县。……元和七年省盈川入信安。"据此,则盈川县于如意元年始置,在此之前并未有盈川县之建制。由此益可证明,杨炯之为盈川令,根本不可能在如意元年之前,而只能在此之后。很可能他在如意元年七月献《盂兰盆赋》后不久,因新设置了盈川县,就选授了他为县令。又,宋之问所作祭文云:"昔子往矣,追送倾城;今子来也,乃知交情。"又云:"陕冈增哀,归葬以礼。旅榇飘零,于洛之汀。"可见杨炯终于盈川令任上,卒后归葬洛阳。宋之问另有《祭杜学士审言文》(《全唐文》卷二四一),中云:"国求至宝,家献灵珠。后复有王杨卢骆,继之以子跃云衢。王也才参卿于西陕,杨也终远宰于东吴,卢则哀其栖山而卧疾,骆则不能保族而全躯。"这里提及王杨卢骆的名次,是现在所见材料之最早的。又说"杨也终远宰于东吴",盈川即在东吴的大范围之内[1]。

---

[1]《册府元龟》卷七七七:"杨照(按应作炯,字误),华州华阴人。少与绛州王勃、范阳卢照邻、东阳骆宾王皆以文词知名海内,称为王杨卢骆,亦号为四杰。照至盈川令。"

但杨炯究竟于何年卒,仍不可确考。杨炯有《后周明威将军梁公神道碑》(《杨盈川集》卷六),文中谓"粤以大周长寿二年岁次癸巳二月辛酉朔二十四日甲申,迁窆于雍州蓝田县骊山原旧茔"。这是杨炯诗文有年可系之最后的一篇,长寿二年为公元693年,也就是杨炯授盈川令的第二年,也就是说,杨炯在693年二月尚在人世,在此之后就不得而知了,或即卒于此后几年之内。闻一多先生《唐诗大系》系其卒年为695(?),于695年下打一问号,表示不确定之意,是比较慎重的,但为何定于695年,不得其说。马茂元《唐诗选》(人民文学出版社1960年版)、中国社会科学院文学研究所《唐诗选》(人民文学出版社1978年版)皆定其卒年为692年,较《唐诗大系》早三年,均以选授盈川令之年为其卒年,盖未查阅杨炯集中《梁公神道碑》者。从目前所能获知的材料,我们只能说,杨炯当卒于公元693年或693年后的几年中,确切的卒年无考,其年岁则为四十四岁或四十四岁稍大一些。

　　宋之问所作祭文有"痛君不嗣,匪我孤诺"语,又云"子文子翰,我缄我持;子宅子兆,我营我思"。可见杨炯身后并无子女。[①]他有一个侄女,颇能诗,而为唐人所称道,张鷟《朝野佥载》卷三载:"杨盈川侄女曰容华,幼善属文,尝为《新妆》诗,好事者多传之,诗曰:宿鸟惊眠罢,房栊乘晓开。凤钗金作缕,鸾镜玉为台。妆似临池出,人疑向月来。自怜终不见,欲去复徘徊。"

　　《旧唐书》本传载:"炯至官,为政残酷,人吏动不如意,辄榜杀

---

①明胡震亨《唐音癸签》卷二十八称"杨炯绝后,葬兄弟手,宋之问有文哀之"。当即本此。

之。又所居府舍,多进士亭台,皆书榜额,为之美名,大为远近所笑。"《新唐书》本传也载:"迁盈川令,张说以箴赠行,戒其苛。至官,果以严酷称,吏稍忤意,榜杀之,不为人所多。"按张说有《别杨盈川炯箴》(四部丛刊本《张说之文集》卷十三),说:"杳杳深谷,深深乔木,天与之才,或鲜或禄。君服六艺,道德为尊,君居百里,风化之源。才勿骄吝,政勿烦苛,明神是福,而小人无冤。畏其不畏,存其不存,作诰之酒,成败之根。勒铭其口,祸福之门。虽有韶夏,勿弃系辕;岂无车马,敢赠一言。"这也是一般的箴规之辞,从中看不出杨炯居官严酷的迹象。相反,张说对杨炯的文才还是评价很高的。《大唐新语》卷八《文章第十七》中云:"张说谓人曰:杨盈川之文,如悬河注水,酌之不竭,既优于卢,亦不减王。耻居王后,则信然,愧在卢前,则为误矣。"我们从有关的记载中倒可以看出,杨炯对当时的朝士是很看不起的,并以所谓"麒麟楦"加以挖苦讽刺。托名五代冯贽所作的《云仙杂记》(卷九)载:

> 唐杨炯每呼朝士为麒麟楦,或问之,曰:今假弄麒麟者,必修饰其形,覆之驴上,宛然异物,及去其皮,还是驴耳。无德而朱紫,何以异是。

此事又见于《太平广记》卷二六五"轻薄"门:

> 唐衢州盈川县令杨炯,词学优长,恃才简倨,不容于时。每见朝官,目为麒麟楦,忤怨,人问其故,杨曰:"今餔乐假弄麒麟者,刻画头角,修饰皮毛,覆之驴上,巡场而走,及脱皮

褐,还是驴马。无德而衣朱紫者,与驴覆麟皮何别矣。"

《云仙杂记》与《太平广记》二书所记详略不同,字句亦有小异,但都注明出自《朝野佥载》,而今传的《朝野佥载》,无论一卷本还是六卷本,皆无此文,当是佚篇。从这里可以见出,杨炯"恃才简倨"确是有的,他对于朝官们的讽刺挖苦,以麒麟楦目之,无怪就"不容于时",四杰的"浮躁浅露",或即由此类事例而招致。总之,杨炯与王勃等,无论在当时的诗坛上或在政治上,都是与当时的传统挑战而"不容于时"的有志于革新者,因此遭到世俗的攻击,目王勃为"浮躁浅露",以杨炯为居官严酷,都与此有关,我们今天应对此作具体的分析。

[附记]

清人姚大荣《惜道味斋集》中有《跋骆宾王〈上吏部裴侍郎书〉》一文,虽然是谈骆宾王与裴行俭的关系,实际上是讨论裴行俭对"四杰"的评价的,颇有见地,现录如下,以备研讨:

> 谀墓之文不可以入史,苟其入史,一经后人考核失实,訾议蜂起,则虽欲谀之,而适以谤之。案《张燕公集·赠太尉裴公神道碑》称行俭在选曹,见骆宾王、卢照邻、王勃、杨炯,评曰:"炯虽有才名,不过令长,其余华而不实,鲜克令终。"又《唐会要》载裴行俭为吏部侍郎时,李敬玄盛称王勃、杨炯、卢照邻、骆宾王等,为之延誉,引

以示裴行俭,行俭曰:"才名有之,爵禄盖寡,杨应至令长,余并鲜能令终。"又《旧唐书·王勃传》称吏部侍郎裴行俭典选,有知人之鉴,李敬玄尤重杨炯、卢照邻、骆宾王与勃等四人,必当显贵,行俭曰:"士之致远,先器识而后文艺。勃等虽有文才,而浮躁浅露,岂享爵禄之器耶? 杨子沉静,应至令长,余得令终为幸。"果如其言。又《新书·裴行俭传》:善知人,李敬玄盛称王勃、杨炯、卢照邻、骆宾王之才,引示行俭,行俭曰:"士之致远,先器识后文艺。如勃等虽有才,而浮躁衒露,岂享爵禄者哉? 炯颇沉默,可至令长,余皆不得其死。"以上四书评论四子,虽详略不同,而皆以归美行俭知人。夫行俭典选,偏重文艺,当时王勃致书规讽,刘晓亦上书讥短,是行俭本不为知人。自张说徇裴氏子之请为作佳碑,妄许前知,新旧二书更增饰其词,滥加称誉,尤为失当。今考其实,行俭生前必无轻蔑四子之语,后因四子盛名,不获大用,赍志以殁,嫉才者乃饰为预料不终之言归之行俭典选时评断,张说撰碑,乃摭入之。

考碑并叙及行俭妻厍狄氏身后事。厍狄氏卒于开元五年,在行俭殁后三十七年,是时四子卒已久,其为事后追论而谬托先见,殆无疑义。于何知之? 于骆丞《上吏部裴侍郎书》知之。案书略云:"不图君侯忽垂过听之恩,任以书记之事,正当陪麾后殿,奉节前驱。"又有"流沙一去,绝塞千里"之语。考行俭以吏部侍郎奉使册立波斯王,便道计禽西突厥都支,在调露元年己卯六月。是时宾王官武功主簿,以母老不堪远行辞不往。胡应麟谓其书情旨酸楚,词旨真笃,即李令伯《陈情表》不能过,诚然。夫行俭奉使绝域,欲立奇功,择于众中,而辟宾王,使掌书记,其相知必深,期许必厚。使果有浮躁浅露之嫌,肯引为臂助,与之驰驱绝塞乎?况更辞而不行,不以功名之念,夺其孺慕之真。以天理人情论之,吾意行俭之于宾王,必更加敬重,而不至再有讥评矣。矧过此不及三年,行俭遂卒,推之前此典选时再三招徕王勃,虽于杨、卢二子未知相待何如,然杨、卢固王、骆亚匹,其视王、骆既重,视杨、卢亦必不轻,可断言也。今观宾王之书与勃之启,一为忠告,一系陈情,均于行俭无触忤之处,行俭何为既重之而复曲诋之乎?况王勃卒于上元二年乙亥,在行俭辟宾王之前五年,行俭之评四子,若在勃卒后,不应与三子同论,若在勃存时,其后何为又举用宾王?反复推求,牴牾实多。吾以为燕公诔墓之词,非独诬四子,实并诬行俭。

杜审言考

一

　　杜审言的生年虽未能确知,但当生于公元 648 年之前(详下文)。他比起卢照邻、骆宾王来,生年稍晚,但比王勃和杨炯要早。但在一般人的印象中,在初唐时期的诗歌发展史上,他是排在初唐四杰之后的。这除了初唐四杰成名较早的原因之外,还因为杜审言在唐代律诗创作上,作出了一定的贡献,因而与沈佺期、宋之问那样在律诗写作上作出努力的诗人排列在一起,而王、杨、卢、骆,则一般认为是处于古体向近体过渡的阶段。

　　关于杜审言在律诗(主要是指五言律)创作中的地位,明朝胡应麟有一个概括的但却是极高的评价,他在《诗薮》一书的内篇卷四中,把杜审言的《和晋陵陆丞早春游望》(即"独有宦游人"首)推为初唐五律第一:"初唐五言律,'独有宦游人'第一。"然后又说:"初唐无七言律,五言亦未超然,二体之妙,杜审言实为首倡。

五言则'行止皆无地'（按，即《秋夜宴临津郑明府宅》——引者，下同），'独有宦游人'，排律则'六位乾坤动'（即《和李大夫嗣真奉使存抚河东》），'北地寒应苦'（即《赠苏味道》），七言则'季冬除夜'（即《守岁侍宴应制》），'毗陵震泽'（即《大酺》），皆极高华雄整。少陵继起，百代模楷，有自来矣。"

实际上，在杜审言身前，陈子昂就高度评价了杜审言的诗篇，他在《送吉州杜司户审言序》（《陈子昂集》卷七）一文中说："徐、陈、应、刘，不得廁其垒；何、王、沈、谢，适足靡其旗。"徐幹、陈琳、应玚、刘桢，是建安时的著名诗人，何逊、王融、沈约、谢朓也是六朝的优秀作家，陈子昂认为他们都不足以与杜审言相匹敌。陈子昂这篇序文作于圣历元年（698）（详下文），就在前一年，即神功元年（697），陈子昂曾从建安王武攸宜征讨契丹，登蓟州北楼，唱出了"前不见古人，后不见来者，念天地之悠悠，独怆然而涕下"那样慷慨高迈的诗歌（参见《通鉴》卷二〇六神功元年，《新唐书》卷一〇七《陈子昂传》，以及《陈子昂集》附录的卢藏用《陈氏别传》，赵儋《陈氏旌德碑》）。陈子昂对诗歌的看法，标准是很高的，但却如此推崇杜审言在诗歌史上的地位。他的这一评价当然不一定允当，但也说明当时人对杜审言诗评价之高①。

杜甫是杜审言的孙子，他曾说："吾祖诗冠古。"（《钱注杜诗》卷四《赠蜀僧闾丘师兄》）这可能是出于尊亲之见，但在《八哀

---

① 开元时，进士王泠然曾上书宰相张说，历数唐前期文人知名者，有杜审言，说："有唐以来，无数才子，至于崔融、李峤、宋之问、沈佺期、富嘉谟、徐彦伯、杜审言、陈子昂者，与公连飞并驱，更唱迭和；此数公者，真可谓五百年后挺生矣。"（见《唐摭言》卷六"公荐"条）

诗·赠秘书监江夏李邕》(《钱注杜诗》卷七)一诗中,叙述天宝初年间,杜甫与李邕在山东宴游,曾听见李邕对唐代一些前辈诗人的评论,说:"伊昔临淄亭,酒酣托末契。……例及吾家诗,旷怀扫氛翳。慷慨嗣真作,咨嗟玉山桂。钟律俨高悬,鲲鲸喷迢递。"关于这几句,杨伦《杜诗镜铨》卷十四曾解释说:"赵注:钟律,比声之和雅;鲲鲸,比势之雄壮。言北海叹伏审言之诗如此。"李邕也是眼高一世、少所许可的人,但他对杜审言的律诗却表现了如此倾倒之情,这应当说不是杜甫私其所亲而故为其词的。

到了宋朝,就有不少人把杜甫与杜审言联系起来,认为杜甫的诗作得法于其祖父。陈师道《后山诗话》说:"黄鲁直云:杜之诗法出审言,句法出庾信,但过之耳。"其实,稍前于黄、陈的王得臣,在其所著《麈史》一书中,也已对杜审言和杜甫的某些诗句作了比较:"杜审言,子美祖父也,则天时以诗擅名,与宋之问倡和,有'雾绡青条弱,风牵紫蔓长',又'寄语洛城风与月,明年春色倍还人',子美'林花著雨胭脂落,水荇牵风翠带长',又云'传语风光共流转,暂时相赏莫相违',虽不袭取其意,而语脉盖有家风矣。"(卷中)这种句法的比较,在南宋名诗人杨万里的《杜必简诗集序》中更作了进一步的发挥,其中说:

今观必简之诗,若"牵风紫蔓长",即"水荇牵风翠带长"之句也;若"鹤子曳童衣",即"儒衣山鸟怪"之句也;若"云阴送晚雷",即"雷声忽送千峰雨"之句也;若"风光新柳报,宴赏落花催",即"星霜玄鸟变,身世白驹催"之句也。予不知祖孙之相似,其有意乎?抑亦偶然乎?至如"往来花不发,新旧雪仍残"，如"日气抱残虹"，如"愁思看春不当春，明年春色倍还人"，如"飞花搅独愁"，皆佳句也，三世之后，莫之与京也宜哉。(《诚斋集》卷八十二)

正因如此，所以南宋著名藏书家和目录学家陈振孙说："唐初沈、宋以来，律诗始盛行，然未以平侧失眼为忌；审言诗虽不多，句律极严，无一失粘者，甫之家传有自来矣。"(《直斋书录解题》卷十九诗集类上)

二

根据宋之问《祭杜学士审言文》(《全唐文》卷二四一)，杜审言卒于唐中宗景龙二年(708)(详见下文考)。又据《旧唐书》卷一九〇上《文苑上·杜审言传》："年六十余，卒。"由此上推六十年，为648年，即太宗贞观二十二年。《旧唐书》本传只说是杜审言六十余岁卒，没有记载确切的年岁，因此他的生年也无法确定，但决不会晚于648年，只能在648年之前。大约在648年前的几年之内。闻一多先生的《唐诗大系》定其生年为646年，大致不差，后来不少文学史著作或唐诗选本即根据闻说。但据现存文献材料，只能说杜审言生于648年之前数年内，至于具体在何年，应当说还不能确定。

杜审言为杜易简的从祖弟。《旧唐书》卷一九〇上《文苑上·杜易简传》说："杜易简，襄州襄阳人，周硖州刺史叔毗曾孙也。"据

《北史》卷八十五《节义·杜叔毗传》:"杜叔毗字子弼,其先京兆杜陵人也,徙居襄阳。"杜甫诗中称自己为杜陵野老。京兆杜陵系指其族望而言,所谓襄州襄阳人,当是指杜叔毗的上代后来徙居襄阳,因此杜叔毗以后的一枝就称为襄阳人。又据出土的《杜并墓志》(详见下文),说:"京兆杜陵人也,汉御史大夫周、晋当阳侯预之后,世世冠族,到于今而称之,曾祖鱼石,隋怀州司功,获嘉县令;祖依艺,唐雍州司法,洛州巩县令。"杜并为杜审言之子,此处所述其先世辈分,是从杜并一代算起的,从杜审言来说,则应当说,其祖鱼石,曾在隋朝任过官职,其父依艺,则仕唐为雍州司法,终于洛州巩县令,即定居于巩县,因此杜甫也可说是巩人。中国社会科学院文学研究所编注的《唐诗选》,在介绍杜审言时说"原籍襄阳,从祖父起迁居巩县",就把辈分弄错了,就是说,把杜并的祖父,误当成杜审言的祖父。

杜易简的年岁当要比杜审言大好多①,他是王勃父亲王福畤的朋友,在王勃还是六七岁孩童而表现出优异的文才时,曾称赞过王勃,事见《旧唐书》卷一九〇上《文苑上·王勃传》:"勃六岁解属文,构思无滞,词情英迈,与兄勔、勮才藻相类。父友杜易简常称之曰:'此王氏三珠树也。'"杜易简于咸亨(670—674)中为考功员外郎,后来因附和裴行俭,奏劾李敬玄罪状,被唐高宗目为朋党,贬为开州司马而卒。杜易简也以诗文名世。从现有材料来看,杜审言似与他没有密切来往。

---

① 据《通鉴》卷二〇一高宗乾封元年(666)七月,载刘仁轨与李义府不和事,其中称"监察御史杜易简"云云,则此年杜易简已任监察御史,而杜审言尚为十岁光景。

《旧唐书》本传载"审言进士举,初为隰城尉"。《新唐书》卷二〇一《文艺上·杜审言传》也说:"擢进士,为隰城尉。"都未明载何年中进士。元辛文房《唐才子传》卷一杜审言小传则谓:"咸亨元年宋守节榜进士。"按王定保《唐摭言》卷一《述进士》上篇云:"永徽已前,俊、秀二科犹与进士并列;咸亨之后,凡由文学一举于有司者,竞集于进士矣。由是赵儋等尝删去俊、秀,故目之曰《进士登科记》。"从这一记载可看出,第一,唐代进士科在这以前就已享有盛名,到咸亨以后,文学之士则差不多都集中于进士科,杜审言是咸亨元年(670)进士登第的,可见当时的风气。第二,在这之后,有人专门汇集进士登第的姓名,辑成《登科记》一类的书,这种书至宋元时当尚有留存,现在所见如计有功《唐诗纪事》、晁公武《郡斋读书志》、陈振孙《直斋书录解题》、辛文房《唐才子传》等,记有唐人登第年岁者,当是根据这些留传的《登科记》一类的书的记载(《直斋书录解题》卷七著录《唐登科记》十五卷,宋洪适编,同卷还著录《五代登科记》一卷)。

新旧《唐书》本传都说杜审言于登进士第后任隰城尉,则其时间当在670年后的几年中。据《新唐书》卷三十九《地理志》三,河东道汾州西河郡所属有西河县,云:"本隰城,肃宗上元元年更名。"则西河原名隰城,肃宗上元元年(760)才改名西河,在今山西晋中汾阳县。按杜审言有《经行岚州》诗(《全唐诗》卷六十二):"北地春光晚,边城气候寒。往来花不发,新旧雪仍残。水作琴中听,山疑画里看。自惊常远役,艰险促征鞍。"据《新唐书·地理志》岚州也属于河东道,其地与汾州相邻接。这首诗当为杜审言任隰城尉时因公事(所谓"牵远役")经岚州所作。这是杜审言早年所作的一首五言律,其中"往来花不发,新旧雪仍残",为杨万里称为"佳句",整首诗也写得相当秀整,表现出杜审言年轻时在律诗的写作方面已有相当工力了。

在这几年中,沈佺期、宋之问也步入了诗坛。他们二人都于高宗上元二年(675)登进士第(见《唐才子传》卷一)。《旧唐书》卷一九〇中《文苑中·宋之问传》:"之问弱冠知名,尤善五言诗,当时无能出其右者。"沈、宋的生年都无可确考,从登第年比杜审言晚五年看来,大约他们的岁数比杜审言要轻一些。

再过几年,杜审言又有《赠苏味道》诗(《全唐诗》卷同上。按,杜审言诗皆见于《全唐诗》卷六十二,为避免重复,下引审言诗,皆不注出处):

> 北地寒应苦,南庭戍未归。边声乱羌笛,朔气卷戎衣。雨雪关山暗,风霜草木稀。胡兵战欲尽,虏骑猎犹肥。雁塞何时入,龙城几度围。据鞍雄剑动,插笔羽书飞。舆驾还京邑,朋游满帝畿。方期来献凯,歌舞共春辉。

据《旧唐书》卷九十四《苏味道传》:"弱冠本州举进士,累转咸阳尉。吏部侍郎裴行俭先知其贵,甚加礼遇。及征突厥阿史那都支,引为管记。"这里没有标明年份,而据《通鉴》卷二〇二,则此事乃在高宗调露元年(679),云:"初,西突厥十姓可汗阿史那都支及其别帅李遮匐与吐蕃连和,侵逼安西。"裴行俭于是年秋设计策破之,"于是囚都支、遮匐以归,遣波斯王自还其国,留王方翼于安西,使筑碎叶城。"苏味道随军出征凡二次,一为武后延载元年(694)任凤阁侍郎时从薛怀义讨突厥,但"未行,虏退而止"(《通鉴》卷二〇五);一为本年秋天,与杜诗"北地寒应苦","朔气卷戎衣","雨雪关山暗,风霜草木稀",所写时节正相合,可见诗是这一年写的。本年,高宗居东都,杜审言送苏味道随从裴行俭出征及作此诗当也在洛阳。这时距杜审言进士登第已有十年,年约三十余岁,当已离隰城尉职。这是用五言排律写的边塞从军诗,是一首完全成熟的律诗,笔力雄健,意境开阔,虽写边地之苦,但并未使人有萧瑟之感,即使放在盛唐也是上乘之作。

三

杜审言有《大酺》诗,题下注"永昌元年"。诗为:"圣后乘乾日,皇明御历辰。紫宫初启坐,苍璧正临春。雷雨垂膏泽,金钱赠下人。诏酺欢赏遍,交泰睹维新。"按《旧唐书》卷六《则天皇后纪》:"永昌元年春正月,神皇亲享明堂,大赦天下,改元,大酺七日。"《通鉴》卷二〇四,武则天永昌元年(689),"春正月乙卯朔,大飨万象神宫,太后服衮冕,搢大圭,执镇圭为初献,皇帝为亚献,太子为终献。……太后御则天门,赦天下,改元。丁巳,太后御明堂,受朝贺。"这时唐高宗早已死去,武则天已镇压了徐敬业等起兵,为了从实际掌握政权到企图在名义上以武周代替李唐,武则天于永昌元年正月举行了这样"大飨万象神宫"的仪式。杜审言这首诗的诗题、诗题下注,以及诗的内容,都与当时情事相合,因此这首诗在永昌元年作是没有问题的。

他又有七律《大酺》诗："毗陵震泽九州通,士女欢娱万国同。伐鼓撞钟惊海上,新妆袨服照江东。梅花落处疑残雪,柳叶开时任好风。火德云官逢道泰,天长地久属年丰。"此诗所写时节与上引的五律《大酺》诗同,五六两句正是写春初情景。可以注意的是首句提及"毗陵震泽",三四句又说"惊海上"、"照江东",毗陵即常州晋陵郡,据《新唐书》卷四十一《地理志》五,说是"本毗陵郡,天宝元年更名"。由此可见,永昌元年春初,杜审言是在江南东道的毗陵郡。

让我们再作进一步的探讨。杜审言又有《重九日宴江阴》诗,中有"高兴要长寿,卑栖隔近臣"之句,可见曾在江阴任职。他的著名的《和晋陵陆丞早春游望》诗说:"独有宦游人,偏惊物候新。云霞出海曙,梅柳渡江春。淑气催黄鸟,晴光转绿苹。忽闻歌古调,归思欲沾巾。"按据《新唐书·地理志》,晋陵、江阴都是毗陵郡的属县。与前面引述过的两首《大酺》诗联系起来,就可以完全有理由推断,在永昌元年间,杜审言当曾在江阴县任县丞、县尉一类的官职,他的《和晋陵陆丞早春游望》诗,正是在江阴任职时,与同郡僚友任晋陵丞的陆某唱和之作,时间当在永昌元年前后。

《旧唐书》本传说杜审言"初为隰城尉",后又说"累转洛阳丞"。《新唐书》本传所载同,都没有说他在江阴任职。他任洛阳丞在公元698年前数年间(详下文),则永昌元年(689)曾在江阴任职是完全有可能的。《旧唐书》说"累转洛阳丞",也就是表明在隰城尉与洛阳丞之间曾任过其他官职。现在考出永昌元年前后他在江阴任过县尉、县丞一类的官职,不仅可以补史之阙文,而且考证了《和晋陵陆丞早春游望》诗的大致时间与地点,这也是一个小小的收获。

四

新旧《唐书》本传未载杜审言任洛阳丞的时间。杜审言有《送崔融》诗:"君王行出将,书记远从征。祖帐连河阙,军麾动洛城。旌旗朝朔气,箫吹夜边声。坐觉烟尘扫,秋风古北平。"这是送崔融从军出征的诗。按陈子昂有《送著作佐郎崔融等从梁王东征》诗(《陈子昂集》卷二),诗前小序有云:"岁七月,军出国门。……时比部郎中唐奉一、考功员外郎李迥秀、著作佐郎崔融,并参帷幕之宾,掌书记之任。燕南怅别,洛北思欢,顿旌节而少留,倾朝廷而出饯。"其诗云:"金天方肃杀,白露始专征。王师非乐战,之子慎佳兵。海气侵南部,边风扫北平。莫卖卢龙塞,归邀麟阁名。"陈子昂与杜审言诗,时节、内容皆合,当是同时所作。据《通鉴》卷二〇五,武则天万岁通天元年(696),"夏五月壬子,营州契丹松漠都督李尽忠、归诚州刺史孙万荣举兵反,攻陷营州,杀都督赵文翙"。"秋七月辛亥,以春官尚书梁王武三思为榆关道安抚大使,姚璹副之,以备契丹。"杜审言诗首句"君王行出将"的君王,即指梁王武三思。陈子昂诗序中又有"得朱邸之天人,乃黄阁之元老",也指武三思。崔融这次是随从武三思,从洛阳至蓟北,出军征讨。崔融有《留别杜审言并呈洛中旧游》诗(《全唐诗》卷六十八),也为同时所作。

据下文所考,杜审言于698年由洛阳丞贬吉州司户参军,据这里所考,他于696年秋在洛阳有送崔融出征诗,则696年当已为洛阳丞。永昌元年(689)前后他在江阴任职,尔后当由江阴入为洛阳丞。

《新唐书》本传说杜审言"少与李峤、崔融、苏味道为文章四友,世号'崔、李、苏、杜'"。崔融与陈子昂也有较好的友谊,有几首彼此酬赠的诗。崔融的诗今存二十余首,其中有几首边塞诗是写得相当出色的。他有几次从军的经历,因此所写较为真切,而且较有气势,如《关山月》诗:"月生西海上,气逐边风壮。万里度关山,苍茫非一状。汉兵开郡国,胡马窥亭障。夜夜闻悲笳,征人起南望。"这样的诗,是能使人联想起李白的"明月出天山,苍茫云海间,长风几万里,吹度玉门关"①来的。但现在一些文学史著作及唐诗选本对崔融诗却重视不够,甚至没有一字论及,因此这里特地提及,希望引起文学史家的注意。

过了两年,杜审言就由洛阳丞贬为吉州司户参军。在吉州又发生与司马周季重、员外司户郭若讷不和事,而导致其子杜并刺杀季重,杜并也因而被杀的惨剧。此事新旧《唐书》本传皆载,而最早则见于刘肃的《大唐新语》,其书卷五"孝行"门载:

> 自洛阳县丞贬吉州司户,又与郡寮不叶。司马周季重与员外司户郭若讷共构之,审言系狱,将因事杀之。审言子并年十三,伺季重等酬讌,密怀刃以刺季重。季重中刃而死,并亦

---

①诗见王琦注本《李太白全集》卷四《关山月》。

见害。季重临死，叹曰："吾不知杜审言有孝子，郭若讷误我至此！"审言由是免官归东都，自为祭文以祭并。士友咸哀并孝烈，苏颋为墓志，刘允济为祭文。则天召见审言，甚加叹异，累迁膳部员外。

刘肃为中唐时人。此事除见于新旧《唐书》外，又见于《太平广记》卷二六五引《谭宾录》，《唐诗纪事》卷六，以及《唐才子传》卷一等，都出于刘肃的《大唐新语》。

但刘肃并没有记载杜审言被贬的时间，因此要考出杜审言被贬吉州的时间，还得查考其他的书。

今按陈子昂有《送吉州杜审言司户序》（《陈子昂集》卷七），其中除了赞誉之词如"杜司户炳灵翰林，研几策府，有重名于天下，而独秀于朝端……秉不羁之操，物莫同尘，合绝唱之音，人皆寡和"等以外，还说"群公爱祢衡之俊，留在京师，天子以桓谭之非，谪居外郡"。桓谭曾屡次上书言事，触犯后汉光武帝刘秀，后终因言谶纬事，被贬出为六安郡丞（见《后汉书》卷二十八上《桓谭传》）。陈子昂这里用桓谭的典故，透露出杜审言此次之贬也可能因言事不当，有触犯诸武之处[1]。

序中又说："苍龙阉茂，扁舟入吴。告别千秋之亭，回棹五湖之曲。朝廷相送，驻旌盖于城隅；之子孤游，淼风帆于天际。""苍

---

[1]杜审言此次被贬，据陈子昂序文，"赋诗以赠"者有四十五人。今所见者有宋之问《送杜审言》诗："卧病人事绝，闻君万里行。河桥不相送，江树远含情。别路追孙楚，维舟吊屈平。可惜龙泉剑，流落在丰城。"（《宋之问集》卷下）

龙阆茂"，谓在戌年。武后圣历元年（698），即为戊戌年。这是698年被贬之一例证。

又出土的《大周故京兆男子杜并墓志铭并序》（见《芒洛冢墓遗文》续补，罗振玉《雪堂金石丛书》本），中称"圣历中，杜君公事左迁为吉州司户"。圣历共三年（698—700），戊年只有在圣历元年（698）。墓志称杜并刺杀周季重[①]在圣历二年七月："以圣历二年七月十二日，终于吉州之厅馆，春秋一十有六。"这里说杜并死时年十六，而各书皆记为年十三，当以墓志为正。由此可见杜审言之贬吉州在圣历元年，第二年七月乃发生杜并行刺事。

据《大唐新语》说，苏颋曾为杜并作墓志，但现存苏颋文并无杜并墓志。这一在洛阳出土的墓志未载撰人姓名，不知是否即为苏颋所作。但无论如何，它提供了研究杜审言行迹的重要线索。如墓志中又说："今以长安二年四月十二日瘗于建春门东五里。杜君流目四野，抚膺长号，情惟所钟，物为之感。"长安二年为公元702年。可见702年杜审言已在洛阳，他由吉州北返，当还在这之前，其时间当在圣历三年（700）、长安元年（701）间。据《大唐新语》所载，武则天曾召见他，并为杜并事"甚加叹异"，后授以膳部员外郎之职。《旧唐书》本传记载稍详，云："后则天召见审言，将加擢用，问曰：'卿欢喜否？'审言蹈舞谢恩，因令作《欢喜诗》，甚见嘉赏，拜著作佐郎，俄迁膳部员外郎。"从这以后，杜审言就由地方的基层官员擢升至武氏朝廷，并与武则天宠幸的张易之、张昌宗兄弟交游，受到他们的信用。

---

①墓志录文作"周季童"，童字恐误。

五

《旧唐书》本传载杜审言"神龙初,坐与张易之兄弟交往,配流岭外"。《新唐书》本传则云"流峰州"。据《新唐书》卷四十三上《地理志》七上,峰州承化郡属安南都护府。关于此事,《旧唐书》卷七十八《张行成传附张易之张昌宗传》记载稍详,云:"神龙元年正月,则天病甚。是月二十日,宰臣崔玄暐、张柬之等起羽林兵迎太子至玄武门,斩关而入,诛易之、昌宗于迎仙院,并枭首于天津桥南。则天逊居上阳宫。……朝官房融、崔神庆、崔融、李峤、宋之问、杜审言、沈佺期、阎朝隐等皆坐二张窜逐,凡数十人。"神龙元年为公元 705 年。张柬之等起兵,是乘武则天病危时发动的一次宫廷政变,使武则天避位,唐中宗复位,张易之兄弟被杀,武氏势力受到一次打击,同时,像宋之问、沈佺期、杜审言等依附于张易之的文士也即大批被贬出。从杜审言的一生来看,他的诗歌创作大致可分两个阶段,贬吉州以前是一个阶段,这时他大部分任地方低级官吏,虽没有写出具有社会现实意义的作品,但那一时期的诗篇,无论写边塞,写游宦,还是有特色的;从吉州还朝依附张易之兄弟以后,是后一阶段,这时官位迁升了,但从现有作品来看,却没有创作出值得肯定的诗作,可见作为一个诗人,他的文学创作,也是与其政治活动有密切关联的。

这些被贬流放岭外的诗人,在途中作了一些彼此唱酬的诗,如沈佺期有《遥同杜员外审言过岭》(《全唐诗》卷九十六),但杜审言的原作今已不见。宋之问有《至端州驿见杜五审言沈三佺期阎五朝隐王二无竞题壁慨然成咏》(《宋之问集》卷上),诗末说:"处处山川同瘴疠，自怜能得几人归。"表示归期渺茫之感。但想不到时隔不久，他们又都陆续回朝了。

原来张柬之等起兵，主要是诛杀了张易之、张昌宗兄弟，放逐了一批文人，而对于武三思这样的权贵人物并未触动，更主要的是对于武氏为代表的新贵豪族势力没有给以沉重的打击。中宗复位，皇后韦氏一家的另一批新贵豪族又起，她（他）们又与武三思等相勾结，终于排除并杀害了张柬之等人。因此中宗在位时期（705—710），仍是继承武则天统治时期的腐朽一面，朝政紊乱不堪，文学上也没有什么起色。

被流放的文士之中，李峤首先于神龙二年（706）正月入相，《旧唐书》卷七《中宗纪》，神龙二年正月"戊戌，吏部尚书李峤同中书门下三品"。沈佺期大约也于同年入为起居郎，《旧唐书》卷一九〇中《文苑中·沈佺期传》："神龙中授起居郎。"沈佺期有《喜赦》诗，《全唐诗》卷九十六："去岁投荒客，今春肆眚归。律通幽谷暖，盆举太阳辉。"宋之问也于神龙二年春逃归，并因告密之功，擢为鸿胪主簿（参见新旧《唐书》本传及《通鉴》卷二〇八神龙二年三月条）。崔融则在神龙二年因修武则天实录成而封为清河县子；又因作武则天哀册文，用思精苦，于同年发病而死（见新旧《唐书》崔融本传）。杜审言何时召还，史未明载，但《旧唐书》本传说是"寻召授国子监主簿"，大约也是神龙二年（即706）的事①。

---

① 《全唐诗》卷八十载于季子《早春洛阳答杜审言》诗："梓泽年光往复来，杜霸游人去不回。若非载笔登麟阁，定是吹箫伴凤台。路傍桃李花犹嫩，波上芙蕖叶未开。分明寄语长安道，莫教留滞洛阳才。"从末二句看，似是送杜审言赴长安者，这时中宗已在长安。此诗当是由峰州召回（转下页）

新旧《唐书》本传都说杜审言的最后官职是修文馆直学士，但未言时间。按《唐会要》卷六十四"宏文馆"条："武德四年正月，于门下省置修文馆，至九年三月改为宏文馆。……神龙元年十月十九日改为昭文馆，避孝敬讳故也。二年，又改为修文馆。至景龙二年四月二十二日，修文馆增置大学士四员，学士八员，直学士十二员，征攻文之士以充之。二十三日，敕中书令李峤、兵部尚书宗楚客并为大学士。二十五日，敕秘书监刘宪、中书侍郎崔湜、吏部侍郎岑羲、太常卿郑愔、给事中李适、中书舍人卢藏用、李乂、太子中舍刘子玄并为学士。五月五日，敕吏部侍郎薛稷、考功员外郎马怀素、户部员外郎宋之问、起居舍人武平一、国子主簿杜审言并为直学士。"由此可见，杜审言之为修文馆直学士，是在中宗景龙二年（708）五月。

新旧《唐书》都没有记载杜审言卒于何年。考宋之问有《祭杜学士审言文》（《全唐文》卷二四一），首云："维大唐景龙二年，岁次戊申，月日，考功员外郎宋之问谨以清酌之奠，敬祭于故修文馆学士杜君之灵。"后又有"孟冬十日兮共归君，君有灵兮闻不闻"之句。由此可见，杜审言即卒于景龙二年（708），他于这年的五月为修文馆直学士，孟冬卒。年六十余（据《旧唐书》本传）。

《新唐书》本传曾载："初，审言病甚，宋之问、武平一等省候何如，答曰：'甚为造化小儿相苦，尚何言？然吾在，久压公等，今且死，固大慰，但恨不见替人'云。"这是很著名的一条轶闻，但其

（接上页）长安路经洛阳，于季子送行之作，故有三四两句。如此，则也是在神龙二年春。于季子，《全唐诗》收诗七首，小传称"咸亨中登进士第，则天时司封员外"。

真实性是大可怀疑的。最主要的证据就是宋之问的这篇祭文，祭文称赞了杜审言的文才，说是"惟灵昭昭，度越诸子"。诸子指祭文所举的王、杨、卢、骆所谓初唐四杰。祭文还对杜审言的文才作了形象的描绘："言必得俊，意常通理。其含润也，若和风欲曙，摇露气于春林；其秉艳也，似凉雨半晴，悬日光于秋水。"然后叙述杜审言病笃时情况："君之将亡，其言也善。余向十旬，日或再展，君感斯意，赠言宛转，识金石之契密，悔文章之交浅。命子诫妻，既恳且辨。"这应当说是有关杜、宋交情的第一手材料，就是说，直到临终时，杜还十分感激宋之问的情意，以至"命子诫妻，既恳且辨"。武平一也是如此，《唐诗纪事》卷六载"审言卒，李峤已下请加命，时武平一为志"云云。武平一的表中对杜审言也十分推崇。这其间看不出《新唐书》本传所载那样傲慢的情状①。

关于杜审言，从《大唐新语》开始，就说他"恃才謇傲"（卷五"孝行"）。新旧《唐书》本传更作了进一步的具体叙述，实际上所举事例，大多经不起推敲。除了临终时对宋之问等所说的一事以外，《旧唐书》还载：

> 乾封中，苏味道为天官侍郎，审言预选，试判讫，谓人曰："苏味道必死。"人问其故，审言曰："见吾判，即自当羞死矣！"

---

①胡震亨《唐音癸签》卷二十五"谈丛"门载："杜必简未见替人之谴，非侮宋也。宋与杜差肩交，正挹宋深聊戏耳。宋祭杜文云：君之将亡，赠言宛转。命子诫妻，既恳且辨。其见待之庄实如此。"

实际情况如何呢？实际是乾封二年（667），苏味道才举进士第，后调为咸阳尉（参据新旧《唐书·苏味道传》），怎么可能他在乾封中就已为天官侍郎呢？《新唐书》本传可能看到了这一矛盾，因此没有"乾封中"三字，只说"苏味道为天官侍郎，审言集判"云云。但这仍有问题。苏味道于天册万岁元年（695）正月贬集州刺史，旋即召为天官侍郎（按，天官侍郎即吏部侍郎），圣历元年（698）九月又由天官侍郎迁为凤阁侍郎、同平章事（参见新旧《唐书·则天后纪》及苏味道本传，又《通鉴》卷二〇六）。这正是杜审言任洛阳丞的时期，都在洛阳，地点是相合的。但以一个县丞的职位，是不能参预吏部铨试的试判的。因此《新唐书》所载也不能成立。关于此事，最早见于《太平广记》卷二六五所引《谭宾录》，《谭宾录》为五代人所作小说，是不足为据的，其中也记载了杜审言夸诞的话，说是："吾之文章合得屈、宋作衙官，书迹合得王羲之北面。"这也见于新旧《唐书》，恐也是小说家言。

《新唐书·艺文志》著录《杜审言集》十卷。当是北宋初年流传之本，但不知这十卷本究竟包括多少篇诗文。《直斋书录解题》卷十九诗集类上著录《杜必简集》，仅一卷，而且是有诗无文的。杨万里《杜必简诗集序》（《诚斋集》卷八十二），记述当时吉州户曹赵彦法辑集杜审言的诗，"旁搜远摭，得其诗四十二首"。这一数字与《全唐诗》所载的相近，当是从南宋初年以来，杜审言诗的数量，基本上就是今天从《全唐诗》中所见到的那样了。据赵执信《题杜审言集》一文（《饴山文集》卷十二），说："右杜员外诗集一卷，虽非宋元旧本，犹是明代刻手之善者，校勘亦颇精细。"可见明刻即已作一卷，与《直斋书录解题》著录的相同。由此可以推想，

《新唐书》虽著录为十卷,恐怕实际数量是不会太多的。

[附记]

　　杜并的墓志,除载于《芒洛冢墓遗文续补》的以外,尚载于顾燮光的《梦碧簃石言》卷二,顾氏有云:"近年偃师县出唐杜并志石一方,事既孝烈可传,文则雅饬可诵,书亦端正足法,在唐志中洵为佳构。范鼎卿道尹从新旧《唐书》中考知并为审言之子,即少陵之叔父,文则苏许公所作,宜其修洁如此也。"在移录杜并墓志文之后,即附载范鼎卿的跋语,今节录于下,供参考:

　　　　右杜并墓志。并为杜审言之子,其手刃周季重之事,并见新旧《唐书》审言传中,……与此志所叙事实悉合,是志文虽不著撰人名字,其为许公大手笔无疑也。惟杜并之年,史云十三,志云十六,自应以志为正,可据以订史之误。《元和姓纂》襄阳杜氏,当阳侯元凯少子耽,晋凉州刺史,生顾,西海太守,生逊,过江随元帝南迁,居襄阳。逊生乾光。乾光生叔毗,周峡州刺史,生廉卿、凭石、安石、鱼石、黄石。鱼石生依艺,巩县令,生审言,膳部员外。审言生闲,武功尉、奉天令。闲生甫,检校工部员外。甫生宗武,宗武生嗣业。今志云曾祖鱼石,隋怀州司功、获嘉县令;祖依艺,唐雍州司法、洛州巩县令;父(下空两格,以审言尚在,故阙而不名),洛州洛阳县丞。鱼石官位赖此志以著之,并足补《姓纂》之阙矣。并为审言之子,闲之弟，亦即少陵之叔父。史称杜审言，襄州襄阳人，杜甫本襄阳人，后徙河南巩县。惟《北周书》称杜叔毗其先京兆杜陵人，徙居襄阳，今志云京兆杜陵人者，盖举其郡望言之耳。并以十余龄童子，卒能于广筵盛集中手刃父仇，纯孝奇烈，足以不朽。考《杜叔毗传》，叔毗因兄君赐为曹策所害，白日手刃策于京城，断手刳腹，解其支体，然后面缚请戮。并为叔毗之玄孙，何其克肖祖德也。此考少陵家世者所亟宜表著之者矣。

我在《杜审言考》文中曾说："杜甫诗中称自己为杜陵野老。京兆杜陵系指其族望而言，所谓襄州襄阳人，当是指叔毗的上代后来徙居襄阳，因此杜叔毗以后的一支就称为襄阳人。"现在参照范鼎卿所引《元和姓纂》的文来看，上述这几句话是不准确的。《姓纂》卷六于襄阳杜氏一支，开头就说："当阳侯元凯少子耽，晋凉州刺史，生顾，西海太守，生逊，过江，随元帝南迁，居襄阳。"就是说，自西晋末、东晋初杜逊随元帝南迁，即居住襄阳，而杜叔毗则远在杜逊之后，因此《杜审言考》中说"杜叔毗以后的一支就称为襄阳人"，是不确的。又，范鼎卿跋语引《姓纂》文，称杜叔毗官峡州刺史，误，据岑仲勉《元和姓纂四校记》所考，峡当作硖。《姓纂》未著鱼石官位，出土的杜并墓志称鱼石为隋怀州司功、获嘉县令，范鼎卿因而说"鱼石官位赖此志以著之，并足补《姓纂》之阙"，其实杜甫为其姑母杜氏所作墓志中就已写过，云："曾祖某，隋河内郡司功、获嘉县令"（见《钱注杜诗》卷二十《唐故万年县君京兆杜氏墓志》),可以互参。

关于杜甫诗中承袭杜审言之处,我在前文中引王得臣的《麈史》与杨万里的《杜必简诗集序》,今按南宋的《芥隐笔记》中也说到:"杜审言'绾雾青条弱,牵风紫蔓长',又云'寄语洛城风月主,明年春色倍还人',子美有'林花著雨燕脂润,水荇牵风翠带长',又'传语风光共流转,暂时相赏莫相违',皆祖述其意。"(《子美诗有祖述》条)可见这是南宋诗文评中带有普遍性的看法。

王翰考

一

王翰诗，编录于《全唐诗》卷一五六者，为一卷，共十四首，另外《全唐诗》卷八八二补遗载其《龙兴观金箓建醮》诗残存三句（第三句又缺三字）。他留存下来的诗，以《凉州词二首》为最佳，尤其是其中第一首最为人所传诵：

> 葡萄美酒夜光杯，欲饮琵琶马上催。醉卧沙场君莫笑，古来征战几人回。

王翰，新旧《唐书》有传，《旧唐书》见卷一九〇中《文苑传》中，《新唐书》见卷二〇二《文艺传》中，可以大致见出他的生平经历。今据新旧《唐书》本传，补考其事迹如下。

据新旧《唐书》本传，王翰为并州晋阳人。晋阳为太原府的属县,属河东道(参《新唐书》卷三十九《地理志》三)。闻一多先生《唐诗大系》定其生卒年为687—726年,即武后垂拱三年至玄宗开元十四年。但据现在所能掌握的材料,还无法考知其确切的生卒年,《唐诗大系》所定生卒年并无确切的材料依据。

王翰事迹中最早能够系年的是他登进士第的时间。《旧唐书》本传说:"少豪荡不羁,登进士第,日以蒲酒为事。"《新唐书》本传也说:"王翰字子羽,并州晋阳人。少豪健恃才,及进士第,然喜蒲酒。"都未载其进士登第的年岁。只有《唐才子传》(卷一)王翰小传记载道:"景云元年卢逸下进士及第。"则王翰为睿宗景云元年(710)进士及第。

但清徐松对此有异议,其《登科记考》卷四景云元年条,据《唐诗纪事》,并云:"景龙四年正月五日,移仗蓬莱宫,御大明殿,会吐蕃骑马之戏,柏梁联句诗有考功员外郎武平一,则其年为武平一知举矣。"又云:"《唐才子传》载王翰景云元年卢逸下进士。按景云改元于七月,所谓元年者,盖二年之榜也。"其书卷五即系王翰于景云二年(711)进士科下,有考云:"《唐才子传》王翰字子羽,并州人,景云元年卢逸下进士及第。唐人例以上年冬命次年知举之人,故王翰实二年榜也。"并系景云二年主贡举为卢逸。

按卢逸,新旧《唐书》无传,其名仅见于《新唐书》卷七十三上《宰相世系表》三上卢氏,为卢元规之次子,曾官给事中、荆府长史。从这里未能考见其何年主贡举。《登科记考》引《唐诗纪事》文,认为景云元年正月武平一为考功员外郎(唐时,开元二十四年前以考功员外郎主贡举,开元二十四年后改为礼部侍郎),则景云元年春试时知贡举者即为武平一。又,《唐语林》卷八累为主司条,曾载:"神龙元年以来累为主司者:房光庭:太极元年、开元元年。"神龙元年为705年,太极元年为712年,开元元年为713年。据此,则711年即景云二年主贡举者正好缺其姓名,因此徐松参据《唐才子传》,把卢逸作为景云二年主贡举者,而把王翰移为景云二年进士登第。

徐松所考不为无理,但以景云二年主贡举者为卢逸,终究还是一种推测。这里拟补充《封氏闻见记》的一条记载,以资研讨:

> 开元初,宋璟为尚书,李义、卢从愿为侍郎,大革前弊,据阙留人,纪纲复振。时选人王翰颇攻篇什,而迹浮伪,乃窃定海内文士百有余人,分作九等,高自标置,与张说、李邕并居第一,自余皆被排斥。陵晨于吏部东街张之,甚于长名。观者万计,莫不切齿。从愿潜察获,欲奏处刑宪,为势门保持,乃止。(卷三《铨曹》)

此处所写王翰事,与新旧《唐书》本传说他性格豪放不羁是一致的,这可以帮助我们了解王翰的为人。现在我们从考证的角度来加以考察。按文中称王翰为选人,则是王翰已是进士及第,赴吏部调选,而此时宋璟为吏部尚书,李义、卢从愿为吏部侍郎。这就提供线索,以便从史笈记载中来考知宋、李、卢任吏尚、吏侍的时间。

按颜真卿《开府仪同三司行尚书右丞相上柱国赠太尉广平文贞公宋公神道碑铭》(《颜鲁公文集》卷四)中说:"唐隆初拜吏部尚书、同中书门下三品。唐隆初即景云元年也,是年六月甲申改元唐隆,七月己巳改元景云,璟之拜命在丁巳,未改景云之前,故曰唐隆初。"后又载宋璟贬楚州刺史,历魏兖冀三州兼河北采访使,迁幽州都督兼御史大夫,复为魏州,入为国子祭酒、东都留守,后又为广州都督,拜刑部尚书,至开元四年又迁吏部尚书,兼黄门侍郎、兼修国史,入相。《旧唐书》卷七《睿宗纪》,景龙四年(即景云元年),七月丁巳,"以洛州长史宋璟为检校吏部尚书、同中书门下三品"。景云二年二月甲辰,"宋璟左授楚州刺史"。《通鉴》卷二〇九也载宋璟于景云元年七月丁巳由洛州长史为检校吏部尚书、同中书门下三品,景云二年二月,因与姚崇(元之)触犯太平公主,"甲申,贬元之为申州刺史,璟为楚州刺史"。

我们再来看看李乂和卢从愿。《旧唐书》卷一〇一《李乂传》:"乂知制诰凡数载。景云元年,迁吏部侍郎,与宋璟、卢从愿同时典选,铨叙平允,甚为当时所称。寻转黄门侍郎。时睿宗令造金仙、玉真二观,乂频上疏谏,帝每优容之。"(《新唐书》卷一一九本传略同)又苏颋有《唐紫微侍郎赠黄门监李乂神道碑》(《文苑英华》卷八九三),中说:"太子上即位(按,此衍子字,太上指睿宗),检校吏部郎中(按,郎中字误,应从新旧传作侍郎)。……二岁,迁黄门侍郎。"苏颋认为景云二年李乂即由吏部侍郎迁黄门侍郎,而《旧传》则载乂为黄门侍郎后曾上疏谏造金仙、玉真二观。据《通鉴》卷二一〇,景云二年五月,"辛酉,更以西城为金仙公主,隆昌为玉真公主,各为之造观,逼夺民居甚多,用功数百万。右散骑常侍魏知古、黄门侍郎李乂谏,不听。"《旧唐书》卷九十八《魏知古传》也载:"睿宗女金仙、玉真二公主入道,有制各造一观,虽属季夏盛暑,尚营作不止。知古上疏谏曰:……《礼》曰:'季夏之月,树木方盛……'"由此可知李乂由吏侍转黄门当在景云二年五月以前。至于卢从愿,也是景云元年为吏部侍郎,《唐会要》卷七十四《掌选善恶》条:"景云元年,卢从愿为吏部侍郎。"又《通鉴》卷二一一,开元四年(716)二月载:"吏部侍郎卢从愿左迁豫州刺史。"

由此可知,宋璟为吏部尚书,李乂、卢从愿为吏部侍郎,三人共同铨试的时间,当在景云元年秋冬至景云二年二月。景云二年二月宋璟即被贬外出,是年春夏际李乂又为黄门侍郎,就只卢从愿仍留任。因此《通鉴》于景云元年末记载:"中宗之末,嬖倖用事,选举混淆,无复纲纪。至是,以宋璟为吏部尚书,李乂、卢从愿为侍郎,皆不畏强御,请谒路绝。集者万余人,留者三铨不过二千,人服其公。"(此又可参见《新唐书》卷四十五《选举志》下,所载略同)唐代科试的时间,例在春间二三月间。由《封氏闻见记》所载宋璟等掌铨时,王翰已是选人,即已进士登第,则景云二年登第就不大可能,景云元年登第还是对的。又,上面引述的《封氏闻见记》那段文字,首句"开元初",据本文所引史料,是错误的,正确的说法应为"景云初"。

二

《旧唐书》王翰本传在记载王翰登进士第后说:"并州长史张嘉贞奇其才,礼接甚厚,瀚(即翰)感之,撰乐词以叙情,于席上自唱自舞,神气豪迈。张说镇并州,礼瀚益至。"按《旧唐书》卷九十九《张嘉贞传》:"历秦州都督、并州长史,为政严肃,甚为人吏所畏。开元初,因奏事至京师,上闻其善政,数加赏慰。……六年春,嘉贞又入朝。……八年春,宋璟、苏颋罢知政事,擢嘉贞为中书侍郎、同中书门下平章事,数月,加银青光禄大夫,迁中书令。"此处未载张嘉贞何时始为并州长史。据《通鉴》卷二一一玄宗开元四年(716)八月载,"突厥降户处河曲者,闻毗伽立,多复叛归之,并州长史王晙上言"云云,其年十月又载"王晙引并州兵西济河,昼夜兼行,追击叛者",则开元四年并州长史尚为王晙。又《唐会要》卷七十八"节度使"条载:"天兵军,圣历二年四月置,大足元年五月十八日废,长安元年八月又置,景云元年又废,开元五年六月二十四日张嘉贞又置。"天兵即太原(并州)军号。由此可知,张嘉贞任并州长史,当在开元四、五年之间,至开元八年春入朝,离并州长史任。这段期间,王翰当未担任官职,居住于本乡太原,受到张嘉贞的礼遇。本传说他"撰乐词以叙情",但现存王翰诗中并无与张嘉贞唱酬诗。

《旧唐书》本传又说:"张说镇并州,礼瀚益至。"《新唐书》本传也载:"张说至,礼益加。复举直言极谏,调昌乐尉,又举超拔群类。"按张说于开元六年已在幽州都督任(可参《全唐文》卷三一二孙逖《唐故幽州都督河北节度使燕国文贞张公遗爱颂并序》"开元六年,宅于幽朔")。开元八年,张嘉贞入朝,张说即继任为并州长史。《旧唐书》卷九十七《张说传》载:"开元七年,检校并州大都督府长史兼天兵军大使、摄御史大夫、兼修国史。"当是张嘉贞于开元八年正月授为中书侍郎(见《旧唐书》卷八《玄宗纪》上),在此之前,七年冬,即已授张说为并州长史接替张嘉贞。由此可知,王翰在开元八、九年张说为并州长史时,曾举直言极谏、超拔群类等制科,又一度调为昌乐尉。据《新唐书》卷三十九《地理志》三,昌乐县属河北道之魏州魏郡。

《旧唐书》本传:"会说复知政事,以澣为秘书正字,擢拜通事舍人,迁驾部员外。"《新唐书》本传同。按,张说于开元九年(721)九月入相(《旧唐书》卷八《玄宗纪》上,开元九年九月,"癸亥,右羽林将军、权检校并州大都督府长史、燕国公张说为兵部尚书、同中书门下三品"。又参见《新唐书》卷六十二《宰相表》中)。王翰当是在张说入相后不久,因张说的荐引,也即入朝任秘书正字等职,因王翰有《奉和圣制送张尚书巡边》诗。据《旧唐书·玄宗纪》下,开元十年"闰五月壬申,兵部尚书张说往朔方军巡边"。《通鉴》卷二一二也载开元十年"夏四月己亥,以张说兼知朔方军节度使";闰五月"壬申,张说如朔方巡边"。《张说之文集》(四部丛刊本)卷四附有唐玄宗《送张说巡边》诗,及贾曾奉敕撰的《饯张尚书赴朔方序》,同卷附《奉和圣制送张尚书巡边》诗的作者,有源乾曜、张嘉贞、宋璟、卢从愿、许景先、韩休、徐知仁、崔禹锡、苏晋、王光庭、席豫、张九龄、徐坚、崔日用、贺知章,以及王翰。王翰诗中有"不惮炎蒸苦,亲尝走集赊"之句,也与时节相符。可见王翰于开元十年(722)五月已在长安,其因张说的推荐由并州入朝当在此之前,也就是在开元九、十年之间。

这里拟附带讨论《新唐书》卷六十《艺文志》集部总集类著录《朝英集》的一个问题。据《新志》,"《朝英集》三卷,开元中,张孝嵩出塞,张九龄、韩休、崔沔、王翰、胡皓、贺知章所撰送行歌诗"。《朝英集》今已佚,张九龄等诗,见于诸家文集或总集者也皆不见。我颇怀疑这个《朝英集》并非送张孝嵩,而是送张说。张孝嵩，新旧《唐书》无传。《通鉴》卷二一一开元三年（715），七月，载张孝嵩名，时为监察御史，曾立功西域。又《新唐书》卷二一六上《吐蕃传》上载："（开元）十年，攻小勃律国，其王没谨忙诣书北庭节度使张孝嵩"云云，则开元十年张孝嵩任北庭节度使。《通鉴》卷二一二开元十年九月也载其事，但作"张嵩"，胡三省注："据《新书》，张嵩即张孝嵩。"又《旧唐书》卷一〇三《郭虔瓘传》，郭虔瓘开元初为安西都护，"寻迁右威卫大将军，以疾卒。其后又以张嵩为安西都护以代虔瓘，嵩身长七尺，伟姿仪，初进士举，常以边任自许，及在安西，务农重战，安西府库遂为充实。十年，转太原尹，卒官"。由此可知，张孝嵩于开元初几年即代郭虔瓘为安西都护，在西北多年，至开元十年又转为太原尹，卒于官。但据《旧唐书》卷九十八《杜暹传》："（开元）十二年，安西都护张孝嵩迁为太原尹。"却作开元十二年，与《旧唐书·郭虔瓘传》作十年者互异，未知孰是。但无论如何，张孝嵩是于开元十年或十二年由安西内迁为太原尹的，在此之前，他在安西多年。而王翰入朝任京官，据以上所考，是在开元九、十年之间，因此，如果说是送张孝嵩赴安西，王翰那时尚在太原，如果十年或十二年送张孝嵩为太原尹，也不当有"出塞"之称，且任太原尹也并不是非常之举，须要朝中文士相集作诗相送的。因此，我怀疑这个《朝英集》乃是开元十年王翰、张九龄等送张说赴朔方巡边的，宋人误记，乃以张说为张孝嵩。

《朝英集》作者之一胡皓，苏颋在《授胡皓著作郎制》中称他"才清调远，寓兴皆新"（《全唐文》卷二五一），由此可以考知王翰的交友，以及时人对这些文士的评价。

《旧唐书》卷一〇二《韦述传》云："转右补阙。中书令张说专集贤院事,引述为直学士,迁起居舍人。说重词学之士,述与张九龄、许景先、袁晖、赵冬曦、孙逖、王翰常游其门。"可见当时张说以宰相之尊,汲引一些文士于其周围。据《唐会要》卷六十四"集贤院"条,开元十三年四月,改集仙殿丽正书院为集贤院,以中书令张说充学士,知院事,散骑常侍徐坚为副(又参见《旧唐书·玄宗纪》上,《通鉴》卷二一二,开元十三年四月条)。《唐诗纪事》卷二载唐玄宗《送张说上集贤学士》诗,有"礼乐沿今古,文章革旧新"之句,又同书卷十四载萧嵩《送张说上集贤学士赐讌得登字》诗,其中说:"文章体一变,礼乐道逾弘。"这些,都可与《新唐书·文艺传》所谓"玄宗好经术,群臣稍厌雕琢"相参证,唐玄宗前期注意革新吏治,提倡经术,在文学上主张革旧变新,改革江左浮艳的余风,这与张说是有密切关联的。张说当时不但在政治上任宰相之尊,在文坛上也俨然是一宗主,他的一部分诗歌,风格比较雄浑质朴,他的文章虽仍然还是骈文,但与唐前期沿江左四六文艳藻的文体有很大不同。这时,王翰也有《奉和圣制送张说上集贤学士赐宴得筵字》诗(又见《张说之文集》卷四附),可见王翰与张说的文字交往,以及当时文学思想与文学创作的一些动向。

三

王翰后期的生活情况,据《旧唐书》本传所载,为:"枥多名马,家有妓乐。瀚发言立意,自比王侯,颐指俦类,人多嫉之。说既罢相,出瀚为汝州长史,改仙州别驾。至郡,日聚英豪,从禽击鼓,恣为欢赏,文士祖咏、杜华常在座,于是贬道州司马,卒。"《新唐书》本传所载,基本相同。从这一记载看来,王翰的家产似比较富饶的,而又"自比王侯,颐指俦类",因而张说一罢相,他也就受到贬谪,竟至贬为道州司马。

按,张说罢相在开元十四年四月。《新唐书·宰相表》中载开元十四年,"四月庚申,说罢为尚书右丞相"。又可参见张九龄《唐丞相曲江张先生文集》卷七《停燕国中书令制》。张说是因为与宇文融的矛盾而罢相的,随着张说的罢相,因张说所提携的一些文人也就受到牵连,相继外出,如张九龄就是其中之一。《新唐书》卷一二六《张九龄传》:"御史中丞宇文融方事田法,有所关奏,(张)说辄建议违之。融积不平,九龄为言,说不听。俄为融等痛诋,几不免,九龄亦改太常少卿,出为冀州刺史。"王翰,据新旧《唐书》本传所载,也是因张说罢相而外出的,但具体在何年,则不可确考。这里有张怀瓘《文字论》的一条材料,文载《全唐文》卷四三二,可资研讨,今录其有关部分如下:

> 时有吏部苏侍郎晋、兵部王员外翰,俱朝端英秀,词场雄伯。王谓仆曰:"文章虽久游心,翰墨近甚留意,若此妙事,古来少有知者,今拟讨论之,欲造书赋,兼与公作《书断》后序。王僧虔虽有赋,王俭制其序,殊不足动人。如陆平原《文赋》,实为名作,若不造极境,无由伏后世人心,不知书之深意,与文若为差别,虽未穷其精微,粗欲知其梗概,今试为簿言之。"仆答曰……别经旬月后见,乃有愧色,云书道亦太玄微,翰与苏侍郎初并轻忽之,以为赋不足言者,今始知也,极难下

语,不比于《文赋》,书道尤广,虽沉思多日,言不尽意,竟不能成。仆谓曰:"员外用心尚疏,在万事皆有细微之理,而况乎书。"……后见苏云:"近与王员外相见,知不作赋也。"……其后仆赋成,往呈之,遇褚恩光、万希庄、包融并会,众读赋讫,多有赏激。苏谓三子曰:"晋及员外俱造书赋,历旬不成,今此观之,固非思虑所际也。"……

《四库总目提要》卷一一二子部艺术类载《书断》三卷,提要云:"是书《唐书·艺文志》著录,称怀瓘为开元中翰林院供奉,窦蒙《述书赋》注则云怀瓘海陵人,鄂州司马,与志不同。然《述书赋》张怀瓘条下又注云:怀瓘,怀瓘弟,盛王府司马,兄弟并翰林待诏,则与志相合。盖尝为鄂州司马,终于翰林供奉,二书各举其一官尔。"《提要》所考较为通达,张怀瓘为开元中翰林供奉,与王翰同时,因此《文字论》中所述王翰事,乃得之亲身见闻,是较可信的。

按《旧唐书》卷一〇〇《苏珦传附子晋传》:"父卒后,历户部侍郎,袭爵河内郡公。开元十四年,迁吏部侍郎。时开府宋璟兼尚书事,晋及齐澣递于京都知选事……俄而侍中裴光庭知尚书事,每过官应批退者,但对众披簿,以朱笔点头而已。晋遂榜选院云:'门下点头者,更引注拟。'光庭以为侮己,甚不悦,遂出为汝州刺史。"又据《旧唐书》卷一九〇中《文苑中·齐澣传》:"澣为右丞,李元纮、杜暹为相,以开府广平公宋璟为吏部尚书,又用户部侍郎苏晋与澣为吏部侍郎,当时以为高选。"而据《新唐书》卷六十二《宰相表》,开元十四年"四月丁巳,户部侍郎李元纮为中书侍郎、同中书门下平章事";"九月己丑,碛西节度使杜暹检校黄门侍郎、同中书门下平章事。"(《旧唐书·玄宗纪》上略同)杜暹为相既在开元十四年九月,则苏晋为吏部侍郎必当在此之后,或为本年冬日。至于苏晋出为汝州长史的时间,史无明载,据《旧唐书·玄宗纪》上,开元十八年四月,"乙丑,裴光庭兼吏部尚书"。如此,则苏晋与裴光庭发生争执,晋之出守汝州,当在开元十八年冬及十九年春夏间事。

张怀瓘《文字论》称王翰为兵部王员外,乃因王翰曾任驾部员外郎,属兵部,因此可称兵部王员外。在王翰任驾部员外郎时,苏晋为吏部侍郎,并与张怀瓘论文字之道,则必当在开元十四年九月以后,十八年之前。而张说罢相在开元十四年四月,开元十九年间苏晋又为汝州长史,因此王翰为汝州长史的时间,很可能在开元十五年间,后又改仙州别驾,而且极可能苏晋乃是接替王翰为汝州长史的。祖咏有《汝坟秋同仙州王长史翰闻百舌鸟》诗(《全唐诗》卷一三一),祖咏长期居住于汝坟间,《全唐诗》同卷并载祖咏《寄王长史》,当也是寄王翰的,诗中说:"汝颍俱宿好,往来托层峦。终日何寂寞,绕篱生蕙兰。"可见史传中说王翰在汝州时,祖咏常在座,是有一定根据的。祖咏也有边塞诗,风格与王翰相近。至于杜华的材料则不多见,岑参有《敬酬杜华淇上见赠兼呈熊曜》诗(四部丛刊本《岑嘉州诗》卷一),诗中有"忆昨癸未岁"句,癸未为天宝二年(743),则此诗为天宝三年作。岑诗中说:"杜侯实才子,盛名不可及。祇曾效一官,今已年四十。是君同时者,已有尚书郎,怜君独未遇,淹泊在他乡。"天宝三年杜华约四十岁,则在汝州与王翰游时,杜华尚为二十余岁的青年。看来岑参对杜华的才情是颇为钦佩的,可惜杜华没有什么诗作留存下来。

又,闻一多先生《唐诗大系》定王翰的卒年为726年,726年为开元十四年,如上所说,这年张说虽已罢相,但苏晋于此年九月始为吏部侍郎,与王翰游,时王翰为兵部驾部员外郎,在此之后尚有汝州长史、仙州别驾及道州司马等职。闻一多先生当误据新旧《唐书》本传所载,以张说罢相,王翰外出,即为其卒年,这是不确的。

王翰的确切卒年不可考。杜甫《奉赠韦左丞丈二十二韵》(《钱注杜诗》卷一),中说:"甫昔少年日,早充观国宾,读书破万卷,下笔如有神。赋料扬雄敌,诗看子建亲。李邕求识面,王翰愿卜邻。自谓颇挺出,立登要路津。致君尧舜上,再使风俗淳。此意竟萧条,行歌非隐沦。"按诸家所作杜甫年谱及杜诗系年,此诗约作于天宝七载间,所云充观国宾,乃指开元二十三年杜甫自吴越归后在洛阳应试不第事。杜甫自述其早年遭际,虽有夸张之词,但"王翰愿卜邻"二句却是写实。据此,则开元二十三年(735)王翰尚在人世,但不知已从道州司马归来,还是尚未贬道州,就不得而知了。据《唐会要》卷七十"州县改置"条,仙州于开元二十六年十月三日废,大历三年三月二十八日复置,则王翰之为仙州别驾,无论如何应在开元二十六年之前。王翰于开元后期即未见其行踪的记载,他当是于开元中即已去世,不可能生活到天宝时期。文学研究所编的《唐诗选》以其《飞燕篇》为"讽刺唐玄宗和杨贵妃的淫佚生活",是没有根据的,无论从诗的本身内容看,或者从王翰的事迹看,这一说法是不可靠的,是缺乏根据的想象之词。

《大唐新语》卷八《文章》条载"张说、徐坚同为集贤学士十余年,好尚颇同,情契相得。时诸学士凋落者众,唯说、坚二人存焉。"徐坚先问张说前辈文人的评价,张说一一作了回答,"坚又曰:今之后进,文词孰贤?""后进"之中,即有王翰,张说评论说:"王翰之文,有如琼林玉斝,虽烂然可珍,而多有玷缺,若能箴其所阙,济其所长,亦一时之秀也。"这里的评价,在很大程度上是指文章而言的。徐坚卒于开元十七年,此当为开元十七年前张说与徐坚同在集贤院中之事,由此也可见出当时人对王翰的评价。可惜王翰的文章多佚。诗篇留存的也无多,他的事迹也只能考其大略。

[附记]

　　文中曾考王翰因受张说的推荐,由太原而入长安任官,张说于开元十四年因宇文融等人的排挤罢相,王翰当也在此后不久出为汝州长史。当时因张说罢相而牵连的还有张九龄,张九龄于外出为洪州刺史后曾有《答严给事书》(《唐丞相曲江张先生文集》卷十六),其中说:"自出江郡,慰诲累及,情义已积,昆弟无逾,人生相知,可谓厚矣。仆方请归养,从此告辞,会面无期,所怀当尽,故复略而言之耳。凡为前相所厚者,岂必恶人耶?仆爱自书生,燕公待以族子,颇以文章见许,不因势利而合。……嗷嗷之口,曾不是察,既不称其服,又加之谗间,负乘致寇,几于不免,当此时也,若无所容。"这里所谓"前相",即指张说;"凡为前相所厚者,岂必恶人耶"二句,透露出当时张说罢相后,受张说赏识荐拔的,当被以恶名,而受到打击排挤,张九龄是这样,王翰也会是这样的。

　　王翰为仙州别驾时,日与欢赏宴会的有祖咏、杜华等。

《王翰考》中关于杜华的材料,曾引及岑参《敬酬杜华淇上见赠兼呈熊曜》诗,其他则未见。今按,《元和姓纂》卷六于濮阳杜氏下曾载:"希彦,右补阙、太子洗马,生华、万,(万)检校郎中。"《姓纂》并说是"世居濮阳",这与岑参诗说在淇上酬杜华,地点也是相近的。《太平广记》卷一四七引《定命录》,记述杜华的话,与杜华同时者尚有裴敦复。按,裴敦复与《定命录》作者赵自勤都为天宝时人,又《全唐文》卷三二三萧颖士《为李中丞与虢王书》中曾有"谨遣江阳令杜万往谘禀"语,可见杜华与其弟在天宝时尚存。这是可以补充的唐人所记有关杜华的材料。

王湾考

　　王湾也与王翰同样,是开元年间受到张说赞赏的一位诗人。殷璠的《河岳英灵集》最早记载张说对王湾诗的评价以及天宝年间像殷璠这样的诗选诗评家对王湾诗的看法,其书卷下王湾名下云:

　　　　湾词翰早著,为天下所称最者不过一二。游吴中作《江南意》诗云:"海日生残夜,江春入旧年。"诗人已来少有此句,张燕公手题政事堂,每示能文,令为楷式。又《捣衣篇》云:"月华照杵空随妾,风响传砧不到君。"所有众制,咸类若斯。非张、蔡之未曾见也,觉颜、谢之弥远乎。

　　后来宋计有功《唐诗纪事》卷十五、元辛文房《唐才子传》卷一都有类似记载。但《唐诗纪事》所载"海日生残夜"诗,与《河岳英灵集》所载,八句中有四句是不同的。《河岳英灵集》录此诗,题

作《江南意》,诗为:

> 南国多新意,东行伺早天。潮平两岸失,风正一帆悬。海日生残夜,江春入旧年。从来观气象,唯向此中偏。

《唐诗纪事》所载,诗题虽仍作《江南意》,但题下又注云:"一作《次北固山下》。"诗为:

> 客路青山外,行舟绿水前。潮平两岸阔,风正一帆悬。海日生残夜,江春入旧年。乡书何处达,归雁洛阳边。

看来,《河岳英灵集》所载较为古朴,《唐诗纪事》所载则风华秀丽,是否经过后人修饰,不得而知。《河岳英灵集》说"海日生残夜"二句,"诗人已来少有此句",又提及张、蔡、颜、谢,即张衡、蔡邕、颜延之、谢灵运。为什么开元、天宝间人就对此诗评价甚高,这可能与此诗写作的时间有关。

《河岳英灵集》说王湾是"游吴中"作此诗,《唐诗纪事》所载说诗题一作《次北固山下》,北固山在润州(即今江苏镇江),都是说王湾游江南时作。那末王湾何时游江南呢?

按,《唐才子传》卷一王湾小传说王湾为"开元十一年常无名榜进士"。这是错误的。同书卷一张子容小传已载张子容为"开元元年常无名榜进士"。《唐诗纪事》卷二十三载"子容乃先天二年进士"。先天二年即开元元年(713)。清人徐松《登科记考》卷五则认为常无名为先天元年(712)进士。相差一年。总之,王湾登进士第的时间绝不能延后至开元十一年，因他在开元五年（717）就由荥阳县主簿调入朝廷修书（详下文）。至于究竟在先天元年还是先天二年，据现有材料，还难于断定。

《唐才子传》称王湾"往来吴楚间，多有著述"。现存王湾的诗，除上述《江南意》为在江南作外，尚有《晚春诣苏州敬赠武员外》诗（《全唐诗》卷一一五，此诗又见《河岳英灵集》《唐诗纪事》）。此武员外当即武平一。武平一，《旧唐书》无专传，卷一五八《武元衡传》云："祖平一，善属文，终考功员外郎、修文馆学士，事在《逸人传》。"但《旧唐书》实无《逸人传》，这是《旧唐书》编撰时疏失漏略的一例。《新唐书》卷一一九《武平一传》，载他于中宗时迁考功员外郎，"玄宗立，贬苏州参军，徙金坛令。平一见宠中宗，时虽宴豫，尝因诗颂规诚，然不能卓然自引去，故被谪。"王湾诗题既称诣苏州，又提及武员外，即以其旧时官职称之。诗中说"持此功曹掾，初离华省郎"，也与武平一现时官职相合。武平一既然在玄宗初即位时贬苏州（功曹）参军，王湾又于先天年间登进士第，则王湾游江南，及作《江南意》诗，当是在他进士登第前后几年之内，也就是先天年间或开元初年，在这之后，他就参预修书工作，又任洛阳尉等职，无缘再至江南了。张说为相在开元九年（721），罢相在开元十四年（726），卒于开元十八年（730）（以上参见张九龄《唐丞相曲江张先生文集》卷十八《故开府仪同三司行尚书左丞相燕国公赠太师张公墓志铭并序》，《旧唐书》卷八《玄宗纪》上，《新唐书》卷六十二《宰相表》中）。就是说，《江南意》为张说所赞赏，是在张说任相之时，即开元九年至十四年间，则此诗之写作当即在此之前，这与王湾的事迹也是相合的。

先天或开元初，不但初唐四杰和陈子昂早已死去，在武后和中宗时受到宠信的宫廷诗人，如沈佺期、宋之问、苏味道、李峤等，也都相继或贬或卒，离开诗坛。而一些盛唐诗人，不但李、杜、高、岑都还在童年，较早的如王之涣、王昌龄、崔颢、孟浩然等都还没有写出有代表性的诗作。正是在这样一种新旧诗风交替而暂时形成空隙之际，王湾唱出了"潮平两岸阔，风正一帆悬；海日生残夜，江春入旧年"那样风格壮美而又富于展望的诗句，一扫武、韦时期绮丽不振的诗风，这就不能不使人们一新耳目，预示着盛唐诗歌健康发展的康庄大道。这正是这一诗篇受到当时人们的重视以及它在盛唐诗歌发展史上具有重要地位的原因所在①。

　　王湾，新旧《唐书》皆无传，《新唐书·艺文志》也未见著录，因此只能从有关的记载中辑录出一些他的事迹的资料，并加以大体的排比。

　　《唐诗纪事》卷十五载王湾"开元初，为荥阳主簿。马怀素欲校正群籍，湾在选中，分部撰次"。《全唐诗》卷一一五小传也说："开元初，为荥阳主簿。马怀素请校正群籍，召学涉之士，分部撰次，湾在选中。秘书罢譔，又与陆绍伯等同校丽正院书。"按据《新唐书》卷三十八《地理志》二，河南道郑州荥阳郡有荥阳县。王湾为荥阳县的主簿，当是在进士登第后所授之官。

　　《新唐书》卷一九九《儒学中·马怀素传》：

---

① 明胡应麟《诗薮》内编卷四云："盛唐句如'海日生残夜，江春入旧年'，中唐句如'风兼残雪起，河带断冰流'，晚唐句如'鸡声茅店月，人迹板桥霜'，皆形容景物，妙绝千古，而盛、中、晚界限斩然。"这里的评论有一定道理，可供参考。

是时文籍盈漫，皆矣朽蟫断，签滕纷舛。怀素建白："愿下紫微、黄门，召宿学巨儒就校繆缺。"又言："自齐以前旧籍，王俭《七志》已详。请采近书篇目及前志遗者，续俭《志》以藏秘府。"诏可。即拜怀素秘书监。乃召国子博士尹知章、四门助教王直、直国子监赵玄默、陆浑丞吴绰、桑泉尉韦述、扶风丞马利征、湖州司功参军刘彦直、临汝丞宋辞玉、恭陵令陆绍伯、新郑尉李子钊、杭州参军殷践猷、梓潼尉解崇质、四门直讲余钦、进士王惬、刘仲丘、右威卫参军侯行果、邢州司户参军袁晖、海州录事参军晁良、右率府胄曹参军毌煚、荥阳主簿王湾、太常寺太祝郑良金等分部撰次。……然怀素不善著述，未能有所绪别。

《旧唐书》卷一〇二《马怀素传》也载修书事，但不及新传详备。而无论新旧传，都未明载修书的年月。按，《旧唐书》卷一〇二《韦述传》："开元五年为栎阳尉。秘书监马怀素受诏编次图书，乃奏用左散骑常侍元行冲、左庶子齐澣、秘书少监王珣、卫尉少卿吴兢并述等二十六人，同于秘阁详录四部书。怀素寻卒，行冲代掌其事，五年而成，其总目二百卷。"又同卷《褚无量传》："玄宗令于东都乾元殿前施架排次，大加搜写，广采天下异本，数年间四部充备，仍引公卿已下入殿前令纵观焉。开元六年驾还，又敕无量于丽正殿以续前功。"据《旧唐书》卷八《玄宗纪》上，玄宗于开元五年正月赴洛阳，七月下诏改东都明堂为乾元殿；开元六年十月西返长安；又马怀素卒于开元六年七月。参以上引韦述开元五年为栎阳尉，后乃入秘阁校书，历五年而书成（书成在开元九年，见下文），则开始修书在开元五年（717）七月以后间事,地点乃在洛阳。看来此次修书系分两个阶段,第一阶段在东都洛阳,由马怀素领其事,由于马怀素"不善著述",第二年即开元六年七月又卒,十月玄宗西返长安,因此成效不大。第二阶段是在长安,由元行冲总其事,历数年终于成书。《新唐书·马怀素传》叙其事云:

> 怀素卒后,诏秘书官并号修书学士,草定四部,人人意自出,无所统一,逾年不成。……又诏右常侍褚无量、大理卿元行冲考绌不应选者。……诏委行冲,乃令暅、述、钦总缉部分,践猷、惬治经,述、钦治史,暅、彦直治子,湾、仲丘治集。……行冲知丽正院,又奏绍伯……湾……入校丽正书。由是秘书省罢撰辑,而学士皆在丽正矣。

书成于开元九年（721）,见《唐会要》卷三十六"修撰":"(开元)九年十一月十三日,左散骑常侍元行冲上《群书四部录》二百卷,藏之内府,凡二千六百五十五部,四万八千一百六十九卷,分为经史子集四部,经库是殷践猷、王恢编,史库韦述、余钦,子库册照、刘彦直,集库王湾、刘仲,其序例韦述撰。"这是开元中所编的一部篇帙巨大的丛书。王湾从开元五年起,至开元九年止,自始至终参与集部的编撰,可见他对南朝萧齐以后的诗文集是做了大量的辑集工作的。

《新唐书·马怀素传》又载丽正院书修成后诸人所任之官,关于王湾,说:"湾,洛阳尉。"似乎王湾于《四部录》修成之后,又离开朝廷,任洛阳尉之职。

又，王湾有《秋夜寓直即事怀赠萧令公裴侍郎兼通简南省诸友人》诗（《全唐诗》卷一一五）。据《新唐书·宰相表》中，开元十七年（729）六月甲戌，"（萧）嵩为兼中书令；兵部侍郎裴光庭为中书侍郎"。"八月己卯，光庭兼御史大夫"。又开元十八年（730），"正月辛卯，光庭为侍中。四月乙丑，兼吏部尚书"。由此可知，王湾诗中的萧令公为萧嵩，时当为中书令，裴侍郎为裴光庭，时为中书侍郎。诗题说"秋夜寓直"，从萧、裴二人的官职迁转看来，这只有在开元十七年秋才有可能，因第二年即开元十八年正月裴光庭已为侍中，就不可能再称之为裴侍郎了。诗中有"焚香兼御史，悬镜委中丞，旗隼当朝立，台骢发郡乘"之句，也与裴光庭开元十七年八月以中书侍郎兼御史大夫的官职相合。由此可以断定，王湾此诗乃作于开元十七年，而此时他却在宫中寓直，虽不知担任何种官职，但可知开元十七年间是在朝廷中任职。

王湾的卒年与他的生年一样，都难于确考。《唐才子传》说他"与学士綦毋潜契切"，此为其他书中所未载，或即据王湾《哭补阙亡友綦毋学士》诗（《全唐诗》卷一一五，又见《河岳英灵集》《唐诗纪事》等）。考綦毋潜于开元十三、四年登进士第（《直斋书录解题》卷十九诗集类上说綦毋潜开元十三年与崔国辅、储光羲同登进士第，而《唐才子传》则系之于开元十四年）。据《新唐书·艺文志》著录綦毋潜诗一卷下注云："开元中由宜寿尉入集贤院待制，迁右拾遗，终著作郎。"按，唐人诗中及綦毋潜者，或称之为拾遗，如高适《同崔员外綦毋拾遗九日宴京兆府李士曹》诗（四部丛刊本《高常侍集》卷六），此诗似当为天宝十一载（752）秋高适在长安作。①有称其为校书，如王维《送綦毋校书弃官还江东》诗（赵殿成《王右丞集笺注》卷三，题下注：校一作秘），李颀《题綦毋校书别业》（《全唐诗》卷一三二），储光羲《酬綦毋校书梦耶溪见赠之作》（《全唐诗》卷一三六）。这些都与史籍所载綦毋潜官职合，而从无称之为补阙者。《唐才子传》称綦毋潜"后见兵乱，官况日恶，挂冠归隐江东别业"，并引王维上述送行之诗。"兵乱"云云，不知何所指，如指安史之乱，则不合乎王维诗中所说"明时久不达"之意。闻一多《少陵先生年谱会笺》以綦毋潜卒于天宝九载，也并无确切依据。但从当时所与游的诗人所作篇什看来，綦毋潜卒于天宝中期或稍后则大致不差。而王湾的《哭补阙亡友綦毋学士》诗有"屡迁君擢桂，分尉我从梅，忽遇乘辂客，云倾构厦材"等句，则似綦毋潜于天宝中去世时，王湾还仍任县尉之职，这就是说，王湾从开元十几年起任洛阳尉，直到天宝中，过了大约二十多年（将近三十年），还是一个县尉，这恐怕是不合当时的仕宦常情的。王湾登进士第在先天年间，他的年辈比盛唐时其他诗人要早得多，开元中期以后即未见其行迹。他恐怕是没有活到天宝年间。《哭补阙亡友綦毋学士》一诗，或者所哭者并非即是綦毋潜，或者此诗作者有误，即并非王湾所作。《唐才子传》所谓王湾与綦毋潜相契切，是想当然之词，从现有材料看来，綦毋潜交友较密切的是王维、李颀、高适等人，他们的年岁都要比王湾晚得多，而与綦毋潜相若。因此，《全唐诗》卷一一五小传说王湾"终洛阳尉"，虽本之于《新唐书·马怀素传》所载，仍系揣测之词，但与事实似大致不远，其时或在开元中期。

---

①关于高适的事迹，参见本书《关于高适年谱中的几个问题》。

靳能所作王之涣墓志铭跋

　　唐故文安郡文安县太原王府君墓志铭并序

　　　宣义郎行河南府永宁县尉□河靳能撰

　　□命者自然冥数,轩冕者傥来寄物。故有修圣智术,讲仁义行,首四科而早世;怀公辅道,蕴人伦识,官一尉而卑栖。命与时欤,才与达欤,不可得而偕欤? 公名之涣,字季凌,本家晋阳,宦徙绛郡,即后魏绛州刺史隆之五代孙。曾祖信,隋朝请大夫,著作佐郎,皇蒲州安邑县令。祖表,皇朝散大夫,阳翟丞,瀛州文安县令。父昱,皇鸿胪主簿,雍州司士,汴州浚仪县令。公即浚仪第四子,幼而聪明,秀发颖悟。不盈弱冠,则究文章之精;未及壮年,已穷经籍之奥。以门子调补冀州衡水主簿。气高□时,量过于众。异毛义捧檄之色,悲不逮亲;均陶潜屈腰之耻,□于解印。会有谮人交构,公因拂衣去官,遂优游青山,灭裂黄绶。夹河数千里,籍其高风;在家十五年,食其旧德。雅淡珪爵,酷嗜闲放。密亲懿交,测公井渫,劝以入仕，久而乃从，复补文安郡文安县尉。在职以清白著，理人以公平称。方将退陟庙堂，惟兹稍渐磬陆，天不与善，国用丧贤，以天宝元年二月十四日遘疾，终于官舍，春秋五十有五。惟公孝闻于家，义闻于友，慷慨有大略，倜傥有异才。尝或歌从军，吟出塞，嗷兮极关山明月之思，萧兮得易水寒风之声，传乎乐章，布在人口。至夫雅颂发挥之作，诗骚兴喻之致，文在斯矣，代未知焉，惜乎！以天宝二年五月廿二日葬于洛阳北原，礼也。嗣子炎及羽等，哀哀在疚，栾栾其棘。堂弟永宁主簿之咸泣奉清徽，托志幽壤。能忝畴旧，敢让其词。铭曰：

　　苍苍穷山，尘复尘兮；郁郁佳城，春复春兮。有斐君子，闷兹辰兮。于嗟海内，涕哀辛兮。矧兹密戚，及故人兮。

以上是唐靳能所作王之涣墓志铭，本为李根源先生曲石藏志，较先公布于世的是岑仲勉先生，见其所著《续贞石证史》（前《历史语言研究所集刊》第十五本）。《续贞石证史》录其全文，但有错漏，今蒙李希泌先生惠借拓片，重录如上。靳能身世不详。《册府元龟》卷六四三《贡举部·考试一》载："（开元）二十九年八月，御兴庆门楼，亲试明《道德经》及《庄》《文》《列子》举人。问策曰……有姚子彦、靳能、元载等入第，各授之以官。"则靳能于玄宗开元二十九年（741）八月与元载等以明四子学入第。《旧唐书》卷一一八《元载传》却谓："家贫，徒步随乡赋，累上不升第。天宝初，玄宗崇奉道教，下诏求明庄、老、文、列四子之学者。载策入高科，授邠州新平尉。"《新唐书》卷一四五《元载传》也说："天宝初，下诏举明庄、老、列、文四子学者，载策入高第，补新平尉。"这里都把玄宗下诏举明四子科列于天宝初,当以《册府元龟》为正,纠正新旧《唐书》之误。靳能于天宝二年(743)作墓志铭,署衔为河南府永宁县尉,当与元载为新平尉同样,因开元二十九年明四子科登第而授尉职的。

靳能的这篇墓志不见于《文苑英华》、《全唐文》等,过去金石书也都未见著录。自从岑仲勉先生在《续贞石证史》中公布以后,对王之涣的事迹才比过去增多了认识。但岑仲勉先生主要还在于录这篇志文,此外则仅引《金石录》所载于邵《王之咸碑》,别无考证。这里拟再增补有关史料,对王之涣的事迹作若干考述。

王之涣,新旧《唐书》无传,《新唐书·艺文志》也未著录他的著作。今存唐人所选唐诗中,芮挺章的《国秀集》载其《凉州词二首》及《宴词》,另《登鹳雀楼》(即"白日依山尽")那首名作,《国秀集》却以处士朱斌作,不列在王之涣名下。《国秀集》大致编于天宝前期(自叙中说所收诗到天宝三年止),于所录诗人大多载其官衔,如"洛阳尉王湾"、"新乡尉李颀"等,没有官职的,也冠以"进士"、"处士"等名称,只有王之涣与薛维翰、孙欣、王羡门等四人仅载姓名,未加别称。由此可见,即使在天宝时,王之涣的事迹就已所知甚少了。过去的有关记载也多有错误,如《唐诗纪事》卷二十六说他是"天宝间人",而据靳能所作墓志,他于天宝元年二月即已去世;又如《唐才子传》卷三王之涣小传说他是"蓟门人",而据墓志,应当是郡望为太原,从其五代祖王隆之为北魏绛州刺史起,就占籍绛州(《新唐书》卷三十九《地理志》三,河东道有绛州绛郡)。又譬如闻一多先生《唐诗大系》,曾以王之涣生卒年为695—?,闻先生没有看到墓志,对王之涣的卒年只好付之缺如，而其所定生年也并无依据，现在据墓志所载，卒于天宝元年，年五十五，则其生卒年即可确定，即688（武后垂拱四年）—742（天宝元年）。

据靳能所作墓志，王之涣的五代祖王隆之，在北魏时曾任绛州刺史。曾祖王信，隋时为著作佐郎，入唐为蒲州安邑县令。祖王表，为唐阳翟县丞，瀛州文安县令。父王昱，历任鸿胪主簿、雍州司士、汴州浚仪县令。王之涣为王昱的第四子，王昱的前三个儿子，则不知其名。从王隆之到王昱，都不见于史传。由此可知，王之涣的先世，虽然其五代祖曾任州刺史的官职，但从曾祖起，都不过是县一级的地方官。这一情况，还可与新旧《唐书》的《王纬传》参证。按，《旧唐书》卷一四六《王纬传》载："王纬，字文卿，太原人也。祖景，司门员外、莱州刺史。父之咸，长安尉，与昆弟之贲、之涣皆善属文。之咸以纬贵故累赠刺史。"《新唐书》卷一五九《王纬传》也载："王纬，字文卿，并州太原人。父之咸，为长安尉，与弟之贲、之涣皆有文。"这里可以见出新旧《唐书》所载与靳能所作墓志的异同，同的只有一点，即都说是太原人（当指郡望而言），异的却有几点。墓志说王之咸是王之涣的堂弟，时任永宁主簿，新旧《唐书》却说王之咸任长安尉，为王之涣之兄，而且他们是昆兄弟。又据《旧唐书》，王之咸的父亲名王景，官职是司门员外、莱州刺史，与墓志所称王之涣父王昱，任鸿胪寺主簿、雍州司士、浚仪县令等也不相同。按靳能作墓志是天宝二年，这时靳能任永宁尉，墓志中说"堂弟永宁主簿之咸泣奉清徽，托志幽壤"，可见这时靳能与王之咸都在河南府永宁县任职，只不过一任县尉，一任主簿，王之涣又葬于洛阳。王之咸既为靳能僚友，他托靳能为王之涣作墓志，墓志所述王之涣的先世，及王之涣与之咸的兄弟排行，当然得之于王之咸所述；而且靳能自己也说"能忝畴旧，敢让其词"，可见他与王之涣也是故友旧交，对其先世、亲属也当是了解的。因此我们可以推断，王之咸当如墓志所述，为王之涣的堂弟，非如新旧《唐书》所载为王之涣的昆兄。赵明诚《金石录》卷八载有："唐长安尉王之咸碑，于邵撰，韩秀荣八分书，贞元十年正月。"于邵文见《全唐文》卷四二三至四二九，但未见有此碑文，可惜已经散失，否则还能提供研究王之涣的更多的材料。王之咸任长安尉，既见于于邵所作碑，当可信，这是与新旧《唐书》一致的，当是天宝初年间王之咸尚为永宁主簿，在这之后才迁升至长安尉的。据《新唐书·地理志》及《百官志》，长安为京县，其县尉的官阶为从八品下，永宁为畿县，主簿的官阶为正九品上，由永宁主簿而为长安尉，正是迁升。由上述材料，我们可以推知，王之涣与王之咸当是同祖不同父，即其祖王表有二子，一为王景，任司门员外、莱州刺史，一为王昱，任浚仪县令等职。二人的名字都从日，也可见是兄弟。王景生之咸、之贲，之咸生纬，之涣据墓志则有子炎、羽，后未知名。王纬则历仕显职，曾为金部员外郎、剑南租庸使、彭州刺史、给事中、润州刺史、浙江西道都团练观察使等职，贞元十四年卒，年七十一，赠太子少保。其生卒年为728（开元十六年）—798（贞元十四年）。

柳宗元《王氏伯仲唱和诗序》（世绦堂本《柳河东集》卷二十一）曾提到"王氏子某，与余通家"，这位王某，其族兄即王纬，文中说"况宗兄握炳然之文，以赞关石，鹰冠银章，荣映江湖"。"关石"，即指王纬为盐铁转运使而言。据《旧唐书》卷十三《德宗纪》下，贞元十年十一月乙酉，"以浙西观察使王纬为诸道盐铁转运使"。柳宗元文中又说到"乙亥岁，某自南徐来，执文贽予"，南徐指润州，即浙西观察使治所，乙亥岁即贞元十一年。这一王某为王纬族弟，大约王纬为浙西时，他在王纬使府中，府罢，他即赴长安，以文谒见柳宗元，并请作序。柳宗元这篇文中可以注意的是他叙述玄宗先天（712）以来王纬一家的文士之盛，说：

> 王氏子某，与余通家，代为文儒。自先天以来，策名闻达，秉毫翰而践文昌、登禁掖者，纷纶华耀，继武而起，士大夫掉鞅于文囿者，咸不得攀而伦之。

文中说是"自先天以来"，王之涣似应包括在内，但王之涣并不"策名闻达"，更没有"践文昌"、"登禁掖"，他只担任过县职官吏，并且一生坎坷不遇，只不过是"官一尉而卑栖"而已。

据墓志，王之涣生于公元 688 年，即武后垂拱四年。不到二十岁（二十岁为 707 年，中宗景龙元年），就已"究文章之精"。曾"以门子调补冀州衡水主簿"。墓志说"异毛义捧檄之色，悲不逮亲"，则他为衡水主簿时，其父母即已去世。确切年岁不可考。不久即为人诬告，辞官归家，"在家十五年"。后又补文安县尉。据《新唐书》卷三十九《地理志》三，文安县属河北道莫州文安郡。在文安有政绩，所谓"在职以清白著，理人以公平称"。于天宝元年二月卒于官。这是他一生的经历。靳能在墓志中盛称他的抱负和文采，说王之涣"慷慨有大略，倜傥有异才"，极口赞美他的以从军、边塞为题材的诗歌："尝或歌从军，吟出塞，曒兮极关山明月之思，萧兮得易水寒风之声，传乎乐章，布在人口。"王之涣现存的诗只六首,这里说他的作品"传乎乐章,布在人口",可见当时是广为传播的。这可以从白居易的文中得到证明。白居易《故滁州刺史赠刑部尚书荥阳郑公墓志铭》(《白氏长庆集》卷四十二),说郑胪"尤善五言诗,与王昌龄、王之涣、崔国辅辈联唱迭和,名动一时"。王昌龄是开元、天宝时期的著名诗人,与李白、高适、李颀、孟浩然等都有交往。崔国辅也是李白、杜甫的知交。李白游河北时曾有诗题为《送崔度还吴度故人礼部员外国辅之子》(王琦注《李太白全集》卷十七)。杜甫于天宝十载在长安进三大礼赋(参《钱注杜诗》卷十九《进封西岳赋表》《进三大礼赋表》);因得到崔国辅的赞誉而为之感激不已,他在《奉留赠集贤院崔于二学士》诗(同上卷九)中说:"欲整还乡旆,长怀禁掖垣,谬称三赋在,难述二公恩(杜甫自注:甫献三大礼赋出身,二公常谬称述)。"王之涣既然与郑胪一起经常与王昌龄、崔国辅等唱和,而且又是"名动一时",可以证明靳能所作墓志中的话,所谓"传乎乐章,布在人口",并非夸张失实之词,只可惜王之涣的诗歌散亡太多,保存到今天的仅仅只有六首,——虽然这六首几乎都是珍品。

王之涣与高适也有交往。高适于开元二十年(732)间游蓟门[①],曾有《蓟门不遇王之涣郭密之因以留赠》诗(四部丛刊本《高常侍集》卷四):

> 适远登蓟丘,兹晨独搔眉,贤交不可见,吾愿终难说。迢递千里游,羁离十年别。才华仰清兴,功业嗟芳节。旷荡阻云

[①]关于高适于开元二十年间游蓟门,详参本书《关于高适年谱中的几个问题》。

海,萧条带风雪。逢时事多谬,失路心弥折。行矣勿重陈,怀君但愁绝。

由高适此诗,可知王之涣这时似曾一度在蓟门寓居。开元二十年,王之涣四十五岁,从墓志所说,辞衡水主簿后家居十五年,后又就文安县尉,天宝元年卒于官看来,开元二十年当正好是还未任文安县尉之时,大约他这时正流寓蓟门,因此高适曾去看他,却未遇,因此写了这首诗。由这首诗看来,高适对王之涣的才情是很佩服的,而且两人早有交谊,所谓"羁离十年别",则开元十年左右,王之涣三十五岁,高适二十余岁时,就已结下友情了。这是同时代诗人中提到王之涣的唯一的一首诗,而却为许多研究者所忽视。诗的本身也写得极为诚挚,"行矣勿重陈,怀君但愁绝",有古乐府的风味。

又王之涣《凉州词二首》,其一云:"黄河远上白云间,一片孤城万仞山。羌笛何须怨杨柳,春光不度玉门关。"这是王之涣的代表作。此据《全唐诗》卷二五三,《国秀集》《文苑英华》等所载,字句有异,《文苑英华》凡载有两处,卷一九七载,题作《出塞》,卷二六六题作《凉州》。《国秀集》也题作《凉州词二首》。这是开、天时新起的乐章。《唐语林》卷五载:"天宝中,乐章多以边地为名,若《凉州》、《甘州》、《伊州》之类是焉。"(《新唐书·乐志》所载略同)据岑仲勉先生《唐人行第录》王七之涣条,云:

全诗三函高适四《和王七听玉门关吹笛》云:"胡人吹笛戍楼间,楼上萧条海月闲。借问落梅凡几曲,从风一夜满关山。"押间、山二韵同之涣诗,余认为此王七即之涣。

按,高适此诗,见于四部丛刊本《高常侍集》(卷八)者题为《塞上听吹笛》,首两句作"雪净胡天牧马还,月明羌笛戍楼间",与《全唐诗》所载有异。岑仲勉先生意在考行第,他的这一立论不为无见,由此则使我们知道,王之涣这首诗又题作《听玉门关吹笛》,大约以"凉州"为题者乃以乐曲命名,而所谓"听玉门关吹笛",则叙其作诗时情景。《高常侍集》虽题作《塞上听吹笛》,但次句"月明羌笛戍楼间",也仍与王诗"羌笛何须怨杨柳"句相应。由此可知,高适与王之涣曾以诗歌相酬唱,王之涣则又很可能到过玉门关一带,有边地风光的切身感受;高适则须待天宝后期才从军西北,已是王之涣死后十余年的事了。

联系王之涣的交友,这里拟再讨论一下所谓旗亭画壁的故事。

关于旗亭画壁,最早见于薛用弱的《集异记》,今将全文抄录于下:

> 开元中,诗人王昌龄、高适、王之涣①齐名。时风尘未偶,而游处略同,一日天寒微雪,三诗人共诣旗亭,贳酒小饮。忽有梨园伶官十数人登楼会讌,三诗人因避席隈映,拥炉火以观焉。俄有妙妓四辈,寻续而至,奢华艳曳,都冶颇极。旋则奏乐,皆当时之名部也。昌龄等私相约曰:我辈各擅诗名,每不自定其甲乙,今者可以密观诸伶所讴,若诗入歌词之多者,

---

① 按,《集异记》所载,原皆作王涣之,误,今悉改正为王之涣。

则为优矣。俄而一伶拊节而唱，乃曰：寒雨连江夜入吴，平明送客楚山孤。洛阳亲友如相问，一片冰心在玉壶。昌龄则引手画壁曰：一绝句。寻又一伶讴之曰：开箧泪沾臆，见君前日书，夜台何寂寞，犹是子云居。适则引手画壁曰：一绝句。寻又一伶讴之曰：奉帚平明金殿开，强将团扇共徘徊，玉颜不及寒鸦色，犹带昭阳日影来。昌龄则又引手画壁曰：二绝句。之涣自以得名已久，因谓诸人曰：此辈皆潦倒乐官，所唱皆巴人下俚之词耳，岂阳春白雪之曲，俗物敢近哉。因指诸妓之中最佳者，曰：待此子所唱，如非我诗，吾即终身不敢与子争衡矣。脱是吾诗，子等当须列拜床下，奉吾为师。因欢笑而俟之。须臾，次至双鬟发声，则曰：黄沙远上白云间，一片孤城万仞山。羌笛何须怨杨柳，春风不度玉门关。之涣即揶歈二子曰：田舍奴，我岂妄哉！因大谐笑。……（《集异记》卷二《王之涣》）

薛用弱，据《新唐书·艺文志》小说家类，长庆（821—824）时曾任光州刺史，为中唐时人。在《集异记》以后，《唐才子传》卷三王之涣传也曾载此事，但说"与王昌龄、高适、畅当忘形尔汝，尝共诣旗亭"云云，增加一个畅当。按，畅当为大历、贞元时人，与韦应物、卢纶等人相交往，与高适、王之涣等时代不相及，这当为辛文房所误载[1]。

---

[1] 按，《唐才子传》的所谓畅当，疑为畅诸。《唐诗纪事》卷二十七曾载畅当《登鹳鹊楼》诗，而敦煌所出唐人诗残卷（伯三六一九）注明为畅诸作，宋人笔记《墨客挥犀》卷二也载："河中府鹳雀楼五层，前瞻中条，（转下页）

对于旗亭画壁的真实性问题,最早提出怀疑并认为并非事实的是明朝的胡应麟。他在《少室山房笔丛》卷四十一《庄岳委谈》中说:"唐妓女歌曲酒楼,恍忽与今俗类。薛用弱所记王昌龄、之涣、高适豪饮事,词人或间用之。考其故实,极为可笑。"他举出的理由有三条:第一,"(高)适五十始作诗,藉令酣燕狭斜,必当年少,何缘得以诗句与二王决赌?"第二,"又令适学诗后,则是时龙标业为闾丘晓害,无缘复与高狎。"第三,高适集中并无与王之涣唱酬之诗,高适与昌龄、之涣都未有交往。

胡应麟提出的这三条,看似有理,实际都不能成立。他的前两条,都建立在所谓高适五十始为诗这个前提下。《旧唐书》高适本传说"适年过五十始留意诗什",《唐诗纪事》卷二十三说:"年五十,始为诗。"至《唐才子传》卷二高适传竟说"年五十始学为诗"。真是以讹传讹,变本加厉。对于高适的生年,现在虽然还有纷歧的意见,但大致说来,相差最多不过六七年[①]。高适的代表作

（接上页）下瞰大河,唐人留诗者甚多,惟李益、王之涣、畅诸三篇能状其景。……畅诸诗曰:迥临飞鸟上,高出世尘间,天势围平野,河流入断山。"又据《元和姓纂》卷九,四十一漾:"又诗人畅诸,汝州人,许昌尉。"《文苑英华》卷五〇三载李昂、畅诸、王泠然三人所作的《历生失度制》,清徐松《登科记考》卷七据以系于开元九年拔萃科。可见畅诸与王之涣同时,也是开元时著名诗人。李翰《河中鹳雀楼集序》(《文苑英华》卷七一〇)有云:"前辈畅诸题诗上层,名播前后,山川景象,备于一言。上客有前美原尉宇文邈……鸿笔佳什,声闻远方,方将刷羽看天,追飞太清,相与言诗,以继畅生之作。命余纪事,书于前轩。"李翰为天宝后期及肃、代时人,畅诸则可能稍早于李翰。畅诸与王之涣都以鹳雀楼诗闻名,后人既误以畅诸诗为畅当作,并误以畅当与王之涣交友,以误传误,迄未能校正,故为之考证如上。
① 高适生年,参见本书《关于高适年谱中的几个问题》。

之一《燕歌行》，据其自序作于开元二十六年①，这篇作品的产生，说明高适诗歌无论在思想还是在艺术上已经相当成熟，也是盛唐边塞诗的极其成功的作品。而这时，高适还不到四十岁。只这一点，就使胡应麟上述的第一、二两说不能成立。至于说高适集中没有与王之涣交往的诗，这更是胡氏没有遍检高适诗集之过。前面已经论及，高适于开元二十年间游蓟门，曾有诗留赠王之涣，而且从这首诗中还可考见他们二人早有交谊。另据岑仲勉先生《唐人行第录》所考，高、王二人还有诗作相唱酬。可见胡应麟的第三说也是不可靠的。

应当说，足以否定《集异记》所载的真实性，倒是其中引述的王昌龄的一首诗，即是"寒雨连江夜入吴，平明送客楚山孤。洛阳亲友如相问，一片冰心在玉壶"。此诗题为《芙蓉楼送辛渐》（《全唐诗》卷一四三），是王昌龄任江宁丞时所作②。王昌龄任江宁丞，是在开元二十九年夏天以后，而王之涣则卒于第二年即天宝元年二月，一在江南，一在河北，这期间根本不可能有三人聚饮之事。

但我们也应当承认，《集异记》作为传奇小说，其细节不一定都符合于事实的真实。从上述高适游蓟门所作的诗中，则开元十年间，高适与王之涣即有交往，这时王昌龄也只三十余岁，三人聚首，以及至于旗亭画壁，都是有可能发生的事情，虽然当时所唱不一定就是《集异记》所载的这几首诗。王昌龄与高适、王之涣，都

---

① 《高常侍集》卷五。按，《河岳英灵集》（卷上）载高适此诗，序称开元十六年，误。
② 详参本书《王昌龄事迹考略》。

是盛唐时期以写边塞诗著称的诗人,诗歌的风格有共同之处,这也可能是后来传奇作家容易把他们三人捏合在一起的客观原因之一。

崔颢考

一

　　崔颢也是开元、天宝年间的著名诗人,《旧唐书》卷一九〇下
《文苑传》下,曾提到"开元、天宝间,文士知名者,汴州崔颢、京兆
王昌龄、高适、襄阳孟浩然",以崔颢与王昌龄、高适、孟浩然并提。
《新唐书》卷二〇三《文艺下·孟浩然传》曾说:"开元、天宝间,同
知名者王昌龄、崔颢,皆位不显。"《新唐书·艺文志》著录崔颢诗
一卷,《直斋书录解题》(卷十九诗集类上)也仅载其集为一卷,清
代纂修的《全唐诗》编录其诗一卷(《全唐诗》卷一三〇),可见他
的诗原来就不多。

　　他的诗歌的数量虽不多,但他在当时却享有盛名。在唐人著
录中,崔颢往往与王维并称。如独孤及为皇甫冉文集所作的序文
中,称:"沈、宋既殁,而崔司勋颢、王右丞维复崛起于开元、天宝之
间,得其门而入者,当代不过数人,补阙其人也。"(《毗陵集》卷

十三《唐故左补阙安定皇甫公集序》）独孤及认为崔颢与王维在继沈佺期与宋之问之后，在开元、天宝的诗坛上有影响的人物，而皇甫冉又是他们的后继者。窦臮《述书赋》（《全唐文》卷四四七）在评及王维时有注云："时议论诗，则曰王维、崔颢，论笔，则曰王缙、李邕，祖咏、张说不得预焉。"也是类似的看法。独孤及的评价，基本上是从律诗（尤其是五律）的声律着眼的，从现在看来，崔颢与王维，无论从诗歌的思想与艺术风格看，有许多不相同的地方，他们在开、天时诗坛的影响与作用，也并不像独孤及评价的那样，但不论如何，这代表当时候一部分人的看法。这在当时是有一定的事实根据的，如《旧唐书》卷九十二《韦安石传》附其子韦陟传，载："开元初，丁父忧，居丧过礼。自此杜门不出八年，与弟斌相劝励，探讨典坟，不舍昼夜，文华当代，俱有盛名。于时才名之士王维、崔颢、卢象等，常与陟唱和游处。……历洛阳令，转吏部郎中。张九龄一代辞宗，为中书令，引陟为中书舍人，与孙逖、梁涉对掌文诰，时人以为美谈。"据《旧唐书》同卷《韦安石传》，韦安石卒于开元二、三年间（714—715）。张九龄于开元二十二年（734）五月为中书令（据《新唐书》卷六十二《宰相表》）。韦陟兄弟与"于时才名之士王维、崔颢"等游，当即在开元中。《旧唐书》同卷《韦斌传》也载："开元十七年，司徒薛王业为女平恩县主求婚，以斌才地，奏配焉。迁秘书丞。天宝初，转国子司业。徐安贞、王维、崔颢，当代辞人，特为推挹。"现存崔颢诗，未见有与韦陟兄弟相唱酬的诗，王维有《奉寄韦太守陟》诗（赵殿成《王右丞集笺注》卷二），则为天宝后期所作。

到了宋代以后，崔颢的评价更进了一步，并且把他与李白联系起来。如严羽《沧浪诗话》中《诗评》一节，说："唐人七言律诗，当以崔颢《黄鹤楼》为第一。"《唐诗纪事》卷二十一载崔颢《黄鹤楼》诗，并云："世传太白云：眼前有景道不得，崔颢题诗在上头。遂作《凤凰台》诗以较胜负。"[①] 宋元之际的方回，在其《瀛奎律髓》卷一中载李白《鹦鹉洲》诗："鹦鹉东过吴江水，江上洲传鹦鹉名。鹦鹉西飞陇山去，芳洲之树何青青。烟开兰叶香风暖，岸夹桃花锦浪生。迁客此时徒极目，长洲孤月向谁明。"方回在此诗后评曰："太白此诗乃是效崔颢体，皆于五六加工，尾句寓感叹，是时律诗犹未甚拘偶也。"清代纪昀的批语，则更认为："崔是偶然得之，自然流出，此是有意为之，语多衬贴，虽效之而实多不及。"又王琦注本《李太白全集》卷三十载《入清溪行山中》一诗："轻舟去何疾，已到云林境。起坐鱼鸟间，动摇山水影。岩中响自合，溪里言弥静。无事令人幽，停桡向余景。"王琦注说："《文苑英华》卷一百六十六载李白《入清溪行山中》凡二首，其一即本集七卷中'清溪清我心'一首，其一乃此首也。按崔颢集亦载此首，题曰《入若耶溪》，当是颢作也。"王琦的意见是对的，此诗即见《全唐诗》卷一三〇崔颢诗，第五句作"岩中响自答"，第七句作"事事令人幽"。可见在北宋初期，就有将崔颢诗与李白相混的。

一直到明清时，崔颢的评价还很高，如他的仿南朝乐府民歌体的《长干曲四首》，就受到王夫之的称许，王夫之在《夕堂永日绪

---

① 此又见《苕溪渔隐丛话》前集卷五引《该闻录》云："唐崔颢《题武昌黄鹤楼》诗云……李太白负大名，尚曰'眼前有景道不得，崔颢题诗在上头'。欲拟之较胜负，乃作《金陵登凤凰台》诗。"

论》内篇中说:"论画者曰咫尺有万里之势,一势字宜着眼,若不论势,则缩万里于咫尺,直是广舆记前一天下图耳。五言绝句以此为落想时第一义,唯盛唐人能得其妙,如'君家住何处,妾住在横塘。停船暂借问,或恐是同乡',墨气所射,四表无穷,无字处皆其意也。"这里的"君家住何处"四句,即是崔颢《长干曲四首》的第一首。

二

　　根据现有材料,崔颢的生年无考。闻一多先生的《唐诗大系》载其生年为704(?),即武后长安四年。闻一多先生于704年下打一问号,以表示尚有疑问,问题在于704年之说本身是并无材料依据的。崔颢的早年生活情况亦不可详考,现在所能知道的他的事迹系年,最早即是开元十一年(723)登进士第。《唐诗大系》定其生年为704年,可能即以崔颢二十岁登进士第而推算出来的。但崔颢登第时年岁若干,即并无文献记载,而唐人登进士第的年岁,有较年轻的,也有三四十岁的,很难说崔颢就是年少科第。
　　据《唐才子传》卷一崔颢小传载:"颢,汴州人,开元十一年源少良下及进士第。"在此之前,南宋陈振孙《直斋书录解题》卷十九诗集类上著录《崔颢集》一卷,则说是开元十年进士(据武英殿聚珍板丛书本)。两书所载,相差一年,未知孰是。徐松《登科记考》卷七系据《唐才子传》而定崔颢为开元十一年进士,并定此年知贡举者为源少良。源少良,新旧《唐书》无传,《新唐书》卷七十五上《宰相世系表》五上源氏,载源少良,司勋员外郎,其父匡赞,国子祭酒,其兄伯良、幼良,皆未载官职。从现有材料,也未能确定源少良究以开元十年还是十一年知贡举。总之,崔颢的登进士第,当不出这两年。

《唐摭言》卷六"公荐"条载有崔颢荐樊衡书,其中说:"夫相州者,先王之旧都,西山雄崇,足是秀异。窃见县人樊衡,年三十,神爽清晤,才能绝伦。……今国家封山勒崇,希代罕遇,含育之类,莫不踊跃。况诏征隐逸,州贡茂异,衡之际会,千载一时。君侯复躬自执圭,陪銮日观。"按唐玄宗父睿宗李旦,曾封相王,因此这里说"相州者,先王之旧都"。开元十三年(725),玄宗封禅泰山,这时张说以中书令陪登,因此可以确定,崔颢这篇文章是开元十三年上与张说的,时崔颢在相州(即今河南安阳),但不知任何官职。据《唐会要》卷七十六"制科举"条:"(开元)十五年,武足安边科,郑防、樊衡及第。"又《全唐文》卷七十三载陈岵《上中书权舍人书》,曾提到"严考功之纳樊衡也"云云,严考功即严挺之,他于开元十四年至十六年主贡举(见《唐语林》卷八"累为主司"条)。由此益可证崔颢这篇荐樊衡书作于开元十三年。

崔颢此书又载于《全唐文》卷三三〇,《全唐文》即据《唐摭言》而收载的。《全唐文》载崔颢文共两篇,另一篇为《荐齐秀才书》,也即载于《唐摭言》卷六,其中说及齐秀才为齐孝若,字考叔,时年二十四,高阳人。但此文实非崔颢作,对此,岑仲勉先生《跋唐摭言》(载前《历史语言研究所集刊》第九本)有考,云:

> 按《元和姓纂》,齐映子孝若,书所云相门之子也。又洪

兴祖《韩子年谱》，贞元八年，齐孝若与韩愈等同登第，所谓秀才或前进士也。蒋光煦校云"按此篇《文粹》作令狐楚"。楚与孝若同时，自可信。若颢卒天宝十三载(《旧书》一九〇下)，乌得而荐之?《登科记考》一三云："令狐楚《荐齐孝若书》……崔颢亦有《荐齐秀才文》。"殊不知两书文同，必有一误，徐氏特未览其文且稍思其时代耳。

岑仲勉先生此处所考，扼要而有力，是可信的。《全唐文》误从《唐摭言》，作为崔颢文，现据岑考，崔颢文留存于今的，只有荐樊衡书一篇。另外据赵明诚《金石录》卷六载："《唐扶沟令马光淑颂》，崔颢撰，八分书，姓名残缺。"后有注云："开元二十九年。"则此文为崔颢于开元二十九年或在此之前所作，这是现在所知崔颢的另一篇文，但可惜有目无文，仅见于《金石录》著录其篇目，内容则不得其详。

三

殷璠《河岳英灵集》(卷中)评崔颢诗云：

> 颢年少为诗，名陷轻薄，晚节忽变常体，风骨凛然，一窥塞垣，说尽戎旅。至如"杀人辽水上，走马渔阳归。错落金锁甲，蒙茸貂鼠衣"，又"春风吹浅草，猎骑何翩翩。插羽两相顾，鸣弓上新弦"，可与鲍昭并驱也。

从殷璠的这段评论，可以看出，当时人认为崔颢的诗风，前后是有所变化的。所谓"年少为诗，名陷轻薄"，不知具体何所指。据现存崔颢的诗看来，或者指他的《长干曲》（一作《江南曲》）等乐府民歌体描写江南男女相思之作。芮挺章《国秀集》所收诗止于天宝三载，其中崔颢的诗，既有写北方边塞的《古游侠》（即"杀人辽水上"）、《赠轻车》、《赠梁州张都督》等，又有《题沈隐侯八咏楼》、《题黄鹤楼》等。沈隐侯为沈约，他曾做过东阳太守，八咏楼即在东阳。可见在天宝三载以前，崔颢即已游历过江南与塞北。很可能他早年曾漫游江南一带，见于他的诗的，还有《游天竺寺》、《入若耶溪》、《川上女》、《舟行入剡》、《维扬送友还苏州》等。《长干曲》第二首写"家临九江水，来去九江侧"，以及第四首"三江潮水急，五湖风浪涌"等，就是写长江中下游的风物的。

　　崔颢有《结定襄郡狱效陶体》诗，很值得注意，全诗为：

　　　　我在河东时，使往定襄里。定襄诸小儿，争讼纷城市。长老莫敢言，太守不能理。谤书盈几案，文墨相填委。牵引肆中翁，追呼田家子。我来抑此狱，五听辨疑似，小大必以情，未尝施鞭箠。是时三月暮，遍野农桑起，里巷鸣春鸠，田园引流水。此乡多杂俗，戎夏殊音旨。顾问边塞人，劳情曷云已。

　　此诗首两句"我在河东时，使往定襄里"。考《唐会要》卷七十八"节度使"条："河东节度使，开元十一年以前称天兵军节度，其年三月四日，改为太原已北诸军节度，至十八年十二月宋之悌除河东节度，已后遂为定额。"又《新唐书》卷六十五《方镇表》

二，开元十一年，"更天兵军节度为太原府以北诸军州节度、河东道支度营田使兼北都留守，领太原及辽、石、岚、汾、代、忻、朔、蔚、云九州，治太原"。开元十八年，"更太原府以北诸军州节度为河东节度"。又据《新唐书》卷三十九《地理志》三，河东道所属忻州定襄郡，有县二，即秀容、定襄。由这几条材料，我们有理由推测，既然河东节度之名起于开元十八年，而《结定襄郡狱效陶体》诗又见于《国秀集》，则此诗之作当在开元十八年至天宝三载之间。在这一时期内，崔颢曾一度在河东军幕中任职，他又有《古游侠呈军中诸将》，说："少年负胆气，好勇复知机。仗剑出门去，孤城逢合围。杀人辽水上，走马渔阳归。"所谓军中，可能即是河东军幕。

《新唐书》卷四十八《百官志》三，载："监察御史十五人，正八品下。掌分察百寮，巡按州县，狱讼、军戎、祭祀、营作、太府出纳皆莅焉。"则可能崔颢于开元十一年登进士第后，曾一度为监察御史，并在河东任职，遂往定襄郡结狱。又据《唐会要》卷六十八"都督府"条："景云二年六月二十八日制，敕天下分置都督府二十四，令都督纠察所管州刺史以下官人善恶。"以下分列各州名，并州"管泽、潞、汾、仪、岚、忻、代、朔、蔚等九州"。又云："改录事参军为司举从事，令纠察管内官人，每府置两员，并同京官，资望比侍御史，若纠不以实、奸不能禁者，令左右御史台弹奏。"如此，则崔颢在河东军幕，也可能为司举从事一类的官。崔颢所写边塞题材的诗，大多为幽燕代朔一带。殷璠所谓"一窥塞垣，说尽戎旅"，从现存的有关材料来看，当是开元后期崔颢在河东军节度使幕中任职，有机会出使所管辖的州县，因而有了从军和边塞生活的经历，所作的诗也就"忽变常体，风骨凛然"。这些文献材料对于我们了解崔颢诗歌的风格及开元、天宝间的边塞诗,都是有所帮助的。

又,关于崔颢在河东军幕的时间,我们还可以从他和杜佑的父亲杜希望的关系作一些推测。据《新唐书》卷一六六《杜佑传》,说"希望爱重文学,门下所引如崔颢等皆名重当时"。关于杜希望的事迹,除《新唐书·杜佑传》外,尚见于《旧唐书》卷一四七《杜佑传》,以及权德舆所作的《大唐银青光禄大夫检校司徒同中书门下平章事太清宫及度支盐铁转运等使崇文馆大学士上柱国岐国公杜公淮南遗爱碑铭并序》(四部丛刊本《权载之文集》卷十一)和《唐故金紫光禄大夫守太保致仕赠太傅岐国公杜公墓志铭并序》(同上卷二十二),但以《新唐书·杜佑传》所载最详,今录其文如下:

> 父希望,重然诺,所交游皆一时俊杰。为安陵令,都督宋庆礼表其异政。坐小累去官。开元中,交河公主嫁突骑施,诏希望为和亲判官。信安郡王祎表署灵州别驾、关内道支度判官。自代州都督召还京师,对边事,玄宗才之。属吐蕃攻勃律,勃律乞归,右相李林甫方领陇西节度,故拜希望鄯州都督,知留后。驰传度陇,破乌莽众,斩千余级,进拔新城,振旅而还。擢鸿胪卿。于是置镇西军,希望引师部分塞下,吐蕃惧,遗书求和。希望报曰:"受和非臣下所得专。"虏悉众争檀泉,希望大小战数十,俘其大酋,至莫门,焚积蓄,卒城而还。授二子官。时军屡兴,府库虚寡,希望居数岁,乌粟金帛丰余。宦者牛仙童行边,或劝希望结其欢,答曰:"以货藩身,吾不忍。"仙童还奏希望不职,下迁恒州刺史,徙西河。而仙童受诸将金

事泄,抵死,畀金者皆得罪。希望爱重文学,门下所引如崔颢
等皆名重当时。

　　此处没有明载杜希望"门下所引"崔颢的时间,但按照常情,
在他起初任安陵令、和亲判官以及灵州别驾时还不可能,这些都是
县官、临时差遣以及州佐官,只能是他独当一面任州一级地方长官
时才有可能。据《通鉴》卷二一二载,玄宗开元十年(722),"十二
月庚子,以十姓可汗阿史那怀道女为交河公主,嫁突骑施可汗苏
禄。"杜希望为和亲判官,当在此时。所谓"信安郡王漪表署灵州
别驾、关内道支度判官",这个"信安郡王漪"应即为信安郡王祎①。
信安王祎为朔方节度使,是在开元十五年(727),至开元二十年
(732)因破契丹、奚,以功加开府仪同三司,兼关内支度营田等使。
开元二十二年(734),迁兵部尚书(以上参据《旧唐书》卷八《玄宗
纪》上,卷七十六《信安王祎传》)。灵州唐时属关内道,又为朔方
节度使、灵州都督府的治所。杜希望为灵州别驾、关内道支度判
官,当在开元十五年至二十年以及稍后一些时间(据《旧书·信安
王祎传》,李祎开元二十二年迁兵部尚书,又入为朔方节度大使)。
这就是说,大致在开元二十二年以前,崔颢为杜希望所引用,可能
性是不大的。
　　杜希望接下去的官职是代州都督。但《新唐书·杜佑传》没
有说他何时为代州都督,只是说"自代州都督召还京师,……属

---

① 宋吴缜《新唐书纠谬》卷二十"误用字"类引《新唐书·杜佑传》此句,并
　云:"信安郡王名祎,漪、祎虽同音,而义训不同,不可通用也。"

吐蕃攻勃律,勃律乞归,右相李林甫方领陇西节度,故拜希望鄯州都督,知留后"。而吐蕃攻勃律是在开元二十四年(据《旧唐书》卷一九六上《吐蕃传》,文繁不录)。李林甫领陇右节度使则在开元二十六年二月(见《旧唐书》卷九《玄宗纪》下)。杜希望为鄯州都督、知留后及破吐蕃军,即在开元二十六年(738)正月至三月的事,见《通鉴》卷二一四开元二十六年,正月"壬辰,以李林甫领陇右节度副大使,以鄯州都督杜希望知留后"。三月,"鄯州都督、知陇右留后杜希望攻吐蕃新城,拔之,以其地为威戎军,置兵一千戍之"。至于牛仙童因受贿事泄抵死,则在开元二十七年(739)六月(据《旧唐书》卷九《玄宗纪》下),这就是说,杜希望在鄯州都督的时间极短,可能即在开元二十六年中因牛仙童的诬奏而下迁恒州刺史。杜希望之为代州都督的时间,当是在开元二十年之后,二十四年吐蕃攻勃律之前。又据《新唐书》卷三十九《地理志》三,河东道,于忻州定襄郡,后即为代州雁门郡,为中都督府。因此,我认为,崔颢之在杜希望门下,为其所引用,当是在杜希望为代州都督任内,这正好与上面所考崔颢《结定襄郡狱效陶体》诗的时间相一致的。这是崔颢于开元二十年前后在河东定襄及代州一带游宦的较为确实的材料。

四

　　《国秀集》目录载崔颢诗七首,署其官衔为太仆寺丞。如前所述,《国秀集》所收诗止于天宝三载(744),这就是说,天宝三载或稍前，崔颢已从河东入朝，为太仆寺丞。又新旧《唐书》都说他于天宝中为尚书司勋员外郎。据《新唐书》卷四十六《百官志》一，司勋员外郎属吏部，从六品上；又据同书卷四十八《百官志》三，太仆寺丞也是从六品上。二者官阶虽然相同，但尚书省的职权要比太仆寺的为重，因此由太仆寺丞为司勋员外郎，仍可谓升迁。

据《旧唐书·文苑下》所载，崔颢"天宝十三年卒"。天宝十三年为公元 754 年。关于他在天宝时期的生活情况，无可考见。

关于崔颢的事迹，《新唐书》本传还记载他与李邕相见的事："初，李邕闻其名，虚舍邀之，颢至献诗，首章曰：'十五嫁王昌。'邕叱曰：'小儿无礼！'不与接而去。"按此事最早见于唐李肇《国史补》卷上，云："崔颢有美名，李邕欲一见，开馆待之。及颢至献文，首章曰：'十五嫁王昌。'邕叱起曰：'小子无礼！'乃不接之。"二者基本相同，此事后又被采入宋计有功的《唐诗纪事》（卷二十一）及元辛文房的《唐才子传》（卷一）。按，"十五嫁王昌"诗，《全唐诗》题作《王家少妇》，《唐诗纪事》所载同，《全唐诗》于题下注"一作《古意》"。全诗为：

> 十五嫁王昌，盈盈入画堂。自矜年最少，复倚婿为郎。舞爱前谿绿，歌怜子夜长。闲来斗百草，度日不成妆。

关于此诗所谓"十五嫁王昌"，前人有所训释。王维《杂诗》："双燕初命子，五桃初作花。王昌是东舍，宋玉次西家。小小能织绮，时时出浣纱。亲劳使君问，南陌驻香车。"赵殿成《王右丞集笺注》卷九载此诗，并注云：

唐人诗中多用王昌事，上官仪诗"南国自然胜掌上，东家复是忆王昌"；李义山诗"王昌只在墙东住，未必金堂得免嫌"；韩偓诗"何必苦劳魂与梦，王昌只在此墙东"。《襄阳耆旧传》：王昌字公伯，为东平相、散骑常侍，早卒。妇任城王曹子文女。昌弟式，为渡辽将军长史，妇尚书令桓楷女。昌母聪明有教典，二妇入门，皆令变服下车，不得逾侈。后楷子嘉尚魏主，欲金缕衣见式妇，嘉止之曰："其妪严固，不得倍，尔不须持往，犯人家法。"其畏如此。似非挑闼之流也。盖别是一人，然他书无考。

阎若璩也认为所谓东家王昌与《襄阳耆旧传》的王昌决非一人，其《潜丘札记》卷五《与戴唐器书》中说："闻诸□翁云，乐府'人生富贵何所望，恨不早嫁东家王'，唐人诗'十五嫁王昌'、'王昌且在墙东住'，当另一王昌，风流艳美人也，必非《襄阳耆旧传》之王昌。"（眷西堂刻本）"人生富贵何所望"二句为梁武帝所作乐府诗。可见诗中用东家王昌在南朝乐府中已见。崔颢诗中"舞爱前谿绿，歌怜子夜长"，也是用的南朝乐府曲调的典故。东家王昌虽还未有确解，还未能考见其本事，但大致与男女相思有关，是可以肯定的，这本为乐府民歌体诗所常见，却不料遭到李邕的怒斥，也是很奇怪的，在这方面，还是明人胡应麟的说法较为平允，他在所著《诗薮》外编卷四中说：

"十五嫁王昌，盈盈入画堂"，是乐府本色语，李邕以为小儿轻薄，岂六朝诸人制作全未过目邪？唐以诗词取士，乃有此辈,可发一笑。晚近纷纷竞述其语,尤可笑也。

李邕在开元、天宝时享有大名,天宝初几年他任北海太守时,曾以文坛先辈的身份接待过李白与杜甫。但他以写碑铭见长,又接受他父亲李善《文选》学的影响,对于乐府民歌体的诗歌比较轻视,这是可以想见的。但我认为,李肇《国史补》所载是否事实,这本身就值得怀疑。按照《国史补》等所载,崔颢献诗,是属于唐人习见的行卷一类的行为,是士子们在应科试前向达官贵人或有文名者投献诗文,以博取声誉,较易于登第。崔颢于开元十年或十一年进士及第,则崔颢投诗于李邕当在此之前。而据《旧唐书》卷一九〇中《文苑中·李邕传》,邕于武后长安初为左拾遗,中宗时因与张柬之善,出为南和令,又贬富州司户。玄宗即位,召拜左台殿中侍御史,改户部员外郎,又贬崖州舍城丞。开元三年,擢为户部郎中。后因姜皎用事,皎与黄门侍郎张廷珪谋引邕为御史中丞,事泄,中书令姚崇奏贬为括州司户。后征为陈州刺史。开元十三年,玄宗东封回,邕于汴州谒见,时张说为相,又因事奏贬邕为钦州遵化尉。《新唐书》卷二〇二《文艺中·李邕传》载邕贬遵化尉时,其妻温为邕请戍边自赎,上书中说李邕"频谪远郡,削迹朝端,不啻十载"。可见在崔颢进士登第前,李邕名位并不显达,且大多贬谪远地州县,说崔颢投献其文于李邕,且李邕斥崔颢为"小儿",恐都系传说之词,不尽可信的。

[附记]

文中曾据《新唐书》本传、《唐诗纪事》、《唐才子传》等,考崔颢见李邕，投献所作，首章为"十五嫁王昌，盈盈入画堂"，李邕一见大怒，"不与接而去"。我曾在文中引述了唐人诗中咏王昌事者，但王昌其人其事，材料无多，不可详知，李邕因何大怒，也不得确解。我曾将此事向钱锺书先生求教，钱先生复信，中云："尊考王昌事至精且确，……观六朝、初唐人句，王昌本事虽不得而知，而词意似为众女所喜之'爱侉侉儿'，不惜与之'隔墙儿唱和到天明'或'钻穴隙相窥'者；然皆'隔花阴人远天涯近'，只是意中人、望中人，而非身边人、枕边人也。崔诗云'十五嫁王昌'，一破旧说，不复结邻，而为结婚，得未曾有。李邕'轻薄'之诃，诚为费解，然胡应麟谓'岂六朝制作全未过目'，亦不中肯；盖前人只言'恨不嫁'，'忆东家'，并未有'嫁'而'入堂'之说。李邕或是怪其增饰古典、夸夫婿'禁脔'独得（如《儿女英雄传》所说：'难得三千选佛，输他玉貌郎君；况又二十成名，是妾金闺夫婿！'），语近佻侂耶？"钱先生治学精博，此处释崔颢诗语及王昌事，极有启发，特转录于此，以飨读者。

常建考

一

常建,新旧《唐书》无传,《新唐书·艺文志》著录《常建诗》一卷,仅云"肃、代时人"。芮挺章《国秀集》(卷中)录常建诗一首,目录中仅称为"前进士常建"。唐人称"前进士",即进士登第的意思。稍后于《国秀集》的,是殷璠《河岳英灵集》,所载诗人以常建为首,并录其诗十五首,但对于他的事迹,也只有"今常建亦沦于一尉"一句,就是说,常建的官只做到县尉为止,至于他何时为县尉,任何地县尉,都未说及。可见唐宋时关于常建事迹的记载是十分零碎的。

到元代辛文房的《唐才子传》,才有对常建事迹的较详的记载,为便于比较研究,今录其全文如下:

> 建,长安人,开元十五年与王昌龄同榜登科。大历中授盱

睚尉，仕颇不如意，遂放浪琴酒，往来太白、紫阁诸峰，有肥遁之志。尝采药仙谷中，遇女子，遍体毛绿，自言是秦时宫人，亡入山采食松叶，遂不饥寒，因授建微旨，所养非常。后寓鄂渚，招王昌龄、张偾同隐。获大名当时。集一卷，今传。〇古称高才而无贵仕，诚哉是言。曩刘桢死于文学，鲍照卒于参军，今建亦沦于一尉，悲夫！建属思既精，词亦警绝，似初发通庄，却寻野径，百里之外，方归大道，旨远兴僻，能论意表，可谓一唱而三叹矣。（卷二）

《唐才子传》的这一段记载，后半段评论部分即本于《河岳英灵集》，前半段事迹部分，有正确之处，但也有明显荒诞不经的（如山中遇毛女），也有记载错误的，这些错误的记载却为后世的一些唐诗选本和文学史著作所沿袭，因此不能不加以辨正。

《唐才子传》说常建于开元十五年（727）与王昌龄同年登进士第，这是对的。《唐才子传》卷二王昌龄小传说王昌龄为"开元十五年李嶷榜进士"。这点主要有唐人的文献可作佐证。顾况《监察御史储公集序》（《文苑英华》卷七〇三）中说："开元十四年，严黄门知考功，以鲁国储公进士高第，与崔国辅员外、綦毋潜著作同时；其明年，擢第常建少府、王龙标昌龄，此数人皆当时之秀。"《旧唐书》卷九十九《严挺之传》称："开元中，为考功员外郎。典举二年，大称平允，登科者顿减二分之一。迁考功郎中，特敕又令知考功贡举事。"这里没有记载严挺之何年典贡举，不过称赞他能选拔人才，"大称平允"，与顾况文是一致的。另外，《唐语林》卷八累为主司条："严挺之三：开元十四年、十五年、十六年。"

由此可见,严挺之于开元十四年至十六年连续主持三年贡举,常建于开元十五年登进士第,是有材料根据的。

但《唐才子传》说他是长安人,却不确。《全唐诗》卷一四四常建小传说他"开元中进士第",未载其籍贯,这一点是比较审慎的。但高步瀛《唐宋诗举要》,直至近年出版的文学研究所编注的《唐诗选》,都说他是长安人。关于常建为长安人之说,在辛文房之前,从未有记载,《唐才子传》的体例是不注明出处的,但我们从常建本人的作品中却可以找到他并非长安人的例证。常建有《落第长安》诗(《宋临安本常建诗集》卷上①):

> 家园好在尚留秦,耻作明时失路人。恐逢故里莺花笑,且向长安度一春。(《全唐诗》卷一四四所载同)

这首诗,从诗题到诗意,可知是开元十五年前应举落第之作,确切年份不可考知。但从诗的内容,显然可知,常建不仅不是长安人,也不是秦中一带的人。末句"且向长安度一春",是说本年落第,归故里恐为人所笑,且在长安再度一春,以准备下一年的考试。这在唐人科试中是屡见不鲜的,正如李肇《国史补》(卷下)所载,落第进士,"退而肄业,谓之过夏;执业而出,谓之夏课。"《唐摭言》卷一《述进士下篇》也载此,并在"夏课"句下注说"亦谓之秋卷",是打算在长安拜谒达官名士而用的。常建诗的本意不过如此。查现存常建诗,及有关常建的记载,谈及常建

---

① 《天禄琳琅丛书》之一。

与长安者,仅只此诗,而这首诗则恰恰证明常建并非是长安人,否则他不可能有"且向长安度一春"的句子。这是通观全诗而应该得到的结论。而且我怀疑,《唐才子传》所以说常建是长安人,恐怕也恰恰是由于作者看到了这首诗,但辛文房只粗心大意地略看了诗题"落第长安"四字,就误解文义,以为是长安人,后世的一些研究者,也未加深察,以《唐才子传》所载为现成结论,就这样传下来了。可见我们对于文学史材料的记载,还应当作正本究源的功夫,这样才能改正一向被视为定论而其实却是错误的说法。

据上所考,常建当不是长安人,但他究系何地人,限于目前所知的史料,只能缺疑。

《唐才子传》又说:"大历中授盱眙尉,仕颇不如意,遂放浪琴酒,往来太白、紫阁诸峰。……后寓鄂渚,招王昌龄、张偾同隐。"这段记载,很值得怀疑。从《新唐书·艺文志》说常建为"肃、代时人"起,中经《唐才子传》说他"大历中授盱眙尉",以及清朝的《全唐诗》小传,及至文学研究所《唐诗选》,都是相信常建大历中任盱眙尉的。闻一多先生《唐诗大系》定常建卒年为765年,即代宗永泰元年,当是基本上依据《新唐书·艺文志》所谓"肃、代时人"之说,但大历是766—779年,《唐诗大系》定常建的卒年在大历之前,可见闻一多先生对大历中为盱眙尉一说可能已有所怀疑。开元十五年为727年,大历元年为766年,常建登进士第后四十多年才获得县尉之职,从一般常情上说,也是很可怀疑的。

但是,说大历中任盱眙尉,而且据《唐才子传》所载,他任此职颇不得意,于是又游历太白、紫阁(按,皆在秦中长安以南以西一带）诸峰，后来还寓鄂渚，招王昌龄等同隐，这就产生了时间上的矛盾。

从殷璠的自序，我们知道他所编的《河岳英灵集》所载的诗，是"起甲寅"（即开元二年，714年），"终癸巳"（即天宝十二载，753年），这已是唐诗研究者所公认的事实（其说可详参岑仲勉先生《唐集质疑》中的《河岳英灵集》条）。殷璠关于常建的评语中说："高才无贵士（按，似应作仕，《唐诗纪事》卷三十一引即作"高才而无贵位"），诚哉是言。曩刘桢死于文学，左思终于记室，鲍照卒于参军，今常建亦沦于一尉。"由此可见，殷璠在天宝后期编《河岳英灵集》之前，常建即已曾任盱眙尉。此其一。《唐才子传》说常建因任盱眙尉不得意，就放浪琴酒，游历太白等诸峰，而《河岳英灵集》即载有常建《梦太白西峰》诗，而此诗肯定为天宝十二年之前所作。此其二。至于《唐才子传》所说常建后寓鄂渚招王昌龄等同隐，非有他据，即据常建之诗《鄂渚招王昌龄张偾》，而此诗又恰恰载于《河岳英灵集》，今据《英灵集》，录其诗于下：

刈芦旷野中，沙上飞黄云。天海无精光，茫茫悲远君。楚山隔湘水，湖畔落日曛。春雁又北飞，音书固难闻。谪居未为叹，逸枉何由分。五日逐蛟龙，宜为吊冤文。翻覆古共然，官宦安足云。贫士任枯槁，捕鱼清江濆。有时荷锄犁，旷野自耕耘。不然春山隐，溪涧花氛氲。山鹿自有场，贤达顾无群。二贤归去来，世上徒纷纷。（此诗又见《宋临安本常建诗集》卷上，《全唐诗》卷一四四，文字稍有不同）

我们知道,王昌龄约于天宝前期曾由江宁丞贬谪为龙标尉,安史乱起返回江宁一带,为刺史闾丘晓所杀[①]。龙标在湘西。常建诗题中说鄂渚,见《离骚》"乘鄂渚而反顾"。即唐鄂州武昌县地。诗中"楚山隔湘水",即指常建在鄂州,王昌龄在湖南。整首诗充满对王昌龄因受谗被谪的同情与怀念。常建与王昌龄是同年进士登第的,两人交谊很深,常建另有《宿王昌龄隐居》诗(同上《常建诗集》卷上):"清溪深不测,隐处唯孤云。松际露微月,清光犹为君。茅亭宿花影,药院滋苔纹。余亦谢时去,西山鸾鹤群。"这也是传诵的名作,虽然还难于考见此诗的时地。又,王昌龄有《为张𠆤赠阎使臣》(《全唐诗》卷一四〇):"哀哀献玉人,楚国同悲辛。泣尽继以血,何由辨其真。赖承琢磨惠,复使光辉新。犹畏谗口疾,弃之如埃尘。"这里的张𠆤,即常建诗中的张偾,当为同一人,岑仲勉先生《读全唐诗札记》说"偾、𠆤形近易讹",这个意见是对的[②]。从诗意可知,王昌龄的这首诗当也是贬官龙标尉时所作。由此可知,天宝十二年以前的几年中,即王昌龄贬谪龙标尉时,常建已隐居于鄂州武昌县江滨,并以诗招王昌龄与其同隐,则他这时即已离去盱眙尉之职明甚。此其三。

　　由以上三点,可见所谓常建于大历中任盱眙尉,时间的记载是

---

① 参本书《王昌龄事迹考略》一文。
② 但岑仲勉先生同时又说:"今明本《河岳英灵集》上、汲古本《常建集》及《唐摭言》皆作张渍,可决其同是一人也。"却可商。据《唐摭言》卷十一《已得复失》条,说"张渍,会昌五年陈商下状元及第,翰林覆落渍等八人,赵渭南贻渍诗曰……"会昌五年为公元845年,离天宝已有百年,这个赵嘏赠诗的张渍并非王昌龄、常建诗中提及的张𠆤(或偾),此当为岑仲勉先生一时失检之处。

有错误的。常建另有《西山》一诗（同上《常建诗集》卷下），中说"渚日远阴映，湖云尚明霁。林昏楚色来，岸远荆门闭"。这个西山，也在武昌界内，即樊山，见《元和郡县志》卷二十八江南道鄂州武昌县："樊山在县西三里。"（又见《太平寰宇记》卷一百十二江南西道鄂州武昌县）我们从现在常建诗篇中，看不到安史乱后的行迹，至德以后他人的作品也没有提到他的，他极有可能卒于天宝末以前，《新唐书·艺文志》所谓"肃、代时人"，是不确的。

另外，《唐才子传》记载常建在仙谷中采药，遇女子，遍体毛绿，自言是秦时宫人，云云，显然怪诞不经。但这倒本之于常建的诗，也见于《河岳英灵集》所载，题为《仙谷遇毛女意知是秦时宫人》，诗为：

> 溪口水石浅，泠泠明药丛。入溪双峰峻，松栝疏幽风。垂岭枝嫋嫋，翳泉花濛濛。寅缘霁人目，路尽心弥通。盘石横阳崖，前临殊未穷。回潭清云影，弥漫长天空。水边一神女，千岁为玉童。羽毛经汉代，珠翠逃秦宫。目觌神已寓，鹤飞言未终。祈君青云祕，愿谒黄仙翁。尝以耕玉田，龙鸣西顷中。金梯与天接，几日来相逢。

这首诗，除了《唐才子传》所载"因授建微旨，所养非常"外，其他所写似乎都与《唐才子传》合。是否常建确有这一奇遇呢？经查有关史料，又可以考知是《唐才子传》的妄意附会。据《列仙传》卷下载："毛女者字玉姜，在华阴山中，猎师世世见之，形体生毛。自言秦始皇宫人也，秦坏，流亡入山避难，遇道士谷春教食松叶,遂不饥寒。身轻如飞,百七十余年,所止岩中有鼓琴声云。"可见毛女故事早已见于《列仙传》,《列仙传》约为魏晋间人所作而托名刘向者。又钱起《赋得归云送李山人归华山》诗有"欲依毛女岫,初卷少夷峰"句(《钱考功集》卷四),刘长卿《关门望华山》有"琼浆岂易挹,毛女非空传,仿佛仍伫想,幽期如眼前"句(《刘随州集》卷六)可见唐人诗咏毛女故事者不只常建。又据《太平寰宇记》卷一一二武昌县下所载,有云:

> 《续搜神记》:晋孝武世,宣城人秦精尝入武昌山中采茗,遇一毛人,长丈余,引精至山曲,示以丛茗而后去。俄而复还,乃探怀中橘遗精,精怖,负茗而归。

从这里我们可以领悟到,常建诗所谓《仙谷遇毛女意知是秦时宫人》,是根据《列仙传》的故事,参以武昌地区的民间传说而写的寓意诗,完全不是写其自身的经历,从《河岳英灵集》已载其诗看来,益可证明天宝时他即已寓居武昌,可能这就是常建晚年居住之地。从这里,可以看出《唐才子传》所记怪诞不经是怎样从误读原诗及不懂史乘而随意妄测得来的,也更可证明常建大历时为盱眙尉的记载错误。

二

今存常建诗中,一部分是以写山水、田园著称的,其代表作是

《题破山寺后禅院》，也载于《河岳英灵集》："清晨入古寺，初日照高林。竹径通幽处，禅房花木深。山光悦鸟性，潭影空人心。万籁此都寂，但余钟磬音。"诗写得明净简洁，艺术上很完整。破山寺在常熟县，据宋朱长文《吴郡图经续记》卷中"寺院"门载：

> 兴福寺，在常熟县破山，为海虞之胜处。齐郴州刺史倪德光舍宅为寺。唐常建诗云："竹径通幽处，禅房花木深。山光悦鸟性，潭影空人心。"即此地也。山中有龙斗涧，唐贞观中山中妪生白龙，与一龙斗于此，而成此涧。有空心潭，因常建诗以立名。

常建的这首诗受到欧阳修的极口赞赏，说：

> 吾尝喜诵常建诗云"竹径通幽处，禅房花木深"，欲效其语作一联，久不可得，乃知造意者为难工也。晚来青州，得一山斋宴息，因谓不意平生想见而不能道以言者，乃为己有。于是益欲希其仿佛，竟尔莫获一言。（四部丛刊本《欧阳文忠公集》外集卷二十三《题青州山斋》，《唐诗纪事》所引，文字小有异同）

　　欧阳修以诗人的创作经验来谈他对常建这首诗的艺术欣赏，读起来是使人感到亲切的。这里附带提一下，南宋人洪迈在《容斋随笔》中却将此诗误作杨衡诗，其书卷四《李顾诗》条中说："欧阳公好称诵唐严维诗'柳塘春水漫，花坞夕阳迟'，及杨衡'竹径通幽处,禅房花木深'之句,以为不可及。"按欧阳修称诵严维的这两句诗,见《六一诗话》,至于他赞赏常建的"竹径通幽处"等句,见于上引。欧阳修明明说是常建诗,洪迈却说欧阳修称赞的是杨衡诗,不知其何所据。考杨衡为中唐大历、贞元时人。《唐摭言》卷二《争解元》条中曾载:"合肥李郎中群,始与杨衡、符载等同隐庐山,号山中四友(原注:内一人不记姓名)。"《唐诗纪事》卷五十一杨衡条载山中四友,李群作崔群。杨衡诗见《全唐诗》卷四六五,并无此诗。孟郊有《悼吴兴杨衡》诗[①],时代已晚,与常建不相及。可见博洽如洪迈,对常建诗也有误记的。

《河岳英灵集》评常建诗说:"建诗似初发通庄,却寻野径,百里之外,方归大道,所以其旨远,其兴僻,佳句辄来,唯论意表。至如'松际露微月,清光犹为君',又'山光悦鸟性,潭影空人心',此例十数句,并可称警策。然一篇尽善者:'战余落日黄,军败鼓声死。今与山鬼邻,残兵哭辽水。'属思既苦,词亦警绝,潘岳虽云能叙悲怨,未见如此章。"

这里殷璠所谓一篇尽善者,即常建《吊王将军墓》诗(《常建诗集》卷上),全诗为:"嫖姚北伐时,深入强千里。战余落日黄,军败鼓声死。尝闻汉飞将,可夺单于垒。今与山鬼邻,残兵哭辽水。"常建另一部分值得称道的诗作,是有关边塞的诗篇,这首《吊王将军墓》是这方面的代表。它写出战争的激烈、严酷,抒发了对牺牲将士的怀念之情。

---

①此据《唐诗纪事》卷五十一。华忱之校订的《孟东野诗集》(人民文学出版社 1959 年版)题作《悼吴兴汤衡评事》,误杨作汤,而又未出校记,应据《唐诗纪事》校正。

关于此诗的本事,过去注家皆未指明。所吊之王将军似应实有其人的,今拟提供一些史料,以供研讨。

常建诗中的所谓王将军,似当为王孝杰。《通鉴》卷二〇六武后神功元年(697)曾记载一次唐兵与契丹的战争,唐兵先胜后败,将士死亡殆尽,这次统兵的将领即王孝杰。据《旧唐书》卷九十三《王孝杰传》,王孝杰前期曾从军西北,立有战功,"长寿元年,为武威军总管,与左武卫大将军阿史那忠节率众以讨吐蕃,乃克复龟兹、于阗、疏勒、碎叶四镇而还"。后因事得罪,"万岁通天年,契丹李尽忠、孙万荣反叛,复诏孝杰白衣起为清边道总管,统兵十八万以讨之。孝杰军至东峡石谷,遇贼,道隘,虏甚众,孝杰率精锐之士为先锋,且战且前,及出谷,布方阵以捍贼。后军总管苏宏晖畏贼众,弃甲而遁,孝杰既无后继,为贼所乘,营中溃乱,孝杰堕谷而死,兵士为贼所杀及奔践而死殆尽"。这是唐朝廷与契丹战争中的一次战役失败,虽然战争是失败了,但王孝杰及其部下英勇奋战、不屈而死的精神是感动人的。关于这次战争,陈子昂写有《国殇文》(《陈子昂集》卷七),他以此与屈原《国殇》所吊祭的阵亡将士同等看待,其自序云:"丁酉岁(按即697年,神功元年),三月庚辰,前将军尚书王孝杰,败王师于榆关峡口,吾哀之,故有此作。"文中有云:

> 短兵既接,长戟亦合。星流飙驰,树离山杳……矢石既尽白日颓,主将已死士卒哀。徒手奋呼谁救哉,含愤沉怒志未回。杀气凝兮苍云暮,虎豹慄兮殇魂惧,殇魂惧兮可奈何,恨非其死兮弃山阿。

陈子昂此次是随建安王武攸宜从征，参加其幕府的，所写当本之于当时的传闻，较为真切。总之，从史籍所载以及陈子昂文，可以看出，常建的《吊王将军墓》也就是写此次战事，王将军即为王孝杰，不过他采用五律的形式，不可能像陈子昂那样能铺陈其事，而是用概括凝炼的词句，选取典型的情节，表示了作者强烈的悲愤之情。常建另有《塞上曲》《客有自燕而归哀其志而赠之》、《塞下》《塞下曲四首》等以边塞为题材的诗作，大多有较强的现实性。

[附记]

　　《洪驹父诗话》："丹阳殷璠撰《河岳英灵集》，首列常建诗，爱其'山光悦鸟性，潭影空人心'之句，以为警策，欧公又爱建'竹径通幽处，禅房花木深'，欲效建作数语，竟不能得，以为恨。予谓建此诗全篇皆工，不独此两联而已。"（转录自《宋诗话辑佚》）可见南北宋之际的评论。

李颀考

一

李颀,新旧《唐书》无传,仅见于《新唐书》卷六十《艺文志》集部别集类,《新志》著录"祖咏诗"、"李颀诗"各一卷,注云"并开元进士第"。殷璠于天宝后期编《河岳英灵集》,辑录李颀诗十四首,仅次于王昌龄、王维和常建,但在评语中涉及李颀生平的,也只有"惜其伟才,只到黄绶"八个字。正因为唐宋时有关他的事迹记载就已极为简略,因此也造成了后世的一些误解,其中最显著的,是关于他的籍贯和进士登第年,首先须要辨正。

《唐才子传》卷二李颀小传说"颀,东川人"。此说后即为清朝官修的《全唐诗》所本,其卷一三二小传载:"李颀,东川人,家于颍阳。"而对于东川究在何地,一些文学史著作和唐诗选本,却有不同的说法。有的说是"今云南会泽县附近"[①],有的说是在四川三

①见马茂元《唐诗选》,人民文学出版社1960年版。

台^①。文学研究所《中国文学史》(第二册)叙述李颀时只说他是东川人,并未标明东川在何地^②;但后来在其编注的《唐诗选》中则具体地注明为"今四川省东部"^③。这就是说,现在的一些有关著作,认为李颀是云南人,或者是四川人。这两说都值得商榷。

所谓东川在今云南会泽县附近,此说并未注明根据,解放以前出版的《中国古今地名辞典》有此一说,会泽说者当即本此。今按《新唐书》卷四十三下《地理志》七下,载唐所置羁縻州,属黎州都督府者,有东川州,此当即为过去《地名辞典》者所据。但正如《新唐书》该卷所说,所谓羁縻州,只是唐朝政府在沿边一些少数民族归附唐政权后,"即其部落列置州县";"其大者为都督府,以其首领为都督、刺史,皆得世袭"。如以李颀之东川为云南会泽县附近,则李颀在当时当属于西南少数民族。但我们从现存李颀的诗中,以及当时人的记载中,都没有这方面的记载,李颀的诗毫无一句写及云南的。

至于说东川在今四川三台,这也本于《地名辞典》一类的书。《地名辞典》这类工具书不是说不可以参考,但对于研究者来说,不能仅以此为依据,这是不言而喻的。文学研究所《唐诗选》以东川为四川东部,虽是泛指,但实际上与三台说是一致的。今按唐时东川是东川节度的专称,《新唐书》卷六十七《方镇表》四,剑南道,于至德二载(757)下载:"更剑南节度号西川节度使,兼成都尹,增领果州。以梓、遂、绵、剑、龙、阆、普、陵、泸、荣、资、简十二

---

①见刘大杰《中国文学发展史(修订本)》第二册,上海人民出版社1975年版。
②人民文学出版社1962年版。
③人民文学出版社1978年4月版。

州隶东川节度。"就是说，从至德二载起，剑南道分为东川节度与西川节度，在这之后，东西川节度时分时合，但无论如何，在至德二载以前，并无东川的行政建置。而李颀则为开元天宝时人，东川作为行政建置而有其专称的，是在他死以后的事。由此可见，把李颀的东川说成为四川三台或四川东部，都是不对的。

问题在于把李颀说成东川人，这本身就是不能成立的。上面已经说过，说李颀是东川人，最早见于《唐才子传》，唐宋时并无此说。《唐才子传》为元人所著，时代远较唐宋为后，却有李颀籍贯的记载，这就值得引起怀疑。

今考《唐才子传》所谓李颀为东川人，当根据李颀的一首题为《不调归东川别业》的诗(《全唐诗》卷一三二)，今录其全诗如下：

> 寸禄言可取，托身将见遗。惭无匹夫志，悔与名山辞。绂冕谢知己，林园多后时。葛巾方濯足，蔬食但垂帷。十室对河岸，渔樵只在兹。青郊香杜若，白水映茅茨。昼景彻云树，夕阴澄古遂。渚花独开晚，田鹤静飞迟。且复乐生事，前贤为我师。清歌聊鼓楫，永日望佳期。

从这首诗的诗题和诗句中，我们只能如实地得出这样的结论，那就是：李颀有一个他自称为东川别业的住所，在他应试以前即住在这个地方，后来他赴吏部试，久不得调，感到"绂冕谢知己，林园多后时"，就下定决心学陶渊明那样归园田居，所谓"且复乐生事，前贤为我师"。诗的中心内容不过如此。我们从唐代的史籍中知道，唐代的别业，规模固然有大小之别，但唐人很少以大的行政区划来命名自己的别业的,如王维的辋川别业,有林木之胜,是较为著名的一个,但辋川只是长安郊区蓝田县的一个小地名。又如王维有《同卢拾遗韦给事东山别业二十韵》诗(赵殿成《王右丞集笺注》卷二),韦给事为韦嗣立。据《旧唐书·韦嗣立传》,他于骊山构营别业,规模是比较大的,但也只称东山别业。

我们又知道,李颀曾长期居住于颍阳,为唐河南府河南郡的畿县,李颀在入仕前曾长期居于此地,并把这个地方看成自己的家,这在他的诗中屡见,如:

> 男儿立身须自强,十年闭户颍水阳。(《缓歌引》,《全唐诗》卷一三三)
>
> 顾余守耕稼,十载隐田园。(《无尽上人东林禅居》,同上卷一三二。按,东林寺即在洛阳附近少室山中,与颍阳相近。诗中又有"草堂每多暇,时谒山僧门。所对但群木,终朝无一言。我心爱流水,此地临清源"等句)
>
> 罢吏今何适,辞家方独行。嵩阳入归梦,颍水半前程。(《奉送漪叔游颍川兼谒淮阳太守》,同上卷一三四。按,这里李颀把其叔离嵩阳视为"辞家")
>
> 我本家颍北,开门见维嵩,焉知松峰外,又有天坛东。(《与诸公游济渎泛舟》,同上卷一三二)

从李颀的事迹中,我们知道李颀曾一度任新乡尉,后来就长期在洛阳一带与时人交往,一直到天宝八载他送高适任封丘尉,还在洛阳(说详后)。如果说他因不得调,即归四川甚至云南的所谓东川别业,这一切都无法得到解释了。又据清洪亮吉纂修的《登封县志》,卷二《舆图记》及卷七《山川记》,皆记颍川有三源,说:"又东,左颍水东南流注之。《水经注》:左颍出少室南溪,东合颍水。"李颀既长期隐居颍阳,颍水又既分三源,若其别业在左颍水,左颍水又居东,也可称之为东川的。如这里《登封县志》所引《水经注》所说的"左颍出少室南溪",唐人蒋冽即有《南溪别业》诗(《全唐诗》卷二五八)。由以上所举的一些例子,可见以东山、南溪、东川等命名的别业,都不是行政建置的专称。李颀又有两首《晚归东园》的诗,一在《全唐诗》卷一三二,一在同书的卷一三四,前一诗即紧接于《不调归东川别业》之后,诗云:"出郭喜见山,东行亦未远。夕阳带归路,霭霭秋稼晚。樵者乘霁归,野夫及星饭。请谢朱轮客,垂竿不复返。"这也是不仕以后所作,而又把所居称为东园。可见东川、东园都是泛称,其地即在颍阳。正因如此,《不调归东川别业》诗才有"悔与名山辞"之句,名山者即嵩山,在颍阳附近,也就是上面所引《与诸公游济渎泛舟》诗所说的"我本家颍北,开门见维嵩"。

《唐才子传》所谓李颀为东川人,其唯一的根据就是李颀的《不调归东川别业》这一首诗,辛文房孤立地以其诗中有"东川别业"四字,即说李颀是东川人,这本已不确,后来的研究者又将东川坐实为云南或四川,这就更是一字之差,谬以千里了。实际上,在唐人的文献中,是有关于李颀郡望的记载的,这就是李华《杨骑曹集序》(《全唐文》卷三一五),其中说:

> 弘农杨君讳极,字齐物。……举进士时,刑部侍郎乐安孙

公逖以文章之冠为考功员外郎,精试群才,君以南阳张茂之、京兆杜鸿渐,琅邪颜真卿、兰陵萧颖士、河东柳芳、天水赵骅、顿丘李琚、赵郡李崿、李颀、南阳张阶、常山阎防、范阳张南容、高平郗昂等连年高第,华亦与焉。

此处将李颀与李崿并提,通称为赵郡人。据《新唐书》卷七十二上《宰相世系表》二上,赵郡李氏东祖房,载有二李崿,一未注官职,一为扬州别驾,其兄为嵓。李华既把李颀与李崿并提,可见他认为李颀也是赵郡人的。当然,唐人的郡望与籍贯并不即是一回事,李颀的郡望虽出自赵郡李氏,但实际居住地则是河南府的颍阳县,但这无论如何要比把李颀说成云南、四川的所谓东川人,是更有文献证据的。

二

关于李颀登进士第的时间,文学研究所的《中国文学史》与《唐诗选》都说是在开元十三年(725),这当本于《全唐诗》的李颀小传,但《全唐诗》的这一记载是错的。

《唐才子传》卷二李颀小传说李颀"开元二十三年贾季邻榜进士及第"。《唐才子传》的这一记载是对的,我们可以从唐人的记载中得到证明。

前已引李华《杨骑曹集序》,其中说孙逖为考功员外郎时主贡举试,连年选拔杨极、张茂之、杜鸿渐、颜真卿、萧颖士、柳芳、赵骅、李琚、李粤、李颀、阎防、张南容、郜昂与李华等登第。考《旧唐书》卷一九〇中《文苑中·孙逖传》:"(开元)二十一年,入为考功员外郎,集贤修撰。逖选贡士二年,多得俊才。初年则杜鸿渐至宰辅,颜真卿为尚书;后年拔李华、萧颖士、赵骅登上第。"又《唐语林》卷八累为主司条:"孙逖再:开元二十二年、二十三年。"此当为孙逖于开元二十一年入为考功员外郎,于明年(开元二十二年)、后年(二十三年)连主两年贡举[1]。李颀既然是在孙逖典贡举时进士及第,就只能在开元二十二、二十三年这两年之内,《唐才子传》系于开元二十三年,是与李华等的记载一致的。《全唐诗》小传当是于开元二十三年中漏掉了"二"字,误载为开元十三年。

　　李颀登进士第以前的事迹不可详知,他现存的诗歌大部分不能编年。他早年即已居住于颍阳,这在前面关于籍贯考所引的诗句中已可概见。他早年的诗,现可考知的,有《寄綦毋三》诗(《全唐诗》卷一三四):"新加大邑绶仍黄,近与单车去洛阳。顾眄一过丞相府,风流三接令公香。南川粳稻花侵县,西岭云霞色满堂。共道进贤蒙上赏,看君几岁作台郎。"这里的綦毋三即綦毋潜(参岑仲勉《唐人行第录》),也是开、天时的著名诗人。他在开元十三四年间登进士第,授宜寿尉[2]。据《新唐书》卷三十七《地理志》一,宜寿在盩厔,本畿县,因此李颀诗中称大邑。"绶仍黄",黄绶指县尉之职。"去洛阳",玄宗于开元十三、十四年在洛阳,十五年十月

---

[1]此又可参见颜真卿《孙逖文公集序》(《颜鲁公文集》卷十二)。
[2]《直斋书录解题》卷十九诗集类上谓綦毋潜与崔国辅、储光羲等同登开元十三年进士第,而《唐才子传》卷二则云綦毋潜"开元十四年严迪榜进士及第,授宜寿尉",徐松《登科记考》据《唐才子传》,系于十四年。

才返长安。这是说,綦毋潜于开元十三四年间进士登第后授宜寿尉,离洛阳赴职。诗中"南川秔稻花侵县,西岭云霞色满堂"二句,姚鼐《今体诗钞》七言卷二谓:"南川即南江,章、贡水也。西岭即洪州西山也。张曲江有《洪州答綦毋学士》诗,足证其归。"姚说大致不差。据《元和姓纂》卷二,载綦毋潜为虔州人,《直斋书录解题》卷十九说是南康人,南康即虔州,二者是一致的。《唐才子传》说是荆南人,误。又徐浩《唐尚书右丞相中书令张公神道碑》(《全唐文》卷四四〇)谓:"出冀州刺史,以庭闱在远,表请罢官,改洪州都督。"(《旧唐书》卷九十九、《新唐书》卷一二六《张九龄传》略同)又据《唐丞相曲江张先生文集》附录诰命,张九龄于开元十五年(727)三月至十八年(730)七月为洪州都督。张九龄有《在洪州答綦毋学士》诗(《唐丞相曲江张先生文集》卷二),又有《同綦毋学士月夜闻雁》(同上卷五),由此可知,綦毋潜于开元十五年至十八年间曾归江西故籍,并已为集贤殿学士。从这里也可考见,李颀的这首《寄綦毋三》诗也当作于这几年之中,而这时李颀即居于颍阳(参诗中"近与单车去洛阳"句)。

三

《唐才子传》说李颀于开元二十三年登进士第后,"调新乡县尉"。今按,李颀有《欲之新乡答崔颢綦毋潜》诗(《全唐诗》卷一三三),其中说:"数年作吏家屡空,谁道黑头成老翁。男儿在世无产业,行子出门如转蓬。吾属交欢此何夕,南家捣衣动归客。"

又说："明朝东路把君手,腊日辞君期岁首。自知寂寞无去思,敢望县人致牛酒。"又殷璠《河岳英灵集》卷上关于李颀的评语,也说"惜其伟才,只到黄绶。"将几条材料联系起来,李颀曾有几年时间任新乡尉,是大致可以肯定的。新乡属卫州汲郡(见《新唐书》卷三十九《地理志》三,河北道)。李颀诗中提及新乡的仅这一首,在开元末及天宝时期,李颀的行踪又在洛阳、长安一带,因此他任新乡尉的时期大约是在进士登第后的几年。但他的诗中说"数年作吏家屡空,谁道黑头成老翁",似乎任新乡尉时已是老年,不知这两句诗是否为夸张的话,否则李颀进士登第时已是中年以后了。

开元二十九年(741)夏,王昌龄在赴江宁丞途中曾路经洛阳,有《东京府县诸公与綦毋潜李颀相送至白马寺宿》(《全唐诗》卷一四〇)[1]。诗中说:"鞍马上东门,裴回入孤舟。贤豪相追送,即棹千里流。"又说:"南风开长廊,夏夜如凉秋。江月照吴县,西归梦中游。"李颀也有《送王昌龄》诗(同上卷一三二):"漕水东去远,送君多暮情。淹留野寺出,向背孤山明。前望数千里,中无蒲稗生。夕阳满舟楫,但爱微波清。举酒林月上,解衣沙鸟鸣。夜来莲花界,梦里金陵城。叹息此离别,悠悠江海行。"李颀诗中所写,时节与地点,与王昌龄的那一首相合。由此可以考知,开元二十九年夏,他已在洛阳,——可能即已离新乡尉任,归居颍阳,颍阳即在洛阳附近。

天宝年间,李颀的行止不出洛阳与长安,而以洛阳为主。前已

---

①关于王昌龄任江宁丞的时间,参本书《王昌龄事迹考略》。

说过，王昌龄开元二十九年夏赴江宁途中曾经过洛阳，与李颀等有酬别诗，在这同时，王昌龄又有《洛阳尉刘晏与府掾诸公荼集天宫寺岸道上人房》诗（《全唐诗》卷一四一），此时刘晏为洛阳尉。李颀则有《送刘四》诗（同上卷一三二），说："爱君少岐嶷，高视白云乡。九岁能属文，谒帝游明光。奉诏赤墀下，拜为童子郎。尔来屡迁易，三度尉洛阳。"按《旧唐书》卷一二三《刘晏传》："年七岁，举神童，授秘书省正字。累授夏县令，有能名。"《新唐书》卷一四九《刘晏传》所载较详，而大略相似："玄宗封泰山，晏始八岁，献颂行在。帝奇其幼，命宰相张说试之，说曰：'国瑞也。'即授太子正字。公卿邀请旁午，号神童，名震一时。天宝中，累调夏令，未尝督赋，而输无逋期。"这里所述刘晏早年事迹，都与李颀《送刘四》诗相合，只不过九岁与七岁、八岁各有差异，关系不大。刘四当即刘晏。李颀这首诗是送刘晏离洛阳尉赴长安的，诗的后面说："辞满如脱屣，立言无否臧。岁暮风雪暗，秦中川路长。"李颀又有《送刘四赴夏县》诗（《全唐诗》卷一三三），先是叙述刘晏的得名之早，以及任洛阳尉时与李颀的交游，说："九霄特立红鸾姿，万仞孤生玉树枝。刘侯致身能若此，天骨自然多叹美。声名播扬二十年，足下长途几千里。举世皆亲丞相阁，我心独爱伊川水。脱略势利犹埃尘。啸傲时人而已矣。"诗的后半部预祝刘晏任夏县令的治绩："一朝出宰汾河间，明府下车人吏闲，端坐讼庭更无事，开门咫尺巫咸山。"按，从上述王昌龄的诗中，我们知道开元二十九年刘晏正任洛阳尉之职，李颀诗中也说他"三度尉洛阳"。这是史传及过去有关刘晏事迹的研究所缺略的。新旧《唐书》本传也没有记载刘宴为夏县令的时间。今考张阶《唐故河南府洛阳县尉顿丘李公墓志铭序》①，说此顿丘李公即李琚（李琚与李颀等同于开元二十三年登进士第，见前李华《杨骑曹集序》），于"天宝戊子二月乙巳"卒于洛阳。天宝戊子即天宝七载（748）。张阶的文中又说："其所厚善，则金部郎冯用之、泾阳宰韩景宣、夏长刘晏、廷评王端、墨客张𬀩而已。"由引可见，天宝七载二月以前，刘晏已为夏县令。其离洛阳尉及赴夏县令的时间，当在天宝元年至七载以前。也就是说，在这期间内，李颀在洛阳（也就是颍阳，说见前）。

又天宝八载秋，高适被任命为封丘尉②。李颀有《赠别高三十五》诗（《全唐诗》卷一三二）。这是研究高适早年生活极可参考的一首诗，诗中先是叙述高适未仕时客游梁宋一带的情景："五十无产业，心轻百万资。屠酤亦与群，不问君是谁。饮酒或垂钓，狂歌兼咏诗。焉知汉高士，莫识越鸱夷。寄迹栖霞山，蓬头睡水湄。"后面叙述他应征赴京及任县尉之职："忽然辟命下，众谓趋丹墀。……小县情未惬，折腰君莫辞。"可以注意的是，李颀这里叙述高适在长安应举、授任、及赴职，用了"西来马行迟"句，长安在洛阳之西，由长安经洛阳赴封丘，故可说"西来"。由此可见，在天宝八载秋，李颀尚居住于洛阳一带。

李颀又有《达奚吏部夫人寇氏挽歌》（同上卷一三四）："存殁令名传，青青松柏田。事姑称孝妇，生子继先贤。露湿铭旌里，风吹卤簿前。阴堂从此闭，谁诵女师篇。"这首诗的本身是没有什么可称道的，不过我们可以据此考知李颀的行迹。达奚吏部即达奚

---

① 此系据李根源先生《曲石藏志》，为《全唐文》及过去金石著录所未载者，今蒙李希泌先生惠借，并允蒙录文。
② 关于高适为封丘尉的时间，参见本书《关于高适年谱中的几个问题》。

珣。达奚珣，两《唐书》无传，其人品节也无可言，天宝时曾附从杨国忠，安禄山攻占长安，授伪职，肃宗收复长安后，即论罪被杀。考《唐语林》卷八累为主司条："达奚珣四：天宝二年、三年、四年、五年。"可见达奚珣于天宝二年至五年春典试时，居礼部侍郎之职。《通鉴》卷二一六天宝十二载曾记"珣始自礼部迁吏部"。《通鉴》这里是追叙，并不能据此即认为达奚珣于天宝十二载才从礼部侍郎迁为吏部侍郎。它只能说明，达奚珣是由礼侍迁吏侍的。按《金石萃编》卷八十七《石台孝经》，据所载《金石文字记》，说此《孝经》前有"天宝四载九月一日李齐古表及玄宗御批三十八字，其下有晋国公臣林甫等四十五人姓名"，这四十五人中有达奚珣，署衔为"中大夫行礼部侍郎上轻车都尉"。即天宝四载时达奚珣为礼部侍郎，与上引《唐语林》合。《金石萃编》同卷又载《游济渎记》《宴济渎序》，皆署为"吏部侍郎达奚珣文"。王昶跋曰："按此碑两面刻，阴面刻《游济渎记》，阳面刻《宴济渎序》，皆达奚珣撰，薛希昌书，无年月，后序为郑琚撰，题天宝六载冬十二月己未。"又毕沅《中州金石记》卷二载："《宴济渎序》，天宝六年十二月立，达奚珣撰，薛希昌隶书，郑琚撰后序，在济源。"由此可见，达奚珣于天宝六载冬即已在吏部侍郎任。结合《唐语林》所载，则达奚珣由礼侍迁吏侍当在天宝五、六载之间。其妻寇氏之卒，当是在他为吏部侍郎任内，确切年月不可考，或即在天宝五、六年后数年之内。王维也有《达奚侍郎夫人寇氏挽歌二首》（赵殿成《王右丞集笺注》卷九。《文苑英华》卷三一〇也载王维此诗，题为《吏部达奚侍郎夫人寇氏挽词二首》，诗题有"吏部"二字，与李颀诗同）。王维于天宝中长期定居于长安。由以上征引的文献资料看来，李颀当在天宝五、六年间或稍后几年中,曾一度来至长安。

过去有关李颀的资料,都未载他卒于何年。从他本人的诗作中,可以确切系年的,如上所说,最晚是天宝八载(749)秋送高适赴封丘尉诗。自这以后,就不见其行踪。从殷璠评语"惜其伟才,只到黄绶"看来,李颀或当卒于天宝十二载即《河岳英灵集》编成之前。至于他的确切卒年,从现在所能掌握的材料看来,只能说无考。闻一多先生《唐诗大系》曾定其生卒年为690—751,但《唐诗大系》于690及751后面都打一问号,以表示不确定之意。文学研究所《唐诗选》所载李颀生卒年,即据《唐诗大系》,但把原来的问号都去掉了,似乎有新材料能证明这一生卒年是可以确定的。但实际上,这是没有什么根据的。我们只能说,李颀于天宝八载(749)秋尚居住洛阳,其卒当在此后数年间,不超过天宝十二载(753),但无法确定为哪一年。至于他的生年,则连大致在哪几年也无法确定。

四

李颀的诗,《新唐书·艺文志》著录为一卷,《全唐诗》编录为三卷(卷一三二至一三四),卷数看起来虽然是增加了,但李颀的诗自宋以后仍然还有散佚。如洪迈在《容斋随笔》卷四《李颀诗》条中曾提到李颀的四句诗,而这四句诗却不见于《全唐诗》编录的李颀诗内:

予绝喜李颀诗云："远客坐长夜,雨声孤寺秋。请量东海水,看取浅深愁。"且作客涉远,适当穷秋,暮投孤村古寺,中夜不能寐,起坐悽恻,而闻檐外雨声,其为一时襟抱,不言可知。而此两句十字中,尽其意态,海水喻愁,非过语也。

对这四句诗如何评价,这是另一个问题。洪迈当时号称博洽,富于藏书,曾编有《唐人万首绝句》,他以这四句为李颀诗,当是有所本的。由此可见,李颀与唐时的其他一些诗人那样,他的诗篇也有缺佚散亡的情况。

《河岳英灵集》关于李颀诗歌的评论说:"颀诗发调既清,修辞亦秀,杂歌咸善,玄理最长。至如《送暨道士》云:'大道本无我,青春长与君。'又《听弹胡笳声》云:'幽音变调忽飘洒,长风吹林雨堕瓦。迸泉飒飒飞木末,野鹿呦呦走堂下。'足可歔欷,震荡心神。惜其伟才,只到黄绶。故论其数家,往往高于众作。"这是当时人的一种评价。现在看来,李颀诗最可以肯定的大致有三方面,一是边塞诗,如《古从军行》等;二是描写音乐的一些诗篇,如听董庭兰弹胡笳、安万善吹觱篥,是当时自西域传入的新声,可以看出唐朝文化艺术的多方面的发展;三是寄赠其友人之作,写出了当时一些社会人物的面貌和性格,用诗歌着重叙述和描写人物,这是李颀诗歌的一个特色。

李颀的交游颇广,有当时的一些著名诗人,如前面已提到过的王昌龄、高适、綦毋潜等,此外还有王维(王维《赠李颀》:"闻君饵丹砂,甚有好颜色,不知从今去,几时生羽翼。王母翳华芝,望尔昆仑侧,文螭从赤豹,万里方一息。悲哉世上人,甘此膻腥食。"见赵殿成《王右丞集笺注》卷二。这里王维是把李颀写成道家者流，也为后来《唐才子传》所本)，卢象(李颀有《寄司勋卢员外》诗，见《全唐诗》卷一三四。卢象曾任司勋员外郎，参见刘禹锡《主客员外郎卢公集序》见《文苑英华》卷七一三，及芮挺章《国秀集》)，皇甫曾(李颀有《送皇甫曾游襄阳山水兼谒韦太守》，见《全唐诗》卷一三四。皇甫曾主要成名于肃、代时，这时似还未曾有诗名)，等。为有助于研究，今将其交游资料，择其重要并可备研讨者，辑录于下。

陈章甫。李颀有《送陈章甫》七古一首(《全唐诗》卷一三三)，此为李颀名作之一，即"四月南风大麦黄，枣花未落桐阴长"一首。文学研究所《唐诗选》关于此首诗的注说："陈章甫，楚人，开元进士。据《全唐文》卷三百七十三陈章甫《与吏部孙员外书》，说他'因籍有误，蒙袂而归'。李颀这首诗大约就是送陈落第回乡之作。"此说尚可商。中唐时封演《封氏闻见记》卷三《制科》条载："旧举人应及第，开检无籍者不得与第。陈章甫制策登科，吏部榜放。章甫上书：'昨见榜云，户部报无籍记者，……(按，此处即《全唐文》所载《与吏部孙员外书》，文繁不录)'所司不能夺，特谘执政收之，天下称美焉。"由此可见，陈章甫应制科登第，后吏部因他无籍，曾予放罢，他上书论其事，而"所司不能夺，特谘执政收之，天下称美"。这就是说，第一，陈章甫是以制科登第，而非由进士登第；第二，他这次应制科，虽其间因有籍无籍问题而发生过波折，但最后还是收录的，可见并非如《唐诗选》注中所说的"落第还乡"。《唐诗选》的编注者只注意到了《全唐文》所录的陈章甫文，而没有看到《封氏闻见记》的记载，因而致误。又《唐诗选》

说陈章甫为楚人，当本高适《同观陈十六史兴碑》序中"楚人陈章甫"之句，其实唐林宝《元和姓纂》是有较具体记载的，其书卷三有："太常博士陈章甫，江陵人。"楚只是泛称，江陵就较为确切了。由此也可知，陈章甫曾官至太常博士。在《与吏部孙员外书》中陈章甫曾自述"仆一卧嵩丘，二十余载"，则他虽是江陵人，早年曾长期居住在嵩山，与李颀所居颍阳接近，可能即于此时相识，因此李颀对他有较深的了解，写出陈章甫坦荡不羁的性格。《全唐文》卷三七三载陈章甫文三篇，即《与吏部孙员外书》《亳州纠曹厅壁记》《梅先生碑》。《亳州纠曹厅壁记》文末署"天宝九载七月十日记"。又赵明诚《金石录》卷七载："《唐七祖堂碑》，陈章甫撰，胡需然行书，天宝十载四月。"（欧阳修《集古录跋尾》卷七六载陈章甫撰《唐龙兴七祖堂颂》，天宝十年）这是《全唐文》所未收的，大约为宋以后所亡佚。据这些材料，陈章甫或卒于李颀之后。

梁锽。李颀《别梁锽》（《全唐诗》卷一三三），诗中说："梁生倜傥心不羁，途穷气盖长安儿，回头转盻似雕鹗，有志飞鸣人岂知。"梁锽曾从军，只因"一言不合龙颔侯，击剑拂衣从此弃"，落到"举家无担石"、"贫贱长可欺"的境地，但由于他的狂放不羁，仍然是"朝朝饮酒黄公垆，脱帽露顶争叫呼"。李颀的这首诗写人物是很有特色的。当时人写梁锽的，如钱起《秋夜与梁锽文宴》（见《唐诗纪事》卷二十九），岑参《题梁锽城中高居》（《全唐诗》卷二〇一），都不及李颀写得有生气。《全唐文》卷二〇二载梁锽诗十五首，小传称"梁锽，官执戟，天宝中人"。

康洽。李颀《送康洽入京进乐府歌》（《全唐诗》卷一三三），中说："识子十年何不遇，只爱欢游两京路。朝吟左氏娇女篇，夜诵相如美人赋。"康氏为昭武九姓之一,为西域地区的少数民族。康氏在唐时有著名的艺术家,如贞元中长安琵琶名手康昆仑,唐初善画异兽奇禽之名画家康萨陀[1]。这个康洽当也是以善于西域音乐著称的,而且从李颀诗中所写他朝吟左思诗、夜诵相如赋看来,对汉族的古典文学也是颇有修养的。后来大历十才子之一的李端,也写了《赠康洽》诗(《全唐诗》卷二八四),说"黄须康兄酒泉客,平生出入王侯宅,今朝醉卧又明朝,忽忆故乡头已白",又说他"声名恒压鲍参军,班位不过扬执戟,迷来七十遂无机,空是咸阳一布衣"。由此可见,李颀所着力描叙的,就是这样一些有才能、有抱负而在当时社会条件下受压制、不得施展其怀抱的人物;这对于我们研究李颀本人的生平和思想,当不无帮助。

---

[1]参向达《唐代长安与西域文明》第二节。

王昌龄事迹考略

一

　　王昌龄的生活年代，主要是在唐玄宗的开元、天宝年间。这是我国古典诗歌创作的极其繁荣的时期，这一时期产生了像李白、杜甫那样具有世界性的伟大作家，同时也出现了一批有独创性的杰出的、优秀的诗人。王昌龄就是这一时代的诗坛群星之一。他所擅长的七言绝句，前人往往以之与李白并称。如明焦竑《诗评》说："龙标、陇西，真七绝当家，足称联璧。"清宋荦《漫堂说诗》："三唐七绝，并堪不朽，太白、龙标，绝伦逸群。"王世贞的《艺苑卮言》也说："七言绝句，王少伯与太白争胜毫厘，俱是神品。"这些都是以王昌龄与李白相并提的。而清初的王夫之则更认为"七言绝句唯王江宁能无疵颣"（《夕堂永日绪论》）。王夫之是把王昌龄的七绝推为唐人第一。这些意见是否确当，当然还可进一步研究、商榷，但它们的确反映了文学批评史上对王昌龄诗的一种评价。

早在南宋初，著名的诗评家严羽就指出，至少在宋时，李白的七绝就与王昌龄的相混。他在《沧浪诗话》的《考证》一节，就说："太白《塞上曲》'骝马新跨紫玉鞍'者，乃王昌龄之诗，亦误入。昌龄本有二篇，前篇乃'秦时明月汉时关'也。"按，王昌龄此诗见《全唐诗》卷一四三，题作《出塞二首》，云："秦时明月汉时关，万里长征人未还。但使龙城飞将在，不教胡马度阴山。""骝马新跨白玉鞍，战罢沙场月色寒。城头铁鼓声犹振，匣里金刀血未干。"第二首见李白诗：王琦编注《李太白全集》卷二十五，题作《军行》，文字全同。郭绍虞先生《沧浪诗话校释》中引王昌龄这两首诗，说："案此从《全唐诗》录出，与郭茂倩《乐府诗集》二十一卷所载不同。《乐府诗集》'骝马新跨紫玉鞍'一首作：'白花垣上望京师，黄河水流无尽时。穷秋旷野行人绝，马首东来知是谁。'据是，则是否太白诗误入王集，亦成问题。"关于"骝马新跨白玉鞍"诗究为谁作，还可讨论，但这说明一个问题，王、李二人在以七绝写边塞题材方面，他们的诗风是极其相似的。

王昌龄的诗作不但在后世得到高度评价，即在唐代当时，就受到推崇。这里可以举两个例子：

一　大家知道，殷璠的《河岳英灵集》约编于天宝十三年间（754）。这时王昌龄还在世，正贬谪为龙标尉（详下文）。《河岳英灵集》共分三卷，收诗人二十四人，其中王昌龄的诗选得最多，选了十六首，其次是王维和常建（十五首），再其次是李颀（十四首），再其次是李白、高适、崔国辅（十三首）。殷璠选诗是标榜"声律风骨"的（见其书自序），由选诗的数量可见他认为王昌龄的诗合于此标准的最多。在具体评语中，他又认为王昌龄是继承建安风骨、扭转齐梁风气的人,说:"元嘉已还,四百年内曹、刘、陆、谢,风骨顿尽,今昌龄克嗣厥迹。"又举其诗数篇,誉为"中兴高作"①。殷璠编选此书时,不但王昌龄尚在世,盛唐诸大家如李白、杜甫、王维、高适、岑参等也都活跃于诗坛上,如日丽中天。可见天宝时期诗论家对他的评价。

二 顾陶《唐诗类选》共二十卷,其书已佚,其序尚存,其中评唐朝诗人说:"国朝以来,人多反古,德泽广被,诗之作者继出,则有杜、李挺生于时,群才莫得而间,其亚则昌龄、伯玉、云卿、千运……合十数子,挺然颓波间,得苏、李、刘、谢之风骨,多为清德之所讽览,乃能抑退浮伪流艳之辞。"(《文苑英华》卷七一四)顾陶是晚唐人,经过历史的选择,杜甫与李白已突出于众人之上,通过白居易、元稹、韩愈等人的评论,这是容易理解的。可以注意的是,顾陶把王昌龄作为杜、李之亚的第一人,而与陈子昂相并列。可见晚唐时,对他的评价仍然不低。

作为诗人,王昌龄有广泛的交游,他与李白的交谊很深,也极为动人;他与当时善于写那种富于特色的边塞诗著称的诗人,如岑参、高适、李颀以及王之涣,都有交谊,与其他一些具有不同艺术风格的诗人,如王维、孟浩然、崔国辅、储光羲、常建等等,也都有文学上的来往。他曾往来于经济较为发达的中原和东南地区,也因遭受贬谪而去过当时称为荒僻的岭南和湘西;从他的诗作中,还可以看出他还远赴祖国的西北边地,可能还到过李白的出生地

①此处文字,引自《唐诗纪事》卷二十四,刻本《河岳英灵集》有关王昌龄评论,文字有讹误,虽有毛斧季、何义门校,也不如《唐诗纪事》通顺。

碎叶。应当说，王昌龄，他是一个有丰富生活经历的活跃的诗歌作家。

但就是这样一个诗人，过去关于他的事迹的记载，却是异常的少，少到几乎无法把他的生平经历能稍为连贯起来，而且即使在一些已经很少的记载中，也还颇有分歧，如关于他的籍贯，就有几种说法，他的生卒年，还没有确切可靠的结论。《旧唐书·文苑传》有关王昌龄的记载，其中还包括对他的诗作的评论，只不过五十几个字。《新唐书·文艺传》所记多了一些，字数增加了一倍。但这一百来字的传记，对于这样一个诗人来说，应当说是很不相称的。

二

王昌龄的籍贯，据现有材料，大致有三说，即太原、江宁、京兆。太原说最早见于《河岳英灵集》的评语，中有"顷有太原王昌龄、鲁国储光羲"云云，过去有的研究者即据此认为王昌龄的籍贯为太原①。元人辛文房《唐才子传》(卷二)也说是太原人。《新唐书》卷二〇三《文艺传》下，记王昌龄为江宁人，《唐诗纪事》卷二十四同。宋代的两部目录书，晁公武《郡斋读书志》与陈振孙《直斋书录解题》也都作江宁人。又《旧唐书》卷一九〇下《文苑传》下，曾提到："开元、天宝间，文士知名者，汴州崔颢、京兆王昌

_____

①见王运熙《王昌龄的籍贯及其〈失题诗〉的问题》(1962 年 2 月 25 日《光明日报·文学遗产》)。

龄高适、襄阳孟浩然。"这是最早以王昌龄为京兆人的材料,《全唐诗》卷一四○王昌龄小传同此说。

王昌龄曾做过江宁丞,而并非江宁人。江宁说之误是显而易见的。《唐才子传》卷二小传记王昌龄为太原人,同时又说:"时称'诗家夫子王江宁',盖尝为江宁令。"显然是注意到了二者的区别,虽然它所说的王昌龄为江宁令是错的,应为江宁丞。

今按,王昌龄约于开元二十八、九年(公元740—741)间,曾受任为江宁丞。在离开长安时,王昌龄在《留别岑参兄弟》一诗中说:"江城建业楼,山尽沧海头。副职守兹县,东南擢孤舟。"① 岑参也有《送王大昌龄赴江宁》诗,说:"泽国从一官,沧波几千里。"② 另外,王昌龄在途经洛阳时,李颀也有诗相送,说:"夜来莲花界,梦里金陵城。叹息此离别,悠悠江海行。"③ 天宝初,岑参又在长安作诗,寄以怀念之情:"王兄尚谪宦,屡见秋云生。……一县无诤辞,有时开道经。"④ 据《通典》卷三十三,《职官》十五,"总论县佐":"丞,汉诸县皆有,兼主刑狱囚徒。……隋及大唐县丞各一人,通判县事。"又《新唐书》卷四十九下《百官志》四下,载"县令掌导风化,察冤滞,听狱讼。……县丞为之贰。"根据《通典》《新唐书·百官志》所记的职务,又据王昌龄诗所谓"副职守兹县",岑参诗所谓"一县无诤辞",王昌龄所任当为江宁丞,不是如《唐才子传》所说的"江宁令"。

---

① 《全唐诗》卷一四○。
② 《岑嘉州诗》卷一,四部丛刊影印明正德刊本。
③ 李颀《送王昌龄》(《全唐诗》卷一三二)。
④ 《岑嘉州诗》卷一《送许子擢第归江宁拜亲因寄王大昌龄》。

裴敬《翰林学士李公墓碑》(《全唐文》卷七六四）中曾说:
"夫古以名德称占其官谥者甚希,前以诗称者,若谢吏部、何水部、
陶彭泽、鲍参军之类,唐朝以诗称,若王江宁、宋考功、韦苏州、王右
丞、杜员外之类。"这里所举诸人,都是指官谥,而非指籍贯,可以
认为是江宁乃王昌龄官谥的证据。而裴敬之前,李肇在《国史补》
中已有类似记载,《国史补》卷下说:"开元日……位卑而著名者,
李北海、王江宁、李馆陶、郑广文、元鲁山、萧功曹、张长史、独孤常
州、杜工部、崔比部、梁补阙、韦苏州、戴容州。"此处所举,也都是
官称,并非指籍贯。裴敬作李白墓碑是会昌三年(公元 843),李肇
则为元和、长庆(806—824)间人。间接的材料还可以举出更早
的,如李白约于天宝十三载游金陵时,曾与江宁丞杨利物游(见李
白《江宁杨利物画赞》[1]),因此在诗中屡次称杨利物为杨江宁,如
《春日陪杨江宁及诸官宴北湖感古作》[2]、《金陵阻风雪书怀寄杨江
宁》[3]、《宿白鹭洲寄杨江宁》[4],等等。可能杨利物还是王昌龄的继
任者,由此也可见当时以官职称其人,乃是一时的风气。
　　殷璠在《河岳英灵集》中以"太原王昌龄"与"鲁国储光羲"
并提,而据《新唐书》卷五十九《艺文志》三子部儒家类载储光羲
《正论》十五卷,说储光羲为"兖州人"(《郡斋读书志》卷四上别集
类所载同)。因此有些研究者认为以此例彼,王昌龄当为太原人。
这里牵涉到唐人碑传记载中经常碰到的一个问题,即史传碑文中

---

[1] 王琦注《李太白全集》卷二十八。
[2] 王琦注《李太白全集》卷二十,诗中云:"杨宰穆清风,芳声腾海隅。"
[3] 王琦注《李太白全集》卷十三。
[4] 王琦注《李太白全集》卷十三,诗中云:"望美金陵宰,如思琼树忧。"

所记郡望与籍贯，极易混同。唐人自称，或为人作墓志碑传，往往称郡望，这是六朝的门第余风，沿而未革。清朝的一些学者已经注意到这一点，如卢文弨《武周珍州荣德县丞梁师亮墓志跋》中说：

> 先世自河汾迁于秦，其云安定乌氏人，乃其族望也。唐人重族望，作史者往往亦相沿袭，称王曰太原，称许曰高阳，不知以地著为断，后之地理书志人物者，更无从考核矣。①

又譬如《新唐文》卷五十八《艺文志》二杂史类载崔良佐《三国春秋》，云："良佐，深州安平人，日用从子。"吴缜的《新唐书纠谬》卷四曾说："今案崔日用传，乃滑州灵昌人。"实际上博陵安平是崔氏的族望，灵昌则是崔日用居住之地。可见望与贯，宋朝人也有分不清楚的。

即以储光羲而论，也有这一情况，并非如《河岳英灵集》所载只鲁国一说。《新唐书》卷五十九《艺文志》三子部儒家类载储光羲《正论》十五卷，说储为"兖州人"（晁公武《读书志》卷四上别集类所载同）。但中唐时林宝《元和姓纂》卷二称："开元氾水尉储光羲，润州人。"润州即现在的江苏镇江。又《新唐书》卷六〇《艺文志》四别集类著录包融诗一卷，说融"润州延陵人"，并说："融与储光羲皆延陵人。"清代的钱大昕注意到这里的分歧，说同是《新唐书·艺文志》，而所载"里居互异"②。钱氏并没有作出进一步的

---

① 《抱经堂文集》卷十五。
② 《廿二史考异》卷四十五。

论断。岑仲勉在《唐史余沈》卷二《储光羲贯》条中则认为"润、兖发音相近,意兖为润之讹欤?"但岑仲勉先生却没有注意到顾况在《监察御史储公(光羲)集序》中,就提到:"开元十四年,严黄门知考功,以鲁国储公进士及第。"①鲁国即兖州。因此不是兖为润之误,而是望与贯之异,储光羲的族望是鲁国(兖州),而其籍贯则为润州。正因为如此,所以《新唐书·艺文志》于包融诗下,记述殷璠曾将包、储及同时居住于润州丹阳地区的诗人凡十八人,"汇次其诗,为《丹阳集》"。同是一个殷璠,在《河岳英灵集》中因举族望而说储光羲为鲁国人,而又按其实际居住地,将储光羲与其他润州的诗人作品辑为《丹阳集》,这是完全可以理解的②。

储光羲为鲁国人一说既有这样的问题,所谓"太原王昌龄"也应当可以提出怀疑。不错,王昌龄在赴江宁丞经洛阳时曾在一首诗中说到:"旧居太行北,远宦沧溟东。"③太行北也可以指太原。但这旧居与太行北究竟都是泛指,而且只此一处,相反,在王昌龄的作品中,言及居住于长安的,却不只一处,而且具体得多。譬如《别李浦之京》:"故园今在灞陵西,江畔逢君醉不迷。小弟邻

---

① 《文苑英华》卷七〇三。
② 清光绪时重修的《金坛县志》卷九,载:"唐储光羲居县西四十里孝德乡庄城西村。"又说"卒葬庄城东村"。储光羲《游茅山五首》(《全唐诗》卷一三六),其一云:"十年别乡县,西去入皇州。"又云"北洛返初路,东江还故丘"。据《元和郡县志》卷二十六延陵县,"茅山在县西南三十五里"。都可证储光羲的籍贯为延陵(丹阳)。
③ 王昌龄《洛阳尉刘晏与府掾诸公茶集天宫寺岸道上人房》,《全唐诗》卷一四一。

庄尚渔猎，一封书寄数行啼。"①此处称灞陵西之某地为"故园"，且其小弟尚居于彼处之"邻庄"，应当说比"旧居太行北"一句，是具体多了。王昌龄又有《灞上闲居》诗："鸿都有归客，偃卧滋阳村，轩冕无枉顾，清川照我门。"②这里与上诗相同，诗题指明是灞上，而称自己是"归客"。所可注意的是诗中说"偃卧滋阳村"，滋阳即芷阳，在长安万年县的浐川乡。武伯纶《唐代长安郊区的研究》中说："一九五四年郭家滩出土的天宝三年《右龙武将军史思礼墓志》，序文有'水临灞岸，山接芷阳，风传长乐之钟，日下新丰之树'等语，芷阳原即白鹿原的另称，为浐灞两河间的高地，应视为此乡（浐川乡）东界。"③可见王昌龄即居住于芷（滋）阳村，即万年县的白鹿原，靠近灞水。王昌龄有《吊轵道赋》，自序中说："轵道，秦故亭名也。今在京师东北十五里，署于路曰秦王子婴降汉高祖之地，岂不伤哉。余披榛往而访之，则莽苍如也。"④轵道在万年县崇道乡，白鹿原也在崇道乡，相距也近（参看武伯纶同志上文），故可"披榛往而访之"。此外，诗中提到长安居处的还有几处，如《郑县宿陶太公馆中赠冯六元二》："本家蓝田下。"⑤《独游》："时从灞陵下，垂钓往南涧。"⑥根据以上所举的这些例证，应当说《旧唐书·文苑传》说王昌龄为京兆人，看来是可以成立的。

①《全唐诗》卷一四三。

②《全唐诗》卷一四一。

③《文史》第三辑，中华书局 1963 年 10 月版。

④《全唐文》卷三三一。

⑤《全唐诗》卷一四〇。

⑥《全唐诗》卷一四一。

那末是不是可以说太原是王昌龄的郡望呢？这里似乎也有问题。

王昌龄有《宿灞上寄侍御玙弟》一诗①，为开元二十八、九年赴官江宁时所作。诗题称王玙为其弟，且此时王玙为侍御史。考《资治通鉴》卷二一四唐纪开元二十五年，记此年王玙为太常博士，"上疏请立青帝坛以迎春"，投合唐玄宗之所好；十月辛丑，"制自今立春亲迎春于东郊"，王玙也就因此"以为侍御史，领祠祭使"。《旧唐书》卷一三〇《王玙传》也说："开元末，玄宗方尊道术，靡神不宗。玙抗疏引古今祀典，请置春坛，祀青帝于国东郊，玄宗甚然之，因迁太常博士、侍御史，充祠祭使。"（《新唐书》卷一〇九《王玙传》所载略同）《通鉴》与新旧《唐书》所载的王玙与王昌龄诗题所说的王玙，其官职与时间均相合，当为一人。《旧唐书》未言王玙乡里，《新唐书》则说："王玙者，方庆六世孙。"王方庆，《旧唐书》卷八十九有传，说："王方庆，雍州咸阳人也。周少司空石泉公褒之曾孙也。其先自琅邪南度，居于丹阳，为江左冠族。褒北徙入关，始家咸阳焉。"可见王方庆之郡望为琅邪，实际上则几代已居住于咸阳。但《新唐书·王玙传》的所谓"方庆六世孙"是靠不住的，《通鉴考异》就已提出过疑问，就在前所引《通鉴》记王玙事下面，《考异》云："按方庆长安二年卒，距此才三十六年，不应已有五世、六世孙能上疏，恐玙偶与之同名，实非也。"② 由此可见唐时有两个王玙，一为王方庆之六世孙，一为王昌龄之弟，开

---

① 《全唐诗》卷一四〇。
② 钱大昕《廿二史考异》卷五十三也有同样意见，其论甚详，可参。

元末为侍御史。按后一王玙，肃宗时曾一度任宰相。《新唐书》卷七十二中，《宰相世系表》二中，说："王氏定著三房：一曰琅邪王氏，二曰太原王氏，三曰京兆王氏。宰相十三人：琅邪有方庆、玙、搏、璿；……"《新唐书·王玙传》把王玙说成王方庆的六世孙是错误的，但二人同属于一房，为琅邪王氏，则大致是可以肯定的。王方庆虽出于琅邪，但几经流徙，实际已为咸阳人，以此例彼，则说王玙、王昌龄一支，实际之籍贯为京兆，当然也是合于情理的。当然，王方庆在武周时曾任宰相，门第显赫，而王昌龄，据其《上李侍郎书》[①] 中所说，则是"久于贫贱"，"力养不给"，王玙早年也只是太常博士，与王方庆一门不是近亲。但既属一房，则应当是琅邪王氏，而不是太原王氏。因之，从史料来说，《河岳英灵集》的所谓太原说，也不是没有问题的。当然，正如前面说过的，无论琅邪与太原，都已是好几世以前的事情，在王昌龄时，几乎已没有什么实际意义了。我们今天从实际居住地来说，则《旧唐书》和《全唐诗》所谓的京兆人，是大致可以信从的。

这里不妨再可以引一条旁证材料，《博异志》中有题为《王昌龄》的一篇，文为：

开元中，琅琊王昌龄自吴抵京国，舟行至马当山，属风便，而舟人云："贵贱至此，皆合谒庙，以祈风水之安。"昌龄不能驻，亦先有祷神之备，见舟人言，乃命使赍酒脯纸马，献于大王，兼有一量草履子上大王夫人，而以一首诗令使者至彼而祷

---

① 《全唐文》卷三三一。

之，诗曰："青骢一匹昆仑牵，奉上大王不取钱，直为猛风波里
骤，莫怪昌龄不下船。"读毕而过。当市草履子时，兼市金错
刀子一副贮在履子内，至祷神时，忘取之，误并履子将往，使者
亦不晓焉。昌龄至前程，偶觅错刀子，方知误并将神庙所矣。
又行数里，忽有赤鲤鱼，长可三尺，跃入昌龄舟中，昌龄笑曰：
"自来之味。"呼侍者烹之。既剖腹，得金错刀子，宛是误送庙
中者，昌龄叹息曰："鬼神之情亦昭然，常闻葛仙公命鱼送书，
古诗有'剖鲤得素书'，今日亦颇同。"

《博异志》为晚唐人所作的传奇作品，这里的记载当然是属于小说
家言，情节怪诞，不足为信，但它却明白标出"琅琊王昌龄"，这是
别的书上所没有的。传奇作品的故事情节可以凭作者想象创作，
但如郡望、籍贯等，唐人作传奇时则往往有所本。这可为王昌龄出
琅邪王氏的一个旁证。

三

　　王昌龄的生年，由于史料缺乏，已不可确知。王维《青龙寺昙
壁上人兄院集》一诗的自序中，称之为"江宁大兄。"[①]所谓"大"，
是指王昌龄的行第，他的一些友人（如孟浩然）的诗中称他为"王
大"。王维称之为兄，则他的年岁当较王维的为大。王维生于公

---

①赵殿成《王右丞集笺注》卷十一。

元 701 年,即武后长安元年①。王昌龄当生于 701 年以前。又岑参于开元二十八年间所作《送王大昌龄赴江宁》诗,其中说:"对酒寂不语,怅然悲送君。明时未得用,白首徒攻文。"王昌龄于同年所作的《宿灞上寄侍御玙弟》说:"孤城海门月,万里流光带。不应百尺松,空老钟山霭。"岑诗提到王昌龄为"白首",王诗又自言"空老",都指老境而言。开元二十八年为公元 740 年,如以五十岁为"白首"而言,则其生年当在 690 年左右了,比起盛唐的一些诗人来,他的年岁是较大的,而与王之涣相上下②。闻一多先生《唐诗大系》定其生年为 698 年,恐未有据③。

王昌龄的早年生活也不可详考。他的《上李侍郎书》,当系早期所写,从这篇文章中可以考知早年生活的一二。

此文开头说:"昌龄拜手奉书吏部侍郎李公座右。"从全文的文意看来,此时这位李侍郎正主持铨试,王昌龄希望以文谒见。据现有材料,开元年间,李姓为吏部侍郎,可考知的有二人,一为李元

---

① 王维的生卒年也有异说。《旧唐书·王维传》说乾元二年(759)卒,未言年岁。《新唐书·王维传》说"上元初卒,年六十一"。则其生卒年应为 699—760。但赵殿成《右丞年谱》(《王右丞集笺注》附录)说:"集中有《谢弟缙新授左散骑常侍状》,其系年尾月乃上元二年五月四日,又集中有《送邢桂州》诗,而邢济为桂州都督亦上元二年中事。"因此定于上元二年卒,上推六十一年,生于 701。今按赵说可信,但《佛祖历代通载》(卷十三)已明确记载:"上元辛丑,尚书左(右?)丞王维卒。"这是较赵殿成所援引的两文更为直接的关于卒年的例证。

② 参靳能《唐故文安郡文安县尉太原王府君墓志铭》,卒于天宝元年,年五十五。

③ 马茂元《唐诗选》定其生卒年为 698—765(?),似沿袭《唐诗大系》,恐未有新据。

纮，一为李林甫。先说李林甫。《旧唐书》卷一〇六《李林甫传》：
"（开元）十四年，宇文融为御史中丞，引之同列，因拜御史中丞，历
刑、吏二侍郎。"（《新唐书》李传同）又据《唐会要》卷四〇"定赃
估"条，"开元十六年五月三日，御史中丞李林甫奏"云云，可见开
元十六年五月，李林甫仍在御史中丞任。考宋叶梦得《避暑录话》
卷下，曾载李暹告身一纸，所署时间为开元二十年七月六日，所列
官衔有"吏部侍郎李林甫"。可见自开元十六年至二十年之间，李
林甫由御史中丞为刑侍，再转吏侍，其为吏侍或在二十年稍前。我
们知道，王昌龄于开元十五年进士登第，即授官为秘书省校书郎，
而此篇《上李侍郎书》一再表明"惟明公能以至虚纳，惟昌龄敢
以无妄进"，篇末又说："昌龄尝在暇日，著《鉴略》五篇，以究知人
之道，将俟后命，以黩清尘。"很明显，是尚未有官职时的口气，即
应当作于开元十五年以前，那末这所谓李侍郎也就不可能是李林
甫了。

　　李元纮，《旧唐书》卷九十八有传，传中说："俄擢为京兆
尹。……又历工部、兵部、吏部三侍郎。（开元）十三年，户部侍郎
杨玚、白知慎坐支度失所，皆出为刺史。上令宰臣及公卿已下精择
堪为户部者，多有荐元纮者，将授以户部尚书，时执政以其资浅，
未宜超授，加中大夫，拜户部侍郎。"（《新唐书》李传同）另外，据
《旧唐书》卷一八五下《良吏下·杨玚传》，卷一〇五《宇文融传》，
可以考知此事系牵涉到宇文融括户口的问题，当时杨、白二人反对
括户，因此出为外州刺史，其户部侍郎职即由宇文融和李元纮继
任。据《通鉴》卷二一二开元十二年八月下云："未几，玚出为华州
刺史。"开元十三年"春二月，以御史中丞宇文融兼户部侍郎。"则

李元纮由吏侍转为户侍当也为同时,即开元十三年初或上一年的冬末。至于他在何时由兵侍转为吏侍,则已不可确知,大约也当在前数年不久之时。

根据以上所考,王昌龄《上李侍郎书》当为上李元纮,时间大约在开元十三年初以前的几年之内,这时王昌龄也大约有三十多岁了。这时他还没有考试及第,根据他书中所说,正是"久于贫贱,是以多知危苦之事";并说:"昌龄岂不解置身青山,俯饮白水,饱于道义,然后谒王公大人,以希大遇哉,每思力养不给,则不觉独坐流涕,啜菽负米。"生活大约是较为贫困的。他的诗《郑县宿陶太公馆中赠冯六元二》是入仕后所作,在回忆入仕前的生活时,写道:"本家蓝田下,非为渔弋故;无何困躬耕,且欲驰永路。"也可为一佐证。

从他的亲属来说,其父、祖几辈,都不可考。他有一个伯父,后来曾做过同州刺史。他有一首《上同州使君伯》的诗,很称赞他伯父的为人(此诗《全唐诗》未载,见于日人遍照金刚《文镜秘府论》地卷《十七势》[①],但也只残存四句)。另外,有七兄曾为侍御史[②];此外即是王玙。可见,在王昌龄早期,他的一家近亲中,没有什么人有显赫的官职,他自己的生活不免于贫贱,于是只好以文字求谒于当权者。但看来这封《上李侍郎书》并没有起作用,因为李元纮开元十三年前数年为吏部侍郎,而王昌龄直待开元十五年才进士登第,这中间又过了两三个年头。

---

① 《文镜秘府论》,人民文学出版社 1975 年 5 月周维德点校本。
② 王昌龄《上侍御七兄》,也见《文镜秘府论》地卷《十七势》,为《全唐诗》所未载,残存六句。

四

大约经过几次失利，王昌龄在开元十五年（公元727）终于进士登第，这时他大约已经是三十七岁左右了。这几年都是严挺之主考[①]，所选拔的号为得人，如顾况《监察御史储公集序》说：

> 开元十四年，严黄门知考功，以鲁国储公进士高第，与崔国辅员外、綦毋潜著作同时；其明年，擢第常建少府、王龙标昌龄，此数人皆当时之秀。

后来王昌龄与崔、綦毋、常等诸人都有交往。

王昌龄登第后，即在长安任秘书省校书郎。《旧唐书·王昌龄传》："进士登第，补秘书省校书郎；又以博学宏词登科，再迁汜水县尉。"这里拟订正《新唐书》与《唐才子传》记载的错误。

《新唐书·王昌龄传》说："第进士，补秘书郎。又中宏词，迁汜水尉。"此处把秘书省校书郎简括成为秘书郎，殊不知这实为两个职务。据《旧唐书》卷四十三《职官志》，秘书省："秘书郎三人，从六品上"；"校书郎十人，正九品上。"（《新唐书·百官志》同）在此后数年间，孟浩然有诗，题为《初出关旅亭夜坐怀王大校书》（此事详见后），就是一个明证。《新唐书》专务求简，因而致误，这也是例子之一。

---

① 宋王谠《唐语林》卷八："神龙元年已来，累为主司者：……严挺之三：开元十四年、十五年、十六年。"

《唐才子传》卷二王昌龄传载："开元十五年李嶷榜进士,授汜水尉。又中宏辞,迁校书郎。"认为进士登第后为汜水尉,中博学宏辞后(也就是开元二十二年以后)才迁校书郎。与新旧《唐书》及《唐诗纪事》等正好相反。《唐才子传》所载唐人事迹虽多有误,但有影响[1],因此不能不辨。

考王昌龄《郑县宿陶太公馆中赠冯六元二》诗,先叙出仕前居于蓝田,接着说:"昨日辞石门,五年变秋露……子为黄绶羁,余叨蓬山顾。……"此当是登第后数年间所作。诗中"黄绶"指县丞县尉等职,这是容易理解的。蓬山是指什么呢?原来就是指秘书省。《通典》卷二六,《职官》八,秘书监:"秘书省校书郎,汉之兰台及后汉东观,皆藏书之室,亦著述之所,多当时文学之士,使雠校于其中,故有校书之职。……当时重其职,故学者称东观为老氏藏室、道家蓬莱山焉。"宋代洪迈也说:"唐人好以它名标榜官称,……秘书监为大蓬,少监为少蓬。"[2]实际确实如此,如萧华《谢试秘书少监陈情表》中就有"旋沐厚恩,复登蓬阁"的话[3]。根据这些例证,可知《唐才子传》所记是错误的。由此也可对前面所举孟浩然《初出关旅亭夜坐怀王大校书》诗中所说的"永怀蓬阁友,寂寞滞扬云"二句容易理解了,孟浩然此处所怀念的,正是当时任秘书省校书郎的王昌龄。

王昌龄初任校书郎时,孟浩然也正好在长安。新旧《唐书》的《孟浩然传》都说他年四十游长安应进士试,另据王士源的《孟

---

① 如马茂元《唐诗选》、文学研究所《唐诗选》等王昌龄小传,皆沿袭其误。
② 洪迈《容斋四笔》卷十五《官称别名》。
③ 《文苑英华》卷六〇二。

浩然集序》^①，知孟浩然生于公元 689 年，年四十则为 728 年（开元十六年）^②。孟浩然后来回忆这段时期与王昌龄的交谊，曾说"数年同笔砚"^③。可见来往是很密切的。

关于秘书省，见于唐人的记载，如符载《送袁校书归秘书省序》（《全唐文》卷六九○）中曾说："国朝以进士擢第为入官者千仞之梯，以兰台校书为黄绶者九品之英，其有折桂枝，坐芸阁，非名声衰落，体命辗轲，不十数岁，公卿之府，缓步而登之。"符载所送的袁某，即任秘书省校书郎之职，符载送行之辞，当然要对秘书省称美几句。符载生活在贞元时期，可见中唐时人对在秘书省任职者前途的看法。《太平广记》卷一八七引《两京记》又云："唐初，秘书省唯主写书贮掌勘校而已，自是门可张罗，迥无统摄官属，望虽清雅，而实非要剧，权贵子弟及好利夸侈者率不好此职。流俗以监为宰相病坊，少监为给事中、中书舍人病坊，丞及著作郎为尚书郎病坊，秘书郎及著作佐郎为监察御史病坊，言从职不任繁剧者，当改入此省。然其职在图史，非复喧卑，故好学君子厌于趋竞者，亦求为此职焉。"这些都说明，比起尚书省、御史台等地，秘书省只不过是闲散之处，《两京记》甚至认为是官员养病的所

---

①四部丛刊本《孟浩然集》卷首。
②新旧《唐书》说孟浩然年四十乃游京师，不一定确实。孟有《秦中苦雨思归赠袁左丞贺侍郎》诗（《孟浩然集》卷二），根据有关史料，可考知此袁左丞当为袁仁敬，贺侍郎当为贺知章。《元和姓纂》卷四、《旧唐书》卷九十九《张九龄传》都提到袁仁敬为尚书左丞。贺知章则开元十三年为礼部侍郎，十四年为工部侍郎，旋即为太子宾客。由此看来，孟浩然应在开元十六年前即已赴长安。
③《孟浩然集》卷二《送王昌龄之岭南》。

在，"望虽清雅，而实非要剧"，这是较符合于实际的。

王昌龄在《上李侍郎书》中曾满怀希望地说："天生贤才，必有圣代用之。"也正是开元十五、六年间，李白由四川至湖北安陆，作《代寿山答孟少府移文书》，申称自己"申管晏之谈，谋帝王之术，奋其智能，愿为辅弼，使寰区大定，海县清一"[①]。开元前期政治安定和经济繁荣，使一些地主阶级知识分子产生一种理想，认为可以不受阻碍地施展自己的抱负。当然实际上这不过是一种空想或幻想。封建统治的种种不合理情况，它的各种矛盾（包括阶级矛盾和统治阶级内部矛盾）在开元时也是到处存在的。李白虽然写出了这样的豪言壮语，实际上还仍是要漫游各地。孟浩然也终于在长安待不下去，大约在开元十七八年间离开长安，在出潼关时，写了一首诗怀念王昌龄，就是那首《初出关旅亭夜坐怀王大校书》：

> 向夕槐烟起，葱笼池馆曛。客中无偶坐，关外惜离群。烛至萤光灭，荷枯雨滴闻。永怀蓬阁友，寂寞滞扬云。

王昌龄另有《同从弟销南斋玩月忆山阴崔少府》诗：

> 高卧南斋时，开帷月初吐。清辉淡水木，演漾在窗户。苒苒几盈虚，澄澄变今古。美人清江畔，是夜越吟苦。千里其如

---

① 王琦注《李太白全集》卷二十六。

何,微风吹兰杜。①

诗写得清雅而富有情致。这个崔少府当是崔国辅,当时崔国辅为山阴尉(唐人例称县尉为少府)。按《唐才子传》卷二崔国辅小传说他是山阴人,但据《新唐书》卷七十二下《宰相世系表》二下,崔氏清河青州房有礼部员外郎崔国辅,为海沂等州司马崔惟坪子;另据李轸《泗州刺史李君神道碑》②,说碑主李孟犫的夫人为清河人,其父崔惟明,累迁海沂等州司马,弟国辅,为补阙、起居、礼部员外郎。可见崔国辅为清河人,王昌龄诗所谓"山阴崔少府",是因为崔此时为山阴尉。这几年,正好是孟浩然游越中,他有诗如《宿永嘉江寄山阴崔国辅少府》、《江上寄山阴崔国辅少府》③等,由孟诗,就更可证明王昌龄的所谓山阴崔少府是崔国辅了。

崔国辅是当时的名诗人,他以乐府旧题所写的民歌体小诗,颇有特色。天宝年间崔国辅为集贤院学士,杜甫在天宝十载献三大礼赋时,还作诗称述受到崔的赞赏④。李白在天宝间北游幽州,曾有诗送崔国辅子崔度还吴中,称崔国辅为故人⑤。

---

① 《全唐诗》卷一四〇。
② 《文苑英华》卷九二三。
③ 皆见《孟浩然集》卷三。
④ 杜甫《奉留赠集贤院崔于二学士》:"谬称三赋在,难述二公恩。"自注:"甫献三大礼赋出身,二公常谬称述。"(见《钱注杜诗》卷九)
⑤ 王琦注《李太白全集》卷十七《送崔度还吴度故人礼部员外国辅之子》。此诗王琦所作李白年谱系于天宝十一载以后。黄锡珪《李太白编年诗集目录》系于天宝十三年五月。詹瑛《李白诗文系年》(作家出版社1958年6月版)系于天宝十一载十月间在幽燕作。

五

王昌龄在做了几年校书郎之后，又于开元二十二年（公元734）应博学宏词试登第。按新旧《唐书》本传都记载他于进士登第后又中博学宏词，授汜水尉，但未言何年（晁公武《读书志》及《唐诗纪事》同），独陈振孙《直斋书录解题》记载说："（开元）二十二年选宏词，超绝群类，为汜水尉。"[1]汜水在河南巩县东北，黄河南岸[2]。

又，清徐松《唐登科记考》卷八载王昌龄中开元二十二年博学宏词科，但卷七开元十九年博学宏词，又有王昌龄之名，所注根据为《唐才子传》，其实《唐才子传》也与新旧《唐书》一样，并没有明确记载王昌龄何年中博学宏词。今考《唐会要》卷七十六"制科举"条云："（开元）十九年博学宏词科，郑昉、陶翰及第。"《册府元龟》卷六四五贡举部所载与《唐会要》同，都没有王昌龄之名。唐人应宏词试及第确也有不只一次的，如萧昕，《旧唐书》卷一四六本传说："开元十九年首举博学宏词，授阳武县主簿。天宝初，复举宏词，授寿安尉。"但现有材料并不能证明王昌龄于开元十九年曾中宏词，《登科记考》此处所记是错误的。

王昌龄在做了几年汜水尉之后，即发生了贬谪岭南的事。

王士源《孟浩然集序》中说："开元二十八年，王昌龄游襄阳，

---

① 《直斋书录解题》卷十九诗集类上。
② 《旧唐书》卷三十八《地理志》一，孟州汜水："隋县。武德四年，分置成皋县。贞观元年，省入汜水，属郑州。显庆二年，割属洛州，仍移治武牢城。垂拱四年，改为广武。神龙元年，复为汜水。开元二十九年，移治所于武牢。"

时浩然疾疹发背,且愈,相得欢甚,浪情宴谑,食鲜疾动,终于治城南园。"

孟浩然有《送王昌龄之岭南》诗:"洞庭去远近,枫叶早惊秋。岘首羊公爱,长沙贾谊愁。土风无缟纻,乡味有查头。已抱沉痾疾,更贻魑魅忧。数年同笔砚,兹夕异衾裯。意气今何在,相思望斗牛。"①

王昌龄有赠张九龄诗:"祝融之峰紫云衔,翠如何其雪崭岩。邑西有路缘石壁,我欲从之卧穹嵌。鱼有心兮脱网罟,江无人兮鸣枫杉。王君飞舄仍未去,苏耽宅中意遥缄。"② 又有在巴陵(今湖南岳阳)与李白诗:"摇曳巴陵洲渚分,清江传语便风闻。山长不见秋城色,日暮兼葭空水云。"③

最早把这几条材料联系起来的,是詹锳的《李白诗文系年》,书中开元二十七年条下说:

> 王昌龄于开元年间谪岭南事,不见史籍。按王士源《孟浩然集序》:"开元二十八年王昌龄游襄阳……"孟浩然有《送王昌龄之岭南》诗……王昌龄有《奉赠张荆州》诗。据徐浩张九龄碑铭:"开元二十八年春请拜扫南归,五月七日遘疾薨于韶州曲江之私第。"则王赠诗必在开元二十八年以前九龄方为荆州长史时,以此知孟浩然赠王诗当是开元二十七年秋作。昌龄赠(李)白诗亦在是时。《唐才子传》王昌龄传"奈

---

① 《孟浩然集》卷二。
② 王昌龄《奉赠张荆州》,《全唐诗》卷一四一。
③ 王昌龄《巴陵送李十二》,《全唐诗》卷一四三。

何晚途不谨小节,谤议沸腾,两窜遐荒。"四部丛刊影明本《河岳英灵集》王昌龄下云"奈何晚节不矜细行,谤议沸腾,垂历遐荒。"垂字毛斧季何义门两氏校本俱作再,按再字是也。以此知昌龄之初谪岭南,盖在开元二十七年。翌年北归,又游襄阳,访孟浩然,时浩然疾疹且逾,食鲜疾动,遂致暴卒。

按此处所考甚为信实,结论是可以成立的。本文拟在此基础上,再作一些补充。

王昌龄有《见谴至伊水》诗,此诗不见于《全唐诗》,载《文镜秘府论》地卷《十七势》,现只残存二句:"得罪由己招,本性易然诺。"王昌龄因所谓得罪而被贬谪,凡两次,一是这一次由汜水尉贬岭南,另一次是天宝年间由江宁丞贬龙标尉,走的是溯长江而上的水路(说详后)。因此,这首《见谴至伊水》诗当时是由汜水赴贬所路经伊洛时作。诗题标明是"见谴",诗中说"得罪",也可见是贬谪。另有《留别伊阙张少府郭大都尉》诗[1],诗中自称是"迁客",诗末说:"幸随版舆远,负谴何忧哉。"当是同时所作。

王昌龄随即由伊洛南下,途经襄阳,与孟浩然盘桓一些时日,然后经荆州,作诗赠张九龄。张九龄曾于开元十九年三月守秘书少监[2],由桂州刺史入京,那时王昌龄为秘书监校书郎,张曾是王的上级。现在张九龄受到李林甫的排挤,被罢免了宰相,做一个荆州的地方官,开元末年的朝政,封建统治集团的各种腐败情况

---

[1]《全唐诗》卷一四〇。
[2] 四部丛刊本《唐丞相曲江张先生文集》附录诰命《守秘书少监制》,署为开元十九年三月七日。

已逐步显露出来了。王昌龄这时也因贬谪而路经荆州,他在赠张九龄诗中感叹"鱼有心兮脱网罟,江无人兮鸣枫杉",也可以用来说明当时的政治局势。

王昌龄又有《出郴山口至叠石湾野人室中寄张十一》[①]。诗中说:"郴土群山高,耆老如中州。孰云议舛降,岂是娱宦游。"说明是外降经此。《元和郡县志》卷三〇,湖南道郴州郴县:"马岭山,在县东北五里,昔苏耽学道于此得仙,其旧宅在州东半里,俯临城,余迹犹存。"王昌龄此诗中有"昨临苏耽井,复向衡阳求",可见是写实,也可证明他确实是贬谪岭南,因为据《通典》卷一八三《州郡》十三,桂阳郡郴州,"有骑田岭,今谓之腊岭,即五岭之一。"王昌龄一过了郴州,就将踏上五岭之一的骑田岭了。但可惜这次之贬,究竟原因何在,贬为何官,所贬为岭南的何地,都因史料缺乏,不得而知。

这里还须讨论一个问题,这个问题是陈贻焮同志《孟浩然事迹考辨》一文提出来的[②]。《考辨》据孟浩然的一首记述与王昌龄交酬的诗,而推定王昌龄于开元二十二年至贬官岭南之间曾有几年在襄阳一带作官。这是王昌龄所有传记资料所未载,过去有关研究王昌龄事迹的论著所从未提出过的新线索。此处拟讨论一下《考辨》此说能否成立。

为说明问题起见,先引孟浩然的诗如下:

①《全唐诗》卷一四〇。
②文载《文史》第四辑。

归来卧青山,常梦游清都。漆园有傲吏,惠我在招呼。书
幌神仙篆,画屏山海图。酌霞复对此,宛似入蓬壶。

按,此诗载四部丛刊本《孟浩然集》卷一,题作《与王昌龄宴黄
十一》,也载于《全唐诗》卷一五九孟浩然诗,题作《与王昌龄宴王
道士房》,而于题下注"一作《与王昌龄宴黄十一》"。《考辨》据此
诗,论道:"'漆园傲吏',当以庄子喻王昌龄,称道他作吏而傲世。孟
既'归卧青山',而王却能'招呼'他'宴王道士房',可见王作吏的
所在当距襄阳不远,甚至就在襄阳。"《考辨》并由此作出结论:"知
王昌龄于开元二十二年后到他贬官岭南前曾有几年在襄阳一带作
官,和孟浩然过从甚密。"

应当说,陈贻焮同志的这篇文章,用力甚勤,对孟浩然的事迹
作了有益的探索。但文中也有对资料误解的地方,这里说王昌龄
的一段文字就是一例。

今按孟浩然此诗,诗题既为《与王昌龄宴王道士房》,则"漆园
有傲吏,惠我在招呼",当然指的是王道士,道家标榜老庄,故称王
道士为漆园傲吏,因此下句说"惠我在招呼"。若说王昌龄招呼,
为何又宴饮于王道士房呢?因此后面四句都以王道士着眼写出。
孟浩然又有《梅道士水亭》诗[1],其中说:"傲吏非凡吏,名流即道
流。隐居不可见,高论莫能酬。"这里的傲吏,无疑即是指梅道士,
而同样也是用庄周为漆园吏的典故。可见以傲吏喻道士,在孟浩
然本人诗作中也能找到内证。至于"常梦游清都"的"清都",乃

---

[1] 《孟浩然集》卷三。

是指道家理想中的仙境。语出《列子》卷上《周穆王》篇："清都、紫微、钧天、广乐，帝之所居。"张湛注："清都、紫微，天帝之所居也。"从六朝至唐的诗文中，以清都喻道家所居者，其例甚多，如沈约《高松赋》："清都之念方远，姑射之想悠然。"[1]储光羲《游茅山五首》之五："名岳征仙事，清都访道书。"[2]可见孟浩然此诗的用事及含义，是不难理解的，孟浩然是说自己从长安归来，隐居青山，常常梦游道家的清都仙境；现在正好有漆园傲吏之王道士，热情邀请到他的处所作客。——孟诗的前四句所说不过如此而已。所谓王昌龄在开元二十二年以后曾有几年在襄阳一带作官之说，是缺乏根据的。孟浩然此诗的写作时间也不易确定，当然很可能是开元二十七年在王昌龄贬岭南途经襄阳时所作，但这只是推论，不能作完全的肯定。

六

根据前面所引王士源《孟浩然集序》，可以知道，开元二十八年，王昌龄已由岭南北返，与孟浩然重又相见，相得甚欢，却不料孟浩然"食鲜疾动"而卒。相交十余年好友的去世，当使王昌龄十分悲切，但可惜现在已见不到王昌龄的悼念之作，或许他来不及把他的悼念之情凝聚于诗篇而匆促赶路，因为据现有材料，就在那年冬

---

①严可均《全梁文》卷二十五。
②《全唐诗》卷一三六。

天，他又被任命为江宁丞，在一个风雪天，道别正在长安应举的诗人岑参兄弟，离开京师，又向东南进发了。

《旧唐书》王昌龄本传未载为江宁丞一事，《新唐书》因为说他是江宁人，当然要避开这一情节。实际上从王昌龄及岑参等人的诗篇中，可以确知他曾任江宁丞（参见以上第二节关于籍贯考中所述）。至于始任江宁丞的时间，应当说闻一多先生《岑嘉州系年考证》的结论是可从的。《考证》文较繁，大意谓：岑参有《送许子擢第归江宁拜亲因寄王大昌龄》诗[1]，为天宝元年所作[2]。诗中说："王兄尚谪宦，屡见秋云生。""尚谪宦"，则初赴江宁必在天宝元年以前；又云"屡见秋云生"，则又不只前一年，也即不能早于开元二十九年。已知王昌龄于开元二十八年北返曾途经襄阳，而在赴江宁《留别岑参兄弟》诗中又说"便以风雪暮，还为纵饮留"，岑参的《送王大昌龄赴江宁》诗也说"北风吹微雪，抱被肯同宿"，则其赴任离长安的时间应当是开元二十八年的冬日[3]。

岑参本年二十七岁，此时还是一个年青诗人，似还不怎么为人所知。他是要待十年以后，经历了北庭、轮台等地，写出边塞风物的诗作以后，才进入唐代诗坛而显露其特色的。而这时王昌龄已经是五十岁左右，在艺术上已有造诣的名诗人了。但看来王昌龄对岑参是相当称许的，在诗中赞誉说："岑家双琼树，腾光难为

---

[1]《岑嘉州诗》卷一。

[2] 详参《岑嘉州系年考证》，此处不详述。

[3] 文学研究所编注的《唐诗选》在作家介绍中说王昌龄"开元末贬江宁丞"，而于《芙蓉楼送辛渐》诗的注释中却又说"作者于天宝元年（742）出为江宁丞"，互相矛盾。"天宝元年"之说当误。

侍。"而岑参也满怀同情地送别王昌龄远去,说"自闻君欲行,频望南徐州。……惜君青云器,努力加餐饭"。

岑参的诗中又说:"君行到京口,正是桃花时。"大约离长安是冬末,因此岑参推测王昌龄到江南时正是桃花吐艳的春日。但从现在材料看来,则第二年的夏天,王昌龄才离开洛阳,经漕运河赴江宁。他有《东京府县诸公与綦毋潜李颀相送至白马寺宿》诗[1]:

> 鞍马上东门,裴回入孤舟。贤豪相追送,即棹千里流。赤岸落日在,空波微烟收。薄宦忘机括,醉来即淹留。月明见古寺,林外登高楼。南风开长廊,夏夜如凉秋。江月照吴县,西归梦中游。

从此诗的前二句与末二句看来,是离开洛阳、舟行赴江宁无疑。又云"夏夜如凉秋",则点明是夏天。离长安既是冬日,则此诗当是第二年即开元二十九年夏所作。王昌龄又有《洛阳尉刘晏与府掾诸公茶集天宫寺岸道上人房》诗[2],其中说:"自从三湘还,始得今夕同。"又说此行是"远宦沧溟东",则与上诗为同时所作。李颀此时在洛阳,也有送行诗《送王昌龄》[3]:

> 漕水东去远,送君多暮情。淹留野寺出,向背孤山明。前

---

① 《全唐诗》卷一四○。
② 《全唐诗》卷一四一。
③ 《全唐诗》卷一三二。

望数千里，中无蒲稗生。夕阳满舟楫，但爱微波清。举酒林月上，解衣沙鸟鸣。夜来莲花界，梦里金陵城。叹息此离别，悠悠江海行。

此诗所写似也是夏景。从长安至洛阳，即以当时的交通条件而论，也不需要走几个月的时间，原因何在，因史料缺乏，已不可考知了。

王昌龄对于他的江宁丞职务是并不满意的，在《送韦十二兵曹》诗中，一再说："县职如长缨，终日检我身，平明趋郡府，不得展故人。"并感叹说："出处两不合，忠贞何由伸！"[1] 在这期间，他曾往游丹阳，有《万岁楼》诗："江上巍巍万岁楼，不知经历几千秋。……谁堪登望云烟里，向晚茫茫发旅愁。"[2] 据《元和郡县志》卷二十六江南道润州丹阳："晋王恭为刺史，改创西南楼名万岁楼，西北楼名芙蓉楼。"王昌龄有《芙蓉楼送辛渐二首》[3]，当也是同时在丹阳所作，其中第一首是历来传诵的名作：

寒雨连天夜入湖，平明送客楚山孤。洛阳亲友如相问，一片冰心在玉壶。

王昌龄怀念在洛阳的亲友，其中可能有李颀、刘晏等在内（刘

---

[1] 《全唐诗》卷一四〇。
[2] 《全唐诗》卷一四二。
[3] 《全唐诗》卷一四三。又皇甫冉有《同温丹徒登万岁楼》诗（《全唐诗》卷二五〇），又崔峒也有《登润州芙蓉楼》诗（同上卷二九四）。

晏在开元末任洛阳尉,王昌龄赴江宁丞经洛阳时,刘晏与李颀等曾送行,详见本书《李颀考》)。李颀在洛阳送王昌龄诗中,有"叹息此离别,悠悠江海行"之句,但他没有想到,更远的途程还等待着王昌龄,——过不了几年,王昌龄又从江宁赶赴龙标的贬所了。

七

《新唐书》本传及有关王昌龄事迹的记载材料,都说他晚年被贬为龙标尉,但都没有载其被贬年月。今按李白有《同王昌龄送族弟襄归桂阳》诗二首[①],其一云:

> 秦地见碧草,楚谣对清樽。把酒尔何思,鹧鸪啼南园。予欲罗浮隐,犹怀明主恩。蹉蹰紫宫恋,孤负沧洲言。终然无心云,海上同飞翻。相期乃不浅,幽桂有芳根。

诗中云"秦地见碧草",又说"犹怀明主恩","蹉蹰紫宫恋",显系李白天宝初在长安所作。我们知道李白于天宝元年夏秋入京,三年春离长安,其年夏即与杜甫遇于东都洛阳。由此可见,李白同王昌龄作此送人诗的时间,当在天宝二年或三年的春天。也就是说,王昌龄天宝二年或三年春曾在长安。

另外,据《全唐诗》卷一四三附载王昌龄诗残句,有"昨从金

---

① 王琦注《李太白全集》卷十七。

陵邑,远谪沅溪滨"(《全唐诗》谓据《沅志》),说明是由江宁丞而贬为龙标尉的。王昌龄又有《九江口作》[1]:"浔浔江势阔,雨开浔阳秋。驿门是高岸,望尽黄芦洲。水与五溪合,心期万里游。明时无弃才,谪去随孤舟。鸷鸟立寒木,丈夫佩吴钩。何当报君恩,却系单于头。"此诗为舟行经九江口作,云"水与五溪合",乃点明目的地是五溪,亦即龙标所在地[2];"谪去随孤舟",言此行系贬谪,走的是水路,由南京溯长江而上,并没有再经长安。既然如此,那末为什么天宝二年或三年的春天却又在长安呢?或是说天宝初年间王昌龄曾在长安,此说是否可靠呢?

按,王昌龄天宝二、三年间曾一度在长安,不只有上面所引李白诗为据,还可以从王维的诗中得到证明。王维有《青龙寺昙壁上人兄院集》[3],其自序中先叙青龙寺的位置,说"太虚寥廓,南山为之端倪;皇州苍茫,渭水贯于天地"。地点是在长安寺郊。然后说:"时江宁大兄持片石命维序之,诗五韵,坐上成。"赵殿成笺注本后附王昌龄、王缙、裴迪同咏的诗。王昌龄的诗见于《全唐诗》(卷一四二),题为《同王维集青龙寺昙壁上人兄院五韵》。我们已经考知江宁并非王昌龄的籍贯,而是官称,则王维诗序中称之为"江宁大兄",就只有王昌龄为江宁丞之后才有可能。王昌龄离长

---

① 《全唐诗》卷一四一。
② 《通典》卷一八三,《州郡》十三,"黔州"条,有五溪,谓西、辰、巫、武、沅等溪。又《水经注》(四部丛刊影武英殿聚珍版丛书本)卷三十七沅水注:"武陵有五溪,谓雄溪、橢溪、酉溪、武溪、辰溪其一焉。"地域相似,大约相当于现在的湘西、黔东一带。
③ 赵殿成《王右丞集笺注》卷十一。

安赴江宁是在冬日,而王维、王昌龄、王缙、裴迪等诗中所写皆非冬景,似为春夏间的景物。这就更可以证明,王昌龄在任江宁丞时,于天宝二年或三年春曾一度在长安,至于他在长安逗留多久,就不得而知了。

王昌龄此时为何赴长安,具体原因也不可得知,我们只能从当时一些类似情况作某些推测。按,唐人任州县官者,有时有奉使进京或赴别地公干的情况。前者的例子,如孟浩然于开元十八九年间游越中时,崔国辅时为山阴尉(参见前第四节),孟浩然在《宿永嘉江寄山阴崔国辅少府》诗中曾说:"我行穷水国,君使入京华,相去日千里,孤帆天一涯。"可见崔国辅在任山阴尉时曾奉使赴长安。另外,高适曾于天宝八载有道科中举,被授为封丘尉[①]。他在任封丘尉期间,曾因送兵出使至青夷,青夷为范阳节度使所统八军之一,在妫州(今河北怀来),见高适《酬秘书弟兼寄幕下诸公》诗自序[②]。以彼例此,则王昌龄于开元末赴江宁丞,至天宝二、三年间,曾因公事来长安,当也有可能。当然这仅是推测,究竟他因何事至长安,已不可考知。

我们既然从李白诗中考知王昌龄在天宝二年或三年春在长安,其时仍为江宁丞,而又据前面所引《九江口作》诗,他由江宁赴

---

① 按,王达津《诗人高适系年》(《文学遗产增刊》第八辑),谓高适为封丘尉在开元二十三年。彭兰《高适系年考证》(《文史》第三辑)谓高适应有道科在开元二十三年,但未中举,至天宝六载又被诏诣长安,授封丘尉。此二说皆与高适事迹不合。本文定于天宝八载,详见本书《关于高适年谱中的几个问题》。
② 《高常侍集》卷四。

龙标,是走长江的水路,经九江时,正是秋天("雨开浔阳秋"),那末他贬龙标,最早是在天宝二年或三年的秋天,可能是在此后数年间的秋天。至于究竟在哪一年,已难于确定。文学研究所《唐诗选》说王昌龄"天宝七年再贬龙标尉",显然缺乏根据。《河岳英灵集》(卷中)关于王昌龄的评论说:"奈何晚节不矜细行,谤议沸腾,垂(何义门、毛斧季校本作两)历遐荒。"殷璠此书所收诗止于天宝十二载,则最晚此年以前王昌龄即贬为龙标尉了。殷璠说被贬的原因是"不矜细行,谤议沸腾";另外,据《唐诗纪事》卷二十四所引殷璠评语,称王昌龄为人"孤洁恬澹,与物无伤"(按,《唐诗纪事》此处所引殷璠评论,与今存《河岳英灵集》不同处甚多,这两句就为《河岳英灵集》所未载)。这样一个"孤洁恬澹"的人,竟因所谓"不矜细行"而"谤议沸腾",可见天宝时期的政治已经腐败到何种程度了。

李白有《闻王昌龄左迁龙标遥有此寄》[①]:"杨花落尽子规啼,闻道龙标过五溪。我寄愁心与明月,随风(王琦校云:缪本作君)直到夜郎西。"这是李白最好的七绝之一。虽然"谤议沸腾",可能当时对王昌龄有种种议论,但李白仍然寄予深切的怀念。李白此诗无法确切系年,也不知作于何地。"杨花落尽"四字,王琦校云一本作"扬州花落",因此有些李白诗文的系年者有认为是天宝八载在扬州作的,只是推测而已,不足为据。又王昌龄赴龙标,经九江时是秋日,而到岳阳似已是深秋。他的《岳阳别李十七越宾》诗中说:"相逢楚水寒,舟在洞庭驿。……杉上秋雨声,悲切兼葭夕。"

[①]王琦注《李太白全集》卷十三。

《巴陵别刘处士》诗："竹映秋馆深,月寒江风起。"① 时间正好衔接。但李白诗写的是春夏之际,诗题是"闻……遥有此寄",恐怕当时交通条件不便,两地相隔又远,说不定作此诗时,已经是王昌龄贬龙标的第二年春末了。

王昌龄贬于龙标期间,他的同年登进士第的友人常建这时在湖北居住,有《鄂渚招王昌龄张偾》诗②:

> 刈芦旷野中,沙上飞黄云。天晦无精光,茫茫悲远君。楚山隔湘水,湖畔落日曛。春雁又北飞,音书固难闻。谪居未为叹,谗枉何由分。午日逐蛟龙,宜为吊冤文。翻覆古共然,名宦安足云。贫士任枯槁,捕鱼清江濆。有时荷鉏犁,旷野自耕耘。不然春山隐,溪涧花氛氲。山鹿自有场,贤达亦顾群。二贤归去来,世上徒纷纷。

按,《太平寰宇记》卷一一二鄂州江夏县:"鄂渚,舆地志云:云梦之南,是为鄂渚。"大约即指湖北东南的一带地区。这时常建已去盱眙尉而隐居于此③。此诗也载于《河岳英灵集》,为天宝十二载前所作。诗中以屈原遭谗相喻,可见当时王昌龄的一些友人都认为他

---

① 以上二诗皆见《全唐诗》卷一四〇。
② 《宋临安本常建诗集》(天禄琳琅丛书之一)卷上,其中有些字句据《全唐诗》卷一四四常建诗订正。
③ 《唐才子传》卷二常建小传说他"大历中,授盱眙尉",误。《河岳英灵集》(卷上)已称"今常建亦沦于一尉",则常建天宝十二载前已为盱眙尉。详参本书《常建考》。

是被冤枉的。常建另有《宿王昌龄隐居》诗①,不详其何时所作。

柳宗元《送李渭赴京师序》中曾说:"过洞庭,上湘江,非有罪左迁者罕至。"②柳宗元这里指的是永州零陵一带,比较起来,龙标所在地的五溪,则更为偏僻,在唐代更是官员贬谪的场所了。如高适就有《送张瑶贬五溪尉》诗③。但看来这二度迁谪并没有使王昌龄沮丧,他在经武陵时,虽然说:"皇恩暂迁谪,待罪逢知己,从此武陵溪,孤舟二千里。"④但仍然表示:"明时无弃才,谪去随孤舟。鸷鸟立寒木,丈夫佩吴钩。何当报君恩,却系单于头。"⑤直到他已在贬所,还慷慨陈词:"仆本东山(原注:一作山东)为国忧,明光殿前论九畴。粗读兵书尽冥搜,为君掌上施权谋,洞晓山川无与俦。……何用班超定远侯,史臣书之得已不。"⑥可见他虽因非罪受到贬谪,却并不气馁,仍想立功边塞,这可以帮助我们进一步来认识他的《从军行》等边塞诗。

又,王昌龄有《至南陵答皇甫岳》:"与君同病复漂沦,昨夜宣城别故人。明主恩深非岁久,长江还共五溪滨。"⑦据《新唐书》卷四十一《地理志》五,南陵县属宣州宣城郡。此诗在南陵作,皇甫岳亦当在宣城。王昌龄又有《别皇甫五》:"淑浦潭阳隔楚山,离尊

①《宋临安本常建诗集》卷上。
②世綵堂本《柳河东集》卷二十三。
③《高常侍集》卷六。
④《留别武陵袁丞》,《全唐诗》卷一四〇。
⑤《九江口作》,《全唐诗》卷一四一。
⑥《箜篌引》,《全唐诗》卷一四一。
⑦《全唐诗》卷一四三。

不用起愁颜。明祠灵响期昭应，天泽俱从此路还。"① 岑仲勉先生
《唐人行第录》据此二诗，谓皇甫五即皇甫岳。按，据《新唐书》卷
四十一《地理志》五，辰州卢溪郡有溆浦县，叙州潭阳郡有潭阳县，
皆在五溪一带（龙标即属叙州潭阳郡）。王昌龄这两首诗，一作于宣
城，一作于龙标，由前一首诗，皇甫岳乃在宣城一带作吏，由后一首
诗，这一皇甫五则又在五溪一带谪宦，至此乃期满入京。如果再别
无其他更有力的证据，似不能说这一皇甫五即为皇甫岳的。有关皇
甫岳的材料，所见的并不多，新旧《唐书》无传，《新唐书》卷七十五
下《宰相世系表》五下有皇甫岳，为皇甫恂之子，弟嵒。皆未注官
职。另王维有《皇甫岳写真赞》，说："有道者古，其神则清。双眸朗
畅，四气和平。长江月影，太华松声。周而不器，独也难名。且未婚
嫁，犹寄簪缨。烧丹药就，辟谷将成。云汉之下，法本无生。"由此
可见，皇甫岳确为开、天时人，与王维也有交谊，似乎也是道家者流。

八

　　关于王昌龄之卒，《旧唐书》本传仅云："不护细行，屡见贬斥。
卒。"似即卒于贬所。《新唐书》本传则云："贬龙标尉。以世乱还
乡里，为刺史闾丘晓所杀。张镐按军河南，兵大集，晓最后期，将戮
之，辞曰：'有亲，乞贷余命。'镐曰：'王昌龄之亲欲与谁养！'晓默
然。"《新唐书》的这段记载为后来《唐诗纪事》《唐才子传》等书

---

① 《全唐诗》卷一四三。

所本。所谓"还乡里",其词颇含混。《新唐书》是说王昌龄为江宁人,则所谓"还乡里",当系安史乱起,王昌龄乃由龙标奔向长江下游一带。这时长安及洛阳已被安史乱军所占,东南还是较安定的地区,抛开《新唐书》所谓"乡里"的误载,如说安史之乱起后,王昌龄由龙标折返江宁,是大致可以成立的。但不料却为间丘晓所杀害,王昌龄一生竟是以悲剧告终。

《新唐书》仅云间丘晓为刺史,未言为何州刺史。《旧唐书》卷一一一《张镐传》载镐受命为河南节度使,"镐既发,会张巡宋州围急,倍道兼进,传檄濠州刺史间丘晓引兵出救。晓素愎戾,驭下少恩,好独任己。及镐信至,略无禀命,又虑兵败,祸及于己,遂逗留不进。镐至淮口,宋州已陷,镐怒晓,即杖杀之。"《新唐书》卷一三九《张镐传》所载同,仅字句稍有差异,间丘晓的官职则同《旧唐书》作濠州刺史。按《通鉴》系此事于肃宗至德二载十月(卷二二〇),却载间丘晓为谯郡太守。《通鉴考异》说:"旧传作豪州刺史,新传作濠州刺史,《统纪》作亳州刺史。按濠州在淮南,去睢阳远。亳州与睢阳接境,必亳州也。今从《统纪》。"《考异》之说尚可商榷。张镐此时既为河南节度使,又为持节都督淮南等道诸军事,两《唐书》都载间丘晓为濠州刺史,濠州在淮南,也属于张镐节制,《考异》所论仅为推测,所谓"必亳州也",其实并没有信实可靠的根据。从王昌龄返江宁为间丘晓所杀一事看来,则他为濠州刺史的可能性倒反而大些。

间丘晓既然于至德二载(757)十月为张镐所杀,则王昌龄之被杀当在此之前。安史之乱起于天宝十四载(755)十月,因此我们可以把王昌龄的卒年定在755—757年之间,而以至德元载

（756）的可能性为最大。若以其生年为690年左右，则这时王昌龄大约是六十六、七岁左右。

杀闾丘晓的张镐，此人颇可注意。肃宗至德二载，杜甫时在凤翔任左拾遗，因上疏言房琯不宜罢免，触犯了肃宗，幸亏张镐救免[1]。同年，李白因永王璘事下狱，后虽释狱，但不久即又被流放夜郎。在他出狱后，还未流夜郎之际，曾暂时居住于安徽南部的宿松，这时他曾有诗给张镐，称赞张镐说："闻君自天来，目张气益振。亚夫得剧孟，敌国空无人。扪虱对桓公，愿得论悲辛。"[2] 表示自己愿意投到张镐的军中，参与平定安史的乱军。再加上他杀闾丘晓时为王昌龄所说的一番话，可以见出张镐当时对一般文士的关系是较好的。他为人比较正直，对肃宗朝廷依靠宦官看不惯，因此也终于不得重用，但却受到当时人的推崇[3]。

关于王昌龄之卒，晚唐时范摅《云溪友议》尚有一条记载，其书卷上《严黄门》条说："或谓章仇大夫兼琼为陈拾遗雪狱，高适侍御与王江宁申冤，当时同为义士也。"据现有材料，并无高适为王昌龄申冤的记载。王昌龄第一次之贬在开元二十七年，其时高适尚未入仕；第二次贬龙标尉，约在天宝早期，高适也只是一个封丘尉，官位低微，想来也不可能替王昌龄说话。至于王昌龄为闾丘

---

[1]见新旧《唐书·杜甫传》，又见《钱注杜诗》卷二〇杜甫《奉谢口敕放三司推问状》。

[2]王琦注《李太白全集》卷十一《赠张相镐二首》。

[3]可参见《封氏闻见记》卷九"贞介"条（《唐语林》卷三"方正"条略同），以及杜甫《洗兵马》诗："张公一生江海客，身长九尺须眉苍。征起适遇风云会，扶颠始知筹策良。"

晓所杀害,高适其时约任淮南节度使,所谓"申冤"云云,倒是有可能,但此事并无其他材料佐证。《云溪友议》此处所载,清朝的《四库提要》早有驳议,说:"他如陈子昂为射洪令段简所杀,在武后时,章仇兼琼判梓州事在天宝以后,时代迥不相及。杀王昌龄者闾丘晓,杀闾丘晓者张镐,与高适亦不相关。"大约王昌龄为闾丘晓所杀害,是当时许多人为之不平,因此张镐在处死闾丘晓时说出这样的话,而此事也就流传开来,至晚唐时,范摅就又把张镐的事附会到高适的身上去了。

王昌龄的事迹中,还有一个他创作边塞诗的时间问题。在现存王昌龄诗中,边塞诗的分量虽不甚多,但差不多都写得很出色,写得十分真切,不亲历其境,只凭空想象,是决计写不出来的。在盛唐时期一些写边塞诗的诗人中,高适出使至今甘肃一带,崔颢到过山西北部等地,这都有史料可据。在王昌龄的有关记载中,没有说他到过边塞,不过我们还可从他的诗篇中考索出他的行迹。他的《塞下曲》之一:"蝉鸣空桑林,八月萧关道。出塞入塞寒,处处黄芦草。"① 是说八月路经萧关。据《元和郡县志》,萧关故城在原州平高县,卷三原州平高县下云:"萧关故城在县东南三十里。《汉书》文帝十四年匈奴入萧关,杀北地都尉,是也。"原州另有萧关县,《元和郡县志》同卷云:"本隋他楼县。大业元年置,神龙三年废,别立萧关县,以去州阔远,御史中丞侯全德奏于故白草军城置,因取萧关为名。"原州和萧关,大概在今甘肃固原县一带。又《塞下曲》之二:"饮马渡秋水,水寒风似刀。平沙日未没,黯黯见临

①《全唐诗》卷一四〇。

洮。"则又谓秋日经临洮,行经路线都很清楚。他的《从军行七首》之七说:"玉门山嶂几千重,山北山南总是烽。人依远戍须看火,马踏深山不见踪。"[1]写边地风物,没有实践经验是写不出来的,则他又到过玉门关一带的地方了。另外《从军行》之六有"胡瓶落膊紫薄汗,碎叶城西秋月团"之句,则诗人已有可能到过李白的出生地碎叶。又按《全唐诗》卷一四〇所载《塞下曲四首》之二:"饮马渡秋水,水寒风似刀,平沙日未没,黯黯见临洮……"此诗也载于殷璠的《河岳英灵集》(卷中)和芮挺章的《国秀集》(卷下)。《河岳英灵集》所载,据何义门校本,题作《望临洮》;《国秀集》所载,诗题即为《望临洮》。我们知道,《河岳英灵集》所收的诗到天宝十二载为止,《国秀集》更早,是收开元以来至天宝三载的作品[2]。这就是说,王昌龄的西北之行及边塞诗的写作,都应在天宝三载之前。事实上天宝三载以后,王昌龄大约不久即贬谪为龙标尉,直至安史乱起,无由再去西北。至于天宝三载以前,根据前面所考,从开元二十二年中博学宏词后,授汜水尉,开元二十七年贬岭南,二十八年北返,经襄阳,同年冬又任命为江宁丞,开元末至天宝初即在江宁,这其间是不可能有西北之行的。应当说二十二年举宏词以前任校书郎期间,或开元十五年进士登第之前,是他去西北的最有可能的时间。这样说来,我们可以确定一点,那就是,王昌龄写的富有特色的边塞诗,是他早期的作品,也就是开元中期或中期以前的作品,确定了这个时期,对于我们结合当时的政治背景来研

----

①《全唐诗》卷一四三。
②芮挺章《国秀集序》。

究他的作品，是会有所帮助的。

与王昌龄交往的诗人，除前面已经提到的以外，还有刘眘虚。王昌龄有《送刘眘虚归取宏词解》诗^①。此诗不知作于何时。据《唐才子传》卷一小传，刘眘虚于开元十一年登徐征榜进士（按，徐松《登科记考》开元十一年进士第无刘眘虚，不知何故）。王昌龄又有《宿京江口期刘眘虚不至》："霜天起长空，残月生海门。风静夜潮满，城高寒气昏。故人何寂寞，久已乖清言。明发不能寐，徒盈江上尊。"^② 从诗中所写看来，应是开元末天宝初在江宁丞时所作，此时刘眘虚当亦在东南一带。

刘眘虚与孟浩然是好友，孟浩然曾有诗寄他（《九日龙沙作寄刘大眘虚》）。孟浩然死后，刘眘虚曾寄诗与襄阳江滔求其遗文。他的事迹不见于新旧《唐书》，过去有关他的记载也极少，在极少的记载中还有错误。如五代时王定保的《唐摭言》卷七"知己"条载李华撰《三贤论》，其下注云："刘眘虚、萧颖士、元德秀。"把刘眘虚作为李华《三贤论》的三贤之一。又岑仲勉先生的《唐人行第录》"刘大眘虚"条也说他"字挺卿，李华《三贤论》之一人。"其实据两《唐书·刘知几传》，刘知几有子六人，其中刘迅字捷卿，才是李华《三贤论》中之一人，与刘眘虚毫不相涉。又如《唐才子传》说刘眘虚"九岁属文上书，召见拜童子郎。……调洛阳尉，迁夏县令。"言之凿凿，但细一研究，就不难发现这是把刘晏的事附会到他的头上来了（刘晏任洛阳尉、夏县令等事，已见前考），不知《唐

---

① 《全唐诗》卷一四〇。
② 《全唐诗》卷一四二。

才子传》何以竟如此大谬！今存刘眘虚的作品大部分写的是山水隐居，殷璠评其诗为"情幽兴远"（《河岳英灵集》卷上），这一部分诗与王昌龄的风格有相似之处。正因如此，两人的诗有时就容易混同。如《河岳英灵集》载刘眘虚诗，其中有《送东林廉上人还庐山》一诗，但《全唐诗》刘眘虚名下却未载，而见于卷一四○王昌龄诗，诗题相同（仅"还"字作"归"字），字句稍有小异。此诗究竟是刘眘虚还是王昌龄所作，还很难断定。

此外，王昌龄与当时一些释道之流也颇有交往，如《宋高僧传》卷十四《唐扬州龙兴寺法慎传》①，记法慎与当时的一些名流交往，其中就有"辞人王昌龄"。王昌龄另有《谒焦炼师》诗②，这个焦炼师长期居住于嵩山，交游颇为广泛，李白有《赠嵩山焦炼师》③，李颀有《寄焦炼师》④，王维有《赠东岳焦炼师》《赠焦道士》等诗⑤。关于王昌龄这方面的交游，本文不拟过多论及，此处所举，只是几个例子而已。

九

《旧唐书·经籍志》并未著录王昌龄的诗文集，而于传中称

---

① 此据《大藏经》本。
② 《全唐诗》卷一四。
③ 王琦注《李太白全集》卷九。
④ 《全唐诗》卷一三二。
⑤ 赵殿成《王右丞集笺注》卷十一。

"有集五卷"。《新唐书·艺文志》别集类著录"王昌龄集五卷"。另外，宋仁宗时编录的《崇文总目》（卷五）却只载"王昌龄诗一卷"。这是北宋的情况。至南宋初年，晁公武《郡斋读书志》卷四上，集部别集类，载王昌龄诗六卷；陈振孙《直斋书录解题》卷十九诗集类上，载"王江宁集一卷"，与《崇文总目》同。至元朝所修的《宋史》，却又载"王昌龄集十卷"（卷二〇八，《艺文志》七，别集类），其所载卷数竟比新旧《唐书》多出一倍，又为《崇文总目》、《书录解题》的十倍，不知何故。可惜，所有这些五卷本、一卷本、六卷本、十卷本都已亡佚，已经无从比较。今天，王昌龄的诗，见于《全唐诗》的，编为四卷（卷一四〇至一四三），其文载《全唐文》（卷三三二）的仅六篇。

日本僧人遍照金刚于中唐时来中国游学，返回日本时，曾携带汉籍数种，其中就有王昌龄的集子。陆心源辑《唐文续拾》卷十六载空海《献书表》《献杂文表》，其中就有《王昌龄集》一卷，及《刘希夷集》、《朱昼一诗卷》、《朱千乘诗》一卷等，前文末署"弘仁二年六月二十七日"，后文末署"弘仁三年七月二十九日"。按，弘仁二年为公元 811 年，三年为 812 年，即唐朝宪宗的元和六年和七年。《唐文续拾》卷五还载朱千乘《送日本国三藏空海上人朝宗我唐兼贡方物而归海东诗序》，末署"元和元年春"。可见空海（遍照金刚）是元和元年春返回日本的。遍照金刚后来编撰《文镜秘府论》，所引王昌龄的诗，大约就是根据他所带回的本子，其中所引王诗，有为《全唐诗》所未载的。《文镜秘府论》还只是举例。但看来遍照金刚的这个本子，后来在日本也已失传。因为我曾见到日本一个平安书林刊刻的《增订王昌龄诗集》，原刻于享保十八年九月，增订于宽政八年九月。享保十八年为公元1734年(清雍正十二年),宽政八年为公元1796年(清嘉庆元年)。其书分五卷,卷一为五言古诗,卷二为七言古诗,卷三为五律,卷四为七律与五绝,卷五为七绝。卷五之后又有拾遗,即宽政八年所增订的。前五卷所收较《全唐诗》的为少,看来是在日本流传的并未受《全唐诗》影响的一个本子。增订的所谓"拾遗",则是很明显地完全根据《全唐诗》而补辑的。从前五卷中,还可看出在中国早已亡佚的王昌龄诗集的一种版本,不知是何时流传到日本去的。看来日本的刊刻者也未见到遍照金刚携回的王集,否则他肯定会据遍照金刚的本子而补辑其未收的作品的。

这是王昌龄诗文集著录和流传的情况。此外,王昌龄还有诗文评的著作。据《新唐书·艺文志》总集文史类,载王昌龄《诗格》二卷①。《崇文总目》同。至陈振孙《直斋书录解题》(卷二十二文史类),载《诗格》一卷,《诗中密旨》一卷。晁志未见著录。陈志将《诗格》二卷著录为一卷,而另立《诗中密旨》一卷,颇可注意。可能《新唐书》及《崇文总目》的《诗格》二卷中已包括《诗中密旨》。后来《宋史·艺文志》就与陈志相同(卷二〇九,《艺文志》八,集部文史类)。现在所见到的《诗格》与《诗中密旨》各一卷,见于明人所编的《格致丛书》。关于这两种书的真伪问题,即是否为王昌龄所作,陈振孙《书录解题》已表示某种怀疑,但还不甚明显。至清朝所修的《四库全书总目提要》,则完全采取否定的

①《唐文续拾》卷十六空海《献书表》,其中有《王昌龄诗格》一卷,并云:"此是在唐之日,于作者边隅得此书,古诗格等虽有数家,近代才子切爱此格。"

态度。如卷一九五集部诗文评类司空图《诗品》,提要谓:"唐人诗格传于世者,王昌龄、杜甫、贾岛诸书,率皆依托,即皎然《杼山诗式》,亦在疑似之间,惟此一编,真出图手。"又卷一九七集部诗文评类存目《吟窗杂录》,提要谓:"前列诸家诗话,惟锺嵘《诗品》为有据,而删削失真,其余如李峤、王昌龄、皎然、贾岛、齐己、白居易、李商隐诸家之书,率出依托,鄙倍如出一手。"今按《文镜秘府论》书前遍照金刚自序中曾说:"沈侯刘善之后,王皎崔元之前,盛谈四声,争吐病犯,黄卷盈箧,缃帙满车。"这里的沈侯刘善,是指沈约、刘善经,南北朝时人;王皎崔元,则为王昌龄、皎然、崔融、元兢。皎、崔、元都有"诗格"、"诗式"一类的著作,遍照金刚以王昌龄与之并列,当然是他当时在中国见到过王昌龄的同类作品。《文镜秘府论》地卷"十七势"类,开头有"王氏论文云"五字,据罗根泽所考,这个王氏即王昌龄[①]。罗根泽认为"十七势"的几段文字即为王昌龄所作。另外,《文镜秘府论》南卷论文意类,有"或曰"起首的几段文字,这"或曰"二字右旁,注有"王氏论文云"五字,其中所论有些又见于今天传存的《诗中密旨》。罗根泽认为由此可见《诗中密旨》及《诗格》不会全是别人伪造,而是伪中有真,有的确是王昌龄的论诗主张。由于史料缺乏,今天来考论《诗格》及《诗中密旨》是否就是王昌龄的作品,有一定的难处。遍照金刚的书固然是一个重要的证据,但他来到中国,已经是贞元、元和之际,这时谈论声律及作诗格式的书已经不少,其中就可能有依托王昌

---

① 见罗根泽《中国文学批评史》第四编第二章,古典文学出版社 1957 年 8 月版。

龄等人之名而杜撰的。盛唐时，尤其是在开元时，是否有如此细琐地谈论作诗格式的书，像王昌龄这样的诗人是否对于声律、病犯等等作如此斤斤计较，也确是可以怀疑的。当然，我们今天辑集王昌龄的集子，是不妨将现在存世的《诗格》《诗中密旨》以及《文镜秘府论》的有关部分一并辑入，以便作比较的研究，提供研究者参考。

最后，《新唐书·艺文志》经部乐类著录有郗昂《乐府古今题解》三卷，其下注云："一作王昌龄。"按郗昂，李华《杨骑曹集序》曾提及他，与萧颖士、颜真卿、柳芳、李琚、阎防、李华等同时登进士第。[1] 李白于肃宗乾元元年（758）曾有《送郗昂谪巴中》诗。[2] 据《元和姓纂》卷二，六脂，郗昂为高平人，"唐庶子"，其子为士美。《旧唐书》卷一五七《郗士美传》谓士美为高平金乡人，"父纯（此纯当避唐文宗讳改昂为纯），字高卿，为李邕、张九龄等知遇，尤以词学见推，与颜真卿、萧颖士、李华皆相友善。举进士，继以书判制策，三中高第，登朝历拾遗、补阙、员外、郎中、谏议大夫、中书舍人。"德宗时，"召拜左庶子、集贤学士"、"有文集六十卷行于世"。常衮《授郗昂知制诰制》（《全唐文》卷四一〇），曾称他"有雄俊之才，可变风雅；有精深之学，实究儒玄"。可见郗昂与当时一些知名的诗文作家都有交往，他本人也是一个文词之士。《乐府古今题解》一书早已亡佚，此书为郗昂所作还是为王昌龄所作，已不可考知。

---

①《文苑英华》卷七〇一。
②王琦注《李太白全集》卷十八。

宋人《高斋诗话》曾载："'高情已逐晓云空,不与梨花同梦。'后见王昌龄《梅》诗云:'落落寞寞路不分,梦中唤作梨花云。'方知东坡引用此诗也。"(转录自《宋诗话辑佚》)这是说苏轼的词暗用王昌龄诗意。类似的说法也见于南宋人龚颐正所著的《芥隐笔记》,云:"东坡梅词'不与梨花同梦',盖用王建'梦中梨花云'诗(小注:王昌龄《梅花》诗:"落落寞寞路不分,梦中唤作梨花云。"坡用此语)。"所不同的是《芥隐笔记》说"梦中梨花云"是王建诗,清《四库全书总目提要》说应是王昌龄诗,"王昌龄'梦中唤作梨花雪'诗误以为王建"。但查《全唐诗》中王昌龄诗,却无此二句,或为《全唐诗》编者所漏辑。另外,清人昭梿所撰《啸亭杂录》曾载唐人诗中也有袭用王昌龄诗的,其书卷五《李频剿袭诗句》条谓:"近日士大夫多以明代七子多剿袭唐人面目,号为伪体,大加訕议。偶读唐李频诗,有'悔教征戍觅封侯'之句,直钞录王龙标旧句,更改一二字,实为点金成铁之手,更无人议及,何也?"应当说,李频的这句诗,是不能说是剿袭的,唐人用前人诗句,其间改动一二字者,并不鲜见。但据《啸亭杂录》所述,仍可看出王昌龄诗在中晚唐的影响。

关于王昌龄的著作,前文曾对《诗格》二书略加考述,今又查核陈振孙《直斋书录解题》,其书卷十杂家类著录有《瑞应图》十卷,说是可能为王昌龄作,这是他处所未及的,其书已早佚,今录《书录解题》文以供研讨:

《瑞应图》十卷：不著名氏。按《唐志》有孙柔之《瑞
应图记》、熊理《瑞应图谱》各三卷，顾野王《符瑞图》十
卷，又《祥瑞图》十卷。今此书名与孙、熊同，而卷数与
顾合，意其野王书也。……《中兴书目》有《符瑞图》二
卷，定著为野王，又有《瑞应图》十卷，称不知作者，载天
地瑞应诸物，以类分门，今书正尔，未知果野王否。又云
或题王昌龄，至李淑《书目》又直以为孙柔之，其为昌龄，
或不可知。

高适年谱中的几个问题

　　高适，两《唐书》有传，见《旧唐书》卷一一一，《新唐书》卷一四三。关于高适的年谱，现在见到的有三种，即王达津的《诗人高适生平系诗》(《文学遗产增刊》第八辑，中华书局1961年11月版)，以下简称王谱；彭兰《高适系年考证》(《文史》第三辑，中华书局1963年10月版)，以下简称彭谱；孙钦善《高适年谱》(《北京大学学报》1963年第6期，1963年12月出版)，以下简称孙谱。这三种高适年谱中，王谱发表的时间最早，彭、孙两谱中都提到过王谱，但王谱最为简略，除了大致本新旧《唐书》外，并无所发明，且多有错误，是高适年谱中质量最差的。彭谱发表的时间稍早于孙谱，但看来彭、孙各自成书，并没有互相参资。彭谱的篇幅最长，对高适的大部分诗都作了系年，但所作的论断多有可商。孙谱发表的时间最后，篇幅略详于王谱，较彭谱为简。但孙谱立论较为稳妥，有些地方对高适行迹与交游的考证，对研究者都有所启发。现在看来，这三个年谱都有不足之处，就是基本上仅仅依据高适本人的诗文来考证其事与诗,而没有更多地从有关史籍以及与高适同时的作家作品中,提供有关的研究材料。高适早年事迹的记载,众说不一,就更需要查稽有关材料,作比较的研究。

本文拟从讨论这三个高适年谱中的问题出发,对高适的生平事迹作一些探讨,凡是有确切材料可作为依据的,就对某些问题作肯定的结论,凡是有异说而又无确切根据可以下结论的,就实事求是地指明问题的所在,以期引起进一步的探讨。本文并不是作高适年谱,而是讨论已有年谱中的一些问题,因此,凡是王、彭、孙三谱中已详载,并且其结论可以成立的,为节省文字起见,就只简单提及;凡三谱所略的,本文即据有关材料,加以补充论述。

一

《旧唐书》高适本传说高适卒于永泰元年(765)正月,《新唐书》本传也说卒于永泰元年。《旧唐书》卷十一《代宗纪》载永泰元年正月"乙卯,左散骑常侍高适卒"。可见高适的卒年是确定的。但新旧《唐书》本传都未记其年岁,因此关于高适的生年,就有几种不同的说法。

王谱定高适生于武后万岁通天元年(696),其说为:

按高适《酬秘书弟兼寄幕下诸公诗序》云:"乙亥岁,适征诣长安。"乙亥是开元二十三年,公元735年,高适到长安后即出为封丘尉,有《留别郑三韦九兼洛下诸公》诗:"蹇踬蹉跎竟不成，年过四十尚躬耕；……此时亦得辞渔樵，青袍裹身荷圣朝。"彼时适年刚过四十。定为四十岁，则当生于此时。旧定为700年或702年生均误。

今按，高适于开元二十三年乙亥（735）曾应征赴长安，这是对的，但王谱这里的出发点是开元二十三年应征诣长安，即于那年授封丘尉，而将《留别郑三韦九兼洛下诸公》一诗定为开元二十三年所作。这个出发点本身是错的。高适开元二十三年虽曾应征，但其实并未得第。高适因有道科中举而授为封丘尉，是在天宝八载（749），这是可以确定的（说详后），《留别郑三韦九兼洛下诸公》诗也即作于天宝八载，也就是说，是在开元二十三年以后的十五年，由此可见，王谱的所谓生于696年之说是不能成立的。

彭谱定高适生年为中宗神龙二年（706），其论点主要是：高适《奉酬北海李太守丈人夏日平阴亭》诗中说："一生徒羡鱼，四十犹聚萤。从此日闲放，焉能怀拾青。"李太守即李邕。《旧唐书·李邕传》："天宝初，为汲郡、北海二太守。"而据《旧唐书·玄宗纪》，李邕于天宝六载（747）正月在北海太守任内被杀。彭谱认为李邕任北海太守当在天宝二、三载以后，六载以前。又杜甫天宝四载夏曾有《陪李北海宴历下亭》《同李太守登历下古城员外新亭》诗，诗中皆写夏景，李邕《登历下古城员外孙新亭》诗中"负郭喜粳稻"之语，亦点夏景，与高诗所谓"夏日"正相吻合。据此，彭谱认为高适此诗当作于天宝四载秋冬之际，并推断说："高适生于公元706年，至745年（天宝四载）恰为四十岁，故有'四十犹聚萤'之语。"

彭谱的推论以及提供的材料，较王谱为详，也有一定道理。但这里有两个问题：第一，高适的《奉酬北海李太守丈人夏日平阴亭》诗，是否即为天宝四载所作，并无确证。天宝三载，李白自长安东行，遇杜甫于洛阳，尔后李、杜又与高适于是年秋游于梁宋，这些都是有史实可证的。天宝四载，李、杜又有齐鲁之游，杜甫曾陪宴李邕于齐州（即济南），有酬赠之作，即彭谱所引用的。李邕与杜甫的登历下亭诗都是六韵十二句，亭为李之芳所筑，在齐州，李邕与杜甫诗都写李之作亭及亭之结构，为酬赠诗之一般作体，而高适诗则有三十句之多，所写前半部分称颂李邕过去的政绩，后半部分写自己之不遇，内容迥异。而且李邕与杜甫所写为历下员外新亭，高适所写则为李邕平阴亭，二者并非一亭，彭谱说"平阴亭疑即历下新亭"，在没有确切旁证材料的情况下，从这种疑似的推论出发，说高、杜、李所咏皆为一物，又从而推论都作于同时，这是不科学的。因此，所谓高适《奉酬李北海太守丈人夏日平阴亭》诗作于天宝四载，还是尚待证明的问题，而据此诗所说"四十犹聚萤"一句就推论那一年高适为四十岁，就更无确切依据了。第二，高适诗"四十犹聚萤"是对着前一句"一生徒羡鱼"说的，诗中为了对仗，以一生对四十，这个"四十"并不是确切的系年，这是研读旧诗的常识，彭谱坐实"四十犹聚萤"的四十即为四十岁，这也是不科学的。

高适于天宝八载（749）举有道科登第，授封丘尉，同年秋赴任，经洛阳时，李颀有《赠别高三十五》诗（《全唐诗》卷一三二），其中说："五十无产业，心轻百万资。……忽然辟命下，众谓趋丹墀。……小县情未惬，折腰君莫辞。"这里说"五十无产业"，可以理解为这时高适为五十岁上下。孙谱定高适生于701年，而将李顾此诗作为旁证。据我看，孙谱列为主要论证材料的高适诗，如《别韦参军》（《高常侍集》卷五[①]），《淇上酬薛三据兼寄郭少府》（同上卷四），以及葛立方《韵语阳秋》卷十一所载四句佚诗，都未能确切定其生年，而李颀的"五十无产业"则是一个十分重要的材料，它明确告诉我们，天宝八载（749），高适五十岁左右。闻一多先生《唐诗大系》定高适生于702年，但于702年下打一问号，以示不确定之意，可能闻一多先生即据此，以天宝八载为高适近五十岁，这是比较审慎的（文学研究所新编本《唐诗选》本《唐诗大系》，定高适生年为702，但未打问号）。

又，《光明日报》1957年3月24日"文学遗产"副刊载刘开扬《试论高适的诗》一文[②]，曾提及高适《重阳》一诗："节物惊心两鬓华，东篱空绕未开花。百年将半仕三已，五亩就荒天一涯。岂有白衣来剥啄，亦从乌帽自欹斜。真成独坐空搔首，门柳萧萧噪暮鸦。"推论说：

> 仕三已是楚令尹子文三罢官的故事。高适写这句诗，最少应在他第二次任官左骁卫兵曹去职改为左拾遗以后（755年），这时"百年将半"，故我定他在当时最多为四十九岁。由此推断他在765年死去时的年龄不能超过五十九岁。如此，他比杜甫长五岁，比岑参长九岁。

---

① 本文所据《高常侍集》，为四部丛刊影印明活字本。
② 此文后辑入人民文学出版社1959年2月版《唐诗研究论文集》，本文所引即据此书。

按照刘文的推算，高适当生于707年，这与彭谱的706年说相近。但"仕三已"毕竟是用典，是否即实指高适三改官职，恐不一定，从各种材料来说，还不如李颀诗"五十无产业"较近于直陈其事。

无论高适本人及其友人的诗，提到他年岁的，大都并不十分明确。因此，从现有材料出发，我们只能说，他的卒年是确定的，即永泰元年（765），他的生年则不易确定，但比较起来，以生于700—702年的可能性较大。这就是目前所能得到的结论。

关于高适的籍贯，《旧唐书》本传载："高适者，渤海蓨人也。"《新唐书》本传说是"沧州渤海人"。彭谱则认为是唐德州蓨（今河北景县）人。彭谱据《新唐书·地理志》："沧州景城郡，上，本渤海郡。"说："蓨，在高适的时代是唐河北道德州的一个属邑。"并说：

> 《元和郡县志》："蓨县本汉条县，即条侯国也。……后汉属渤海郡，晋改条为修，隋开皇三年废渤海郡属冀州，五年改修为蓨，县属观州，皇朝武德初亦属观州，贞观十七年观州废，改属德州。"根据以上的材料，不仅《新唐书》称沧州渤海人是不正确的，《旧唐书》称渤海蓨人亦不确切，蓨县在历史上虽曾属渤海郡，但当高适时已隶属德州（永泰元年又改属冀州），我们只能称高适为德州蓨人。

这里的问题是，无论《新唐书》本传所载，以及彭谱所辨，都是从唐代的行政建置出发的。根据《新唐书》卷三十九《地理志》三，河北道，沧州景城郡，所属县七，并无蓨县，只说是沧州景城郡"本渤海郡"。而冀州信都郡所属九县中有蓨县，谓"本隶德州，永泰元年来属"。《新唐书》本传当是看到唐时蓨县已不属渤海郡,而沧州又本为渤海郡,于是就误将沧州与渤海连在一起,说高适是沧州渤海人。彭谱也是据唐代的地理区划,认为蓨县既在永泰元年以前属德州,因此认为高适是德州蓨人。关于这点,孙谱之说则是较为通达的,说:"按唐时已无渤海郡,渤海为郡,蓨为其属县,乃汉代建置,《旧唐书》当是称高适之郡望。"孙谱此说是对的,但可惜缺少论证。按唐人好以郡望相称,不仅《旧唐书》说高适是渤海蓨人,高适当时人也是以渤海称高适的,如李华《三贤论》(《文苑英华》卷七四四)称:"渤海高适达夫,落落有奇节。"《三贤论》提及的一些人物,如河东裴腾、陇西李广、范阳卢虚舟、吴兴沈兴宗,等等,都是以郡望相称的。李华与高适同时,可见当时人即沿袭旧俗,称高适为渤海人。

还可以作进一步论证。《新唐书》卷七十一下《宰相世系表》:"高氏出自姜姓。……子丽生止,奔燕。十世孙量,为宋司城,后入楚。十世孙洪,后汉渤海太守,因居渤海蓨县。洪四世孙褒,字宣仁,太子太傅。……"又《魏书》卷一〇六上《地形志》上,冀州渤海郡:"汉高帝置,世祖初改为沧水郡,太和二十一年复。"所属县有蓨,云:"前汉、晋属,号蓨,后改。"从这里可以看得很清楚,无论西汉或东汉,都建置有渤海郡蓨县,而高洪于东汉时曾任渤海太守,其四世孙高褒曾为太子太傅,世居渤海蓨县,又是名门望族,于是后人称高氏,不管其人是否真是渤海蓨人,也必以此相称。这在唐人史文中是屡见不鲜的,如卢虔《御史中丞晋州刺史高公神道碑》(《全唐文》卷四四四):"大历七年冬十有二月辛酉,御史中丞、前晋州刺史高公薨。……公讳武光,字淑良,其先渤海人也。"

而《旧唐书》卷六十五《高士廉传》则更明确地称："高俭字士廉，渤海蓚人。"高俭为唐初人，修《旧唐书》者也说他是渤海蓚人。传中称其祖名高岳，其父名高励。按，高岳、高励皆见《北史》卷五十一《齐宗室诸王传》。而北齐的开国主高欢，本是鲜卑族人，本名贺六浑，"累世北边，故习其俗，遂同鲜卑"（《北齐书》卷一《神武帝纪》）。侯景曾骂高欢长子高澄为"鲜卑小儿"（同上）。高欢第三子北齐显祖高洋，隋费长房《历代三宝记》卷九就说他："高洋武川镇虏。"但唐初所修的《北齐书》（卷一《神武帝纪》）与《北史》（卷六《齐本纪》），却都说高欢是"渤海蓚人也"。明明是鲜卑人，也称是渤海蓚人，表示出身于名门高第。

由此可见，《旧唐书》高适本传称高适为渤海蓚人，是按其郡望而言的，这一点并没有错，没有必要如彭谱那样改高适为德州蓚人。因为以郡望相称，高适与蓚县实际上可以说毫无关系，不必改渤海为德州，否则即以为高适籍贯即是蓚县人了。我们只能说，史书上曾称其郡望出渤海蓚县，而他的实际居住地则是梁宋一带，并没有固定地点，正如李颀《赠别高三十五》诗中所说是"无产业"，又说他是"寄迹栖霞山，蓬头睡水湄"，这倒是实录。

二

《旧唐书》高适本传说高适父名从文，"位终韶州长史"。关于高适的家世，现有的材料仅这一点。关于他的早年时期的生活，《旧唐书》本传说："适少濩落，不事生业，家贫，客于梁、宋，以求丐取给。"《新唐书》本传所载也差不多,说是"少落魄,不治生事,客梁、宋间。"这就是说,他虽说是渤海高氏之后,实际上与渤海毫无关系,只是飘泊寓居于梁、宋间而已。从他的《别韦参军》诗(《高常侍集》卷五),我们知道他二十岁时曾西游长安,以猎取功名,结果却是失意而归。这首诗对于了解他的早年生活颇有帮助,其中说:

> 二十解书剑,西游长安城。举头望君门,屈指取公卿。国风冲融迈三五,朝廷欢乐弥寰宇。白璧皆言赐近臣,布衣不得干明主。归来洛阳无负郭,东过梁宋非吾土。兔苑为农岁不登,雁池垂钓心长苦。

他又有《酬庞十兵曹》诗,写他早年的境遇:

> 忆昔游京华,自言生羽翼,怀书访知己,末路空相识。许国不成名,还家生惭色。托身从畎亩,浪迹初自得。雨泽感天时,耕耘劳帝力。同人洛阳至,问我睢水北。遂尔款津涯,净然见胸臆。

按照他的生年为700—702年来说,他二十岁时,正当唐玄宗开元九年左右,正是所谓开元盛世。开元前期,一般说来政治还是较为清明、稳定的,但即使如此,对于像高适那样较低层的地主阶级文人来说,要求得仕途上的进展,也不是那么容易的。"白璧皆言赐近臣,布衣不得干明主",说明了封建社会即使处于繁荣时期,对于地主阶级来说，也因其内部阶层的高低不同，在政治出路中仍有其实际上的严格区别。

高适于开元二十年（732）曾游蓟州。他有《信安王幕府》诗（《高常侍集》卷七），诗前自序说："开元二十年，国家有事林胡，诏礼部尚书信安王总戎大举。时考功郎中王公、司勋郎中刘公、主客郎中魏公、侍御史李公、监察御史崔公咸在幕府。诗以颂美数公，见于词，凡三十韵。"今按，《旧唐书》卷八《玄宗纪》上，开元二十年"春正月乙卯，以礼部尚书、信安王祎率兵讨契丹"。又，"三月，信安王祎与幽州长史赵含章大破奚、契丹于幽州之北山"。高适诗中有"落梅横吹后，春色凯歌前"，所写时节与《玄宗纪》所载正合。高适年谱中对于开元二十年高适游蓟门一事都无异辞，也都据高适诗中"直道常兼济，微才独弃捐"，推论高适虽然写诗赞颂信安王祎的武功及其幕府的人材之盛，但却并未入信安王幕，受到了冷遇。这里，拟于诸家年谱之外，再补充几点材料。

李白有《送梁公昌从信安王北征》诗（王琦注《李太白全集》卷十七），诗中说："入幕推英选，捐书事远戎，高谈百战术，郁作万夫雄。"又说："旋应献凯入，麟阁伫深功。"由此可见此次信安王祎出征，他的幕府是罗致了一些人材的，也可见出诗人李白对这次战事同高适一样是抱着赞同的态度的。

另外，高适有《蓟门不遇王之涣郭密之因以留赠》（《高常侍集》卷四）。此诗孙谱未提及。王谱系于开元十三年（725）下，说"此后数年间，高适曾北游燕赵及魏郡"，因作此诗，并且说："按王之涣蓟门人。"王之涣明明是太原人，见靳能所作王之涣墓志铭及《旧唐书》卷一四六、《新唐书》卷一五九《王纬传》，王谱皆未引及,仅据高适此诗,望文生义,遽以为王之涣为蓟门人,可见其疏于考证如此。至于将高适此诗系于开元十三年后数年间,也毫无论证。彭谱据《信安王幕府》诗,而定此诗为开元十九年游蓟门时所作,大致不差。我们知道,高适生平有两次游蓟门,一为开元二十年,一为天宝八载授封丘县尉后曾送兵使青夷军时。彭谱谓:"'失路心弥折',为穷途失意语,决非作于天宝间使青夷军去蓟门时。"彭谱的结论是对的,但论证不甚有力,而且同样可以见出作者也并没有见到过王之涣墓志铭。今按,据靳能所作《唐故文安郡文安县尉太原王府君墓志铭》,王之涣于天宝元年(742)二月卒,年五十五①。仅这一点,就可以有力地证明高适在蓟门作诗留赠王之涣,决非天宝八载以后使青夷军时,而只能是在开元十九——二十年游蓟门的那一次。

高适《蓟门不遇王之涣郭密之因以留赠》诗云:

> 适远登蓟丘,兹晨独搔屑,贤交不可见,吾愿终难说。迢递千里游,羁离十年别,才华仰清兴,功业嗟芳节。旷荡阻云海,萧条带风雪。逢时事多谬,失路心弥折。行矣勿重陈,怀君但愁绝。

按,彭谱据诗中"萧条带风雪"数句,说从其写景看来当作于开元十九年冬。但我们知道高适于开元二十年间游蓟门,唯一的材料依据是《信安王幕府》诗,而"萧条带风雪",如系于二十年的

---

①关于王之涣的事迹,详见本书《靳能所作王之涣墓志铭跋》。

正二月间也未始不可。而且从《信安王幕府》诗看来，信安王祎正月出征，三月凯旋，高适最初希望入其幕府，后终不能如愿，遂有"微才独弃捐"之叹，则当作于开元二十年二、三月间，而这一句与"逢时事多谬，失路心弥折"的情绪正好一致。因此，高适的这一首《蓟门不遇王之涣郭密之因以留赠》诗，极大可能是作于开元二十年春。

又，从高适此诗中，知王之涣曾旅居蓟门，不过高适往访时适值他出，因以留赠。诗中说："迢递千里游，羁离十年别，才华仰清兴，功业嗟芳节。"可见高适与王、郭二人为故友，十年前，也就是开元十年间，曾同与游处，并且高适对王之涣的才华是十分仰慕的。

关于郭密之，王、彭二谱未有只字考证其人（孙谱则根本未提及此诗）。从高适此诗，则似郭密之亦为其故人，此时也旅游蓟门。查新旧《唐书》及唐人笔记中未有记载郭密之者。阮元《两浙金石志》卷二载"唐郭密之诗刻二种"，一为《□使永嘉经谢公石门山作》，题下署款为"诸暨县令郭密之"，诗后云"时天宝八载冬仲月勒"。另一诗题为《永嘉怀古》，题下署款亦为"诸暨县令郭密之"。诗后无年月。阮元跋云：

> 右诗刻二种，在青田县石门洞磨崖，一题石门山诗，及前后题款年月，凡十一行，一永嘉怀古诗，及题款，凡八行，俱正书径寸。嘉庆元年二月，临海令华氏瑞潢过此，搜剔出之。按二诗《全唐诗》未载。邑志云，郭密之于天宝中令诸暨，建义津桥，筑放生湖，溉田二千余顷，民便之。旧志止载后怀古诗，

题作石门山，而无前诗，未见石刻也。

关于郭密之的这二首诗，钱大昕《十驾斋养新录》卷十五《诸暨令郭密之诗》条亦载：

> 郭密之五言诗两篇，一题《□使永嘉经谢公石门山作》，天宝八载冬仲月勒，一题《永嘉怀古》，不见年月，皆刻于青田之石门洞崖壁。前人录金石者皆未之及，今芸台中丞《两浙金石记》始著之。诗古淡，近《选》体。石门尚有徐峤、张愿诗刻，皆开元、天宝间人。崖石镵损，唯姓名厪存，诗句莫能辨识矣。

阮元说郭密之的这两首诗，《全唐诗》未载，钱大昕也说"前人录金石者皆未之及，今芸台中丞（按，即阮元）《两浙金石记》始著之。"但实际上《全唐诗》卷八八七补遗六已载郭密之《永嘉经谢公石门山作》一诗，字句基本相同。《永嘉怀古》则未载。阮元说《全唐诗》于此二诗皆未载，不确。《永嘉怀古》诗既为《全唐诗》未载，今乃据《两浙金石志》录之于下（括号内校注亦为《两浙金石志》原有）：

> 永嘉东南尽，□袒（志作倚棹）皆可究。帆引沧海风，舟□（志作沿）缙云溜。群山何隐磷，万□（志作物）更森秀。地气冬转暄（志作暝），溟（志作暄）氛阴改昼。缅怀谢康乐，□（志作凤）昔兹为寿（志作守）。逸兴满云林，清词（志作诗）冠

宇宙。尝游石门里，□□（志作胜践）宛如旧。峭壁苔藓浓，悬崖（志作岩）风雨骤。岩隈□（志作余）灌莽，□□（志作壁畔）空泉鳖。物是人已非，瑶潭凄□□（志作悽独潄）。

由此可知，郭密之于天宝八载曾任诸暨县令，今存其诗二首。至于高适开元二十年间在蓟门提到他时，是否任有官职，就不可考知了。他的诗，确如钱大昕所说，"古淡，近《选》体"，与高适、王之涣的风格不同。

<h1 style="text-align:center">三</h1>

高适的《燕歌行》诗，各家年谱都据诗前高适自序，系于开元二十六年（738）。这是不错的。但对于诗的本事，一些研究者却有不同的说法。

《高常侍集》卷五《燕歌行》，诗前自序云："开元二十六年，客有从元戎（按，《全唐诗》卷二一三载，'元戎'作'御史大夫张公'）出塞而还者，作《燕歌行》以示适，感征戍之事，因而和焉。"此处的御史大夫张公，指张廷珪。诗中有"战士军前半死生，美人帐下犹歌舞"之句，一般以为即是讽刺张廷珪的。如王谱谓："守珪轻易用兵，并喜饮宴作乐，适深知边事虚实，故作诗以讽刺。"文学研究所编注的《唐诗选》也说："开元二十三年张以与契丹作战有功，拜辅国大将军兼御史大夫。其后部将败于契丹余部，守珪非但不据实上报，反贿赂派去调查真相的牛仙童，为他掩盖败绩。高适从

'客'处得悉实情,写了这首诗,隐寓讽刺之意。"这是有代表性的意见。清人陈沆在其所著《诗比兴笺》中已有这一议论,其书卷三载高适《燕歌行》,并笺曰:

> 题序云开元二十六年,客有从御史大夫张公出塞云云,则非泛咏边塞也。《唐书》张守珪为瓜州刺史,完修故城,版筑方立,虏奄至,众失色,守珪置酒城上,会饮作乐,虏疑有备,引去,守珪因纵兵击败之,故有"战士军前半死生,美人帐下犹歌舞"之句。然其时守珪尚未建节,此诗作于开元二十六年建节之时,或追咏其事,抑或刺其末年富贵骄逸,不恤士卒之词,均未可定。要之观其题序,断非无病之呻也。

说高适《燕歌行》系有为而发,"断非无病之呻",这是正确的。但陈沆此书往往穿凿附会,强以史事类比,此处就是其中一例。开元十五年张守珪守瓜州,抵御吐蕃的侵扰,修筑州城时突然遇到吐蕃兵大至,于是"以权道制之","乃于城上置酒作乐,以会将士"。并以此取胜,吐蕃兵退后,又"修复廨宇,收合流亡,皆复旧业"(见《旧唐书》卷一〇三《张守珪传》)。这与"战士军前半死生,美人帐下犹歌舞"毫不相涉,陈沆却强拉来附会其事。至于张守珪末年"富贵骄逸,不恤士卒",也是缺乏史料依据的。关于开元二十六年隐匿败状,事情是这样的:

> 二十六年,守珪裨将赵堪、白真陀罗等假以守珪之命,逼平卢军使乌知义令率骑邀叛奚余烬于潢水之北,将践其禾稼。

知义初犹固辞，真陀罗又诈称诏命以迫之，知义不得已而行。及逢贼，初胜后败，守珪隐其败状而妄奏克获之功。事颇泄，上令谒者牛仙童往按之。守珪厚赂仙童，遂附会其事，但归罪于白真陀罗，逼令自缢而死。二十七年，仙童事露伏法，守珪以旧功减罪，左迁括州刺史，到官无几，疽发背而卒。（《旧唐书·张守珪传》）

张守珪前期在西北防御吐蕃侵扰，是有功绩的，开元二十一年，转幽州长史，防备契丹。契丹是一个游牧的部落集团，它在我国东北处于突厥与唐政权之间。武则天执政时，唐朝廷联合突厥夹攻契丹，契丹大败。以后几十年间，它与唐政权时和时战。其中有契丹侵扰唐政权所辖地区的，也有唐代边将邀功而无故出击契丹的。不过大体说来，张守珪在幽州任职期间，对于抵御契丹还是有功的，就只是开元二十六年隐匿部下败状，确实做得不对。但是，所有有关史料，并没有说他末年富贵骄逸等的记载。高适此诗是否即刺张守珪此事，是颇可怀疑的。第一，张守珪隐匿败状事在开元二十六年，事发被揭露，因而贬谪为括州刺史，是在开元二十七年，高适是否就在开元二十六年从"客"处得悉其情况，还是一个尚待证明的问题。第二，高适有《宋中送族侄式颜时张大夫贬括州使人召式颜遂有此作》（《高常侍集》卷一）。这就是说，张守珪贬括州刺史时，曾聘召高适的族侄高式颜为其属下随行，这时高适居宋中，因作此诗送式颜。可以注意的是，诗中盛赞张守珪抵御契丹的功绩，而以其贬谪事称为遭人谗毁，诗中说："大夫击东胡，胡尘不敢起。胡人山下哭，胡马海边死。部曲尽公侯，舆台亦朱紫。当时有勋业,末路遭谗毁,转旆燕赵间,剖符括苍里……不改青云心,仍招布衣士。"这里只有赞美和同情,态度是明确的。从这首诗可以确切地证明《燕歌行》并非讽刺张守珪的隐匿败状。"战士军前半死生,美人帐下犹歌舞",是用典型化的诗句写出军中的苦乐不均,如果以为专指历史上的具体某事,反而将其典型意义缩小了。

至于彭谱说这所谓"客",即高适另一诗《睢阳酬别畅大判官》的畅大,而又据《唐才子传》"(畅)当少谙武事,生乱离间,盘马弯弓,抟沙写阵,人曾伏之,时山东有寇,以子弟被召参军……"云云,认为这个畅大判官又即畅当,并进行了一番考证,说畅当与王昌龄、高适皆"忘形尔汝",所据也是《唐才子传》。实际上畅当大历七年(772)才进士及第(《唐才子传》卷四),贞元初为太常博士(见《新唐书》卷二〇〇《儒学传》下),时代与高适远不相涉。所谓"以子弟被召参军"云云,是因为韦应物有《寄畅当》诗(《韦江州集》卷三),题下自注有"闻以子弟被召从军"之句,那是德宗建中时(780—783)。与畅当相唱酬的是韦应物,及大历十才子如卢纶、李端等人[1]。彭谱对唐代诗人事迹较为隔膜,这是它的一个很大弱点。

四

关于高适举有道科及授封丘尉,王、彭、孙三谱所系时间都不

---

[1]关于畅当事,可详参本书《韦应物系年考证》、《卢纶考》等文。

一致。王谱系于开元二十三年,其所据为《酬秘书弟兼寄幕下诸公》诗前自序"乙亥岁,适征诣长安",与《留别郑三韦九兼洛下诸公》诗,及《旧唐书·玄宗纪》:"(开元)二十三年春正月……其才有霸王之略,学究天人之际,及堪将帅牧宰者,令五品以上清官及刺史各举一人。"于是推断说:"高适本传称宋州刺史张九皋荐举有道科,时右相李林甫擅权,薄于文雅,解褐封丘尉。是高适到长安又遭到妒忌排挤,所以只做到封丘尉这样一个极小的官。"彭谱则将举有道科系于开元二十三年,与王谱同,说"宋州刺史张九皋荐举有道科当在是年"。又说"适解褐封丘尉当在天宝六载,时李林甫为右相"。按王、彭二谱之说皆不确。孙谱据晁公武《郡斋读书志》,认为高适于天宝八载举有道科登第,即授封丘尉,此说较为稳妥。现将此事考辨于下。

高适确曾于开元二十三年应征诣长安,但此次系无结果而返。《酬秘书弟兼寄幕下诸公》诗(《高常侍集》卷四)序仅云"乙亥岁,适征诣长安",并未言及其他。《旧唐书·玄宗纪》只是说开元二十三年命五品以上清官及刺史各举"才有霸王之略,学究天人之际及堪将帅牧宰者"一人,并没有说举有道科。又《唐会要》卷七十六载是年王伯科及第者有刘璀等,智谋将帅科及第者有张重光等,并无有道科。王、彭二谱都说这一年高适因宋州刺史张九皋之荐举,应有道科(二谱不同,只是王谱认为应举得第授为封丘尉,彭谱则认为落第),何所据而云然呢?这里的关键在于开元二十三年张九皋是否任宋州刺史。今按,张九皋为张九龄之弟,徐浩《唐尚书右丞相张公(九龄)神道碑》(《全唐文》卷四四〇)中说:"公仲弟九皋,宋、襄、广三州刺史,采访、节度、经略等使,殿中监。"则张九皋确曾任宋州刺史,不过徐浩文中没有标明时间。另外,萧昕则有《殿中监张公神道碑》(《全唐文》卷三五五,又见《文苑英华》卷八九九),说:"公讳九皋……初丞相曲江公,则公之元昆。"然后叙其仕履,节录之于下:

> 又迁尚书职方郎中。……及曲江公翊赞庙谟,盐梅鼎实,讲道论德,求贤审官,以识量通明与闻其议,故能致君尧舜,克济忠贞,公之佐也。及元昆出牧荆镇,公亦随贬外台,遂历安康、淮安、彭城、睢阳四郡守,所莅之邦,必闻其政。……考绩议能,诏书褒异,遂迁襄阳郡太守、兼山南东道采访处置使。……乃除南海太守、兼五府节度经略采访处置等使……以天宝十四载四月二十日疾亟,薨于西京常乐里之私第,春秋六十有六。

由此可见,在张九龄入相以前及任相期间,张九皋任尚书职方郎中之职[1]。据《新唐书》卷六十二《宰相表》,开元二十一年(733),十二月丁巳,"前检校中书侍郎起复张九龄为中书侍郎、同中书门下平章事"。即张九龄于开元二十一年十二月入相。开元二十二年五月戊子,"黄门侍郎李林甫为礼部尚书、同中书门下平章事",在李林甫之前,同时为相者是裴耀卿(侍中)、张九龄(中书令),地位都比李林甫略高。开元二十三年"十一月壬寅,林甫为

---

[1] 张九皋任职方郎中,又可参见孙逖《授裴巨卿国子司业张九皋尚书职方郎中制》(《全唐文》卷三〇九,《文苑英华》卷四〇〇)。

户部尚书"。开元二十四年十一月壬寅,裴耀卿与张九龄均罢相,由李林甫兼中书令,从此开始,李林甫逐渐掌握大权。又据《旧唐书·玄宗纪》,开元二十五年(737)四月,张九龄"左授荆州长史",直至二十八年四月卒。由这一概略的事迹年表,可以推知,张九皋在开元二十一年十二月张九龄入相前,即已任尚书职方郎中,在开元二十一年十二月至二十四年十一月张九龄为宰相期间,张九皋一直任此职,直至开元二十五年四月张九龄被贬为荆州长史,张九皋也随即外谪,历安康、淮安、彭城、睢阳四州刺史,睢阳即宋州,即四个州郡中的最后一个,虽然萧昕所作神道碑中没有确切系时,但天宝八载张九皋为宋州太守是完全可能的。总之,开元二十三年,张九龄正为宰相,张九皋这时在朝中任尚书职方郎中,根本不可能如王、彭二谱所说,有宋州太守张九皋荐举高适之事。王、彭二谱显然是没有查阅到萧昕所作的张九皋神道碑,因而得出极其错误的结论。

其次,天宝以前高适仍未任封丘尉,尚客居于梁宋一带者,还有其他的文献证据。这里并牵涉到对高适某些诗篇的系年以及高适的行踪问题。如彭谱将《奉酬睢阳李太守》诗(《高常侍诗集》卷七)系于天宝十一载(752)冬,说高适于天宝十载自陇右归长安,十一载秋冬之际又曾返宋州,其唯一的证据就是这首《奉酬睢阳李太守》诗。其论证谓:

> 李太守即李峘,太宗第三子吴王恪之孙,故适诗有"本枝强我李"、"盘石冠诸刘"之句。按《旧唐书·李峘传》:"杨国忠秉政,郎官不附己者悉出于外。峘自考功郎中出为睢阳太

守。"又《资治通鉴·唐纪》三十二，天宝十一载十一月丁卯李林甫薨，庚申以杨国忠为右相，兼文部尚书。台省官有才行时名，不为己用者皆出之。是李峘出为睢阳太守当在十一载十一月以后。是诗之作，应在天宝十一载冬。故诗云："冬至招摇转，天寒蟪蛄收。猿岩飞雨雪，兔苑落梧楸。"本年秋冬之际，适曾由长安归宋城。

此诗王谱未载，孙谱系于天宝三载（744）十月，无论证，也没有说这一睢阳李太守为谁。今按，彭谱的这一段考证，看似有理，其实不确。这首诗的所谓睢阳李太守根本不是如彭谱所说为李峘，更不可能作于天宝十一载；至于孙谱系之于天宝三载十月，也是错的。今考辨之于下。

按高适此诗首先称李太守为："公族称王佐，朝经允帝求，本枝强我李，盘石冠诸刘。"则为唐朝宗室之后无疑。但诗中又说"出镇兼方伯，承家复列侯"，此后又列叙这位李太守在任睢阳太守前在一些地方任州郡长官的政绩。但考《旧唐书》卷一一二《李峘传》，李峘在睢阳太守前从未出外任地方官，如传中说："峘志行修立，天宝中为南宫郎，历典诸曹十余年。居父丧，哀毁得礼，服阕，以郡王子例封赵国公。杨国忠秉政，郎官不附己者悉出于外，峘自考功郎中出为睢阳太守。"这是李峘任睢阳太守前的全部行迹，而这一行迹与高适诗中叙述的完全不符。彭谱只看诗题中有"睢阳李太守"及诗中"本枝强我李"之句，就与《旧唐书·李峘传》拉扯上，似失考。

今考此睢阳李太守当为李少康。独孤及有《唐故睢阳郡太守赠秘书监李公神道碑铭》(《毗陵集》卷八,又见《文苑英华》卷八九九),文中说:"公讳少康,字某,太祖景皇帝五代孙,太祖生雍王绘,雍王生东平王绍,东平王生高平王道立,高平王生毕公景淑。"少康即景淑的第三子。这正好与高适诗中"公族称王佐"四句相应,李少康也是唐的宗室。独孤及所作李少康神道碑叙述的世系,也见于《新唐书》卷七十上《宗室世系表》太祖景皇帝下的毕公房,其中载毕国公景淑四子,其第三子即"睢阳郡太守少康"。高适诗中叙李少康的仕履,有:"广固才登陟,毗陵忽阻修。"广固在青州。《晋书》卷十五《地理志》下,青州:"自永嘉丧乱,青州沦没石氏。东莱人曹嶷为刺史,造广固城。"又《元和郡县志》卷十一青州益都县:"本汉广固县之地。"又说:"广固城在县西四里。晋永嘉五年,东莱牟平人曹嶷为刺史所筑,有大涧甚广固,故谓之广固。"毗陵则为常州。按之李少康神道碑,说:"以大府上佐授潞州司马,因考绩彰闻,拔为青州刺史。……户部侍郎宋遥以状闻。玺书褒异,迁公于常州。"事迹正好相合。高适诗中又说:"梁国歌来晚,徐方怨不留。"就是说,在为睢阳太守前曾为徐州刺史,而这也正好与李少康神道碑合,碑文载:"迁公于常州。……比及下车,无为而人和,复以高第擢拜徐州刺史。先是岁比大歉,人流者什五六,公条奏逋逃之名,削去其版,然后节用务本,薄征缓刑,以来之岁则大穰,人不患寡,浮游自占者至数千万。优诏嘉叹,赐帛二百匹。玄宗后(《文苑英华》作天宝)元年改宋州为睢阳郡,命公为太守。"高适的诗与独孤及所作的碑铭,对李少康都有溢美之辞,这在封建社会中是完全可以理解的,但诗与碑铭所写为同一人,则可以确切肯定。由此可见,彭谱所谓高适此诗乃写李峘,是毫无根据的。

由此我们可以进而论证高适作此诗的年月以及高适的行迹。碑铭中说："天不惠于宋，乃崇降疠疾。（天宝）三年春，赐告归洛阳，是岁十二月丙午薨，春秋六十有四。"这就是说，李少康于天宝元年为睢阳太守（据《旧唐书·玄宗纪》，改刺史为太守，是在天宝元年二月），至天宝三年春辞官归居洛阳，同年十二月卒。由此可以推知，高适此诗当作于天宝元年或二年冬（"冬至招摇转，天寒蟏蛸收，猿岩飞雨雪，兔苑落梧楸"），这时高适仍在宋中，未有官职，诗中说："穷巷轩车静，闲斋耳目愁。未能方管乐，翻欲慕巢由。……寸心仍有适，江海一扁舟。"从这里可以辨正者三：一、王谱所谓高适在天宝以前已为封丘尉，是错误的，高适在天宝元年或二年所作的这首诗中还以巢、由自比，穷居宋中。二、彭谱将此诗系于天宝十一年冬，说高适于这年冬曾自长安归宋州，是错误的。三、孙谱系此诗于天宝三载十月，时间虽近，但仍不确，因为李少康于天宝三年春即已离睢阳太守任。以上三谱之所以致误，就是因为没有从独孤及所作的碑铭中考出高适诗中所说的睢阳李太守究为何人。

又，高适又有《登子贱琴堂赋三首》（《高常侍集》卷三），诗前自序说："甲申岁，适登子贱琴堂，赋诗三首，首章怀宓公之德，千祀不朽，次章美太守李公能嗣子贱之政，再造琴台，末章多邑宰崔公能思子贱之理。"甲申即为天宝三年。琴台即在睢阳，《高常侍集》卷一《宋中十首》之九，即有"常爱宓子贱，鸣琴能自亲"之句。可见天宝三载高适在睢阳，《登子贱琴堂赋诗三首》当是天宝三载春李少康尚未离任时所作。

我们现在知道，高适于天宝三载秋曾与李白、杜甫同游于汴、宋,这是文学史上人所熟知的事实,毋需详说。可以补充的是,他在天宝前期客居宋中时还与贾至、独孤及等交游。按贾至有《虑子贱碑颂》(《全唐文》卷三六八),其中说:"天宝初,至始以校书郎尉于单父。"又《虎牢关铭》(同上)"天宝七载,至自宋都,西经洛阳,歇鞍登兹,怀古钦然。"据《新唐书》卷三十八《地理志》三,单父县属宋州。贾至当于天宝元年至六、七年间为宋州单父县尉①。又梁肃《朝散大夫使持节常州诸军事守常州刺史赐紫金鱼袋独孤公行状》(《文苑英华》卷九七二,又见四部丛刊本《毗陵集》附录):"三(《毗陵集》附录原注:集作二,是)十余,以文章游梁宋间,通人颍川陈兼、长乐贾至、渤海高适见公,皆色授心服,约子孙之契。"独孤及生于开元十三年(725)②。年二十余,当为天宝五、六年间前后。这时贾至正任单父尉,高适也客居宋中。独孤及与贾至是被认为古文运动的先驱的。陈兼见《新唐书》卷七十一《宰相世系表》,谓曾任右补阙、翰林学士。他又是柳宗元友人陈京的父亲(见《柳河东集》卷八《秘书少监陈京行状》)。可见高适在天宝前期与当时的一些著名作家有广泛的交游。

《旧唐书》高适本传载:"宋州刺史张九皋深奇之,荐举有道科。时右相李林甫擅权,薄于文雅,唯以举子待之。解褐汴州封丘尉。"(《新唐书》本传略同)晁公武《郡斋读书志》卷四上别集类更明确地记载高适"天宝八年举有道科中第"。高适之得第是由于张九皋的推荐,可以从高适本人的作品中得到证明。敦煌写本

---

① 关于贾至事迹,见本书《贾至考》。
② 据崔祐甫《故常州刺史独孤公神道碑铭》(《全唐文》卷四四九),独孤及卒于大历十二年(777),年五十三,以此推算,当生于开元十三年(725)。

《高适诗集》残卷(伯三八六二),有《奉寄平原颜太守》诗,为《全唐诗》所未载者,其诗前自序有云:"初颜公任兰台郎,与余有周旋之分,而于词赋特为深知。泊擢在宪司,而仆寓于梁宋。今南海太守张公之牧梁也,亦谬以仆为才,遂奏所著诗集于明主。"①按,据宋留元刚《颜鲁公年谱》(见四部丛刊本《颜鲁公文集》附录),颜真卿于开元二十四年(736)平判入等,授朝散郎、秘书省著作局校书郎。就是说:开元二十四年间,高适与颜真卿即有文字之交。高适序中又说"泊擢在宪司,而仆寓于梁宋"。据留元刚所作年谱,颜真卿于天宝六载正月为监察御史,寻充河东朔方军试覆屯交兵使,天宝八载八月又迁殿中侍御史。这就是说,天宝六至八载间,当颜真卿为监察御史(所谓宪司)时,高适仍流寓梁宋。彭谱未引晁公武《郡斋读书志》关于高适天宝八载举有道科文,仅据《新唐书·玄宗本纪》天宝六载"三月甲辰,陈希烈为左相",以及高适始授封丘尉时所作《飞龙曲留上陈左相》诗,而定高适任封丘尉在天宝六载。殊不知即使据《新唐书·玄宗本纪》及高适此诗,也只能证明高适任封丘尉在天宝六载以后,不得在天宝六载以前,这与天宝八载任封丘尉并不矛盾。而据《奉寄平原颜太守》诗前自序,当颜真卿天宝六载为监察御史时,高适还寓居宋中,这就有力地说明了彭谱所谓天宝六载授封丘尉是不能成立的②。

①引见王重民著《敦煌古籍叙录》,商务印书馆1958年6月版,291页。
②又据留元刚所作年谱,颜真卿于天宝十二载(753)为平原太守,直至天宝末安史之乱起。则高适此诗当作于天宝十二载以后。诗序中所谓"今南海太守张公之牧梁也",乃追叙,张九皋据前引萧昕所作神道碑,于天宝后期任南海太守,天宝十四载四月卒。而据高适诗中"上将拓边西,薄才忝从戎"等句,高适此时已在哥舒翰幕府。

另外，贾至有《闲居秋怀寄阳翟陆赞府封丘高少府》诗（《全唐诗》卷二三五），诗题称"封丘高少府"，则此时高适已为封丘尉。诗中说"我生属圣明，感激窃自强。崎岖郡邑权，连骞翰墨场"。从贾至的事迹中，我们已经知道他于天宝初任宋州单父尉，天宝七年又离单父，西经洛阳，当是又赴长安，这里的"崎岖郡邑权"即是指任单父尉说的。这首《闲居秋怀》诗当然肯定是作于天宝七载以后，由此也可证明彭谱所谓天宝六载高适为封丘尉之说是错误的。

高适《谢封丘县尉表》（《全唐文》卷三五七）中说："臣艺业无取，谬当推荐，自天有命，追赴卜京，曾未浃旬，又拜臣职。"可见他应举后不久即授官的。赴任途中，经洛阳，李颀作《赠别高三十五》诗（《全唐诗》卷一三二），有"官舍柳林静，河梁杏叶滋，摘芳云景晏，把手秋蝉悲"之句，可见他赴封丘尉，已是天宝八载的秋日了。

五

高适在任封丘尉以前，曾有较长时期寓居于梁宋一带，并曾漫游相当于现在的江苏、山东、河北等地，有较多的机会接触社会现实，再加上个人仕途上的不遇，因此写出了一些反映并同情人民疾苦的诗篇，揭露了当时现实社会中的一些矛盾和不合理现象。但作为封建地主阶级的知识分子，高适思想中是存在着矛盾的，在追求所谓功名、事业的努力中，有着强烈的挤入封建统治集团上层的欲望,正是由于这种思想基础,因此在天宝后期政治极其腐败的情况下,他可以向当时执政的官僚集团表示合作,并写了一些歌颂他们的诗篇。这在天宝八载受任封丘尉时就已经表现得相当明显。在那年授命为封丘尉时,他在长安立即向右相李林甫、左相陈希烈写了赞颂和酬谢的诗,这就是《留上李右相》及《古乐府飞龙曲留上陈左相》(均见《高常侍集》卷七),前一诗称颂李林甫道:"深沉谋九德,密勿契千龄。独立调元气,清心豁窅冥。本枝连帝系,长策冠生灵。傅说明殷道,萧何律汉刑。钧衡持国柄,柱石总贤经。隐轸江山藻,氛氲鼎蕭铭。"这样的称颂实在是太过分了,无怪乎宋人葛立方在其所著《韵语阳秋》(卷八)中提出了这样的批评:

> 唐明皇时,陈希烈为左相,李林甫为右相,高适各有诗上之,以陈为吉甫、子房,以李为傅说、萧何,其比拟不伦如是。上陈诗云:"天地庄生马,江湖范蠡舟。逍遥堪自乐,浩荡信无忧。"则无意于依陈。上李相诗云:"莫以才难用,终期善易听。未为门下客,徒谢少微星。"则有意于干李。按希烈传,林甫颛朝,以希烈柔易,乃荐之共政,则权在林甫而不在希烈,故适不依陈而干李也。

葛立方的这段话未免过分苛刻,近乎周纳,高适诗中对陈、李二人都是赞颂的,其间未必有抑扬之处。但是他对于李林甫的赞颂却是十分显然的,这点与当时的有些作家就有明显的不同。为了比较,我们可以举出元结和萧颖士来。

元结《喻友》(《元次山集》卷一)中说:"天宝丁亥中,诏征天下士人有一艺者,皆得诣京师就选。相国晋公林甫以草野之士猥多,恐泄漏当时之机,议于朝廷曰:'举人多卑贱愚聩,不识礼度,恐有俚言,污浊圣听。'于是奏待制者悉令尚书长官考试,御史中丞监之,试如常吏,已而布衣之士无有第者,遂表贺人主,以为野无遗贤。元子时在举中,将东归,乡人有苦贫贱者,欲留长安依托时权,徘徊相谋,因谕之曰……乡人于是与元子偕归。"天宝丁亥即天宝六载(747),这年元结与杜甫都应诏赴长安就试,由于李林甫欺骗蒙蔽唐玄宗,就试者无一人录取,"林甫乃上表贺野无遗贤"(《通鉴》卷二一五)。后来杜甫曾在诗中提及此事,说"破胆遭前政,阴谋独秉钧。微生沾忌刻,万事益酸辛"(《奉赠鲜于京兆二十韵》,《钱注杜诗》卷九)。元结的《喻友》,在当时就揭露了李林甫口蜜腹剑的阴谋。

再就是萧颖士。萧颖士也是以写古文著称的。《新唐书》卷二〇二《文艺中·萧颖士传》载:"召为集贤校理。宰相李林甫欲见之,颖士方父丧,不诣。林甫尝至故人舍邀颖士,颖士前往,哭门内以待,林甫不得已,前吊乃去。怒其不下己,调广陵参军事,颖士急中不能堪,作《伐樱桃树赋》……以讥林甫云。"《伐樱桃树赋》(《全唐文》卷三二二)有"天宝八载,予以前校理罢免,降资参广陵大府军事"等语,当即作于该年。文中以樱桃树隐喻李林甫擅权,说他"体异修直,材非栋干","汩群林而非据,专庙庭之右地",并且直辞斥责道:"每俯临乎萧墙,奸回得而窥觊;谅何恶之能为,终物情之所畏。"萧颖士的这篇赋与高适上李林甫的诗作于同一年,但他们的感情与政治倾向是何等的不同!过去的一些年谱著作在这方面作得很不够,它们往往着眼于谱主的个人活动,而忽略辑集整个时代与文学环境的材料,有关高适的年谱,也是如此。因此本文在这方面略作一些补充。

又譬如唐玄宗听信杨国忠的虚假情报,又为了满足开边的虚荣心,于天宝年间几次出兵征讨南诏。这是唐朝廷所发动的非正义战争,对于当时国内汉族与西南少数民族的团结与经济发展都是不利的,杜甫的著名诗篇《兵车行》接触到此事,李白《古风》第三十四写到"渡泸及五月,将赴云南征","长号别严亲,日月惨光晶"(王琦注《李太白全集》卷二),当是写杨国忠命令鲜于仲通在天宝十载(751)伐南诏事。这次战事鲜于仲通大败。在这之后,杨国忠又命李宓再次出征,《旧唐书》卷一〇六《杨国忠传》载:"国忠又使司马李宓率师七万再讨南蛮。宓渡泸水,为蛮所诱,至和城,不战而败,李宓死于阵。国忠又隐其败,以捷书上闻。自仲通、李宓再举讨蛮之军,其征发皆中国利兵……凡举二十万众,弃之死地,只轮不还,人衔冤毒,无敢言者。"《旧唐书》卷九《玄宗纪》下,天宝十三载六月,"侍御史、剑南留后李宓率兵击云南蛮于西洱河,粮尽军旋,马足陷桥,为阁罗凤所擒,举军皆没。"此事又见《旧唐书》卷一九七《南蛮西南蛮传》,也称李宓这次出兵,"死者相属于路,天下始骚然苦之"。

在这种情况下,高适恰恰写了《李云南征蛮诗》(《高常侍集》卷四),诗前自序云:"天宝十一载,有诏伐西南夷,右相杨公兼节制之寄,乃奏前云南太守李宓涉海自交趾击之,道路险艰,往复数万里,盖百王所未通也。十二载四月,至于长安,君子是以知庙堂使能,而李公效节,适忝斯人之旧,因赋是诗。"高适在天宝八载称颂过李林甫,现在李林甫死了,杨国忠当权,又来美化杨国忠,如诗中说："圣人赫斯怒,诏伐西南戎。肃穆庙堂上,深沉节制雄。"无独有偶,储光羲也有《同诸公送李云南伐蛮》诗(《全唐诗》卷一三八),说是"冢宰统元戎,太守齿军行,囊括千万里,矢谟在庙堂。"有些文学史著作把边塞诗派与田园诗派分成截然不同的阵营,有的甚至说高适等边塞诗人是法家,储光羲等田园诗人是儒家,想不到就在这同一时候,这两大派,或儒法两家,走到一起来了。文学史上的客观事实,对于臆想者真是一个极大的讽刺!

而与此同时,刘湾却有《云南曲》诗(《全唐诗》卷一九六),直接揭露和斥责了这次不义战争带给人民的苦难,其中说:"白门太和城,来往一万里。去者无全生,十人九人死。"又说:"苍天满愁云,白骨积空垒。哀哀云南行,十万同已矣。"刘湾对这次战争的态度又何其鲜明,他与高适、储光羲等完全不同。刘湾是元结的好友,代宗永泰元年(765),元结在湖南,曾有《刘侍御月夜宴会》诗(《元次山集》卷三),诗前自序说"乙巳岁,彭城刘灵源在衡阳,逢故人或有在者……竟与诸公爱月而欢醉。"乙巳即永泰元年。元结在这篇小序中表达了他的文学思想:"于戏,文章道丧盖久矣,时之作者,烦杂过多,歌儿舞女,且相喜爱,系之风雅,谁道是邪?"后又说到"诸公尝欲变时俗之淫靡,为后生之规范",可见刘湾(字灵源,见《唐诗纪事》卷二十五)与元结有共同的文学思想,他们在创作实践上也有一致的地方。这些,都可以帮助我们从多方面来了解唐诗的发展。过去的高适年谱以及有些关于高适的研究者往往只注意他的《封丘县》诗所谓"鞭挞黎庶令人悲"的一方面,而忽视高适对天宝后期重大政治事件的态度,忽视从当时文学创作的不同情况对高适诗歌作较为全面的分析,这不能不说是一个缺陷。

　　这里,我们再附带讨论一下高适入哥舒翰幕府的时间问题。从上述高适《李云南征蛮诗》,知高适于天宝十二载(753)四月在长安。当然,关于李宓征蛮的时间,过去有人曾有过怀疑,如南宋洪迈在《容斋随笔》卷四《李宓伐南诏》条中说道:

> ……至十三载,剑南留后李宓将兵七万往击南诏,南诏诱之深入,闭壁不战,宓粮尽,士卒瘴疫及饥死什七八,乃引还,蛮追击之,宓被擒,全军皆没。国忠隐其败,更以捷闻,益发兵讨之。此《通鉴》所记。《旧唐书》云,李宓率兵击蛮于西洱河,粮尽军旋,马足陷桥,为阁罗凤所擒。《新唐书》亦云宓败死于西洱河。予按高适集中有《李宓南征蛮诗》一篇,序云……其(诗)略云……其所称述如此。虽诗人之言未必皆实,然当时之人所赋,其事不应虚言,则宓盖归至长安,未尝败死,其年又非十三载也。味诗中"掘鼠"、"餐僮"之语,则知粮尽危急,师非胜归,明甚。

洪迈此处据高适诗来否定李宓之败在天宝十三载,认为《通鉴》、《唐书》所记与高适诗序有矛盾。但其实两者并无矛盾。洪迈没有细察高适诗意,也未查阅到储光羲的《同诸公送李云南伐蛮》诗。从高适的诗序中可以看得很清楚,李宓出兵击南诏,前后有两次,第一次是天宝十一载,李宓是从海道而往的,这次的规模并不大,看来并未经过大战,总算全师而归,于天宝十二载返至长安,接着唐朝政府又发动更大规模的战争,结果招致天宝十三载的全军覆没。《通鉴》与两《唐书》未记天宝十一载事,只记后一次,这并不是什么矛盾,倒是可以据高适的诗补史传的缺漏。

杜甫有《送高三十五书记》诗(《钱注杜诗》卷一),其中有"崆峒小麦熟,且愿休王师"。闻一多《少陵先生年谱会笺》认为此诗作于天宝十二载初夏,并于天宝十一载下云:"冬,高适随哥舒翰入朝,与公暂集,俄复别去,公有诗送之。"即指此诗。高适在天宝十二载曾客游陇右,见于新旧《唐书》本传,但是否即已为哥舒翰之聘入其幕府,史籍无征,难于确定,这一点,王、彭两谱持审慎态度,未载其事,孙谱则据杜甫《赠田九判官梁丘》仇注,并参闻一多先生的《少陵先生年谱会笺》,认为天宝十载秋高适即已在哥舒翰的河西幕府,论证不足。现有材料,高适正式入哥舒翰幕府,都是在天宝十二载以后,这里可再举二例。

一是独孤及《送陈赞府兼应辟赴京序》(《毗陵集》卷十六),中云:"十二载冬十月,果以公才征。龙泉自惜,暂隐牛斗之次;美玉无胫,竟为秦人所得。"可知陈兼应辟赴长安在天宝十二载十月。独孤及另有《送陈兼应辟兼寄高适贾至》诗(《毗陵集》卷二),当为同时所作。诗中提到高适时说:"高侯秉戎翰,策马观西夷,方从幕中事,参谋王者师。"独孤及与高、陈、贾于天宝初几年都在宋中,上文已述。陈兼当时也著名,李华《三贤论》中即以陈兼与高适同时并提,说"颍川陈廉(当作兼,字误)不器,行古之道,渤海高适达夫,落落有奇节,是皆重于刘者也。"由独孤及文与诗,可知天宝十二载十月陈兼赴长安时,高适已在哥舒翰军幕。又徐锴《陈氏书堂记》(《全唐文》卷八八八)曾叙及陈兼先世和后嗣,可参。

敦煌《高适诗集》残卷《奉寄平原颜太守》（见上引《敦煌古籍叙录》），其中自叙说："上将拓边西，薄才忝从戎。……一为天崖客，三见南飞鸿。"天宝十二载夏赴河西，至十四载秋，可以说是"三见南飞鸿"。

由此可见，天宝十一载秋，高适在长安，与杜甫、岑参、薛据等同登慈恩寺塔赋诗（可详参《少陵先生年谱会笺》），是年冬哥舒翰入朝，第二年即天宝十二载初夏，高适应哥舒翰之辟，为其幕中掌书记，随至河西，直至天宝十四载秋冬返朝，任左拾遗、监察御史，又佐哥舒翰守潼关，抵御安禄山军队。时间的脉络是清楚的。

在这之后，诸家年谱记高适事迹大致相同，没有大的歧异。天宝十五载（756）六月，潼关失守，哥舒翰被擒，随即玄宗出奔西川，"适自骆谷西驰，奔赴行在，及河池郡，谒见玄宗"（见《旧唐书》本传）。这从颜真卿的《正义大夫行国子司业上柱国金乡县开国男颜府君神道碑铭》（《全唐文》卷三四一）也可得到证明，文中说："君讳允南，字去惑。……（天宝）十五年，长安陷，舆驾幸蜀，朝官多出骆谷至兴道，房琯、李煜、高适等数十人尽在。"这是当时人的记载，较为可靠，而为各家年谱所未引及。

肃宗至德元年（756）十二月，高适因受肃宗信任，出任淮南节度使，平永王璘事有功，但却因李辅国之谗，不但没有得到升迁，反而罢职为闲散官。《旧唐书》本传说："兵罢，李辅国恶适敢言，短于上前，乃左授太子少詹事。"这里要纠正彭谱时间上的一个谬误。彭谱认为高适于至德二载（757）春在广陵，其年冬授太子詹事，即至洛阳。第二年，即乾元元年（758），整年居洛阳，至乾元二年（759）五月出为彭州刺史。今按，高适有《还京次睢阳祭张巡许远文》(《全唐文》卷三五七),中云:"维乾元元年五月日,太子詹事、御史中丞高适,谨以清酌之奠,敬祭于故御史中丞张许二公之灵。"文中又说:"我辞淮楚,将赴伊洛,途出兹邦,悲缠旧郭。"由此可见,高适由淮南节度使改为太子詹事,赴洛阳,途经睢阳,是在乾元元年五月,彭谱定上一年至德二载冬已至洛阳,是因为没有见到高适的这篇祭文。

高适后任彭、蜀州刺史,最后为左散骑常侍于永泰元年(765)卒。在蜀中的官职,年谱中关于时间方面还有些出入,但问题较小,此处就不再细述。

贾至考

一

贾至的作品，《新唐书·艺文志》丁部集录别集类著录为二十卷，又载"别集十五卷"，加起来应该是三十五卷，在当时是不算少的。但到南宋年间，则只有十卷本。晁公武《郡斋读书志》卷四上别集类与陈振孙《直斋书录解题》卷十六别集类上都载其集为十卷，晁志并云："集李邯郸淑家本二十卷，苏弁编次，常仲孺为序，以墓铭叙碑列于后，今亡其本。"据《新唐书·艺文志》，贾至集二十卷，别集十五卷，是苏冕编次的。苏冕是唐朝后期对典章制度很熟悉的一位专家，他能把贾至的诗文编为三十五卷，而且又附墓铭叙碑，可见他所编的贾至集是一个相当完善的本子，可惜这个本子，至少在南宋初期已经亡佚。《通鉴》卷二一九肃宗至德二载（757），载贾至论将军王去荣杀人事，《通鉴考异》还曾引用《贾至集》，但不知《考异》所载的这个本子是多少卷。不过在这之后，连晁、陈二志所著录的十卷本也已不存，今其诗见于《全唐诗》者仅一卷（卷二三五），其文见于《全唐文》者仅三卷（卷三六六至三六八），而且据岑仲勉先生《读全唐文札记》所考，《全唐文》所载近两卷的贾至制词中，有些还混入后人的作品。可见贾至的诗文留存至现在，恐怕只及原来的十之一二了。

贾至在其当时，无论诗文都是颇负盛名的。他与当时的一些著名作家也有广泛的交游。我们论唐代的诗文，对于像他这样一个作家，似不应忽略。杜甫和李白都有好几首诗提到他，杜甫称他的诗为"雄笔映千古"（《别唐十五诫因寄礼部贾侍郎》，《钱注杜诗》卷五），李白则以之与西汉初期的贾谊相比（《巴陵赠贾舍人》，王琦注《李太白全集》卷十一）。中唐时期古文运动的先驱者独孤及，又以贾至贬官岳阳的诗与阮籍的《咏怀》诗相比，说是读了以后，"蹷若窥武库，森然矛戟寒；眼明遗头风，心悦忘朝飡"（《贾员外处见中书贾舍人巴陵诗集览之怀旧代书寄赠》，《毗陵集》卷一）。在唐代，也有人把他与独孤及等相并比，作为韩、柳之前的古文作家。如李舟《独孤常州集序》："先大夫尝因讲文，谓小子曰：吾友兰陵萧茂挺、赵郡李遐叔、长乐贾幼几，泊所知河南独孤至之，皆宪宗六艺，能探古人述作之旨。贾为玄宗巡蜀分命之诏，历历如西汉时文。"（《文苑英华》卷七〇二）稍后梁肃在李翰文集序中又说："唐有天下几二百载，而文章三振。初则广汉陈子昂以风雅革浮侈，次则燕国张公说以宏茂广波澜，天宝已还，则李员外、萧功曹、贾常侍、独孤常州，比肩而出，故其道益炽。"（《补阙李君前集序》，《文苑英华》卷七〇三）一直到中唐后期被称为韩门弟子的皇甫湜，在其《谕业》一文中，历数张说以后为文章者，自开元时期的苏颋、李邕，以及贾至、独孤及，一直到韩愈等人，都有具体评述，对贾至，则说："贾常侍之文，如高冠华簪，曳裾鸣玉，立于廊庙，非法不言，可以望为羽仪，资以道义。"（《皇甫持正集》卷一）皇甫湜的文章以怪奇著称，对别人的作品少所许可，而这里则对贾至文推誉甚高，因而引起清代王士禛的批评①。

由此可见，贾至的作品虽然传存于后世者逐渐减少，但在唐代，从一些作家的评论来看，则无论他的诗或文，都有其一定地位的。

二

贾至，新旧《唐书》有传，《旧唐书》见于卷一九〇中《文艺中·贾曾传》附，《新唐书》见于卷一一九《贾曾传》附。但新旧《唐书》所载贾至事，都还需有考辨的地方。

《新唐书》本传载贾至卒于代宗大历七年（772），年五十五，据此推算，则当生于玄宗开元六年（718）。

《旧唐书·贾曾传》云："（曾）开元初复拜中书舍人。……与苏晋同掌制诰，皆以词学见知，时人称为'苏贾'。曾后坐事贬洋州刺史。开元六年，玄宗念旧，特恩甄叙，继历庆、郑等州刺史，入拜光禄少卿，迁礼部侍郎。十五年卒。"《新唐书·贾曾传》说贾曾由洋州刺史历虔、郑等州刺史。按，洋州属山南西道，庆州属关

---

① 《池北偶谈》卷十五《皇甫湜评韩文》："韩吏部文章，至宋始大显，其在当时，皇甫湜号为知公者，然其《谕业》一篇，备论诸家之文，不过曰：'韩吏部之文，如长江万里一道，冲飚激浪，瀚流不滞；然而施之灌溉，或爽于用。'若有微辞，反不如李北海、贾常侍、沈谏议之流无贬词也。"

内采访使,虔州则远在江西。贾曾既然由贬所内迁,当不至再远赴虔州,疑以《旧唐书》作庆为是。贾至既于开元六年生,则这年贾曾正由洋州刺史移为庆州刺史。贾曾卒时,贾至只有十岁。

贾至的字有幼邻、幼几两说。《新唐书》本传说"至字幼邻"。《唐诗纪事》卷二十二、《全唐诗》、《全唐文》等小传同。但晁、陈二志皆作字幼几,《唐才子传》卷三小传同。这在唐代当时人就有异说,李华《三贤论》提到贾至,称幼邻(《文苑英华》卷七四四;并有注:一作几),而李舟《独孤常州集序》(同上七〇二)作幼几。可见当时对其字号的称呼就有不同的记载。

《旧唐书·贾曾传》称曾为"河南洛阳人也"。《新唐书》同。后来的《直斋书录解题》、《唐诗纪事》、《唐才子传》等都作河南洛阳人。但李华《三贤论》称"长乐贾至幼邻,名重当时"。李舟《独孤常州集序》也称"长乐贾幼几"。与贾至有文字交往的独孤及在《唐故正议大夫右散骑常侍赠礼部尚书李公(季卿)墓志铭》中称"尚书左丞长乐贾至作铭"(《毗陵集》卷十一)。据《新唐书》卷四十一《地理志》五,江南道有福州长乐郡(又参见《元和郡县志》卷三十湖南道)。则长乐即福州。一在北,一在南。且考贾至行迹及其诗文,也未尝及福州者。按《新唐书》卷七十五下《宰相世系表》五下,贾氏,载贾龚为轻骑将军,"徙居武威"。龚第二子翊,"魏太尉、肃侯,生玑,驸马都尉、关内侯,又徙长乐。二子:通、延。……"这里提到三国时魏贾诩子贾玑后曾徙居长乐。据《三国志》卷十《魏书·贾诩传》,载诩为武威姑臧人,但说诩有二子,魏文帝时,小子访封为列侯,"以长子穆为驸马都尉"。未闻有徙长乐者,且此时福州也不是曹魏的统辖所及。《三国志·贾诩传》又载贾穆死后,"子模嗣"。裴注引《世语》云:"模,晋惠帝时为散骑常侍、护军将军,模子胤,胤弟奁,从弟疋,皆至大官,并显于晋也。"按《晋书》,贾模见卷四十《贾充传》附,为充之族子,曾为散骑常侍,卒赠车骑将军,其子名游,也与《世语》所说不同。总之,《三国志》《晋书》及《新唐书·宰相世系表》所载,具体人名及世系皆有不同。但由此也可考见,李华、独孤及等人所称的"长乐",当系郡望,贾至的实际籍贯还是洛阳。

《新唐书》贾至本传说:"擢明经第,解褐单父尉。"没有说何年明经擢第。至晁公武《郡斋读书志》(卷四上),则说是"天宝十载,明经擢第"。《唐才子传》(卷三)、徐松《登科记考》(卷九)都据此系贾至于天宝十载明经擢第。由此,则其为单父尉当在天宝十载(751)以后。

又《唐才子传》卷二李颀小传:"开元二十三年贾季邻榜进士及第。"徐松《登科记考》卷八即据此定贾至为开元二十三年状元。但《唐才子传》所载为"贾季邻",徐松却改为"贾幼邻",而又以幼邻为贾至。实则贾季邻另有其人,并不是贾至。据前引《新唐书·宰相世系表》贾氏,所载有贾季邻,长安主簿,其兄季良,奉天尉,其父名玄晖。其时代也在玄宗时。徐松未查《新表》,而遽以为贾季邻即贾幼邻,于是定贾至为开元二十三年进士科的状元,并在卷九天宝十载明经科贾至名下说:"按贾至已于开元二十三年进士及第,此以进士又应明经也。"可谓失考之甚。

至于说贾至于天宝十载明经及第,然后又解褐为单父尉,此说也是错的。

贾至有《虔子贱碑颂》(《全唐文》卷三六八),其中说:"天宝初,至始以校书郎尉于单父,想先生行事,征其颂声。"这里明确地说,他在天宝初以校书郎为单父尉。由此可见,他在天宝十年以前已经入仕。《全唐文》同卷并载其《微子庙碑记》文,中说:"皇帝二十有一载,予作吏于宋。"此所谓皇帝,即唐玄宗李隆基。李隆基即位二十一年,当是开元二十年(732)。但这时贾至年仅十五岁,显系不可能入仕,也不可能作此碑记。结合《虙子贱碑颂》所谓"天宝初"云云,《微子庙碑记》的"二十有一载"应作"三十有一载","二"字当为板刻之误。李隆基即位三十一年,正好是天宝元年。又据《新唐书》卷三十八《地理志》三,单父县属宋州,贾至既然于天宝初为单父尉,因此也可以说是"作吏于宋"。他又有《虎牢关铭》,说:"天宝七载,至自宋都,西经洛阳,歇鞍登兹,怀古钦然。"可见天宝七载(748)他已离开单父,往西经过洛阳、虎牢,大约是赴长安调选的。

又梁肃有《朝散大夫使持节常州诸军事守常州刺史赐紫金鱼袋独孤公行状》(《文苑英华》卷九七二,又见四部丛刊本《毗陵集》附录),说:"二(原作三,据《毗陵集》附录注改)十余,以文章游梁宋间,通人颍川陈兼、长乐贾至、渤海高适见公,皆色授心服,约子孙之契。"独孤及生于开元十三年(725),年二十余,当为天宝四年(745)后的数年间。高适于天宝八年由宋州刺史张九皋的推荐,中有道科,在此以前在梁宋一带漫游(详见本书《高适年谱中的几个问题》文)。梁肃文中提到独孤及二十余岁即天宝四、五、六年间游梁宋时,正好遇见贾至、高适,与二人行迹也正好相合。贾至又有《闲居秋怀寄阳翟陆赞府封丘高少府》(《全唐诗》卷二三五),诗中说:"我生属圣明,感激窃自强,崎岖郡邑权,连骞翰墨场。"高适是天宝八载中有道科并授命为封丘尉的,此诗已称高适为"封丘高少府",当是天宝八载或天宝八载以后。诗中所谓"郡邑权",即指为单父尉而言。

以上这些例子,都证明贾至在天宝元年至六七年间任单父尉,在任单父尉前又曾为校书郎。开元二十三年进士状元之贾季邻既然是另一人,则他当于开元末或天宝初由明经擢第,而于天宝前期为宋州单父尉,并与高适、独孤及等交游。由此更可证明,所谓他于天宝十载明经擢第后始解褐为单父尉,是不确的。

据前面所引的材料,他在天宝七载即离单父尉,但从此时以后几年间,其行止不易考知。独孤及有《送陈赞府兼应辟赴京序》(《毗陵集》卷十六),说"十二载冬十月,果以公才征"。即陈兼于天宝十二载(753)十月赴长安。《毗陵集》卷二又有《送陈兼应辟兼寄高适贾至》诗,为同时所作,其中说"旧友满皇州,高冠飞翠蕤",而这时高适则已随哥舒翰在安西幕府,因此诗中说:"高侯秉戎翰,策马观西夷,方从幕中事,参谋王者师。"至于说到贾至,则说:"贾生去洛阳,焜耀琳琅姿。芳名动百步,逸韵凌南皮。"具体情况仍然不清楚。《旧唐书》本传说他"天宝末为中书舍人"。大约天宝后期他就在长安供职了。

三

安史乱起,贾至的行迹,《旧唐书》本传记载说:"禄山之乱,从上皇幸蜀。时肃宗即位于灵武,上皇遣至为传位册文,上皇览之叹曰：'昔先帝逊位于朕，册文则卿之先父所为。今朕以神器大宝付储君，卿又当演诰。累朝盛典，出卿父子之手，可谓难矣。'至伏于御前，呜咽感涕。"《新唐书》本传所载略同。此事又见《旧唐书》卷一〇八《韦见素传》："皇太子即位于灵武，道路艰涩，音驿未通。八月，肃宗使至，始知灵武即位。寻命见素与宰臣房琯赍传国宝玉册奉使灵武，宣传诏命，便行册礼。……仍以见素子谔及中书舍人贾至充册礼使判官。时肃宗已回幸顺化郡。九月，见素等至，册礼毕，从幸彭原郡。"

　　玄宗是于天宝十五载（756）六月匆忙由长安出走的，至马嵬，太子李亨分兵往灵武，玄宗逃奔成都。这时贾至随玄宗赴蜀。七月，李亨（肃宗）在灵武即位，改天宝十五载为至德元载。消息传到成都，已是八月，玄宗只得派韦见素等往灵武，传位于肃宗，使者之中有贾至，传位诏文也是贾至撰写的。从此以后，贾至就在肃宗朝中，并且参预了肃宗朝臣中的党派斗争。

　　流亡的肃宗小朝廷，在与安史叛军作战过程中，已逐步酝酿并发展着派系斗争，斗争情况甚为复杂，简言之，起先大致可分为随玄宗赴蜀的旧臣，以及随肃宗赴灵武的新贵，而后者则又以肃宗妃张良娣及宦官李辅国为首。当玄宗赴蜀途中，原任宪部（即刑部）侍郎的房琯追及玄宗于剑州普安郡，房琯当时有大名，玄宗见房琯来，大喜，"即日，以琯为文部侍郎、同平章事"（《通鉴》卷二一八肃宗至德元载七月甲子）[1]。文部即吏部。房琯即以吏部尚书拜

---

① 《通鉴》此处说以琯为文部侍郎，但据贾至制词，及《旧唐书》卷一一一、《新唐书》卷一三九，皆作文部尚书。当以文部尚书为是。

相，权势是相当重的。房琯授命的制词即出于贾至之手。《全唐文》卷三六七载贾至《授房琯文部尚书同平章事制》说："宪部侍郎房琯，清识雅量，工文茂学。秉忠义之规，靡惮艰险；挺松筠之操，宁移岁寒。宜承赐剑之荣，式允济川之望。可文部尚书、同中书门下平章事。"授命的制词虽不免要谀扬几句，但由此也可见贾至与房琯的关系。

房琯也是由玄宗任命赴灵武授传位册的重臣之一。《旧唐书·房琯传》载："肃宗以琯素有重名，倾意待之，琯亦自负其才，以天下为己任。时行在机务，多决之于琯，凡有大事，诸将无敢预言。"这种情况就必然受到李辅国一派人的侧目。这时正好原北海太守贺兰进明自河南至，对肃宗说了这一段话："琯昨于南朝为圣皇制置天下，乃以永王为江南节度，颍王为剑南节度，盛王为淮南节度，制云'命元子北略朔方，命诸王分守重镇'。且太子出为抚军，入曰监国，琯乃以枝庶悉领大藩，皇储反居边鄙，此虽于圣皇似忠，于陛下非忠也。琯立此意，以为圣皇诸子，但一人得天下，即不失恩宠。又各树其私党刘秩、李揖、刘汇、邓景山、窦绍之徒，以副戎权。推此而言，琯岂肯尽诚于陛下乎？"（见《旧唐书·房琯传》）贺兰进明的这一番话，直接动因虽出自于他与房琯的私憾，但是它确实反映了李唐皇族内部在安史叛军猝起打击下所产生的利害矛盾。假如没有这一客观存在的矛盾因素，贺兰进明无论说得如何动听，也是不会起作用的。对于肃宗来说，永王璘由江陵起兵夺取金陵的事件，是一个严重的教训。贺兰进明特别提到永王璘，就更易触及他与玄宗及诸皇子矛盾冲突的情绪。这时另一宰相崔圆，又"厚结李辅国，到后数日，颇承恩渥，亦憾于琯"（同上）。

这样,肃宗朝的矛盾就展开了,当时的一些作家也不得不参预其中,做了皇族内部斗争的牺牲品,南方的李白是这样,北方的杜甫和贾至也是如此。

玄宗在赴蜀途中,确实是听了房琯的计议,对太子李亨及永王璘等诸王子作了安排。当时还没有听到肃宗即位的消息,因此制文中虽然说到"以太子亨充天下兵马元帅,领朔方、河东、河北、平卢节度都使,南取长安、洛阳"(《通鉴》卷二一八),似乎有所侧重,但也可看出是作了两手准备的,那就是派遣永王璘出镇财富集中的战略要地江陵。而这一制词,又是出于贾至之手。见《全唐文》卷三六六《玄宗幸普安郡制》。后来房琯自请将兵收复长安,"琯请自选参佐,乃以御史中丞邓景山为副,户部侍郎李揖为行军司马,中丞宋若思、起居郎知制诰贾至、右司郎中魏少游为判官,给事中刘秩为参谋"(《旧唐书·房琯传》)。可见贾至与房琯的关系一直是较密切的。但不料房琯陈涛斜之战,一败涂地,他又好高谈阔论,不切实际,最主要的是触犯了肃宗、李辅国等的利益,因此就在至德二年(757)五月罢相,贬为太子少师。

房琯罢相是斗争的一个爆发点,当时首先遭受其害的是大诗人杜甫。杜甫这时任左拾遗之职。房琯罢相,"甫上疏言琯有才,不宜罢免。肃宗怒,贬琯为刺史,出甫为华州司功参军"(《旧唐书》卷一九〇《文苑下·杜甫传》)。当时牵涉这一事件的不只杜甫,如与一些文士有较好关系的韦陟也是其中之一,《旧唐书》卷九十二《韦安石传》附韦陟传称:"拾遗杜甫上表论房琯有大臣度,真宰相器,圣朝不容,辞旨迂诞,肃宗令崔光远与陟及宪部尚书颜真卿同讯之。陟因入奏曰:'杜甫所论房琯事,虽被贬黜,不失谏臣大体。'上由此疏之。"可见韦陟也是受牵连者之一。这是肃宗小朝廷在尚未收复长安时就已显露出来的内部派系斗争。这种皇族之间、朝臣之间、宦官与朝臣之间,以及握兵权的将领之间的明争暗斗,在肃宗一朝始终没有停止过,加上肃宗的昏庸与无能,使得安史战乱不必要地延长了许多年,唐朝的社会经济从此走下坡路,这是整个封建统治集团(包括肃宗朝及安禄山、史思明等)所造成的。

杜甫于至德二载(757)六月受推问(见《钱注杜诗》卷二十《奉谢口敕放三司推问状》);八月,离开凤翔肃宗朝廷,归赴鄜州探亲(《北征》诗:"皇帝二载秋,闰八月初吉,杜子将北征,苍茫问家室。"见《钱注杜诗》卷二)。临行前,他曾有诗赠贾至与严武:"田园须暂往,戎马惜离群。去远留诗别,愁多任酒醺。一秋常苦雨,今日始无云。山路时吹角,那堪处处闻。"严武也是房琯推荐的人才之一,这时任给事中之职[1],后来他也卷入这一派系斗争中去。从杜甫的这首诗看来,那时他们对时事的变化是很担心的,心情是沉重的。

至德二载十月间,唐朝廷的军队总算收复了长安,接着又攻克洛阳。但战争还在河南、河北一带进行,朝廷内的派系斗争同时也在发展。乾元元年(758)的春天,杜甫也已从鄜州老家回到了长安,继续担任左拾遗的职务。贾至在上年房琯罢相时还未受到影响,任为中书舍人。严武则任京兆少尹之职(《旧唐书》本传:"既

---

[1]《旧唐书》卷一一七《严武传》:"至德初,肃宗兴师靖难,大收才杰,武杖节赴行在。宰相房琯以武名臣之子,素重之,及是,首荐才略可称,累迁给事中。"

收长安,以武为京兆少尹、兼御史中丞,时年三十二")。这时岑参为右补阙,王维在安史叛军占据长安、洛阳时虽迫受伪职;后因其弟王缙为之请求,免于处分,这时为太子中允。虽然半个中国还在战乱之中,但肃宗朝廷已经在粉饰太平,几位诗人也似乎暂时忘记了身处于乱世之中,而歌唱起昇平来了,这典型地表现于贾至的《早朝大明宫呈两省僚友》(《全唐诗》卷二三五),及杜甫等人的和作。如:

> 银烛朝天紫陌长,禁城春色晓苍苍。千条弱柳垂青琐,百啭流莺绕建章。剑珮声随玉墀步,衣冠身惹御炉香。共沐恩波凤池里,朝朝染翰侍君王。(贾至)
>
> 五夜漏声催晓箭,九重春色醉仙桃。旌旗日暖龙蛇动,宫殿风微燕雀高。朝罢香烟携满袖,诗成珠玉在挥毫。欲知世掌丝纶美,池上于今有凤毛。(杜甫《奉和贾至舍人早朝大明宫》,《钱注杜诗》卷十)
>
> 鸡鸣紫陌曙光寒,莺啭皇州春色阑。金阙晓钟开万户,玉阶仙杖拥千官。花迎剑珮星初落,柳拂旌旗露未干。独有凤皇池上客,阳春一曲和皆难。(岑参《奉和中书贾至舍人早朝大明宫》,《岑嘉州诗》卷五)
>
> 绛帻鸡人送晓筹,尚衣方进翠云裘。九天阊阖开宫殿,万国衣冠拜冕旒。日色才临仙掌动,香烟欲傍衮龙浮。朝罢须裁五色诏,佩声归到凤池头。(王维《和贾舍人早朝大明宫之作》,赵殿成《王右丞集笺注》卷十)

这四首诗,古代是一直被人传诵的,也有些诗论家评论其优劣。这几首诗确实具有声律、词藻之美,在唐代七言律诗的创作中有一定特色。但总的说来,它们形式上的完整掩盖不了思想内容上的贫乏,这只是对纷乱的现实的暂时的忘却或掩饰。如同杜甫后来在秦州所作的诗中追忆这时与贾至、严武等人的交游情况说:"月分梁汉米,春得水衡钱。内蕊繁于缬,宫莎软胜绵。恩荣同拜手,出入最随肩。晚暑华堂醉,寒重绣被眠。誊齐兼秉烛,书杜满怀笺。"(《寄岳州贾司马六丈巴州严八使君两阁老五十韵》,《钱注杜诗》卷十)这样的生活没有维持多久,现实的斗争把他们所谓的"圣朝无阙事"(岑参《寄左省杜拾遗》)的幻想打碎了。

就在那年春天,贾至由中书舍人出汝州刺史。关于贾至出守汝州,新旧《唐书》的贾至本传一字也没有提到,仅仅在《新唐书·肃宗纪》于乾元二年三月提到一句汝州刺史贾至云云,那已经是第二年的事了。此事首见于杜甫《送贾阁老出汝州》一诗,云:"西掖梧桐树,空留一院阴。艰难归故里,去住损春心。宫殿青门隔,云山紫逻深。人生五马贵,莫受二毛侵。"贾至这时为中书舍人,中书省在右,因此唐代习称中书为右曹,又称西掖。杜甫这时任拾遗,属门下省。而唐时,"两省相呼为阁老"(李肇《国史补》卷下)。贾至由中书省外出,因此诗中说"空留一院阴"。贾至为洛阳人,汝州在南阳,与河南府相邻,因此也可以说"归故里"。时在春日,所以说"损春心"。杜甫于同年六月由左拾遗出为华州司功参军,则本年春尚在长安,时地也均相合。

关于贾至出为汝州刺史的背景,钱谦益于杜甫此诗后有笺,颇可参考,其笺曰:"贾至本传,不载出守之故。杜有别贾严二阁老及寄岳州两阁老诗,知其为房琯党也。琯与武尚未贬,而先出至者,以普安郡制置天下之诏,至实当制,故先去之也。岳州之谪,亦本于此。公诗有艰难、去住之语,情见乎词矣。"杜甫后来在《寄岳州贾司马六丈巴州严八使君两阁老五十韵》诗中叙及此事时,又说:"每觉升元辅,深期列大贤。秉钧方咫尺,铩翮再联翩。禁掖朋从改,微班性命全。青蒲甘受戮,白发竟谁怜。"钱笺又曰:"至出守汝州,在乾元元年,旧书不载,皆无可考。此诗云'秉钧方咫尺,铩翮再联翩',当是与公及严武先后贬官也。按,十五载八月玄宗幸普安郡,制置天下之诏,房琯建议,而至当制,琯将贬而至先出守,其坐琯党无疑矣。至父子演纶,受知于玄宗,肃宗深忌蜀郡旧臣,至安能一日容于朝廷,其再贬岳州,虽坐小法,亦以此故也。'每觉升元辅,深期列大贤',盖琯既用事,则必汲引至、武,故其贬也,亦联翩而去。"

钱谦益的这两段笺语是有见地的。贾至于乾元元年春出守,六月,房琯就贬为邠州刺史,严武贬为巴州刺史。《旧唐书·房琯传》载肃宗贬房琯的诏书,其中就说道:"又与前国子祭酒刘秩、前京兆少尹严武等潜为交结,轻肆言谈,有朋党不公之名,违臣子奉上之体。"就可以见出,这年春天先是贾至之出,后来六月房琯等之贬,完全是肃宗朝当权者的一次有计划的行动。《旧唐书·严武传》只说严武"优游京师,颇自矜大,出为绵州刺史",而《新唐书·严武传》则明确地说"坐琯事贬巴州刺史",这里是《新唐书》比《旧唐书》高明的地方。联系到张镐(曾于至德二载救杜甫者)于五月罢相(《新唐书·肃宗纪》),杜甫于六月出为华州司功参军^①，肃宗朝廷内的斗争就可以看得更清楚了。

四

《旧唐书·贾至传》叙述贾至事迹十分简略，在记述贾至从玄宗赴蜀，为玄宗撰传位册文后，接着就说"宝应二年，为尚书左丞"。宝应二年为763年，中间缺了好几年。《新唐书·贾至传》稍详一些，叙述了至德中贾至任中书舍人时，论将军王去荣杀人事，接着说："蒲州刺史以河东濒贼，彻傅城庐舍五千室，不使贼得保聚，民大扰。诏遣至尉安，官助营完，蒲人乃安。坐小法，贬岳州司马。"此处完全略去贾至由中书舍人出为汝州刺史一事，这是一；据这里所述，似乎贾至是直接由中书舍人贬为岳州司马的，与事实不符，这是二；坐小法，究为何事。贬岳州又在何时，都未说清，这是三。

宋人吴缜《新唐书纠谬》卷十一针对《新唐书》的这一记载，有所考证，颇可参资，今录其文如下：

> 今案至本传述王去荣杀人事，乃至德二载以后，乾元元年二月以前事也，其传中自后更无事，止是贬岳州司马，后遂言宝应初召复故官。且至德二载岁在丁酉，乾元元年岁在戊戌，

---

①《钱注杜诗》卷二《早秋苦热堆案相仍》诗中说："七月六日苦炎热，对食暂飧还不能……束带发狂欲大叫，簿书何急来相仍。"可见七月初已在华州。

二年岁在己亥，至宝应元年岁在壬寅，而《肃宗纪》云，乾元二年三月九节度之师溃于滏水，东京留守崔圆、河南尹苏震、汝州刺史贾至奔于襄、邓。案崔圆留守东都，王师之败相州，圆惧，委东都奔襄阳，诏削阶封，寻召拜济王傅。又《苏震传》云震为河南尹，九节度兵败，震与留守崔圆奔襄、邓，贬济王府长史，起为绛州刺史。然则至之贬岳州司马，正当至德、乾元之际，其贬岳州，即坐弃汝州而出奔之故也。本传既漏其为汝州刺史一节，又失其为岳州司马之因，止云坐小法而已。若以《肃宗纪》乾元二年崔圆、苏震事考之，则其贬岳州之事，昭然可见也。

吴缜的《新唐书纠谬》，有些不免有吹毛求疵之嫌，有些地方所考也不尽合乎事实（如卷十九辨贾至论王去荣杀人事一节），但此处考贾至贬岳州司马事，则是很精当的，确实说中了《新唐书》的弊病。本文拟据此再作一些补充。

如上所述，贾至由中书舍人出为汝州刺史在乾元元年（758）春。乾元二年（759）三月，发生了九节度之师溃于滏水之事（滏水在相州）。《新唐书》卷六《肃宗纪》乾元二年三月记云："壬申，九节度之师溃于滏水。史思明杀安庆绪。东京留守崔圆、河南尹苏震、汝州刺史贾至奔于襄、邓。"（《旧唐书·肃宗纪》未载崔、苏、贾奔襄、邓事）九节度的相州之溃，也充分反映了肃宗朝廷的腐败无能。本来唐军对安史叛军作战的形势是很好的，唐军在攻克了洛阳后，安禄山的儿子安庆绪率残部退守相州（即今河南安阳），安庆绪又与当时据守范阳后方的史思明有矛盾。乾元元年九月，唐朝廷集中了郭子仪、李光弼等九节度之兵二十多万围相州,相州城内的安庆绪则是内部互相猜忌,战斗力是薄弱的。但肃宗朝却对九节度兵不设置统一指挥,"不置元帅,但以宦官开府仪同三司鱼朝恩为观军容宣慰处置使"(《通鉴》卷二二〇乾元元年九月)。这就是说,二十多万的军队只是统属于一个毫无军事常识和作战经验的宦官之下,唐朝宦官监视和控制军队就是从这时开始的。无怪乎胡三省注中说:"诸军并行,步骑数十万,而不置元帅,号令不一,所以有安阳之败。"果然,安庆绪与史思明出于共同的利害关系,又暂时联合起来,史思明从范阳出兵南下,屯于安阳附近,安庆绪在城内准备响应,唐朝军队则久顿城下,"诸军乏食,人思自溃"。在乾元二年三月的一天,两军决战,忽然大风起,"吹沙拔木,天地昼晦,咫尺不相辨,两军大惊,官军溃而南,贼溃而北"。战场上的风沙只是一个偶然因素,唐朝军队内部已经存在着败溃的必然因素。唐军的损失是严重的,"战马万匹,惟存三千;甲仗十万,遗弃殆尽。东京士民惊骇,散奔山谷;留守崔圆、河南尹苏震等官吏南奔襄、邓,诸节度各溃归本镇。士卒所过剽掠,吏不能止,旬日方定"(见《通鉴》同上卷)。幸亏在唐军的大奔溃中,安庆绪与史思明又火并起来,史思明杀了安庆绪,并吞了他的残部,又担心他的根本未固,就只命令其子史朝义留守相州,自己引兵还范阳,唐朝的河南大部分才得以保存。

从这时期的形势看,九节度的二三十万大军已经溃散,据守洛阳的重臣崔圆、苏震已经率先奔逃,洛阳城内外一片慌乱,贾至由汝州南奔,是势在必行的。崔圆天宝末本为杨国忠所引用,杨国忠遥领剑南节度使,以崔圆为留后,两人互通消息。到肃宗朝后，又巴结李辅国，排挤房琯。这时委弃东京，虽然受到处分，削去阶封，但不久即召拜为济王傅。苏震后来也起为济王府长史。而贾至却因此而贬为岳州司马，这里面仍然是前一时期派系斗争的继续。

九节度之溃在乾元二年三月，贾至贬为岳州司马当在这一年的秋天。他有《初至巴陵与李十二白裴九同泛洞庭湖三首》（《全唐诗》卷二三五）：

> 江上相逢皆旧游，湘山永望不堪愁。明月秋风洞庭水，孤鸿落叶一扁舟。
>
> 枫岸纷纷落叶多，洞庭秋水晚来波。乘兴轻舟无近远，白云明月吊湘娥。
>
> 江畔枫叶初带霜，渚边菊花亦已黄。轻舟落日兴不尽，三湘五湖意何长。

这三首诗以第二首为最佳，闻一多先生《唐诗大系》载贾至诗即选的这一首，此诗意境悠远，词句清丽，也写出同游者共同的不遇之感。李白本因从永王璘事陷入肃宗与李璘的斗争中，受到无辜牵累，留放夜郎，乾元二年春则于流放途中自三峡遇赦放回，夏秋时憩于江夏、岳阳一带，正好遇到了被贬至岳州的贾至。贾至诗题中称"初至巴陵"（巴陵即岳州），诗中又写的是秋景，可见贬至岳州即在乾元二年秋。吴缜说"至之贬岳州司马，正当至德、乾元之际"，是不确的。

贾至在诗中称李白为"旧游"，大约天宝时曾有交谊，这次旧友重逢，又各有相似的境遇，彼此就更了解，也互相慰藉。李白有《巴陵赠贾舍人》诗："贾生西望忆京华，湘浦南迁莫怨嗟。圣主恩深汉文帝，怜君不遣到长沙。"（王琦注《李太白全集》卷十一）李白把肃宗比之为汉文帝，劝慰贾至有朝一日还会像贾谊那样被召入京。李白又有《与贾至舍人于龙兴寺剪落梧桐枝望洞湖》诗（同上卷二十一），其中说："剪落青梧枝，湖坐可窥，雨洗秋山净，林光淡碧滋。"游兴是很浓的。

但尽管如此，在他们欣赏巴陵的湖光山色时，仍然投下肃宗朝内部纷争的阴影。如李白有《陪族叔刑部侍郎晔及中书贾舍人至游洞庭五首》（同上卷二十）。这个刑部侍郎李晔就是被贬岭南而途经巴陵的。《通鉴》卷二二一乾元二年四月曾记其事云：

> 凤翔马坊押官为劫，天兴尉谢夷甫捕杀之。其妻讼冤。李辅国素出飞龙厩，敕监察御史孙蓥鞫之，无冤。又使御史中丞崔伯阳、刑部侍郎李晔、大理卿权献鞫之，与蓥同。犹不服。又使侍御史太平毛若虚鞫之，若虚倾巧士，希辅国意，归罪夷甫。伯阳怒，召若虚诘责，欲劾奏之。若虚先自归于上，上匿若虚于帘下。伯阳寻至，言若虚附会中人，鞫狱不直。上怒，叱出之。伯阳贬高要尉，献贬桂阳尉，晔与凤翔尹严向皆贬岭下尉，蓥除名，长流播州。吏部尚书、同平章事李岘奏伯阳无罪，责之太重，上以为朋党，五月辛巳，贬岘蜀州刺史。

这是又一次朝廷中的派系斗争，而起决定作用者仍是宦官李辅国，《通鉴》同卷曾载："御史台、大理寺重囚，或推断未毕，辅国追诣银台,一时纵之。三司、府、县鞫狱,皆先诣辅国咨禀,轻重随意,称制敕行之,莫敢违者。"李晔就是在这次派系斗争中被贬的,这次斗争还牵连了宰相李岘,可见是一次重大的人事上的变动。李白、贾至与李晔在当时统治阶级内部斗争中,遭受与境遇相似,三人在巴陵相遇,李白的诗中写道:

> 洛阳才子谪湘川,元礼同舟月下仙。记得长安还欲笑,不知何处是西天。
>
> 帝子潇湘去不还,空余秋草洞庭间。淡扫明湖开玉镜,丹青画出是君山。

也就在这一年的秋天,李白又从岳州南下,赴湖南零陵,贾至有诗相送,即《洞庭送李十二赴零陵》:"今日相逢落叶前,洞庭秋水远连天。共说京华旧游处,回看北斗欲潸然。"

杜甫于乾元元年六月以后由左拾遗出为华州司功参军,至第二年即乾元二年秋,因关中饥馑,就弃官赴秦州(参见闻一多《少陵先生年谱会笺》)。他在秦州写了好几首怀念旧友的诗篇,为我们研究当时的一些诗人行迹提供了宝贵的材料,如有好几首怀念李白的诗:《梦李白二首》(《钱注杜诗》卷三),《天末怀李白》(同上卷十),《寄李十二白二十韵》(同上),等。其中也有一首怀念贾至、严武的长诗,即《寄岳州贾司马六丈巴州严八使君两阁老五十韵》,其中说:

> 衡岳啼猿里,巴州鸟道边,故人俱不利,谪宦两悠然。……

贾笔论孤愤,严诗赋几篇,定知深意苦,莫使众人传。贝锦无停织,朱丝有断弦,浦鸥防碎首,霜鹘不空拳(杨伦《杜诗镜铨》卷六引张云:此段嘱其缄默深藏,言言忠告)。地僻昏炎瘴,山稠隘石泉,且将棋度日,应用酒为年(杨伦又云:二句教以远害全身之道。按贾、严皆以珀党贬,故虽移官州郡,而尚恐谗慝中伤,未能一日安枕也)。

从杜甫的这几句诗中,还可以看到肃宗朝廷在李辅国等操纵下,一些诗人受迫害的情况。同时也可看出,贾至与同时代李白、杜甫这两个伟大诗人都有较深的友谊。直至代宗广德二年(764),贾至已还朝任礼部侍郎,并主洛阳东都的贡举,而杜甫仍然流寓成都,他还作诗寄赠贾至说:"南宫吾故人,白马金盘陉。雄笔映千古,见贤心靡他。念子善师事,岁寒守旧柯。为吾谢贾公,病肺卧江沱。"(《别唐十五诚因寄礼部贾侍郎》,《钱注杜诗》卷五)

五

唐肃宗于宝应元年(762)四月死,子李豫即位,是为代宗。代宗即位后,为了缓和统治集团的内部矛盾,起用了一些肃宗时被贬谪的官吏,李辅国也失去了实权。《新唐书》贾至本传载:"宝应初,召复故官,迁尚书左丞。"贾至之复为中书舍人,当是在宝应元年四月代宗即位以后,至于为尚书左丞,则是在宝应二年了(见《旧唐书·贾至传》)。贾至在岳州三年,大约这一时期诗作是不少的,现存《全唐诗》贾至诗一卷中有不少是在岳州作的。从独孤及的诗中,可以看出贾至曾将其在岳州所作诗编为《巴陵诗集》,《毗陵集》卷一有《贾员外处见中书贾舍人巴陵诗集览之怀旧代书寄赠》:

> 海岸望青琐,云长天漫漫。十年不一展,知有关山难。适逢阮始平,立马问平安,取公咏怀诗,示我江海澜。暨若窥武库,森然矛戟寒,眼明遗头风,心悦忘朝飡。大驾今返正,熊罴扈鸣銮。公游凤皇沼,献可在笔端。系越有长缨,封关只一丸。冏然翔寥廓,仰望惭羽翰。嘉会不我与,相思岁云殚。唯当就佳句,持比青琅玕。

这首诗当作于贾至已还朝复为中书舍人但尚未改为尚书左丞之时。这时独孤及还在南方,因此说“海岸望青琐,云长天漫漫”。诗中说“适逢阮始平,立马问平安”,按,晋阮籍有兄子咸,曾为始平太守(见《晋书》卷四十九《阮籍传》)。诗题中的贾员外,当是贾至之侄,但史失其名,已不可考知。从这首诗中还可以看出独孤及对贾至诗才的倾慕之情。

代宗时期贾至的事迹是较为清楚的,两《唐书》本传记载都很明白,无须多考。大致说来,是宝应二年(763)为尚书左丞。广德元年(763)六月,礼部侍郎杨绾上疏议改更贡举法,这时贾至仍为尚书左丞,与京兆尹严武等都基本同意杨绾的意见(见《通鉴》卷二二二)。广德二年(764)九月,以礼部侍郎知东都举。《旧唐书》卷十一《代宗纪》广德二年九月己未:“尚书左丞杨绾知东京选,礼部侍郎贾至知东都举,两都分举选,自此始也。"①永泰元年(765),加集贤院待制。《旧唐书》本传:"广德二年,转礼部侍郎。……永泰元年,加集贤院待制。"(《新唐书》本传仅云"转礼部侍郎,待制集贤院",未纪其年)大历三年(768)正月,改兵部侍郎。《旧唐书·代宗纪》大历三年正月甲戌:"浙西团练观察使、苏州刺史韦元甫为尚书右丞,左丞李涵、右丞贾至并为兵部侍郎。"大历五年三月又为京兆尹。《旧唐书·代宗纪》大历五年三月,"辛卯,以兵部侍郎贾至为京兆尹。"由此可见,贾至在大历年间官运是比较亨通的,但同时由于生活的平淡,使得这一时期除了奉命所作官吏除授的制词以外,在诗文创作上就没有什么成绩可言。

据《新唐书》本传,贾至卒于大历七年(772),年五十五:"(大历)七年,以右散骑常侍卒,年五十五,赠礼部尚书,谥曰文。"有子名孙,官至衡州刺史②。

贾至死后,独孤及有《祭贾尚书》文(《毗陵集》卷二十),首叙云:"维大历七年四月二十一日,朝散大夫检校尚书司封郎中兼舒

---

①徐松《登科记考》引此,并按云:"本纪之文夺误殊甚,当作礼部侍郎杨绾知东都举,尚书左丞贾至知上都举,两都分举,自此始也。选字衍文。"按,《旧唐书》确有不可解之处,但是否即如徐氏所云,还可商榷。以其意推之,杨绾当知上都(即长安)举,贾至当知东都举。

②徐铉《大唐故中散大夫检校司徒持节秦州诸军事兼秦州刺史御史大夫洛阳县开国子贾宣公墓志铭》(四部丛刊本《徐文公集》卷十五):"七代祖黄门侍郎平阳公曾,实演丕命。及至德中兴也,我六代祖黄门侍郎晋国公至实赞大猷,旷古已还,一家而已。五代祖孙,衡州刺史。"实际上贾至并未至黄门侍郎,死后赠官也只是赠礼部尚书,这只是后世赞誉其先祖之词,不足为据。

州刺史赐紫金鱼袋独孤及谨以清酌庶羞之奠,敬祭于故散骑常侍赠礼部尚书贾公六兄之灵。"可见贾至是大历七年四月前死的。这时独孤及任舒州刺史。独孤及的年辈稍晚于贾至,但两人的文字交往是密切的,祭文的后半部分曾说:"某获见于兄,二(原注:《英华》作三)十有六年矣,兄有七(原注:《英华》作十)年之长,蒙以伯仲相视,博文约礼,谓仁由己,同心之言,期于没齿,前后尺牍,罗列案几,悁悁清论,恍恍在耳,一旦如失,万事遄已。"可见二人的文学见解是相接近的。祭文的中段叙述贾至的文学思想和古文成就,保存了当时人对贾至的评价,是有用的历史材料,抄录于下,以供文学史研究者的参考:

> 追念夙昔,尝陪讨论。综核微言,揭厉孔门,匪究枝叶,必探本根。高论拔俗,精义入神,誓将以儒,训齐斯民。文章陵夷,郑声夺伦,兄于其中,振三代风。复雕为朴,正始是崇,学者归仁,如川朝宗。六义炳焉,自兄中兴,大名全才,仪刑百工。

这里对于贾至主张文章的写作应以儒家学说为本,说得较清楚。又晚唐人所著《大唐传载》说"贾至常侍平生毁佛",这也是唐代古文家宗儒排佛的一个例证。

[附记]

文中曾述及唐人对贾至诗文的评价,今考宋人《蔡宽夫诗话》,有专论贾至的诗一节,说贾至的有些诗篇即使放在杜甫集中，也不大容易分辨出来。对贾至诗作如此高的评价，是唐宋文人中少见的：

> 唐自景云以前，诗人犹习齐梁之气，不除故态，率以纤巧为工。开元后，格律一变，遂超然度越前古。当时虽李、杜独据关键，然一时辈流，亦非大和、元和间诸人可跂望。如王摩诘世固知之矣，独贾至未见深称者。余尝观其五言，如"极浦三春草，高楼万里心。楚山晴霭碧，湘水暮流深。忽与朝中旧，同为泽畔吟。停杯试北望，还欲泪沾襟。"又："越井人南去，湘川水北流。江边数杯酒，海内一孤舟。岭峤同迁客，京华即旧游。春心将别恨，万里共悠悠。"如此等类，使置老杜集中，虽明眼人恐未易辨也。（转录自《宋诗话辑佚》）

此处所引贾至的两首诗，皆见于《全唐诗》，前者诗题为《岳阳楼宴王员外贬长沙》，后者题为《送陆协律赴端州》，都是他贬岳州时所作。

另外，又据陆游所记，贾至的诗还为黄庭坚所喜爱，并书之扇上，《老学庵笔记》卷四谓："鲁直诗有题扇'草色青青柳色黄'一首，唐人贾至、赵嘏诗中皆有之，山谷盖偶书扇上耳。至诗中作'吹愁去'，嘏诗中作'吹愁却'，'却'字为是，盖唐人语，犹云吹却愁也。"这里所引"草色青青柳色黄"句，全诗为："草色青青柳色黄，桃花历乱李花香。东风不为吹愁去，春日偏能惹恨长。"共两首，题作《春思二首》。

张谓考

　　张谓,新旧《唐书》无传;他的诗文,《新唐书·艺文志》以及晁公武《郡斋读书志》、陈振孙《直斋书录解题》也都未著录。殷璠的《河岳英灵集》载张谓诗六首,但其评语只论他的诗,没有一字涉及他的事迹:"谓《代北州老翁答》及《湖中对酒》,并在物情之外,但众人未曾说耳,亦何必历遐远,探古迹,然后始为冥搜。"这几句话也说得很玄虚,不知其何所指。除此之外,现存唐人所选唐诗,就未见张谓的诗作和有关他的记载了。

　　现在见到的有关张谓生平事迹的记载,最早而又较具始末的,是元人辛文房的《唐才子传》,其卷四张谓小传说:

　　　　谓字正言,河内人也。少读书嵩山,清才拔萃,泛览流观,不屈于权势。自矜奇骨,必谈笑封侯。二十四受辟,从戎营、朔十载,亭障间稍立功勋。以将军得罪,流滞蓟门。有以非辜雪之者,累官为礼部侍郎。无几何,出为潭州刺史。性嗜酒,

简淡,乐意湖山。工诗,格度严密,语致精深,多击节之音。今
有集传于世。

从这以后,叙述张谓事迹的,大多本此。建国以来的一些文学史
著作以及唐诗选本,凡是述及张谓的,都依据《唐才子传》的这一
记述。

现在经过对有关材料的考证,可以证明《唐才子传》的这一
记载主要部分是错误的,应当予以订正。本文拟分三节加以论述:
一、张谓任礼部侍郎和潭州刺史的时间,是礼部侍郎在前还是潭州
刺史在前? 二、关于从戎营、朔十载以及因将军得罪而流落蓟门
之说,是否能够成立? 张谓究竟在何地从过军而所谓"稍立功勋"
的? 三、有关张谓事迹的补充及其诗作。

一

《唐才子传》在叙述"以将军得罪,流滞蓟门"之后,接着说:
"有以非辜雪之者,累官为礼部侍郎。无几何,出为潭州刺史。"这
里有几个问题:第一,张谓是否因有人为他辨雪,才累官为礼部侍
郎的? 第二,张谓任礼部侍郎与潭州刺史究在何时? 第三,张谓是
否由礼部侍郎出为潭州刺史? 第二与第三实际是一个问题,在本
节讨论,第一个问题拟在下节详论。

今按,元稹有《故金紫光禄大夫检校司徒兼太子少傅赠太保
郑国公食邑三千户严公行状》(《元氏长庆集》卷五十五),文中

说:"公少好学,始以大历八年举进士,礼部侍郎张谓妙选时彦,在选中。不数年,补太子正字。"此严公为严绶。《旧唐书》卷一四六《严绶传》记严绶于宪宗元和元年间曾"进阶金紫","进封郑国公",元和九年为太子少保,不久检校司空,卒于穆宗长庆二年五月,赠太保,其历官与元稹所作行状皆合。《旧唐书》本传又说:"绶,大历中登进士第。"(严绶又见《新唐书》卷一二九《严挺之传》附,仅说"绶擢进士第",未言登进士第的年岁。)

从元稹所作严绶的行状中,可知张谓于大历八年(773)在礼部侍郎任,典那一年的贡举。

又据五代时王定保《唐摭言》卷八:"神龙元年已来累为主司者:……张谓三:大历六年、七年、八年。"宋计有功《唐诗纪事》卷二十五张谓条:"谓,大历间为礼部侍郎,典七年、八年、九年贡举。"这里,《唐摭言》说张谓为大历六年至八年的主司,《唐诗纪事》是说张谓典大历七年至九年的贡举,都是说他曾连续三年以礼部侍郎之职主持当时的科举考试,不过一个是早一年,一个是晚一年。上面曾引元稹的严绶行状,说大历八年张谓任礼部侍郎主贡举,可见大体是相合的。

当然这个问题还可以更进一步论证。据《唐诗纪事》卷三十六阎济美条,说:"济美,大历九年春下第,将出关,献座主张谓诗六韵。"此处明确记载大历九年春典贡举者为张谓。又,按照唐朝科试的惯例,往往在前一年冬任命礼部侍郎,以主持第二年春季的考试。如大历九年(774)十二月,即命中书舍人常衮为礼部侍郎(见《旧唐书》卷十一《代宗纪》),常衮即典第二年即大历十年春的贡举。由此我们可以得知,张谓当是大历六年(771)冬任命为礼部侍郎,典大历七至九年春的贡举。这样,《唐摭言》与《唐诗纪事》所记都可以说得通。

张谓为礼部侍郎的时间既然可以考定,那末如果张谓由礼部侍郎出为潭州刺史,那就只能在大历九年春以后。

据《旧唐书》卷十一《代宗纪》,大历五年(770)五月癸未,"以羽林大将军辛京杲为潭州刺史、湖南观察使"。又卷十二《德宗纪》,大历十四年(779)闰五月庚寅,"以常州刺史萧复为潭州刺史、湖南团练观察使"(代宗于大历十四年五月卒,德宗于同月即位)。根据吴廷燮《唐方镇年表》所排比的材料,大历五年至十四年期间,任潭州刺史的一直是辛京杲,辛京杲之后为萧复,萧复之后,于建中元年(780)又为曹王李皋。这就是说,大历九年以后的潭州刺史是另有其人的,不可能是张谓。

唐代诗人元结有《别崔曼序》一文(《元次山集》卷十),其中说:

> 漫叟年将五十,与时世不合,垂三十年,爱恶之声,纷纷人间。博陵崔曼惑叟所为,游而辨之,数月未去。会潭州都督张正言荐曼为属邑长,将行,叟谓曰……

按,漫叟为元结别号①。元结的生卒年是可以考定的,他生于公元

①颜真卿《唐故容州都督兼御史中丞本管经略使元君表墓碑铭》(《全唐文》卷三四四):"又以君漫浪于人间,或谓之漫叟。"

719 年（唐玄宗开元七年）①。序中说"年将五十"，以四十九岁计算，为大历二年（767），这时元结任道州刺史。《全唐诗》卷二四一元结《欸乃曲五首》自序说"大历丁未中，漫叟结为道州刺史"，云云（《元次山集》卷三所载此诗自序仅云"大历丁未中，漫叟以军事诣都使"）。道州与潭州同属于湖南观察使，大历丁未即大历二年。元结与张谓（正言）既同时为湖南观察使属下的刺史，他的话当然是可信的。那就是说，大历二年间，张谓在湖南任潭州刺史之职。

又《全唐文》卷三七五载张谓《长沙土风碑铭并序》，其中说："巨唐八叶，元圣六载，正言待罪湘东。"（《直斋书录解题》卷八曾著录《长沙土风碑》一卷，张谓撰）从唐高祖李渊，到代宗李豫，正好八代。代宗立于宝应元年（762）四月，至大历二年（767），为六年，因此说"元圣六载"。这就更可证明大历二年张谓确在潭州刺史任上。

张谓既然曾任潭州刺史，为什么吴廷燮的《唐方镇年表》未见其名呢？按，据《新唐书·方镇表》，代宗广德二年（764），置湖南都团练守捉观察处置使，治衡州，领衡、潭、邵、永、道五州。又据《旧唐书·代宗纪》，大历四年（769）二月辛酉，以湖南都团练观察使、衡州刺史韦之晋为潭州刺史，从此以后，即徙湖南军于潭州，湖南观察使就不兼衡州刺史而兼潭州刺史。张谓是在这之前，即大历二年间在潭州刺史任的，那时潭州并非湖南观察使驻节之地，张谓只是一般的州刺史，并非方镇之任，因此《唐方镇年表》就不载

---

① 据元结《别王佐卿序》，并参孙望《元次山年谱》（中华书局上海编辑所1962 年 8 月版）。

他的名字。

另外,常衮有《授张谓礼部侍郎制》(《全唐文》卷四一一)其中说:

> 中散大夫、守太子左庶子、上柱国、河内县开国子、赐紫金鱼袋张谓,宏达有检,和平易容,岂道广而难周,亦言满而无择。博涉群籍,通其源流,振起鸿藻,正其声律。翰飞北阁,焕发司言。居部长人,不忘惠训。辅相东禁,孝友彰明。贰宗伯之掌礼,典诸侯之贡士。以尔公望,副兹春求。可守尚书礼部侍郎,散官勋封赐如故。

常衮又有《授张谓太子左庶子制》(《全唐文》卷四一二),说:

> 中散大夫、前守潭州刺史、本州团练守捉使、上柱国、河内县开国子、赐紫金鱼袋张谓,往以鸿笔丽藻,列于近侍,典谟训诰,多所润色。较然素节,郁有盛名。言念华山之巡,不忘颍川之从。俾之领郡,亦谓理平。而孝悌宏博,礼容循谨,宜在公选,首兹正人。旌书课第之目,参相春坊之重。可守太子左庶子,散官勋封如故。

从常衮的这两道制词中可以看出,张谓在任礼部侍郎之前为太子左庶子,而在太子左庶子之前则为潭州刺史。《授张谓礼部侍郎制》中所说的"居部长人,不忘惠训"(人即民,避唐太宗李世民的讳),是指潭州刺史;接着说"辅相东禁,孝友彰明",是指太子左庶子，次序是很清楚的。《授张谓太子左庶子制》中说"俾之领郡，亦谓理平"（理即治字，避唐高宗李治的讳），也是指在此之前的潭州刺史说的。由此可见，张谓是由潭州刺史入朝为太子左庶子，再由太子左庶子迁礼部侍郎，知贡举。从以上所载韦之晋于大历四年二月为潭州刺史、湖南观察使，则很可能韦之晋之潭州刺史前任即为张谓，张谓当于大历三、四年间离潭州任，入朝为太子左庶子，至六年冬又为礼部侍郎。

据上所考，则《唐才子传》所谓"累官为礼部侍郎，无几何，出为潭州刺史"，是完全把前后次序给颠倒了。又，闻一多先生《岑嘉州系年考证》一文，已经注意到了《唐诗纪事》所引张谓《长沙风土记》"巨唐八叶，元圣六载，正言待罪湘东"之句，认为大历三年间张谓为潭州刺史，但又说"大历三年张谓方自礼部侍郎出刺潭州"，把礼部侍郎的时间定在大历三年之前，并无任何史料根据，仍然沿袭了《唐才子传》由礼部侍郎出为潭州刺史之误。

二

《唐才子传》说张谓"自矜奇骨，必谈笑封侯。二十四受辟，从戎营、朔十载，亭障间稍立功勋。以将军得罪，流滞蓟门，有以非辜雪之者，累官为礼部侍郎……"这段关于张谓早期生活的记载，不见于他书，《唐才子传》言之凿凿，有时间（张谓二十四岁），有地点（从戎营、朔，流滞蓟门），但仔细考查起来，其真实性是大成问题的。

按，张谓有《同孙构免官后登蓟楼》诗（《全唐诗》卷一九七），此诗所写的内容与《唐才子传》的上述记载，颇相仿佛。为便于比较分析，引其全诗如下：

> 昔在五（一作平）陵时，年少心亦壮。尝矜有奇骨，必是封侯相。东走到营州，投身似边将。一朝去乡国，十载履亭障。部曲皆武夫，功成不相让。犹希虏尘动，更取林胡帐。去年大将军，忽（一作一）负乐生谤。北别伤士卒，南迁死炎瘴。濩落悲无成，行登蓟丘上。长安三千里，日夕西南望。寒沙榆塞没，秋水滦河涨。策马从此辞，云山保闲放。

以此诗与《唐才子传》所载细一比较，显然可以看出，《唐才子传》所载即本之于此诗，所谓"自矜奇骨"，"以将军得罪"，云云，所据即在于此。但《唐才子传》并不清楚诗中的情事，又误以孙构的事加在张谓身上，造成了后世对张谓早期生活的误解。

按，诗中"去年大将军，忽负乐生谤。北别伤士卒，南迁死炎瘴"，是确有其事的。据《旧唐书》卷八《玄宗纪》上，开元二十年，"三月，信安王祎与幽州长史赵含章大破奚、契丹于幽州之北山"。又同年六月，"庚寅，幽州长史赵含章坐盗用库物，左监门员外、将军杨元方受含章馈饷，并于朝堂决杖，流瀼州，皆赐死于路"。此事在《资治通鉴》有较详的记载，《通鉴》卷二一三，开元二十年三月载：

> 信安王祎帅裴耀卿及幽州节度使赵含章分道击契丹，含

章与虏遇，虏望风遁去。平卢先锋将乌承玭言于含章曰："二虏，剧贼也，前日遁去，非畏我，乃诱我也，宜按兵以观其变。"含章不从，与虏战于白山，果大败。承玭别引兵出其右，击虏，破之。己巳，袆等大破奚、契丹，俘斩甚众。

又同卷，同年六月：

赵含章坐赃巨万，杖于朝堂，流瀼州，道死。

赵含章兵败事，又可参见《新唐书》卷一三六《乌承玭传》。赵含章当先因败于奚、契丹，后又因贪赃事发，两罪并治，流瀼州而死。据《新唐书》卷四三上《地理志》，瀼州临潭郡，属岭南道，在今广西省境南。张谓诗中的将军，当指赵含章，"南迁死炎瘴"，即指赵含章流瀼州而死于道中事，此诗见于《河岳英灵集》，《河岳英灵集》所收的作品止于天宝十三年（见殷璠自序），即是说，此诗写于天宝十三年之前。遍查开元、天宝时张谓生活的年代，唐朝东北边将因得罪贬谪至南方而死者，只此一事。

按，张谓此诗题为《同孙构免官后登蓟楼》。孙构未见《唐书》及其他史籍，其人当为赵含章幽州节度使的属官，因牵连赵含章事而罢免官职。所谓"同孙构免官后"云云，即孙构免官后，张谓与他一起登蓟楼，孙构当因而赋诗，张谓乃有同作。这里的"同"，也就是作诗的"和作"、"酬作"的意思，并非说张谓与孙构一起免官。参据以上所说的历史情况，再细读全诗，则不难看出，所谓"尝矜有奇骨，必是封侯相，东走到营州，投身似边将"等等，并非写张谓自己,而是写孙构的身世遭遇,其中寄予张谓的同情与怜惜。正因为孙构少时以"奇骨"自许,且长时期立功于营州一带,现在却受上级的牵连而免官,因此诗中才有"濩落悲无成"的感慨。——只有作这样的理解,诗题与全诗的含意才能作合理的解释。

那末张谓是否从过军,所谓立功边塞的呢?从现有的材料看,张谓确是从过军的,但不在东北方的营、朔,而是在西北一带。前面引述过的元结《别崔曼序》曾经叙述张谓任潭州刺史以前的经历,说:

> 张公往年在西域,主人能用其一言,遂开境千里,威震绝域,宠荣当世;张公往在淮南,逡巡指挥,万夫风从。……

关于在淮南事,下节讨论。现在先说西域事。元结的序中没有具体指明时间,西域的范围也很大,对此还应当作进一步探索。

按,《全唐文》卷三七五载张谓文共八篇,其中有三篇是涉及他在西域的行迹的,即《为封大夫谢敕赐衣及绫彩表》《进娑罗树枝状》《进白鹰状》。尤其是前一篇《为封大夫谢敕赐衣及绫彩表》为我们提供了张谓从军西域的具体时间和地点。这篇表中说:"臣某言:中使某至,奉宣敕旨,赐臣衣若干事。……臣受钺西门,建旗北府,地僻万里,天违九重。"此处的封大夫,当是封常清,是玄宗天宝时期守卫西北的名将。据《旧唐书》卷一〇四《封常清传》,天宝六载(747)十二月,高仙芝为安西节度使,封常清为节度判官。天宝十一载(752),封常清为安西副大都护,摄御史中丞,持节充安西四镇节度、经略、支度、营田副大使,知节度事。传中又说:"十三载入朝,摄御史大夫。……俄而北庭都护程千里入为右金吾大将军,仍令常清权知北庭都护,持节充伊西节度等使。"《旧唐书》卷九《玄宗纪》下,记天宝十三载三月,"乙丑,左羽林上将军封常清权北庭都护、伊西节度使"。

《旧唐书》本传说封常清于天宝十三载(754)入朝,摄御史大夫,随即又充伊西节度等使。《旧唐书·玄宗纪》载天宝十三载三月以封常清为伊西节度使,则其入朝及摄御史大夫当是这一年三月或三月以前,总之是天宝十三载春。又据本传及《玄宗纪》,封常清于第二年即天宝十四载十一月入朝,那时安禄山已反,率兵南下,唐玄宗就在匆忙之间派封常清募兵赴洛阳抵御安史叛军。张谓表题为封大夫作,则张谓此时当是在封常清幕中,时间乃在天宝十三年春至十四年十一月之间。表中又说:"白日亭午,忽蒙庆云之惠;清秋届节,偏承玉露之恩。"是在秋日,当是天宝十三载秋或十四载秋。另外,《进娑罗树枝状》称"臣所管四镇境天竺山压枝园枝国",《进白鹰状》称"四镇川原,千里砂碛",也与封常清的官职相合(持节充安西四镇节度等副大使,知节度事)。

当然,现在还没有史料能考出张谓何时开始去西北边地的,从上面为封常清所草拟的奏表中可以确切知道他在天宝十三、十四载期间在封常清幕府,很可能封常清于十三载春入朝时表荐张谓为其幕府属官,因而赴安西,如岑参那样(参阅闻一多《岑嘉州系年考证》一文),也可能在天宝十三载以前就已在封常清幕中。还有,张谓究竟何时离开安西入朝,也因史料缺乏,无法确知。

元结的《别崔曼序》说张谓在西域是立过大功的,甚至说当时的主将由于"用其一言,遂开境千里",不知元结是否夸张,从现有的史料中还未找到直接的证据,但我们还可以间接地探测一二,以帮助我们了解张谓在西域一带从军的情况。

我们知道,从天宝十三载起,岑参就随封常清赴安西、北庭,杜确《岑嘉州诗集序》(四部丛刊本《岑嘉州诗》卷首):"转右威卫录事参军,又迁大理评事,兼监察御史,充安西节度判官。"关于岑参于天宝末、至德初在安西的事迹,闻一多先生的《岑嘉州系年考证》所考是可以信从的。关于封常清在安西、北庭一带的战绩,新旧《唐书》本传及《通鉴》等书,都没有具体记载,但在岑参诗中却有不少反映,如《北庭西郊候封大夫受降回军献上》(同上《岑嘉州诗》卷一):"大夫讨匈奴,前月西出师,甲兵未得战,降虏来如归。"《轮台歌奉送封大夫出师西征》(同上卷二),《走马川行奉送出师西征》(同上卷二)等,都是岑参边塞诗的名篇,尤其是《献封大夫破播仙凯歌六章》(同上卷七),更是集中描写封常清战胜播仙的战绩,其中说:"鸣笳叠鼓拥回军,破国平蕃昔未闻。丈夫鹊印迎边月,大将龙旗掣海云。""暮雨旌旗湿未干,胡烟白草日光寒。昨夜将军连晓战,蕃军只见马空鞍"。描写战争的激烈,和欢庆胜利的情景。封常清破播仙,史传未载,于岑诗中见之。可惜现存张谓诗中也没有见到他在安西所写的诗,可能在破播仙等地时是有他筹画的功绩的,岑参的这些诗可以帮助我们从旁了解张谓的从军生活。

从以上所考,更可以看出《唐子才传》所谓"二十四受辟,从戎营、朔十载"云云,完全是靠不住的。《唐才子传》的作者辛文房仅据张谓的《同孙构免官后登蓟楼》诗作了错误的解释,而没有进一步考查张谓为封常清草拟的奏表以及元结的《别崔曼序》,因而完全忽略了张谓在西北一带的从军生活。后世的一些有关著作,遂又袭讹踵谬,说成张谓早年曾在幽州一带长期从军,现在根据上面所考,应当予以纠正。

三

以上两节是考正《唐才子传》记载之误,并对张谓的一些主要事迹作了系年,即他于天宝十三、四载间曾在安西、北庭封常清幕为属官,参预军中谋划,立有功勋。大历二、三年间为潭州刺史,与诗人元结有交往,得到元结的推许。嗣后即入朝任太子左庶子,又于大历六年冬被任命为礼部侍郎,并典大历七年、八年、九年春贡举。本节拟在这些之外,对其事迹再作若干补充,并略论其诗作。

张谓,字正言,河内人(常衮《授张谓礼部侍郎制》中称"河内县开国子",当时例以其籍贯所在地为封爵称号)。生年不详。闻一多《唐诗大系》定其生年为公元721年,即唐玄宗开元九年,不知其何所据,疑不确。前面已考,《同孙构免官后登蓟楼》诗中的"去年大将军,忽负乐生谤"是指赵含章于开元二十年因得罪流瀼州而死事,云"去年",则作诗时间为开元二十一年(733),就是说,张谓曾于公元733年北游蓟门。如依《唐诗大系》定其生年为721年,则733年张谓只有十三岁,这当然不可能,因此可以确定,张谓的生年肯定要比721年为早,至少要早十年,即公元711年左右,而与杜甫相上下。

天宝二年（743）登进士第。《唐诗纪事》卷二十五张谓条："谓，登天宝二年进士第。"

天宝三年（744），曾东游，在蕲县，曾为秦末农民起义领袖陈胜的祠堂作记文:《陈隐王祠堂记》。按，此文今已失传，不见于《全唐文》卷三七五张谓名下，而见于宋赵明诚《金石录》著录。《金石录》卷七："唐《陈隐王祠堂记》，张谓撰，八分书，天宝三载。"同书卷二十七跋尾《唐〈陈隐王祠堂记〉》又说:

> 右唐《陈隐王祠堂记》，张谓撰。按明皇以尹喜旧宅得灵符，遂改元天宝。此记天宝符见之二载者，天宝二年也。其末又云龙会甲申，海寇吴令光入臣之岁者，据纪年通谱，天宝三载，岁次甲申。盖天宝二年蕲县令修完祠堂，至明年，谓始为记文尔。又按《唐书》帝纪，天宝二年十二月，海贼吴令光寇永嘉郡，明年，河南尹裴敦复、晋陵太守刘同昇、南海太守刘巨鳞讨之，闰月，令光伏诛。今此记乃云令光入臣，而《明皇实录》亦止言敦复等讨令光平之，不言其伏诛，不知唐史何所据也。岂令光既降而杀之欤？不然，唐史误矣。

蕲县在今安徽省宿县。秦末陈胜、吴广在大泽乡起义，大泽乡即在蕲县境内。据《史记》卷四十八《陈涉世家》："陈胜葬砀，谥曰隐王。"张谓是为陈胜的祠堂作记的，可惜其文已佚，无从论其思想倾向，只能从《金石录》所间接引述，得知其片言只语。从赵明诚所考，由张谓的这篇记文，还可以订正唐史中有关吴令光的事迹，对于研究天宝初年东南沿海的渔民起义斗争还是有一定参考价值的。

肃宗乾元元年（758）为尚书郎，出使夏口，秋，与李白遇。按，李白于乾元元年春接到流放夜郎的命令，遂即从浔阳上道，五、六月间至江夏，盘桓一些时日（王琦注《李太白全集》卷十九《张相公出镇荆州寻除太子詹事余时流夜郎行至江夏与张公相去千里公因太府丞王昔使车寄罗衣二事及五月五日赠余诗余答以此诗》，张相公即张镐，据《旧唐书》卷十《肃宗纪》，乾元元年五月，"戊子，以河南节度、中书侍郎平章事张镐为荆州大都督府长史，本州防御使"）。于这年秋与张谓相遇，共同泛舟游于沔州城的南湖，为此，李白还特地写了《泛沔州城南郎官湖》诗，诗前的小序说：

> 乾元岁秋八月，白迁于夜郎，遇故人尚书郎张谓出使夏口。沔州牧杜公、汉阳宰王公觞于江城之南湖，乐天下之再平也。方夜水月如练，清光可掇，张公殊有胜概，四望超然，乃顾白曰："此湖古来贤豪游者非一，而枉践佳景，寂寥无闻，夫子可为我标之嘉名，以传不朽。"白因举酒酹水，号之曰郎官湖，亦由郑圃之有仆射陂也。席上文士辅翼、岑静以为知言，乃命赋诗纪事，刻石湖侧，将与大别山共相磨灭焉。

诗云：

> 张公多逸兴，共泛沔城隅。当时秋月好，不减武昌都。四坐醉清光，为欢古来无。郎官爱此水，因号郎官湖。风流若未减，名与此山俱。

李白的诗和序写得很秀洁，富有情致，似乎暂时忘掉了流放的遭遇，忘掉了今后的长途跋涉，而沉醉于眼前的湖光月色和故人情谊。我们只要看当时杜甫怀念李白的诗，如说："文章憎命达，魑魅喜人过。应共冤魂语，投诗赠汨罗。"（《天末怀李白》）"不见李生久，佯狂真可哀。世人皆欲杀，吾意独怜才。"（《不见》）可以看出当时的一些舆论加于李白身上的是多么险恶，这样比较起来，张谓与李白的友情就显得十分真挚感人了。

代宗永泰元年（765），作《宋武受命坛记》（《全唐文》卷三七五），地点当在南京一带。按，此文末题"唐永泰元年二月二十五日建"。宋武为南朝刘裕，刘裕建都建康，其受命坛当也在这个地方。文中没有述及张谓本人的行迹。按，元结《别崔曼序》曾说："张公往在淮南，逡巡指挥，万夫风从。"可见张谓在淮南也担任过军职，具体时间和官职则不可确知。今按张谓诗有《饯田尚书还兖州》（《全唐诗》卷一九七）。这个田尚书当即田神功，是当时征讨安史乱军的一个武将。《新唐书》卷一四四《田神功传》："俄而擒（刘）展送京师，迁淄青节度使。会侯希逸入青州，更徙兖郓。"又据《通鉴》卷二二二肃宗宝应元年（762）记，那年五月，以侯希逸为平卢青淄等六州节度使，同月并记田神功事，已称为兖郓节度使。田神功擒刘展，是在上元二年（761）二月（据《旧唐书》卷一二四《田神功传》），当因此事而迁为淄青节度使。那年冬侯希逸由平卢南下，五月迁平卢青淄节度使，田神功就改为兖郓节度使。张谓诗中有"忠义三朝许"之句，则似写于代宗朝（三朝指玄宗、肃宗、代宗）。诗中又说"犹忆破胡勋"；并说"别路逢霜雨，行营对雪云，明朝郭门外，长揖大将军"。田神功在肃宗时曾有一段时间驻扎在淮南一带。或许就在那时，张谓曾在田神功幕中任职，因此在这之后又有这首《饯田尚书还兖州》诗。

永泰元年之后，张谓于大历二、三年间为潭州刺史，大历六至九年间为礼部侍郎，已见前。又据《唐诗纪事》卷三十六阎济美条，阎济美大历九年春应进士举下第，第二年，他又"自江东继荐，就试东都"，而这时"谓复主文"。即是说，大历十年（775），张谓知东都洛阳贡举试。

另外，我们从现存的《怀素自叙帖》（见文物出版社1974年9月影印的《怀素自叙帖真迹》）还可获知在这之后张谓的事迹。怀素的这一《自叙帖》，文末题为"时大历丁巳冬十月廿有八日"，大历丁巳为大历十二年（777）。其中引颜真卿文，称"故吏部侍郎韦公陟"，"今礼部侍郎张公谓"，可见对生者与死者是区别清楚的。怀素自己有说：

> 其述形似则有张礼部云："奔蛇走虺势入座，骤雨旋风声满堂。"……张公又云："稽山贺老粗知名，吴郡张颠曾不易。"

由此可见，直至大历十二年十月间怀素作《自叙帖》时，张谓尚在人间，至于他是否仍任礼部侍郎，则不可确考（大历九年冬已任常衮为礼部侍郎，见旧纪），因唐人惯例，某人曾任某职，后虽已改任他职或罢免，但仍可以原来官职称之者。总之，现在所能考见的有关张谓的行迹，最晚是大历十二年十月，在这以后，就不得而知，卒年当然也不可确考。

张谓的诗,今见于《全唐诗》卷一九七,编为一卷。其中《代北州老翁答》是他的代表之作。全文如下:

> 负薪老翁往北州,北望乡关生客愁。自言老翁有三子,两人已向黄沙死,如今小儿新长成,明年闻道又征兵。定知此别必零落,不及相随同死生。尽将田宅借邻伍,且复伶俜去乡土。在生本求多子孙,及有谁知更辛苦。近传天子尊武臣,强兵直欲静胡尘;安边自合有长策,何必流离中国人。

此诗最早见于《河岳英灵集》卷上,则当作于天宝十三载以前,确切的写作年代已不可考。唐玄宗统治时期,唐朝政权屡次与周围的少数民族政权发生战争,其中有属于防卫性质的正义战争,也有完全属于满足帝王的权欲或出于武将的邀功思想而发动的侵掠战争,尤其是在天宝年间的一些战争就更其如此。结果造成了劳动者的人口伤亡,加深了民族矛盾,也激化了唐朝廷统治地区的阶级矛盾。张谓诗中"负薪老翁"一家骨肉流离、北州一带农村经济破败的景象,形象地反映了当时的社会矛盾和社会危机。开元、天宝时期的边塞诗,能触及当时的现实矛盾的,除了杜甫的《兵车行》,李白和高适的一些诗篇,就要算张谓的这首诗了。

张谓在湖南时,还有《杜侍御送贡物戏赠》一诗:"铜柱朱崖道路难,伏波横海旧登坛。越人自贡珊瑚树,汉使何劳獬豸冠。疲马山中愁日晚,孤舟江上畏春寒。由来此货称难得,多恐君王不忍看。"此诗以婉转的语气,讽刺了封建统治者搜括民财,远及岭南,有助于我们对大历初年社会矛盾的认识。在这方面,张谓的作品与当时还在执笔写作的杜甫、元结等是相通的。

《全唐诗》卷一九七载张谓诗共四十首，当然不是张谓诗的全部，如前面所引怀素草书的四句，就未见全篇。另外，即使在这四十首中，也并非都是张谓的作品，而是羼杂了其他人的诗篇。如《早春陪崔中丞浣花溪宴得暄字》，浣花溪在成都，杜甫居住在成都草堂时，屡有诗言及之。查张谓行迹及其他诗作，并没有发现他到过蜀中。按，此也见于岑参诗作，《全唐诗》卷二〇〇岑参名下载此诗，题作《早春陪崔中丞同泛浣花溪宴》，题略同。按，岑参于大历元年随杜鸿渐入蜀，大历二年杜鸿渐入朝，以崔旰（改名宁）知西川留后（《旧唐书》卷十一《代宗纪》大历二年，"六月戊戌，山南、剑南副元帅杜鸿渐自蜀入朝"。七月"丙寅，以剑南西川节度行军司马崔旰为剑南西川节度观察等使"。又见《旧唐书》卷一一七《崔宁传》）。大历二年春，岑参尚在杜鸿渐幕府，此崔中丞即为崔旰，诗当为岑参作，因为大历二年张谓正在潭州刺史任，不可能在成都有陪崔旰游浣花溪之事（这点也可参闻一多《岑嘉州系年考证》）。

张谓另有《登金陵临江驿楼》诗："古戍依重险，高楼见五梁。山根盘驿道，河水浸城墙。庭树巢鹦鹉，园花隐麝香。忽然江浦上，忆作捕鱼郎。"首句说"古戍依重险"，显然并非指南京的金陵。按此诗也见岑参诗，题作《题金城临河驿楼》（《全唐诗》卷二〇〇），字句略同，仅"五梁"作"五凉"，"忽然江浦上"作"忽如江浦上"。据《新唐书》卷四十《地理志》，陇右道有兰州金城郡，有县二，即五泉与金城。从诗的内容看来，似以作"金城"为是。但作"金陵"也不一定必误，东晋时李暠在西凉设建康郡，以表示对东晋政权的归顺，地点在张掖与酒泉之间。李白《上安州裴长史书》（王琦注《李太白全集》卷二十六）说："白本家金陵，世为右姓，遭沮渠蒙逊难，奔流咸秦，因官寓家。"虽然王琦认为"金陵"为"金城"之误，但也并没有确凿有力的根据。因此张谓诗中的"金陵"与岑参诗中的"金城"，还难于断定何者为误，但它们都指西北陇右地区（即今甘肃一带），则是可以确定的。按，据上所述，张谓与岑参都同时在封常清幕，从军的地点是相同的，从这点说来，这首诗是张谓还是岑参所作，也还难于确定。但由此可见，现在《全唐诗》中所编张谓的诗，既有漏略，也有赝作，应当作细心的辨析。

张继考

一

　　张继的生年无可考。他的籍贯,据《新唐书·艺文志》集部别集类著录"张继诗一卷"下注云"襄州人"。在这以后,《唐诗纪事》(卷二十五)、《唐才子传》(卷三)、《全唐诗》(卷二四二)等,直至现在的一些唐诗选本(如中国社会科学院文学研究所编的《唐诗选》[①]),都根据《新唐书》,说是襄州人。今按,独孤及《唐故扬州庆云寺律师一公塔铭并序》(《毗陵集》卷九),以及《宋高僧传》卷十五《唐余杭宜丰寺灵一传》,文中都称"南阳张继"。查《新唐书》卷三十《地理志》四,山南东道有襄州襄阳郡,所属县有襄阳、邓城、谷城、义清、南漳、乐乡、宜城,另有邓州南阳郡,所属县有穰、南阳、向城、临湍、内乡、菊潭等。由此可见,襄州与南阳虽相

---

① 人民文学出版社 1978 年 4 月版。

邻接,但仍为两地。独孤及与张继为同时人,又张继与皇甫冉交契至深,而独孤及则曾应皇甫冉之弟皇甫曾之请,为皇甫冉的文集作序(见《毗陵集》卷十三《左补阙安定皇甫公集序》)[1],独孤及对张继当有所了解。因此张继的籍贯,当从独孤及文与《宋高僧传》,改为南阳人。

据《新唐书·艺文志》等书所载,张继字懿孙。又《唐诗纪事》卷二十五张继条仅说他"登天宝进士第",《唐才子传》卷三张继小传则谓"天宝十二年礼部侍郎杨浚下及第"。据《唐语林》卷八累为主司条,杨(一作阳)浚曾连续典天宝十二载(753)至十五载(756)贡举[2]。同年登进士第的还有皇甫曾,即皇甫冉之弟。

张继于登进士第后是否授官职,授何官职,皆不可考知。他有《会稽秋晚奉呈于太守》诗(《全唐诗》卷二四二。按,张继诗编之于《全唐诗》者仅一卷,因此以下引张继诗皆见于《全唐诗》卷二四二,不备注),说:"寂寂讼庭幽,森森戟户秋。山光隐危堞,湖色上高楼。禹穴探书罢,天台作赋游。浮云将越客,岁晚共淹留。"按,据《会稽掇英总集》卷十八"唐太守题名记":

于幼卿:天宝十三年自鄱阳太守授。
崔寓:至德二年自江夏郡太守授。

《嘉泰会稽志》卷二太守条同。张继诗题中的于太守即于幼卿,他

---

①关于独孤及与皇甫兄弟的交谊,可参看本书《皇甫冉皇甫曾考》一文。
②杨浚典这几年贡举事,也参见《皇甫冉皇甫曾考》。

于天宝十三载（754）到至德二载（757）为会稽太守，则张继此诗也当作于这几年之内。他又有《酬李书记校书越城秋夜见赠》诗："东越秋城夜，西人白发年。寒城警刁斗，孤愤抱龙泉。凤辇栖岐下，鲸波斗洛川。量空海陵粟，赐乏水衡钱。投阁嗤扬子，飞书代鲁连。苍苍不可问，余亦赋思玄。"这首诗与上诗都写的是秋景。诗中"凤辇栖岐下"无疑指肃宗在灵武即位而言，"鲸波斗洛川"，指唐朝军队与安禄山叛军在河南一带鏖战。从这二句看来，肃宗当还未返回长安（唐军收复长安、洛阳在至德二年十、十一月间）。由此可以推断，张继游会稽，当在至德二载。他又有《题严陵钓台》《会稽郡楼雪霁》等诗，可见在越中他是盘桓过一段时期的。他在呈于幼卿诗中说"浮云将越客，岁晚共淹留"，可见此时并无官职。《酬李书记校书》诗中"量空海陵粟，赐乏水衡钱"，写出当时社会经济的匮乏；"寒城警刁斗，孤愤抱龙泉"，也可见当时的战时气氛与诗人对现实的关切。

张继还有一首题为《阊门即事》的七绝："耕夫召募逐楼船，春草青青万顷田。试上吴门窥郡郭，清明几处有新烟。"阊门在苏州。他另有《枫桥夜泊》诗也在苏州时作（关于此诗的有关材料，详见下）。可见他的行踪也曾至吴中一带。关于《阊门即事》的写作时间，文学研究所编的《唐诗选》说是"本篇为作者于天宝末年流寓苏州时所作"。此说不知何据。从现有材料，我们只能确知张继于至德元二年间曾至会稽，此时安史之乱已起，但他究在何时在苏州作客，又究在何时作《阊门即事》诗，无论从诗的本身，以及其他有关张继事迹的材料，都难于确定。因此把此诗定于天宝末年所作，恐怕是没有根据的。这首诗写农民应募从军，农村劳动力缺乏,耕田大量荒废,反映战乱给予社会经济的破坏,无宁说是写于安史乱后还较确切一些。

二

今存皇甫冉诗中有《酬张继》一诗(《全唐诗》卷二五○):"怅望南徐登北固,迢遥西塞恨(一作限,又作望)东关。落日临川问音信,寒潮唯带夕阳还。"诗前有皇甫冉小序云:"懿孙,余之旧好,祗役武昌,枉六言诗见怀,今以七言裁答,盖拙于事者繁而费也。"序中所说的张继以六言诗寄怀,即张继的《奉寄皇甫补阙》诗:"京口情人别久,扬州估客来疏。潮至浔阳回去,相思无处通书。"由此可知,皇甫冉这时在润州("南徐",即今江苏镇江),张继过去曾与他在京口(也在润州)相别,而此时张继则在武昌任职。

可以注意的是,张继诗题中称皇甫冉为补阙,而皇甫冉此时却又在润州。由皇甫冉的事迹材料,我们知道,皇甫冉于天宝十五载进士登第后曾任无锡尉,在肃宗和代宗初年间曾来往于吴越一带,可能就在这时曾与张继相识,二人并一度曾在京口分别。据独孤及《唐故左补阙安定皇甫公集序》,皇甫冉后为王缙所辟,在河南洛阳王缙幕府任掌书记;"大历二年,迁左拾遗,转右补阙";后奉使江南,至丹阳省亲而卒。我们从皇甫冉的诗中,还可考见大历三年(768)秋他还曾在洛阳有诗送王缙赴幽州节度任。大约在此后数年间，即大历四、五年间回丹阳去世①。皇甫冉于大历四、五年间在润州是肯定的，他那时还与当时任润州刺史的樊晃有诗往还（如《和樊润州秋日登城楼》,《全唐诗》卷二四九；又《同樊润州游郡东山》,同上卷二五〇）。由此可见，皇甫冉的《酬张继》一诗，当是大历四、五年间他在润州所作，而不可能在他应王缙之聘赴河南之前，因为他只有在王缙幕府之后，即大历二年以后才为右补阙的。由此也可见，大历四、五年间，张继在武昌，至于任何官职，则不可考。

这里还应辨别的是，《唐才子传》卷三张继小传说他"与皇甫冉有髫年之故，契逾昆玉"。这完全是《唐才子传》作者辛文房的附会之词。皇甫冉《酬张继》诗序只说是"懿孙，余之旧好"，并未说其他。张继则除了《奉寄皇甫补阙》外，还有《春夜皇甫冉宅欢宴》诗："流落时相见，悲欢共此情。兴因尊酒洽，愁为故人轻。暗滴花茎露，斜晖月过城。那知横吹笛，江外作边声。"此诗不知其确切时间。从末二句，地点当在江南，可能在皇甫冉赴河南之前，即大致还在肃宗时期。从二人唱酬的诗，可知这两位共在江东一带避乱的诗人，是结下深厚友情的。但张继的诗中也只用"故人"一词。无论"旧好"或者"故人"，都不能解释为"有髫年之故"。辛文房作唐诗人小传时，除了基本上依据《新唐书》《唐诗纪事》及当时还留存的登科记一类材料外，他还是涉猎过唐代诗人的诗集的，但他往往随意摘取其片言只语，妄加猜测，以致造成种种错误的记载。这里是其中的一例。

---

① 上述皇甫冉事迹及所依据的材料，见本书《皇甫冉皇甫曾考》文。

三

《新唐书·艺文志》载张继"大历末检校祠部员外郎,分掌财赋于洪州"。大历共十四年(766—779),所谓大历末,也未有确切年限。

今按,张继有《送邹判官往陈留》,《全唐诗》于题下注:"一作《洪州送郊绍充河南租庸判官》。"《唐诗纪事》卷二十五也载此诗,题与《全唐诗》的题下注同,只不过是没有"洪州"二字。全诗为:

> 齐宋伤心(一作分巡)地,频年此用兵。女停襄邑杼,农废汶阳耕。国使(一作使者)乘轺去,诸侯(一作藩)拥节迎。深仁荷君子,薄赋恤黎氓。火燎原犹热,波(一作风)摇海未平。应将否泰理,一问鲁诸生。

这首诗写北方中原地区因为长期战乱的破坏,农村正常的生产受到严重的影响,"火燎原犹热"二句,表示了诗人对战事尚未最后平息的关切,因而希望这位邹判官能在自己的职权范围之内做到"薄赋恤黎氓"。这是张继所写的关心社会现实的较好诗篇之一,高仲武《中兴间气集》曾引及"女停襄邑杼"四句,称其为"事理双切","比兴深矣"。

按,邹判官此行,刘长卿也有送行之作,题为《毗陵送邹结(原注:一作绍)先赴河南充判官》(《刘随州集》卷五):"王事相逢少,云山奈别何。芳年临水怨,瓜步上潮过。客路方经楚,乡心共渡河。凋残春草在,离乱故城多。罢战逢时泰,轻徭俗俗和。东西此分手,惆怅恨烟波。"刘诗虽然也写了"凋残春草在,离乱故城多"的句子,描写了这一动乱的时代,但对现实的关切之情则不如张继。

现在需要考辨的是,这二首诗诗题都各有错字。《全唐诗》的诗题《送邹判官往陈留》倒是没有错,但其题下注一作《洪州送郊绍充河南租庸判官》的郊字却是错的,绍字下则缺先字。刘诗诗题中结字是错的,倒是校注中"一作绍"的绍字是对的。这位邹判官的姓名为邹绍先。《元和姓纂》卷四邹姓条,记有:"开元中有象先、绍先、彦先。"《唐诗纪事》卷二十二有邹象先条,云:"象先尉临涣,萧颖士自京邑无成东归,以象先同年生也,作诗赠之。来年,萧补正字,象先寄诗重述前事云……萧答云:桂枝常共擢,茅茨冀同荐。……"则邹象先与萧颖士于开元二十三年(735)同年登第[1]。邹绍先当为象先之弟,与张继、刘长卿是同时代的人,但关于他的事迹,则不见于记载。现在的问题是,刘长卿诗题中称他是在毗陵送邹绍先赴河南的,而据本书《刘长卿事迹考辨》一文,刘长卿约于大历四五年后赴湖北充转运使判官,他在毗陵(常州)作此诗,则是在赴湖北之前,而张继诗题中又有"洪州"字,表明他送邹绍先之地是在洪州。这样看来,似乎大历四、五年间张继已在洪州任职,而且很可能是与邹绍先同样任租庸判官、转运判官之类的官职(《唐才子传》称"盐铁判官"),也就是《新唐书·艺文志》所谓的"分掌财赋于洪州"。这也就是说,他之在洪州任此职,不始于

---

[1] 萧颖士登第年及其事迹,可参看李华《扬州功曹萧颖士文集序》(《全唐文》卷三一五)。

大历末，而是在大历前期。

关于张继所历的官职，还需要辨正的是，《唐才子传》（卷三）载："又为盐铁判官。大历间，入内侍，仕终检校祠部郎中。"此处说张继终于检校祠部郎中，而非检校祠部员外郎，误。高仲武《中兴间气集》（卷下）及刘长卿所作哭张继诗（见下）皆称之为"员外"，高仲武、刘长卿都与张继同时，对他的仕履是熟悉的。问题又在于，《唐才子传》在叙述了张继为盐铁判官后，又说"大历间，入内侍，仕终检校祠部郎中"，似乎张继为盐铁判官是在大历前，到了大历时，则又入朝，而官至检校祠部郎中。其实，唐代（尤其是中唐以后）凡带检校官者，一般还在地方上任实职，所谓检校，只是虚衔，没有仅是检校某某郎中或员外郎的。如杜甫在四川严武使府中任职，同时带检校工部员外郎的虚衔，而当时习俗则以中朝官的官衔称呼其人，故称杜甫为杜工部，而称张继为张员外。《新唐书·艺文志》所谓"大历末检校祠部员外郎，分掌财赋于洪州"，则是将二者合在一起而说的，这是正确的，即张继在洪州分掌财赋之职（即前已说过的大约是盐铁判官、转运租庸判官之类），而同时其所带中朝官的官衔则为检校祠部员外郎。《唐才子传》不明白这种情况，又以意为之，把它们分开来叙述，又把前后次序颠倒，以致错上加错。后来的一些唐诗选本，则又因袭了《唐才子传》之误，如马茂元《唐诗选》根本未提张继在洪州任职事，只说"大历末，入朝为祠部员外郎"。文学研究所编的《唐诗选》说："大历末，官检校祠部员外郎，又在洪州为盐铁判官。"这较之《唐才子传》已改正了一些错误，但仍将检校祠部员外郎与盐铁判官分开，因此仍然是不妥的。

张继的确切卒年，现在仍难考知。刘长卿有《哭张员外继》诗（《刘随州集》卷六）题下自注："公及夫人相次没于洪州。"全诗为：

悯哭锺陵下，东流与别离。二星来不返，双剑没相随。独继先贤传，谁刊有道碑。故园荒岘曲，旅榇寄天涯。白简曾连拜，沧洲每共思。抚孤怜齿稚，叹逝顾身衰。泉壤成终古，云山若在时。秋风邻笛发，寒日寝门悲。世难愁归路，家贫缓葬期。旧宾伤未散，夕临咽常迟。自此辞张邵，何由见戴逵。独闻山吏部，流涕访孤儿。

刘诗写得很沉痛，从此诗可知，张继与其妻子乃死于洪州，但因家贫儿幼，无力返葬故里。刘长卿于大历后期为睦州司马，大约于德宗建中时（780—783）迁为随州刺史。此诗可能是刘长卿由睦州赴随州（在湖北），途经洪州时所作，则张继之卒当即在大历末年。

四

《中兴间气集》卷下载张继诗三首，高仲武评曰："员外累代词伯，积习（按，当据《唐诗纪事》卷二十五所引作袭字）弓裘。其于为文，不雕自饰（按，疑当作不自雕饰，《唐诗纪事》引作不雕不饰）。及尔登第，秀发当时，诗体清迥，有道者风。"此下又评及"女停襄邑杼"等句,已见前引。高仲武说他诗体"清迥",有一定道理,其诗句如"出涧泉声细,斜阳塔影寒"(《城西虎跑寺》),"万叠银山寒浪起,一行斜字早鸿来"(《九日巴丘杨公台上宴集》),都有这种特点。又如《山家》一诗,用六言体写山村农舍景色和劳动农民心情,也是很有特色的:"板桥人渡泉声,茅檐日午鸡鸣。莫嗔焙茶烟暗,却喜晒谷天晴。"

不过张继最为人传诵的则是《枫桥夜泊》,《中兴间气集》载此诗题为《松江夜泊》,诗题稍有不同,但地点则都在苏州①。诗为:

月落乌啼霜满天,江枫渔火对愁眠。姑苏城外寒山寺,夜半钟声到客船。

关于"夜半钟",前人诗话笔记中有种种议论,议论当时寺庙是否有夜半撞钟之事。当然也有像明胡应麟那样认为根本不必顾及是否有此事的,说:"又张继'夜半钟声到客船',谈者纷纷,皆为昔人愚弄。诗流借景立言,惟在声律之调,兴象之合,区区事实,彼岂暇计,无论夜半是非,即钟声闻否,未可知也。"(《诗薮》外编卷四)这种说法不免走到了极端,所谓"即钟声闻否,未可知也",完全脱离文艺作品对客观事物的反映,片面强调主观感受,这是唯心主义的。

---

①宋朱长文《吴郡图经续记》卷中寺院门:"普明禅院,在吴县西十里枫桥。枫桥之名远矣,杜牧诗尝及之,张继有晚泊一绝。孙承祐尝于此建塔。近长老僧庆来住持,凡四五十年,修饰□备,面山临水,可以游息。旧或误为封桥,今丞相王郇公顷居吴门,亲笔张继一绝于石,而枫字遂正。"

为有助于研讨,这里拟辑录一些有关材料,供研究者参考。

首先对苏州寺院中是否有半夜打钟之事提出疑问的,是欧阳修,但也随即遭到反驳。王直方《诗话》说:"欧公言唐人有'姑苏城下寒山寺,半夜钟声到客船'之句,说者云,句则佳也,其如三更不是撞钟时。余观于鹄《送宫人入道》诗云:'定知别往宫中伴,遥听缑山半夜钟。'而白乐天亦云:'新秋松影下,半夜钟声后。'岂唐人多用此语也?傥非递相沿袭,恐必有说耳。温庭筠诗亦云:'悠然逆旅频回首,无复松窗半夜钟。'庭筠诗多缀在白乐天诗后。"(《苕溪渔隐丛话》前集卷二十三引)又《复斋漫录》:"《遁斋闲览》记欧阳文忠公《诗话》,讥唐人'夜半钟声到客船'之句,云半夜非鸣钟时,疑诗人偶闻此耳。且云渠尝过苏州,宿一寺,夜半闻钟声,因问寺僧,皆云分夜钟,曷足怪乎?寻闻他寺皆然。始知夜半钟惟姑苏有之。此皆《闲览》所载也。……然唐诗人皇甫冉有《秋夜宿严维宅》诗云:'昔闻玄度宅,门向会稽峰。君住东湖下,清风继旧踪。秋深临水月,夜半隔山钟。世故多离别,良宵讵可逢。'且维所居在会稽,钟声亦鸣于半夜,遂知张继诗不为误,欧公不察,而半夜钟亦不止于姑苏,有如陈正敏说也。又陈羽《梓州与温商夜别》诗:'隔水悠扬午夜钟。'乃知唐人多如此。"(同上书,后集卷十五)

以上是说,唐时僧寺打半夜钟,不独苏州,其他地方也是如此,这里还可补充两个例子。陆游《老学庵笔记》卷十:"张继《枫桥夜泊》诗云:'姑苏城外寒山寺,夜半钟声到客船。'欧阳公嘲之云,句则佳矣,其如夜半不是打钟时。后人又谓惟苏州有半夜钟,皆非也。按于邺《褒中即事》诗云:'远钟来半夜,明月入千家。'皇甫冉《秋夜宿会稽严维宅》诗云：'秋深临水月，夜半隔山钟。'此岂亦苏州诗耶？恐唐时僧寺自有夜半钟也。"关于半夜打钟，不仅唐人诗中有之，又见于唐人所作的赋，如大历时人李子卿有《夜闻山寺钟赋》（《全唐文》卷四五四，又见《文苑英华》卷八十），题下自注："时宿嵩山少林寺。"文中说："寒月山空，萧萧远风，有客静听，双林之中，鹫岭深兮夜分后，龙宫隐兮洪钟扣。"文中还具体描写道："其发地也，众窍怒兮群籁起，既聋山兮从噎水，石鼓震于四荒，云雷飞于百里。其在空也，漫兮浩浩，殷兮雄雄，若阳台之散雨，似溟海之生风。其稍绝也，小不窕兮细不紧，断还连兮远而近，著回风而欲散，值轻吹而更引。"这些描写诚然有夸张之处，但却出自作者的亲身闻见，地点则是在河南嵩山。

另外，有从苏州实地考察而得者，如宋张邦基《墨庄漫录》卷九中说："此盖吴郡之实耳。今平江城中从旧承天寺鸣钟，乃半夜后也，余寺闻承天寺钟罢，乃相继而鸣，迨今如是，以此知自唐而然。枫桥去城数里，距诸山皆不远，书其实也。承天今更名能仁云。"又长期居住于苏州的南北宋之际人叶梦得也说："'姑苏城外寒山寺，夜半钟声到客船。'此唐张继题城西枫桥寺诗也。欧阳文忠公尝病其夜半非打钟时，盖公未尝至吴中，今吴中山寺实以夜半打钟。"（《石林诗话》卷中）可见苏州僧寺夜半打钟，至宋朝时还是如此。

又，张继诗，《新唐书·艺文志》著录为一卷。今其诗编于《全唐诗》中也是一卷（卷二四二），载诗四十余首。但据叶梦得《石林诗话》（卷中）所说："继诗三十余篇，余家有之，往往多佳句。"叶梦得以收藏书画骨董著称，他所收的张继诗也只有三十多篇，现在

《全唐诗》所载张继诗中多杂有韩翃、皇甫冉、窦叔向的诗,如果除去他人混入的诗,恐怕也不过如叶梦得所说的"三十余篇"而已。

[附记]

关于《枫桥夜泊》诗的半夜钟事,见于宋人笔记的尚有数条,今并录于此,以供参考。

王观国《学林》卷八《半夜钟》条载:"唐温庭筠诗曰:'月落乌啼霜满天,江枫渔火对愁眠。姑苏城外寒山寺,夜半钟声到客船。'世疑夜半非钟声时。观国按,《南史·文学传》,丘仲孚,吴兴乌程人,少好学,读书常以中宵钟鸣为限,然则夜半钟固有之矣。丘仲孚,吴兴人,而庭筠诗'姑苏城外寺',则夜半钟乃吴中旧事也。"王观国这里以张继诗为温庭筠诗,当是误记。

《野客丛书》卷二十六"半夜钟"条谓:

> 欧公云唐人有"姑苏城外寒山寺,夜半钟声到客船"之句,说者云,句则佳也,其如三更不是打钟时。王直方《诗话》引于鹄、白乐天、温庭筠"半夜钟"句,以谓唐人多用此语。《诗眼》又引齐武帝景阳楼有三更钟,丘仲孚读书限中宵钟,阮景仲守吴兴禁半夜钟为证。或者以为无常钟。仆观唐诗言半夜钟甚多,不但此也。如司空文明诗曰:"杳杳疏钟发,中宵独听时。"王建《宫词》曰:"未卧尝闻半夜钟。"陈羽诗曰:"隔水悠扬半夜钟。"许浑诗曰:"月照千山半夜钟。"按许浑居朱方,而诗为华严

寺作，正在吴中，益可验吴中半夜钟为信然。又观《江南野录》载李昇受禅之初，忽夜半一僧撞钟，满州皆惊，召将斩之，曰"偶得月诗"云云，遂释之。或者谓如《野录》所载，则吴中以半夜钟为异。仆谓非也。所谓半夜钟，盖有处有之，有处无之，非谓吴中皆如此也。今之苏州能仁寺钟亦鸣半夜，不特枫桥耳。……

王楙在《野客丛书》中还记述了有关枫桥的事，也可参考，其书卷二十三"枫桥"条云："杜牧之诗曰：'长洲茂苑草萧萧，暮烟秋雨过枫桥。'近时孙尚书仲益、尤侍郎延之作《枫桥修造记》与夫《枫桥植枫记》，皆引唐人张继、张祜诗为证，以谓枫桥之名著天下者，由二公之诗，而不及牧之。按牧与祜正同时也。又怪白乐天、韦应物尝典吴郡，又以诗名，皮日休、陆鲁望与吴中士大夫赓咏景物，如皋桥、乌鹊桥之属，亦班班见录，顾不及枫桥二字，何也？崔信明诗'枫落吴江冷'，江淹诗'吴江泛丘墟，饶桂复多枫'，又知吴中自来多枫树。"

李嘉祐考

　　专收大历时期诗人的高仲武《中兴间气集》,曾选李嘉祐的诗八首,数量上次于钱起、皇甫冉、郎士元、崔峒、刘长卿,但评语中称李嘉祐为"中兴高流",并特别称赞其"野渡花争发,春塘水乱流"等诗句,誉为"文章之冠冕"。后来生活在元和、长庆间的李肇,在《国史补》(卷上)中,也记载李嘉祐的诗,说:"(王)维有诗名,然好取人文章嘉句。'行到水穷处,坐看云起时',《英华集》中诗也。'漠漠水田飞白鹭,阴阴夏木啭黄鹂',李嘉祐诗也。"① 李嘉祐原来的诗句为"水田飞白鹭,夏木啭黄鹂",王维加上"漠漠"、"阴阴",而成为七言名句。由此可见,李嘉祐的诗歌,在唐代是评价不低的。但现在的一些文学史著作往往不提李嘉祐的名字,一些唐诗选本也未选他的作品。实际上,李嘉祐在肃宗、代宗时期的诗坛上

---

① 又宋葛立方《韵语阳秋》卷一:"'水田飞白鹭,夏木啭黄鹂',李嘉祐诗也,王摩诘衍之为七言,曰'漠漠水田飞白鹭,阴阴夏木啭黄鹂',而兴益远。"

是有一定地位的,他的一部分诗作比较真切地反映了这一时期江南地区的社会动乱,对于我们有认识价值。对于这样一位诗人,是不应该在我们的文学史著作中弃置不顾的。

李嘉祐,新旧《唐书》无传。最早有关他事迹的记载的,是姚合的《极玄集》(卷下),说他"字从一,袁州人,天宝七载进士,大历中泉州刺史。"这几句简短的记载有两个错误:李嘉祐做过袁州刺史,但并非袁州人;他从未做过泉州刺史。后来辛文房的《唐才子传》,记事稍详一些,但同时也增加了新的错误,如说李嘉祐"以罪谪南荒,未几何,有诏量移为鄱阳宰,又为江阴令"。实则李嘉祐并未有"谪南荒"之事,他之为鄱阳宰,乃是贬谪,而并非量移。姚合是中晚唐之际的人,所记李嘉祐事就已如此隔膜而疏谬;而《唐才子传》的错误记载,又为后世所沿袭。至于李嘉祐为台州、袁州刺史的时间,过去的一些书籍更未有考定。可见,从现有所能掌握的材料出发,正确考述其生平及仕履大概,论述他的某些作品的社会内容,对于研究中唐时期的诗歌,是有必要的。

一

李嘉祐的生年不可考知。闻一多先生《唐诗大系》定其生年为719年,即玄宗开元七年。但《唐诗大系》的这一说法并无根据,现有的材料未能证实这一点。

现在所知李嘉祐的最早事迹,是他于玄宗天宝七载(748)登进士第,此点见于姚合《极玄集》,已见前引。《唐才子传》也说是

"天宝七年杨誉榜进士"。清徐松《登科记考》即本此而定于天宝七载进士第,同年进士登第的还有与大历诗人往还密切的包何,权德舆的父亲权皋,另外制科中举的有诗人高适(有道科)。

关于他的籍贯,《极玄集》说是"袁州人"。袁州说又见于《唐诗纪事》卷二十一李嘉祐条所引高仲武曰,说是"嘉祐,袁州人。振藻天朝,大收芳誉……"高仲武即《中兴间气集》的编者,但所有单刻本《中兴间气集》有关李嘉祐的评语,都没有说他是袁州人,只说:"袁州自振藻天朝,大收芳誉……"显然,这里的所谓袁州,是指李嘉祐曾任袁州刺史说的,以官称代指其人,本为唐人诗文中所习见。《唐诗纪事》作者计有功大约看到《极玄集》有李嘉祐为袁州人的记载,又看到《中兴间气集》"袁州自振藻天朝"等语,因此错误地将二者撮合为一,于是作为高仲武之语,把李嘉祐说成是袁州人了。

按,李嘉祐有《送窦拾遗赴朝因寄中书十七弟》诗(《全唐诗》卷二〇七),据岑仲勉先生《唐人行第录》所考,这个十七弟,即李纾。按,李嘉祐诗中另有诗提及李纾,均称李纾为从弟[1]。据《新唐书》卷七十二上《宰相世系表》,李纾属赵郡李氏南祖房。李嘉祐又有《送从弟归河朔》(《全唐诗》卷二〇六),其中说:"故乡那可到,令弟独能归。"称其从弟赴河朔为"归",又称河朔一带为"故乡"。而据《新唐书》卷三十九《地理志》三,赵州赵郡即属于河北道,也就是在河朔的范围之内。由此可见,李嘉祐的祖籍应是赵

---

[1] 如《元日无衣冠入朝寄皇甫拾遗冉从弟补阙纾》(《全唐诗》卷二〇六),《自苏台至望亭驿人家尽空春物增思怅然有作因寄从弟纾》(同上卷二〇七)等。

州人。

李嘉祐登进士第的时间是较早的,但进士登第后任何官职,都不易考知。《唐才子传》说他"天宝七年杨誉榜进士,为秘书正字"。不知何据。今按,司空曙有《送李嘉祐正字括图书兼往扬州觐省》(《全唐诗》卷二九三)一诗,全诗为:"不事兰台贵,全多韦带风。儒官比刘向,使者得陈农。晚烧平芜外,朝阳叠浪东。归来喜调膳,寒笋出林中。"司空曙在天宝时期的事迹不可考(详见本书《司空曙考》文)。从这首诗中只能知道李嘉祐曾任秘书省正字,曾奉使搜括图书,并往扬州省其亲人,至于此事究在何时,他在进士登第后是否即任秘书省正字,从这首诗本身却不易看出。

今按,刘长卿有《初贬南巴至鄱阳题李嘉祐江亭》(《刘随州诗集》卷六):

> 巴峤南行远,长江万里随。不才甘谪去,流水亦何之。地远明君弃,天高酷吏欺。青山独往路,芳草未归时。流落还相见,悲欢话所思。猜嫌伤薏苡,愁暮向江蓠。柳色迎高坞,荷衣照下帷。水云初起重,暮鸟远来迟。白首看长剑,沧洲寄钓丝。沙鸥惊小吏,湖月上高枝。稚子能吴语,新文怨楚辞。怜君不得意,川谷自逶迤。

这首诗前半篇述自己因被谗而远贬潘州南巴县,途经鄱阳,与李嘉祐相见。诗的末尾几句就写李嘉祐,"沙鸥惊小吏",指明李嘉祐在鄱阳任吏;"新文怨楚辞",是说李嘉祐也像屈原那样,是放逐贬谪而至鄱阳的,因此最后"怜君不得意"二句,表示二人共同遭遇,而为之感叹不已。从本书《刘长卿事迹考辨》一文中,已考知刘长卿于乾元元年春间由吴郡长洲尉被贬为南巴尉,既然如此,则乾元元年(758),李嘉祐即已在鄱阳。

《唐才子传》说李嘉祐"以罪谪南荒,未几何,有诏量移为鄱阳宰,又为江阴令"。"南荒"是一个泛称,不是一个确定的行政地域,但在唐代来说,大多指岭南、桂管等地区。一些人贬官至这些地区的,就说是谪南荒。按照《唐才子传》的说法,李嘉祐曾因某事得罪,被贬谪南荒,之后,才遇赦得以量移,内迁为鄱阳宰。谪南荒之说,不见于他书记载,在李嘉祐本人的诗作中也找不到例证。相反地,从李嘉祐诗中却可以见出他初次贬谪即是鄱阳,就是说,他为鄱阳宰,是贬谪,而不是量移,由鄱阳宰为江阴令才是量移。

李嘉祐写贬谪的诗,有两首:

迁客投于越,临江泪满衣。独随流水远,转觉故人稀。万木迎秋序,千峰驻晚晖。行舟犹未已,惆怅暮潮归。(《至七里滩作》,《全唐诗》卷二〇六)

北阙忤明主,南方随白云。沿洄滩草色,应接海鸥群。建德潮已尽,新安江又分。回看严子濑,朗咏谢安文。雨过暮山碧,猿吟秋日曛。吴洲不可到,刷鬓为思君。(《入睦州分水路忆刘长卿》,同上卷二〇七)

前一诗《至七里滩作》,七里滩在睦州,即在今浙江建德。"迁客投于越"的"于"字有误,原来应是"干"字。《太平寰宇记》卷一〇七江南西道饶州余干县有干越亭,云:"在县东南三十步,屹然孤挺,古之游者多题章句焉。"刘长卿又有《负谪后登干越亭作》(《刘随州诗集》卷六)。干越亭所在的余干县,与鄱阳县同属饶州^①。李嘉祐在诗中以干越亭喻饶州,而自称迁客。后一诗中,说"入睦州分水路",是自富春江溯上流。至此分水,乃西入江西境界。说"北阙忤明主",仍是迁谪之意。诗题说"忆刘长卿",诗中"吴洲不可到"的吴洲,即是指刘长卿于至德、乾元年间在苏州的长洲、海盐等地任职。从这里可以看出,李嘉祐之去鄱阳,是经过苏州的,因得与刘长卿相见;至睦州,乃又作诗忆刘长卿,因此说"吴洲不可到,刷鬓为思君"。这两首诗是同时所作,所写的时节与地域都是相同的。也正因为李嘉祐在贬谪鄱阳途中经苏州时曾与刘长卿相遇,后来刘长卿于乾元元年春由长洲尉贬南巴尉,经鄱阳时乃有《至鄱阳题李嘉祐江亭》之诗。

由此可见,李嘉祐初贬即是鄱阳,并非如《唐才子传》所说先贬"南荒",后量移鄱阳。又刘长卿有《送李侍御贬鄱阳》一诗(《刘随州诗集》卷三),题下句注:"此公近由此州使回。"诗说:"回车仍昨日,谪去已秋风。干越知何处,云山只向东。暮天江色里,田鹤稻花中。却见鄱阳吏,犹应旧马骢。"此诗颇可注意。上述李嘉祐二诗所写时节都是在秋日,而刘诗这里也说"谪去已秋风"。李诗说"迁客投干越",刘诗说"干越知何处"。而且诗题明说是"贬鄱阳"。相合之处甚多。因此这首诗当是送李嘉祐。这不但为李嘉祐初次即是贬鄱阳增添一条佐证,而且更使我们得知李嘉祐

---

① 《新唐书》卷四十一《地理志》五,江南西道饶州鄱阳郡,所属县四,即鄱阳、余干、乐平、浮梁。

在贬鄱阳之前曾为殿中侍御史或监察御史（"侍御"为殿中侍御史或监察御史的简称，可参本书《皇甫冉皇甫曾事迹考》一文）。

李嘉祐由鄱阳改任江阴，可从他的题为《登溢城浦望庐山初晴直省斋敕催赴江阴》一诗得到证明（《全唐诗》卷二〇六）。他又有《承恩量移宰江邑临鄱江怅然之作》（同上卷二〇七），其中说："四年谪宦滞江城，未厌门前鄱水清。谁言宰邑化黎庶，欲别云山如弟兄。"由此可见，他在鄱阳共历四年，而改任江阴令则为量移。《唐才子传》的作者辛文房看来是翻阅过李嘉祐的诗的，但却未经细考，见有"量移宰江邑临鄱江"等字，就以为是量移为鄱阳宰，并又主观地揣测在此之前乃为贬谪南荒，由此而造成记载的错误。

由以上所考，我们可以说，在乾元元年（758）春刘长卿贬南巴尉之前，李嘉祐即因某事得罪而被贬为鄱阳令，在鄱阳四年，又量移为江阴令，至于具体在何年，则限于史料，不可确知。

二

《新唐书·艺文志》丁部集录别集类著录李嘉祐诗一卷，叙其仕履，仅云："袁州、台州二州刺史。"说李嘉祐先任袁州刺史，后为台州刺史。至于他任这两州刺史的时间，则均未提及。姚合《极玄集》是说他"大历中泉州刺史"，表明了时期，但泉州刺史却是错的。《唐才子传》在叙述李嘉祐为江阴令后，说："后迁台、袁二州刺史。"这一记载大致不差，但也同样没有指明时间。

今按,《嘉定赤城志》卷八秩官门"历代郡守",载上元二年（761）台州刺史为李嘉祐。宝应元年（762）为郭英翰,广德二年（764）为李景宣。又刘长卿有《送台州李使君兼寄题国清寺》诗（《刘随州诗集》卷九）:"露冕新承明主恩,山城别是武陵源。花间五马时行县,山外千峰常在门。晴江洲渚带春草,古寺杉松深暮猿。知到应真飞锡处,因君一想已忘言。"国清寺在天台县[①]。刘长卿于上元二年由岭外南巴尉回来,至吴中及越州一带。诗中说"晴江洲渚带春草",当是上元二年春间李嘉祐赴台州任,刘长卿在吴越一带作诗送他。由此可见,李嘉祐任台州刺史的时间是在上元二年春至宝应元年的一、二年时间之内,而在此之前数年间,则在江阴令任内。

应当说,在李嘉祐为江阴令至他罢台州刺史后的数年间,是他诗歌反映现实较密切的时期,在其全部诗作中,这时期的作品是最有社会意义的。

他有一首题为《自常州还江阴途中作》的诗（《全唐诗》卷二〇六）:

处处空篱落,江村不忍看。无人花色惨,多雨鸟声寒。黄霸初临郡,陶潜未罢官。乘春务征伐,谁肯问凋残?

这首诗的诗题说是自常州还江阴,诗中又以黄霸、陶潜自比,

---

①据《嘉定赤城志》卷二十八寺观门,国清寺在天台县北一十里,"旧名天台,隋开皇十八年为僧智颉建。……大业中遂改名国清"。

显然是在江阴令时所作。而且从当时的历史事实来考察,这首诗可以确定在上元二年的初春。

长达八年的安史之乱,本来主要是在北方黄河流域一带进行,当时江淮以南,尤其是相当于现在的苏南、浙江一带,并未直接遭受安史叛军的破坏。但是在肃宗上元元年至二年间(760—761),由于唐朝最高统治集团的昏庸无能和地方藩镇的跋扈专横,江浙一带却遭到了一次大破坏。这就是发生在这期间的所谓刘展之乱。

刘展本为唐朝的宋州刺史,并领淮西节度副使。当时作淮西监军使的宦官邢延恩入朝对肃宗说,刘展刚强自用,又握有重兵,宜以计去之。这个"计"就是先任命刘展为江淮都统,等到他交出兵权赴扬州的江淮都统任,就在中途调集兵马把他捉住。不料这个计谋被刘展识破,他就将计就计,带领宋州的原有人马直奔广陵,当时唐朝江淮的地方将吏已奉政府密令捉拿刘展,说刘展称兵作乱,而刘展却宣称奉朝廷正式任命赴江淮都统任,说这些地方将吏为叛兵,弄得"州县莫知所从"。由于刘展兵强,连续占据了江苏南部,并攻占了杭州。肃宗朝廷不得已,只好派遣本来防御安史叛兵的平卢兵马使田神功带领所部精兵南下,于上元二年正月总算打败了刘展。江浙一带先是遭到唐军与刘展军混战的破坏,后来田神功军队打赢了,而平卢军又"大掠十余日"。《通鉴》卷二二二上元二年正月记刘展事平以后说:"安史之乱,乱兵不及江淮,至是,其民始罹荼毒矣。"从这次事件中,可以充分看到肃宗朝廷内部的矛盾倾轧,腐朽昏庸,中唐以后诸如宦官专权、藩镇割据,等等,在肃宗朝都可以看出其端倪。

刘长卿自南巴归苏州,曾有《自江西归至旧任官舍赠袁赞府》诗(《刘随州诗集》卷九),题下自注“时经刘展平后”。诗中有“空庭客至逢摇落,旧邑人稀经乱离”。这是写苏州的情况。比较起来,上面引述的李嘉祐这首《自常州还江阴途中作》写刘展事件后对江南地区的破坏,就更真切、具体多了。“处处空篱落,江村不忍看”,广大农村不见人迹,荒凉破败的景象呈现目前。下面一联“无人花色惨,多雨鸟声寒”,更用花色与鸟声来渲染环境的凄惨与荒寒。

　　李嘉祐另有《南浦渡口》诗(《全唐诗》卷二〇六):“寂寞横塘路,新篁覆水低。东风潮信满,时雨稻秧齐。寡妇共租税,渔人逐鼓鼙。惭无卓鲁术,解印谢黔黎。”这首诗未载明时间,但从末二句,可见他是在县令任内,而整首诗的思想内容与情调,是与前面的《自常州还江阴途中作》相一致的,当也在此一时期内所作。“寡妇共租税,渔人逐鼓鼙”,写出当时封建朝廷对东南一带人民的剥削之重,和一般平民所经受的战乱之苦。

　　就在这样的阶级压迫和剥削下,爆发了浙东的袁晁农民起义。

　　据《旧唐书》卷十一《代宗纪》,宝应元年(762),也即上元三年,八月,袁晁领导的农民起义军攻陷台州,并“连陷浙东州县”。这是李嘉祐离台州刺史后的第二年。这次起义,规模是不小的,史籍上记载说是“连结郡县,积众二十万,尽有浙江之地”(《旧唐书》卷一五二《王栖曜传》),一直打到浙西,如《册府元龟》卷一二二征讨:“宝应元年(按,此误,应为二年)八月,台州贼帅李(误,应为袁)晁攻陷台州,刺史史叙脱身而逃,因尽陷浙东诸州县,有众数万,越及浙西。"使得繁华一时的杭州成为空城①。农民起义军的兵锋直达湖州②,以及江西东部③。这次起义虽然于第二年即广德二年四月间被唐朝廷武力所镇压,但它的影响是很大的。《新唐书》卷一四九《刘晏传》末附陈谏的一篇论,其中就说:"初,州县取富人督漕挽,谓之船头;主邮递,谓之捉驿;税外横取,谓之白著。人不堪命,皆去为盗贼。上元、宝应间,如袁晁、陈庄、方清、许钦等乱江淮,十余年乃定。"所谓十余年乃定,可见袁晁起义虽经历的期间较短,但东南一带阶级矛盾的尖锐状况仍然存在,各地的反抗还是连续发生。独孤及在《唐故洪州刺史张公遗爱碑并序》(《毗陵集》卷八)记载袁晁起义军抵达江西东境,使得"江介大恐"时,也曾形象地描绘了起义前夕江浙一带人民因饥荒而大量死亡的情况:"是岁也(指宝应元年——引者),三吴饥,人相食,厉鬼出行,札丧毒痛,淮湖之境,骼胔成岳。"在这种情况下,起义的爆发是必然的,连《通鉴》也说:"台州贼帅袁晁攻陷浙东诸州,改元宝胜,民疲于赋敛者多归之"(卷二二二肃宗宝应

---

① 李华《杭州刺史厅壁记》(《全唐文》卷三一六):"近岁灾沴繁兴,寇盗连起,百战之后,城池独存。"末署"永泰元年七月廿五日记"。永泰元年为765年。

② 《嘉泰吴兴志》卷八公廨:"知县厅……唐广德元年,袁晁作乱,荡为丘墟。"又卷二武康县:"唐广德元年,袁晁作乱,浙右县人朱泚、沈皓举亡命之徒以应之,分守两洞,攻陷城垒,县郭室庐,变为灰烬。"

③ 《新唐书》卷一三九《张镐传》:"代宗初,起为抚州刺史,迁洪州观察使。……袁晁寇东境,江介震骚,镐遣兵屯上饶。"又李华《平原公(按,即张镐)遗德颂》(《全唐文》卷三一四):"间岁临海狂顽,覆浙左,陷上饶,瀁皖寇徒,残害长吏,潜逼锺陵。宜春盗帅,家兵遍山,吏不敢问,人愁苦之。"

元年八月）。

　　当李嘉祐在任台州刺史时，大诗人李白曾有诗提到他①，李白在《送杨山人归天台》诗中说："我家小阮贤，剖竹赤城边。诗人多见重，官烛未曾燃。兴引登山屐，情催汎海船。石桥如可度，携手弄云烟。"李白是把李嘉祐看成同宗，并以"诗人多见重"来推重李嘉祐的诗作，而且还想象作为台州刺史的李嘉祐也会如南朝的谢灵运那样，台州的云水烟霞能引起文情诗意。但是他没有想到，李嘉祐所到的台州，却是阶级斗争的中心点，李嘉祐恐怕并没有"携手弄云烟"那样的情致，他在台州似乎没有留下什么诗作，倒是在袁晁起义事件以后，他写下一些诗，侧面反映了起义在当时社会生活所留下的痕迹。

　　关于直接写及袁晁起义事件的，李嘉祐有《和袁郎中破贼后经剡县山水上李太尉》诗（《全唐诗》卷二〇七）。袁郎中为袁傪，是当时直接出兵参与镇压起义军的；李太尉为李光弼，是唐朝廷任命他为镇压起义军的统帅②。当时刘长卿、皇甫冉都有同题之作：刘长卿《和袁郎中破贼后军行过剡中山水谨上太尉》（《刘随州诗

_____

①此诗见王琦注本《李太白全集》卷十六。王琦以为诗中小阮指李嘉祐。但詹锳先生《李白诗文系年》系此诗于天宝二载李白四十三岁应诏赴京途中，而以小阮为指杭州刺史李良。此说疑非是。李白诗中"剖竹赤城边"，赤城即指天台，而杭州离天台尚远。且此诗中尚有"今游方厌楚"句，上元中李白正在楚地游历，也非天宝初赴京途中情况。今仍据王琦注。

②《旧唐书》卷十一《代宗纪》，宝应二年三月，"丁未，袁傪破袁晁之众于浙东。……（四月）庚辰，河南副元帅李光弼奏生擒袁晁，浙东州县尽平"。又可参见李肇《国史补》卷上"袁傪之破袁晁"条，以及独孤及《毗陵集》卷四《贺袁傪破贼表》（题下原注：代宗宝应二年）。

集》卷四），皇甫冉《和袁郎中破贼后经剡中山水》《送袁郎中破贼北归》（《全唐诗》卷二五〇）。这表明，李嘉祐与刘长卿、皇甫冉他们终究是封建地主阶级的文人，在地主与农民两大对抗阶级直接相冲突时，他们当然是站在地主阶级的立场，来反对农民的武装反抗的。但李嘉祐除了这种官场应酬诗以外，还写了其他一些诗，值得我们注意。如《早秋京口旅泊章侍御寄书相问因以赠之时七夕》（《全唐诗》卷二〇七）：

> 移家避寇逐行舟，厌见南徐江水流。吴越征徭非旧日，秣陵凋弊不宜秋。千家闭户无砧杵，七夕何人望斗牛。只有同时聪马客，偏宜尺牍问穷愁。

又如《自苏台至望亭驿人家尽空春物增思怅然有作因寄从弟纾》（同上卷）：

> 南浦菰蒋覆白苹，东吴黎庶逐黄巾。野棠自发空临水，江燕初归不见人。远岫依依如送客，平田渺渺独伤春。那堪回首长洲苑，烽火年年报虏尘。

这两首七律是作于袁晁起义之时的。前一诗的"移家避寇逐行舟"，说明李嘉祐在袁晁起义前虽已离台州刺史任，但可能仍住越中，农民起义攻打州县，像李嘉祐那样的地主官僚就得逃奔他处。后一诗的"东吴黎庶逐黄巾"的逐，当解释为跟随的意思，这正与《通鉴》所说"民疲于赋敛者多归之"相合。这句诗出于当时人李嘉祐之口,说明那时人心所向,袁晁起义受到广大群众的拥护与支持。这两首诗的价值主要还在于反映了原来以繁华富庶著称的江南地区,由于统治阶级的战乱及其横征暴敛,是如何到了十室九空的景象,"千家闭户无砧杵","江燕初归不见人",正是残破的社会现实的形象写照。《新唐书》卷一四九《刘晏传》末附陈谏论,说:"开元、天宝间天下户千万,至德后残于大兵,饥疫相仍,十耗其九。"又《通鉴》卷二二三代宗广德二年(764)载:"是岁,户部奏:户二百九十余万,口一千六百九十余万。"胡三省于此处注云:"史言丧乱之后,户口减于承平什七八。"全国的情况是这样,在李嘉祐的笔下,江南也是如此①。这种反映东南一带凄凉荒败的情况,在当时一些诗人中,如刘长卿、皇甫冉、严维等,都可以找到某些诗句,但李嘉祐在这数年中,则比其他人写得更多些,更为真切些。这一点,是一向为研究者所忽略的。

这里还可附带讨论一个问题,那就是所传皎然《诗式》对李嘉祐等以及大历诗人的评价问题。文学研究所编写的《中国文学史》(人民文学出版社1962年版)在叙述卢纶、李益等大历十才子时,曾说:

①李嘉祐诗题中的"望亭驿",在无锡。《太平寰宇记》卷九十二江南东道,常州无锡县:"御亭驿,在州东南百三十八里。舆地志,御亭在吴县西六十里,吴大帝所立。梁庾肩吾诗'御亭一回望,风尘千里昏',即此也。开皇九年置为驿,十八年改为御亭驿。李袭誉改为望亭驿。"明胡震亨《唐音癸签》卷十六"诂笺"也载此事,但误以庾肩吾诗作庾信诗,说:"御亭:庾信诗'御亭一回望,风尘千里昏'。王维《送元中丞》'东南御亭上,莫问有风尘',盖翻庾诗也。御亭,吴大帝所建,在晋陵。后太守李袭誉用庾诗望字,改为望亭。"

唐代以写诗歌评论出名的皎然,在他的《诗式》一书中曾经说过:"大历中词人窃占青山、白云、春风、芳草等以为己有,吾知诗道初丧,正在于此。"这话说中了当时诗人们的病痛。(第二册419页)

按,今本《诗式》关于这段话的原文是这样的:

　　大历中,词人多在江外,皇甫冉、严维、张继素、刘长卿、李嘉祐、朱放,窃占青山白云,春风芳草,以为己有,吾知诗道初丧,正在于此,何得推过齐梁作者?(《诗式》卷四"齐梁诗"条。十万卷楼丛书本)

这段话讲的是大历中在江外的词人,并具体指名是皇甫冉、刘长卿、李嘉祐等人,根本没有提到一个大历十才子的名字,因此,文学研究所的《中国文学史》以此来批评卢纶、李益等十才子的诗风,是不妥当的,是不符合《诗式》原意的。

　　我们如果对肃、代时期诗歌作一个综合的研究,将会发现,在当时众多的诗人中,除了李白、杜甫、高适、岑参、元结少数杰出的以外,大致可以分为两大群,一是以长安和洛阳为中心,那就是钱起、卢纶、韩翃等大历十才子诗人,他们的作品较多地呈献当时的达官贵人。一是以江东吴越为中心,那就是上文所举的刘长卿、李嘉祐等人,他们的作品大多描写风景山水。当然,这其间也有交错,如卢纶、司空曙等也写过南方景色,皇甫冉、严维等也曾在洛阳做官。但据诗歌史的材料,大致可以分为这两大群,两个地区,诗歌的内容与风格也有所不同。《诗式》的作者是看到了这一现象的,因此作了这样的论断。我们今天还可以,也应该根据诗歌史的材料对这一现象作进一步的深入研究,但不应该删节材料,作出不符合实际的评论。

另外,《诗式》的这一段评论本身是有很大的片面性的,它只看到了刘长卿、李嘉祐等人描写自然景色诗篇的那一面,而没有注意到这些诗人反映江南社会现实的较有积极意义的一面。如果我们全面研究《诗式》的文学观点,就不难发现,这部书带有不少形式主义的观点,就是在上面所引卷四"齐梁诗"一节中,也可看到,它其实是并不批判齐梁诗的,它认为齐梁诗与建安时期的诗歌相比较,只是"比建安可言体变,不可言道丧"。仅这一点,就可见出它的文学观点了。而且,我们根据现存皎然与李嘉祐、皇甫冉等人诗歌酬唱的材料,可以看出皎然与李、皇甫等不但过往很密切,而且对他们的诗作是相当推崇的,他本人的作品与刘长卿、李嘉祐等,在所谓"窃占青山白云,春风芳草"一点上,也毫无二致。因此,现在所传的《诗式》,是否确为皎然所著,也还值得怀疑。清代的《四库总目提要》已经说过:"疑原书散佚,而好事者摭拾补之也。"(卷一九七集部诗文评类存目)本文不是全面论述《诗式》,关于真伪等问题就不多说。

三

李嘉祐任袁州刺史的时间,过去的有关材料都无明确记载。

今按，李嘉祐有《酬皇甫十六侍御曾见寄》诗（《全唐诗》卷二〇七），题下自注："此公时贬舒州司马。"诗为："自顾衰容累玉除，忽承优诏赴铜鱼。江头鸟避青旄节，城里人迎露网车。长沙地近悲才子，古郡山多忆旧庐。更枉新诗思何苦，离骚愁处亦无如。"从这里我们可以考知他任袁州刺史的时间。

按，此诗题下注"此公时贬舒州司马"。就是说，李嘉祐作此诗时皇甫曾正由殿中侍御史被贬为舒州司马，而据本书《皇甫冉皇甫曾考》一文，皇甫曾于大历六年（771）间在舒州司马任，同时任舒州刺史者为独孤及，而于大历七年（772）春间，皇甫曾已离舒州司马任。既然如此，则李嘉祐作此诗的时间当在大历七年前的数年间。诗中说"长沙地近"，又用"青旄节"、"露网车"的典故，可知其地在江西西部靠近长沙郡的袁州，而其所任为刺史。《全唐诗》同卷又载李嘉祐《暮春宜阳郡斋愁坐忽枉刘七侍御新诗因以酬答》，宜阳即袁州宜春，西晋太康初曾因贾太后讳改春为阳，李诗中用的是旧称。诗中说"山临睥睨恒多雨，地接潇湘畏及秋"，也说袁州地接潇湘，与上诗中的"长沙地近"同意。由此可知，李嘉祐在大历六、七年间在袁州刺史任上。这时，钱起有《寄袁州李嘉祐员外》诗（同上卷二三八），说："谁谓江山阻，心亲梦想偏。容辉常在目，离别任经年。郡国通流水，云霞共远天。行春莺几啭，迟客月频圆。雁有归乡羽，人无访戴船。愿征黄霸入，相见玉阶前。"从末二句，可见钱起时在长安，作此诗时，李嘉祐离别长安赴袁州已经有好几年了，故云"离别任经年"、"行春莺几啭"。可以注意的是，诗题中称李嘉祐为员外，据清劳格《唐郎官石柱题名考》卷八，司勋员外郎有李嘉祐，而除台州刺史时，在刘长卿赠诗中则未有称之为员外者，由此可知，李嘉祐在罢台州刺史后，任袁州刺史前，曾一度在长安任司勋员外郎之职。

又，李嘉祐有《送独孤拾遗先辈先赴上都》诗（《全唐诗》卷二〇六），说："行春日已晓，桂楫逐寒烟。转曲遥峰出，看涛极浦连。入京当献赋，封事更闻天。日日趋黄阁，应忘云海边。"诗作于春日。此所谓独孤拾遗即独孤及。《通鉴》卷二二三代宗永泰元年（765）三月，已载"左拾遗洛阳独孤及上疏"云云，又据崔祐甫《故常州刺史独孤公神道碑铭》（《全唐文》卷四〇九），称"今上即位，下诏收俊茂，举淹滞，政之大者，以公为左拾遗"。梁肃《朝散大夫使持节常州诸军事守常州刺史赐紫金鱼袋独孤公行状》（《文苑英华》卷九七二）也说"未几，征拜左拾遗，因上疏陈便宜"（又《新唐书》卷一六二《独孤及传》："代宗以左拾遗召，既至，上疏陈政曰……"）。可见独孤及召为左拾遗，并上疏陈政事，是在代宗永泰元年（765）三月。又据独孤及《抚州南城客馆新亭记》（《毗陵集》卷十七），文末署为广德二年（764），文中又有"夏六月筑其馆，辨其域于道周，作新亭于馆之阳"等句，可见独孤及广德二年夏秋尚在江南。李嘉祐之送独孤及为左拾遗赴长安诗所写既为春日，诗中又有"云海边"之语，可见此诗当在永泰元年春作，也就是说，永泰元年（765）春，李嘉祐尚在江东一带。

李嘉祐有《送冷朝阳及第东归江宁》诗（《全唐诗》卷二〇六），其中说："高第由佳句，诸生似者稀。长安带酒别，建业候潮归。"可知作此诗时已在长安。据《唐才子传》卷四冷朝阳小传称："大历四年齐映榜进士及第，不待调官，言归省觐，自状元以下，一时名士夫及诗人李嘉祐、李端、韩翃、钱起等，大会赋诗攀饯。"可见李嘉祐于大历四年（769）春夏间已在长安。他又有《送樊兵曹潭州谒韦大夫》诗（《全唐诗》卷二○六），其中说："塞鸿归欲尽，北客始辞春。零桂虽逢竹，湘川少见人。"据《旧唐书》卷十一《代宗纪》，大历四年二月，"辛酉，以湖南都团练观察使、衡州刺史韦之晋为潭州刺史，因是徙湖南军于潭州"。又载同年"秋七月己巳，以澧州刺史崔瓘为潭州刺史、湖南都团练观察使。"则韦之晋为潭州刺史的时间为大历四年二月至七月之间，由此可以推知李嘉祐此诗作于这一年的春日，地点也即在长安（"北客始辞春"）。由以上二诗，我们可以大致推断，李嘉祐当于大历初几年又由江南至长安，任司勋员外郎之职。大历四年以后的数年间，则出为袁州刺史，而大历六、七年间，正在袁州刺史任上。

现在尚无确切材料可以考知他何时罢袁州刺史之职。刘长卿有《送李员外使还苏州兼呈前袁州李使君赋得长字袁州即员外之从兄》（《刘随州诗集》卷一），从刘长卿与皎然诗（见《皎然集》）可以考知，这一为袁州李使君之从弟李员外者，即李纾，李纾为李嘉祐从弟，也见本文前考。刘长卿诗中有"归献西陵作，谁知此路长"句，西陵在浙西。刘长卿于大历八年至大历末贬为睦州司马（关于刘之事迹详见本书《刘长卿事迹考辨》），此诗当为刘长卿在睦州时作，诗题中已称"前袁州李使君"，可见大历八年（773）以后，李嘉祐已卸袁州刺史之任。

今按，皎然有《七言奉酬李员外使君嘉祐苏台屏营居春首有怀》（《皎然集》卷二），云："昔岁为邦初未识，今朝休沐始相亲。移家水巷贫依静，种柳风窗欲占春。诗思先邀乌府客，山情还访白楼人。登临许作烟霞伴，高在方袍间幅巾。"这里称"李员外使君嘉祐",则只能是袁州刺史以后,因为据前所考,李嘉祐任台州刺史时未有称其为员外者,台州刺史后曾任司勋员外郎。从皎然此诗的前四句看,李嘉祐在卸袁州刺史以后大约又回至吴兴、晋陵一带,并定居下来,所谓"移家水巷贫依静",大约生活是并不富裕的。这期间他与皎然有往还,皎然则于大历、贞元间长期居住于湖州。皎然又有《五言酬邢端公济春日苏台有呈袁州李使君兼书并寄辛阳王三侍御》诗(同上卷一)。

李嘉祐的卒年不可确考。他有《送夏侯审参军游江东》诗(《全唐诗》卷二〇六):"袖中多丽句,未遣世人闻。醉夜眠江月,闲时逐海云。荻花寒漫漫,鸥鸟暮群群。若到长沙苑,渔家更待君。"关于夏侯审事迹的记载,材料极少,据《唐会要》卷七十六制科举条,他于建中元年(780)以军谋越众科及第。《唐子才传》卷四小传则称他"建中元年礼部侍郎令狐峘下试军谋越众科第一,释褐校书郎,又为参军,仕终侍御史。"从本书《韦应物系年考证》一文中已考知韦应物于建中二年(781)闲居长安西郊时,夏侯审正任校书郎之职,韦应物有《春日郊居寄万年吉少府中孚三原少府伟夏侯校书审》诗(《韦江州集》卷二)。而据《唐才子传》所载,夏侯审之任参军又在校书郎之后,则李嘉祐既作《送夏侯审参军游江东》诗,则他于建中末或贞元年间还在人间,而且又居住于长安。但据本书《卢纶考》文,夏侯审又曾为宁国县丞,为《唐才子传》所未载;且唐时应制科者,不一定是白衣,有些已有官职的人又有再应制科的,这种情况仍为常见(可参看徐松《登科记考》)。因此,不能仅仅据送夏侯审一诗,即认为李嘉祐的卒年一定在建中以后,《唐才子传》将夏侯审任参军放在中制科、授校书郎以后,不一定准确,而且极可能即是据李嘉祐的这首诗而望文生义、附会而成的,不足为据。因此,根据现有材料,只能说,李嘉祐约于大历后期卸袁州刺史任,罢职闲居于吴越一带,可能即卒于大历末,确切的卒年则无考。

刘长卿事迹考辨

刘长卿早期曾经历开元、天宝的所谓盛世，但他的大部分作品写于安史之乱以后，过去有人将他列入中唐，如高仲武《中兴间气集》主要选唐肃、代两朝诗，其自序称："唐兴一百七十载，属方隅叛涣，戎事纷纶，业文之人，述作中废。粤若肃宗先帝，以殷忧启圣，反正中原；伏惟皇帝以出震继明，保安区宇，国风雅颂，蔚然复兴，所谓文明御时，上以化下者也。仲武不揆菲陋，辄馨遗闻，博访词林，采察谣俗，起自至德元首，终于大历暮年，述者二十六人，诗总一百三十四首，分为两卷。"其书卷下即选刘长卿诗九首，而将他与钱起、李嘉祐、戴叔伦、皇甫冉、韩翃、郎士元等并列。《中兴间气集》所载诗人，没有一个是在开元、天宝时已享诗名的。高仲武在评语中对刘长卿的诗尚有些微词，如说："诗体虽不新奇，甚能炼饰，大抵十首已上，语意稍同，于落句尤甚，思锐才窄也。如'草色加湖绿，松声小雪寒'，又'沙鸥惊小吏，湖色上高枝'，又'细雨湿衣看不见，闲花落地听无声'，裁长补短，盖丝之颣欤。"而到了中唐后期的皇甫湜,对刘诗的评价已高,他在《答李生第二书》中,对当时年轻士子那种"争为虚张,以相高自谩"的风气提出批评,就曾举例说:"诗未有刘长卿一句,已呼阮籍为老兵矣;举语未有骆宾王一字,已骂宋玉为罪人矣。"(汲古阁本《皇甫持正集》卷四)可见刘长卿的炼句(高仲武所谓"甚能炼饰")已为皇甫湜那样主张尚奇的散文家所注意。至宋代,就有人有意模仿其诗句者,如陆游《老学庵笔记》卷四载:

> 刘长卿诗曰:"千峰共夕阳。"佳句也。近时僧癫可用之,曰"乱山争落日",虽工而窘,不迨本句。

到了明朝,又有人把他列入盛唐,如著名的唐诗评选家高棅,在其所编《唐诗品汇》中把刘长卿与高适、岑参等都称之为名家,而按照《唐诗品汇》的体例,凡称之为名家、大家的,都算是盛唐。清初的阎若璩,也说"刘长卿之为盛唐也无可疑"(见《潜丘札记》卷四上《题刘随州诗集》)。至于清中叶时的卢文弨,更认为盛唐中唐之际,自杜甫之后就要算上刘长卿了,他在《刘随州文集题辞》(《抱经堂文集》卷七)中对刘长卿的诗作了极高的评价,说:

> 随州诗固不及浣花翁之博大精深,牢笼众美,然其含情悱恻,吐辞委宛,绪缠绵而不断,味涵泳而愈旨,子美之后定当推为巨擘。众体皆工,不独五言为长城也。

由此可见,对于刘长卿的评价,随着时间的推移,是愈往后愈高的。但过去的评论，无论是批评或赞誉，我们今天仍应持分析的态度。批评者，除高仲武外，尚有同时的居住于吴兴的皎然，他在《诗式》卷四"齐梁诗"条中，将刘长卿与皇甫冉、严维、朱放、李嘉祐等并提，说他们"窃占青山白云，春风芳草，以为己有，吾知诗道初丧，正在于此，何得推过齐梁作者？迄今余波尚寝，后生相效，没溺者多"①。赞誉的，除了欣赏其诗句的新奇以及卢文弨那样笼统地说"含情悱恻，吐辞委宛"外，还有如陆游那样从"爱君忧国"的角度来加以肯定的，说："刘随州诗'海内犹多事，天涯见近臣'，言天下方乱，思见天子而不可得，得天子近臣亦足自慰矣。见天子近臣已足自慰，况又见之于天涯乎？其爱君忧国之意，郁然见于言外。"处于宋金对立、立志匡复故土的陆游，对于前朝诗歌努力从所谓"爱君忧国"来求得思想上的共鸣，这是可以理解的，刘长卿的一部分诗篇也确实反映了当时社会的动乱和诗人对现实的关切之情，但那种"爱君忧国"的诗毕竟不是他诗歌的主要部分，也不能作为我们今天衡量刘长卿诗的标准与尺度。以上这些，都说明，刘长卿是中唐前期有特色的诗人，过去的评论也有种种不同的说法，今天我们对他的作品的思想与艺术，应当进行实事求是的正确评价。本文不准备对刘长卿诗歌及有关评论详加论述，而想着重就过去有关他的事迹的记载作若干考辨，对前人以及现在研究者的一些错误说法加以讨论和驳正，并就诗人的时代与交游，对他的一生行迹，作某些材料上的补充。这对于我们进一步研究刘长卿的

---

① 这段议论，不尽恰当，且是否出于皎然，尚有可疑，详参本书《李嘉祐考》一文。

思想和艺术,或许会有所帮助。

关于刘长卿的事迹,须要考辨的,主要有这样几个问题:一、关于他的两次贬谪的时间和地点,二、他是否终于随州刺史及其卒年的考定,三、他登进士第的时间及生年的推算。这些问题,过去的记载与叙述,几乎无一没有错误。这是颇为使人惊异的。刘长卿,新旧《唐书》没有为他立传,《新唐书·艺文志》有一百来字关于他的事迹的记述,其中已有误载,后世的一些唐诗选本以及现在的一些文学史专著,不但沿袭了这一错误,而且还增加了新的错误。有关他的生卒年的记载,也大多根据闻一多先生的《唐诗大系》。我查阅了距今最近出版的中国科学院文学研究所编写的《中国文学史》,和游国恩先生等编写的《中国文学史》,它们都采取闻说,似乎已成定论。其实闻说并无根据,是靠不住的。凡此种种,都使人感到,必须从头对前人的记载作通盘的考察,去伪存真,以得出科学的合于实际的结论。

一

现在所能见到的较早关于刘长卿事迹的记载,是《新唐书·艺文志》:

> 《刘长卿集》十卷:字文房。至德监察御史。以检校祠部员外郎为转运使判官、知淮西鄂岳转运留后,鄂岳观察使吴仲孺诬奏,贬潘州南巴尉,会有为辨之者,除睦州司马。终随州刺史。

在这之后,关于刘长卿的记述,都是根据这一段文字,这段记载本身有误,下文将要论证,使人奇怪的是,有些研究者却又误解此段文义,以致增加了错误。按,《新唐书·艺文志》说刘长卿于唐肃宗至德年间(公元 756—758)为监察御史,这是一回事,下面说他以检校祠部员外郎为转运使判官等职,并为吴仲孺所诬害,这又是一回事(此事在唐代宗大历年间,详后),区别是清楚的。但不少研究者却将二者误为一事,如说他"至德中以祠部员外郎出为转运使判官"[①];"他在肃宗年间为吴仲孺陷害下狱,远贬潘州南巴"[②];"唐肃宗至德年间为大官僚吴仲孺所诬害,下苏州狱,贬潘州南巴尉,移睦州司马"[③];"至德中,官至鄂岳转运留后,为观察使诬奏,系姑苏狱,后贬南巴尉"[④],等等。应当说,像《唐诗纪事》《唐才子传》《唐音癸签》等书也都是参据《新唐书》,却并没有这一错误,而在我们的一些专著中却如此一致地以讹传讹,这确实令人费解。至于中华书局的新点校本《新唐书》[⑤],把"鄂岳转运使吴仲孺诬奏"一句的"鄂岳转运使"连上读,作为刘长卿的官职,其误就更加显然了[⑥]。

依照《新唐书·艺文志》的记载,刘长卿在任淮西鄂岳转运留

---

①见马茂元《唐诗选》上册,人民文学出版社 1960 年 4 月版。
②见刘大杰《中国文学发展史》修订本第二册,上海人民出版社 1976 年 8 月版。
③中国科学院文学研究所《中国文学史》第二册。
④游国恩等编《中国文学史》第二册。
⑤1975 年 2 月第一版。
⑥闻一多《少陵先生年谱会笺》已有此误,于至德二载条云:"是年刘长卿为鄂岳观察使,因吴仲孺诬奏,贬南巴尉。"可见关于刘长卿事迹的错误记述,其来已久。

后期间,曾为鄂岳观察使吴仲孺所诬害下狱,后被贬为南巴尉,以后又量移为睦州司马。今查唐高仲武《中兴间气集》卷下载刘长卿诗九首,并有评云:"长卿有吏干,刚而犯上,两遭迁谪。"高仲武在他这本诗选的序中称肃宗为"先帝",但不称代宗庙谥,而称为"皇帝",所选诗又只"终于大历暮年",当是代宗、德宗时人,就是说他的生活年代只稍后于刘长卿。因此,他所说的刘长卿曾"两遭迁谪",颇可注意。后来《郡斋读书志》(卷四上别集类)、《唐才子传》(卷二刘长卿小传)都引述了高仲武的这句话,可惜他们并未深考,在具体叙述时,仍然根据《新唐书》的记载,仅只记载吴仲孺诬害一事。

《中兴间气集》明明说刘长卿曾有两次贬谪,《新唐书》却只记载了一次,这显然存在着矛盾。这个矛盾怎么解决呢?

独孤及有《送长洲刘少府贬南巴使牒留洪州序》[①],这篇文章为研究刘长卿事迹提供了重要材料,但却向来为人所忽略。文章说:

> 曩子之尉于是邦也,傲其迹而峻其政,能使纲不紊,吏不欺。夫迹傲则合不苟,政峻则物忤,故绩未书也,而谤及之,臧仓之徒得骋其媒孽,子于是竟谪为巴尉。而吾子直为己任,愠不见色,于其胸臆未尝芥。会同谴有叩阍者,天子命宪府杂鞠,且廷辨其滥,故有后命,俾除馆豫章,俟条奏也。是月也舣船吴门,将涉江而西。……但春水方生,孤舟鸟逝,青山芳草,奈远别何,同乎道者盍偕赋诗以贶吾子。

---

① 《毗陵集》卷十四。

文中"傲其迹而峻其政"之句,与高仲武称刘长卿"有吏干,刚而犯上"相合。更有直接的证据,是刘长卿有《祭阎使君文》[①],说:"维某年月日某乙谨以清酌之奠祭于故睦州刺史阎公之灵。"则为刘任睦州司马时所作。文中又说:"长卿昔尉长洲,公为半刺,一命之末,三年伏事,爱我以文,奖我以吏,礼变常仪,恩生非次,怀旧如在,感今斯异。"这就是说,刘长卿是曾经做过长洲尉。唐人往往称县尉为少府。由此可见,独孤及文中贬往南巴尉的长洲刘少府,就是刘长卿。

为了进一步论证此事,还可以举出下面几个例子。

第一,《刘随州集》卷八《将赴南巴至余干别李十二》诗:"江上花催问礼人,鄱阳莺报越乡春。谁怜此别悲欢异,万里青山送逐臣。"这个李十二就是大诗人李白。关于刘长卿此诗,好些李白年谱和李白传记都是忽略了的,唯独黄锡珪的《李太白年谱》却是细心地注意到。黄谱于乾元元年条下云:"(李白)春初游建章。因妻宗氏寄居豫章,遂至江西,并游余干。"又云:"又考刘长卿集有《余干城别李十二白》诗,是白往豫章,并游余干,因得与刘长卿相遇也。"[②]黄氏之说甚是。乾元元年(758),也即是至德三年(是年二月改元)。这年初春,李白还没有得知流夜郎的消息,因妻宗氏寄居豫章,因此曾从浔阳游豫章等地,至余干遂遇到被贬谪的刘长卿。这时李白流夜郎之命尚未下达,因此刘诗的"逐臣"一词,并非指李白,而是自指。"谁怜此别悲欢异",欢指李白因得崔涣、

①《刘随州集》卷十一,畿辅丛书本,下同。
②黄锡珪《李太白年谱》,作家出版社1958年2月版。

宋若思的声援，其从永王璘一事得以推覆清雪，悲则指自己乃有南巴万里之行。上述独孤及的文章，是说长洲刘少府因得罪而贬为南巴尉，后来有人为之申说，于是移往洪州（即豫章）暂住，以俟后命。现在由刘长卿之与李白诗，更可进一步论证其时间即在至德三年。又刘长卿诗有《至德三年春正月时谬蒙差摄海盐令闻王师收二京因书事寄上浙西节度李侍郎中丞行营五十韵》①，从诗题上可知，至德三年正月，刘长卿曾摄海盐令。按，唐时江南道苏州吴郡有属县七，其中就有长洲（望）和海盐（紧）②。由此可知，刘长卿在至德年间确曾为长洲尉、摄海盐令等职。这就是说，刘长卿之去南巴，是由长洲尉而贬，并非由淮西鄂岳转运留后而贬。其时间则为至德三年的春日。

第二，《刘随州集》卷九《狱中闻收东京有赦》："传闻阙下降丝纶，为报关东灭虏尘。壮志已怜成白首，天地无情亦爱人。……"按，收复东京洛阳在至德二年（757）十月，至德三年二月丁未，"大赦天下，改至德三载为乾元元年"③。这正好说明至德三年二月间刘长卿曾因事陷狱，与独孤及送行的序文中所说的"春水方生"、"青山芳草"的时序正好相合。又《刘随州集》卷六有《负谪后登干越亭作》。干越亭即在江西余干④。诗中说："天南愁望绝，亭上柳条

---

① 《刘随州集》卷七。
② 《新唐书》卷四十一《地理志》。
③ 《旧唐书》卷十《肃宗纪》。
④ 《太平寰宇记》卷一百七，江南西道饶州余干县下有干越亭，云："在县东南三十步，屹然孤挺，古之游者多题章句焉。"又可参看李翱《来南录》。

新。"点明是春日远赴南巴①。又说:"生涯投越徼,世业陷胡尘。"此时虽说东西二京都已收复,但安史乱军仍占领河南河北一大部分地区。至于由淮西鄂岳转运留后而贬,则已在大历中(详后),那就不会有"世业陷胡尘"的事了。

另外,《刘随州集》卷六有《初贬南巴至鄱阳题李嘉祐江亭》诗,说:"巴峤南行远,长江万里随,不才甘谪去,流水亦何之。"是说自己贬往南巴。后又说:"流落还相见,悲欢话所思。"是说在鄱阳遇到李嘉祐。诗末说:"沙鸥惊小吏,湖月上高枝。稚子能吴语,新文怨楚辞。怜君不得意,川谷自逶迤。"是说李嘉祐仕宦于鄱阳为"小吏",以屈原赋《离骚》相喻,对李嘉祐的不得意遭遇表示同情和怜惜。李嘉祐曾任鄱阳宰②,时间是在大历以前。刘长卿既至余干,余干与鄱阳邻近,同属饶州,当也至鄱阳。从诗中可考见其时在春夏之交,时节也合。李嘉祐是因贬谪而为鄱阳令的③,因此刘诗说"怜君不得意"。

现在再进一步论证刘长卿的第二次贬谪,即任淮西鄂岳转运留后期间,为鄂岳观察使吴仲孺所诬害一事。

今按,《旧唐书》卷十一《代宗纪》,大历八年四月"戊午,以太仆卿吴仲孺为鄂州刺史、鄂岳沔等州团练观察使"。就是说,大历八年(773)四月,吴仲孺才开始任鄂岳观察使。刘长卿既为吴仲孺在鄂岳观察使任内所诬害,那就只能在此时以后,而决不可能

---

①《新唐书》卷四十三上《地理志》,岭南道潘州南潘郡,有县三:茂名、潘水、南巴。
②见《唐才子传》卷三。
③见本书《李嘉祐考》。

在此之前，这是不言而喻的。即以大历八年而论，上距至德三年（758）之贬南巴尉，已经有十五六年之久了。只此一条，即可否定所谓刘长卿于肃宗至德时为吴仲孺诬害贬南巴尉的种种说法。

吴仲孺何时罢鄂岳观察使之职，史无明文。据宋乐史《太平寰宇记》卷一百十三江南西道十，兴国军永兴县①，有"大历十三年观察使吴仲孺"云云，则大历十三年尚在任内。但在此之前，即大历十二年（777），刘长卿已为睦州司马。据《宋高僧传》卷八《唐睦州龙兴寺彗朗传》，载彗朗于开元十三年九月卒，"至大历十二年，新定太守萧定述碑，司马刘长卿书，刺史李揆篆额"②。新定即睦州③。由此可见，刘长卿在大历十二年已为睦州司马，则他为吴仲孺所诬害，其时间当在大历八年四月以后，大历十二年以前的三、四年时间之内。这是确定无疑的。

至于这件事的具体情况如何，已不可确知。这里拟从一些史料中来推测其大概的情况。

材料之一：《唐会要》卷五十九"刑部员外郎"条："贞元十二年五月，信州刺史姚骥举奏员外司马卢南史赃犯，……令监察御史郑楚相、刑部员外郎裴澥、大理寺评事陈正仪充三司同往覆按之。……澥独留奏曰：'……近大历中，鄂岳观察使吴仲孺与转运使判官刘长卿纷竞，仲孺奏长卿犯赃三千万贯，时监察御史苗丕就推。……'"此事也见《旧唐书》卷一三七《赵涓传》，叙事略同，但《旧唐书》作"犯赃二十万贯"，不作"三千万贯"；苗丕则作苗伾。

①按此卷为传世的《太平寰宇记》各本所缺，这里据《古逸丛书》的辑本。
②此据频伽精舍校刊大藏经本《宋高僧传》。
③《新唐书》卷四十一《地理志》，江南道："睦州新定郡。"

材料之二：《旧唐书》卷一二六《陈少游传》："（建中）四年十月，驾幸奉天，度支汴东两税使包佶在扬州，尚未知也。佶判官崔沇遽报少游，佶时所总赋税钱帛约八百万贯在焉。少游意以为贼据京师，未即收复，遂胁取其财物。先使判官崔頵就佶强索其纳给文历，并请供二百万贯钱物以助军费，佶答曰：'所用财帛，须承敕命。'未与之。頵勃然曰：'中丞若得，为刘长卿；不尔，为崔众矣。'长卿尝任租庸使，为吴仲孺所困，崔众供军吝财，为（李）光弼所杀，故頵言及之。佶大惧，不敢固护，财帛将转输入京师者，悉为少游夺之。"

由以上这两条材料，可以想见，刘长卿为吴仲孺诬害一事，在中唐大约是一个著名的事例，往往为人们所引述。安史之乱以后，地方节镇的势力强大起来，有的用武力割据一方，与唐朝中央政权对立，有的虽表面称命于朝，但乘社会动乱之际，往往劫制地方上输往京师的钱物，从上所引淮南节度使陈少游对待度支两税使包佶一事可以看得很清楚。类似的情况还可以参见《旧唐书》卷一二三《刘晏传》，卷一五五《穆宁传》，《新唐书》卷一四三《戴叔伦传》等，这里不详细论述。吴仲孺此人，新旧《唐书》无传，其人是有靠山的，他是当时赫赫有名的郭子仪的女婿[1]，曾在北方边地任过军职[2]，是个有权有势的人物。从上面所引的《旧唐书·陈少

① 《全唐文》卷三三一杨绾《汾阳王妻霍国夫人王氏神道碑》："享年七十三，以大历十二年正月辛未"卒；又云："有女八人，……次女适鄂州观察使吴仲孺。"
② 《全唐文》卷三六七贾至《授吴仲孺试光禄卿制》，称"守卫尉少卿充朔方经略副使吴仲孺"。又参见《全唐文》卷四二四于邵《为商州吴仲孺中丞让起复表》。

游传》中崔頠索财时对包佶所说的话："中丞（按，指包佶，包佶时带御史中丞衔）若得，为刘长卿。"可以推知，当时任转运之职的刘长卿，在他掌管之内有转输的钱物，而掌握当地军政大权的观察使吴仲孺想侵夺这笔钱物，由于刘长卿性格"刚而犯上"，触怒了吴仲孺，这就被诬为贪赃。

刘长卿这次被诬害以后，结果如何？据上引《唐会要》及《旧唐书·赵涓传》，唐朝廷派往审理此案者为监察御史苗丕。据《新唐书》卷一四〇《苗晋卿传》，丕为晋卿子（《旧唐书·苗晋卿传》未载）。又据《新唐书》卷七五上《宰相世系表》，苗丕仕至河南少尹。此外，他还历任户部员外郎、吏部员外郎、吏部郎中等职[1]。苗晋卿曾任宰相，是一个不问是非的圆滑官僚，看来苗丕胜于乃父，他在审理刘长卿案件时，还能不避权贵，减轻了刘长卿的所谓罪责。刘长卿有《按覆后归睦州赠苗侍御》一诗[2]，这个苗侍御，无疑即是监察御史苗丕。诗一开头说："地远心难达，天高谤易成，羊肠留覆辙，虎口脱余生。"幸而脱免虎口，对苗丕致以谢意，称他"于家决狱明"，又说"一言知己重"。我们从这首诗中应当注意到一点，诗题是说经过覆按以后，即归睦州。诗中也没有说被贬至远方某地，只是说："年光销蹇步，秋气入衰情。建德知何在，长江问去程。"建德即睦州。诗是说那年秋天即沿长江而赴建德。刘长卿另有《初闻贬谪续喜量移登干越亭赠郑校书》诗[3]。从这个诗题以及上引赠苗丕的诗，使我们有理由推断：这次案件，由于得到

①见《唐郎官石柱题名考》卷十二、卷四、卷三。
②《刘随州集》卷六。
③《刘随州集》卷九。

苗丕的秉公处理，得以减轻，把本来须得远贬的减为量移至睦州司马。就是说，第二次并没有再贬为潘州南巴尉的事。《刘随州集》卷一另有《却归睦州至七里滩下作》说："南归犹谪宦，独上子陵滩。江树临洲晚，沙禽对水寒。山开斜照在，石浅乱流难。惆怅梅花发，年年此地看。"说赴睦州是南归，从淮西鄂岳而言，地望相合；若照《新唐书·艺文志》所说由南巴量移睦州，那就应当称为"北归"了。可以注意的是诗中说"南归犹谪宦"，即是说由鄂州至睦州，虽说是南归，但却是贬谪，可见是案件终了即直接贬谪为睦州司马的。

总括以上所考，现在可以归纳为这样的结论：刘长卿曾有两次贬谪，第一次在肃宗时，至德三年（乾元元年），公元758年，因某事而由苏州长洲尉被贬为潘州南巴尉，时节是在春天。第二次是在代宗时，大历八年至十二年间，公元773—777年，因吴仲孺的诬害而由淮西鄂岳转运留后贬为睦州司马，时节是在秋冬之际。二者相距有十五、六年的时间。《新唐书·艺文志》却误把这两件事合而为一，串成为一件事，由此又造成了后世的种种误解。

二

本节拟对刘长卿第一次贬谪归来以后的行迹和作品作一些考析。

据现存作品看来，刘长卿在南巴所写的诗篇似乎不多，较可确定在南巴作的是一首《新年作》，情绪虽较感伤，却是一首较洗炼的五律："乡心新岁切，天畔独潸然。老至居人下，春归在客先。岭猿同旦暮，江柳共风烟。已似长沙傅，从今又几年。"①

刘长卿有《自江西归至旧任官舍赠袁赞府》②，题下自注："时经刘展平后。"按，刘展本系宋州刺史、领淮西节度副史，由于肃宗听信宦官邢延恩的话，处置失当，上元元年（760）十一月，刘展起兵攻略淮西一带州县，并且渡过长江占领安徽、江苏南部及浙江以西地区。后来唐朝政府派驻守在徐州一带的田神功率兵南下，于第二年正月攻灭了刘展，田神功的部队却又到处掳掠。《通鉴》卷二二一、二二二对此事所记颇详，并说："安史之乱，乱兵不及江淮，至是，其民始罹荼毒矣！"③刘长卿于诗题下注"时经刘展平后"，诗中又说："却见同官喜复悲，此生何幸有归期。"另据敦煌遗书所载此诗（伯三八一二），这二句作"万里南来喜复悲，生涯何幸有归期"④。诗中又有"湘路来过回雁处"，"南方风土劳君问"等句，可以断定是由南巴回来的，其时当在肃宗上元二年（761）。从至德三年（758）春贬，至此年回，已经是三四个年头了。这首诗中说："空庭客至逢摇落，旧邑人稀经乱离。"可见前此繁华富庶的吴郡，经过军阀混战，已经是如此破败萧条了。

刘长卿又有《送台州李使君兼寄题国清寺》一诗⑤。这个李使

_____

① 《刘随州集》卷一。
② 《刘随州集》卷九。
③ 《通鉴》卷二二二上元二年正月。
④ 据王重民《补全唐诗》一文，见《中华文史论丛》第三辑。
⑤ 《刘随州集》卷九。

君就是李嘉祐,他正于上元二年任台州刺史^①。由此更可证明上元二年刘长卿确已由南巴北返。他另有《上巳日越中与鲍侍郎泛舟耶溪》诗^②,这个鲍侍郎就是鲍防,他于宝应元年(762)至大历五年间在浙东,为观察使薛兼训从事^③。

这里应当述及的是,宝应元年(762)浙东台州发生了袁晁领导的农民起义。这是当时东南地区较有影响的一支起义。当时北方连年战乱,唐朝政府的赋税多取之于东南地区,剥削与压迫极为严重。是年八月,台州人袁晁起义,"民疲于赋敛者多归之"^④。袁晁的军队一直打到江西。唐朝政府急忙命令李光弼派兵镇压。第二年四月,起义军失败。当时在吴越一带的几个诗人,如皇甫冉、李嘉祐、刘长卿都有诗篇触及到这次起义。皇甫冉有《和袁郎中破贼后经剡中山水》《送袁郎中破贼北归》等诗^⑤。这个袁郎中名叫袁傪,为李光弼部下,曾参与镇压起义军的^⑥。李嘉祐有《和袁郎中破贼后经剡县山水上太尉》诗^⑦。刘长卿也有同题之作^⑧。这些诗,无非歌颂李光弼、袁傪等人的功绩,完全站在农民起义对

① 见《嘉定赤城志》卷八秩官门历代郡守条。
② 《刘随州集》卷九。
③ 参据唐穆员《工部尚书鲍防碑》(《文苑英华》卷八九六),及吴廷燮《唐方镇年表》。
④ 《通鉴》卷二二二肃宗宝应元年八月。
⑤ 《全唐诗》卷二五〇。
⑥ 李肇《唐国史补》卷上"袁傪之破袁晁,擒其伪公卿数十人",云云,可参。又可参见独孤及《毗陵集》卷四《贺袁傪破贼表》(题下原注:代宗宝应二年)。
⑦ 《全唐诗》卷二〇七。
⑧ 《刘随州集》卷四《和袁郎中破贼后军行过剡中山水谨上太尉》。所谓太尉,是指李光弼。

立的立场上，从政治倾向上说，都是应当予以否定的。但刘长卿另有《送朱山人放越州贼退后归山阴别业》诗①，说："越州初罢战，江上送归桡。南渡无来客，西陵自落潮。空城垂故柳，旧业废春苗。闾里相逢少，莺花共寂寥。"从侧面写出了农民起义被封建统治者残酷地镇压下去以后，浙东一带无论城市与乡村，一派萧瑟凄凉的景象。刘长卿的这类诗，还是有认识意义的。

刘长卿这些年在吴越一带是否担任官职，由于史料缺乏，不可考知。此处拟考订一下他任转运使判官、知淮西鄂岳转运留后的大概时间。他有《和樊使君登润州城楼》诗②："山城迢遰敞高楼，露冕吹铙居上头。春草连天随北望，夕阳浮水共东流。江田漠漠全吴地，野树苍苍故蒋州。王粲尚为南郡客，别来何处更销忧。"这个樊使君，即樊晃。也就是现今所知最早为杜甫诗编集的润州刺史樊晃③。据《宋高僧传》卷十七《唐金陵钟山元崇传》，称"大历五年刺史南阳樊公"云云，又据《嘉定镇江志》卷十四"唐润州刺史"条，大历七年樊晃正在任上。另外，皇甫冉也有《和樊润州秋日登城楼》④、《同樊润州游郡东山》⑤等诗，都为大历头几年所作⑥。刘长卿此诗的末二句以客居襄阳、依附刘表的王粲自比，那就是

---

① 《刘随州集》卷一。
② 《刘随州集》卷八。
③ 《新唐书·艺文志》"杜甫小集六卷"，下注云："润州刺史樊晃集。"晃有《杜工部小集序》，见《钱注杜诗》附录。又，樊晃之为润州刺史，并可参见岑仲勉《元和姓纂四校记》卷四。
④ 《全唐诗》卷二四九。
⑤ 《全唐诗》卷二五〇。
⑥ 关于皇甫冉行迹，见本书《皇甫冉皇甫曾考》。

说,在大历四、五年间,刘长卿在游历镇江时,还未有官职。

《刘随州集》卷五有《湖南使还留辞辛大夫》诗。诗题说"湖南使还",诗中又有"兵食仰诸侯"之句,则已经在转运使内任职。这个辛大夫,即是辛京杲。《旧唐书》卷十一《代宗纪》,大历五年五月"癸未,以羽林大将军辛京杲为潭州刺史、湖南观察使"。又《新唐书》卷一四七《辛云京传》也称其弟京杲,代宗时"历湖南观察使"。据此,则大历五年以后,刘长卿已为转运使判官、淮西鄂岳转运留后等职了。刘长卿又有《赠元容州》诗①,是赠诗人元结的。诗中说:"累征期旦暮,未起恋烟霞。避世歌芝草,休官醉菊花。"按,元结于大历三年(768)夏由道州刺史转为容州刺史,四年四月后因丁母忧辞容州职,居道州浯溪。大历七年正月赴朝,同年四月卒于长安②。刘诗中"累征期旦暮"四句,当指元结已辞容州刺史、闲居不仕的景况而言。这时刘长卿已在湖南,则也当是大历五、六年间,与上面所引辞别辛京杲的时间相合。就是说,当大历五、六年间,刘长卿已为转运判官、转运留后等职。这样,到大历八年以后的数年间,才又发生为吴仲孺诬害的事。

三

本节拟对刘长卿任睦州司马时的交友作一些补叙,并考证其

---

① 《刘随州集》卷五。
② 见颜真卿《元君表墓碑铭》(《全唐文》卷三四四),《新唐书》卷一四三《元结传》,以及孙望《元次山年谱》。

任随州刺史的时间,此外,还拟讨论所谓"终随州刺史"一事是否确实。

《刘随州集》卷八《送耿拾遗归上都》:"若为天畔独归秦,对水看山欲暮春。穷海别离无限路,隔河征战几归人。长安万里传双泪,建德千峰寄一身。想到邮亭愁驻马,不堪西望见风尘。"耿拾遗即耿湋,大历十才子之一。姚合《极玄集》卷上耿湋条云:"宝应二年进士,官至左拾遗。"未言为何年。刘诗称"建德千峰寄一身",则是在睦州作。另外,《颜鲁公文集》(四部丛刊本)卷十五有《送耿湋拾遗联句》,其中耿湋所作:"吴兴贤太守,临水最殷勤。"即是颜真卿在任湖州刺史时所作。按,颜真卿于大历八年(773)至十二年四月为湖州刺史[①]。刘长卿之送耿湋赴长安,与颜、耿联句,当在同时,也即最晚当在大历十二年春,而最早不得在大历八年之前。清人沈德潜说刘为此诗时,"时应值吐蕃之乱,故有隔河征战、西望风尘之语"[②]。按,吐蕃侵犯长安是在广德二年(764)、永泰元年(765)间,远在刘长卿为睦州司马之前,沈说不确。不过刘诗"隔河征战几归人",颜、耿联句"河上有烟尘",颇可注意。据《旧唐书》卷十一《代宗纪》,大历十年二月,"河阳军乱,逐城使常休明,迫牙将王惟恭为留后,军士大掠数日";"三月甲午,陕州军乱,逐观察使李国清,纵兵大掠";大历十一年八月汴州刺史李灵耀反,"命淮西李忠臣、滑州李勉、河阳马燧三镇兵讨之"。这就是

① 参见宋留元刚《颜鲁公年谱》(《颜鲁公文集》附录),又颜真卿《乞御书题额恩敕批答碑阴记》(同前卷十三)、《湖州乌程县杼山妙喜寺碑》(同前卷四)。
② 《唐诗别裁》卷十四。

说，这几年，中原一带的地方藩镇已逐步在蕴酿新的叛乱，后来终于造成德宗初年的几乎全国性的大动乱。刘长卿的"隔河征战几归人"、"不堪西望见风尘"，是对这种"山雨欲来"的社会局势的侧面反映。刘长卿这时的诗作，还有"征税及渔竿"句①，形象地表现了当时封建统治者横征暴敛已经到了何种程度。这些都是刘长卿较好的诗篇。

刘长卿在睦州时，还和长期居住在会稽的诗人秦系相唱酬。秦系有《耶溪书怀寄刘长卿员外》（题下自注：时在睦州）②。刘长卿也有好几首诗寄赠秦系③。二人唱和的诗，后来由秦系编成唱和集。德宗贞元七年，秦系与权德舆相遇于镇江，就由权德舆作了一篇《秦征君校书与刘随州唱和集序》④，序中说："嘻，夫彼汉东守尝自以为五言长城，而公绪（秦系字）用偏伍奇师，攻坚击众，虽老益壮，未尝顿锋。"汉东守指刘长卿⑤。权德舆这里以秦系的五言诗与刘长卿相并比，这反映了当时一些人的看法。譬如秦系曾于贞元二、三年间游苏州，当时苏州刺史为著名诗人韦应物⑥，韦应物也曾称许秦系的五言诗，说："莫道谢公方在郡，五言今日为君休。"⑦

---

① 《刘随州集》卷一《送睦州孙沇自本州却归句章新营所居》。
② 《全唐诗》卷二六〇。
③ 见《刘随州集》卷一。
④ 《权载之文集》（四部丛刊本）补遗。
⑤ 《新唐书》卷四十《地理志》，随州汉东郡。
⑥ 参见宋赵与峕《宾退录》卷九载沈作喆作《韦应物补传》，及白居易《白氏长庆集》卷六十八《吴郡诗石记》。
⑦ 《韦江州集》（四部丛刊本）卷五《答秦十四校书》。

但我们现在看来,秦系的诗固然数量不多①,更为主要的是他生活面狭窄,作品几乎全是写个人生活琐事,以及投赠当地的一些达官贵人。总的说来,他的诗与刘长卿远不能相比。

刘长卿在睦州期间,还与不少诗人接触。严维由浙江赴河南时,刘长卿有好几首诗送他,严也有和答之作,他的名句:"柳塘春水漫,花坞夕阳迟。"就是此时所写②。青年诗人章八元回到故乡睦州,也与刘长卿相酬答③。章八元后来曾得到白居易的称赞,赞誉他"名下无虚士"④。另外,包佶因元载的案件被牵连,于大历十二年四月被贬到岭南,他在岭南特地寄诗给刘长卿,推刘为知己:"十年江海隔,离恨子知予。"刘长卿也有和作⑤。他另有《酬皇甫侍御见寄时前相国姑臧公初临郡》诗⑥。"前相国姑臧公"指李揆,李揆因受权相元载排挤,多年流落在外,元载被杀,他于大历十二年四月被任为睦州刺史⑦。刘诗诗题云"初临郡",诗中写的是秋景,当是大历十二年秋作。这是我们可据以考见的有关皇甫曾事迹最晚记载的唯一材料,说明皇甫曾于大历十二年间尚在人世,自此之

---

① 《新唐书·艺文志》著录秦系诗一卷,《全唐诗》卷二六〇即编其诗为一卷,看来他的诗散佚不多。
② 严维《酬刘员外见寄》,见《刘随州集》卷一附录。
③ 《刘随州集》卷一《月下呈章秀才八元》,《唐诗纪事》卷二十六载章八元《酬刘长卿月夜》。
④ 《唐才子传》卷四章八元条。
⑤ 包佶《岭下卧疾寄刘长卿员外》(《全唐诗》卷二〇五),《刘随州集》卷四《酬包谏议佶见寄之什》。
⑥ 《刘随州集》卷一。
⑦ 参《旧唐书》卷十一《代宗纪》,卷一二六《李揆传》。

后就不见皇甫曾的行迹了。由此可见，刘长卿与当时一些诗人的交往是相当广泛的，我们可以通过他的诗篇确定其他一些诗人及其作品的年代。

刘长卿究竟何时开始任随州刺史，据现有材料，无法确切考定。他于大历十三年、十四年还在睦州①。现在可以确定刘长卿已在随州刺史任上的，是德宗建中二年（781）。《刘随州集》卷四有《行营酬吕侍御时尚书问罪襄阳军次汉东境上……》诗。诗题中的尚书为李希烈。"问罪襄阳"，指建中二年六月唐朝政府命李希烈征讨山南东道节度使（治襄阳）梁崇义事。李希烈本为汴宋节度使李忠臣的部将，大历十四年三月，李希烈赶走李忠臣，掌握实权，唐政府无力对付，只好加以承认。德宗即位以后，加给他御史大夫的官衔；授他为淮西（后改淮宁）节度等使；建中元年，又加检校礼部尚书。二年五、六月间，又进爵为南平郡王，充汉南汉北兵马招讨使，征讨梁崇义②。刘长卿上述的诗即是此时李希烈出军，经过随州时所作。可见这时刘长卿已在随州刺史任上。按，代宗死于大历十四年五月，德宗即位后，起用了代宗时一些被贬谪的官吏，很可能刘长卿也在这个时候由睦州司马迁升为随州刺史的。

《刘随州集》卷九又有《献淮宁军节度使李相公》（题下注：一

① 《刘随州集》卷十一《唐睦州司仓参军卢公夫人郑氏墓志铭》称郑氏死于大历十三年九月。卷八《送秦侍御外甥张篆之福州谒鲍大夫》诗，鲍大夫为鲍防。据《旧唐书》卷十二《德宗纪》，鲍防于大历十四年闰五月为福州刺史，第二年建中元年（780）四月改为洪州刺史、江西团练观察使。可见刘长卿在大历末，建中初尚在睦州。
② 参见《旧唐书》卷十一《代宗纪》、卷一四五《李希烈传》，《通鉴》卷二二七建中二年条。

作淮西将李中丞,又作献南平王):"建牙吹角不闻喧,三十登坛众所尊。家散万金酬士死,身留一剑答君恩。渔阳老将多回席,鲁国诸生半在门。白马翩翩春草细,郊原西去猎平原。"姚鼐《今体诗钞》七言卷四载此诗,但以为指李忠臣。高步瀛《唐宋诗举要》(卷五)则为李希烈。高氏的意见是对的。因为几个诗题都与李希烈官爵相合。建中二年八月李希烈攻灭梁崇义,九月壬戌,"加李希烈同中书门下平章事"①。因此刘诗称李相公。由此也可证明这首诗为这年九月后所作。刘长卿另有《观校猎上淮西相公》②,也是献李希烈的,称他"三十拥旄谁不羡,周郎少小立奇功"。而其实李希烈是一个极其跋扈的军阀,他的扩张野心在没有打梁崇义时已经为人所知,杨炎就劝德宗说:"希烈为董秦(按,即李忠臣)养子,亲任无比,卒逐秦而夺其位。为人狼戾无亲,无功犹倔强不法,使平崇义,何以制之!"③果然,李希烈在打下襄阳后即据为己有,后来不得已撤军,还"大掠阖境所有而去"④。刘长卿这些颂扬李希烈的诗,虽然写得极其富丽堂皇,也被一些唐诗选本选入,其实是违背历史,不符合现实的。

这里拟讨论一下刘长卿是否终于随州刺史及其卒年的问题。《新唐书·艺文志》说他"终随州刺史",后世多沿袭此说。今按,《刘随州集》卷八有《寄别朱拾遗》诗:"天书远召沧浪客,几度临歧病未能。江海茫茫春欲遍,行人一骑发金陵。"这个朱拾遗就是

---

① 《旧唐书》卷十二《德宗纪》。
② 《刘随州集》卷九。
③ 参见《通鉴》卷二二七建中二年六月。
④ 《通鉴》卷二二七建中二年六月。

朱放，当时也是居住于东南一带的诗人。姚合《极玄集》卷下载朱放诗，云："字长通，襄州人，隐居剡溪，贞元初召拜拾遗，不就。"《唐诗纪事》卷二十六则说是"贞元中召为左拾遗"。《唐才子传》卷五："贞元二年，诏举韬晦奇才，诏下聘礼，拜左拾遗。"按，贞元共二十一年，因此贞元二年也可称为贞元初，与《极玄集》合。刘诗"天书远召沧浪客"，与朱放行迹也合。另外，梁肃有《送朱拾遗赴朝廷序》，说："上将以道莅天下，先命大臣举有道以备司谏，故朱君长通有拾遗之拜。"又说："献岁之吉，涉江而西。……彼离别之难，秦吴之远，前期之不易，皆付之樽中可也。"[①]可见是春日由吴中出发赴长安，与刘长卿诗"江海茫茫春欲遍，行人一骑发金陵"，时节与地点也相应。于此可见，刘长卿在贞元二年（786）尚有作品，比闻一多《唐诗大系》所定卒年（785）后了一年，比文学研究所等《中国文学史》所定卒年（780）更后了六年。

从上述刘诗看来，他送朱放的地点似也在吴中，不在随州。关于这点，新旧《唐书》的《李惠登传》给了我们重要线索。

据《旧唐书》卷一八五下《良吏·李惠登传》载，李惠登本为李希烈部将，"李希烈反，授惠登兵二千，镇随州。贞元初，举州归顺，授随州刺史，兼御史中丞"。后面记述随州"遭李忠臣、希烈歼残之后，野旷无人"，破坏得很厉害，李惠登举政清静，随州的经济逐渐恢复。《新唐书》卷一九七《循吏传》也说："李希烈反，属以兵二千，使屯随州，惠登挈以归，即拜刺史。"随州当时是李、唐双方激战之地。据《通鉴》卷二三一所记，兴元元年（784）曹王李皋

---

① 《文苑英华》卷七二五。

遣将围安州,李希烈派兵救之,李皋又另遣将在应山迎战,应山即在随州境内。后来李皋又击李希烈将康叔夜于厉乡,胡三省注引《九域志》厉山即在随州厉乡村。《通鉴》并记,贞元元年(785),"四月丁丑,以曹王皋为荆南节度,李希烈将李思登以随州降之"。这里的李思登,显然就是李惠登,一作思,一作惠,实为一人①。从《通鉴》所记,更可确定,李惠登于贞元元年四月以随州降唐,唐朝即授以随州刺史,当然在此之前他就占据了随州。可见,在贞元元年四月以前,刘长卿已不是随州刺史,而且因战事关系,当早已离开随州。再考之以他于贞元二年间所作送朱放入朝的诗,我们可以得知,当李希烈称兵反对唐朝中央政权时,即派其部将占领随州,刘长卿就离开随州,这大约在兴元元年(784)、贞元元年(785)间。又前面所引权德舆《秦征君校书与刘随州唱和集序》,此文作于贞元七年(791)春,文中称"故随州刘君长卿",说明贞元七年前刘长卿已经去世。由此我们可以断定其卒年当在786—791年之间。

四

刘长卿的事迹中,还有一个登进士第的时间问题,这牵涉到有关他的生年推算和早期生活等问题。

———————

① 李肇《国史补》卷中载:"李惠登自军校授随州刺史,自言吾二名唯识惠字,不识登字。为理清俭,不求人知,兵革之后,阖境大化,近代循吏,无如惠登者。"据此,则作"惠登"是,《通鉴》作"思登"者非。

姚合《极玄集》卷下刘长卿名下云："开元二十一年进士。"《新唐书·艺文志》未载登进士第的时间。但在这之后，像南宋初年的晁公武《郡斋读书志》(卷四上别集类)和陈振孙《直斋书录解题》(卷十九别集类上)都说是开元二十一年进士。《唐才子传》(卷二)更具体地说是"开元二十一年徐征榜及第"。那时王维刚刚登进士第，杜甫刚从吴越漫游回来，在洛阳应进士试不第，岑参、高适也都没有登第，李颀、贾至、萧颖士在此之后两年(开元二十三年)才登第[1]。这样看来，刘长卿登进士的辈第比好些盛唐诗人还早。而其实开元二十一年登第之说是难于成立的。

《刘随州集》卷六有题为《落第赠杨侍御兼拜员外仍充安大夫判官赴范阳》一诗，先称赞杨侍御："职副旌旄重，才兼识量通。使车遥肃物，边策远和戎。"然后叙述自己连遭不第的处境："念旧追连茹，谋生任转蓬。泣连三献玉，疮惧再伤弓。恋土函关外，瞻尘灞水东。他时书一札，犹冀问途穷。"这里颇可注意的是"充安大夫判官赴范阳"几个字。这个在范阳的安大夫，考之史籍，即是安禄山。据《旧唐书》卷二百上《安禄山传》："(开元)二十八年，为平卢兵马使。……天宝元年，以平卢为节度，以禄山摄中丞为使。……三载，代裴宽为范阳节度。……六载，加大夫。"《新唐书》卷二二五上《安禄山传》所载与此同。这里所谓中丞、大夫，即御史中丞、御史大夫，当时地方节镇往往带中央朝廷的官衔，称呼时也往往称检校官的官称，如前面所引刘长卿称李希烈，就称为"尚书"、"相公"。根据史籍，当时任范阳节度使而又姓安的，只有

---

① 参清徐松《登科记考》卷九。

安禄山一人，而安禄山又是天宝六载（747）才加御史大夫的官衔。可见刘长卿的这首送杨侍御诗，最早也是在天宝六载，或许还在天宝六载以后，也就是说，到天宝六载，刘长卿还没有登进士第。

这是刘长卿本人诗篇的记述。另外，李肇《唐国史补》卷下说："开元二十四年，考功郎中李昂为士子所轻诋，天子以郎署权轻，移职礼部，始置贡院。天宝中，则有刘长卿、袁咸用分为朋头，是时常重东府西监。至贞元八年，李观、欧阳詹犹以广文生登第，自后乃群奔于京兆矣。"五代时王定保《唐摭言》曾引李肇此处文字，说："李肇舍人撰《国史补》亦云：'天宝中，袁咸用、刘长卿分为朋头，是时常重两监。'"这里的朋头，也写作棚头。唐封演《封氏闻见记》卷三"贡举"条中说："玄宗时，士子殷盛，每岁进士到省者常不减千余人，在馆诸生更相造诣，互结朋党以相渔夺，号之为棚，推声望者为棚头，权门贵戚，无不走也，以此荧惑主司视听。"《封氏闻见记》解释得很清楚，所谓棚，实际上是在东西两监读书士人的朋党性组织，他们为了争取考试及第，就组织起来，各处奔走，制造舆论，以影响试官们的视听。其中为首者就叫做棚头或朋头。而刘长卿就曾经担任过这样的角色，可见他年轻时是相当活跃的，可以帮助我们了解刘长卿的早期生活情况。可注意的是李肇及王定保所引李肇的话，都说是天宝中刘长卿与袁成（咸）用分为朋头，那就是说天宝年间刘长卿尚为诸生。李肇是中唐元和、长庆间人，王定保是五代时人，《国史补》与《唐摭言》所载一般是较为信实的。这两部书所称天宝中刘长卿的事，又恰恰与刘长卿本人的诗作相合，他们都否定了所谓开元二十一年登进士第的说法。因此我认为，所谓刘长卿开元二十一年登进士第之说不大可信^①,天宝中登第的可能性较大,至于具体在天宝那一年,就不可考知了。

据现在所知的材料,还未能确定刘长卿究竟生于何年。闻一多先生《唐诗大系》以及后来的一些文学史著作都定其生年为709年(即中宗景龙三年),比杜甫还大三岁。这显然是缺乏根据的。假如以开元二十一年登进士第,同时其登第年以二十余岁计算,则或生于710年左右;但如果天宝六年以后登第,则其生年当在725年左右了。

五

关于刘长卿的事迹,除了上面考辨的几点以外,这一节拟再补充若干点。

(一) 关于籍贯。姚合《极玄集》卷下说刘长卿是宣城人。宋陈振孙《直斋书录解题》卷十九诗集类上著录《刘随州集》十卷,云"唐随州刺史宣城刘长卿文房撰",也说他是宣城人,当本之于《极玄集》,别无新的根据。《新唐书·艺文志》则称为河间人,《唐才子传》(卷二)同。《极玄集》注诗人籍贯往往有误的,如说李嘉祐为袁州人,实则李嘉祐只是做过袁州刺史,并非袁州人(详见本书《李嘉祐考》)。今查刘长卿诗,从未提及宣城的。疑作宣城非是。河间刘氏则自汉章帝子河间孝王开而来(参《新唐书》卷

---

①清阎若璩对此已表示怀疑,见《潜丘札记》卷四上。

七十一《宰相世系表》一上尉氏刘氏），也只是指郡望而言。刘长卿有《早春赠别赵居士还江左时长卿下第归嵩阳旧居》诗（《刘随州诗集》卷七），其中说："顾予尚羁束，何幸承眄睐。……累幸忝宾荐，末路逢沙汰，濩落名不成，裴回意空大。……别君日已远，离念无明晦，予亦返柴荆，山田事耕耒。"由此可见，刘长卿在登第之前曾长期居住在洛阳以南的嵩阳（关于嵩阳，可参本书《李颀考》、《王昌龄事迹考略》等文）。《唐才子传》卷二小传说他"少居嵩山读书，后移家来鄱阳最久"，前一句当本刘长卿此诗，后一句所谓移家鄱阳最久则无据。《刘随州诗集》卷六并有《京口怀洛阳旧居兼寄广陵二三知己》，中云："故国（原注：一作园）胡尘飞，远山楚云隔，家人想何在，庭草为谁碧。"此诗当作于至德二载（757）十月唐军收复洛阳前，这时洛阳尚为安禄山军队所盘据。从诗题可知，他在洛阳有旧居，诗中又称之为故国（或故园），而且又怀念其家人是否平安。可见他在洛阳、襄阳一带是有家园的，很可能这一带就是他早期的实际居住地。他另有《初至洞庭怀灞陵别业》（同上卷五），说是"谁堪去乡意，亲戚想天末，昨夜梦中归，烟波觉来阔"，则长安近郊灞陵附近也有他的别业，这或者是他登第后所置。

（二）闻一多先生《岑嘉州系年考证》中谓："刘长卿有《曲阿对月别岑况徐说》诗，又有《旅次丹阳郡遇康侍御宣慰召募兼别岑单父》诗。以公《梁园歌送河南王说判官》原注'时家兄宰单父'，及《送楚丘麹少府赴官》诗'单父闻相近，家书为早传'之句证之，此岑单父即公兄况无疑也。曲阿县属丹阳郡。天宝元年正月改润州为丹阳郡，同年八月二十日改曲阿县为丹阳县。长卿二诗于郡称新名，县称旧名，疑作于天宝元年正月至八月之间。"按，岑参有兄弟,王昌龄于开元二十八年冬离长安赴江宁丞时,曾作《留别岑参兄弟》诗(《全唐诗》卷一四〇。按,此事可参本书《王昌龄事迹考略》文),称"岑家双琼树,腾光难为俦"。可见岑参、岑况这时尚在长安。闻一多先生以地理建置的年限来考定刘长卿这两首诗的时间是在天宝元年(742)。这在考证上也是常用的一法。但这种方法应当辅以其他的例证,否则往往会发生错误。因为古人往往用旧时的官称来称呼其友人,不管其友人现在是否已改任他职,唐人诗文中这种情况屡见不鲜。这里的例子,如只看闻一多先生所考,似甚有理,但以与刘诗检核,就出了问题。刘长卿的《旅次丹阳郡遇康侍御宣慰召募兼别岑单父》诗,见《刘随州诗集》卷七,诗中说道:

> 客心暮千里,回首烟花繁。楚水渡归梦,春江连故园。羁人怀上国,骄虏窥中原。胡马暂为害,汉臣多负恩。羽书昼夜飞,海内风尘昏。双鬓日已白,孤舟心且论。绣衣从此来,汗马宣王言。忧愤激忠勇,悲欢动黎元。南徐争赴难,发卒如云屯。倚剑看太白,洗兵临海门。

从这首诗的具体描写中,可以看得很清楚,诗乃作于安史胡兵占领中原以后,而且那时唐兵还未收复二京。诗中说"骄虏窥中原",又说"胡马暂为害",所谓"骄虏"与"胡马",即指安史胡兵而言。诗中写安禄山军队对中原地区的侵扰,而一字未提唐军的战绩,可见这首诗当是至德二载(757)春("春江连故园")在江南作。这时刘长卿在吴郡作官,所谓长洲尉、摄海盐令(见前所考),

丹阳郡为润州，云"旅次"，当是以公事奉使出行的。由次可见，闻一多先生仅以丹阳、曲阿改名的时间来定刘诗的创作时间，是不确的。此时岑况或已不再担任单父尉（据《新唐书》卷三十八《地理志》二，单父县属河南道宋睢阳郡），刘长卿只是以旧时官称称之而已。

（三）刘长卿在吴中任长洲尉等职时，曾有一些诗反映安史之乱及其对北方中原地区的破坏。除上述有关岑况的诗及前几节已叙述过的以外，还可举出一些。如《吴中闻潼关失守因奉寄淮南萧判官》（《刘随州诗集》卷六），诗中说："木落姑苏台，霜收洞庭橘，萧条长洲外，唯见寒山出。胡马嘶秦云，汉兵乱相失，关中因窃据，天下共忧慄。……赴敌甘负戈，论兵勇投笔。临风但攘臂，择木将委质。不如归远山，云卧饭松栗。"按，潼关于天宝十四载（755）六月失守，接着唐玄宗从长安出奔四川。此诗说"木落姑苏台，霜收洞庭橘"，已是秋末光景，诗中又提到"长洲"。因此可以大致确定，天宝十四载秋，刘长卿已在苏州长洲尉任，可能他始任此职，还在安史之乱以前，即在天宝后期。诗题中的淮南萧判官，似当是萧颖士。李华《扬州功曹萧颖士文集序》（《全唐文》卷三一五）载："淮南节度使袁君为扬州功曹，相国、诸道租庸使第五琦请君为介。"据《旧唐书》卷一二三《第五琦传》，第五琦至德元载奉使至蜀见玄宗，言江淮财赋可用，"玄宗大喜，即日拜监察御史，勾当江淮租庸使"。其时当在至德元载七月以后。《新唐书》卷二〇二《文苑中·萧颖士传》载萧颖士于安史叛军攻占洛阳后则由河南至襄州，在山南东道节度使源洧幕掌书记；源洧旋死，即至淮南，上书宰相崔圆，"崔圆闻之，即授扬州功曹参军"。这是至德元载下半年的事。据《新唐书》卷四十九下《百官志》四下，大都督府（扬州为大都督府）有僚属如长史、司马、录事参军、功曹参军、仓曹参军等，而无专设判官者。此处刘长卿称"淮南萧判官"，当是泛称，实则萧颖士在淮南为功曹参军。刘长卿诗中描写了安史胡兵的骄横，以及唐朝军队的莫知所措；《旅次丹阳郡遇康侍御宣慰召募兼别岑单父》中也说："胡马暂为害，汉臣多负恩。"可以注意的是，萧颖士于差不多同时所作的《登宜城故城赋》（《全唐文》卷三二二）中也谴责了唐朝守土将吏不逃即降的情况："彼邦畿之尹守，藩牧之垣翰，莫不光膺俊选，践履清贯，荣利溢乎姻族，繁华恣其侈玩，或拘囚就戮，或胥附从乱，曾莫愧其愚懦，又奚闻于殉难。……故时平无直躬之吏，世难无死节之帅。"萧颖士用散文的形式，对于唐朝廷官吏的腐败无能，较能够写得直率一些。刘长卿则以诗歌形式，写得较含蓄一些，但二者的意思是一致的，都是对唐朝封建统治者的斥责。安史之乱是天宝时期各种社会矛盾的集中爆发点，表面繁荣昌盛的唐朝廷突然四崩五裂了，社会出现大动乱，人民生活在原来的横征暴敛和繁重的租赋外，又加上了战乱所带来的种种苦难，面对这样的情况，一些正视现实的诗人对此提出各自的问题，正如李白所写的："白骨成丘山，苍生竟何罪！"（《经乱离后天恩流夜郎忆旧游书怀赠江夏韦太守良宰》，王琦注《李太白全集》卷十一）刘长卿这时虽身在江南，但一直关心着战事的进行，他在《京口怀洛阳旧居兼寄广陵二三知己》（《刘随州诗集》卷六）也还提到"故国胡尘飞，远山楚云隔"；又《至德三年春正月……》（同上卷七）的长诗中又写："万里兵锋接，三时羽檄惊。负恩殊鸟兽，流毒遍黎氓。朝市成芜没，干戈起战争。人心悬反覆,天道暂虚盈。"这些诗表明,刘长卿并不是像过去一些诗评家和研究者所认为的那样只是写"日暮苍山远,天寒白屋贫,柴门闻犬吠,风雪夜归人"这样诗句的诗人。翻检他的诗集,如果我们将他的诗很好编年的话,那末从安史大动乱起,后经江东的刘展之乱,浙东的袁晁起义,后来的淮西李希烈之讨山南东道的梁崇义,等等,再加上他个人的两次贬谪,对于这些,他的诗都或多或少有所反映。他也有写自然景物的诗,或许从艺术性来说这部分诗要比他反映现实动乱的诗更有特色更富有诗味些,但不能因此而否定他是一个关心社会现实的诗人,他并不是如皎然所说的那样一味"窃占青山白云,春风芳草"。当然,刘长卿终究是封建地方官吏,安史乱时他又远在江南,环境相对安定,因此他对战乱的描写,大多停留在概念上,反映并不真切,对人民的苦难生活也反映极不够,比起杜甫"三吏"、"三别"的名篇来,那是差得太远了。就是他在上述所举的与"淮南萧判官"诗中,前面写"胡马嘶秦云"云云,后面表示无可奈何,以"不如归远山,云卧饭松栗"作结,大大减弱诗的思想性。这也是当时在江南一些诗人所共有的弱点,即以大诗人李白来说,也有类似情况,如他的《经乱后将避地剡中留赠崔宣城》(王琦注《李太白全集》卷十一),前面写"中原走豺虎,烈火焚宗庙,太白昼经天,颓阳掩余照。……苍生疑落叶,白骨空相吊,连兵似雪山,破敌谁能料";而后面忽说"我垂北溟翼,且学南山豹","忽思剡溪去,水石远清妙"。这样的一种文学现象,应当说并非出于偶然,是很值得研究者探讨的。

(四) 刘长卿有《送蔡侍御赴上都》诗(《刘随州诗集》卷三):"迟迟立驷马,久客恋潇湘。明日谁同路,新年独到乡。孤烟向驿远，积雪去关长。秦地看春色，南枝不可忘。"这是在冬日于湖南送蔡侍御者赴长安的。按，杜甫也有诗写及蔡侍御，即《晚秋长沙蔡五侍御饮筵送殷六参军归澧州觐省》（《钱注杜诗》卷十八）："佳士欣相识，慈颜望远游。甘从投辖饮，肯作置书邮。高鸟黄云暮，寒蝉碧树秋。湖南冬不雪，吾病得淹留。"杜甫此诗作于大历四年（769），时在长沙（参诸家年谱）。刘诗称"久客恋潇湘"，与杜甫诗中所写者合。此蔡侍御即蔡五侍御，二者为一人。岑仲勉先生《唐人行第录》于"蔡五"下仅引杜甫此诗，云"名未详"，而未引述刘长卿诗。蔡侍御者名虽未能查考，但由此可知此人后又赴长安，乃在杜诗之送殷六以后。由此亦可见，刘长卿当于大历四、五年后在湖南。

刘长卿之诗可以和杜甫诗互相印证者，尚有《春过裴虬郊园》诗（《刘随州诗集》卷三），题下自注："时裴不在，因以寄之。"诗云："郊原春欲暮，桃杏落纷纷。何处随芳草，留家寄白云。听莺情念友，看竹恨无君。长啸高台上，南风冀尔闻。"裴虬，新旧《唐书》无传。《新唐书》卷七十一上《宰相世系表》一上有裴虬，仅云为谏议大夫。大历五年（770）在道州刺史任，《旧唐书》卷十一《代宗纪》，大历五年，"夏四月庚子，湖南都团练使崔瓘为其兵马使臧玠所杀，玠据潭州为乱。澧州刺史杨子琳、道州刺史裴虬、衡州刺史杨济出军讨玠"。杜甫有《送裴二虬作尉永嘉》诗（《钱注杜诗》卷九），据《杜诗镜铨》等书，此诗当作于天宝十载、十一载间。则裴虬于天宝后期曾为永嘉尉，大历四、五年间为道州刺史，后又为谏议大夫。《钱注杜诗》卷八《暮秋枉裴道州手札率尔遣兴寄近呈苏涣侍御》，注引《浯溪观唐贤题名》，有"河东裴虬，字深原，大历四年为著作郎，兼侍御史，道州刺史"①。今查欧阳修《集古录跋尾》卷七有《唐裴虬怡亭铭》（永泰元年），谓"怡亭在武昌江水中小岛上，武昌人谓其地为吴王散花滩亭。裴鶠造，李阳冰名而篆之，裴虬铭，李莒八分书，刻于岛石"。又云："虬代宗时道州刺史，韩愈为其子复墓志云，虬为谏议大夫，有宠代宗朝，屡谏诤，数命以官，多辞不拜。然唐史不见其事。"杜甫并有《湘江宴饯裴二端公赴道州》（《钱注杜诗》卷八）、《江阁对雨有怀行营裴二端公》（同上卷十八），皆大历时在湖南作。刘长卿《过裴虬郊园》诗，从诗的本身似看不出作于何时何地，此处引杜诗及有关材料，以供研讨。

（五）《新唐书·艺文志》著录《刘长卿集》十卷。晁公武《郡斋读书志》（卷四上别集类）、陈振孙《直斋书录解题》（卷十九诗集类上）也都著录为十卷；晁志云"今集诗九卷，杂文一卷"，陈志云"诗九卷，末一卷杂著数篇而已"，又云"建昌本十卷，别一卷为杂著"。看来晁、陈著录的十卷本，编次相似，即前九卷为诗，后一卷为文。《唐志》的十卷本是否如此，不得而知。清卢文弨得《刘随州文集》，云："其前十卷皆诗也，后一卷文，而总题曰文集，何义门氏以宋本校正如此，其卷之起讫，字之同异，皆备著焉。"（《抱经堂文集》卷七《刘随州文集题辞》）《四库提要》著录的《刘随州集》也就是十一卷本，也即前十卷为诗，后一卷为文。孙星衍《平津馆鉴藏记》卷二"明版"，有云："唐刘随州诗集十一卷，末卷为文，题随州刺史刘长卿。前后无序跋。卷二《送河南元判官赴河

---

① 钱注并云："刘长卿有《过裴虬郊园》诗曰：'军符侯印取岂迟，紫燕绿耳行甚速。'谓七年之间，由尉而至于刺史也。"

南勾当苗税充百官俸钱》诗,不书勾字,注云御名,是避宋高宗讳构嫌名,知此本从南宋本翻雕。《四库全书》所收本有外集一卷,此本无之。"瞿镛《铁琴铜剑楼藏书目录》(卷十九)曾著录宋刊残本《刘文房集》六卷,云"原书十一卷,今存第五至十"。此外则皆为明本,如丁丙《善本书室藏书志》(卷二十四)著录《唐刘随州诗集》十一卷,为明翻宋本,中有云:"明弘治有两刊本,均十一卷,一西蜀李士修知随州所刊,一余姚韩明所刊"(缪荃孙《艺风藏书续志》卷六所载同)。张月霄《爱日精庐藏书志》(卷二十九)著录《刘随州集》十卷,为明活字本(《善本书室藏书志》卷二十四著录之另一本《刘随州集》十卷,也为明活字本)。现在畿辅丛书本的《刘随州集》即十一卷,前十卷诗,后一卷文,似系据明本翻刻者。但现在所存刘长卿诗,无论见于专集或《全唐诗》,都杂有他人之作,有的在题下已注明一作某人诗,也有未曾注明的,这就需要我们在考证他的事迹时加以细心的甄别,否则也就容易搞错。关于这点,以前的一些目录书仅注意版本源流,而从未提及其作品真伪的。如《刘随州集》卷五《北游酬孟云卿见寄》[①]。孟云卿是元结编入《箧中集》的诗人。但实则这是张彪的诗,张彪与孟云卿是中表亲,见《箧中集》及《全唐诗》卷二五九,但各本《刘随州集》与《全唐诗》都未注明。又如《刘随州集》卷七《奉饯郑中丞罢浙西节度还京》诗,在刘长卿时,浙西节度无郑姓者,这个郑中丞当是郑朗,他于唐宣宗大中二年至五年(848—851)为浙西节度使,在任浙西

①此诗也见《全唐诗》卷一四九。

之前,曾为御史中丞之职^①,因此诗题称郑中丞。但大中年间距刘长卿之卒已有六、七十年,这首诗显然是宣宗时人所作,而误编入刘集的。今天我们编校刘长卿的集子,就应根据有关史籍,参稽刘长卿的一生行迹,对其作品的真伪加以认真、细心地辨析。

[附记]

　　《元和姓纂》卷五诸郡刘氏条,有云:"考功郎中刘庆约,宣州人;孙长卿,隋州刺史。"按《姓纂》所记有二刘长卿,一为弘农人,元遂子,官工部员外,一即此处之任随州刺史者,也即诗人刘长卿。由此可知,在姚合《极玄集》前,林宝在元和时即已著录刘长卿为宣州人。我在《考辨》中曾说《极玄集》记刘长卿为宣州人是错的,看来还得重新考虑。其次,从《姓纂》所载还可考知,刘长卿的祖父名庆约,曾任考功郎中,这是他书所未及的,可惜其父的情况未详。

---

①参见《新唐书》卷一六五《郑珣瑜传》及吴廷燮《唐方镇年表》。

唐代诗人丛考

下　册

中华书局

韦应物系年考证

　　韦应物是中唐时期的著名诗人。白居易在《与元九书》中,历数在他以前的唐代有成就的诗人,对韦应物作了充分的评价:"如近岁韦苏州歌行,才丽之外,颇近兴讽。其五言诗又高雅闲淡,自成一家之体,今之秉笔者谁能及之? 然当苏州在时,人亦未甚爱重,必待身后,然后人贵之。"(《白氏长庆集》卷二十八)白居易在他的诗文中,对于这位比他稍早的前辈诗人的才情,不只一次地表示他的向慕钦佩之意。后来晚唐时期的诗人兼诗论家司空图,又将韦应物与王维并提,称许王、韦诗歌的风格为"澄淡精致"(《司空表圣文集》卷二《与李生论诗书》)。到了宋代,对韦应物的评价似又高了一步,好些诗人及一些诗话作者常常以他与陶渊明、白居易、柳宗元并比;至于南北宋之际的韩驹(子苍),更进一步认为:"其诗清深妙丽,虽唐诗人之盛,亦少其比"(见《苕溪渔隐丛话》前集卷十五引)。也有的专论其五言诗,如葛立方《韵语阳秋》卷一:"韦应物诗平平处甚多,至于五字句,则超然出于畦迳之外。如

《游溪》诗'野水烟鹤唳,楚天云雨空',《南斋》诗'春水不生烟,荒冈筼簹石',咏声诗'万物自生听,太空常寂寥',如此等句,岂下于'兵卫森画戟,燕寝凝清香'哉。故白乐天云'韦苏州五言诗,高雅闲淡,自成一家之体';东坡亦云:'乐天长短三千首,却爱韦郎五字诗。'"明初的宋濂则称韦诗"一寄秾鲜于简淡之中,渊明以来,盖一人而已"(《宋文宪公全集》卷三十七)。这些,都可见出韦诗对后世的影响[①]。

但就是这样一个诗人,新旧《唐书》却没有为他立传。《旧唐书》并无一字提到他。《新唐书》于《艺文志》中仅简单地著录"《韦应物诗集》十卷",而于《文艺传》的序中说:"若韦应物、沈亚之……等,其类尚多,皆班班有文在人间,史家逸其行事,故弗得而述云。"就是说,因为有关他的生平的记载实在太少,虽然有诗文盛名,而他的事迹却说不上来,以致韩子苍讥刺《新唐书》的作者宋祁为不知"史法":"宋景文作《唐书·文艺传》,举唐之能文者皆在,至于苏州,则以为史家轶其行事,故不书,此岂知史法哉?"由此可见,直到宋祁作《新唐书》列传时,有关韦应物的事迹,还是所知甚少,以致作史者也不得不感叹地说:"弗得而述。"

北宋仁宗年间,王钦臣曾校定韦应物的诗集,并在嘉祐元年(1056)写了一篇序(即《宋嘉祐校定韦苏州集序》,见四部丛刊影印明嘉靖戊申华云江州刊本《韦江州集》附录)。在这篇序中王

---

① 清王士禛《分甘余话》卷三有云:"东坡谓柳柳州诗在陶彭泽下,韦苏州上,此言误矣。余更其语曰:韦苏州在陶彭泽下,柳柳州上。余昔在扬州作论诗绝句,有云:'风怀澄澹推韦柳,佳处多从五字求。解识无声弦指妙,柳州那得并苏州。'又常谓陶如佛语,韦如菩萨语,王右丞如祖师语也。"

钦臣作了约三百几十字的关于韦应物事迹的记述,可以说是现在所知的第一篇韦应物简传。在这之后将近一百年,姚宽在其所著《西溪丛语》(卷下)中,作为宋神宗熙宁年间葛繁校刻本韦集的书后,又进一步叙述了韦应物的生平。后来在南宋绍兴年间,沈作喆正式为韦应物作了补传,文载南宋人赵与峕的《宾退录》卷九。按,沈作喆字明远,浙江湖州人,在他的一部名为《寓简》的笔记中曾记载他为岳飞起草过谢表,因此有人推测他曾在岳飞幕中做过事。《四库总目提要》曾举其《寓简》论韩、柳等文,认为其立论"皆具有考据"。但从他所作的韦应物补传看来,所载虽较王、姚为详,却增加了新的错误,并没有多大的参考价值。

按,韦应物的诗集,《新唐书·艺文志》著录为十卷,这当是北宋时宋祁看到的本子。王钦臣于嘉祐元年校定韦集,说"有集十卷,而缀叙猥并,非旧次矣",就是说王钦臣认为他所看到的十卷本已经错乱,不是《新唐书》著录的十卷本原貌了。王钦臣的序中又说:"今取诸本校定,仍所部居,去其杂厕,分十五总类,合五百七十一篇,题曰《韦苏州集》。"今所见四部丛刊本的《韦苏州集》分十四类,即赋、杂拟、燕集、寄赠、送别、酬答、逢遇、怀思、行旅、感叹、登眺、游览、杂兴、歌行。《四库全书》著录的《韦苏州集》十卷,据提要所称,为康熙中项絪以宋椠翻雕,认为就是王钦臣所校定的本子。提要所载的卷数与分类,与四部丛刊影印的明刊本相同,则此明刊本当亦本于王钦臣的校定本[1]。又据四部丛刊

---

[1] 叶德辉《郋园读书志》卷七曾著录北宋胶泥活字印本《韦苏州集》与南宋书棚本《韦苏州集》,皆为十卷。前者叶德辉称为"非止北宋本中第一,亦海内藏书第一也。其书亦载王钦臣记(嘉祐元年十二月二十二日)"。(转下页)

本韦集附录《绍兴苏州校刊韦集后序》、《乾道书重刊韦集后》、《乾道平江校韦集十卷并拾遗七篇跋尾》等文,可以知道宋熙宁丙辰(1076)、绍兴壬子(1132)、乾道辛卯(1171)曾有几次校刻,并补充若干首诗。现在这个四部丛刊的韦集目录,于拾遗部分即分别注明这三次校刻时补入的诗篇题目。由此可见,四部丛刊的《韦苏州集》,虽然所据是明刊本,但分卷与分类却是接近于宋刻本的。细读其中的诗篇,还可以发现,虽然全书是按类编排,但每一类之中,有的部分是有时间的先后次序的,这对我们考证韦应物的事迹颇有帮助。本文即是根据四部丛刊本的韦集,依据韦诗本身提供的材料,结合唐代的有关史籍,参考建国前后的有关研究成果,试图将诗人的一生行事,作较为详细的考述。

韦应物的家世,可参见唐林宝的《元和姓纂》和《新唐书·宰相世系表》。《元和姓纂》卷二载韦应物出于北周逍遥公韦复之后,其高祖为韦冲,仕隋为户部尚书,封义丰公。自韦冲以下,《新唐书》卷七十四上《宰相世系表》记载较为明晰。据新表,韦氏逍遥公房,韦冲字世冲,隋户部尚书、义丰公。冲子挺,象州刺史。挺子待价,相武后。待价子令仪,宗正少卿。令仪有五子:鉴,銮,锜,镕,镒(监察御史)。銮子应物,苏州刺史。镕子系,岳州刺史。镒子武,京兆尹、御史中丞。应物有二子:庆复,原复。原复子

（接上页）这两个本子分卷分类似与四部丛刊本相同,也就是说,十卷本的韦集,当即以宋本这一系统来的。王士祯《分甘余话》卷三有云:"韦集向所见诸本皆称韦苏州,昔奉使公路浦,尝向门人张弨力臣借书,得旧板韦集,签题独称韦江州,平生仅见此本,惜不记其序出何人及锓刻年月郡邑矣。"

彻。彻二子:式、韫。韫子庄,字端己,即是晚唐、五代初期的著名词人。

兹据《新书》所载,列表如下:

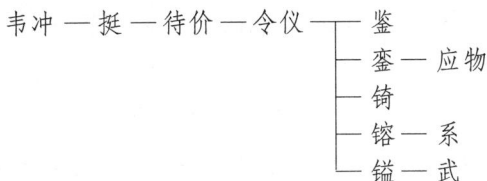

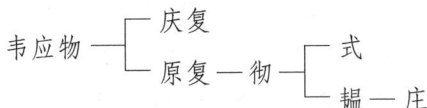

```
韦冲 — 挺 — 待价 — 令仪 ┬ 鉴
                        ├ 銮 — 应物
                        ├ 锜
                        ├ 镕 — 系
                        └ 镒 — 武
```

```
韦应物 ┬ 庆复
       └ 原复 — 彻 ┬ 式
                   └ 韫 — 庄
```

韦夐见《周书》卷三十一,有传。韦夐在北周时虽未入仕,但名气很大,受到北周君臣的礼敬,号逍遥公,为名门望族。韦冲,见《隋书》卷四十七《韦世康传》附。在隋朝曾任营州总管、民部尚书,隋文帝曾为其子豫章王暕纳韦冲女为妃。

韦挺,《旧唐书》卷七十七有传,谓:"韦挺,雍州万年人,隋民部尚书冲子也。"唐高祖时累迁太子左卫骠骑、检校左率,后坐事流越巂。唐太宗时任吏部侍郎,转黄门侍郎,进拜御史大夫,又与高士廉、令狐德棻等同修《氏族志》,颇受太宗的信任。唐太宗一度曾拟以韦挺为相,因马周劝阻而作罢。韦挺后因居官失职,被贬为象州刺史而卒。《新唐书》卷九十八也有《韦挺传》,所载略同。

韦待价,见《旧唐书》卷七十七、《新唐书》卷九十八《韦挺传》附。据传,待价为江夏王道宗之婿,唐高宗时为兰州刺史,迁肃州刺史,因边功授检校凉州都督。武则天称帝后,为吏部尚书,居相位。后因与吐蕃战,败,坐除名,配流绣州,不久即卒。

韦氏逍遥公房,在韦冲、韦挺、韦待价三代,门第鼎盛,虽然韦挺与待价都遭到贬死,但韦家子弟,名位高茂,一直是大族。杜甫有诗说"逍遥公后世多贤"(《公安送韦二少府匡赞》,见《钱注杜诗》卷十七),并非泛泛的赞誉之辞。吕温后来作韦武神道碑铭,也说韦武的先世(也就是韦应物的先世,韦武为应物的叔伯兄弟),是"大名大德,大节大勋,悬诸日月,倬在图史,族姓之盛,莫之与京"(《吕衡州文集》卷六《唐故银青光禄大夫京兆尹兼御史大夫上柱国赠吏部尚书京兆韦公神道碑铭》,粤雅堂丛书本)。

韦应物的祖父令仪,曾为司门郎中(见《元和姓纂》,又宋翟耆年《籀史》卷上),宗正少卿(见《新唐书·宰相世系表》)。司门郎中属刑部,从五品上,宗正少卿,从四品上。

韦应物的伯叔父辈,现在可知的,伯父鉴,无官位。叔父锜,《姓纂》与《新表》未记其官职,《通鉴》卷二〇九景云元年(公元710)六月载,中宗卒,韦后秘不发丧,"征诸府兵五万人屯京城,使驸马都尉韦捷、韦灌、卫尉卿韦璿、左千牛中郎将韦锜、长安令韦播、郎将高嵩分领之"。后来李隆基起兵诛杀韦后一族,韦璿、韦播、高嵩都被斩,韦锜未知下落。依时间来说,这一韦锜当即是韦应物的叔父韦锜。应物的第二个叔父韦镕,史书上也未载其官职。韦应物诗如《晦日处士叔园林燕集》(韦集卷一),《紫阁东林居士叔缄赐松英丸……》(韦集卷二),《奉酬处士叔见示》(韦集卷五),都作于在长安时,此处的处士叔、居士叔或即指韦镕。《晦日处士叔园林燕集》中说:"岚岭对高斋,春流灌蔬壤。樽酒遗形迹,道言屡开奖。幸蒙终夕欢,聊用税归鞅。"《奉酬处士叔见示》中说:"挂缨守贫贱,积雪卧郊园。叔父亲降趾,壶觞携到门。"看来韦镒在长安置有园林，比较了解韦应物，因此韦应物在他伯叔父辈中，有诗提及的，最多要算韦镒了。韦应物的第三个叔父是韦镒，《姓纂》与《新表》都只说是监察御史。据吕衡所作《京兆韦公（武）神道碑铭》（见上引《吕衡州集》卷六），韦镒系自监察御史转殿中侍御史，中书舍人，礼、吏、户部三侍郎，是兄弟中官运最亨通的；其子韦武（即韦应物的从弟），后来也做到京兆尹的要职。另外，韦应物还有《赋得沙际路送从叔象》诗（韦集卷四），按，据《新表》韦氏逍遥公房，有韦象先，未载官职，为韦希仲子，出北周韦艺之后（韦艺，《隋书》卷四十七有传），而为韦应物的上一辈。疑韦诗的"从叔象"即指韦象先，诗题中漏略"先"字。

韦应物的父亲韦銮，《姓纂》与《新表》也未载其官职。宋朱景玄《唐朝名画录》说韦銮"官至少监"，不知何所据。韦应物在诗中曾几次提及他家的经济情况，说："家贫无旧业，薄宦各飘扬。"（韦集卷二《发广陵留上家兄兼寄上长沙》），"况本濩落人，归无置锥地"（韦集卷五《答故人见谕》）。这当然并不是说韦应物的一家与穷困无地的农民一样，但足以表明，他的父亲，比起其先世的显赫门第来，已经是相当萧条了。

但韦应物却是生长在一个富有艺术修养的家庭，这一点是为历来的研究者所忽视的。唐张彦远《历代名画记》卷十《叙历代能画人名（唐）》，其中就有韦鉴和韦銮："韦鉴，工龙马，妙得精气。鉴弟銮，工山水松石，虽有其名，未免古拙。"又卷三《记两京外州寺观画壁·西京寺观等画壁》："慈恩寺……院内东廊从北第一房间南壁，韦銮画松树。"另外，宋朱景玄《唐朝名画录》，列为能品上的六人，其中就有韦应物的父亲韦銮和伯父韦鉴："（銮）官至少监,善图花鸟山水,俱得其深旨,可为边鸾之亚。韦鉴次之,其画并居能品。"张彦远与朱景玄对韦鉴、韦銮兄弟的画,品第有所不同,但都推为善画,能品。此外,《历代名画记》又记载韦鉴子鷗,也能画,且有较详的记述:"鉴子鷗,工山水,高僧奇士,老松异石,笔力劲健,风格高举,善小马,牛羊山原,俗人空知鷗善马,不知松石更佳也。咫尺千寻,骈柯攒影,烟霞翳薄,风雨飚飏,轮囷尽偃盖之形,宛转极盘龙之状。"韦鉴有子韦鷗,这是《姓纂》和《新表》所未载的。又宋黄伯思《东观余论》卷下《跋韦鷗十马图后》:"韦鷗十马,后有元和李丞相吉父题字,真佳迹也。少陵有韦偃画马诗,偃当作鷗,盖转写之误。《阁中集名画记》、《唐志》皆作鷗云。大观戊子岁三月初吉黄某书。"文末注"李伯时曾写《阁中集名画记》"。又同书同卷《跋王晋玉所藏韦鷗马图后》:"张彦远谓鷗善画川原小马牛羊,今晋玉所藏本皆沛艾(二字见《子虚赋》)。余谓杜子咏鷗'秃笔扫骅骝,骐骥出东壁',即不特善小驷而已。盖曹将军画马神胜形,韩丞画马形胜神,鷗从容二人间,第笔格差不及耳。昔余见嘶啮二马小图于江左人家,笔势骏骏亦若此,此本鷗画不疑。四月八日。"宋黄休复《益州名画录》也载韦偃曾"寓止蜀川,善画马,韩幹之亚"。又元方熏《山静居画论》卷上"点簇画者,始于唐人韦偃,偃以逸笔点簇鞍马人物,山水云烟,千变万化,其少者,但头一点,尾一抹而已;山水者,以墨斡水,以手擦纸,亦曲尽其妙。"《宣和画谱》尚记有韦鉴和偃的画,其书卷十三"畜兽"门载:"韦鉴,长安人,善画龙马。弟銮工山水松石,銮之子偃亦画马松石名于时,鉴实鼻祖。且行天者莫如龙,行地者莫如马,而鉴独以龙马得名,岂非升降自如,脱略羁控,挟风云奔逸之气,与夫蹑景追电,一秫千里,得于心术之妙者是以知之。所传于世者不多,今御府所藏三:七贤图二,呈马图一。""韦偃,父銮善画山水松石,时名虽已籍籍,而未免堕于古拙之习。偃虽家学,而笔力遒健,风格高举,烟尘风云之变,与夫轮囷离奇之状,过父远甚。然世唯知偃善画马,盖杜子美尝有题偃画马歌,所谓'戏拈秃笔扫骅骝,倏见骐驎出东壁'者是也。然不止画马,而亦能工山水松石人物,皆极精妙。……今御府所藏二十有七……"从这些材料可以见出,不但韦应物的伯父、父亲善画,其伯父之子也以画牛马松石见称于世。这些情况对于我们研究韦诗的艺术,当有所帮助。

公元 737 年　玄宗开元二十五年　一岁

韦应物的生年,史籍上并无记载。韦集卷三《京师叛乱寄诸弟》诗:"弱冠遭世难,二纪犹未平。"姚宽《西溪丛语》卷下引此,并云:"当天宝十五载六月,明皇避安禄山之难,是年,应物年二十。"据此推算,则当生于本年。应当说明的是,韦诗的所谓"弱冠遭世难",并不是说天宝十五载就一定是二十岁。二十岁左右,在诗歌韵语中,为举成数而言,也可以说成是弱冠。因此,所谓韦应物生于开元二十五年(737),也并非是绝对精确的推算。如果确切地说,那就应当是,根据现有材料,韦应物当生于本年前后。

公元 751 年　玄宗天宝十年　十五岁

本年至天宝末,为玄宗侍卫(三卫),在长安。

韦集卷一《燕李录事》:"与君十五侍皇闱,晓拂炉烟上赤墀。花开汉苑经过处,雪下骊山沐浴时。"王钦臣《宋嘉祐校定韦苏州集序》(韦集附录):"详其集中诗,天宝时扈从游幸,疑为三卫。"沈作喆《韦应物补传》:"当开元、天宝间,宿卫仗内,亲近帷幄,行幸毕从,颇任侠负气。"都据韦诗,载其于天宝间为玄宗侍卫。但沈作喆连开元也算在内,大误。开元共二十九年,韦应物生于开元二十五年,开元二十九年仅五岁,何能为游幸侍卫。又,《燕李录事》云"与君十五侍皇闱",则当从本年起,至天宝末,皆任此职。韦应物在安史之乱前未见有诗,关于今后数年间的生活,皆为后来之回忆,今举有关诗句如下,以备考见此一期间的事迹。

韦集卷五《逢杨开府》,中云:"少事武皇帝,无赖恃恩私。身作里中横,家藏亡命儿。朝提樗蒲局,暮窃东邻姬。司隶不敢捕,立在白玉墀。骊山风雪夜,长杨羽猎时。一字都不识,饮酒肆顽痴。"①

韦集卷九《温泉行》,首云"出身天宝今年几",中云:"北风惨惨投温泉,忽忆先皇游幸年。身骑厩马引天仗,直入华清列御前。……蒙恩每浴华池水,扈猎不蹂渭北田。朝廷无事共欢

---

① 王士禛《池北偶谈》卷九云:"韦苏州史失为立传,宋沈明远始补传其生平端末,终亦未详。集中有《逢杨开府》一篇‘少事武皇帝,亡赖恃恩私’云云,后人遂疑为三卫,而《韵语阳秋》因附会以为恃韦后宗族云云,呓语武断,可笑腐儒之见乃如此。"但其实《韵语阳秋》并非如王士禛所云,葛立方的意见恰恰相反,是不认为韦应物为韦后之族的,其书卷四:"或云韦应物乃韦后之族,凭恃恩私作里中横,故韦集载《逢杨开府》诗云:‘少事武皇帝,无赖恃恩私。身作里中横,家藏亡命儿。’‘武皇升仙去’,‘把笔学题诗。两府始收迹,南宫谬见推。’夫武皇平内乱,杀韦后,不应后之族,敢于武皇之时,豪横若此,正恐非后族尔。"

燕,美人丝管从九天。"

韦集卷五《酬郑户曹骊山感怀》,中云:"我念绮襦岁,扈从当太平。小臣职前驱,驰道出灞亭。翻翻日月旗,殷殷鼙鼓声。万马自腾骧,八骏按辔行。"韦集卷十《白沙亭逢吴叟歌》,中云:"白沙亭上逢吴叟,爱客脱衣且沽酒。问之执戟亦先朝,零落艰难却负樵。亲观文物蒙雨露,见我昔年侍丹霄。冬狩春祠无一事,欢游洽宴多颁赐。尝陪夕月竹宫斋,每返温泉灞陵醉。"

又独孤及《毗陵集》卷十二《唐故右金吾卫将军河南阎公墓志铭并序》,记开元中阎为右卫郎将时所上奏疏,云:"先是有司以三卫执扇登殿引跸,公奏曰:'三卫皆趫悍有材力,不当升阶陛,迩御座,请以宦者代。'上曰可,遂为故事。"由此可见当时任三卫者须"趫悍有材力"的人。韦集卷八有《射雉》一诗,为中年以后所作,中云:"走马上东冈,朝日照野田。野田双雉起,翻射斗回鞭。虽无百发中,聊取一笑妍。"后又云:"方将悦羁旅,非关学少年。弢弓一长啸,忆在灞城阡。"由此四句,可见韦应物少年时射艺之精强。

又,关于三卫及侍卫官,录有关的史籍记载,以备参考:《旧唐书》卷四十三《兵志》:"凡左右卫、亲卫、勋卫、翊卫,及左右率府亲勋翊卫,及诸卫之翊卫,通谓之三卫。择其资荫高者,为亲卫,其次者,为勋卫及率府之亲卫……"《唐会要》卷七十二"军杂录"条:"天宝末,天子以中原太平,修文教,废武备,销锋镝……六军诸卫之士皆市人白徒,富者贩缯彩,食粱肉,壮者角抵、拔河、翘木、扛铁,日以寝斗,有事乃股慄不能授甲。"《玉海》卷一三八引《邺侯家传》:"时承平既久,诸卫将军自武太后三代,多以外戚无能者及降虏处之,而卫佐之官以为番上府兵(按,唐长孺先生《唐书兵志笺证》以此四字为衍文)有权朝要子弟解褐及次任之美官,又多不旋踵而居要津,将军畏其父兄之势,恣其所为。自置府以其番上宿卫,礼之,谓之侍官,言侍卫天子也。至是卫佐悉以借姻戚之家为僮仆执役,京师人相诋訾者,即呼为侍官。"按,《新唐书》卷五十《兵志》中有关侍卫官的记载即据《唐会要》及《邺侯家传》撮录,为避免重复,不录。这几项记载,可与韦诗有关处参看。

公元 759 年　肃宗乾元二年　二十三岁

本年后数年间在长安,生活贫困,已自三卫撤出,曾一度在太学读书。

韦集卷五《逢杨开府》,前云"少事武皇帝,无赖恃恩私"(已详见前引),后云:"武皇升仙去,憔悴被人欺。读书事已晚,把笔学题诗。"卷九《温泉行》:"一朝铸鼎降龙驭,小臣髯绝不得去。今来萧瑟万井空,唯见苍山起烟雾。可怜蹭蹬失风波,仰天大叫无奈何。弊裘羸马冻欲死,赖遇主人杯酒多。"按,安史军队于天宝十五载(即肃宗至德元年,公元 756)六月入长安,玄宗奔入蜀。明年,即至德二载(757)九月,郭子仪率军收复两京,十月,肃宗遣使至蜀奉玄宗返回长安。但因李辅国谗间,使玄、肃父子不和,玄宗为太上皇,闲居宫内,直至上元二年(761)四月去世。韦应物则于玄宗西奔后即自三卫撤出,不复为侍卫之职。其"憔悴被人欺",以及"弊裘羸马"云云,自不待至上元二年玄宗卒后方才如此。

又按，韦集卷三有《赠旧识》诗："少年游太学，负气蔑诸生。蹉跎三十载，今日海隅行。"末句指任苏州刺史事。韦应物任苏州刺史在贞元四、五年间（说详后），前推约三十年，则为758、759年，即本年前后曾一度入太学读书，所谓"读书事已晚，把笔学题诗"，当即指此而言。

按，《旧唐书》卷十《肃宗纪》，乾元元年四月"甲寅，上亲享九庙，遂有事于圆丘，即日还宫。翌日，御明凤门，大赦天下。"《唐大诏令集》卷六十九《乾元元年南郊赦》即此次之赦文，其中关于国子监学生的学习与考试规定说："国子监学生，明经法帖策口试各十，并通四已上进士，通三与及第。乡贡明经，准常式。州县学生放归营农，待贼平之后，任依常式。"当时两京虽已收复，安史之乱尚未平定，各地还有战事，因此赦文中规定，各地州县学暂停，国子监则依旧，并未停学（据《新唐书》卷四十四《选举志》上，国子监下隶国子学、太学、四门学、律学、算学，凡六学）。又据《新书·选举志》上："中宗反正，诏宗室三等以下，五等以上未出身，愿宿卫及任国子生，听之。……三卫番下日，愿入学者，听附国子学、太学及律馆习业。"可见中宗时已有诏令，三卫退下，可入国子学、太学等读书习业。韦应物既然曾为"三卫"，当有资格入太学读书，沈作喆所作补传，谓："泊渔阳兵乱后，流落失职，乃更折节读书。"虽未言具体在何时，但大致不差。

在此前后，曾与阆防、薛据相过从，有诗赠阆、薛二人。

《唐诗纪事》卷二十六阆防条云："防与薛据在终南山丰德寺读书。韦苏州有《城中卧疾和阆薛二子屡从邑令饮》诗云：

'车马日萧萧，胡不枉我庐。方来从令饮，卧病独何如。秋风起汉皋，开户望平芜。即此各音素，焉知中密疏。渴者不思火，寒者不求水。人生羁寓时，去就当如此。犹希心异迹，眷眷存终始。'"此诗见韦集卷二，题为《城中卧疾知阎薛二子屡从邑令饮因以赠之》，《全唐诗》卷一八七同。

按，阎防与薛据也为当时以诗著称者。阎防于开元二十五年（737）登进士第（《唐才子传》卷二阎防小传："开元二十二年李琚榜及第。"又见《文苑英华》卷七〇一李华《杨骑曹集序》）。约开元二十五、六年间曾因事贬至湘中，见《孟浩然集》卷一《襄阳（《全唐诗》卷一五九作"湖中"）旅泊寄阎九司户》、卷三《洞庭湖寄阎九》等诗（《唐诗纪事》卷二十六阎防条云："防在开元、天宝间有文称，岑参、孟浩然、韦苏州有赠章，然不知得罪谪长沙之故也。"）大约于天宝后期即居住于长安以南终南山读书，刘眘虚有《寄阎防》诗（《全唐诗》卷二五六），题下自注："防时在终南丰德寺读书。"刘眘虚此诗又见于殷璠《河岳英灵集》卷上，而《河岳英灵集》所收诗止于天宝十二载，可知天定十二载以前数年间阎防即在终南山丰德寺读书。又储光羲也有《贻阎处士防卜居终南》（《全唐诗》卷一三八）。储光羲于安禄山军队占据二京时，曾一度被迫授伪职，后虽设法自安史军队中逃归，但唐军收复长安、洛阳后，仍定罪贬南方。据此，储光羲此诗当作于安史之乱以前。

薛据则于开元十九年登进士第（《唐子才传》卷二小传），天宝六载中风雅古调科第一人（据《唐才子传》，又见《册府元龟》

卷六四五贡举部,《唐会要》卷七十六"制科举"条)。杜甫有《秦州见敕目薛三璩授司议郎毕四曜除监察与二子有故远喜迁官兼述索居凡三十韵》(《钱注杜诗》卷十)。此诗作于乾元二年(759)秋杜甫在秦州时,则薛据乾元二年秋前为司议郎。此后薛据行迹可考者,见杜甫《解闷十二首》(《钱注杜诗》卷十五),《别崔潩因寄薛据孟云卿》(同上卷十六),大历二年(767)作,薛据在荆州,此后即不见薛据行迹。《河岳英灵集》的编者殷璠称"据为人骨鲠有气魄,其文亦尔"。后来杜甫在《寄薛三郎中据》诗中也称薛据"赋诗宾客间,挥洒动八垠,乃知盖代手,才力老益神"。(《钱注杜诗》卷七)

从上述有关阎防、薛据的材料,知阎防于安史之乱以后未见记载,薛据则乾元二年秋以后未见记载,直至大历二年由杜诗推知他在荆州。韦应物此处赠阎防、薛据诗,确切年代不详,据《唐诗纪事》所载,其意似于天宝间作,但安史乱前韦应物并无诗作留存于世。此诗或当作于薛据为司议郎之前后,可以见出韦应物的早年交游情况。

公元763年　代宗广德元年　二十七岁

本年秋冬间为洛阳丞,有诗反映战乱后洛阳的残破情况。

按,王钦臣、姚宽皆以韦应物于永泰中(765—766)始为洛阳丞,其所据为韦集卷二《示从子河南尉班》自序"永泰中余任洛阳丞"句。但韦集卷六另有《广德中洛阳作》诗,其中云:"蹇劣乏高步,缉遗守微官。"此处所谓"蹇劣"与"微官",即指洛阳丞而言。可见广德时已在洛阳为丞。此诗反映经安史战乱之后洛阳的残破情况,描写颇真切,录其全诗如下:"生长太平日,不知太平欢。今还洛阳中,感此方苦酸。饮药本攻病,毒肠翻自残,王师涉河洛,玉石俱不完。时节屡迁斥,山河长郁盘。萧条孤烟绝,日入空城寒。蹇劣乏高步,缉遗守微官。西怀咸阳道,踯躅心不安。"按,洛阳于天宝十四载(755)冬为安史叛军攻陷,后于肃宗至德二载(757)十月为郭子仪率领的唐军收复。但由于肃宗朝廷的腐败与无能,导致乾元二年(759)九节度的相州之溃,嗣后洛阳又陷于史朝义的军队。肃宗宝应元年(762)十月,唐朝廷请求回纥军队的帮助,经过力战,又收复洛阳,但洛阳却因此遭到极大破坏。据《通鉴》卷二二二宝应元年十月载,"回纥入东京,肆行杀略,死者万计,火累旬不灭。朔方、神策军亦以东京、郑、汴、汝州皆为贼境,所过虏掠,三月乃已。比屋荡尽,士民皆衣纸。回纥悉置所掠宝货于河阳,留其将安恪守之。"宝应二年七月壬子改元为广德,韦诗"萧条孤烟绝,日入空城寒",则其为洛阳丞,当在广德元年秋冬间(广德共二年),此时离洛阳第二次收复约一年,因战乱而被破坏的萧条景象还历历在目。诗中"饮药本攻病,毒肠翻自残,王师涉河洛,玉石俱不完",可与《通鉴》所载相参看。又按,同年杜甫流寓成都,有"战伐乾坤破,疮痍府库贫"(《钱注杜诗》卷十二《送陵州路使君赴任》),"十室几人在,千山空自多。路衢唯见哭,城市不闻歌"(同上《征夫》);元结在武昌,有"兵兴向九岁,稼穑谁能忧。何时不发卒,何日不杀牛?耕者日已少,耕牛日已稀"等句(《元次山集》卷二《酬孟武昌苦雪》。关于元结居武昌的时间,可参看颜真卿《元君表墓碑铭》,见《全唐文》卷三四四)。韦应物与杜甫、元结,在不同的地点反映了经过安史之乱的大破坏,唐代社会现实的不同的侧面。

又按,沈作喆所作补传谓:"因从事河阳,去为京兆功曹,摄高陵令,永泰中迁洛阳丞。"此处以洛阳丞系于京兆功曹及高陵令之后,误,说详后。

公元765年　代宗永泰元年　二十九岁

仍任洛阳丞。于今明两年内因惩办不法军士而被讼。后弃官闲居洛阳同德寺。

王钦臣、姚宽未载其事,沈作喆所作补传谓:"永泰中为洛阳丞。两军骑士倚中贵人势,骄横为民害,应物疾之,痛绳以法,被讼,弗为屈。弃官养疾同德精舍。"按,沈说所本为韦集卷二《示从子河南尉班》诗,诗前小序云:"永泰中,余任洛阳丞,以扑挟军骑,时从子河南尉班亦以刚直为政,俱见讼于居守,因诗示意,府县好我者岂旷斯文。"诗云:"拙直余恒守,公方尔所存。同占朱鸟克,俱起小人言。立政思悬棒,谋身类触藩。不能林下去,只恋府廷恩。"永泰共二年,即公元765—766年(永泰二年十一月即改为大历元年)。则其以惩办军骑而见讼当在此两年之内。韦集卷五有《酬元伟过洛阳夜燕》诗,中云:"三载寄关东,所欢皆远违。……问我犹杜门,不能奋高飞。"此诗之后第二首,即《李博士弟以余罢官居同德精舍……》诗,即已罢洛阳丞闲居同德寺。而《酬元伟过洛阳夜燕》诗有"问我犹杜门"之句,又云:"三载寄关东",则自广德元年秋冬算起,经广德二年,永泰元年,其罢官闲居或在永泰元年至二年之间。韦集卷五又有《任洛阳丞答前长安田少府问》诗,中云:"数岁犹卑吏,家人笑著书。告归应未得,荣宦又知疏。"知任洛阳丞曾历"数岁",与"三载寄关东"正合。韦集卷八《任洛阳丞请告》,首云"方凿不受圆,直木不为轮",表示不为权贵所屈;中云:"折腰非吾事,饮水非吾贫,休告卧空馆,养病绝嚣尘……天晴嵩山高,雪后河洛春,乔木犹未芳,百草日已新。"此诗所写,当是被讼后不久,即辞官闲居,当作于永泰二年春日。据《旧唐书》卷十一《代宗纪》,宝应元年十月收复洛阳时,以陕西节度使郭英义权知东京留守。广德二年八月,"癸巳,王缙兼领东京留守"。

又据韦诗《示从子河南尉班》,知其从子韦班时为河南尉。据《新唐书》卷三十八《地理志》二、河南府河南郡有县二十,其中河南与洛阳为赤县。关于韦班,可于杜甫诗中得知他的一些事迹。杜甫居成都时,曾与韦班交往,杜甫有《凭韦少府班觅松树子》(《钱注杜诗》卷十一):"落落出群非榉柳,青青不朽岂杨梅。欲存老盖千年意,为觅霜根数寸栽。"另有《又于韦处乞大邑瓷碗》:"大邑烧瓷轻且坚,扣如哀玉锦城传。君家白碗胜霜雪,急送茅斋也可怜。"(见上同卷)《钱注杜诗》卷十二又有《涪江泛舟送韦班归京》:"追饯同舟日,伤春一水间。飘零为客久,衰老羡君还。花远重重树,云轻处处山。天涯故人少,更益鬓毛斑。"钱氏系此诗于《闻官军收河南河北》之后。按,收东都及平河北在宝应元年十月、十一月,则此诗当作于宝应二年即广德元年春。韦班当于广德元年春离成都赴京,不久即分发为河南尉,与韦应物于广德元年至永泰中为洛阳丞的时间也正好相合。韦班在成都所任官职,从杜诗称为韦少府,又从韦班处乞大邑瓷碗,谓"君家白碗胜霜雪",可能为大邑县尉(据《新唐书》卷四十二《地理志》六,剑南道,邛州临邛郡所属有大邑县,在成都以西附近)。

在洛阳时,曾有诗送诗人雍聿(裕)之赴潞州。

韦集卷四有《饯雍聿之潞州谒李中丞》,云:"郁郁两相遇,出门草青青。酒酣拔剑舞,慷慨送子行。驱马涉大河,日暮怀洛京。前登太行路,志士亦未平。……"此诗当是韦应物在洛阳时作,确切年月不可考。雍聿之,两《唐书》无传,《新唐书》卷六十《艺文志》四,集部别集类有"雍裕之诗一卷",聿作裕,当同是一人。《唐诗纪事》未记其事。《唐才子传》卷五谓:"裕之,蜀人,有诗名。贞元后数举进士不第,飘零四方。为乐府,极有情致。"《全唐诗》卷四七一载其诗一卷,小传仅云"雍裕之,贞元后诗人也"。其他事迹未详。其诗大多为五言,其中《农家望晴》七绝较佳:"尝闻秦地西风雨,为问西风早晚回。白发老农如鹤立,麦场高处望云开。"从韦应物的诗看来,雍聿之当时年岁尚轻,胸有抱负,但却未能遂愿。

在洛阳又有《赋得暮雨送李胄》等诗。

韦集卷四《赋得暮雨送李胄》诗:"楚江微雨里,建业暮钟时,漠漠帆来重,冥冥鸟去迟。海门深不见,浦树远含滋。相送情无限,沾襟比散丝。"此为韦应物诗中的名作。按,此诗之前如《送洛阳韩丞东游》("徘徊洛阳中,游戏清川浔"),《送郑长源》("少年一相见,飞辔河洛间"),在此诗之后为《留别洛京亲友》,则此诗当为居洛阳后期所作,或在永泰末、大历初。此外,在洛阳尚有《同德精舍养疾寄河南兵曹东厅掾》、《同德寺雨后寄元侍御李博士》《同德阁期元侍御李博士不至各投赠二首》(以上皆为韦集卷二)、《送李十四山人东游》(韦集卷四)等作。

公元 769 年　代宗大历四年　三十三岁

本年前后韦应物已从洛阳至长安。在长安时有送冯著赴广州诗。

韦集卷四有《留别洛京亲友》诗,云:"握手出都门,驾言适京师。岂不怀旧庐,惆怅与子辞。……单车我当前,暮雪子独归。临流一相望,零泪忽沾衣。"从此诗看,当是韦应物自洛阳丞罢官,闲居洛阳同德寺以后,过若干时乃又赴长安,但未记为何年。现在从韦集中的两首诗可以大体确定在大历四年前后韦应物已在长安:

(1)韦集卷四有《送冯著受李广州署为录事》,诗中云:"郁郁杨柳枝,萧萧征马悲。送君灞陵岸,纠郡南海湄。名在翰墨场,群公正追随。如何从此去,千里万里期。"又云:"州伯荷天宠,还当翊丹墀。子为门下生,终始岂见遗。"按,韦应物有关冯著之诗凡四首,其余三首为《寄冯著》《赠冯著》(皆卷二)、《长安遇冯著》(卷五)。此四首中,《赠冯著》云"契阔仕两京,念子亦飘蓬"大约为大历十二年左右任京兆功曹时作。《寄冯著》《长安遇冯著》未能确定作于何时。《送冯著受李广州署为录事》诗,诗题之李广州,当为李勉。据《旧唐书》卷一三一《李勉传》:"(大历)四年,除广州刺史,兼岭南节度观察使。"又据《旧唐书》卷十一《代宗纪》,大历三年十月"己未,以京兆尹李勉为广州刺史,充岭南节度使"。本纪所载大历三年十月，系指授命时，本传的四年则指赴任时间，二者并不矛盾。又据《代宗纪》，大历七年十一月"辛卯，以岭南节度李勉为工部尚书。"由此可知，李勉为广州刺史的时间是在大历四年春至七年冬。冯著之应李勉辟为录事当然亦在此期间内。但一般来说辟请幕下士当是在受命之初或前期，不会在后期或将卸任之时，因此韦应物作此诗的时间当在大历四、五年间为最有可能。诗中云"送君灞陵岸"，则此时韦应物已在长安。从诗中可见韦应物此时还未有官职。又，唐人诗作中涉及冯著者，尚有大历十才子的卢纶与李端。卢纶有《留别耿湋侯钊冯著》(《全唐诗》卷二七六)，有云"相识少相知，与君俱已衰"，未能知其写作年月。又据岑仲勉先生《唐人行第录》，谓卢纶之《卧病寓居龙兴观枉冯十七著作书知罢摄洛阳赴缑氏因题十四韵寄冯生并赠乔尊师》、《秋夜寄冯著作》(《全唐诗》卷二七八)的冯十七著作即冯著，则冯著又曾为著作郎及任洛阳、缑氏等县尉。另外李端有《客行赠冯著》五绝一首："旅行虽别路，日暮各思归。欲下今朝泪，知君亦湿衣。"此诗也未知其年月。

（2）韦集卷四《送阎寀赴东川辟》，中云："何如结发友，不得携手欢，晨登严霜野，送子天一端。只承简书命，俯仰夸角冠。"按，独孤及《毗陵集》卷十二《唐故右金吾卫将军河南阎公墓志铭并序》："公讳用之……有四子：宁、寀、宰、宣。"则阎寀为阎用之的次子。又据独孤及此篇墓志，阎用之"至德后二年十二月终于京师，春秋五十九"；"广德中寀以监察御史领高陵令，明年辞职，始卜葬于故原吉，乃岁在丙午十一月日迁兆合祔焉"。丙午为大历元年。据此,则知阎寀于广德中曾以监察御史领高陵令,第二年辞职,大历元年十一月又合葬其父母于长安郊区。韦诗中"豸角冠",即指监察御史而言。由此可以推知,韦应物送阎寀赴东川辟,当在阎寀于大历元年冬葬其先人之后,其时或在大历二、三年间。又阎寀的事迹,可参看《全唐文》卷六八四董侹《阎贞范先生碑》,谓"先生名寀,天水人。蝉联戚属,才为时选,再登宪府,三领大郡",后出家度为道士,贞元七年十一月卒。未载其应东川辟事。又《唐会要》卷五十载"贞元七年四月,吉州刺史阎寀上言,请为道士",云云。(《新唐书》卷六十《艺文志》四,别集类著录董侹《武陵集》,云:"侹字庶中,元和荆南从事。")

根据上述《送冯著受李广州署为录事》与《送阎寀赴东川辟》二诗,韦应物当于大历四年前后,很可能在大历二、三年间,即由洛阳赴长安。

公元 774 年　代宗大历九年　三十八岁

此后数年间任京兆府功曹,又摄高陵宰,在长安。

王钦臣《宋嘉祐校定韦苏州集序》(韦集附录)谓:"永泰中,任洛阳丞,京兆府功曹。"姚宽《西溪丛语》卷下:"自洛阳丞为京兆府功曹。"皆未载何时为京兆府功曹。沈作喆所作补传则以任洛阳丞在后,京兆府功曹在前。今按,据《新唐书》卷四十九下《百官志》下,东西两京之功曹、仓曹、田曹等皆为正七品下,京县丞为从七品上,洛阳县属京县。按照品阶,也应由洛阳丞迁为京兆府功曹,不应由正七品下的京兆府功曹反而降为从七品上的洛阳丞。沈说不确。韦集卷五《答刘西曹》诗题下自注云："时为京兆功曹。"又同卷《答贡士黎逢》，题下自注："时任京兆功曹。"卷四《天长寺上方别子西有道》，题下自注："时任京兆府功曹摄高陵宰。"都未言为何年。按，韦集卷六有《至开化里寿春公故宅》诗，中云："宁知府中吏，故宅一徘徊。"又卷二《秋集罢还途中作谨献寿春公黎公》："束带自衡门，奉命宰王畿，君侯枉高鉴，举善掩瑕疵……"由此，可知韦应物曾为寿春公之府吏，而其为高陵宰也由于"寿春公黎公"的推荐（据《新唐书》卷三十七《地理志》一，京兆府属县有高陵，为畿县）。因此，如能确定寿春公其人，即能考知韦应物为京兆府功曹的时间。据《新唐书》卷一四五《黎幹传》："黎幹，戎州人。善星纬术，得待诏翰林，擢累谏议大夫，封寿春公。"又据拓本（贞元六年）《□故银青光禄大夫尚书兵部侍郎寿春郡开国公黎公墓志铭并序》云："□讳幹，字贞固，寿春人也。"（拓本原文未见，此据岑仲勉《元和姓纂四校记》卷三引）志又云："七代祖魏东平将军寿春侯，高王父瑠璘，隋戎州刺史。"据此，则韦诗中之寿春公即为黎幹无疑。（新、旧《唐书》黎幹本传都未载幹字贞固，又据墓志，寿春当系郡望，戎州则为其高祖居官之地，这些都可补史传之阙。）按，黎幹曾两次任京兆尹，一为永泰元年（765）闰十月，《旧唐书》卷十一《代宗纪》，永泰元年"闰十月辛卯，以京兆少尹黎幹为京兆尹"。至大历二年（767）四月为李勉所代，《旧唐书·代宗纪》大历二年，"夏四月己亥，以江南西道都团练观察等使、洪州刺史李勉为京兆尹"。《旧唐书》卷一一八《黎幹传》也载："寻迁京兆尹，以严肃为理，人颇便之，而因缘附会，与时上下。大历二年,改刑部侍郎。"但黎幹第一次任京兆尹期间,韦应物先是于永泰元年任洛阳丞,后罢官闲居洛阳,不在长安。据前面所考,韦应物大约于大历二、三年或四年前后才有可能由洛阳赴长安居住。因此,在黎幹第一次任京兆尹时荐举韦应物为京兆府功曹的可能性应当排除。黎幹第二次任京兆尹的时间是在大历九年四月。《旧唐书·代宗纪》大历九年四月,"己卯,以桂管观察使黎幹为京兆尹、兼御史大夫。"而据《旧唐书》卷一一八《黎幹传》:"久之,会京兆尹缺,人颇思幹。(大历)八年,复拜京兆尹、兼御史大夫。……十三年,除兵部侍郎。"《新唐书》卷一四五《黎幹传》:"大历八年,复召为京兆尹。"新、旧《唐书》本传都说除京兆尹在大历八年,与《本纪》所载不同。今按,《旧唐书·代宗纪》于大历八年九月载:"戊戌,以辰锦观察使李昌巙为桂州刺史、桂管防御观察使。"李昌巙即为接黎幹的桂管观察使任的。本传所载大历八年,当指除授发表的时间,本纪所载大历九年四月,则指黎幹实际为京兆尹的时间,二者并不矛盾。黎幹于大历九年四月至大历十三年任京兆尹,则韦应物之为黎幹所荐举为京兆府功曹等职当然也在这一时期之内。

公元 776 年　大历十一年　四十岁

在京兆府功曹、摄高陵宰任上。

韦集卷二《高陵书情寄三原卢少府》:"直方难为进,守此微贱班。开卷不及顾,沉埋案牍间。兵凶互相践,徭赋岂得闲。促戚下可哀,宽政身致患。日夕思自退,出门望故山。君心傥如此,携手相与还。"按,此云"高陵书情",当是宰高陵时所作。

诗中言战事迭起,徭赋催办之事甚为迫切烦杂。考大历九年以后,凡大历十年、十一年频有战乱,仅据《旧唐书·代宗纪》所载,十年正月,昭义牙将裴志清逐其帅薛嵩。魏博节度使田承嗣盗取洺州,又破卫州。二月,河阳军乱,逐城使常休明。三月,陕州军乱,逐观察使李国清,纵兵大掠。十月,昭义节度使李承昭与田承嗣将卢子期战于滋州清水县,大破之。大历十一年,五月,以永平军节度使李勉为汴州刺史,但汴州将李灵耀阻兵不受代。八月,李灵耀叛,命淮西李忠臣、滑州李勉、河阳马燧三镇兵讨之。十月,李灵耀兵败被擒,汴州平。大历十二年、十三年无大战事。而十一年汴州战事最为激烈。韦诗所谓"兵凶互相践,徭赋岂得闲",当即指此而言。故系此诗于本年。

公元 777 年　代宗大历十二年　四十一岁

在京兆府功曹任上。是年夏秋,秦中大水成灾,曾出使云阳视察灾情,有诗记其事。

> 韦集卷二《使云阳寄府曹》:"凤驾祇府命,冒炎不遑息。百里次云阳,闾阎问漂溺。上天屡愆气,胡不均寸泽。仰瞻乔树颠,见此洪流迹。良苗免湮没,蔓草生宿昔。颓墉满故墟,返喜将安宅。周旋涉涂潦,侧峭缘沟脉。……"此诗言承京兆府之命,往云阳视察灾情。据《新唐书》卷三十七《地理志》一,云阳为京兆府属县。又《新唐书·代宗纪》,大历十二年十月载:"京兆尹黎幹奏水损田三万一千顷。度支使韩滉奏所损不多。兼渭南令刘藻曲附滉,亦云部内田不损。差御史赵计检渭南田,亦附滉云不损。上曰:'水旱咸均,不宜渭南

独免.'复命御史朱敖检之,渭南损田三千顷。"此处虽意在赞誉代宗的所谓"恤隐"民情,但仍可见大历十二年夏秋,长安郊区各县因水灾所造成的农田大面积荒芜。据史书所载,大历后期秦中一带,独大历十二年大雨成灾。则此诗当作于本年夏。据《新唐书》卷四十九下《百官志》四下:"(京兆)功曹司功参军事,掌考课、假使、祭祀、礼乐、学校、表疏、书启、禄食、祥异、医药、卜筮、陈设、丧葬。"由韦诗看来,除此等职务外,尚有奉使至属县的临时差遣。韦集卷二《赠令狐士曹》诗,题下自注:"自八月朔旦同使蓝田,淹留涉季,事先半日而不相待,故有戏赠。"可见尚有奉使至蓝田者。

在长安任职期间,于本年前后,有寄赠冯鲁、冯著兄弟诗。

韦集卷二《赠冯著》:"契阔仕两京,念子亦飘蓬。方来属追往,十载事不同。岁晏乃云至,微褐还未充。惨凄游子情,风雪自关东。……"诗云"契阔仕两京",当指先为洛阳丞,后为京兆府功曹等职。"十载事不同",或指大历初期至本年前后。按,据前大历四年条,冯著曾于大历四年后数年间受辟为李勉岭南节度使幕为录事。李勉于大历七年冬改任他职,冯著当也罢录事之职北上,此时又入长安,应物赠之以诗。韦集卷五又有《答冯鲁秀才》诗,中云:"顾我腰间绶,端为华发侵。簿书劳应对,篇翰旷不寻。"当亦作于长安任职时。唐林宝《元和姓纂》卷一,有"河间,监察御史冯师古,孙著、鲁。"[1]又云:

---

[1] 文学研究所编注的《唐诗选》录冯著诗二首,说"冯著,不详其字与籍贯"。冯著字不详,从《元和姓纂》可知其为河间人。

"鲁兼监察御史。"裴度《刘府君神道碑铭并序》(《全唐文》卷五三八),记贞元十八年(802)刘太真葬时,有"监察御史冯鲁、杨巨源"。由此可知,冯著、冯鲁为兄弟,冯鲁后仕至监察御史,冯著则不详。

任京兆府功曹时的诗作。

据《新唐书·百官志》,京兆府的属吏,有功曹、仓曹、户曹、田曹、兵曹、法曹、士曹等。从诗中可考见韦应物在长安任京兆府功曹的同僚,有令狐士曹、独孤兵曹、豆卢仓曹、刘西曹,以及田曹卢康、户曹韩质等人,如《答令狐士曹独孤兵曹联骑暮归望山见寄》(韦集卷五)、《酬豆卢仓曹题库壁见示》(同上)、《答刘西曹》(同上)、《赠令狐士曹》(卷二)、《晚出府舍与独孤兵曹令狐士曹南寻朱雀街归里第》(卷八),以及《天长寺上方别子西有道》(卷四,题下自注:"时任京兆府功曹摄高陵宰,别田曹卢康、户曹韩质,因而有作")等诗,不备举。又据《元和姓纂》卷四,二十五寒,韩朝宗"生赟、赏、质","质京兆少尹、中书舍人"。此当为韩质后来之仕历。卢纶有《晚次新丰北野老家书事呈赠韩质明府》(《全唐诗》卷二七八),则韩质或又曾为昭应令(新丰在昭应县,唐人习称县令为明府)。王维又有《大唐吴兴郡别驾前荆州大都督府长史山南东道采访使京兆尹韩公墓志铭》(《全唐文》卷三二七),未载其子之名,其他京兆府同僚如令狐士曹、豆卢仓曹,以及田曹卢康等,都已不可考知。

公元 778 年　代宗大历十三年　四十二岁

本年秋已为鄠县令。

韦集卷四《谢栎阳令归西郊赠别诸友生》,诗中有自注云:"大历十四年六月二十三日,自鄠县制除栎阳令……"由此,知韦应物在京兆府功曹、摄高陵宰之后,大历十四年六月之前,曾一度任鄠县令之职。据《新唐书·地理志》,鄠县也是京兆府的属县之一。现在需要考证的是他为鄠县令的时间。

按,韦集卷二有《秋集罢还途中作谨献寿春公黎公》诗,有云:"束带自衡门,奉命宰王畿,君侯枉高鉴,举善掩瑕疵。"言所以能宰畿县,因出于府主寿春公之推荐。接叙秋日集于京兆府:"时节乃来集,欣怀方载驰。平明大府开,一得拜光辉。温如春风至,肃若严霜威。"表示对黎幹的称颂。后叙集会礼毕,各自还县:"公堂燕华筵,礼罢复言辞。将从平明道,憩车沣水湄。山川降嘉岁,草木蒙润滋。孰云还本邑,怀恋独迟迟。"此处言"还本邑"的路线,要经过沣水。沣水在长安西,鄠县在长安西南,高陵则在长安东北。由此可知韦应物这次秋集罢后所归之县,应是鄠县,而决非高陵。此其一。又据《使云阳》诗(见上年条),大历十二年夏曾以京兆府功曹出使云阳,是年有大水成灾,而据此处之《秋集罢还途中作……》诗,所写如"斯民本已安,工拙两无施","山川降嘉岁,草木蒙润滋",不像是灾年景象。此其二。据《旧唐书·黎幹传》,黎幹于大历十三年由京兆尹改除兵部侍郎,未言年月,而此《秋集》诗当作于黎幹尚为京兆尹之时,此其三。根据这三点,可知《秋集》诗当作于大历十三年秋,由此并可断定此时韦应物已为鄠县令。

韦应物对黎幹之态度。

上述《秋集罢还途中作谨献寿春公黎公》诗,有云:"平明大府开,一得拜光辉。温如春风至,肃若严霜威。群属所载瞻,而忘倦与饥。"卷六又有《至开化里寿春公故宅》云:"宁知府中吏,故宅一徘徊。历阶存往敬,瞻位泣余哀。废井没荒草,阴牖生绿苔。门前车马散,非复昔时来。"诗作于黎幹死后已久。黎幹贬死于大历十四年五月,诗或作于建中时(781—783),或作于贞元三年(787)由江州刺史召还入京时(皆详后),总之,都是在黎幹被贬谪而死以后。由此可见,韦应物对黎幹始终表示深切的知遇之感。

按,《旧唐书·黎幹传》谓:"(大历)八年,复拜京兆尹、兼御史大夫。幹自以得志,无心为理,贪暴益甚,徇于财色。"后又叙述他交结宦官刘忠翼。德宗即位之初,即与刘忠翼同时除名长流。至其被贬的原由,《通鉴》卷二二五大历十四年五月载:"时人或言幹、忠翼尝劝代宗立独孤贵妃为皇后,妃子韩王迥为太子。上(指德宗)即位,幹密乘轝诣忠翼谋事。事觉,丙申,幹、忠翼并除名长流,至蓝田,赐死。"从这里可见,黎幹致死的直接原因,是因为牵涉到最高统治者的争夺皇位的斗争,由此触犯德宗,因而被处死。但细按史书所记,黎幹在两次任京兆尹期间,倒有几件事情是足以记述的:第一,黎幹于永泰元年第一次任京兆尹时,即"颇以治称。京师苦樵薪乏,幹度开漕渠,兴南山谷口,尾入于苑,以便运载"(《新唐书》一四五本传)。解决了长安薪炭缺乏的问题。第二,大历十二年夏秋大水成灾,他不隐瞒灾情,抵制了当时颇有名望兼权势的韩滉,已见前所述。第三,"(大历)十三年,泾水拥隔,(幹)请开郑、白支渠,复秦、汉故道以溉民田,废碾硙八十余所"(见《新唐书》本传)。此事又见《通鉴》卷二二五大历十三年正月载:"春正月辛酉,敕毁白渠支流碾硙以溉田。升平公主有二硙,入见于上,请存之。上曰:'吾欲以利苍生,汝识吾意,当为众先。'公主即日毁之。"由此可见,此次建议毁碾硙以溉民田的即是黎幹。碾硙是当时大小地主(尤其是贵族大地主)霸占水利、损害一般民田的强横措施,黎幹的这一建议肯定要触犯大地主阶层的利益,《通鉴》所记升平公主事就是一例。《通鉴》此处的记载虽意在称颂代宗,但也有助于使我们了解黎幹毁碾硙的措施对一般平民的农田灌溉是有利的。从以上三点来看,黎幹的评价就不能如旧史书那样一概以所谓"贪暴"目之,而应持分析的态度。对黎幹的态度涉及到韦应物在长安任职时的政治倾向,以及他后来的去就,故略考之于上。

有与卢纶、李端等送黎幹子黎煟赴阳翟尉诗。

韦集卷四有《杂言送黎六郎》,题下自注"寿阳公之子"。诗中云:"闻话嵩峰多野寺,不嫌黄绶向阳城……河南庭下拜府君,阳城归路山氛氲。"同卷又有《送黎六郎赴阳翟少府》云:"试吏向嵩阳,春山蹢躅芳。腰垂新绶色,衣满旧芸香。……只应传善政,日夕慰高堂。"据《元和姓纂》卷三,十二齐,"京兆尹黎幹。生姚、炬、常、燧、煟、煏。"又拓本黎幹墓志(岑仲勉《元和姓纂四校记》卷三引,见前),谓"(幹)子九人,前监察御史姚,河南府士曹燧,成都尉炬,阳翟尉煟,陆浑尉燰、炼、烛、焕、炤等"。据此,则韦诗之阳翟少府(即阳翟尉)黎六郎即黎煟,而《杂言送黎六郎》题下自注"寿阳公之子",阳应作春。从韦诗"只应传善政,日夕慰高堂"句,可见诗当作于大历十二年左右,也即德宗即位之前,因德宗于大历十四年五月即位不久,即下令贬黎幹,并随即处死。另外,李端也有《送黎少府赴阳翟》(《全唐诗》卷二八五):"诗礼称才子,神仙是丈人。玉山那惜醉,金谷已无春。白马如风疾,青袍夺草新。不嫌鸣吠客,愿用百年身。"卢纶有《送黎燧尉阳翟》(《全唐诗》卷二七六):"玉貌承严训,金声称上才。列筵青草偃,骤马绿杨开。潘县花添发,梅家鹤暂来。谁知望恩者,空逐路人回。"当是同时所作,由此也可考见李端、卢纶的行迹(据前所引拓本黎幹墓志,卢纶诗题中的黎燧,应作黎煟,燧为河南府士曹,煟乃为阳翟尉)。

公元 779 年　大历十四年　四十三岁

六月,自鄠令除栎阳令;七月,以疾辞官。

韦集卷四《谢栎阳令归西郊赠别诸友生》诗:"结发事州县,蹉跎在文墨。徒有排云心,何由生羽翼。幸遭明盛日,万物蒙生植。独此抱微痾,颓然谢斯职(自注:大历十四年六月二十三日自鄠县制除栎阳令,以疾辞归善福精舍,七月二十日赋此诗)。世道方荐蓁,郊园思偃息。……"按,据《新唐书》卷三十七《地理志》一,栎阳县属华州华阴郡,但据志,栎阳于天祐三年(906)才归属于华州,大历年间尚为京兆府的畿县,韦应物由鄠县改除栎阳,并不意味左迁或外放,而与当时的朝政有关。据《旧唐书·代宗纪》,大历十四年三月"庚戌,以河南尹严郢为京兆尹"。黎幹则已在此之前解京兆尹之职为兵部侍郎。同年五月，代宗死，德宗立，据《旧唐书》卷十二《德宗纪》，大历十四年五月"丙申，诏兵部侍郎黎幹害若豺狼，特进刘忠翼掩义隐贼，并除名长流。既行，俱赐死"。据前所述，韦应物任京兆府功曹等职，本由黎幹所荐举，韦应物对黎幹也深抱知遇之感，现在黎幹既然贬死，京兆尹易人，他也就因此而称疾辞官。

于本年六月辞栎阳令后，至建中二年（781）四月，闲居于长安西郊沣上之善福寺。此一时期所作之诗，后曾编录为《沣上西斋吟藁》数卷。

前引《谢栎阳令归西郊赠别诸友生》诗中自注云"以疾辞归善福精舍"。又韦集卷二《沣上西斋寄诸友》，题下自注："七月中善福之西斋作。"云："绝岸临西野，旷然尘事遥。"又云："等陶辞小秩，效朱方负樵。"可见善福寺即在沣水沿岸。《元和郡县志》卷二京兆府鄠县："丰水出县东南终南山，自发源北流，经县东二十八里，北流入渭。"丰水即沣水。可见韦应物辞栎阳令罢官后，即居长安西郊鄠县沣水沿岸之善福寺，也称西斋，如此处之《沣上西斋寄诸友》，又卷二有《独游西斋寄崔主簿》诗。按，应物于本年六月辞官，直至建中二年（781）四月除尚书比部员外郎，在此期间内即居于此，所作诗又有《善福阁对雨寄李儋幼遐》、《九日沣上作寄崔主簿倬二李端系》、《寺居独夜寄崔主簿》、《沣上寄幼遐》、《善福精舍示诸生》、《晚出沣上赠崔都水》、《寓居沣水精舍寄于张二舍人》、《沣上醉题寄涤武》、《沣上对月寄孔谏议》（以上皆韦集卷二）等，韦集他卷亦有。据王钦臣《宋嘉祐校定韦苏州集序》有云："题曰《韦苏州集》，旧或曰《古风集》，别号《沣上西斋吟藁》者又数卷。"知曾将在沣上所作诗编成数卷，流传于世。

公元 780 年　德宗建中元年　四十四岁

本年有与畅当酬答诗，并言及闲居时的生活。

> 韦集卷五《答畅校书当》："偶然弃官去，投迹在田中，日出照茅屋，园林养愚蒙。……出入与民伍，作事靡不同。时伐南涧竹，夜还沣水东。贫蹇自成退，岂为高人踪。览君金玉篇，彩色发我容。日日欲为报，方春已徂冬。"按，此处所写闲居时生活，可与卷二《晚出沣上赠崔都水》相参看，有云："首起趣东作，已看耘夏田。一从民里居，岁月再徂迁。"又《答畅校书当》诗中先云"偶然弃官去，投迹在田中"，后云"日日欲为报，方春已徂冬"，按，韦应物辞官在大历十四年六月，建中二年四月又出为比部员外郎，自春至冬闲居者，只能是建中元年始有可能，此诗当为本年作。又卷二并有《西郊养疾闻畅校书有新什见赠久仵不至先寄此诗》，云："养病惬清夏，郊园敷卉木。……"此诗为夏日作，疑亦在本年。畅当于大历、贞元间也以诗名世。据《唐才子传》卷四畅当小传，当大历七年进士，张式榜及第，由韦应物诗，可知畅当此时已任校书郎之职。

本年春或明年春又有诗寄吉中孚、夏侯审。吉中孚时为万年尉，夏侯审为校书郎。

> 韦集卷二《春日郊居寄万年吉少府中孚三原少府伟夏侯校书审》，云："谷鸟时一啭，田园春雨余。"又云："独饮涧中水，吟咏老氏书。城阙应多事，谁忆此闲居。"显为闲居西郊时所

作。按,据《册府元龟》卷六四五贡举部,建中元年,军谋越众科夏侯审及第。又《唐才子传》卷四夏侯审小传:"建中元年,礼部侍郎令狐峘下试军谋越众科第一,释褐校书郎。"韦诗所写为春日。唐代科试,一般亦在二、三月间。则此诗只能作于本年春或明年春(明年建中二年四月除比部员外郎,已离沣上)。由此可知此时吉中孚为万年尉(《新唐书·艺文志》及《卢纶传》附载吉中孚事,均未载为万年尉事),夏侯审为校书郎。又韦集卷一另有《春宵燕万年吉少府中孚南馆》诗,亦为春日作,中云:"宾筵接时彦,乐燕凌芳岁。……欲去返郊扉,端为一欢滞。"似亦为此一时期作,韦应物于今明年春季曾至长安城中,过吉中孚所居,与诸人夜宴尽欢,故有"欲去返郊扉,端为一欢滞"之句。

有寄令狐峘诗,当作于今冬或明春。时峘贬为郴州司马。

韦集卷三有《寄令狐侍郎》诗,云:"始自风尘交,中结绸缪姻。"则令狐为其故友,又为姻亲。诗又云:"一旦迁南郡,江湖渺无垠。宠辱良未定,君子岂缁磷。寒暑已推斥,别离生苦辛。非将会面目,书札何由申。"据《旧唐书》卷十二《德宗纪》上,建中元年二月,"甲寅,贬史馆修撰、礼部侍郎令狐峘郴州司马。"又据《旧唐书》卷一四九《令狐峘传》,峘初为刘晏所辟用,及德宗初杨炎为相,因触犯杨炎,乃被贬。《旧书》本传云建中初所贬为衡州别驾(《新唐书》卷一〇二《令狐德棻传》附峘传亦云贬衡州别驾),与本纪所载郴州异。又据传,德宗即位之初欲厚葬代宗,令狐峘曾上书谏,谓历观以前的朝代,"有德者葬愈薄,无德者葬愈厚",以此著名当代。韦

诗云"寒暑已推斥,别离生苦辛",峘之贬在二月,则作诗当在
本年冬,或明年春。

韦应物在沣上居住期间,有外甥数人,其中有赵伉,乃《因话录》
作者赵璘之父。

韦集卷五《沣上精舍答赵氏外生伉》:"远迹出尘表,寓身双
树林。如何小子伉,亦有超世心。担书从我游,携手广川
阴。……对榻遇清夜,献诗合雅音。……"此诗之后又有《答
赵氏生伉》诗。据拓本《唐故进士赵君(珪)墓志铭》:"侍御
史府君生皇考府君讳伉,进士及第,监察御史。"(拓本原文未
见,此据岑仲勉《元和姓纂四校记》卷七引)此志为赵璜撰,
璜为赵伉次子。据《元和姓纂》卷七,三十小,侍御史赵涉,
生三子:儌、伉、伸,"儌,监察御史";"伉,昭应尉"。伉生璘、
璜、琏。而据《新唐书》卷七十三下《宰相世系表》三下,赵骃
(京兆士曹参军)生二子:涉(侍御史)、浑(大理丞)。涉生儌
(监察御史),浑生伉(昭应尉)。伉三子:璘(字泽章)、琏(字几
颜)、璜(字祥牙)。以《新表》与《姓纂》对勘,再参以赵珪墓
志,伉应为涉子,《新表》作浑子,误。又,伉生璘、璜、琏,《姓
纂》将璘写作瑊,误。《新唐书·艺文志》子部小说家类,有
"赵璘《因话录》六卷",下注云:"字泽章,大中衢州刺史。"所
谓"字泽章",与《新表》合。据《因话录》卷二商部上,赵伉除
《新表》所载为昭应尉外,曾与诗人李约同在浙西节度使幕,时
间不详。建中元年,赵伉年岁尚轻,故韦诗称之为"小子伉"。

在长安时丧妻,曾有悼亡诗十余首。

韦集卷六有《伤逝》诗等十余首。《伤逝》诗题下有注云:"此

后叹逝哀伤十九首尽同德精舍旧居伤怀时所作。"此注不知为何人所加,其说颇误。按,《伤逝》诗中云:"念我室中人,逝去亦不回。结发二十载,宾敬如始来。"如为韦应物寓居洛阳同德精舍时作,则为永泰元年或后数年间所作。永泰元年为公元765年,时韦应物二十九岁,则"结发二十载",显然不可能。今按,同卷《往富平伤怀》中有云:"昨者仕公府,属城常载驰。"则显然指在长安任职之事。其妻当卒于在长安任职时,至于《伤逝》诗题下小注"同德精舍"云云,此同德精舍疑为善福精舍之误。同卷《同德精舍旧居伤怀》为离洛阳以后重游时所作。诗中云:"洛京十载别,东林访旧扉。山河不可望,存殁意多违。时迁迹尚在,同去独来归。"意即谓仕洛阳时与其妻同来,离洛阳时亦同去,今日重又来游,则只有一人。又同卷《出还》述及其妻没时,家中尚有幼女:"幼女复何知,时来庭下戏。"而后来在滁州所作的《送杨氏女》诗(韦集卷四)也曾提及其幼女,诗中有自注云:"幼女为杨氏所抚育。"由以上所述,可以考定其妻之卒当在长安任职之时。唐人诗篇中,悼亡诗有十余首之多,且感情诚挚感人者,韦诗不在元稹之下。

公元781年　德宗建中二年　四十五岁

四月,除尚书比部员外郎。

韦集卷四《始除尚书郎别善福精舍》,题下自注:"建中二年四月十九日,自前栎阳令除尚书比部员外郎。"诗中云:"除书忽到门,冠带便拘束。愧忝郎署迹,谬蒙君子录。俯仰垂华缨,飘飘翔轻毂。行将亲爱别,恋此西涧曲。远峰明夕川,夏雨生

众绿,迅风飘野路,回首不遑宿。"又卷五《答崔都水》中云:
"久嫌官府劳,初喜罢秩闲。终年不事业,寝食长慵顽。不
知何为来,名籍挂吾间。摄衣辞田里,华簪耀颓颜。"可见韦
应物始除尚书比部员外郎的心情。又据《新唐书》卷四十六
《百官志》一,比部员外郎属刑部,"掌句会内外赋敛、经费、俸
禄、公廨、勋赐、赃赎、徒役课程、逋欠之物,及军资、械器、和
籴、屯收所入。"其事至为繁杂,无怪乎韦应物比为"樊笼":
韦集卷六《忆沣上幽居》中云"一来当复去,犹此厌樊笼。况
我林栖子,朝服坐南宫"。

公元 782 年　德宗建中三年　四十六岁

仍在尚书比部员外郎任。约四月间,有送李益赴幽州诗(后因朱
滔之乱,李益或未成行)。

韦集卷四《送李侍御益赴幽州幕》:"二十挥篇翰,三十穷
典坟。辟书五府至,名为四海闻。始从车骑幕,今赴嫖姚
军。……登高望燕代,日夕生夏云。司徒拥精甲,誓将除国
氛。儒生幸持斧,可以佐功勋。无言羽书急,坐阙相思文。"
按,此诗之后为《自尚书郎出为滁州刺史留别友朋兼示诸弟》
诗,应物出刺滁州在建中四年夏秋(说详后),此诗之前数首为
建中二年四月间所作之《始除尚书郎别善福精舍》,按照诗集
编排次序,送李益之诗亦当作于建中年间。据《旧唐书》(卷
一三七)、《新唐书》(卷二〇三)《李益传》,李益曾游幽州,
但其时在刘济为幽州节度使时,而刘济为幽州节度使乃在
贞元元年九月(《旧唐书·德宗纪》上)。时韦应物已不在长
安。今按,诗中有"司徒拥精甲,誓将除国氛"之句,据《旧唐

书·德宗纪》上，建中三年正月"丙寅，幽州节度使朱滔、张孝忠破李惟岳之兵于束鹿。"闰正月"甲辰，成德军兵马使王武俊杀李惟岳，传首京师"。二月戊午，"加朱滔检校司徒"。又《旧唐书》卷一四三《朱滔传》："建中二年，(李)宝臣死，其子惟岳谋袭父位。滔与成德军节度使张孝忠征之，大破惟岳于束鹿。……以功加检校司徒，为幽州、卢龙军节度使。"刘济则始终未封为司徒。韦诗所谓"司徒拥精甲，誓将除国氛"，无疑即指朱滔因破李惟岳兵而加检校司徒一事。但据《旧唐书·德宗纪》上所载，朱滔不久即叛："(建中三年四月)朱滔、王武俊与田悦合从而叛。"唐朝廷又命马燧、李抱真、李芃等三节镇连兵征讨，兵连不结，直至建中四年十月泾卒之变，德宗出奔奉天。今观韦诗有称颂朱滔之语，且勉励李益去幽州军中为国立功，诗中又有"登高望燕代，日夕生夏云"之句，而朱滔之叛又在四月，则李益之赴幽燕及韦应物之赠诗，或当即在四月间，盖其时朱滔虽叛，与王武俊、田悦相连结，但其消息尚未传来。有关李益事迹的记载皆未云李益赴朱滔幕，仅云在刘济幕中任职，则当是建中三年四月之行，终因朱滔之叛而未能实现。

公元 783 年　德宗建中四年　四十七岁

夏，由尚书比部员外郎出为滁州刺史，秋至任。

王钦臣《宋嘉祐校定韦苏州集序》："建中二年，由前资除比部员外郎，出为滁州刺史。"姚宽《西溪丛语》卷下："建中二年，由前资除比部员外郎，出为滁州。"都未言为滁州刺史的年月。沈作喆所作补传则谓："建中二年，拜尚书比部员外郎；明年，出为滁州刺史。"据沈作喆所说，则是韦应物于建中三年为滁州刺史。今按，韦集卷三有《寄诸弟》诗，题下自注云："建中四年十月三日，京师兵乱，自滁州间道遣使……"则建中四年十月以前已为滁州刺史。又同卷有《郡斋感秋寄诸弟》诗云："首夏辞旧国，穷秋卧滁城。方如昨日别，忽觉徂岁惊。"可知韦应物是在春季离长安，秋至滁州任。其为尚书比部员外郎是在建中二年四月，则所谓"首夏辞旧国"，只有建中三年或四年才有可能。按，韦集卷二另有《秋夜南宫寄沣上弟及诸生》诗，云南宫，即指尚书省官署。诗中云："空宇感凉至，颓颜惊岁周。"意即谓作此诗时，在比部员外郎职又是一年之秋。据此，则《秋夜南宫》诗当作于建中三年秋，亦即建中三年秋尚在长安，则《郡斋感秋寄诸弟》之"首夏辞旧国"，只能在建中四年，也就是：建中四年夏离长安，秋至滁州①。

又韦集卷二有《将往滁城恋新竹简崔都水示端》："停车欲去绕丛竹，偏爱新筎十数竿。莫遣儿童触琼粉，留待幽人回日看。"由长安赴滁州，途经洛阳，有诗。

韦集卷三《寄大梁诸友》："分竹守南谯，弭节过梁池。雄都众

①马茂元《唐诗选》，注《滁州西涧》诗，谓"建中二年，韦应物出任滁州刺史"。此乃误读王钦臣、姚宽所云"建中二年，由前资除比部员外郎，出为滁州刺史"语。实则此处所谓建中二年，乃指由前栎阳令为尚书比部员外郎，与后之"出为滁州刺史"实系两事，《唐诗选》乃合二为一，致此谬误。又其书韦应物小传云"玄宗时，任三卫郎，后应举成进士"，所谓"应举成进士"，亦不知所据（中国科学院文学研究所编的《中国文学史》同此误）。所有有关韦应物事迹的记载以及韦应物本人的诗作，都没有说韦应物曾应举进士的。

君子,出钱拥河湄。"又云:"昨日次睢阳,今夕宿符离。云树怆重叠,烟波念还期。相敦在勤事,海内方劳师。"南谯即指滁州。建中二年以来,频年皆有战事,"海内方劳师",即指此。又卷二《自巩洛舟行入黄河即事寄府县僚友》:"夹水苍山路向东,东南山豁大河通。寒树依微远天外,夕阳明灭乱流中。孤村几岁临伊岸,一雁初晴下朔风。为报洛桥游宦侣,扁舟不系与心同。"此也为韦诗名篇,系赴滁州任离洛阳时所作,所谓府县僚友,即指广德、永泰时为洛阳丞时之河南府同僚。赴滁州作者尚有《将往江淮寄李十九儋》(韦集卷二)、《淮上即事寄广陵亲故》(同上)、《夕次盱眙县》(卷六)。

秋冬,在滁州时,有诗寄畅当,时畅当以子弟从军。卢纶时为昭应令,亦有送畅当从军诗。

韦集卷三《寄畅当》诗,题下自注:"闻以子弟被召从军。"诗云:"寇贼起东山,英俊方未闲。闻君新应募,籍籍动京关。出身文翰场,高步不可攀。青袍未及解,白羽插腰间。昔为琼树枝,今有风霜颜。秋郊细柳道,走马一夕还。丈夫当为国,破敌如摧山。何必事州府,坐使鬓毛斑。"按,畅当《新唐书》卷二〇〇《儒学下》有传,云:"当进士擢第,贞元初,为太常博士。"未载其从军事。今按,《唐会要》卷七十二"军杂录"条:"建中四年四月,初令京师募兵,以神策使白志贞为之使,又故节度观察使武将家,出僮马,具戎装从军,自是京师人心震摇,不保家室。"此事又见《旧唐书》卷一三五《白志贞传》,所载较详,可以看出当时藩镇拥兵作乱以及德宗朝廷昏庸无能的情况,云:"建中四年,李希烈陷汝州,命志贞为京城召募使。

时尚父（郭）子仪婿端王傅吴仲孺家财巨万，以国家召募有急，惧不自安，乃上表请以子弟率奴客从军，德宗嘉之，超授五品官。由是志贞请令节度、观察、团练等使并尝为是官者，令家出子弟、甲马从军，亦与其男官。是时豪家不肖子幸之，贫而有子者苦之。自是京师人心摇震，不保家室。"又云："时禁军募致，悉委志贞，两军应赴京师，杀伤殆尽，都不奏闻，皆以京师沽贩之徒以填其阙。其人皆在市廛，及泾师犯阙，诏志贞以神策军拒贼，无人至者，上（指德宗）无以御寇，乃图出幸。"《通鉴》卷二二八建中四年四月也载此事，与《唐会要》《旧唐书·白志贞传》同，其中说："志贞请诸尝为节度、观察、都团练使者，不问存没，并勒其子弟帅奴马自备资装从军，……贫者甚苦之，人心始摇。"所记更为明确。畅当之父为畅璀，有传见《旧唐书》卷一一一，谓："大历五年，兼判太常卿，迁户部尚书。十七年七月卒。"畅当于大历七年进士登第（见《唐才子传》卷四），约大历后期任校书郎之职，韦应物在长安沣上闲居时有与交往（已见前）。韦诗《寄畅当》，题下自序既云"以子弟从军"，诗中又云"寇贼起东山"，按，建中三年，河北、山东诸藩镇如朱滔、王武俊、田悦、李纳等已连兵反唐，各自称王，建中四年正月，淮西节度使李希烈又起兵袭陷汝州，唐军屡为所败，朱滔等又奉李希烈为建兴王、李希烈自称天下都元帅。韦诗"寇贼起东山"，东山即山东，即指潼关以东地区。唐朝廷的原有兵力无法应付，故命白志贞募文武官员的子弟从军，时畅当之父虽死，也如《通鉴》所记"不问存没"，皆勒令子弟从军。韦诗云"秋郊细柳道"，又自称云"何必事州府，坐使鬓毛斑",揆之史实,故定于本年秋在滁州刺史时所作。但白志贞奉命召募是在四月间,韦应物当为在此之后在滁州闻讯畅当从军,故寄以此诗。又卢纶亦有《送畅当赴山南幕》(《全唐诗》卷二七六)云:"含情脱佩刀,持以佐贤豪。是月霜霰下,伊人行役劳。……去矣奉戎律,悲君为我曹。"据《旧唐书》卷一六三《卢简辞传》,卢纶于建中元年为昭应令,昭应为长安属县,从诗中所述,当在秋冬。

在滁州所作诗,有对于当时战乱中滁州凋敝情况的反映。

韦集卷六《重九登滁城楼忆前岁九日归沣上赴崔都水及诸弟燕集悽然怀旧》,由诗题及诗中云"今日重九燕,去岁在京师",可见为本年秋抵滁州未久时所作,诗中云:"凋散民里阔,摧翳众木衰。楼中一长啸,恻怆起凉飔。"又卷五《答崔都水》《答王郎中》,从排列次序及诗中所述,皆可定为在滁州作,前诗中有云:"盱税况重叠,公门极熬煎。责逋甘首免,岁晏当归田。"后诗中云:"风物殊京国,邑里但荒榛。赋繁属军兴,政拙愧斯人。"都可见出由于战乱而加重赋税、徭役的负担,由此造成城乡凋敝和荒凉的景状,韦应物的这些诗在当时富有现实性,在同时诗人中亦属少见。

公元 784 年　德宗兴元元年　四十八岁

仍在滁州刺史任。有诗反映自去年冬开始的朱泚之乱的情况。

韦集卷三《寄诸弟》诗,题下自注云:"建中四年十月三日,京师兵乱,自滁州间道遣使,明年兴元甲子岁五月九日使还作。"兴元甲子岁,即兴元元年。可见此时仍在滁州任。诗云:"岁暮兵戈乱京国,帛书间道访存亡。还信忽从天上落,唯知彼此泪千行。"按，韦应物出守滁州时，其旧居及诸弟等尚在长安，此于诗中屡见，如卷三《元日寄诸弟兼呈崔都水》（中云"一从守兹郡，两鬓生素发"），卷六《社日寄崔都水及诸弟群属》（中云"山郡多暇日，社时放吏归"），及同卷《寒食日寄诸弟》、《三月三日寄诸弟兼怀崔都水》等。又据《旧唐书·德宗纪》及《通鉴》卷二二八至二三〇等所载，建中四年，泾原兵本奉命东征李希烈，过长安时，以食劣无赏，哗变作乱，并奉朱滔之兄朱泚（前曾为幽州节度使）为天子，德宗出奔奉天。朱泚称帝，国号秦，并遣兵攻奉天。兴元元年二月，前来赴援的朔方节度使李怀光又与朱泚相结，战乱进一步扩大。直至五月下旬，李晟始收复长安，秦中一带自安史之乱以后，又一次受到大破坏。韦应物作此《寄诸弟》诗时，据自注是在五月九日，长安尚未收复。韦集卷三又有《京师叛乱寄诸弟》诗，中有"函谷行人绝，淮南春草生"句，则为本年春作，在上述的《寄诸弟》之前。中云："弱冠遭世难，二纪犹未平。羁离守远郡，虎豹满西京……忧来上北楼，左右但军营。"可见当时战乱之状。

本年夏又有与杨凌唱和诗。凌在当时也有文名，柳宗元即为凌兄凭之婿。柳宗元曾为杨凌文集作序。

韦集卷三有《寄杨协律》，诗后附杨凌《奉酬滁州寄示》，中云："淮阳为郡暇，坐惜流芳歇。散怀累榭风，清暑澄潭月。"知在夏日。按，韦应物去年秋抵滁州，本年末或明年春又罢滁州刺史任，则夏日在滁州任上者只能是本年。又卷三另有《郡中对雨赠元锡兼简杨凌》诗，云"宿雨冒空山，空城响秋叶"，此诗亦为在滁州作，并云"遇兹端忧日，赖与嘉宾接。"对杨凌颇为推许,情见乎辞。

按,《旧唐书》卷一四六《杨凭传》:"杨凭字虚受,弘农人。……与母弟凝、凌相友爱,皆有时名。"《新唐书》卷一六〇《杨凭传》亦云:"与弟凝、凌皆有名。"并云:"凌字恭履,最善文,终侍御史。"柳宗元为杨凭之婿,可参见《柳河东集》卷九《唐故兵部郎中杨君墓碣》。《柳河东集》卷十二《先君石表阴先友记》中云:"杨氏兄弟者,弘农人,皆孝友,有文章。……凌,以大理评事卒,最善文。"(按,据此,则《新唐书》所谓凌终侍御史,不确。)另外,柳宗元在《杨评事文集后序》中对杨凌的文章作了极高的评价,说杨凌"少以篇什著声于时,其炳耀尤异之词,讽诵于文人,盈满于江湖";又说他"学富识远,才涌未已,其雄杰老成之风与时增加"(《柳河东集》卷二十一)。这些都可有助于韦、杨交往的研究。

本年又有《寄李儋元锡》、《寄全椒山中道士》等诗①。

《寄李儋元锡》见韦集卷三,亦为韦诗名作,云:"去年花里逢君别,今日花开已一年。世事茫茫难自料,春愁黯黯独成眠。身多疾病思田里,邑有流亡愧俸钱。闻道欲求相问讯,西楼望月几回圆。"去年春,韦应物尚未至滁州,明年春则已罢任,此

---

① 宋《墨客挥犀》卷十:"东坡曰,罗浮有野人,山中隐者或见之,相传葛稚川之隶也。有邓道士者尝见其足迹。余偶读韦苏州《寄全椒道士》诗云:'今朝郡斋冷,忽念山中客。涧底束荆薪,归来煮白石。遥持一樽酒,远慰风雨夕。落叶满空山,何处寻行迹。'想其风度则全椒道士,岂亦邓君之流乎?因以酒问,且依苏州韵作诗寄之曰:'一杯罗浮春,远饷采薇客。遥知独酌罢,醉卧松下石。幽人不可见,清啸闻月夕。聊戏庵中人,飞空本无迹。'"

诗当作于本年春①。李儋,两《唐书》无传,《新唐书》卷七十二上《宰相世系表》二上,陇西李氏姑臧大房,有给事中李升期子儋,殿中侍御史。其他事迹不详。韦应物屡有寄赠李儋诗,如卷三《赠李儋侍御》诗,可知韦诗中之李儋即《新表》中任殿中侍御史之李儋。

又韦集卷三《寄全椒山中道士》"今朝郡斋冷,忽念山中客"云云,亦为传诵之作,当也在本年秋作。

公元 785 年　德宗贞元元年　四十九岁

去年冬末罢滁州刺史任,本年春夏尚闲居于滁州西涧。

韦集卷三《岁日寄京师诸季端武等》云:"献岁抱深恻,侨居念旧缘……少事河阳府,晚守淮南壖……昨日罢符竹,家贫遂留连。部曲多已去,车马不复全。……听松南岩寺,见月西涧泉。为政无异术,当责岂望迁。"按,韦应物于去年春及五月尚在滁州刺史任(见前)。此诗作于正月初,而云"昨日罢符竹",则其罢滁州刺史任当在去年冬末。又云"家贫遂留连","见月西涧泉",可知寓居于西涧一带。西涧于韦集在滁州诗中屡见,如《滁州西涧》②、《西涧种柳》(皆卷八)、又如《示全真元常》(卷三)云:"余辞郡符去,尔为外事牵……始话南池

---

① 文学研究所编注的《唐诗选》选此诗,注中谓"本篇当作于唐德宗贞元初年,作者正在苏州做刺史时"。无据。韦应物为苏州刺史亦非贞元初。

② 欧阳修《书韦应物西涧诗后》云:"右唐韦应物《滁州西涧》诗。今州城之西乃是丰山,无所谓西涧者,独城之北有一涧,水极浅,遇夏潦涨溢,但为州人之患,其水亦不胜舟,又江潮不至此,岂诗家务作佳句,而实无此耶?然当时偶不以图经参正,恐在州界中也。闻左司郭员外新授滁阳,欲以此事问之。"(《欧阳文忠公文集》卷七十三)

饮,更咏西楼篇。"此南池、西楼即上述《岁日》诗中的南岩寺、西涧。又《岁日》诗诗题中提及的其从弟韦武,为韦应物叔父韦镒之子(见前世系考)。《新唐书》卷九十八《韦挺传》附,谓韦武"累迁长安丞,德宗幸梁州,委妻子奔行在,除殿中侍御史"。德宗奔赴梁州在兴元元年二月,这时韦武也赴梁州,不在长安。同年五月李晟收复长安,七月德宗还京。据吕温《京兆韦公(武)神道碑铭并序》(《吕衡州文集》卷六)谓"皇舆返正,犹践旧职",即兴元元年七月以后随德宗还长安,仍任殿中侍御史之职。贞元元年正月韦武即在长安,故韦应物可以寄诗与他。

在滁州尚有《观田家》、《滁州西斋》等作。

《观田家》见韦集卷七,其中有"归来景常晏,饮犊西涧水",西涧在滁州,韦集中屡见,可见此诗也当在滁州作,确切年月则未能确定。诗中描写田家开春即全家劳动,"田家几日闲,耕种从此起,丁壮俱在野,场圃亦就理",但却苦于租税徭役,不得温饱,云:"仓廪无宿储,徭役犹未已。方惭不耕者,禄食出闾里。"此诗表现韦应物对贫苦农民抱同情态度,是韦诗中思想性之最强者。卷八又有《山耕叟》,写贫苦老农,当也是滁州所作。韦集卷八《滁州西涧》,中有"春潮带雨晚来急,野渡无人舟自横",亦为名句(参见明胡应麟《诗薮》外编卷四)。另外还有《滁城对雪》、《西涧种柳》等诗,皆为在滁州时所作。韦应物在滁州所作诗甚多,不备举。

本年秋,为江州刺史。

韦集卷三《登郡楼寄京师诸季淮南子弟》:"始罢永阳守,复卧浔阳楼。悬槛飘寒雨,危堞侵江流。迨兹闻雁夜,重忆别离秋……"据《新唐书》卷四十一《地理志》五,淮南道有滁州永阳郡,所属县有三,即清流、全椒、永阳。此处的"永阳守",即指永阳郡守,也就是滁州刺史。诗中又有"飘寒雨"、"别离秋"之句,可知韦应物去年冬末罢滁州刺史任,本年春夏在滁州闲居,至秋日又除为江州刺史。又韦集卷五《答偶奴重阳二甥》诗,其中云:"一朝忝兰省,三载居远藩",自建中四年至本年,亦为三年。因此可以确定韦应物于本年秋为江州刺史。

有《始至郡》诗,反映贫苦农民因不堪剥削压迫而逃亡的情况。

诗见韦集卷八,题云"始至郡",则为本年秋到达江州未久时所作。诗云:"浴城古雄镇,横江千里池。高树上迢递,峻堞绕敧危。"又云:"斯民本乐生,逃逝竟何为。旱岁属荒歉,旧逋积如坻。到郡方逾月,终朝理乱丝。宾朋未及宴,简牍已云疲。"可见当时江南如江州那样的"古雄镇",也因受战乱影响,与滁州同样破败①。

---

① 独孤及《江州刺史厅壁记》(《毗陵集》卷十七)记江州地形及安史之乱以后的情况,颇可与韦诗参看,其中云:"是州也,在荆之域,于浔之阳,江从岷山东注,渤澥洪涛,至是派分为九,而庐山溢水,周于雉堞,洞庭彭蠡,为之襟带。故自晋元康,迄于梁陈,出入五代,四百余载,世称雄镇,且曰大府,匪亲匪贤,莫荷其寄。唐有天下,六合一轨,设险斯废,惟民之恤,则命官择任,与列郡等矣。至德已来,戎马生而楚氛恶,犹是邦咽喉秦吴,跨蹑荆徐,而提封万井,歧路五裂。每使臣计郡县之财入,调军府之储峙,玺节旁午,羽书络绎,走闽禺而驰于越,必出此之路,而防虞供亿,功倍他郡,故亦大其任而难其人。"江州繁剧,又可参见符载《江州录事参军所壁记》(《全唐文》卷六八九)。

公元 786 年　德宗贞元二年　五十岁

本年仍在江州刺史任。

> 韦集卷六《春月观省属城始憩东西林精舍》,中云:"因时省风俗,布惠迨高年。建隼出浔阳,整驾游山川。"去年秋至任,至今年春月乃出巡属县,并始游庐山东林、西林二寺。在江州并有《东林精舍见故殿中郑侍御题诗追旧书情……》、《发蒲塘驿沿路见泉谷村舍忽想京师旧居追怀昔年》、《自蒲塘驿回驾经历山水》(皆卷六)、《郡内闲居》(卷八)等诗。现存韦集内,江州之作不多,当是在江州时间甚短之故。

公元 787 年　德宗贞元三年　五十一岁

本年由江州刺史入朝为左司郎中。

> 王钦臣《宋嘉祐校定韦苏州集序》谓:"改刺江州,追赴阙,改左司郎中。"姚宽《西溪丛语》卷下:"改判江州,改左司郎中。"皆未言年岁。沈作喆所作补传则谓:"俄擢江州刺史,居二岁,召至京师。贞元二年,由左司郎中补外得苏州刺史。"接沈氏所说,则由江州刺史入朝当在贞元二年以前。但据上考,贞元元年、二年皆在江州刺史任。又韦集卷五有《答令狐侍郎》诗,中云:"三黜故无愠,高贤当庶几。但以亲交恋,音容邈难希。况惜别离久,俱忻藩守归。朝晏方陪厕,山川又乖违。"此诗之后附令狐峘《硖州旅舍奉怀苏州韦郎中》诗。韦与令狐这二首和答诗作于韦应物为苏州刺史时。按,令狐峘于建中元年(780)二月由礼部侍郎贬为郴州司马(新旧《唐书》本传作衡州别驾),韦应物曾有诗寄之,见前该年条。《旧唐书》卷一四九《令狐峘传》:"贬衡州别驾。迁衡州刺史。贞

元中,李泌辅政,召拜右庶子、史馆修撰。"而据《旧唐书·德宗纪》及《宰相表》,贞元三年六月,李泌由陕虢观察使为中书侍郎、同中书门下平章事,拜相。则令狐峘之由衡州入朝,当在贞元三年六月以后。又据韦诗《答令狐侍郎》,"俱忻藩守归,朝晏方陪厕",即指令狐峘由衡州刺史、韦应物由江州刺史入朝,一为史馆修撰,一为左司郎中,时与事均合。由此可知,两人在朝只能在贞元三年六月以后,而不能在此之前。又,韦集卷五《答河南李士巽题香山寺》诗,中有云:"前岁守九江,恩召赴咸京……今兹守吴郡,绵思方未平。"韦应物之为苏州刺史在贞元四年七月以后。所谓前岁,即去年,此亦为一旁证,可以佐证韦应物是在贞元三年应召由江州赴京的。沈作喆定于贞元二年以前,误。

公元 788 年　德宗贞元四年　五十二岁

本年七月以后,韦应物由左司郎中为苏州刺史。

关于韦应物任苏州刺史的时间,过去的记载大多皆误,今考之于下。按,王钦臣云:"贞元初,又历苏州。"贞元共二十一年,则贞元初也可理解为贞元元年或二年。姚宽未载何年,仅云"自后守九江,至为苏州刺史。"而沈作喆所作补传,则确定即为贞元二年:"贞元二年,由左司郎中补外得苏州刺史。"自此以后,所有记载韦应物任苏州刺史者,均载于贞元二年(包括过去的一些文学史著作,及有关专著,如华忱之校订的《孟东野诗集》后附录的《孟郊年谱》)。今按,由前贞元三年条,可以考定贞元三年六月以后韦应物尚在长安,与令狐峘交往,由此一条,即可断定所谓贞元二年为苏州刺史之误。今更论证于下。

据《旧唐书·德宗纪》所载,贞元元年至十年间任苏州刺史者,有两处,一为贞元四年七月"乙亥,以苏州刺史孙晟为桂州刺史、桂管观察使",二为贞元八年二月壬午,"以苏州刺史齐抗为潭州刺史、湖南观察使"。此两处皆记载离职的时间,未记始任的时间。孙晟,两《唐书》无传(岑仲勉《元和姓纂四校记》谓晟应作成)。齐抗,《旧唐书》卷一三六本传未载为苏州刺史事,《新唐书》卷一二八本传载:"为处州刺史,历苏州,徙潭州观察使。"也未言何时始为苏州刺史。白居易有《吴郡诗石记》一文(《白氏长庆集》卷六十八),其中说:"贞元初,韦应物为苏州牧,房孺复为杭州牧,皆豪人也。韦嗜诗,房嗜酒,每与宾友一醉一咏,其风流雅韵,多播于吴中,或目韦、房为诗酒仙。时予始年十四五,旅二郡,以幼贱不得与游宴。"按,白居易生于大历七年(772),年十四五,则为贞元元年和二年。这与白氏文中称"贞元初,韦应物为苏州牧"相合。沈作喆所作补传的贞元二年之说,或即本之于白居易。但实际上白居易的所谓"始年十四五"并不准确(说详后),我们且从另一些材料来说明韦应物为苏州刺史不可能在贞元四年孙晟之前,而只能在孙晟于四年七月去任之后。

刘太真有诗,题为《顾十二况左迁过韦苏州房杭州韦睦州三使君皆有郡中燕集诗辞章高丽鄙夫之所仰慕顾生既至留连笑语因亦成篇以继三君子之风焉》(《全唐诗》卷二五二),诗中有云:"宠至乃不惊,罪及非无由。奔迸历畏途,缅邈赴偏陬。牧此凋弊甿,属当赋敛秋。"由此可知,作此诗时刘太真也正任郡守,而且是因罪而贬谪的。从刘太真这首诗所提供的材料,可分三点论述:(一)《旧唐书》卷一三七《刘太真传》载刘太真累历台阁,所任官职为:"自中书舍人转工部、刑部二侍郎。……转礼部侍郎。……贞元五年,贬信州刺史,到州寻卒。"(《新唐书》卷二〇三《文艺下·刘太真传》略同)又《旧唐书·德宗纪》贞元四年九月载德宗曲江宴,命诸臣作诗,刘太真与李纾之作被评为上等,可见此时尚在长安。至贞元五年三月"丙寅,贬礼部侍郎刘太真为信州刺史。"可见刘太真在贞元五年三月以后才在信州(即江西饶阳)刺史任。又据裴度所作《刘府君神道碑铭并序》(《全唐文》卷五三八),刘太真为信州刺史后,"移疾去郡,以贞元八年三月八日薨于余干县之旅馆,春秋六十八。"(又参见《全唐文》卷五二八顾况《信州刺史刘府君集序》)又《唐诗纪事》卷二十六载刘太真写给韦应物的信说:"顾著作来(况也),以足下《郡斋燕集》相示,是何情致畅茂遒逸如此!……"韦应物并有《酬刘侍郎使君》诗(韦集卷五),中云:"英贤虽出守,本自玉阶人……执云俱列郡,比德岂为邻。"可见刘太真写信给韦应物作酬答诗时,两人同任刺史之职。刘太真之为信州刺史既在贞元五年三月以后,韦应物当也应为约略同时;孙晟既于贞元四年七月离苏州刺史任,则韦应物之为苏州刺史当然不可能在孙晟之前,而只能在他之后,也就是贞元四年七月以后。(二)顾况本在长安为著作郎,后因事贬饶州司户,其事见《旧唐书》卷一三〇《李泌传》附,但《旧唐书》未言在何时。而据《旧唐书》所载,顾况被贬,是因为李泌死后,顾况不临哭,反而有调笑之言,因而被劾。而李泌之卒,据《旧唐书·德宗纪》所载是在贞元五年三月,则顾况当是与刘太真于同年后先被贬的。唐张彦远《历代名画记》卷十顾况条,即明载:"贞元五年,贬饶州司户。"顾况于被贬道中路经苏州,此时之苏州刺史为韦应物,也证明贞元五年间韦应物为苏州刺史。(三)刘太真诗题中提及"顾著作况左迁过韦苏州房杭州韦睦州三使君皆有郡中燕集诗"云云。房杭州即为房孺复(可参见上引白居易《吴郡诗石记》)。房孺复见《旧唐书》卷一一一及《新唐书》卷一三九的《房琯传》附,均未言何年为杭州刺史。从清人劳格《读书杂识》卷七《杭州刺史考》中,可以推知其任杭州刺史是在建中二年以后,贞元六年之前。另一是韦睦州,据宋人所编《严州图经》卷一唐刺史题名,"韦赞:贞元四年正月十六日自驾部郎中拜。"其后任为张汇征:"贞元七年二月十一日自刑部郎中拜。"韦赞,两《唐书》无传,据《新唐书》卷七十四上《宰相世系表》四上,韦氏逍遥公房,有韦儹,睦州刺史,当即其人。戴叔伦有《赠韦评事儹》诗(《全唐诗》卷二七三),可见作"儹"是。由此可知,当时任睦州刺史者为韦儹,时间则在贞元四年正月至七年二月。从韦儹任睦州刺史的时间也正可证明韦应物之任苏州刺史不可能在贞元四年以前,而只能在贞元四年七月以后。

至于白居易的《吴郡诗石记》所载,也可进一步辨析。按,此文末署"宝历元年七月二十一日苏州刺史白居易题"。文中说:"贞元初,韦应物为苏州牧,房孺复为杭州牧。……时予始年十四五,旅二郡。……然二郡之物状人情,与曩时不异,前后相去三十七年,江山是而齿发非。"宝历元年为公元825年,前推三十七年,当为公元 788 年或 789 年,则恰好是贞元四年或五年,与上述所考相合。而贞元四年、五年,白居易为十七、十八岁,并非十四五岁。白氏自己在同一文中关于年岁的记载即自相矛盾,因此所谓"贞元初"者云云,正当不足为据。

公元 789 年　德宗贞元五年　五十三岁

仍在苏州刺史任。有答令狐峘诗,时令狐峘贬吉州别驾。

韦集卷五《答令狐侍郎》诗,中云:"吴门冒海雾,硖路凌连矶。"此诗之后附令狐峘《硖州旅舍奉怀苏州韦郎中》,题下自注:"公频有尺书,颇积离乡之思。"按,令狐峘于贞元三年六月后由衡州刺史入为史馆修撰,时韦应物亦由江州刺史入朝为左司郎中,二人时相过从,见前贞元三年条。又据《新唐书》卷一〇二《令狐德棻传》附峘传:"贞元五年,坐守衡州冒前刺史户口为己最,窦参素恶之,贬吉州别驾。"可见韦与令狐酬答之诗当作于本年。

顾况贬饶州司户,途经苏州,韦因有《郡斋燕集》诗。

其事见前贞元四年关于韦应物任苏州刺史时间的考辨中,此处不再重复。韦集卷一有《郡斋雨中与诸文士燕集》诗,首二句即为:"兵卫森画戟,宴寝凝清香。"为白居易所赞赏,见其所著之《吴郡诗石记》(《白氏长庆集》卷六十八)。韦诗之后附顾况《奉同郎中使君郡斋雨中宴集之什》,署为"州民朝议郎行饶州司士参军员外置同正员顾况"。

公元 790 年　德宗贞元六年　五十四岁

本年春仍在苏州刺史任,有同孟郊作送邹儒立诗。孟郊有赠韦应物诗。

孟郊有《春日同韦郎中使君送邹儒立少府扶侍赴云阳》诗（《孟东野诗集》卷七，华忱之校订，人民文学出版社 1959 年 7 月版）。韦集卷四有《送云阳邹儒立少府侍奉还京师》。按，据《唐会要》卷七十六"制科举"条，《册府元龟》卷六四五"贡举部"，贞元四年四月，贤良方正能直言极谏科邹儒立及第。邹当以贞元四年及第后，授云阳尉，至是自苏州侍奉其亲赴云阳任所。按，韦诗中云："省署惭再入，江海绵十春。"韦应物于建中二年（781）由前栎阳令为尚书比部员外郎，贞元三年（787）又由江州刺史为左司郎中，故云省署再入。自建中二年，历十年，则为本年，故系此诗于贞元六年。孟诗云"太守不韵俗，诸生皆变风"，则韦应物本年春尚在苏州刺史任。

孟郊又有《赠苏州韦郎中使君》（《孟东野诗集》卷六），或当作于同时。其中赞仰韦应物云："尘埃徐庾词，金玉曹刘名。章句作雅正，江山益鲜明。"

在苏州时，与丘丹、皎然、秦系等皆有诗往还。崔峒亦有诗寄之。韦集有与丹丘诗多首，如《秋夜寄丘二十二员外》、《赠丘员外》、《复理西斋寄丘员外》（皆卷三），《送丘员外还山》、《重送丘二十二还临平山居》、《送丘员外归山居》（皆卷四）。丘丹亦有《和韦使君秋夜见寄》、《奉酬韦苏州使君》等诗（见《全唐诗》卷三〇七）丹为丘为之弟，见《元和姓纂》卷五。《唐诗纪事》卷四十七："丹隐临平山，与韦苏州往还。"

又韦集卷三有《寄皎然上人》，皎然则有《五言答苏州韦应物郎中》(《皎然集》卷一,四部丛刊本)。《唐诗纪事》卷七十三:"(皎然)尝于舟中抒思,作古体十数篇,求合韦苏州,韦大不喜。明日,献其旧制,乃极称赏云:师几失声名,何不但以所工见投,而猥希老夫之意?人各有所得,非卒能至。昼大服其鉴裁之精。"所载未知是否实有其事,录以备参考。

又崔峒(大历十才子诗人之一)有《书情寄上苏州韦使君兼呈吴县李明府》(《全唐诗》卷二九四)。韦则未见有答崔峒诗。

又秦系有《即事奉呈郎中韦使君》(《全唐诗》卷二六〇,题下自注:时系试秘书省校书郎),诗云:"久卧云间已息机,青袍忽著狎鸥飞。诗兴到来无一事,郡中今有谢玄晖。"韦集卷五则有《答秦十四校书》:"知掩山扉三十秋,鱼须翠碧弃床头。莫道谢公方在郡,五言今日为君休。"卷四并有《送秦系赴润州》诗。按,权德舆曾有《秦征君校书与刘随州唱和集序》(四部丛刊本《权载之文集》补遗),称刘长卿"自以为五言长城,而公绪(按,为秦系字)用偏伍奇师,攻坚击众,虽老益壮,未尝顿锋",为当时写五言诗名家,故韦诗有"五言今日为君休"之句。

以上与丘丹、皎然、秦系等唱和诗,以及崔峒赠诗,皆未能确切考定为何年何月,但皆在韦刺苏州时,故一并系于本年,其时当在本年前后。

关于韦应物在苏州的生活情况:

韦应物在苏州的生活情况,从以上的记载中可以见到一些,现在拟进一步引用一些材料,以有助于对韦应物后期生活的研究。按,宋朱长文《吴郡图经续记》卷上"牧守"门:"若韦应物、白居易、刘禹锡亦可谓循吏,而世独知其能诗耳。韦公以清德为唐人所重,天下号曰韦苏州,当贞元时为郡于此,人赖以安,又能宾儒士,招独隐,顾况、刘长卿、丘丹、秦系、皎然之俦类见旌引,与之酬唱,其贤于人远矣。"又唐李肇《国史补》卷下:"韦应物立性高洁,鲜食寡欲,所至焚香扫地而坐。"这是唐宋时有关韦应物传记资料的一个方面。但我们从李观的两封书信还可以看到韦应物的另一面。李观的《李元宾文集》(粤雅堂丛书本)保存着李观代人上韦应物的两封书信,卷四有《代彝上苏州韦使君书》,彝失其姓,此人因言语触犯了当时作为苏州刺史的韦应物,因而得罪,李观乃代他上书,为之求情。信中云:"早闻阁下清节玉立,洪量海纳,军谋在握,文藻盈帙,中外腾口,声归其高。彝是用□□微诚,庶被知己,不测阁下以言罪之。"信中又云:"彝举家十口,儿女幼弱,皆小寺中侨寄,目下绝粒,阁下锢彝在此,令吏推责,反覆忧难,词理俱屈,衰发一夕如经千秋。"另一封信是同卷的《代李图南上苏州韦使君论戴察书》,信中称李图南为"布衣",戴察为其同学生,字彦衷,年二十二,苏州人,信中叙述戴察时说:"其人固穷自立,家无一□,老父垂白,处妹未字,湫底之巷,蓬茨蔽身,敝衣粝食,丐贷取给。"但即令如此,仍然是"重以官迫,不聊有生",信中具体叙述道:"见有衣黄衣者,排阃直入,口称里胥,骂彦衷曰:'两税方敛,何独不纳?刺史县令,公知是谁?俾予肌肤,代尔担责。'嗷嗷叫怒,不容少安。"后来戴察只好将家中的书和琴卖去,缴纳两税。里胥临走前还威胁说:"后所欠者,必搤公喉唾雪而取办!"从这两封信中,可以推知彝与戴察只不过是较清寒的读书人,还不是贫苦农民。但即使如此,也还是受到剥削与压迫,一般的劳动人民就更不用说了。李观信中所写的韦应物在苏州刺史时的"功绩"真实地反映了作为封建地主官僚的韦应物,并不是一味地"鲜食寡欲,所至焚香扫地而坐"那样的超然,他的行事仍然打上深刻的地主阶级的烙印。有关李观信中的材料,是历来研究者所忽视的,有的虽然引及,却以为唐代名李观者有数人,此处李观所写的信,并不是给诗人韦应物,而是另一人。今按,唐人中名李观者确实不止一人(可参岑仲勉《唐集质疑》中的《中唐四李观》)。但此《李元宾文集》作者的李观是与韦应物同时的,据韩愈《李元宾墓志》(《昌黎先生集》卷二十四):"李观字元宾,……始来自江之东,年二十四举进士,三年登上第,又举博学宏词,得太子校书,又一年,年二十九,客死于京师。"《唐诗纪事》卷四十陆复礼条,云贞元八年宏词赋,登第者有陆复礼、李观、裴度。李观之卒在贞元十年(参岑仲勉《唐集质疑》中的《李观疑年》),年二十九。则韦应物为苏州刺史时,李观为二十三至二十五岁之间。在上述与韦应物的书信中,称"郎中阁下",与韦应物以左司郎中出刺苏州相合。《李元宾文集》卷四另有《上杭州房使君书》,此房使君即房孺复;又同卷《与房武支使书》中也提及戴察。这些,都可证明此李观确与韦应物为同时人,他所写的与韦苏州书,也确是给诗人韦应物的。

关于韦应物晚年的考证:

《旧唐书》卷十三《德宗纪》下,贞元八年二月壬午,"以苏州刺史齐抗为潭州刺史、湖南观察使"。由此可知,贞元八年二月以前的一段时间内,任苏州刺史的为齐抗。按,《旧唐书》卷一三六《齐抗传》,言齐抗"历处州刺史,转潭州刺史、湖南都团练观察使"。未载任潭州刺史前曾为苏州刺史一事。《新唐书》卷一二八《齐澣传》附孙抗传,载抗"历谏议大夫,坐小累,为处州刺史,历苏州,徙潭州观察使"。此处载齐抗曾为苏州刺史。新旧《唐书》本传都没有记载齐抗这几次官职迁转的具体时间,但从《旧唐书》未载刺苏州一点看来,似齐抗为苏州刺史的时间甚为短促。又据前面所述,韦应物与孟郊皆有诗送邹儒立,可以确定其时间为贞元六年春,这时韦尚在苏州刺史任,则韦之罢任当在贞元六年春以后至八年二月以前这一段时间之内。

又,韦集卷八有《寓居永定精舍》诗,题下自注:"苏州。"诗云:"政拙忻罢守,闲居初理生。家贫何由往,梦想在京城。野寺霜露月,农兴羁旅情。聊租二顷田,方课子弟耕。眼暗文字废,身闲道心精。即与人群远,岂谓是非婴。"永定寺在苏州,宋朱长文《吴郡图经续记》卷中"寺院"门:"永定寺,在吴县西南。梁天监中吴郡顾氏施宅为寺,唐陆鸿渐书额。韦苏州罢郡,寓居永定,殆此寺耶。旧在长洲界,后于永定乡安仁里。"可见永定寺是在苏州的郊区乡间。韦集卷八于上述《寓居永定精舍》后又有《永定寺喜辟强夜至》诗:"子有新岁庆,独此苦寒归。夜叩竹林寺,山行雪满衣。深炉正燃火,空斋共掩扉。还将一尊对,无言百事违。"以上二诗,所写都是春日,后一诗为刚过新年;前一诗则已是二、三月间,诗中说"野寺

霜露月"，天气尚寒，但已云"农兴羁旅情"，即农事已兴，已经
春耕了。而且从诗中"政拙忻罢守，闲居初理生"二句，可知
作此诗时乃是刚罢任者。从这二首诗提供的情况，则韦应物
之罢苏州刺史任，闲居于苏州永定寺，其时间当在贞元六年岁
暮或七年春初，其次的可能性则为贞元七年岁暮或八年春初。
韦应物的事迹可记者，就到这一时期为止。从《寓居永定精
舍》二诗可见，这时他罢苏州任，由于"家贫"，不得即归长安
故居，于是只好暂时寄居于苏州乡间的佛寺中。此时已年老
眼昏，远离"人群"。至于他在苏州闲居多久，最后有否回长
安，以及卒于何年，则因为史料缺乏，不得而知。王钦臣《宋
嘉祐校定韦苏州集序》谓："又历苏州，罢守，寓居永定精舍，
其后事迹究寻无所见。……以集中事及时人所称考其仕官本
末，得非遂止于苏邪？案白居易苏州答刘禹锡诗云'敢有文
章替左司'，左司，盖谓应物也，官称亦止此。"姚宽的《西溪丛
语》（卷下）所述与王钦臣同。王、姚二人之说是较为审慎的。
我们可以大致推测，韦应物大约在贞元七、八年间（791—
792）卒于苏州，此时已罢苏州刺史任，其年岁为五十五、六
岁。但是南宋初年的沈作喆在其所作韦应物补传中却另持一
说，谓："由左司郎中补外得苏州刺史。……久之，白居易自
中书舍人出守吴门，应物罢郡（沈氏自注：见刘禹锡集中酬白
舍人诗云：苏州刺史例能诗，西掖今来替左司），寓于郡之永
定佛寺。大和中，以太仆少卿兼御史中丞为诸道盐铁转运、江
淮留后，年九十余矣，不知其所终（沈氏自注：见刘禹锡大和
六年为苏州刺史举官自代状）。"沈作喆还说："谨按大和年去

应物刺郡时已更六朝四十余年矣,而梦得犹举之,岂其遗爱尚在耶?"清朝乾隆年间所编的《四库全书总目提要》同意沈说,也认为刘禹锡所举的即是诗人韦应物,韦应物至大和时尚在世。关于此点,南北宋之际的叶梦得就已提出怀疑,他说:"刘禹锡集中有大和六年举自代一状。然应物《温泉行》云:'北风惨惨投温泉,忽忆先皇巡幸年,身骑厩马引天仗,直至华清列御前。'则尝逮事天宝间也,不应犹及大和,盖别是一人,或集之误。"① 胡仔在《苕溪渔隐丛话》(前集卷十五)更进一步推论说:"余以编年通载考之,天宝元年至大和六年,计九十一年。应物于天宝间已年十五,及有出身之语,不应能至大和间也。"叶梦得与胡仔都从大和六年与天宝间,时间相距太远,论述刘禹锡所举为别一人,韦应物不可能活到大和年间。清人钱大昕《十驾斋养新录》卷十二有《韦应物》条,同意叶、胡二人的意见,并作进一步的论证:"近世陈少章景云据白乐天于元和中谪江州后贻书元微之,于文盛称韦苏州诗,又言当苏州在时,人亦未甚爱重,必待身后人始贵之,则是时苏州已殁,而刘状又在此书十年以后,则其所举必别是一人矣。乐天守苏日,梦得以诗酬之云:'苏州刺史例能诗,西掖今来替左司。'言白之诗名足继左司耳,非谓实代其任也。沈传谓贞元二年补外得苏州刺史,久之,白居易自中书舍人出守吴门,应物罢郡,寓郡之永定佛寺,则误甚矣。白公出守在长

---

① 此据赵与峕《宾退录》卷九引,称叶石林《南宫诗话》,叶廷琯校辑《石林诗话》曾辑入作为附录。但这段文字又见于宋胡仔的《苕溪渔隐丛话》前集卷十五,作《蔡宽夫诗话》。

庆间,距贞元初垂四十年,岂有与韦交代之理乎?(大昕案,乐天刺苏州在宝历元年,陈以为在长庆间,亦误)"在近代学者中,论及此事而不同意沈作喆之说的还有岑仲勉《唐集质疑》中的"韦应物"条,以及余嘉锡《四库提要辨证》卷二十集部"韦苏州集"条,因文繁,不具引(但余嘉锡先生根据《旧唐书·德宗纪》贞元四年七月孙晟由苏州刺史为桂州刺史,而谓"孙晟盖即代应物者,则应物治苏州不过一二年,即已去官"。则仍然沿袭所谓贞元二年为苏州刺史这一旧说而致误,实则韦应物恰恰是代孙晟为苏州刺史的,详见前考。文学研究所编注的《唐诗选》,关于韦应物的介绍,也误据余嘉锡之说,谓韦应物于贞元二年作苏州刺史,不一二年去官)。关于所谓韦应物活到文宗大和年间,刘禹锡为苏州刺史时举官自代状中所称的韦中丞应物即是大历、贞元年间的诗人韦应物,以及白居易任苏州刺史又是接替韦应物之任的,等等,都不合事实,不能成立,这已经成为定论,不需再考。

附录:关于韦集的版本,前人藏书志中曾有著录与记载,今录其可供参考者如下,以备研讨。

杨守敬《日本访书志》卷十四:"《须谿先生校本韦苏州集》十卷(元刊本):首有王钦臣序,次目录,首行题须谿先生韦苏州集,卷第一次行题苏州刺史韦应物。每半叶九行,行十七字。卷中多校录异同之字,间有评语,末有何堪之两跋。须谿此本多据何本补入者,其第二卷《呈崔郎中》之上补入三编,《雪夜下朝》之下补入四编,第五卷《答巢处士》下补入十八首,第七《秋景诣琅邪精舍》之下补入三首,第八末补入一首,共补入二十一首,皆低一格。拾遗八首,则云熙宁丙辰校本添四首,绍兴壬子校本添三首,乾道辛卯校本添一首,则是韦集自嘉祐本以至何堪之本,凡六本矣。原序五百七十一首,按目录除补遗外只五百五十五首,以何本补入二十九首,则当为五百八十四首,其数皆不相应,未知其故。昔人云,'独怜幽草涧边生',宋板作'涧边行',以'生'为误。此诗在第八卷,'幽'下注云'一作芳','生'下注云'一作行',则知作'生'作'行'皆宋板所有矣。今世行者,康熙中项絪以北宋本翻雕,称即王钦臣本,又毛晋所刻'王孟韦柳四家'本。行箧中无此二书,未知何如,然须谿据六本以校定此本,则所得多矣。"

杨绍和《楹书隅录》:"宋本《韦苏州集》十卷六册:诗家每以陶、韦、王、孟并称,盖王、孟皆源出于陶,而苏州尤追步柴桑者也。余宋存书室中藏北宋本《陶渊明集》、南宋本汤注《陶靖节诗》、北宋蜀本《王摩诘集》、南宋初本《孟浩然集》,独于韦集阙如也。岁辛亥,获此本于袁江,每半叶十行,行十八字,与余前收黄复翁藏本《唐山人诗》款式正合,即《百宋一廛赋注》所谓临安府睦亲坊南陈氏书棚本也。计六册,每册有季沧苇印记。案《延令书目》载韦集凡二,然无六册者,惟宋板目中《韦苏州集》下注云四册、又二册,当即此本,传写者误分耳。"

瞿镛《铁琴铜剑楼藏书目录》卷十九:"《韦苏州集》十卷(明刊本):唐韦应物撰。明弘治间杨一清出所藏钞本刊于陇州,其书编次,分类不分体,与《王右丞集》同,犹出宋时旧第。卷首有拾遗数首,汲古本所出也。有王钦臣序,杨一清跋。"

丁丙《善本书室藏书志》卷二十四:"《韦苏州集》十卷拾遗一卷(宋刊配元本,周松霭藏书):……嘉祐元年太原王钦臣取诸本校定十卷。此前四卷宋刊本,每半叶十行,行十八字,当即棚本行款,乃项氏、席氏翻雕祖本。后六卷配元刊校点本。……""《韦苏州集》十卷(明翻宋本,恽南田藏书):……集乃嘉祐元年太原王钦臣取诸本校定十卷,仍所部居,去其杂厕,分十五总类,合五百七十一篇。末有拾遗数首,汲古刻本所自出。……"

缪荃孙《艺风堂藏书记》卷六:"《韦苏州集》十卷附拾遗:明沁水李瀚重刻宋本,每半叶十行,每行十八字,黑口。前有王钦臣叙,后有杨一清跋。"

[附记]

笔者曾得孙望先生信,承孙先生告知,千唐志中有韦应物所作墓志一篇。又承周绍良先生惠借所辑出土的唐人墓志碑传,录文于下。韦集散佚已久,现在所见的仅是诗,韦文是一向无人道及的,这篇墓志对于我们研究诗人的事迹和创作,当是足资参考的。

大唐故东平郡巨野县令顿丘李府君墓志铭并序

朝请郎行河南府洛阳县丞韦应物撰

李氏源乎老聃,流乎百代,代有贤嗣,间生将相,岂不以道德之浸,垂乎无穷者哉!公讳璀,字璀。代祖后魏武皇后之兄,以才加戚,王于顿丘,后因为顿丘人也。曾祖宗俭,随胶州刺史;祖文礼,皇朝侍御史、尚书刑部员外郎、扬州大都督府司马;父明允,太中大夫、淄州长史,衣冠旧地,儒学门业。公籍累世之美,孝友文质,备成茂才。乌呼!不烝其德者行之修,不继其位者命之屈。弱冠以门子宿卫出身,选授右司御率府仓曹参军,中年出摄汉州金堂县丞,又改汝州鲁山县丞,满授亳州司士参军,复改东平郡巨野县令。岁凶,哀其鳏寡,发廪擅贷。朝廷贤汲黯之仁政,寝有司之简书,其后吏有不谨于法,公当青师之罪,贬武陵郡武陵县丞。发自司御,达于巨野,政随官移,在所有闻。且率以清简,素末荣利,故秩不进而道自居,可谓远名亲身,祗丞圣祖之教;和光挫锐,犹动世人之观。器而不任,知者为恨,以天宝七载九月十六日终于武陵,养年七十有二。前以天宝八载别葬于洛阳北原,长子浣尝因正梦,左右如昔,垂泣旨诲,俾归先茔。旋以胡羯,都邑沦陷,浣偷命无暇,作念累载,如冰在怀。及广德二年夏夜,复梦诲如先日,又期以岁月,授以泉闻。明年,永泰元祀,浣始拜洛阳主簿,迩期哀感,聚禄待事,乃上问知者,下考著龟,事无毫著,吉与梦叶。夫见梦迁宅,神也;奉先思本,孝也。行则知道,没而不昧,存没□行,卓哉异称。以其年十二月九日归葬于河南府河南县谷阳乡先茔之东偏,奉幽旨也。夫人博陵崔氏,赠礼部尚书悦之女,先以天宝八载四月廿七日终于滏阳,年五十六,领族柔德,义当同穴,僆绋齐穸,礼终于斯。有子三:浣之仲曰泳,秀才奄世;泳之季曰澈,吏部常选。有女二:长适博陵崔晤,早岁殂没;幼适御史中丞袁傪,佐奉丧事。应物与浣为道术骨肉,加同寮迹亲,祗感奉铭,以布其实。

铭曰:

玄泉之流,浸于顿丘,茂叶之下,生于巨野。冠屦词学,发肤仁义,所丰于德,所屈于位。孝思罔极,虽没而存,见梦迁宅,归于先人。淑善中闻,亦随逝川,礼以永讫,同斯亿年。

这篇墓志大约作于永泰元年十二月中,这时韦应物仍在洛阳丞任上,与《系年考证》中推测的韦应物约于永泰二年春辞官闲居并不矛盾。

又据前所考,此时韦应物从子韦班任河南尉,文中曾引述杜甫诗以考索韦班的行迹。今查《元和姓纂》卷二,载吏部郎中韦憬玄孙有启、肇、班。韦启官左补阙,《文苑英华》卷三八三有贾至《授韦启左拾遗制》,称"剑门县令韦启"云云。肇官吏部侍郎,据《旧唐书·代宗纪》,大历九年十二月,韦启自秘书少监为吏部侍郎。《姓纂》未明著韦班官历,《新唐书·宰相世系表》则载韦班为衡州刺史。《姓纂》另有"衢州刺史生沕"条,据岑仲勉先生《元和姓纂四校记》所考,此"衢州刺史"前当夺"班"字,衡、衢字近,韦班后来是做衡州刺史还是衢州刺史,则难于查考。

又《系年考证》中曾论及韦应物任苏州刺史时,韦儇为睦州刺史。《严州图经》作韦赞,《新唐书·宰相世系表》作韦儇。今按,《元和姓纂》卷二也作儇,独孤及《前左骁卫兵曹参军独孤公故夫人京兆韦氏墓志》(《文苑英华》卷九六六)中有云:"夫人……秘书省著作郎伟、睦州刺史儇之妹。"这些,都证明以作儇为是。

刘方平的世系及交游考

一

　　《新唐书·艺文志》丁部集录别集类载"刘方平诗一卷"。宋代的晁、陈二志未著录刘方平的诗集。清人编纂的《全唐诗》即录其诗一卷,看来他的诗自宋以来散失不多。从现存他的诗看来,差不多全是写山水、乡思、闺怨,以及交游之间的寄赠之作,触及当时社会现实矛盾的作品几乎没有。因此,一些文学史著作中提不到他,有些唐诗选本也没有选他的诗。闻一多先生的《唐诗大系》却选了他五首诗,即:《乌栖曲》、《秋夜思》、《秋夜泛舟》、《夜月》、《春怨》。明人胡应麟的《诗薮》曾提到他的两首诗,即《巫山高》和《梅花落》,并引用杨慎的话,认为《梅花落》诗"可配太白,此作于齐梁不多让也"(《诗薮》卷四)。但看来这两首诗并不见得有多少特色。《唐诗大系》能够选载刘方平的诗五首,而且这五首诗都确可吟赏,从这里也可见出闻一多先生的艺术鉴赏力是要高出于胡应麟和杨慎的。

这五首当中最佳的是《夜月》(《全唐诗》卷二五一):

> 更深月色半人家,北斗阑干南斗斜。今夜偏知春气暖,虫声新透绿窗纱。

单看前面两句,只是感到一种平静、宁谧的意境,还见不出有打动人的特殊的艺术笔触。读了后面两句,人们的感觉,想象,就突然活跃起来了。"虫声新透绿窗纱"句,将春天带来的生意盎然,通过虫声表现出来,这一艺术手法是很新鲜的。

另外,像《春怨》诗:"纱窗日落渐黄昏,金屋无人见泪痕。寂寞空庭春欲晚,梨花满地不开门。"整首诗并没有直接描写人的形体和感情的表现,只是通过夕阳西照,空庭寂寞,梨花满地而无人扫除,等等,描绘出那纱窗里的女主人公精神苦闷、内心空虚的深刻意境。应当说,刘方平的诗缺乏社会现实内容,是他最大的弱点,但在他所涉及到的较小范围内,他的诗歌表现手法,还是有特色的。

根据现有材料,还考不出刘方平的多少事迹。《新唐书·艺文志》于"刘方平诗一卷"下仅说:"河南人,与元鲁山善,不仕。"元鲁山即元德秀,有传见《旧唐书》卷一九〇下,《新唐书》卷一九四,生活于唐玄宗开元、天宝年间,天宝十三年(754)卒,年五十九。刘方平既与他相善,则也当是差不多同时候的人。闻一多先生《唐诗大系》定刘方平的生年为710年,比杜甫的生年还早两年,不知何据。但无论如何,仅从《新唐书·艺文志》所载"与元鲁山善"这一句,也并没有给我们提供稍多的有关他的事迹的材料。至于较《新唐书》晚了二三百年的《唐才子传》(卷三)又具体地描绘刘方平的形貌,说是"白皙美容仪"云云,即据李颀送刘方平诗。

刘方平本身的生平既无法详考,从现有材料出发,拟考其世系及交游,可能从这些方面有助于对他事迹及作品的了解。

二

刘方平的世系,见于唐林宝的《元和姓纂》。据《元和姓纂》卷五所载,其先世为匈奴贵族,当北魏时,有罗辰,为征东将军、永安公,"(罗辰)七代孙政会,生奇,吏部侍郎。奇生超、微、同、循。超,河南少尹,生全诚。微,吴郡太守、江南采访,生方平。同,万年令。循,金吾将军。会次子元象,主客郎;元育,易州刺史。"今据此处所叙世系,列表如下:

```
                        ┌─ 超(河南少尹)— 全诚
刘政会 ┌─ 奇(吏部侍部)┤   微(吴郡太守、江南采访)— 方平
       │                │   同(万年令)
       ├─ 元象(主客郎) └─ 循(金吾将军)
       │
       └─ 元育(易州刺史)
```

其次是《新唐书》卷七十一上《宰相世系表》一上,称:"河南刘氏本出匈奴之族。汉高祖以宗女妻冒顿,其俗贵者皆从母姓,因改为刘氏。左贤王去卑裔孙库仁,字没根,后魏南部大人,凌江将

军。弟眷,生罗辰,定州刺史、永安敬公。其后又居辽东襄平,徙河南。罗辰五世孙环隽,字仲贤,北齐中书侍郎、秀容懿公。弟仕隽。"今据《新表》,列仕隽以下世系于下:

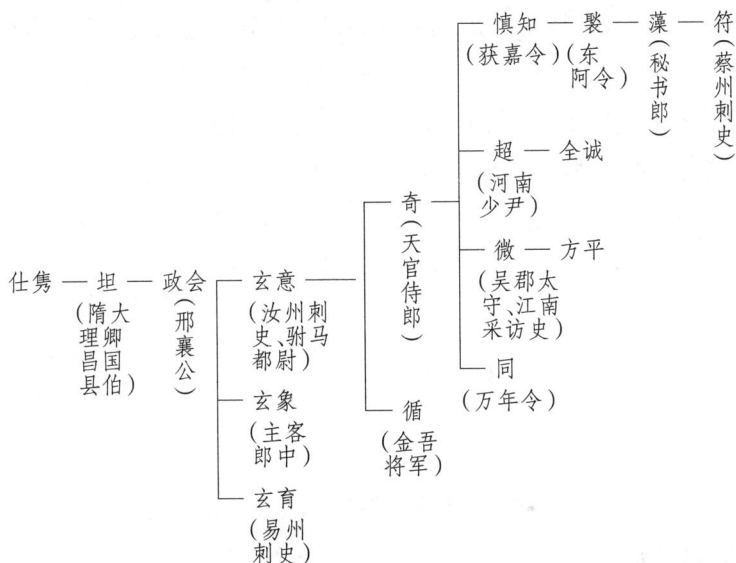

仕隽 — 坦(隋大理卿昌国县伯)— 政会(邢襄公)
政会 — 玄意(汝州刺史、驸马都尉)、玄象(主客郎中)、玄育(易州刺史)
玄意 — 奇(天官侍郎)、循(金吾将军)
奇 — 慎知(获嘉令)、超(河南少尹)、微(吴郡太守、江南采访史)、同(万年令)
慎知 — 聚(东阿令)— 藻(秘书郎)— 符(蔡州刺史)
超 — 全诚
微 — 方平

另外,宋邵伯温《河南邵氏闻见前录》卷十七,载河南刘氏的世系,据其自称,谓:"北齐至本朝五百余年,而刘氏不衰,洛阳多大家,世以谱牒相付授,宁氏、刘氏,尤为著姓,有可传者。"据此,则邵伯温是见到过河南刘氏的世系谱牒的,其文说:"河南刘氏,有名环隽者,事齐、魏为中书侍郎。子坦,事隋文帝,赠尚书右丞。子政会,事唐高祖、太宗,为洪州大都督;既死,太宗手敕曰:'政会昔预义举,有殊勋。'赠户部尚书,谥襄,配享高祖庙,图形凌烟阁。子玄意袭爵,封渝国公,事太宗,尚南平公主;弟玄象,主客郎中;玄育,益州刺史。玄意之子名奇,长寿中为天官侍郎,论则天革命下狱死；弟循，金吾卫将军。（奇）子慎知，幼居父丧，奉其母居伊南，一日群盗至，众走，慎知独不动，盗怪问，则曰：'母老且病不可行，唯有同生死耳。'盗感其言而去，赖之以免。弟超，河南少尹；微，吴郡太守。微之子裻，开元中以功臣之后，赐进士第，为济州东阿令，服后母丧，以毁卒。子藻，秘书郎，弟全成、方平，皆有文。方平之子符，宝历二年擢第，至户部侍郎，赠司徒，八子，崇龟、崇彝、崇圣、崇鲁、崇暮、崇珪、崇瓌、崇玗，皆有官。崇珪子岳，天福四年登进士第，事后唐明宗为吏部侍郎，赠司徒。子温叟，事本朝太祖皇帝，为御史中丞。"今据此处所载，列表如下：

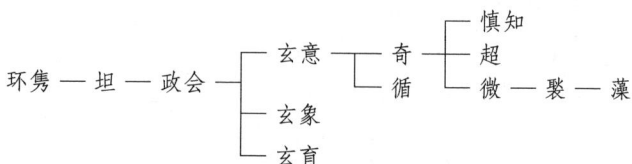

环隽 — 坦 — 政会 ┬ 玄意 ┬ 奇 ┬ 慎知
　　　　　　　　│　　　│　　├ 超
　　　　　　　　│　　　└ 循 └ 微 — 裻 — 藻
　　　　　　　　├ 玄象
　　　　　　　　└ 玄育

　　这里邵伯温的叙述有不清楚的地方，就是"（裻）子藻，秘书郎，弟全成、方平，皆有文"。按照一般理解，则可认为藻之子为全成、方平，这就与《元和姓纂》、《新表》相差太大，《元和姓纂》以方平为微之子，全诚为超之子，微与超为弟兄；《新表》也以方平为微之子，全诚为超之子，裻为慎知之子，慎知、超、微为兄弟，裻、全诚、方平为堂兄弟，即同辈。而据邵伯温所述，则全诚、方平为藻之弟，为裻之子，与微为祖孙。因此，邵氏的这几句，主语当应是裻，即裻之子藻，为秘书郎，以及裻之弟全诚、方平，皆有文名。这样，与《元和姓纂》、《新表》就没有大的矛盾。

　　当然，以上三种关于世系的记载，相互之间还有一些小的差异。如《新表》以刘政会等皆出环隽弟仕隽之后，而《闻见前录》

则以为出于环隽之后,在这一点上《旧唐书》卷五十八《刘政会传》则是与《闻见前录》相同的,传载:"刘政会,滑州胙城人也。祖环隽,北齐中书侍郎。"这是一。第二,《姓纂》以奇、玄象、玄育为兄弟,都是政会之子;《新表》与《闻见前录》则以玄意、玄象、玄育为兄弟,都是刘政会子,而奇则为玄意之子。在这点上,《旧唐书·刘政会传》及《新唐书》卷九十《刘政会传》则与《姓纂》有同有异,以玄意为政会的长子,奇为次子,而不载玄象、玄育。看来《新表》与《闻见前录》较为合理。第三,《姓纂》以奇之子为超、微、同、循;《新表》则以奇之子为慎知、超、微、同,而以循为奇之弟;《闻见前录》大致与《新表》相同,但微之下没有同的名字。至于刘方平为刘微之子,则是《姓纂》与《新表》相同的,《闻见前录》则记载得不甚清楚,已见上述。

由以上的记述,可以知道,刘方平乃是匈奴的后裔,他的祖先在北齐、北魏时曾做过中书侍郎等大官。他的高祖刘政会,原来是隋的太原鹰扬府司马,随从李渊、李世民起兵,为开国元勋之一,封邢国公,官至洪州都督,贞观九年(635)卒。据《旧唐书·刘政会传》,卒后其子玄意袭爵,"改封渝国公,尚南平公主,授驸马都尉,高宗时为汝州刺史"。

刘方平的祖父刘奇,在武则天时做官,在当时是颇著名的。新旧《唐书》没有为他立传,我们从一些记载中可以略考知其一些事迹。据《旧唐书》卷一八七下《忠义下·颜杲卿传》:"父元孙,垂拱初登进士第,考功员外郎刘奇榜其词策,文瑰俊拔,多士耸观。"垂拱为武则天时年号,共四年(685—688),则垂拱初当为垂拱元年(685)。这时刘奇任考功员外郎。又《唐摭言》卷一《乡贡》条,其中载:"永淳二年,刘廷奇下五十五人,内元求仁一人。光宅元年闰七月二十四日,刘廷奇重试下十六人,内康庭芝一人。"永淳二年为683年,光宅元年为684年。这个刘廷奇当即是刘奇,《唐摭言》所载多一廷字。另外,据《唐会要》卷七十五《藻鉴》条:"证圣元年,刘奇为吏部侍郎,注张文成、司马锽为监察御史,二人因申屠场以谢之,奇正色曰:'举贤自无私,二君何为见谢!'"又《太平广记》卷一六九引《谭宾录》亦云:"唐证圣中,刘奇为侍郎,注张文成、司马锽为御史,二人因申屠场以谢,奇正色曰:'举贤无私,何见谢!'"证圣为695年,可见过了十年,刘奇有了迁升,由吏部的属官考功员外郎升为吏部尚书的副职吏部侍郎①。《新表》所载称天官侍郎,即吏部侍郎②。刘奇在吏部任职时,是以清直著称的,如《新唐书》卷一一二《员半千传附石抱忠传》:"进检校天官郎中,与侍郎刘奇、张询古共领选,寡廉洁,而奇号清平。"此事又详见于《太平广记》卷二五五引《御史台记》:"石抱忠检校天官郎中,与侍郎刘奇、张询古同知选。抱忠素非静慎,刘奇久著清平,询古通婚名族,将分钤,时人语曰:'有钱石下好,无钱刘下好,士大夫张下好。'斯言果征。复与许子儒同知选,刘奇独以公清称,抱忠、师范、子儒颇任令史勾直,每注官,呼曰勾直手,时人又为之语曰:'硕学师刘子,儒生用典言。'"可见刘奇久在吏部,颇有直声。至于刘奇之死,《闻见前录》云"论则天革命下狱死",上引《太平广记》云"抱忠后与奇同弃市",《新唐书》石抱忠附传则谓"二人

---

① 据上引《邵氏闻见前录》,称"长寿中为天官侍郎"。长寿为692—694年,则证圣元年以前已晋升为吏部侍郎。
② 《新唐书》卷四十六《百官志》一:"武后光宅元年(684),改吏部曰天官。"

坐綦连耀伏诛”。按，綦连耀案件，据《旧唐书》卷六《则天皇后纪》，万岁通天二年正月，“凤阁侍郎李元素、夏官侍郎孙元亨坐与綦连耀谋反，伏诛。”此事在《通鉴》卷二〇六神功元年正月有详细的记载，是武懿宗任用酷吏来俊臣等利用一名地方小官洛州录事参军綦连耀与箕州刺史刘思礼及看相术士张憬藏谋反事，株连当时的宰相李元素、孙元亨，刘奇也被牵累，《通鉴》载牵连此案的“凡三十六家，皆海内名士，穷楚毒以成其狱。壬戌，皆族诛之，亲党连坐流窜者千余人”。万岁通天二年，也就是神功元年，即697年。刘奇死于这一年。

但看来刘奇一家经过这一次打击，并没有衰败下去。据《姓纂》、《新表》等书所载，刘方平的父亲刘微曾为吴郡太守、江南采访使。宋范成大纂修的《吴郡志》卷十一牧守门，在未能明其确切时期一项的，也有刘微之名，下注“江东采访使”。又刘褧（刘方平的堂兄弟），据《闻见前录》所载，“开元中以功臣之后，赐进士第，为济州东阿县令”。其他像刘方平的伯父慎知为获嘉令，超为河南少尹，叔父同为万年县令，官职虽不算高，但都仕禄。可见，刘方平是出身于世代仕宦之家，是河南洛阳的一个大族。但从刘方平本人和他的友人所作的诗中，却反映出他是长期过着隐居不仕的生活的。这在别人可能并不成为问题，但联系他的出身家族来说，却算是奇特的人。当然，原因何在，由于史料阙乏，还不能够考知。

据《新表》，褧生藻，藻生符，符曾任蔡州刺史。而据《闻见前录》，则符为方平之子，宝历二年擢第，后官至户部侍郎。宝历为敬宗年号，宝历二年为826年。如符果真是方平之子，那末闻一多先生《唐诗大系》定刘方平的生年为710年，就未免过早了。从以上世系的材料以及后面的交游材料看来，刘方平主要恐怕生活在天宝到大历年间。

三

《新唐书·艺文志》说刘方平"与元鲁山善"，但现有记载未能查考出二人交游的记载。据《唐诗纪事》卷四十七沈仲昌条载："仲昌，登天宝九年进士第。萧颖士《送刘方平沈仲昌秀才同观所试杂文》云：'山东茂异，有河南刘方平、临汝沈仲昌，以郡府计偕之尤，当礼闱能赋之试，余勇待贾，未始逾辰。吾徒相与登群玉，咀遗芳，目临云外，思入神境，佳哉乐乎！意数子之出幽谷而渐于陆矣。'"① 萧颖士此文题中称刘方平、沈仲昌为秀才，据唐李肇《国史补》卷下："进士为时所尚久矣。……其都会谓之举场，通称谓之秀才。投刺谓之乡贡。得第谓之前进士。"（此数句也见《唐摭言》卷一《述进士下篇》）可见萧颖士作此文，乃是沈仲昌天宝九载（750）登进士第以前。萧颖士于天宝九载以前已得名，他在天宝八载前曾任集贤校理，当时的宰相李林甫曾慕他的文名邀求见他，为他所拒绝，触犯了李林甫，被调为广陵参军事（参见《新唐书》卷二〇二《文艺中·萧颖士传》及《全唐文》卷三二二萧颖士《伐樱桃树赋》）。萧颖士在天宝前期即推许刘方平为"山东茂异"，可见

---

① 萧颖士文见《全唐文》卷三二二、三二三，其诗见《全唐诗》卷一五四，皆无此篇。

那时刘方平已显露头角。沈仲昌天宝九年登第,不知刘方平于何年登第。《唐诗纪事》卷四十七载沈仲昌《状江南》四句五言诗一首,《全唐诗》卷三〇七沈仲昌名下也仅载此诗,当即本之于《唐诗纪事》。关于沈仲昌,其他事迹不详,刘方平诗中也未有提及,他们二人大约是天宝年间的早年之交。

与刘方平来往较多的是皇甫冉。刘方平有《秋夜寄皇甫冉郑丰》诗(《全唐诗》卷二五一),说:"洛阳清夜白云归,城里长河列宿稀。"又说:"长怜西雍青门道,久别东吴黄鹄矶。借问客书何所寄,用心不啻两乡违。"可能这时皇甫冉还在江东,具体的时间不可考。皇甫冉则有好几首诗提及刘方平。刘方平与当时诗人交往,从现存的诗看来,约为李颀和皇甫冉。

皇甫冉有《刘方平壁画山水》(《全唐诗》卷二四九):"墨妙无前,性生笔先。回溪已失,远嶂犹连。侧径樵客,长林野烟。青峰之外,何处云天。"这是为刘方平所作壁画画山水的题画诗,说他"墨妙无前",评价颇高。从诗中描写看来,当是一幅山水画。按,唐张彦远《历代名画记》卷十《叙历代能画人名(唐)》,就专门提到刘方平:"刘方平,工山水树石,汧国公李勉甚重之。"李勉在大历时为名臣,家中藏古玩名画甚多,刘方平的画能得其赏识,看来是有一定成就的[①]。皇甫冉另有《寄刘方平》(《全唐诗》卷二四九),其中说:"坐忆山中人,穷栖事南亩。……田取颍水流,树入阳城口。"《寄刘方平大谷田家》(《全唐诗》卷二五〇):"故山闻独往,

---

[①]《唐才子传》卷三刘方平小传谓"善画山水,墨妙无前。汧国公李勉延致斋中,甚敬爱之。欲荐于朝,不忍屈,辞还旧隐。"当大致本《历代名画记》及皇甫冉诗,但又加渲染,不知其何所本。

樵路忆相从。冰结泉声绝,霜清野翠浓。篱边颍阳道,竹外少姨峰。日夕田家务,寒烟隔几重。"看来刘方平即隐居于颍川一带①。

皇甫冉此外还有《答张諲刘方平兼呈贺兰广》《刘方平西斋对雪》《秋夜戏题刘方平壁》(皆《全唐诗》卷二四九)、《之京留别刘方平》(《全唐诗》卷五十)等作。这些诗篇都不易考定其写作年月。可以注意的是上面曾引述过的《寄刘方平》诗,其中又有说:"潘郎作赋年,陶令辞官后,达生遗自适,良愿固无负。"这里的潘郎、陶令显然是比喻刘方平。今按,潘岳《秋兴赋》(《文选》卷十三)有云:"晋十有四年,余春秋三十有二,始见二毛,以太尉掾兼虎贲中郎将,寓直于散骑之省。"所谓"潘郎作赋年",意即三十二岁。从这几句,我们可以推知,刘方平原先当是做过官的,至于是否如陶渊明那样任过县令,倒不一定,并非如《唐才子传》所谓的"隐居颍阳大谷,尚高不仕",一直没有做官。只是在他三十二岁左右光景,就辞官归隐,大约从此就再也没有入仕。

皇甫冉另有《寄刘方平》七言诗一首(见《全唐诗》卷八八二补遗),载其事迹及隐居生活颇详,可供研讨,今录其诗全文于此:"十年不出蹊林中,一朝结束甘从戎。严子持竿心寂历,寥落荒篱遮旧宅。终日碧湍声自喧,春秋黄菊花谁摘。每望南峰如对君,昨来不见多黄云。石径幽人何所在,玉泉疏钟时独闻。与君从来同语默,岂是悠悠但相识。天畔三秋空复情,袖中一字无由得。世人易合复易离,故交弃置求新知。叹息青青长不改,岁寒霜雪贞松枝。"

---

① 《唐才子传》说刘方平"隐居颍阳大谷,尚高不仕",当即据皇甫冉诗。

戎昱考

一

代宗宝应元年（762）冬，唐朝廷的军队，继十月再次收复东部洛阳以后，在河北副元帅、朔方节度使仆固怀恩的统帅下，会合河东节度使辛云京、青淄节度使侯希逸等部队，渡河北上，追击史朝义的残军。宝应二年（763）正月，史朝义逃奔至叛乱的发源地范阳城下，众叛亲离，走投无路，终于在树林中自缢而死。历时八年，使黄河流域广大地区受到极大破坏的安史之乱，终于平定了。为了庆祝这一胜利，就在那年七月，代宗正式改宝应二年为广德元年，大赦天下，群臣上尊号称宝应元圣文武孝皇帝，征讨史朝义而立功的诸将都进官阶、加爵邑，京都长安城又一度繁荣起来，据中唐人封演所记，是：

> 代宗即位，宰辅及朝士当权者，争修第舍，颇为烦散，议

者以为土木之妖。(《封氏闻见记》卷五《第宅》)

安史之乱的平定使一些人产生了幻想,以为贞观、开元那样的太平盛世又似乎在眼前了。诗人杜甫就是那样。杜甫这时远在四川,一听到唐军收复河北故地,就情不自禁地写下了那首有名的《闻官军收河南河北》诗:

> 剑外忽传收蓟北,初闻涕泪满衣裳。却看妻子愁何在,漫卷诗书喜欲狂。白日放歌须纵酒,青春作伴好还乡。即从巴峡穿巫峡,便下襄阳向洛阳。(《钱注杜诗》卷十二)

杜甫还天真地想象,不但应该回洛阳,还可以去到江南东吴,那里或许会有不少"胜事",——战乱的平定给他带来的鼓舞实在太大了,他在另一首诗中说道:

> 天畔登楼眼,随春入故园。战场今始定,移柳更能存。厌蜀交游冷,思吴胜事繁。应须理舟楫,长啸下荆门。(《钱注杜诗》卷十二《春日梓州登楼二首》之二)

但是现实并非如杜甫所想象的那么风光流丽,恰恰相反,那时不论南北,都是疮痍满目。南方的情况,如独孤及的《吊道殣文》所写的,是:"辛丑岁大旱,三吴饥甚,人相食;明年大疫,死者十七八,城郭邑居为之空虚,而存者无食,亡者无棺殡悲哀之送……由是道路积骨相支撑,枕藉者弥二千里。"(《毗陵集》卷十九）这里所写的是761、762年的情况。就在762年十月，浙东一带爆发了袁晁领导的农民起义，起义军一直打到浙西及江西东部。763年，也就是宝应二年三、四月间，起义军被镇压下去了，而浙东一带则是一片破败荒凉，如刘长卿的诗中所写，是：

> ……空城垂故柳，旧业废春苗。闾里相逢少，莺花共寂寥。（《刘随州集》卷一《送朱山人放越州贼退后归山阴别业》）

北方的情况怎样呢？我们不应该忘记，唐朝军队之所以最终打败史朝义，是借了回纥的力量。安史乱军固然蹂躏河北河南的广大土地，但唐军与回纥军队并不比他们好多少，他们在讨伐史朝义的残余部队时，也同样充分表现了封建军队的野蛮性与破坏性。据《通鉴》卷二二二宝应元年十月载：

> 回纥入东京，肆行杀略，死者万计，火累旬不灭。朔方、神策军亦以东京、郑、汴、汝州皆为贼境，所过房掠，三月乃已。比屋荡尽，士民皆衣纸。回纥悉置所掠宝货于河阳，留其将安恪守之。

又同卷广德元年闰正月载：

> 回纥登里可汗归国，其部众所过抄掠，廪给小不如意，辄杀人，无所忌惮。

也就在那年，韦应物为洛阳丞，他描写受过洗劫的洛阳城，是："王师涉河洛，玉石俱不完。时节屡迁斥，山河长郁盘。萧条孤烟绝，日入空城寒。"

这样的现实，与杜甫远在蜀中所想望的，有多大的距离！正是在这个时候，顺着当年杜甫在安史之乱时由洛阳往西，写出名篇"三吏"、"三别"的那条道路走的，是另一诗人戎昱，时隔四年[①]，青年诗人戎昱又以沉痛的笔调，描写了那个时代的社会矛盾和苦难的人们，那就是他的《苦哉行五首》（《全唐诗》卷二七〇）。现在录其中的三首如下：

彼鼠侵我厨，纵狸授粱肉。鼠虽为君却，狸食自须足。冀雪大国耻，翻是大国辱。膻腥逼绮罗，砖瓦杂珠玉。登楼非骋望，目笑是心哭。何意天乐中，至今奏胡曲。（其一）

官军收洛阳，家住洛阳里。夫婿与兄弟，目前见伤死。吞声不许哭，还遣衣罗绮。上马随匈奴，数秋黄尘里。生为名家女，死作塞垣鬼。乡国无还期，天津哭流水。（其二）

妾家清河边，七叶承貂蝉。身为最小女，偏得浑家怜。亲戚不相识，幽闺十五年。有时最远出，只到中门前。前年狂胡来，惧死翻生全。今秋官军至，岂意遭戈鋋。匈奴为先锋，长鼻黄发拳。弯弓猎生人，百步牛羊膻。脱身落虎口，不及归黄泉。苦哉难重陈，暗哭苍苍天。（其四）

---

①杜甫的"三吏"、"三别"写于乾元二年（759）。

戎昱的这几首诗,比起杜甫的"三吏"、"三别"来,艺术造诣当然要差,但在同一时期,反映唐朝廷因本身的昏庸无能,只得借回纥之兵来平定安史之乱,因而又增加了人民的新的苦难,能够用诗歌来触及这一时代和社会矛盾,而又表现得较为真切的,如戎昱那样,还是不多见的①。

戎昱此诗题下自注云:"宝应中过滑州洛阳后同王季友作。"王季友是元结《箧中集》选入的诗人之一。按,据杜确《岑嘉州诗集序》(四部丛刊本《岑嘉州诗》卷首),载岑参"寻出虢州长史,又改太子中允,兼殿中侍御史,充关西节度判官。圣上潜龙藩邸,总戎陕服,参佐僚吏皆一时之选,由是委公以书奏之任"。此处所谓"圣上潜龙藩邸",即指雍王李适(后为德宗)。代宗宝应元年(762),岑参由虢州长史改太子中允,兼殿中侍御史、充关西节度判官,在华州。同年十月,雍王李适为天下兵马元帅会师陕州,岑参为其掌书记②。那时岑参有《潼关使院怀王七季友》诗(《岑嘉州诗》卷一),又有《送王七录事赴虢州》诗(同上卷三),题下自注云:"王录事自华阴尉授虢州录事参军,旬日却复旧官。"可见宝应年间王季友正任华阴尉之职,曾于短期内一度任虢州录事参军,不久又复原职。又郎士元有《酬王季友题半日村别业兼呈李明府》(《全

---

①宋严羽《沧浪诗话·诗评》中说:"戎昱在盛唐为最下,已滥觞晚唐矣。戎昱之诗,有绝似晚唐者。"严羽以兴象分盛中晚,而并不从作品的实际内容出发。如果晚唐诗系指聂夷中、罗隐、杜荀鹤等反映民生疾苦的作品而言,戎昱的这些诗可以说是与聂夷中等相通的。
②参闻一多《岑嘉州系年考证》(见《唐诗杂论》)。

唐诗》卷二四八）。郎士元于宝应元年为渭南尉[①]。半日村即在渭南[②]。钱起也有《题郎士元半日吴村别业兼呈李长官》诗（《全唐诗》卷二三九，《钱考功集》卷八），其中有"闰月今年春意赊"句，而宝应二年为闰正月。可见上述郎、钱及王季友之作（王作已佚）都在宝应二年春，地点是在渭南，渭南又与华阴相近，由此可见王季友宝应二年仍在华阴。

由以上所考，戎昱的这五首《苦哉行》诗，当是他在宝应元年唐军收复河南以后，从滑州[③]、洛阳西行，经过华阴、渭南等地，见到王季友，两人以《苦哉行》为题，写了当时唐朝廷借回纥兵以平内难这一错误政策所造成的社会矛盾和人民苦难。可惜王季友的同题之作已佚，我们今天见到的只是戎昱的五首。

二

对于这样一位诗人，新旧《唐书》并没有为之立传。《新唐书·艺文志》丁部集录著录"戎昱诗五卷"，关于其事迹的记载只有两句话："卫伯玉镇荆南从事，后为辰州、虔州二刺史。"至元辛文房《唐才子传》卷三戎昱小传，记载他的事迹增多了，而且还颇具传奇性，有些还被后来的一些研究者所援引，其实却是错误

①据《新唐书·艺文志》丁部集录别集类著录"郎士元诗"。
②参见《太平寰宇记》卷二十九华州渭南县。
③据《新唐书》卷三十八《地理志》二，河南道有滑州灵昌郡，大约在今豫北一带。

甚多。为便于考辨，现将《唐才子传》记叙其生平事迹部分录之于下：

> 昱，荆南人。美风度，能谈。少举进士，不上，乃放游名都。虽贫士，而轩昂，气不稍沮。爱湖、湘山水，来客。时李夔廉察桂林，寓官舍，月夜，闻邻居行吟之音清丽，迟明访之，乃昱也，即延为幕宾，待之甚厚。崔中丞亦在湖南，爱之，有女国色，欲以妻昱，而不喜其姓戎，能改则订议。昱闻之，以诗谢云："千金未必能移姓，一诺从来许杀身。"自谓李大夫恩私至深，无任感激。初事颜平原，尝佐其征南幕，亦累荐之。卫伯玉镇荆南，辟为从事。历虔州刺史。至德中，以罪谪为辰州刺史。后客剑南，寄家陇西数载。

此处叙其事迹，似历历可考，按其行文次序，则当先在李夔的桂林观察使幕府，受到厚待。后又在湖南崔中丞处，这位崔中丞欲以女嫁之，令其改姓，戎昱一则不能改姓，二则受李大夫（当即指李夔）之恩甚深，就拒绝了他。戎昱曾受颜真卿的推荐，又为卫伯玉镇荆南时的从事，后历虔州刺史，至德中又因罪谪为辰州刺史。晚年乃客居剑南，又寄家于陇西数载。但经考查，这短短的十几行文字，不仅有人名、年号搞错的，而且前后时间也搞得一塌糊涂，不得不加以辨正。

又，关于戎昱生卒年的记载，首见于闻一多先生的《唐诗大系》，定为740—787（？）。这里740年是确定的，787年下则加一问号，以示还有疑问。后来有些文学史著作（如游国恩先生等编的

《中国文学史》)即本闻说。其实这一生卒年的记载也有问题,不足为据。

三

闻一多先生定戎昱的生年为 740 年,即唐玄宗开元二十八年,不知何所根据。唐宋人记载戎昱事迹的甚少。今天所见的唐人选唐诗中,如《中兴间气集》、《极玄集》、《又玄集》,都未选载其诗。《河岳英灵集》收天宝十二年以前的诗,时代太早,戎昱还赶不上,当然更不会有他的诗。只是《才调集》(卷八)收他的诗四首,并无记述之语。宋代的晁、陈二志也没有著录他的诗集。今按,戎昱有《八月十五日》诗(《全唐诗》卷二七〇),其中说:"年少逢胡乱,时平似梦中。"胡乱即指安禄山之乱,安禄山起兵在公元 755 年(天宝十四载)十月,由此可知当安史之乱初起时,戎昱正当年少,由此可以推知其年岁的大概情况。但"年少"是泛称,自十余岁至二十岁左右都可称年少,含义并不十分确定。因此只能说,当安史之乱刚开始时,戎昱尚为年少,至于他的确切生卒年,则限于史料,未可考知。不过由此倒可以大致推知其《苦哉行五首》是他早年的作品。安史之乱初期为年少,安史之乱八年,《苦哉行》作于安史之乱刚平定时,则最晚也不会超过三十岁,很可能是他二十余岁的作品。戎昱的诗歌创作有着面对现实、关心人民疾苦的良好开端,但从今天所存他的诗作看来,在这之后,他所反映社会现实的深度与广度,却再也没有超过这五首诗了。

《唐才子传》说他是荆南人，《全唐诗》卷二七〇小传所载同。这大致不错。他的籍贯虽不见于他书记载，但从戎昱本人的诗篇可以考知。他有《长安秋夕》诗说："八月更漏长，愁人起常早。闭门寂无事，满院生秋草。昨宵西窗梦，梦入荆南道。远客归去来，在家贫亦好。"此诗为在长安思乡之作，所谓"梦入荆南道"、"在家贫亦好"，点明其家乡即在荆南。他另有《云梦故城秋望》："故国遗墟在，登临想旧游。一朝人事变，千载水空流。梦渚鸿声晚，荆门树色秋。片云凝不散，遥挂望乡愁。"也是说荆门、云梦一带是他的故乡。据《新唐书》卷四十《地理志》四，大约即为江陵一带①。

四

《新唐书·艺文志》载戎昱曾为"卫伯玉镇荆南从事"。《唐诗纪事》卷二十八戎昱条也说："昱登进士第，卫伯玉镇荆南，辟为从事。"但都未言年岁。今按，《旧唐书》卷一一五《卫伯玉传》云："广德元年冬，吐蕃寇京师，乘舆幸陕，以伯玉有干略，可当重寄，乃拜江陵尹、兼御史大夫，充荆南节度观察等使。寻加检校工部尚书，封城阳郡王。……大历十一年二月入觐，以疾卒于京师。"（《新唐书》卷一四一《卫伯玉传》所载略同）《旧唐书》卷十一《代

---

① 据《新唐书·地理志》四："江陵府江陵郡，本荆州南郡。"有属县八，荆门即其中之一。

宗纪》没有明载卫伯玉镇荆南的时间,但于广德元年八月载"以荆南节度使李岘为宗正卿"。这年十月,即发生吐蕃侵犯长安之事,由此也可证《旧唐书·卫伯玉传》所载广德元年冬卫伯玉为荆南节度使是可信的。

卫伯玉于广德元年(763)冬至大历十一年(776)二月镇荆南,则戎昱为其从事,也只能在这一期间之内。另外戎昱有《上湖南崔中丞》诗(《全唐诗》卷二七〇),此崔中丞为崔瓘,他于大历四年七月至五年四月间为潭州刺史、湖南都团练观察使,则是戎昱于大历四、五年间即已在湖南(说详后)。据此,则戎昱在荆南卫伯玉幕府,当在大历四年(769)之前,广德元年(763)冬之后的数年间。《唐诗纪事》说他于进士登第后为卫伯玉所辟,而《唐才子传》则说他"少举进士,不上,乃放游名都",二说有异。据现在所存有关进士登第的材料,未见戎昱于何年登第,因此他是否登进士第,还是一个疑问。

大家知道,大历三年(768)正月,杜甫离开夔州,三月抵江陵,与当时在卫伯玉幕中的杜位、李之芳、郑审等游从。秋末移居公安,至这年年底,就又离开湖北,移居岳州[1]。而戎昱有《观卫尚书九日对中使射破的》诗(《全唐诗》卷二七〇),据《旧唐书·代宗纪》大历元年七月,"加荆南节度使卫伯玉检校工部尚书"。则大历初的几年戎昱正在荆南。从时间的排比来说,就有一个杜甫与戎昱是否结识的问题。马茂元《唐诗选》于戎昱小传则说:"他曾在江陵见过杜甫,是杜甫所器重的后辈诗人之一。"刘大杰《中国

①参见闻一多《少陵先生年谱会笺》(《唐诗杂论》)。

文学发展史》（修订本第二册）也说："他见过杜甫,得其赏识。"今按,现在所见唐宋人的有关材料,并无杜、戎交游的记载,杜甫本人的作品,尤其是在江陵之作,没有一首提及戎昱。戎昱有诗涉及杜甫的,有《耒阳溪夜行》（《全唐诗》卷二七〇）一首,题下自注:"为伤杜甫作。"全诗为:"乘夕棹归舟,缘源二转幽。月明看岭树,风静听溪流。岚气船间入,霜华衣上浮。猿声虽此夜,不是别家愁。"观诗题与题下注,以及诗意,当然是杜甫卒于耒阳后,戎昱曾经行此地,有感而作。但诗中并没有说他与杜甫曾经相识,更没有说受到杜甫的器重。因此,所谓戎昱在江陵曾见到杜甫,甚至说他是杜甫所器重的后辈诗人,可以说是毫无凭据,经不起史料的检核[①]。

另外,戎昱有《赠别张驸马》诗（《全唐书》卷二七〇）:

上元年中长安陌,见君朝下欲归宅。飞龙骑马三十四,玉勒雕鞍照初日。……天子爱婿皇后弟,独步明时负权势。……泰去否来何足论,宫中晏驾人事翻。一朝负谴辞丹阙,五年待罪湘江源。……渚宫相见寸心悲,懒欲今时问昔时。看君风骨殊未歇,不用愁来双泪垂。

考此诗所咏为肃宗张皇后弟张清等事。据《旧唐书》卷

[①] 明胡震亨《唐音癸签》卷二十六"谈丛"二,载:"大历才子及接开、宝诸公相倡和者,未可缕指。钱起、司空曙之于王维,戎昱之于杜甫,其尤著者。"按,钱起、司空曙与王维是有诗唱酬的,但戎昱与杜甫却未有唱和,此处所记误。有些研究者说戎昱为杜甫赏识,可能即沿袭胡震亨之误。

五十二《后妃下·肃宗张皇后传》:"天宝中,选入太子宫为良娣。后弟清又尚大宁郡主。……乾元元年四月,册为皇后。弟驸马都尉清加特进、太常卿同正,封范阳郡公。皇后宠遇专房,与中官李辅国持权禁中,干预政事,请谒过当,帝颇不悦,无如之何。"戎昱诗的前半段极力描写张皇后及张清炙手可热、奢侈铺张的情状,可与传中的记述相参看。由此也可见上元(760—761)中戎昱曾在长安。宝应元年(762)四月肃宗死,宦官程元振等拥立代宗李豫为帝,杀张皇后,"驸马都尉清贬硖州司马,弟延和郡主婿鸿胪卿潜贬郴州司马"(同上《旧唐书·肃宗张皇后传》)。戎昱诗中的张驸马当是张清,他的贬所硖州,属荆南节度使管辖。诗中说得罪五年,又于渚宫相见,即大历元年、二年(766、767)间相见于江陵^①。由此也可见大历初几年戎昱已在江陵荆南节度使幕。

五

　　戎昱《上湖南崔中丞》诗(《全唐诗》卷二七○)云:"山上青松陌上尘,云泥岂合得相亲。举世尽嫌良马瘦,唯君不弃卧龙贫。千金未必能移性,一诺从来许杀身。莫道书生无感激,寸心还是报恩人。"这首诗中的"千金未必能移性"二句后来曾有误载,应加辨正。

---

① 渚宫为江陵的别称。《左传·文公十年》:"(子西)沿汉溯江,将入郢,王在渚宫下见之。"

这首诗中的湖南崔中丞，为崔瓘。据《旧唐书》卷十一《代宗纪》，大历四年七月，"己巳，以澧州刺史崔瓘为潭州刺史、湖南都团练观察使。"大历五年四月，"庚子，湖南都团练使崔瓘为其兵马使臧玠所杀，玠据潭州为乱。"则崔瓘于大历四年（769）七月至五年（770）四月在这不到一年的时间，为湖南的军事行政长官。戎昱当于此时已离卫伯玉的荆南幕来到湖南，并受到崔瓘的器重，所谓"举世尽嫌良马瘦，唯君不弃卧龙贫"，不仅表现了戎昱的自负不凡，主要恐怕还是赞颂崔瓘的能够鉴拔人才。据史书所载，崔瓘在湖南还是有治绩的，《旧唐书》卷一一五《崔瓘传》载："累迁至澧州刺史，下车削去烦苛，以安人为务。居二年，风化大行，流亡襁负而至，增户数万。有司以闻，优诏特加五阶，至银青光禄大夫。以甄能政，迁潭州刺史，兼御史中丞，充湖南都团练观察处置使。"这时，为杜甫称誉为"静者也"，并评其诗为"才力素壮，词句动人"，"突过黄初"的苏涣（见《钱注杜诗》卷八《苏大侍御访江浦赋八韵记异并序》），也在崔瓘幕中①。杜甫那时也在潭州（即长沙）。不知戎昱此时与杜甫、苏涣是否有交结，可惜没有文献材料，因此不能作出判断。

但戎昱的这首诗，后世却演化为与事实绝不相干的故事。最早见于《云溪友议》，其卷下《和戎讽》条载：

宪宗皇帝朝，以北狄频侵边境，大臣奏议，古者和亲之有

----

① 高仲武《中兴间气集》卷上苏涣条："累迁至御史，佐湖南幕。"《新唐书·艺文志》丁部集录别集类"苏涣诗一卷"下云："湖南崔瓘辟从事。"

五利,而日无千金之费。上曰:"比闻有一卿能为诗,而姓氏稍僻,是谁?"宰相对曰:"恐是包子虚、冷朝阳。"皆不是也。上遂吟曰:"山上青松陌上尘,云泥岂合得相亲。世路尽嫌良马瘦,唯君不弃卧龙贫。千金未必能移姓,一诺从来许杀身。莫道书生无感激,寸心还是报恩人。"侍臣对曰:"此是戎昱诗也。京兆尹李銮,拟以女嫁昱,令改其姓,昱固辞焉。"……

宪宗有没有提起过戎昱,这是另一问题,但此处却无端增添京兆尹李銮嫁女戎昱,并欲令其改姓的情节,并将原诗的"千金未必能移性"的"性",改为姓氏的"姓"。此事又被采入宋计有功的《唐诗纪事》(卷二十八戎昱条)[①],而略去其所根据《云溪友议》的书名,使人以为即是史实,影响更大。至元代辛文房著《唐才子传》,他当是看到了戎昱原诗的诗题,但又不愿放弃原来传说的情节,为缝补这一破绽,就将李銮之名移于崔瓘,说是:"崔中丞亦在湖南,爱之,有女国色,欲以妻昱,而不喜其姓戎,能改则订议。昱闻之,以诗谢云:'千金未必能移姓,一诺从来许杀身。'"

现在经查《旧唐书》的肃宗、代宗两纪,当时任京兆尹职的,并无李銮其人。李銮,新旧《唐书》也无传。据《新唐书》卷七十二上《宰相世系表》二上,赵郡李氏东祖房,有李銮,为延固(安阳令)之子,其兄鉴,藁城令;銮,长洲尉;表质,密州司仓参军。《新表》于銮下未注官职,未知是否即为此处所说的京兆尹李銮。戎昱此诗明明是在湖南上给崔瓘,《云溪友议》却移至长安,而且把性

---

① 宋阮阁《诗话总龟》卷四"诗进门"亦载此事。

改成姓,以渲染其故事情节。《云溪友议》的作者范摅,是唐僖宗时(874—888)人,距戎昱的时代已有一百年,所记唐代文人的事迹,不少荒诞无稽,清朝《四库全书总目提要》就说他的一些记载"皆委巷流传,失于考证"(卷一四〇子部小说家类《云溪友议》提要)[1]。至于《唐才子传》所谓崔瓘拟以其女嫁之,其谬误就更不待言了。

六

崔瓘于大历五年四月为湖南兵马使臧玠所杀害,接着湖南又发生了中原地带曾发生过的战乱。杜甫避难到衡州,又流徙湘中、湘北一带,就在那年冬天死于潭、岳之间。苏涣最初也随杜甫至衡州,后来又越过五岭,奔向广州[2]。杜甫在他多难一生的最后一年,沉痛地说:"近时主将戮,中夜商于战。丧乱死多门,呜呼泪如霰。"(《白马》,《钱注杜诗》卷八)又说:"战血流依旧,军声动至今。"(《风疾舟中伏枕书怀三十六韵奉呈湖南亲友》,同上卷十八)戎昱早年曾在北方目睹安史之乱带给人民的苦难,也曾写下富有

---

① 明胡震亨《唐音癸签》卷二十九"谈丛"五也曾加以讥笑说:"昱姓固僻,然其《上崔中丞》诗'千金未必能移性,一诺从来拟杀身',求知激切之辞,与改姓事无涉也。范摅欲傅合为一,并易诗中移性为移姓,使昱一生作诗,下一嫌字不得,不大苦乎!"

② 《中兴间气集》卷上苏涣条:"崔中丞遇害,涣遂逾岭扇动哥舒。"《新唐书·艺文志》:"瓘遇害,涣走交广。"又《钱注杜诗》卷八《入衡州》诗叙及苏涣随杜甫避臧玠之乱,由潭州避难至衡州。

现实性的诗篇,现在在南方,又遇上了军阀混战,这真是一个多难的时代。但我们不知道这时戎昱的去向如何,也不知道他是否有诗作来反映这一次的战乱,可能他还在湖南一带流寓作客,大约时隔五六年,从他所作的《哭黔中薛大夫》诗(《全唐诗》卷二七○),才又见到他的行踪。

此诗为:"亚相何年镇百蛮,生涯万事瘴云间。夜郎城外谁人哭,昨日空余旌节还。"此处的薛大夫,当为薛舒,新旧《唐书》无传,其事迹见韦建所作《黔州刺史薛舒神道碑》(见《全唐文》卷三七五),碑中说:"宝应初,皇上以四郊多垒,五溪未安,乃拜黔州刺史、黔中经略招讨官、观察处置盐铁选补等、大理卿、兼御史中丞。"后又说:"以大历十年四月二十五日薨于溪州之公馆,春秋六十有八。……以大历十一年七月二十日合祔于万年县栖凤原,礼也。"黔中经略招讨使管辖的范围,大约相当于现在的四川东南部、贵州东部、湖南西部一带。戎昱此诗,当作于薛舒的灵柩北返长安途中经湖南作,时间当在大历十年至十一年(775—776)之间。

大约在此之后,戎昱又继续往南走,终于有几年的时间在桂州任幕宾之职。他有《桂州腊夜》诗说:"坐到三更尽,归仍万里赊。……二年随骠骑,辛苦向天涯。"是说在桂州已有两年,现在又逢岁暮,仍在天涯。此外又有《再赴桂州先寄李大夫》《上桂州李大夫》诗(以上皆见《全唐诗》卷二七○)。此处的桂州李大夫为李昌巙,两《唐书》无传,据《旧唐书》卷十一《代宗纪》,大历八年九月,"戊戌,以辰锦观察使李昌巙为桂州刺史、桂管防御观察使。"同书卷十二《德宗纪》上,建中二年二月乙未,"以桂管观察

使李昌夔为江陵尹、兼御史大夫、荆南节度等使。"由此可知,李昌
夔于大历八年(773)九月至建中二年(781)二月间在桂州任。从
上述《哭黔中薛大夫》诗,得知大历十年、十一年间戎昱尚在湖南,
则在此后几年间即在桂州。《上桂州李大夫》诗中说"今日辞门
馆",大约在幕中任文字之职。由《再赴桂州先寄李大夫》诗题,知
戎昱曾一度离李昌夔幕,后又返旧任,诗中又说:"过因谗后重,恩
合死前酬。"大约在这一时期曾因有谗言而得罪,但具体情况及在
桂州究竟任何职,有多少年,则限于史料,不可详知。

　　这里应当考辨的是《唐才子传》记载之误。其卷三戎昱小传
载:"少举进士,不上,乃放游名都。……爱湖、湘山水,来客。时
李夔廉察桂林,寓官舍,月夜,闻邻居行吟之音清丽,迟明访之,乃
昱也,即延为幕宾,待之甚厚。"此处把李昌夔误写成李夔,这还可
能是笔误。问题较大者,是它把戎昱事迹的叙述,从为桂林幕宾叙
起,以后才叙述在湖南、在荆南,似乎戎是举进士不第以后,第一个
职务即是在桂州。实际上,以桂州、湖南、荆南三地来说,依时间顺
序,据前面所考,则倒是先在荆南,其次是湖南,再其次才是桂州。
至于《唐才子传》所写月夜闻吟诵之声云云,不知其何所本,待考。
戎昱在桂州受到李昌夔的信用,在戎昱本人诗中倒是可以得到印
证的,如《上桂州李大夫》中说:"今日辞门馆,情将众别殊。感深
翻有泪,仁过曲怜愚。……唯于方寸内,暗贮报恩珠。"对李昌夔
是颇有知遇之感的①。

──────────

①唐佚名《大唐传载》:"杜亚为淮南,竞渡采莲龙舟锦缆绣帆之戏,费金数
　千万。于頔为襄州,点山灯,一上油二千石。李昌夔为荆南,打猎,大修
　妆饰,其妻独孤氏亦出女队二千人,皆著红紫锦绣袄子。此三府(转下页)

七

《新唐书·艺文志》于"戎昱集五卷"下注云:"卫伯玉镇荆南从事,后为辰州,虔州二刺史。"未言何年为辰、虔二州刺史。今考戎昱有《辰州建中四年多怀》诗(《全唐诗》卷二七〇),则建中四年(783)已在辰州任。又有《谪官辰州冬至日有怀》(同上):

> 去年长至在长安,策杖曾簪獬豸冠。此岁长安逢至日,下阶遥想雪霜寒。梦随行伍朝天去,身寄穷荒报国难。北望南郊消息断,江头唯有泪阑干。

按,建中四年十月,泾师兵变,据长安作乱,推朱泚为帅,朱泚又谋称帝,德宗出奔奉天,关中大乱。直至兴元(784)五月,李晟等唐将收复长安,七月德宗回京师,这一战乱总算平定。戎昱此诗最后两句,当是写建中四年冬至时,长安还为朱泚盘据,长安四郊战争正在激烈进行,而诗人自己则正"身寄穷荒",报国甚难,北望长安,又消息断绝,于是只好说"江头唯有泪阑干"了。这首诗表现了作为封建臣僚对君主蒙难的关切和忠心,思想性是并不高的。但从这首诗,可以考见戎昱的行迹。

(接上页)亦因而空耗。"李昌夔由桂林改荆南,这里说的虽是荆南的事,但也可见他的挥霍民财的情况。关于李昌夔,又可参见常衮《授李昌夔辰锦等州团练使制》(《文苑英华》卷四〇九),称其"素有识略,达于事体,刚柔相济,文武中立,居职可纪,实浮于名。"参以《大唐传载》所记,常衮的制词则不无溢美。

此诗作于建中四年冬至，而据诗中"去年长至在长安，策杖曾簪獬豸冠"二句，可见建中三年（782）冬戎昱在长安任职，可能是做监察御史一类的官。后因某事而遭到贬谪，为辰州刺史，至于他何时始返长安，则不可确考，由上面在桂州的一些诗作看来，大约在大历末、建中初。

又，《唐才子传》卷三戎昱小传说："历虔州刺史。至德中，以罪谪为辰州刺史。"照此记载，则戎昱至德前为虔州刺史，至德中为辰州刺史。此可谓大谬。但马茂元《唐诗选》、刘大杰《中国文学发展史》（修订本第二册）以及文学研究所编注的《唐诗选》，都据《唐才子传》，说戎昱历任虔、辰二州刺史，将虔州放在辰州之前。今按，至德为肃宗年号，公元756—758年，这个时候安史之乱还未结束，戎昱直到安史之乱平定的宝应二年才从滑州、洛阳，经华阴，作《苦哉行》诗，已见上述，至大历年间才在荆南、湖南、桂州等地任幕宾之职，而于建中三、四年间始为辰州刺史，虔州刺史则更在以后（详见后）。《唐才子传》所谓的至德云云，实在是不知所云，至于将虔州列在辰州之前，是毫无根据的，一些研究者因袭旧说，也都失之不考。

戎昱在德宗兴元元年（784）秋还在辰州刺史任。他有《辰州闻大驾还宫》诗（《全唐诗》卷二七〇）。德宗于兴元元年秋七月从兴元返抵长安，朱泚之乱总算平定。戎昱诗中说："闻道銮舆归魏阙，望云西拜喜成悲。"又说："自惭出守辰州畔，不得亲随日月旗。"也同样表现了臣子对封建君主的忠心，而没有更多的社会意义。

戎昱不知何时卸辰州刺史任，现已知道他于贞元二年（786）

已在长安。他有《赠韦况征君》诗（《全唐诗》卷二七〇）云："身欲逃名名自随，凤衔丹诏降茅茨。苦节难违天子命，贞心唯有老松知。回看药灶封题密，强入蒲轮引步迟。今日巢由旧冠带，圣朝风化胜尧时。"按，韦况本隐于河南嵩山，据《册府元龟》卷九八帝王部"征聘"："贞元二年七月，以嵩山韦况为右拾遗。"梁肃《送韦拾遗归嵩阳旧居序》也说德宗自兴元还长安后征召韦况，"鹤板入谷，拜左拾遗"（《全唐文》卷五一八）。另外，权德舆《太子宾客举人自代状》，举谏议大夫韦况，说他昔年曾"远迹声利，征拜谏列"[1]。可见韦况确曾应征为左拾遗，其时间为贞元二年。由此也可知，戎昱此诗当作于同年，而此时戎昱已在长安，但不知此时在长安任何官职。

戎昱在任辰州刺史后曾任虔州刺史，任虔刺在何年，各书都未明载（《唐才子传》误载在至德前，辨已见前）。今按，戎昱有《送吉州阎使君入道二首》（《全唐诗》卷二七〇），其一云："闻道桃源去，尘心忽自悲。余当从宦日，君是弃官时。金汞封仙骨，灵津咽玉池。"其二云："庐陵太守近骖鸾，霞帔初朝五帝坛。风过鬼神延受箓，夜深龙虎卫烧丹。……莫遣桃花迷客路，千山万水访君难。"这里说的吉州阎使君，为阎寀。《全唐文》卷六八四载董侹有《阎贞范先生碑》，其中叙其事云：

先生名寀，天水人。蝉联戚属，才为时选。再登宪府，三

①此文四部丛刊本《权载之文集》未载。又，关于韦况，又可参见《太平广记》卷一六八引《尚书故实》，记李约与"韦征君况"相善。《全唐诗》卷三〇九载李约《赠韦况》诗。

领大郡。不乐进取机密，求出为武陵相，闻桃源有黄君瞿童之事，甘心而请学焉。……居无何，转吉州刺史，公乃叹曰："凤奉道牙，志期修进，而流年不待，齿发将暮，湛恩稠叠，恐遂无报。"乃上言乞以皇帝诞庆之辰，度为武陵桃源观道士。……优诏褒美，赐号遗荣。……以贞元七年十一月三日，顺化于锺陵宗华观。

文中记阎寀卒于贞元七年（791）十一月，但未言何时入道。据《唐会要》卷五十："贞元七年四月，吉州刺史阎寀上言，请为道士，从之，赐名遗荣。"又李肇《唐国史补》卷史也说："阎寀为吉州刺史，表请入道，赐名遗荣，隶桃源观，朝端盛赋诗以赠之。戎昱诗云：'庐陵太守近骖官，月晓初朝五帝坛。'"[①] 由此可见，戎昱的《送吉州阎使君入道二首》，是在阎寀贞元七年四月表请入道后所作。诗中说："余当从宦日，君是弃官时。"则阎寀罢去吉州刺史时，戎昱正在江西做官。而据《新唐书》卷四十一《地理志》五，吉州庐陵郡与虔州南康郡，地域相接。我们有理由根据上述的材料确定，这时戎昱正是在虔州刺史任上。至于他何时始任虔州刺史，何时罢去虔州刺史，限于史料的缺乏，已不可考。

---

① 阎寀为阎用之第二子，见独孤及《毗陵集》卷十二《唐故右金吾卫将军河南阎公墓志铭并序》；墓志又称："广德中，寀以监察御史领高陵令。"又元人揭斯俣《天华万寿宫碑》有云："唐贞元中吉州刺史阎侯隐于城东十五里天岳山之夫容峰，后传以为仙云。……按庐陵志，侯名寀，初隐夫容，后得道山东南三十里洞岩。临江玉笥山志又言承天宫西南十五里南障山葆光观有吉州阎使君别墅，后得道衡岳。"（四部丛刊影印乌程蒋氏密韵楼藏旧钞本《揭文安公全集》卷十）

在这以后，戎昱作品可以大致系年的，仅有《送零陵妓》一诗（《全唐诗》卷二七〇）。据《唐诗纪事》卷二十八载："昱在零陵，于襄阳闻有妓善歌，取之。昱以诗遣行曰：'宝钿香蛾翡翠裙，妆成掩泣欲行云。慇懃好取襄王意，莫向阳台梦使君。'于遂遣还。"按，此事在《唐诗纪事》之前又见于晚唐人范摅的《云溪友议》卷上《襄阳杰》条：

　　初，有客自零陵来，称戎昱使君席上有善歌者，襄阳公遽命召焉。戎使君岂敢违命，逾月而至。及至，令唱歌，乃戎使君送妓之什也。公曰："丈夫不能立功立业，为异代之所称，岂有夺人姬爱，为己之嬉娱？以此观之，诚可审身于无人之地。"遂多以缯帛照行，手书逊谢于零陵之守也。云溪子曰："王敦驱女乐以给军士，杨素归徐德言妻，临财莫贪，于色不吝者，罕矣！"时人用为雅谭。历观国朝挺特英雄，未有如襄阳公者也。戎使君诗曰："宝钿香蛾翡翠裙，妆成掩泣欲行云。慇懃好取襄王意，莫向阳台梦使君。"

此事又见《太平广记》卷一七七"器量"门"于頔"条。此条在记戎昱事之前还记载于頔礼遇文士数事，意在颂扬于頔的德政，其实于頔为人实不足当此，《云溪友议》的这些记载已受到清朝人的批评，《四库全书总目》卷一四〇子部小说家类关于《云溪友议》的提要中说："至于颂于頔之宽仁，诋李绅之狂悖 ①，毁誉不

━━━━━━━━━━

① 按，此事见《云溪友议》卷上《江都事》条。

免失当。"按,据《旧唐书》卷十三《德宗纪》下,贞元十四年九月,"丙辰,以陕虢观察使于頔为襄州刺史、山南东道节度使。"(《旧唐书》卷一五六《于頔传》所载同)至宪宗元和年间,于頔方由襄州入朝。如果《唐诗纪事》所载属实,那末贞元十四年(798)或后数年间戎昱尚在湖南,从"莫向阳台梦使君"句看来,似乎这个时候戎昱也还任刺史之职。据《新唐书》卷四十一《地理志》五,江南西道有永州零陵郡,似乎戎昱在晚年曾任永州刺史。此诗除《云溪友议》《唐诗纪事》外,又见于《全唐诗》,可见诗确是戎昱作的,所谓"慇懃好取襄王意",当也指于頔之在襄州的意思。据《旧唐书·于頔传》,于頔在襄州,也是一个跋扈不法的地方军阀,传中说于頔在襄阳时"广军籍,募战士,器甲犀利,僴然专有汉南之地。小失意者,皆以军法从事。"又说他"公然聚敛,恣意虐杀,专以凌上威下为务。"传又载于頔死后,朝臣议谥,右补阙高鉞论奏,说"頔顷镇襄汉,杀戮不辜,恣行凶暴。"于頔既是这样的人,当他听说戎昱有妓善歌,就强行取之,也是极可能的。

由《送零陵妓》诗,可知戎昱至少贞元十四年(798)还在人世,而且此诗可能还是在贞元十四年以后的数年内。闻一多先生《唐诗大系》定其生卒年为740—787(?),游国恩先生等编著的《中国文学史》本闻说。740年之说不确,已见前辨。今按,787年为贞元三年,而据前所考戎昱《送吉州阎使君入道》诗,作于贞元七年(791),时正任虔州刺史,又据此《送零陵妓》诗,则又当卒于798年以后。虽然戎昱的确切卒年仍不可知,但从现在可以考知的材料,是应该比《唐诗大系》等所定大大推后的。

又按,唐孟棨《本事诗》亦载戎昱事迹,云:

韩晋公镇浙西，戎昱为部内刺史（自注：失州名），郡有酒妓善歌，色亦烂妙，昱情属甚厚。浙西乐将闻其能，白晋公召置籍中，昱不敢留，饯于湖上，为歌词以赠之，且曰："至彼令歌，必首唱是词。"既至，韩为开筵，自持杯命歌送之。遂唱戎词。曲既终，韩问曰："戎使君于汝寄情耶？"悚然起立曰："然。"泪下随言。韩令更衣待命，席上为之忧危。韩召乐将责曰："戎使君名士，留情郡妓，何故不知，而召置之，成余之过！"乃十笞之，命与妓百缣，即时归之。其词曰："好去春风湖上亭，柳条藤蔓系离情。黄莺久住浑相识，欲别频啼四五声。"（《情感》第一）

按，"好去春风湖上亭"诗见《全唐诗》卷二七〇，题《移家别湖上亭》。从诗题及诗中内容，皆与送郡妓与韩滉事无涉。又韩滉为苏州刺史、浙江东西观察使在大历十四年（779）十一月（见《通鉴》卷二二六），贞元三年（787）春卒。在这期间，戎昱无缘为浙西所属州刺史者。由此可见，《本事诗》所载，皆非实有其事，但其情节与《云溪友议》相类似，由此例彼，《云溪友议》所载，其真实性如何，也是值得怀疑的。

　　戎昱晚年的情况不可确知。《唐才子传》卷三戎昱小传说是"后客剑南，寄家陇西数载"。马茂元《唐诗选》，刘大杰《中国文学发展史》（修订本第二册）都本《唐才子传》，以此作为戎昱的晚年行迹[1]。今按，所谓居剑南、陇西，首见于《唐才子传》，不见于唐宋

---

[1] 马茂元《唐诗选》载戎昱事，谓："德宗建中年间历任虔辰二州刺史。后客居剑南。"按，此处说建中年间任虔州刺史，亦误。刘大杰《中国文学发展史》（修订本第二册）："后任虔、辰二州刺史。后客剑南，寄家陇西。"

人的记载。戎昱曾居住剑南和陇西，见于其诗篇，但《唐才子传》系之于晚年，则殊属可疑。戎昱诗涉及剑南的，有：《入剑门》《成都元十八侍御》《云安阻雨》《成都暮雨秋》《送严十五郎之长安》《成都送严十五之江东》（以上皆见《全唐诗》卷二七〇）。可见戎昱确曾客居剑南，问题是在何时。按，《入剑门》诗云："剑门兵革后，万事尽堪悲。鸟鼠无巢穴，儿童话别离。山川同昔日，荆棘是今时。征战何年定，家家有画旗。"诗题为《入剑门》，则是由北而南，经剑门而入蜀中。这首诗中有"征战何年定，家家有画旗"，使我们想起杜甫大历三年末在岳阳所作的《岁晏行》，其中说："万国城头吹画角，此曲哀怨何时终。"（《钱注杜诗》卷八）戎昱此诗反映剑南地方军阀连年混战造成的破坏，是比较真切的。但我们查阅新旧《唐书》等有关史籍，蜀中地区的军阀战争，大致在大历三、四年后就逐步停息下来，因此，戎昱这首诗不可能写于蜀中大体平息的大历三、四年以后，而只能在此之前。另外，《云安阻雨》诗说："日长巴峡雨濛濛，又说归舟路未通。游人不及西江水，先得东流到渚宫。"云安在巴东。从这首诗，可见戎昱是由云安经水路赴江陵。由以上所考的戎昱整个事迹看来，很可能是戎昱于大历初年前后由长安入剑门，一度客居于剑南，然后由云安出蜀，赴江陵卫伯玉荆南节度使幕。这虽然只是推想，但当与实际相距不远。可见所谓晚年客居剑南，是没有什么事实根据的。

至于"寄家陇西数载"云云，大约本之于戎昱的《逢陇西故人忆关中舍弟》诗（《全唐诗》卷二七〇），这首诗说："莫话边庭事，心摧不欲闻。数年家陇地，舍弟殁胡军。每念支离苦，常嗟骨肉分。急难何日见，遥哭陇西云。"此诗的写作时间不易确定，但可以确定的是，写此诗时，戎昱已不在陇西，他只是在某地遇见过去的陇西故人，因而回忆昔日的生活。由此可见，也不能据此而认为他晚年居住于陇西。

又，《新唐书·艺文志》著录戎昱诗五卷，《全唐诗》卷二七〇编录其诗一卷。但其中也杂有别人的作品，如《同辛兖州巢父虚副端岳相思献酬之作因抒归怀兼呈辛魏二院长杨长宁》《抚州处士湖泛舟送北回两指此南昌县查溪兰若别》二诗，即又见于戴叔伦诗(《全唐诗》卷二七四)，应为戴作。戴叔伦另有《暮春游长沙东湖赠辛兖州巢父二首》(《全唐诗》同上卷)，与辛巢父本来就有交往，且戴诗诗题中作"卢副端"，戎作中作"虚副端"，显误。至于戎作的后一首诗，戴作题为《抚州处士胡泛见送北回两馆至南昌县界查溪兰若别》，文词较戎作通顺，为戴叔伦离抚州刺史时所作，详见另文《戴叔伦的事迹系年及作品的真伪考辨》，此不赘。

[附记]

我在文中曾说："今按，现在所见唐宋人的有关材料，并无杜、戎交游的记载，……所谓戎昱在江陵曾见到杜甫，甚至说他是杜甫所器重的后辈诗人，可以说是毫无凭据，经不起史料的检核。"今查到陈振孙《直斋书录解题》卷十六别集类著录《戎昱集》五卷，下云："唐虔州刺史扶风戎昱撰。其侄孙为序，言弱冠谒杜甫于渚宫，一见礼遇。集中有哭甫诗。……"陈振孙是南宋人。由此可见，我说唐宋人的记载中，没有杜、戎交游的材料，这是不确切的，一些研究者说戎昱在江陵见过杜甫，并为杜甫所器重，当即本于《直斋书录解题》，这不能说是"毫无凭据,经不起史料的检核"。

但《书录解题》的这一记载,可靠性如何,还是可以讨论的。他说是戎昱的侄孙曾为戎昱的集子作序,这个侄孙是谁,不得而知,现在所见唐人材料,还未发现有戎昱的侄孙为戎昱集子所作的序文。可能是陈振孙所见的五卷本《戎昱集》前有其侄孙的序文,但这篇序文连同戎昱集都已亡佚。问题在于陈振孙记述的戎昱侄孙的话,不无可疑。他说戎昱弱冠时在江陵见到杜甫。杜甫是大历三年(公元 768)在江陵的,如此年戎昱弱冠,即二十岁,则其生年当为 749 年。但我们已知戎昱反映安史之乱所造成的社会苦难及唐统治者借回纥兵所带来的社会动乱的诗篇——《苦哉行五首》,乃作于宝应元年(762 年),如戎昱生于 749 年,则宝应元年只有十四岁。以这样的年岁,作出思想内容如此深刻的诗篇,恐怕是不可能的。因此,所谓戎昱在江陵见杜甫,是否确实,仍然是一个问题。很可能是戎昱侄孙为了抬高其先世的身价,得之未能证实的传闻,而写入序文的。

又,戎昱还以能书著称,一般文学史著作对此未曾道及。据元人陶宗仪《书史会要》载:"戎昱,建中间为虔州刺史。作字有楷法,其用笔类段季展,然筋骨太刚,殊乏婉媚,故雅德者避之。"

戴叔伦的事迹系年及作品的真伪考辨

    过去的一些文学史著作,对于戴叔伦的生平,叙述极为简略。本文拟据权德舆所作《唐容州刺史戴公墓志铭》①,和《新唐书》卷一四三《戴叔伦传》,结合戴氏本人的诗作,并参考有关的史书,对他的事迹加以系年,希望提供经过整理的资料,以供研究者参考。另外,《新唐书·艺文志》著录戴叔伦《述藁》十卷,现已不存,《全唐文》卷五一〇仅录他的文两篇。司空图在《与极浦书》中曾援引过他论诗的话:"戴容州云:诗家之景,如蓝田日暖,良玉生烟,可望而不可置于眉睫之前也。"(《司空表圣文集》卷三)可惜他的诗论全篇已不可复见。可见戴叔伦的作品散失已多。即使如此,在已存的,《全唐诗》编录的二卷戴叔伦诗作中,也杂有不少他人的作品。本文拟就其中较明显的,作一些考辨,以有助于对唐诗的研究。

---

① 见四部丛刊本《权载之文集》卷二十四,其全称为《唐故朝散大夫使持节都督容州诸军事守容州刺史兼侍御史充本管经略招讨处置等使谯县开国男赐紫金鱼袋戴公墓志铭并序》。

一

据权德舆所作《容州刺史戴公墓志铭》，戴叔伦的先世，有东汉时的司徒戴涉，西晋时的司农戴邈。戴家本来是谯国人，戴邈西晋末南渡，就开始定居于丹徒。后来至南朝宋有临湘侯戴明宝，南朝梁左丞戴罴。戴叔伦的曾祖戴好问，在唐初曾为德州司士，已经是州县的中下级官吏，至于他的祖父修誉，父亲眘用，就终生未有官职，权德舆所作的墓志中所谓"皆自縻天爵，不顾翘车，传次君之礼文，尽通奥旨，师安道之晦德，尤恶知名"，尽管权德舆用历史上的典故来称颂其祖、父辈的道德和学问，但实际上只不过是说，他的祖父和父亲两代都是未曾有过功名的普通士人而已。因此，所谓的戴涉、戴邈等等名人，是否即是戴叔伦的先世，也甚可怀疑。

姚合《极玄集》卷下载戴叔伦为润州金坛人，《新唐书》卷一四三《戴叔伦传》同。权德舆所作墓志也说戴卒后，"返葬于金坛玉京原之旧封"。可见金坛为其籍贯，谯国为其郡望。润州即今江苏镇江，唐时属江南道，所属县有四，金坛即其中之一。

权德舆所作墓志、《极玄集》（卷下），以及《新唐书》本传，都说他字幼公，但阮元《两浙金石志》卷二载陆长源《唐东阳令戴公去思颂并序》，中云"公字次公"。阮元跋中又说："按县志，叔伦字次公。"（陆长源此文又载《全唐文》卷五一〇，则作"公字幼公"，恐系清人所改，当以《两浙金石志》所录碑文石刻为准。）但无论幼公或次公，都与他的名相应。据权德舆所作墓志，叔伦有兄伯伦，但不知是否有弟。——如果有材料可以查考出戴叔伦有几个兄弟的话，则作次公较为确切。

玄宗开元二十年　公元 732 年　一岁

据权德舆所作墓志,戴叔伦卒于德宗贞元五年(789),年五十八。以此推算,当生于本年。

代宗广德元年　公元 763 年　三十二岁

本年有诗反映袁晁起义失败后浙东一带破败萧条的情况,所作《送谢夷甫宰余姚县》诗(《全唐诗》卷二七三)云:"君去方为宰,干戈尚未销。邑中残老小,乱后少官僚。廨宇经兵火,公田没海潮。到时应变俗,新政满余姚。"此诗"廨宇"二句见唐高仲武《中兴间气集》(卷二)评语中引,全诗又载于韦庄《又玄集》,题为《送谢夷甫宰鄞县》,可见为戴叔伦作无疑。按,《新唐书》卷四十一《地理志》五,余姚县属越州会稽郡,另外明州余姚郡所属有鄮县,鄮县即鄞县。《全唐诗》与《又玄集》,一作余姚,一作鄞县,但都在浙东。按,宝应元年(762)浙东有袁晁领导的农民起义。《旧唐书》卷十一《代宗纪》,广德元年三月,"丁未,袁傪破袁晁之众于浙东。"同年四月"庚辰,河南副元帅李光弼奏生擒袁晁,浙东州县尽平"。袁晁起义的时间虽然并不很长,但其影响遍及浙东、浙西以至江西。肃、代时浙东兵事较大的,即是袁晁起义。刘长卿有《送朱山人放越州贼退后归山阴别业》诗(《刘随州集》卷一),云:"越州初罢战,江上送归桡。南渡无来客,西陵自落潮。空城垂故柳,旧业废春苗。闾里相逢少,莺花共寂寥。"也写于袁晁起义被镇压后浙东州县的残破情景,可与戴叔伦之作相参看。戴诗所谓"干戈尚未销",以及"邑中残老小"、"廨宇经兵火"等句,当即指袁晁起义一事。谢夷甫,其人不详。戴叔伦此时或即尚居于金坛故里，似未有官职。此诗是戴叔伦诗作中可以系年的最早的一篇，为其早年所作，可见戴叔伦早年为诗，即具有反映现实的特色。

代宗大历四年　公元 769 年　三十八岁

戴叔伦为刘晏所辟，曾在其转运府中任职，本年督赋荆南，曾至夔州，逢蜀将杨子琳之乱，劝说杨子琳归顺唐朝廷。据权德舆所作墓志，云："分命于计相也，则为湖南、河南留后，自秘书正字三迁至监察御史。"又云："始在转运府也，董赋于南荆。会蜀将杨琳拥徒阻命，诏书告谕，初无革志，宵引锐卒劫胁使臣曰：'归我金币，可以纾死。'公山立不挠，勇生于仁，端其词气，强于师旅。暴叛知感，乞盟于公，黎明率其徒西向拜泣，指期诣阙。冢臣列状，天子召对，而推功于府，不伐其劳，时谈翕然，勇让具举。"其事又见《新唐书》卷一四三本传："刘晏管盐铁，表主运湖南，至云安，杨子琳反，驰客劫之曰：'归我金币，可缓死。'叔伦曰：'身可杀，财不可夺。'乃舍之。"显然《新唐书》此处即本权德舆所作墓志，但稍加省简。据《旧唐书》卷十一《代宗纪》，大历元年正月，"丙戌，以户部尚书刘晏充东都京畿、河南、淮南、江南东西道、湖南、荆南、山南东道转运、常平、铸钱、盐铁等使。"则戴叔伦之应辟，及在刘晏转运府中任职，自当在大历元年正月以后。至于遇杨子琳事，则在大历三、四年间。杨子琳本为泸州刺史，大历三年，西川节度使崔宁入朝，"杨子琳袭取成都"（《新唐书》卷一四四《崔宁传》）。据《通鉴》卷二二四大历三年载，七月，崔宁妾任氏出家财十万募兵，击走子琳。《通鉴》又于大历四年二月载:"杨子琳既败还泸州,招聚亡命,得数千人,沿江东下,声言入朝;涪州守捉使王守仙伏兵黄草峡,子琳悉擒之,击守仙于忠州,守仙仅以身免。子琳遂杀夔州别驾张忠,据其城。荆南节度使卫伯玉欲结以为援,以夔州许之,为之请于朝。阳曲人刘昌裔说子琳遣使诣阙请罪,子琳从之。乙巳,以子琳为峡州团练使。"(《旧唐书》卷十一《代宗纪》大历四年二月乙巳亦载其事,但所授杨子琳官职为陕州刺史,误,应从《通鉴》改正)《通鉴》大历四年二月乙巳是记杨子琳授峡州团练使事,在此之前的文字都是回叙,杨子琳攻忠州、据夔州似当在大历三年冬。则戴叔伦督赋于荆南,至夔州(胡三省于上所引《通鉴》文"荆南节度使卫伯玉欲结以为援,以夔州许之"下有注云:"夔州,荆南巡属"),当是大历三、四年间之事。但权德舆所作墓志是说杨子琳之归顺唐朝廷,是由于戴叔伦的劝说,而《通鉴》则说出于刘昌裔。《旧唐书》卷一五一《刘昌裔传》云:"刘昌裔,太原阳曲人。少游三蜀,杨琳之乱,昌裔说其归顺。"说与《通鉴》同。以史料的时间说,权德舆作志的时间近,似较可靠,但为同时代人作墓碑传状,往往难免有溢美夸饰之辞,也不尽可信。二说可以并存,备查考。

戴叔伦有《渐至涪州先寄王员外使君纵》诗(《全唐诗》卷二七三),当作于往夔州督赋时,诗中云:"将命宁知远,归心讵可传。"是说出使。又云:"江分巴字水,树入夜郎烟。毒瘴含秋气,阴崖蔽曙天。"是说时节正当秋季。参据上引史料,则此诗当作于大历三年秋冬。诗题中所称王员外使君纵,当是涪州刺史王纵。据《新唐书》卷七十二《宰相世系表》二中，琅邪王氏，有夏州长史昇，子纵，不详历官，不知是否即是戴诗中之涪州刺史王纵否？按，清劳格《唐郎官石柱题名考》卷十八仓部员外郎有王纵，劳考于其名下引戴叔伦此诗，又引《新唐书·宰相世系表》王昇子纵，但又引《旧唐书·王重荣传》"父纵，盐州刺史，咸通中有边功"，及司空图《故盐州防御使王纵追述碑》，以戴叔伦诗中的王纵，即以为王重荣之父的王纵。按，《旧唐书》卷一八二《王重荣传》明云王纵"咸通中有边功"，咸通为公元860—874，距大历三年（768）将近一百年。司空图《故盐州防御使王纵追述碑》（见《司空表圣文集》卷六）也说王纵"长庆初以力战拜兼监察御史"，长庆初距大历三年也有五十多年，王纵才初次立功。又叙太和九年（835）为河中都知兵马使。由此可知，王重荣之父王纵为一武将，时代与戴叔伦相去甚远，不可能是一人。劳格于唐史事号称精熟，但此处却疏于考核，因而致误。

按，大历四年，戴叔伦已三十八岁，在此之前的仕履未详。大历十才子之一的李端有《送新城戴叔伦明府》诗(《全唐诗》卷二八五)，云："遥想隋堤路，春天楚国情。白云当海断，青草隔淮生。雁起斜还直，潮回远复平。莱芜不可到，一醉送君行。"据《新唐书》卷四十一《地理志》五，江南道，杭州余杭郡有新城县，云："武德七年省入富阳，永淳元年复置。"从诗中"白云当海断"、"潮回远复平"等句看来，与新城的地理位置正相符合。据此，则戴叔伦又曾为杭州新城县令。按，据权德舆所作墓志及《新唐书》本传，戴叔伦所历官职，先后都可考见，却未见有新城县令的记载，可知当是在转运府以前所任,具体时间则不可确知。

又,高仲武《中兴间气集》卷上载戴叔伦诗,评语中有云:"叔伦之为人,温雅善举止,无贤与不肖,见皆尽心。在租庸幕下数年,夕□靡怠。吏部尚书刘公与祠部员外郎张继书,博访选材,曰:'揖对宾客如叔伦者,一见称心。'"① 按,张继曾为祠部员外郎,分掌财赋于洪州(参见《新唐书·艺文志》集部别集类),也是刘晏盐铁转运府幕中的人材,大约大历四年前后即已在洪州任职②。则刘晏与张继书,论及戴叔伦,也当在此数年间。

又,《唐才子传》卷五谓戴叔伦乃"贞元十六年陈权榜进士"。清徐松《登科记考》卷十四即据此列贞元十六年进士科状元为陈权,其下有戴叔伦,与白居易等同科及第。但据权德舆所作墓志,戴叔伦早于贞元五年即已去世,年五十八岁,又据上所考,大历三、四年间即已在转运府任职,《唐才子传》所载本已甚谬,而徐松又号为治唐史者,乃也不经查核有关史籍,而遂采入书中(此点并可参见岑仲勉《唐史余沈》卷二《戴叔伦贞元进士》条)。

代宗大历七年　公元 772 年　四十一岁

本年或明年,在京口有送皇甫曾赴洛阳诗。戴叔伦《京口送皇甫司马副端曾舒州辞满归去(《全唐诗》原注:一本无去字)

---

① 《唐才子传》卷五小传尝引此,却作:"尝在租庸幕下数年,夕惕匪怠。吏部尚书刘公与祠部员外郎张继昼访选材,曰揖宾客,叔伦投刺,一见称心,遂就荐。"大误。

② 参见本书《张继考》。

东都》(《全唐诗》卷二七三):"潮水忽复过,云帆俨欲飞。故园双阙下,左宦十年归。晚景照华发,凉风吹绣衣。淹留更一醉,老去莫相违。"按,皇甫曾曾因事贬为舒州司马,当时独孤及为舒州刺史,时当在大历六年左右。大历七年,皇甫曾罢舒州司马任北归,后又为阳翟令[①]。由戴此诗,可知皇甫曾北归,当由舒州沿长江而下,经京口,折入东南漕河。戴叔伦与皇甫曾相遇,约在本年或明年夏秋(见"凉风吹绣衣")。

德宗建中元年　公元 780 年　四十九岁

本年春在汴州,《和李相公勉晦日蓬池游宴》(《全唐诗》卷二七三):"高会吹台中,新年月桂空。貂蝉临野水,旌旆引春风。"又《和汴州李相公勉人日喜春》(同上卷),中云:"年来日日春光好,今日春光好更新。"按,《旧唐书》卷一三一《李勉传》:"(李)忠臣遇下贪虐,明年为麾下所逐,诏复加勉汴宋节度使,移理汴州,余并如故。德宗嗣位,加检校吏部尚书,寻加平章事。建中元年,检校左仆射,充河南汴宋滑亳河阳等道都统,余如故。"据《旧唐书》卷十一《代宗纪》,汴宋节度使李忠臣为部将李希烈所逐在大历十四年三月,在此之后当即以李勉为汴州刺史、汴宋节度使。又据《旧唐书》卷十二《德宗纪》上,德宗于大历十四年五月即位,六月己亥,"加李正己司徒、太子太傅,崔宁、李勉本官同平章事。"戴诗中称李相公勉,诗题中又云在汴州,则当是大历十四年后之明年,即建中元年正月作,因建中元年五月以后戴叔伦又出为东阳令,不复

①参见本书《皇甫冉皇甫曾考》。

更在汴州。权德舆所作墓志云:"分命于计相也,则为湖南、河南留后,自秘书正字三迁至监察御史。"即任转运府之职,湖南以后,又任河南。据此,本年之前数年间则为转运府河南留后之职。

五月以后,又以监察御史里行出为东阳令。阮元《两浙金石志》卷二载陆长源《唐东阳令戴公去思颂并序》(又见《全唐文》卷五一〇),此篇文字残缺甚多,几乎不能卒读。文中云:"建中元祀……夏五月壬辰诏书,以监察御史里行戴叔伦为东阳令。"末署"□□兴元元年岁次甲子五月□□□"(宋陈思《宝刻丛编》卷十三婺州,引《复斋碑录》载:"唐东阳令戴叔伦去思颂:唐陆长源撰,李秋寔八分书,兴元二年五月二十八日建在本县学")。由此可知,本年五月以后出为东阳令。《新唐书》卷四十一《地理志》五,江南道婺州东阳郡有东阳县,"垂拱二年析义乌置"。即今浙江东阳县。

德宗建中二年　公元 781 年　五十岁

任东阳令约至本年春间。权德舆所作墓志云:"其卑人成化也,则东阳一同之人沐旬岁之治。"旬岁即满岁、周岁。去年五月始授任为东阳令,一周年当即至本年春间(说详下)。陆长源《唐东阳令戴公去思颂并序》中曾称其治绩,谓:"由是桑柘茂,堤塘修,平林□阴,大壑含润……路绝豺狼,□狱止讼,聚货通商。"这当然有溢美之词,但看来他在东阳令一年,在当时还是为人所称道的。阮元《两浙金石志》(卷二)中曾引东阳县志,称戴叔伦在东阳"抑权豪,劝农桑,政通讼简,民以富庶,奏课为一州最,拜殿中侍御史"。

《全唐诗》卷二七四载戴叔伦《张评事涉秦居士系见访郡斋即同赋中字》:"轺车忽枉辙,郡府自生风。遣吏山禽在,开樽野客同。古墙抽腊笋,乔木飐春鸿。……"当为春初作。此时秦系隐居于会稽,故能近道至东阳往访。戴叔伦另有《送秦系》《题秦隐君丽居亭》(同上卷),当同在东阳时所作。

本年春初由东阳赴湖南嗣曹王李皋幕。《新唐书·戴叔伦传》:"嗣曹王皋领湖南、江西,表在幕府。"权德舆所作墓志:"曳裾于贤王也,则为湖南、江西上介,由大理寺司直再转至尚书祠部郎中。"则戴叔伦曾入李皋的湖南幕。据《旧唐书》卷一三一《李皋传》:"建中元年,迁湖南观察使。"又据卷十二《德宗纪》上,建中元年四月,"壬戌,以衡州刺史、嗣曹王皋为潭州刺史、湖南团练观察使。"李皋在湖南任,至建中三年十月又转为江西节度使。已知戴叔伦建中元年五月为东阳令,在东阳一年,其《将赴湖南留别东阳旧僚兼示吏人》诗(《全唐诗》卷二七四),有"晓路整车马,离亭会衣冠,冰坚细流咽,烧尽乱峰寒"之句,则离东阳赴湖南,当在建中二年春初,河冰尚未融化之时。

德宗建中四年　公元 783 年　五十二岁

《新唐书》卷一四三本传谓:"嗣曹王皋领湖南、江西,表在幕府。皋讨李希烈,留叔伦领府事。"权德舆所作墓志云:"曳裾于贤王也,则为湖南、江西上介,由大理司直再转至尚书祠部郎中。"由此可知,李皋为湖南观察使时,戴叔伦在湖南幕府,李皋后改为江西,戴则又随李皋在江西节度使幕。据《旧唐书》卷十二《德宗纪》上,建中三年"冬十月辛亥,以湖南观察使嗣曹王皋为洪州刺史、江西节度使。"可能戴叔伦也在建中三年十月或稍后一些时日转至江西。又据同书《德宗纪》，建中三年十一月"丁丑，李希烈自称天下都元帅、太尉、建兴王，与朱滔等四盗胶固为逆。"李希烈于此时正式称兵，与唐朝廷对抗。建中四年正月，唐朝廷以龙武大将军哥舒曜为东都畿汝节度使，率领凤翔、邠宁、泾原等节镇的兵力，征讨李希烈。三月"辛卯，嗣曹王皋击李希烈将陈质之众，败之，收复黄州。"又"夏四月庚申，以永平宣武河阳等军节度都统、检校司徒、平章事李勉为淮西招讨使，襄阳帅贾耽、江西嗣曹王等为之副。"李皋出江西兵与李希烈作战，后来又为李勉之副，正式奉命征讨，大约即在建中四年三、四月间，戴叔伦当也就在此时为江西节度使留后，统领府事，而其所带中朝官衔则为尚书祠部郎中。

德宗兴元元年　公元 784 年　五十三岁

建中四年十月，泾原节度使姚令言率领泾原之师往河南增援哥舒曜，泾原军经过长安，刚出京城，即因军食恶劣而哗变，随即推举幽州节度使朱滔之兄、当时闲居于长安的朱泚为首领，朱泚称帝。德宗匆忙逃至长安西北的奉天。时为建中四年冬、兴元元年春。至兴元元年二月丁卯，因奉天兵力单薄，德宗又迁往梁州（即陕西南郑）。戴叔伦有《奉天酬别郑谏议云逵卢拾遗景亮见别之作》（《全唐诗》卷二七三），诗的前半篇云："巨孽盗都城，传闻天下惊。陪臣九江畔，走马来赴难。伏奏见龙颜，旋持手诏还。"按，《旧唐书》卷一三一《李皋传》曾称"上至梁州，进献继至"，就是说，李皋曾遣吏输送粮饷至梁州。从戴叔伦此诗,可知戴曾奉李皋之命至奉天。叔伦另有《建中癸亥岁奉天除夜宿武当山北茅平村》(《全唐诗》卷二七三),建中癸亥即建中四年,则建中四年冬末已至奉天。《奉天酬别》诗叙戴叔伦离奉天时说:"重阴蔽芳月,叠岭明旧雪。泥积辙更深,木冰花不发。"当是春初尚有冰雪之时。

诗题中提及的郑云逵,《旧唐书》卷一三七有传,云:"郑云逵,荥阳人。大历初举进士。"后曾为朱滔节度判官,"滔助田悦为逆,云逵谕之不从,遂弃妻子驰归长安,帝嘉其来,留于客省,超拜谏议大夫。奉天之难,云逵奔赴行在,李晟以为行军司马,戎略多以咨之。"戴叔伦诗中"郑君间世贤,忠孝乃双全。大义弃妻子,至淳易生死。知心三四人,越境千余里"云云,就是写郑云逵的这一段经历。《奉天酬别》诗题中提及的另一人为卢景亮,诗称"卢生富才术,特立居近密。采掇献吾君,朝廷视听新。宽饶狂自比,汲黯直为邻。"卢景亮见《新唐书》卷一六四本传,时为左补阙。

德宗贞元元年　公元 785 年　五十四岁

本年春夏间为抚州刺史。《新唐书》卷一四三本传仅云"皋讨李希烈,留叔伦领府事,试守抚州刺史"。未言为何年。按,《旧唐书》卷十三《德宗纪》下,贞元四年七月,"乙丑,以前抚州刺史戴叔伦为容州刺史、兼御史中丞,本管经略使"。又据权德舆所作墓志:"其皁人成化也,则东阳一同之人沐旬岁之治,抚人饫三年之惠。"可见在抚州为三年,从贞元四年上推三周年,为贞元元年七月。又据《旧唐书》卷十二《德宗纪》上,贞元元年四月,"丁丑,以江西节度使嗣曹王皋为江陵尹、荆南节度使。"贞元四年七月戴叔伦被任命为容州刺史时,为"前抚州刺史",可见并非现任抚州刺史者。疑李皋于贞元元年四月改荆南时,戴叔伦也就在此时出节度使幕,被任命为抚州刺史。由贞元元年四月至贞元四年四月为三年,离贞元四年七月,其间尚有一段期间,然后又授命为容州刺史,故云"前抚州刺史"。因此可以推知其始授命为抚州刺史的时间当在贞元元年春夏之间。

德宗贞元二年　公元786年　五十五岁

本年仍在抚州刺史任,曾上书当时宰相齐映、刘滋等,论当时朝政得失。《新唐书》卷一四三本传:"齐映、刘滋执政,叔伦劝以'屯难未靖,安之者莫先于兵,兵所藉者食,故金谷之司不轻易人。天下州县有上中下,紧望雄辅者,有司铨拟,皆便所私,此非为官择人、为人求治之术。其尤切者,县令、录事参军事,此二者宜出中书门下,无计资序限,远近高卑,一以殿最升降,则人知劝'。映等重其言。"按照《新唐书》卷六十二《宰相年表》,贞元二年正月壬寅,"吏部侍郎刘滋为左散骑常侍,给事中崔造、中书舍人齐映并同中书门下平章事"。三年正月,"壬子,滋罢守左散骑常侍,映贬夔州刺史"(《旧唐书》卷十二《德宗纪》下所载同)。则刘滋、齐映居相位的时间即贞元二年的一年时间之内。戴叔伦上书的时间当然也在此年。关于他在抚州的政绩,权德舆所作墓志中说:"其在临川也,清明仁恕,多省费力略,蜀郡崇儒之化,南阳均水之法,精力区处,民以便安,田壤耕辟,狱犴清净,居一年,玺书褒异,就加金紫。"《新唐书》本传则谓:"试守抚州刺史。民岁争溉灌,为作均水法,俗便利之。耕饷岁广,狱无系囚。俄即真。期年,诏书褒美,封谯县男,加金紫服。"显然,《新唐书》所写即根据权德舆所作的墓志,这些都不无溢美。他在抚州的政绩是为当时人称道的,但其诗作可以确定在抚州所作者,却甚寥寥。

德宗贞元四年　公元 788 年　五十七岁

秋,改为容州刺史。《旧唐书》卷十三《德宗纪》下贞元四年七月"乙丑,以前抚州刺史戴叔伦为容州刺史、兼御史中丞、本管经略使"。此处云"前抚州刺史",可知本年七月授命为容州刺史时已不在抚州刺史任上。据前贞元元年条,可能本年春夏间已离任,但仍居于抚州。戴叔伦有诗《抚州处士胡泛见送北回两馆至南昌县界查溪兰若别》(《全唐诗》卷二七四),其中说:"郡政我何有,别情君独深。禅庭古树秋,宿雨清沉沉。挥袂千里远,悲伤去住心。"由此可知,戴叔伦是由抚州前往容州的,时节是在秋天,与《旧纪》所载七月者相合。《德宗纪》所叙戴叔伦为容州刺史时的官衔为"兼御史中丞",但据权德舆所作墓志,则为"兼侍御史",陈羽送行诗,也称"端公",则作御史中丞者不确。陈羽《送戴端公赴容州》云:"分命诸侯重,葳蕤绣服香。八蛮治险路,千骑踏繁霜。山断旌旗出,天晴剑佩光。还将小戴礼,远去化南方。"(见《唐诗纪事》卷三十五陈羽条,又见《全唐诗》卷三四八)据《唐诗纪事》所载,陈羽与韩愈为同年进士登第(《唐才子传》卷五陈羽小传谓"贞元八年,礼部侍郎陆贽下第二人登科,与韩愈、王涯等共为龙虎榜"。)韩愈有《落叶送羽》诗云:"谁云少年别，流泪各沾衣。"（《昌黎先生集》卷二）陈羽的生卒年不详，但据此处所引几条材料，可见贞元四年时陈羽尚未登第。韩愈生于大历三年（768），从韩愈送陈羽诗看来，二人年岁相若，则陈羽本年当也不过二十余岁。戴叔伦另有《过故人陈羽山居》（《全唐诗》卷二七三）云："向来携酒共追攀，此日看云独未还。不见山中人半载，依然松下屋三间。峰攒仙境丹霞上，水绕渔矶绿玉湾。却望夏洋怀二妙，满崖霜树晓斑斑。"《唐才子传》谓陈羽"江东人"，戴此诗疑作于抚州时（戴叔伦在江西有四五年之久，在此之前又在湖南，若再早，则陈羽之年岁不相及），据此，则陈羽早年曾居住于江西一带。

德宗贞元五年　公元 789 年　五十八岁

六月卒。按，权德舆所作墓志云："维贞元五年夏四月，容州刺史、经略使、侍御史、谯县男戴公至部之三月，以疾受代，回车瓯骆，六月甲申，次于清远峡而薨，春秋五十八。"此处云贞元五年四月，戴叔伦以疾受代，而其时抵任才三个月，则到容州当在贞元五年一月间。墓志又称："其阜人成化也，则东阳一同之人沐旬岁之治，抚人饫三年之惠，容人被逾月之教。"也言其实际在任的时间极短。但从上年所引《旧唐书·德宗纪》及戴所作《抚州处士胡泛见送……》诗，其授命及离抚州确在贞元四年秋。抚州距容州不远，何以须走将近半年的时间，颇令人费解。

《新唐书》卷一四三载其在容州的政绩说："迁容管经略使，绥徕夷落，威名流闻。其治清明仁恕，多方略，故所至称最。德宗尝赋中和节诗，遣使者宠赐。"关于后一点，李肇《国史补》已载及,卷下云:"贞元五年,初置中和节。御制诗,朝臣奉和,诏写本赐戴叔伦于容州,天下荣之。"按,《旧唐书》卷十三《德宗纪》下贞元五年正月载:"乙卯,诏:'……自今宜以二月一日为中和节,以代正月晦日。……'"则是年二月初戴叔伦即已在容州。《全唐文》卷四八一载有马总《为戴中丞谢赐御制中和节诗序表》,可参。

又《唐摭言》卷八《入道》条载:"戴叔伦,贞元中罢容管都督,上表请度为道士。"此事不见于他书,不知其具体情况如何。中国社会科学院文学研究所古代组、北京市维尼纶厂的《唐诗选注》(北京出版社1978年9月版)关于戴叔伦的介绍,说"晚年他当了道士"。可能本于《唐摭言》。但《唐摭言》只是说"上表请度为道士",并未言是否即得请成为道士,而据权德舆所作墓志铭及其他有关传记资料,都未有度为道士之说。《唐诗选注》此说恐误。

据权德舆所作墓志,戴叔伦娶京兆韦氏永州长史韦采之女为妻,较早去世,后又娶博陵崔氏殿中侍御史崔殷之女,也在他之前死去。戴叔伦有二子:郅、邡,在叔伦死时都才七、八岁。

二

在大历、贞元间的诗人中,戴叔伦是以反映当时的社会现实见长的。这部分诗篇,在他的整个创作中只是极少数,但这少数诗篇却是他作品中最有价值、最富有社会意义的。如在前面系年部分已经提到过的，在他早年，三十岁时，就已从一个侧面反映了袁晁起义被镇压以后浙东地区"邑中残老小"的萧条情景。当然，我们并不能认为这时戴叔伦已经是同情农民起义，这样的要求是不恰当的，但是他在涉及到这一事件时，并没有去极力赞颂统治者的武功，而是描写农民革命的力量被镇压下去以后，在起义发生过的地方，是如此地破败，如此地不景气，这样做，就与同时代的其他一些优秀诗人一起，反映了那一时代人民所承受的苦难，以及现实社会的多方面的矛盾和缺陷，这就给人们以认识的价值。

其他的几篇，如《女耕田行》(《全唐诗》卷二七三)，写农家女子，家贫母老，长兄从军未归，没有耕牛，又缺少农具，姊妹二人只能是"无人无牛不及犁，持刀斫地翻作泥"，长日劳作，"姊妹相携心正苦，不见路人唯见土"。在古代诗歌中，正面描写在封建压迫下，妇女的田间劳动之苦的，除戴叔伦这篇《女耕田行》外，确还是不多见的。又如《边城曲》(《全唐诗》，卷同上)，写"人生莫作远行客，远行莫戍黄沙碛，黄沙碛下八月时，霜风裂肤百草衰"，写当时远戍边城的艰苦，以与长安的豪华生活对照："不似京华侠少年，清歌妙舞落花前。"又如《屯田词》(《全唐诗》同卷)，开始写"春来耕田遍沙碛，老稚欣欣种禾麦"，但后来遇到天旱，蝗灾，颗粒无收，在这种情况下，官吏还强迫去砍伐南山树木，赶着耕牛去，耕牛也因"霜重草枯"而冻死。诗篇以"艰辛历尽谁得知，望断天南泪如雨"结句，具有强烈的艺术效果，诗人对当时处于苛重的压迫和剥削之下的劳动者的同情心，十分明显。这些作品，大多"即事名篇"，采取七言歌行的形式，可以看作是白居易所提倡的新乐府体的先导。

可惜这些作品，我们今天还不能考定其写作的年月。如《边城曲》和《屯田词》，写的似乎是北方边地，但从现有的史料中，我们知道戴叔伦长期在南方做官，尤其是中年以后更是如此，现在还不能考出他的生活经历中，在哪一时期有过北方边塞的游历。这当然给研究带来某种困难和不足。

更为令人遗憾的是，现存属于戴叔伦名下的作品，如《全唐诗》编录为两卷的（卷二七三、二七四），却有一些并非戴叔伦的作品。在现存唐人诗歌中，羼入他人之作的，并非鲜见，但如戴叔伦那样，所存作品的数量本来并不多，却很有些伪作，就值得引起注意了。关于这点，明人胡震亨早就提起过，在他所辑的《唐音统签》中，其戴叔伦集的叙录有云："唐宋志《述藁》十卷，宋志诗一卷。今代云间朱氏刻本二卷，但中杂元人丁鹤年、本朝刘崧诗，而他诗亦有引用后代事者，讹伪不一。今稍加删订，其见《中兴间气》、《又玄》、《才调》三集，郭氏《乐府》、洪氏《绝句》、《纪事》、《三体》、高氏《品汇》，确然无伪者，定为正集二卷；余在疑似间者，别为附录一卷，庶不相淆乱云。"可见胡氏也认为存世戴叔伦诗中讹伪的情况相当严重，需要特地加以厘正。但即使如此，以《唐音统签》为前资的清朝官修的《全唐诗》还仍然夹杂好些伪作。这里仅举一些例子，说明存世戴叔伦作品真伪情况的复杂性，提供研究者注意和参考。

胡震亨说戴叔伦诗集中杂有后人的作品，实际不仅如此，现在可以考知的，还有在他之前的，也有与他约略同时的。如《全唐诗》卷二七三所载《送崔融》一首："王者应无敌，天兵动远征。建牙连朔漠，飞骑入胡城。夜月边尘影，秋风陇水声。陈琳能草橄，含笑出长平。"按，崔融见《旧唐书》卷九十四，《新唐书》卷一一四，有传，为武则天时人，大约死于中宗神龙二年（706），年五十四。他的卒年较戴叔伦的生年，还早二十多年。又按，陈子昂有《送著作佐郎崔融等从梁王东征》诗（《陈子昂集》卷二），诗云："金天方肃杀，白露始专征。王师非乐战，之子慎佳兵。海气侵南部，边风扫北平。莫卖卢龙塞，归邀麟阁名。"这两首诗，题材、内容相同，诗体、诗韵相同，所写的时节也相同，都是秋日。陈诗还有一篇小序，序中说："岁七月，军出国门，天晶无云，朔风清海，时北部郎中唐奉一、考功员外郎李迥秀、著作佐郎崔融，并参帷幕之宾，掌书记之任。燕南怅别，洛北思欢，顿旌节而少留，倾朝廷而出饯。"陈子昂诗题中的梁王，即武三思。据《通鉴》卷二〇五武后万岁通天元年（696），"秋七月辛亥，以春官尚书梁王武三思为榆关道安抚大使，姚璹副之，以备契丹。"（《旧唐书》卷六《则天皇后纪》同）可见崔融是在这一年的七月随武三思，从军赴榆关。另外杜审言也有《送崔融》诗（《全唐诗》卷六十二）："君王行出将，书记远从征。祖帐连河阙，军麾动洛城。旌旆朝朔气，笳吹夜边声。坐觉烟尘扫，秋风古北平。"此诗与上面二诗同韵，所写情事也相同。《旧唐书》卷一九〇上《文苑·杜审言传》："累转洛阳丞，坐事贬授吉州司户参军。"杜审言贬吉州是在圣历元年（698），则696年正好在洛阳，故可与陈子昂等相送。诗中君王指武三思（梁王），书记即谓崔融（陈子昂诗序所谓"掌书记之任"）。由此可以断定，编录为戴叔伦作的那一首《送崔融》诗决非戴作，而是万岁通天元年（696）七月送崔融时某人所作，其人的姓名则失考。

又《全唐诗》卷二七三载戴叔伦《吊畅当》诗："万里江南一

布衣,早将佳句动京畿。徒闻子敬遗琴在,不见相如驷马归。朔雪恐迷新冢草,秋风愁老故山薇。玉堂知己能铭述,犹得精魂慰所依。"按,畅当见《新唐书》卷二〇〇《儒学传》,谓:"畅当,河东人。……贞元初,为太常博士。……当以果州刺史卒。"未载其卒于何年。戴叔伦卒于贞元五年六月,如此诗为戴叔伦所作,则畅当应卒于贞元五年六月之前。畅当在大历、贞元间也以诗名世,与韦应物、卢纶、司空曙、李端、耿湋等都有诗酬答,我们可以根据这些酬答的诗篇作一些论证。按,韦应物于贞元四年七月后为苏州刺史①。畅当有《山居酬韦苏州见寄》(《全唐诗》卷二八七)。可见贞元四年七月以后畅当尚在人世,与作苏州刺史的韦应物有诗酬答。《吊畅当》诗有"秋风愁老故山薇"句,则戴之作此诗只能是贞元四年秋(因为第二年六月戴卒)。相隔的时间如此短促,畅当时在长安,叔伦则在江西、湖南一带,以当时交通条件而论,是否可能? 此其一。另外,卢纶有一诗,诗题颇长,但涉及畅当及其他一些诗人存没的,今具录于此:《纶与吉侍郎中孚、司空郎中曙、苗员外发、崔补阙峒、耿拾遗湋、李校书端,风尘追游向三十载,数公皆负当时盛称,荣耀未几,俱沈下泉,畅博士当感怀前踪,有五十韵见寄,辄有所酬,以申悲旧,兼寄夏侯侍御审、侯仓曹钊》。《新唐书·畅当传》说畅当贞元初为太常博士。《全唐文》卷五二八顾况《韩滉谥议》,题下自注云"代太博畅当作"。而韩滉卒于贞元三年正月(《旧唐书》卷十二《德宗纪》上)。可见畅当贞元三年任太博职。从卢纶诗题,知吉中孚等数人此时已卒,而据《旧唐书·德宗纪》,

_____

①关于韦应物为苏州刺史的时间,参本书《韦应物系年考证》。

贞元四年"八月，以权判吏部侍郎吉中孚为中书舍人"。可见贞元四年八月吉中孚尚在长安。卢纶诗中有云："相逢十月交，众卉飘已零，感旧谅戚戚，问孤恳茕茕。"可见诗作于冬十月。即使假定吉中孚于授中书侍郎后不久（即十月之前）死去，卢纶之诗最早也只能作于贞元四年十月，而那时畅当还在，但《吊畅当》诗却作于秋天，即最晚只能在贞元四年的秋天，这显然就有矛盾。岑仲勉先生在《读全唐诗札记》中曾据《吊畅当》诗疑《新唐书》谓当卒于果州刺史为不确，说戴叔伦死于贞元五年六月，畅当于贞元三年尚为太常博士，不可能超迁得如此迅速。岑先生立论的根据是相信此诗确为戴叔伦所作，但恰恰是这一点就有问题。又《吊畅当》诗中说畅当为"万里江南一布衣"，按，畅当为河东人，所有有关畅当的事迹资料，都没有说他是江南人，或长期居住在江南。他更不是什么布衣，其父畅璀曾官至户部尚书，《旧唐书》卷一一一有传，当大历七年进士及第（见《唐才子传》卷四），累历录事参军、太常博士等职。戴叔伦与他同时，对这些情况不可能不知道。由此可以断定，此诗也非戴作，且诗题也有误，所吊者应非畅当。

又《全唐诗》卷二七三载戴叔伦《冬日有怀李贺长吉》："岁晚斋居寂，情人动我思。每因一尊酒，重和百篇诗。月冷猿啼惨，天高雁去迟。夜郎流落久，何日是归期？"按，李贺生于德宗贞元六年（790）（据杜牧《李长吉歌诗叙》），而戴叔伦卒于贞元五年，此诗显然非戴所作。且诗中"夜郎流落久"二句，与李贺事迹也不合，李贺从未有流落夜郎之事。清人王琦号称博洽，他作《李长吉歌诗汇解》，卷首载诸家叙评，其中就列戴叔伦《冬日有怀李贺长吉》，可见沿误已久，未有辨正的。与此类似的尚有《寄刘禹锡》

（《全唐诗》同卷），也编录为戴作。诗云："谢相园西石径斜，知君习隐暂为家。有时出郭行芳草，长日临池看落花。春去能忘诗共赋，客来应是酒频赊。五年不见西山色，怅望浮云隐落霞。"按，刘禹锡生于大历七年（772），贞元五年戴叔伦卒时仅十八岁，那时还在家乡苏州读书，至二十岁（贞元七年）始游长安（刘禹锡《谒枉山会禅师》："弱冠游咸京，上书金马外。结交当世贤，驰声溢四塞。"见《刘梦得文集》卷一，四部丛刊本）。而《寄刘禹锡》诗所写之刘禹锡至少已是中年以后，此诗也显然非戴所作。

有的仅就诗题就可决其不是戴叔伦所作的，如《江上别刘驾》（《全唐诗》卷二七三），刘驾为宣宗大中时（847—860）人（见《唐诗纪事》卷六十三）。又据《唐才子传》卷七，驾大中六年（852）进士及第。在戴叔伦卒后三四十年。又如《别郑谷》（《全唐诗》卷二七四），据《唐诗纪事》（卷七十），郑谷乾宁（894—898）中为都官郎中，时代更晚，就更非戴所作了。

戴叔伦诗中与当时一些诗人酬答的，有钱起、皇甫冉、郎士元、耿湋、包佶等，都属同时，其诗大致可信，但像《寄孟郊》（《全唐诗》卷二七三）诗，是否戴作也很可疑。戴卒时孟郊已三十九岁（郊生于天宝六载，见韩愈《贞曜先生墓志》），较戴叔伦稍晚，时代相及，但诗中所写与孟郊行事颇不相类，此诗当如胡震亨所说，属于疑似之间，不能据以论证戴、孟的交谊。

戴叔伦还有一组叙述被追赴抚州推问的诗，如《临川从事还别崔法曹》（《全唐诗》卷二七三），《岁除日奉推事使牒追赴抚州辨对留别崔法曹陆太祝处士上人同赋人字口号》、《赴抚州对酬崔法曹夜雨滴空阶五首》、《又酬晓灯离暗室五首》、《抚州被推昭雪答陆太祝三首》《抚州对事后送外生宋垓归饶州觐侍呈上姊夫》（以上皆《全唐诗》卷二七四）。合起来有十余首。这些诗都是写作者因某事被拿问，乃赴抚州辨对，后终于得到昭雪。此事如即属于戴叔伦，对于他本人当非细事，但所有有关戴叔伦的事迹材料，对此都没有记述。此已可疑。《抚州对事后送外生宋垓……》诗更详述其事："淮汴初丧乱，蒋山烽火起，与君随亲族，奔迸辞故里。……石壁转棠阴，鄱阳寄茅室。淹留三十年，分种越人田。"后又云："顷因物役牵，偶逐簪组辈，谤书喧朝市，抚己惭浅昧。"淮汴丧乱，如从最早的安史之乱（755—756）算起，经三十年，当为785、786年，即贞元元年、二年。诗中说这三十年中作者一直淹留在鄱阳，这已与戴叔伦的经历不合（《唐才子传》卷五即据此叙述说："叔伦初以淮、汴寇乱，鱼肉江上，携亲族避地来鄱阳，肆业勤苦，志乐清虚，闭门却扫。"既疏于考核，又随意虚构)，何况贞元元年、二年戴叔伦正在抚州刺史任上，而且他的治绩受到朝廷的褒扬，怎么可能同时又有被推问追赴抚州之事呢？这一组十余首诗当也是他人所作，编诗者因见有抚州字，而戴叔伦又曾任抚州刺史，于是就错误地编在他的名下了。

由以上所考，确知为他人所作，以及可疑为他人所作的，约二十余首。当然这还仅是举例，在《全唐诗》中类似情况者还有不少，有待于进一步的甄别校订。

顾况考

一

关于顾况的生卒年，据过去一些研究者记载，有下列诸说：

一、闻一多《唐诗大系》：727—815？

二、马茂元《唐诗选》：725？—814？

三、游国恩等《中国文学史》：727—815？

四、中国科学院文学研究所《中国文学史》：725？—816？所编《唐诗选》则定为725—814。

五、刘大杰《中国文学发展史》（修订本第二册）：727—815。

以上几种虽稍有差异，但大致相似。如闻一多先生于815年下打一问号，以表示还不能十分确定的意思，而刘大杰则将问号去掉，以示完全确定之意，实则刘大杰此处即本闻说，恐并无发现什么新材料来证明815的卒年为确定无疑。其他几种关于顾况生卒年的记载，也都只不过相差一二年，显然都根据同一的材料来源，可惜他们没有一个是注明出处的。

公元725年为唐玄宗开元十三年,727年为开元十五年。814年为唐宪宗元和九年,815年为元和十年。

以上各书关于顾况生卒年的记载都未注明根据。今按,现存有关顾况传记的文献资料,如《旧唐书》卷一三○《李泌传》后所附《顾况传》,《唐诗纪事》卷二十八顾况条,《唐才子传》卷三顾况小传,以及《全唐诗》(卷二六四)、《全唐文》(卷五二八)小传,都未记载顾况生卒年。遍查有关史籍,可以确定为闻说等之所本的,有两条材料,一是所传镇江焦山的《瘗鹤铭》,一是唐皇甫湜的《顾况诗集序》。马茂元的《唐诗选》记载顾况的事迹,其中说"自号华阳真逸"。这个"华阳真逸"的称号就不见于他书,而只见于《瘗鹤铭》。这就更可证明以上诸家关于顾况生卒年的记载与《瘗鹤铭》的关系了。

按,今存《瘗鹤铭》残文,据宋董逌《广川书跋》(卷六),以及清人汪士铉《瘗鹤铭考》等书所著录,有壬辰、甲午等的干支纪年。约当顾况在世先后的,前一壬辰为天宝十一载(752),前一甲午为天宝十三载(754),这时当为顾况年青时期,不会有所谓隐居之事。后一壬辰为宪宗元和七年(812),后一甲午为元和九年(814)。由此可见,闻一多《唐诗大系》之所以定卒年为815年,即据《瘗鹤铭》,认为顾况著《瘗鹤铭》,所记有甲午的纪年,可见元和九年(814)尚在人世,其卒或当在815年之后。关于这一点,闻一多先生还是比较慎重的(虽然他定《瘗鹤铭》为顾况所作这一前提是错误的,说详后),他一方面承认甲午年(即814年)顾况尚著《瘗鹤铭》,于是定其卒年在815年,另一方面又在815年之下加一问号，以表示其卒可能在 815 年，也可能在 815 年之后。而刘大杰先生直接依据闻说，却将 815 年之后的问号径予删去，以表示有把握确定其卒即在 815 年。实际上，一比较就可以看得很清楚，刘大杰先生这样做，是很不慎重、很不严肃的。其他像 814 年之说，当也据《瘗鹤铭》，不过将其卒年定于著铭的那一年。

另外，中唐时古文作家皇甫湜有《顾况诗集序》，其中记叙顾况的晚年说："累岁脱屣，无复北意，起屋于茅山，意飘然若将续古三仙，以寿卒。"此据四部丛刊影印宋刊本《皇甫持正文集》卷二。但《文苑英华》卷七〇五所载皇甫湜的这篇序（题作《著作佐郎顾君集序》）①，"以寿卒"句，作"以寿九十卒"（《全唐文》卷六八六所载皇甫湜的这篇序也作"以寿九十卒"，与《英华》同）。由此可见，《唐诗大系》等书，一方面据《瘗鹤铭》，定其卒年为 815、814 年，另一方面又据皇甫湜的序，上推约九十，定其生年为 725、727 年。

其实，这两方面的材料依据都是有问题的，也即：第一，《瘗鹤铭》是否为顾况所作，首先须要考定，如果它与顾况没有关系，那末以上诸说都将落空。第二，四部丛刊本《皇甫持正文集》系据宋刊本，中华书局于 1966 年影印的《文苑英华》，其底本一小部分是宋本，大部分是明本，皇甫湜的序这一部分则用的是明本，以时间的先后来说，四部丛刊的本子为早。当然，并不是说宋本一定比明本为好，但这种情况至少说明，顾况是否即是寿至九十，根据现在的记载，还是有版本异同的。至于《全唐文》，则当辑自《文苑英华》，不足为据。

---

①中华书局 1966 年 5 月影印本。

按，《瘗鹤铭》题为华阳真逸撰，而最早提出华阳真逸为顾况道号的，是北宋时期的欧阳修，他在《集古录跋尾》（四部丛刊本《欧阳文忠公集》卷一四三）中说："右《瘗鹤铭》，题云华阳真逸撰。刻于焦山之足，常为江水所没，好事者伺水落时模而传之，往往只得其数字，云鹤寿不知其几而已。世以其难得，尤以为奇。……按润州图经以为王羲之书，字亦奇特，然不类羲之笔法，而类颜鲁公，不知何人书也。华阳真逸是顾况道号，今不敢遂以为况者，碑无年月，不知何时，疑前后有人同斯号者也。"在这之后，赵明诚则对此表示异议，其《金石录》卷三十云："右《瘗鹤铭》，题华阳真逸撰。真逸未详其为何代人。欧阳公《集古录》云华阳真逸是顾况道号，余遍检唐史及况文集，皆无此号，惟况撰《湖州刺史厅壁记》自称华阳山人耳，不知欧阳公何所据也。"按，顾况的《湖州刺史厅壁记》见《全唐文》卷五二九，篇末署为"华阳山人顾况述"，如赵明诚所说。赵明诚对欧阳修的诘难是有道理的，是有材料依据的。实际上欧阳修也并没有完全肯定《瘗鹤铭》为顾况所作，在上述引文中他一方面说"华阳真逸是顾况道号"，另一方面又说"疑前后有人同斯号者"。《集古录跋尾》于此段文下注有"右集本"三字，意为这一段文字见于欧阳修文集的本子，而在此段之后又另有文意相似的一段，注为"右真迹"，即从欧阳修的跋文手迹中抄录下来，这后一段中则说："或云华阳真逸是顾况道号，铭其所作也。"这就更清楚，欧阳修认为华阳真逸是顾况道号，铭为顾况所作，只是或云而已，并不表示确信。

　　在这之后，不断有人讨论这个问题，关于《瘗鹤铭》的作者，大致有三种说法，即一、东晋王羲之所作，二、南朝梁陶弘景所作，三、唐顾况所作。主王羲之说的极少,可以不论。主顾况说的,以清朱彝尊为最力,他在《书张处士瘗鹤铭辨后》(《曝书亭集》卷五〇)中说:"淮阴张力臣乘江水归壑,入焦山之麓,藉落叶而仰读《瘗鹤铭》辞,聚四石绘作图,联以宋人补刻字,伦序不紊,且证为顾逋翁书。盖逋翁故宅虽在海盐之横山,而学道句曲,遂移居于此。集中有《谢王郎中见赠琴鹤》诗,鹤殆出于性所好,斯瘗之作铭,理有然者。自处士之图出,足以息众说之纷纶矣。"其实朱彝尊的这段考辨,论据是极为薄弱的。他并没有举出张力臣主张铭为顾况所作的坚强有力的证据。顾况晚年隐居茅山,也不能因此就确定铭非况作不可。至于顾况有谢人赠琴鹤诗,就推论说他一定瘗鹤,又推论他一定为此作铭,这就更是主观主义的任意假设了。

早在朱彝尊之前,宋代的董逌和黄伯思,对《瘗鹤铭》的作者问题,就作了有说服力的考辨,而朱彝尊却只字未提,不知何故。董逌《广川书跋》卷六《书瘗鹤铭后》中云:"余于崖上又得唐人诗,诗在贞观中已刻铭后,则铭之刻非顾况时可知。"这是一条有力的证据,既然贞观中已有诗刻于铭后,则铭之作断非出于顾况之手,这是不辨自明的。黄伯思的《东观余论》卷下有《跋瘗鹤铭后》,从正面论证铭为陶弘景作,他说:"仆今审定文格、字法殊类陶弘景。弘景自称华阳隐居,今曰真逸者,岂其别号欤。又其著《真诰》,但云己卯岁,而不著年名,其他书亦尔,今此铭壬辰岁、甲午岁,亦不书年名,此又可证。云壬辰者梁天监十一年也,甲午者十三年也。按,隐居天监七年东游海岳,权驻会稽、永嘉,十一年始还茅山,十四年乙未岁其弟子周子良仙去,为之作传,即于十一、十三年正在华阳矣。"当然,黄伯思此处的论断,还不是以直接材料论证确为陶弘景所作,但他的论述是合于情理的,是有一定说服力的。因此与朱彝尊约略同时的顾炎武,他在所著《金石文字记》(卷二)中,主要即据董逌、黄伯思二说,断定"则铭非顾况可知矣"。他还说:"今考此铭,字体与旧馆坛碑正同,其为隐居书无疑。"还有可注意的是,朱彝尊援引其友人张力臣之说,认为铭乃顾况作,但顾炎武此处又援引同为一人之张绍(字力臣),说铭为陶弘景作,并且举出根据:"予友淮阴张绍以丁未十月探幽山下,复得七字,云惟宁之上有厥土二字,华亭之上有爽垲势掩四字,其右题名征下有君字,皆昔人之所未见也。"(《亭林遗书全集》本)张绍所发现的"征君"字,即为陶弘景。

关于《瘗鹤铭》的作者问题,宋人笔记中谈及的还有《墨庄漫录》等几种,它们大多倾向于非顾况所作,今摘录三种于下,以备参考。宋张邦基《墨庄漫录》卷六:"《瘗鹤铭》,润州扬子江焦山之足石岩下,惟冬序水退,始可模打。世传以为王逸少书,然其语不类晋人,是可疑也。欧阳永叔以为华阳真逸乃顾况之道号,或是况所作,然亦未敢以为然也。予尝以穷冬至山中,观铭之侧近复有唐王瓒刻诗一篇,字画差小于鹤铭,而笔势八法,乃与《瘗鹤》极相类,意其是瓒所书也。因模一本以归,以示知书者,亦以为然。"又刘昌诗《芦浦笔记》卷六:"右前文(即《瘗鹤铭》文),镇江别刻,不知何人,考定后文,乃邵枢密亢就山下取所有字,以意櫽括,故存其阙,虽有差异,亦可参订。但前云逸少书,图经亦载羲之书,六一先生已论其非,至谓或云顾况作铭,蔡端明则以字有楷隶笔,当是隋代书,而山谷乃断然曰王书不疑,何也?今考铭引雷门鼓事,按《临海记》,昔有晨飞鹄入会稽雷门鼓中,于是鼓声闻洛阳,孙恩斫鼓,鹄乃飞去。恩起兵攻会稽,杀逸少之少子凝之,盖在安帝隆安三年,斫鼓必此时,岂复有羲之,谁肯遽取以为引证哉?然则非晋人,又不辨可知矣。渔隐考订华阳真逸为陶隐居,推原本末,或庶几焉。"王观国《学林》卷七:"欧公曰,《瘗鹤铭》题云华阳真逸撰,刻于焦山之足,常为江水所浸,好事者伺水落模之,只得其数字,余所得六百余字,独为多也。按,《润州图经》以为王羲之书,字亦奇放,然不类羲之笔法,而类颜鲁公,不知何人书也。华阳真逸是顾况道号,今不敢遂以为况者,碑无年月,不知何时,疑前后有人同斯号者也。近世士人有论碑者曰,道书,陶隐居号曰华阳真逸,隐居尝在茅山修养,茅山与润州接境,疑华阳真逸即陶隐居也。观国按,《颜氏家训》曰,学二王书之得体者有陶隐居。今详观《瘗鹤铭》字,王书法也,欧以为似颜鲁公,非也。陶隐居既有华阳真逸之号,而茅山又近焦,隐居又善为二王书,则撰铭与书皆隐居矣。若顾况乃窃华阳真逸之号耳。碑铭甚古,顾况生唐之中叶,距今未远,决非况铭也。"

由上所考,可以确定,从宋以来所传的《瘗鹤铭》,并非顾况所作,与顾况毫无关系。因而华阳真逸也并非顾况自号,顾况则自称为华阳山人。至于《瘗鹤铭》是否究为陶弘景所作,当然还可讨论,还未最后论定,但它为南朝人所书,则大致不成问题。本文主要从文学史的角度论证非顾况所作,至于牵涉到《瘗鹤铭》本身的作者及时代问题,就不在此详论了。

既然《瘗鹤铭》与顾况无关,那末铭中的壬辰与甲午也就不可能是 812 和 814 年,而其生年也就不会是什么 725 或 727 年。这些都是根据虚假的前提作出的推论,经不起实际的推敲。

据现有材料,顾况于元和元年(806)或前后一、二年间尚在人世。他有《送宣歙李衙推八郎使东都序》(《全唐文》卷五二九),文中说:"天宝末,安禄山反,天子去蜀,多士奔吴为人海。帝命乃祖掌乎春官,介珪建侯,统江表四十余郡,雷行蛰动。时况摇笔获登龙门,断乎礼部,讫乎吏部,陈谋沃论五十载,感恩怀故,今复得子。"按,顾况于至德二载(757)登进士第(说见后),从757年往后推五十年,为806年,即元和元年。当然,此处所说的五十年可能举成数而言,不一定恰好是五十年的整数,但当相差不远。从这以后,就未见其行迹。如以登进士第为二十岁至三十岁计算,至德二载(757)登第,其生年当为726—736年,距元和元年也有七、八十年的时间,也可以如皇甫湜所说的"以寿卒"了。当然,这些都是推算,是根据一些文字材料,推算其大致的生活年代,至于精确地说,那就只能是:顾况,生卒年不详,其生当在唐玄宗开元年间,其卒当在宪宗元和元年前后。

二

顾况的籍贯,所载也有歧异,计有三说:一,苏州人;二,吴兴人;三,海盐人。

《旧唐书》卷一三〇《李泌传》附《顾况传》作苏州人,同此说的有《唐诗纪事》(卷二十八),《郡斋读书志》(卷四上别集类),《直斋书录解题》(卷十九诗集类上),《唐才子传》(卷三)等。唐人著作记载顾况为苏州人的,如封演《封氏闻见记》卷五《图画》条:"大历中,吴士姓顾以画山水历抵诸侯之门。"此处的吴士姓顾即指顾况。又林宝《元和姓纂》卷八:"又吏部尚书露少连、著作郎露沈,并吴人。"岑仲勉先生《元和姓纂四校记》谓林宝书中露、顾互易,此应作顾,露沈即为顾况之讹。他们都说顾况为吴人,即吴郡人。按,四部丛刊本《韦江州集》卷一《郡斋雨中与诸文士燕集》诗后,附顾况和韦应物的诗,题为《奉同郎中使君郡斋雨中宴集之什》,署名为"州民朝议郎行饶州司士参军员外置同正员顾况"。贞元五年夏,顾况贬为饶州司户参军,途经苏州,这时苏州刺史为韦应物(说详后)。顾况自称"州民",正好证明他为苏州人。因此,从顾况本人的诗作,以及唐宋人的多数记载看来,应该确定顾况为苏州人。

吴兴之说出于晚唐时期张彦远的《历代名画记》,卷十《叙历代能画人名(唐)》:"顾况,字逋翁,吴兴人。"顾况为吴兴人只见于《历代名画记》,而未见于他书。这可能是张彦远的误会。与顾况同时,长期居于吴兴的僧人皎然,有《送顾处士歌》一首(四部丛刊本《皎然集》卷七),题下自注说:"即吴兴丘司仪之女婿,即况也。"此诗的首句即为:"吴门顾子予早闻。"皎然称顾况为"吴门顾子",又说他是吴兴丘司仪的女婿,区别是很清楚的。皎然居住吴兴,此诗又即是送顾况的,当然不会有误。明人董斯张撰《吴兴备志》(《吴兴丛书》本),书中历载吴兴的名人遗事,其书卷二十七"琐征"门,则仍据皎然诗注,云"顾况,吴兴丘司仪之婿也",并不把他算作吴兴人。很可能是张彦远把顾况为吴兴人之婿,误解为吴兴人了。

至于海盐说，则见于《全唐诗》卷二六四的顾况小传，未知所据。据《新唐书》卷四十一《地理志》五，海盐本为吴郡的属县之一，因此海盐与苏州，二者也是并不矛盾的。

三

《唐诗纪事》卷二十八顾况条载况"至德进士"，未言为至德何年。《直斋书录解题》卷十九诗集类上说他为"至德二载进士"。《郡斋读书志》与《唐才子传》则记载得更为具体，《郡斋读书志》卷四上别集类说顾况"至德二年江东进士"，《唐才子传》卷三顾况小传："至德二年，天子幸蜀，江东侍郎李希言下进士。"

顾况于至德中在江东登进士第，也可见于他本人的文章。他的《送宣歙李衔推八郎使东都序》（《全唐文》卷五二九）中说："天宝末，安禄山反，天子去蜀，多士奔吴为人海。帝命乃祖掌乎春宫，介珪建侯，统江表四十余郡，雷行蛰动，时况摇笔获登龙门。"此处说安禄山反以后，中原动乱，顾况则在江东登第。他的另一篇文章《戴氏广异记序》（《全唐文》卷五二八）说得更明确："谯郡戴君孚幽赜最深，……至德初，天下肇乱，况始与同登一科。"顾况这里所说的"至德初"，实际上也就是至德二载的意思。

按，天宝十四载（755）十一月安禄山在范阳起兵，很快就攻陷洛阳。第二年天宝十五载六月，潼关失守，唐玄宗仓皇从长安向四川逃跑，七月，肃宗即位于灵武，并改元至德。至德二载（757）十月，郭子仪率领的唐朝军队才收复长安与洛阳，中原一带，兵荒马乱，还不可能进行正常的科举考试，唐朝廷那时就派出官员在东南一带进行选补和考试，如《新唐书》卷一二〇《崔玄暐传》附子涣传："肃宗立，与韦见素等同赴行在。时京师未复，举选不至，诏涣为江淮宣谕选补使，收采遗逸。"大历时的诗人严维（越州山阴人），就是至德二载崔涣下及第的，如《唐才子传》卷三严维小传："至德二年，江淮选补使、侍郎崔涣下以词藻宏丽进士及第。"顾况在江东侍郎李希言下及第，当也是同样的情况[1]。

按，李希言，新旧《唐书》均无传。《旧唐书》卷一三七《李纾传》："李纾字仲舒，礼部侍郎希言之子。"又《新唐书》卷七十二上《宰相世系表》二上，赵郡李氏南祖房，有"希言，礼部侍郎"，子二人，一为纵，金州刺史，另一即纾，"字仲舒，吏部侍郎"。可见李希言确曾为礼部侍郎，故可典贡举。

又《会稽掇英总集》卷十八《唐太守题名记》载：

崔寓：至德二年自江夏郡太守授，其年六月改给事中。

李希言：自礼部侍郎兼苏州刺史充节度采访使，转梁州刺史。

又《嘉泰会稽志》卷二"太守题名"：

崔寓：至德二年自江夏郡太守授，召拜给事中。

李希言：乾元元年初置浙江东道节度使，自礼部侍郎授，

---

[1]《桂苑丛谈》谓"吴郡顾况，贞元中进士及第"，当为误载，不足为据。

移梁州。

按，由上述二书，可见在至德二年间，李希言确曾为礼部侍郎，并兼苏州刺史。顾况本是苏州人，当就在此年李希言下及第。至德二载六月，原任会稽太守的崔寓入朝任给事中，李希言就于乾元元年（即至德三载，758）移任为越州刺史、浙江东道节度使。上面援引过的顾况《送宣歙李衙推八郎使东都序》中说"帝命乃祖掌乎春宫，介珪建侯……时况摇笔获登龙门"，此处李八郎之祖父即指李希言，而李八郎，据《新唐书·宰相世系表》，当为李纾之子儵（岑仲勉先生《唐人行第录》因未能据顾况事迹考出李八之"乃祖"为李希言，因而也未能确定李八为何人）。

四

顾况于至德二载进士登第以后，是否任官职，任何官职，都因材料缺乏，无法考知。在这之后，可以确切系年的，是大历七年、八年（772、773），在滁州。顾况有《龙宫操》诗（《全唐诗》卷二六五），题下小注云："顾况曰：壬子、癸丑二年大水，时在滁，遂作此操。盖大历中也。"壬子为大历七年，癸丑为大历八年。可见顾况此时在滁州，但不知因何在此，时居何职。诗曰："龙宫月明光参差，精卫衔石东飞时，鲛人织绡采藕丝。翻江倒海倾吴蜀，汉女江妃杳相续，龙王宫中水不足。"此诗想象奇特，写得富有浪漫色彩，顾况有相当数量的诗篇表现了这方面的特点。在大历年间

的诗人中,顾况诗歌的风格是最接近李贺的了,如《公子行》(《全唐诗》卷二六五):

> 轻薄儿,面如玉,紫陌春风缠马足。双鞚悬金缕鹘飞,长衫刺雪生犀束。绿槐夹道阴初成,珊瑚几节敌流星。红肌拂拂酒光狞,当街背拉金吾行。朝游冬冬鼓声发,暮游冬冬鼓声绝。入门不肯自升堂,美人扶踏金阶月。

又如《行路难三首》(《全唐诗》卷二六五),其三:

> 君不见古人烧水银,变作北邙山上尘。藕丝挂在虚空中,欲落不落愁杀人。睢水英雄多血刃,建章宫阙成煨烬。……秦皇汉武遭不脱,汝独何人学神仙。

这两首诗,揭露贵族子弟的豪侈生活,讽刺封建帝王追求长生不老的愚昧行为,都用浓重而富有色彩的笔调写出,无论其思想与艺术手法,我们都可在李贺的作品中看到类似的情况。

顾况另有《在滁苦雨归桃花崦伤亲友略尽》(《全唐诗》卷二六四),《苦雨》(同上,题下注:"一本题下有思归桃花崦五字"),当也为同时所作。在滁州的其他情况就不得而知。另外,顾况有《释祀篇》(《全唐文》卷五二九):"龙在甲寅,永嘉大水,损盐田。温人曰:'雨潦不止,请陈牲豆,备嘉乐,祀海龙。拣辰告庙,拜如常度。'况曰不可。……翼日雨止,盐人复本,泉货充府。"甲寅为大历九年(774)。又顾况《祭裴尚书文》(《全唐文》卷五三〇),

云："天祸瓯邦，尚书告薨，哀哀瓯民，罢市辍舂。"则此裴尚书卒于温州刺史任上。文又云："上官命况，枭盐蛟室。奄居黄泉，不见白日。顾惟陋贱，时承周密。感德怀仁，何时终毕。"此处叙述顾况奉上官之命，至温州枭盐。《释祀篇》也讲到"永嘉大水，损盐田"，以及"盐人复本，泉货充府"，可能顾况在江浙一带任职，也可能在某一度支盐铁转运使府下为属官。

《旧唐书》卷一三〇《李泌传》末云："初，泌流放江南，与柳浑、顾况为人外之交，吟咏自适。"此处称李泌流放江南，乃指李泌为元载所忌，"因江南道观察都团练使魏少游奏求参佐，称泌有才，拜检校秘书少监，充江南西道判官，幸其出也。"（《旧唐书·李泌传》）而据《旧唐书》卷一一五《魏少游传》，魏少游乃大历二年四月为洪州刺史、充江南西道都团练观察等使。大历六年三月，魏少游卒于洪州刺史任上，继之者为路嗣恭（见《旧唐书》卷十一《代宗纪》）。李泌在江西，一直要等到元载被诛（大历十二年三月）才赴长安。另据《旧唐书》卷一二五《柳浑传》："大历初，魏少游镇江西，奏署判官，累授检校司封郎中。……及路嗣恭领镇，复以为都团练副使。十二年，拜袁州刺史。"由此可见，李泌与柳浑在大历二年以后至大历十二年以前，曾同在江西使幕。《旧唐书·李泌传》所谓"泌流放江南，与柳浑、顾况为人外之交"者，当指这段时间而言，因为只有这段时间，李泌与柳浑才有可能同在一地。既然如此，则顾况当在此时期内，曾一度也在江西，与李、柳交游。但具体在大历的哪几年，在江西有否担任官职，就不可确知。

皇甫湜《顾况诗集序》称顾况"尝从韩晋公于江南为判官"。张彦远《历代名画记》（卷十）也载况"初为韩晋公江南判官"。此事为《旧唐书·李泌传》附《顾况传》所未载，因而一般文学史著作及唐诗选本也从未叙及的。按，韩晋公为韩滉，曾为润州刺史、镇海军节度使。据《新唐书》卷六十八《方镇表》五，建中二年（781），"合浙江东西二道观察置节度使，治润州，寻赐号镇海军节度"。《通鉴》卷二七德宗建中二年，"六月庚寅，以浙江东西观察使、苏州刺史韩滉为润州刺史、浙江东西节度使，名其军曰镇海"。当时镇海军节度管辖的地区大约相当于现在的江苏南部及浙江省，也就是传统所谓的江南，顾况为镇海军节度判官，因此也可省称江南判官。又据《旧唐书》卷一二九《韩滉传》，贞元元年（785）七月，韩滉又拜检校左仆射、同平章事，使并如故；贞元二年（786）春，封晋国公，同年十一月入朝；贞元三年（787）二月卒于长安。顾况有《奉和韩晋公晦日呈诸判官》诗（《全唐诗》卷二六七）："江南无处不闻歌，晦日中军乐更多。不是风光催柳色，却缘威令动阳和。"从韩滉的历官，可以确定此诗当作于贞元二年春，在韩滉封晋国公以后，可见贞元二年顾况已在韩滉幕中任节度判官，他任判官当在建中二年至贞元二年这六年的期间之内。

另据《历代名画记》卷十记王默事中，曾提到"顾著作知新亭监"。又《太平广记》卷二一三引《尚书故实》，也称顾况"尝求知新亭监"。新亭在昇州上元县①，在镇海军所管辖的范围之内。顾况知新亭监，当也在这一时期。

①《太平寰宇记》卷九十江南道昇州上元县："临沧观在劳山，山上有亭七间，名曰新亭，吴所筑，宋改为新亭，中间名临沧观。周顗与王导等当春日登之，会宴，顗曰'风景不殊、举目有江山之异'，即此也。"

皇甫湜《顾况诗集序》称："尝从韩晋公于江南为判官，骤成其磊落大绩。"看来顾况在韩滉幕中是得到信用的^①。韩滉于贞元三年二月在长安卒后，这时顾况当也已在长安，还特地为韩滉作了行状（《全唐文》卷五三〇《检校尚书左仆射同中书门下平章事上柱国晋国公赠太傅韩公行状》）。文中赞颂韩滉的功绩，并称自己为"故吏"。

按，韩滉也以画名世。《宣和画谱》卷六人物门，称："画与宗人韩幹相埒，其画人物牛马尤工。昔人以谓牛马目前近习，状最难似，滉落笔绝人。"韩幹在唐代是以画马著称的，曾得到杜甫的称赞。韩滉能与他相并比，也可见其工夫了。据《宣和画谱》所载，宋朝御府所藏韩滉的画，有三十六幅之多。《宣和画谱》卷十三畜兽门还载唐时以画牛著名的戴嵩，也与顾况同时在韩滉幕中："初，韩滉晋公镇浙右时，命嵩为巡官，师滉画皆不及，独于牛能穷尽野性，乃过滉远甚。"同卷记张符，也说："善画牛，颇工，笔法有得于韩滉，亦韩之派也。"从这些记载看来，可见韩滉不独自己善画，他的使幕中还聚集了一些有名的画师，甚至开创了画牛马的所谓韩派，这对于我们研究顾况这一时期的生活和创作，当是有所帮助的^②。《历代名画记》卷十记王默

---

① 晚唐人所著的《桂苑丛谈》，曾记顾况"为韩晋公浙西观察判官"。有一次，韩滉的乳母触迕韩滉，"公（指滉）持法欲杀，阖宅莫敢言，密令人言于况令救之"。后来因顾况的劝说，遂使此乳母得免除罪。从这一记载也可见顾况得到韩滉的信用。

② 又可参见张彦远《历代名画记》卷十："韩滉……工隶书、章草、杂画，颇得形似，牛羊最佳。"又同卷："戴嵩，韩晋公之镇浙右，署为巡官，师晋公之画，不善他物，唯善水牛而已，田家川原，亦有意。"

事,说:

> 王默,师项容,风颠酒狂,画松石山水,虽乏高奇,流俗亦
> 好。醉后,以头髻取墨,抵于绢画。……平生大有奇事。顾著
> 作知新亭监时,默请为海中都巡,问其意,云要见海中山水耳。
> 为职半年,解去,尔后落笔有奇趣,顾生乃其弟子耳。[①]

此处记顾况与王默的交往,并说王默作画的情况:"醉后,以头髻
取墨,抵于绢画。"顾况也有类似的情形,据唐封演《封氏闻见记》
卷五《图画》所载,为:

> 每画,先帖绢数十幅于地,乃研墨汁及调诸采色各贮一
> 器,使数十人吹角击鼓,百人齐声嗷叫。顾子着锦袄锦缠头,
> 饮酒半酣,绕绢帖走十余匝,取墨汁摊写于绢上,次写诸色,乃
> 以长巾一,一头覆于所写之处,使人坐压,已执巾角而曳之,回
> 环既遍,然后以笔墨随势开决为峰峦岛屿之状。

当然,顾况这种作画的样子是很怪的,恐怕也不足为法,但这些记
载,对于我们了解他的思想,性格,如"不能慕顺,为众所排"(皇甫
持正《顾况诗集序》),"傲毁朝列"(李肇《国史补》卷中),"虽王公

---

① 按,《太平广记》卷二一三引《尚书故实》,所载与此稍异,其中"写海中山
  水"句作为顾况之语,其文为:"唐顾况字逋翁,文词之暇,兼攻小笔。尝求
  知新亭监,人或诘之,谓曰:'余要写貌海中山耳。'仍辟画者王默为副。"似
  以《历代名画记》所载为顺。

之贵与之交者,必戏侮之"(《旧唐书·顾况传》),等等,当可得到一些启发,也可以帮助我们了解顾况诗歌创作的形式不受拘束,艺术风格较为奇特等这样一些特点。

五

《旧唐书·李泌传》附《顾况传》:"柳浑辅政,以校书郎征。复遇李泌继入,自谓已知秉枢要,当得达官,久之方迁著作郎。"按,《旧唐书》卷一二五《柳浑传》:"贞元二年,拜兵部侍郎,封宜城县伯。三年正月,加同平章事,仍判门下省。"《新唐书》卷六十二《宰相表》,贞元三年正月,"兵部侍郎柳浑同中书门下平章事"。"八月己丑,浑罢为散骑常侍"。则况当于贞元三年(787)正月至八月间,由江南征入为校书郎。又据《新唐书·宰相表》,贞元三年"六月丙戌,陕虢观察使李泌为中书侍郎、同中书门下平章事"。大约在此之后,又为著作郎。但著作郎与著作佐郎,记载不一。皇甫湜《顾况诗集序》称"入佐著作"。《文苑英华》卷七〇五载此文,也题作《著作佐郎顾君集序》。顾况本人有《嘉兴监记》一文(《全唐文》卷五二九),作于贞元十七年正月,是为晚年所作,文末署为"前秘书省著作佐郎顾况"。似都以著作佐郎为其最终官职。但《全唐文》同卷又载顾况《宛陵公署记》,末署为:"庚辰年正月下旬下,前秘书著作郎顾况记。"庚辰为贞元十六年,在作《嘉兴监记》的前一年,却自称为著作郎。另外,包佶也有《顾著作宅赋诗》(《全唐诗》卷二〇五),也称顾况为著作郎。据《新唐书》卷四十七

《百官志》二，著作局，"郎二人，从五品上；著作佐郎二人，从六品上。……著作郎掌撰碑志、祝文、祭文，与佐郎分判局事。"二者职务大致相同，但品阶有高下。由于史料本身有矛盾，因此顾况究竟为著作郎还是著作佐郎，一时还难于作出判断。

又上引包佶《顾著作宅赋诗》，中称："几年江海烟霞，乘醉一到京华。"是说顾况前些年在江南，而今则到京都任职。又说："各在芸台阁里，烦君日日登车。"用芸台的典故，颇可注意。顾况有《寄秘书包监》诗（《全唐诗》卷二六七），中云："一别长安路几千，遥知旧日主人怜。"此诗约为贞元八年贬饶州后所作。诗题称包佶为"秘书包监"，诗中又称其为"旧日主人"。按，据《新唐书》卷四十七《百官志》，秘书省，"监掌经籍图书之事，领著作局"，秘书省的长官为秘书监。就是说，校书郎与著作郎等都可以算是秘书监下的属官。这样看来，与包佶诗"各在芸台阁里"、顾况诗"旧日主人"相合。包佶，新旧《唐书》无专传，但我们从一些史籍中还可以勾稽得他的大致行迹。《旧唐书》卷十二《德宗纪》上，贞元二年正月丁未，"国子祭酒包佶知礼部贡举"。则贞元二年（786），包佶为国子祭酒。又《唐会要》卷二十《公卿巡陵》条有"贞元四年二月，国子祭酒包佶奏"云云，又卷二十二《社稷》条又有"贞元五年九月十二日，国子祭酒包佶奏"云云。从这几条的记载，则直至贞元五年九月，包佶仍为国子祭酒，而顾况于贞元五年夏已贬出为饶州司户参军。就是说，在顾况于贞元三年至贞元五年夏先后任校书郎、著作郎（或著作佐郎）期间，包佶始终为国子祭酒，直到贞元六年、七年才有任秘书监的记载，如《唐会要》卷三十三《太常乐章》条"祭风师，乐章四"，下注云："贞元六年秘书监包佶撰。"

又卷三十五《经籍》条："贞元七年十二月,秘书监包佶奏……"而贞元六、七年顾况早已离开长安。国子祭酒并非校书郎、著作郎的上司,其职并无典校图书之任,与"芸台"云云也不相涉。这都与顾况、包佶本人的记述有矛盾。这一矛盾如何解决,还有待进一步查考史料。

<h1 style="text-align:center">六</h1>

顾况于贞元五年(789)被贬为饶州司户参军[①]。被贬的原因,据《旧唐书·李泌传》所附《顾况传》,是这样的:"复遇李泌继入,自谓已知秉枢要,当得达官,久之方迁著作郎,况心不乐,求归于吴。而班列群官,咸有侮玩之目,皆恶嫉之。及泌卒,不哭,而有调笑之言,为宪司所劾,贬饶州司户。"据此处所载,似顾况因个人未得达官,不满于李泌,及李泌卒,不但不哭,反而有调笑之言,因此受劾而被贬。《旧唐书》所载未知何所据,其言被劾的原由,颇令人怀疑。李泌于大历间在江西时,已与顾况交游(见上述)。贞元三年入居相位,据《旧唐书·李泌传》所载,又"复引顾况辈轻薄之流,动为朝士戏侮",可见顾况是得到李泌信用的,两人的性格与志趣有相合之处。"泌放旷敏辩,好大言,自出入中禁,累为权幸忌嫉"(见《旧传》)。李泌本人已为权幸所忌,顾况受到李泌的推举信用,

---

① 《历代名画记》卷十顾况条:"贞元五年贬饶州司户。"又《桂苑丛谈》云:"况后在朝为小著,诙谐轻薄,傲毁朝士,贬信州司马。"作"信州司马",误。

朝官又"皆恶嫉之",则李泌于贞元五年三月初死后,顾况失去依靠,因而贬出,自是情理中事,所谓因泌丧而不哭云云,恐为当时的诬陷不实之词,不足为信。关于这点,唐代当时人皇甫湜与李肇所记是近于事实的,皇甫湜《顾况诗集序》说:

> 入佐著作,不能慕顺,为众所排,为江南郡丞。

李肇《国史补》卷中载:

> 吴人顾况,词句清绝,杂之以诙谐,尤多轻薄。为著作郎,傲毁朝列,贬死江南。

所谓轻薄,实际上是顾况对于当时封建礼法习俗并不表示那么尊重,他对于一般权贵、朝官动辄加以嘲弄戏侮,因而得到"傲毁朝列"的罪名。这些,都可以帮助我们加深对顾况某些社会讽刺诗的理解。

《全唐文》卷五二九载顾况《宋州刺史厅壁记》,文末署为"贞元五年四月十九日记",可见贞元五年四月中已离开长安而途经宋州,并于这年夏天抵达苏州,与当时任苏州刺史的韦应物诗酒唱和,韦应物还为此写出了以"兵卫森画戟,宴寝凝清香"而著称的《郡斋雨中宴集》诗。

韦应物于贞元四年七月以后才任为苏州刺史,而不是过去一些记载以为贞元初、二年间任苏州刺史,此事详见本书《韦应物系年考证》一文,这里不再详论。

《韦江州集》卷一《郡斋雨中与诸文士宴集》：

> 兵卫森画戟，宴寝凝清香。海上风雨至，逍遥池阁凉。烦疴近消散，嘉宾复满堂。自惭居处崇，未睹斯民康。理会是非遣，性达形迹忘。鲜肥属时禁，蔬果幸见尝。俯饮一杯酒，仰聆金玉章。神欢体自轻，意欲凌风翔。吴中盛文史，群彦今汪洋。方知大藩地，岂曰财赋强。

此诗之后，附顾况《奉同郎中使君郡斋雨中宴集之什》，自署为"州民朝议郎行饶州司士参军员外置同正员顾况"，诗为：

> 好鸟依嘉树，飞雨洒高城。况与数君子，列座分两楹。文雅一何丽，林堂含余清。我公未归朝，游子不待晴。白云帝乡远，沧江枫叶鸣。拜手欲无言，零泪如酒倾。寸心已摧折，别离方骨惊。安得凌风翰，肃肃宾天京。

此诗也载《全唐诗》卷二六四顾况名下，题作《酬本部韦左司》。韦、顾二诗，所写皆为夏景，顾诗并云"况与数君子，列座分两楹"，可见是同时所作。由此益可证韦应物贞元五年夏在苏州刺史任，而非贞元元年、二年者。顾况另有《酬信州刘侍郎兄》、《奉酬刘侍郎》（《全唐诗》卷二六四），这个刘侍郎为刘太真，也是当时的一位诗人。《旧唐书》卷一三七《刘太真传》称："刘太真，宣州人。涉学，善属文，少师事词人萧颖士。天宝末，举进士。……累历台阁，自中书舍人转工部、刑部二侍郎。……转礼部侍郎。……贞元五年,贬信州刺史。"又卷十三《德宗纪》下,贞元五年三月"丙寅,贬礼部侍郎刘太真为信州刺史"。顾况与刘太真为从表兄弟(见《全唐文》卷五二八顾况《信州刺史刘府君集序》)。按,李泌于贞元五年三月初卒,接着刘太真被贬,后顾况被贬,这其间是不无关系的。

在这里,我们应该讨论一下所谓白居易在长安谒见顾况的传说了。据现在所见到的材料,此事首先见于张固的《幽闲鼓吹》:

> 白尚书应举初至京,以诗谒顾著作。顾睹姓名,熟视白公曰:"米价方贵,居亦弗易。"乃披卷,首篇曰"咸阳原上草,一岁一枯荣,野火烧不尽,春风吹又生",即嗟赏曰:"道得个语,居即易矣。"因为之延誉,声名大振。

又见于王定保《唐摭言》卷七《知己》条:

> 白乐天初举,名未振,以歌诗谒顾况。况谑之曰:"长安百物贵,居大不易。"及读至《赋得原上草送友人》诗曰:"野火烧不尽,春风吹又生。"况叹之曰:"有句如此,居天下有甚难!老夫前言戏之耳。"

二书所记相似。张固为晚唐人,王定保为五代时人,不知他们何所本。但从此以后,这一故事就流传开来,《旧唐书》并写入《白居易传》(卷一六六),而且更具体地著明年岁:"年十五六时,袖文一编,投著作郎吴人顾况。"《新唐书》卷一一九《白居易传》也载其事,不过关于年岁的记载稍含混一些,说是"未冠,谒顾况"。直至清朝康熙年间汪立名编《白香山诗集》,在他所见到的宋人旧编《白文公年谱》以及汪立名自己所编的《白香山年谱》,也都在贞元三年下,即白居易十六岁时,系载此事,并系《赋得古原草送别》于此年。在过去的一些选本中,关于此诗的本事,也都沿袭这一传统说法。也曾有人写文章对此事表示怀疑,但其立论根据则是韦应物贞元二年至四年为苏州刺史这一错误的旧说,认为据白居易《吴郡诗石记》一文,贞元四年,白居易十七岁,还正在江南苏杭一带,因此贞元三年去长安谒见顾况实不可能。现在,应该有必要根据比较信实的原始材料,对顾、白叙见的这段"佳话"进行考核。

按,由本书《韦应物系年考证》一文,已可确定,韦应物在贞元四年七月以前不可能为苏州刺史,他任苏州刺史当在贞元四年七月以后,直到贞元五、六年间。但白居易《吴郡诗石记》(《白氏长庆集》卷六十八)中却说:"贞元初,韦应物为苏州牧,房孺复为杭州牧,皆豪人也。韦嗜诗,房嗜酒,每与宾友一醉一咏,其风流雅韵,多播于吴中,或目韦、房为诗酒仙。时予始年十四五,旅二郡,以幼贱不得与游宴,尤觉其才调高而郡守尊。"白居易生于大历七年(772),年十四五,则为贞元元年、二年,但这时韦应物还没有任杭州刺史。按,白居易此文末署为宝历元年,即公元825年,年五十四岁。文中说:"二郡之物状人情与曩时不异,前后相去三十七年,江山是而齿发非。"由825年前推三十七年,即为788或789年,也就是贞元四年或五年。由此可见白居易这篇文章记述他早年在苏州听说刺史韦应物事迹的年岁,本身就有矛盾。按照他写作此文时的年岁，往前推三十七年，说这时他旅食苏、杭二郡，正好是贞元四、五年，那时苏州刺史恰好是韦应物。《吴郡诗石记》又特别提及："韦在此州，歌诗甚多，有《郡宴》诗云'兵卫森画戟，燕寝凝清香'最为警策。今刻此篇于石，传贻将来。"这也就是上已引及过的韦应物《郡斋雨中与诸文士宴集》诗。韦应物此诗及顾况和作的写作年月已见前考，不再重述。

这里还应提出讨论的是，清汪立名《白香山年谱》于贞元五年条下云："公年十八，时在京师，见《中和节颂》。"按，《旧唐书》卷十三《德宗纪》下，贞元五年正月乙卯有诏云："自今宜以二月一日为中和节，以代正月晦日，备三令节数，内外官司休假一日。"就是说，以二月一日为中和节，是贞元五年正月制定的。如果白居易于贞元五年二月初在长安，并写了《中和节颂》，那他也是可能见到顾况的，因为顾况被贬远出是在那年四五月间。

白居易《中和节颂》自序说："神唐御宇之九叶，皇帝握符之十载，夷夏咸宁，君臣交欣，有诏始以二月上巳日为中和节。自上下下，雷解风动，翌日而颁乎四岳，浃辰而达乎八荒。"(《文苑英华》卷七七四)所谓"神唐御宇之九叶，皇帝握符之十载"，即是指德宗贞元五年，时间是相合的。问题在于，在这整篇颂中，并未说到白居易这时究在何地，就是说，不能由此得出白居易于贞元五年春在长安的结论。所谓"自上下下，雷解风动"云云，也只是描写诏书颁布后的情况，此外并不能提供更多的材料。而且文中只是说于贞元五年始以二月上巳日为中和节，并未说此文即作于该年。因此汪立名所编《白香山诗集》所附宋人旧谱《白文公年谱》对此抱审慎态度，于贞元五年下说："集有《中和节颂》，未及第时所作，而序云臣某忝就宾贡之列，则未必作于是年也。"① 另外，我们还可从白居易自己的文章中得到证明，他在贞元十五年秋才为宣城所贡，他的《送侯权秀才序》（《文苑英华》卷七三三）就说："十五年秋，予始举进士，与侯生俱为宣城守所贡。明年春，予中春官第。"可见贞元十五年秋，白居易才有可能第一次作为举子为宣城所贡，则《中和节颂》所说的忝就宾贡之列，当指贞元十五年的这一次，而不可能是在贞元五年。

由上所考，可以断定，所谓白居易到长安谒见顾况以及顾况"长安居大不易"的誉语，只不过是一种故事传说，而不能看成实有其事，不能作为依据来论述顾况和白居易的事迹，更不能据此来确定"野火烧不尽，春风吹又生"为白居易十五六岁时的作品。

七

顾况在离开苏州赴江西饶州途中，又经杭州、睦州，与当时任杭州刺史的房孺复②，与睦州刺史韦儇③，都有诗相唱和。当时刘

---

① 《全唐文》卷六九〇符载《中和节陪何大夫会宴序》，也说贞元五年定二月朔为中和节，各地从此以后皆须庆贺，文后又云"今天子在位已二十年"，是贞元十余年时所作。可见直至贞元十余年，各地亦须庆贺中和节者。

② 见《旧唐书》卷一一一《房琯传》附，又参见清人劳格《读书杂识》卷七《杭州刺史考》。

③ 见《新唐书》卷七十四上《宰相世系表》四上，韦氏逍遥公房；又参见《严州图经》卷一唐刺史题名。

太真任信州刺史不久，顾况至信州，出示所唱和的诗作，刘太真也特地继和了一篇，题为《顾十二况左迁过韦苏州房杭州韦睦州三使君皆有郡中燕集诗辞章高丽鄙夫之所仰慕顾生既至留连笑语因亦成篇以继三君子之风焉》（《全唐诗》卷二五二）。刘太真并且还为此写了一封信给韦应物，信中说："顾著作（况也）来，以足下《郡斋燕集》相示，是何情致畅茂遒逸如此！"（见《唐诗纪事》卷二十六韦应物条）

　　刘太真后于贞元八年去世[①]，顾况应其子之请，为刘太真的文集作了一篇序，即《信州刺史刘府君集序》（《全唐文》卷五二八）。大约也在同年，顾况有寄包佶的诗，《全唐诗》卷二六七《寄秘书包监》："一别长安路几千，遥知旧日主人怜。贾生只是三年谪，独自无才已四年。"包佶也有酬作，其《酬顾况见寄》（《全唐诗》卷二〇五）云："于越城边枫叶高，楚人书里寄离骚。寒江鸂鶒思俦侣，岁岁临流刷羽毛。"[②]按，顾况贬于贞元五年，此云"独自无才已四年"，则应是贞元八年。又权德舆有《祭秘书包监文》（《文苑英华》卷九八三），作于贞元八年五月朔，则包佶卒于此年三、四月间。包佶诗云"寒江"，因此可以断定顾、包酬唱之诗作于贞元八年春日。顾况另有《饶州刺史赵郡李府君墓志铭》（《全唐文》卷五三〇），文中云："贞元八年秋七月，终于郡署，年六十一，明年八月庚申，

---

①裴度《刘府君神道碑铭并序》："移疾去郡，以贞元八年三月八日，薨于余干县之旅馆，春秋六十八。"（《全唐文》卷五三八）

②此处于越应作干越。饶州有干越亭，见《太平寰宇记》卷一〇七，又可见刘长卿诗《负谪后登干越亭作》（《刘随州集》卷六，畿辅丛书本）。

窆于凤山之东原。"则直至贞元九年秋,顾况还在饶州 ①。

顾况何时离饶州,确切年月不易断定,但从其《从江西至彭蠡入浙西淮南界道中寄齐相公》诗(《全唐诗》卷二六四),可以大致确定在贞元九年秋后,至贞元十一年七月以前。此诗首叙齐之在江西的政绩:"大贤旧丞相,作镇江山雄。自镇江山来,何人得如公。……一身控上游,八郡趋下风。比屋除畏溺,林塘曳烟虹。生人罢虔刘,井税均且充。"按,此诗的齐相公,考之史籍,当为齐映。《旧唐书》卷一三六《齐映传》,载齐映曾于贞元二年与刘滋、崔造等同拜相(又见《新唐书》卷六十二《宰相表》)。传又云 :"三年正月,贬映夔州刺史,又转衡州。七年,授御史中丞、桂管观察使,又改洪州刺史、江西观察使。……贞元十一年七月卒,时年四十八。"《旧唐书》卷十三《德宗纪》下,贞元八年七月甲寅朔,"以桂管观察使齐映为洪州刺史、江西观察使";贞元十一年七月"辛卯,江西观察使、洪州刺史齐映卒"。则齐映于贞元八年七月至十一年七月在江西观察使任。顾况此诗中又云 :"数年鄱阳掾,抱责栖微躬。"鄱阳即饶州 ②。这两句说贬为饶州司户参军已有数年。诗接

---

① 《金华子杂编》曾载顾况在上饶时情况,可备参考,云 :"顾况著作集中云,山中樵人,时见长松之上,悬挂巨钟,再寻其钟,杳无蹊径。其所在即贵溪、弋阳封疆之间。愚宰上饶日,有玉山县民秀频来说,本邑怀玉山内,樵苏人往往见之,长松森罗,泉石幽丽,前望若有宫苑,林树掩映,松门之上,有巨藤横亘,挂大钟,可长丈余,去地又若干丈。有采樵人瞩目望于上下,徘徊竟日,将去,即密记道路远近。明日,与亲识同往,则莫记所在。时樵采则忽遇之,又非向时所在,钟与松门,则无异状云。旬月前,邻舍之人见之,不诳也。由是知逋公之记不谬哉。"
② 《新唐书》卷四十一《地理志》五,江南道有饶州鄱阳郡。

着叙述离饶州,往苏州:"朝行楚水阴,夕宿吴洲东。吴洲覆白云,楚水飘丹枫。晚霞烧回潮,千里光瞳瞳。冀开海上影,桂吐淮南丛。何当翼明庭,草木生春融。"此处写的很明显,是在一个秋日,离江西境,回顾况的苏州原籍。由上所引《饶州刺史赵郡李府君墓志铭》,贞元九年八月顾况尚在饶州,而齐映又卒于十一年七月,则其离饶州当在这一期间之内。据此诗所写是在秋日("桂吐淮南丛"),则最大可能性是在贞元十年的秋天。

应当指出的是,顾况在上述诗中对于齐映是颂非其人的。据《旧唐书·齐映传》,齐映在江西,不但无甚治绩可言,还想方设法向德宗献金银玉器,希图再受重用:"映常以顷为相辅,无大过而罢,冀其复入用,乃掊敛贡奉,及大为金银器以希旨。先是,银瓶高者五尺余,李兼为江西观察使,乃进六尺者。至是,因帝诞日端午,映为瓶高八尺者以献。"就是这样的人,顾况却誉为"自镇江山来,何人得如公",又说"比屋除畏溺","井税均且充",这不啻是对齐映的讽刺,也反映了顾况思想中的庸俗一面。

在这之后,顾况的行迹就不甚可考。皇甫湜《顾君诗集序》说他"起屋于茅山"。茅山即在润州延陵县①。大约他定居于茅山,但

---

① 《新唐书》卷四十一《地理志》五,载润州延陵县境内"有茅山"。又韦夏卿有《送顾况归茅山》诗(《全唐诗》卷二七二):"圣代为迁客,虚皇作近臣。法尊称大洞(自注:著作已受上清毕法),学浅忝初真(自注:夏卿初受正一)。鸾凤文章丽,烟霞翰墨新。羡君寻句曲,白鹄是三神。"又同卷綦毋诚《同韦夏卿送顾况归茅山》:"谪宦闻尝赋,游仙便作诗。白银双阙恋,青竹一龙骑。先入茅君洞,旋过葛稚陂。无然列御寇,五日有还期。"据《旧唐书》卷一六五《韦夏卿传》,韦夏卿曾为常州刺史,改苏州刺史,贞元末徐州张建封卒,授为徐州行军司马。由此可见,韦夏卿此诗当作于(转下页)

也不时往来附近的一些地区。如他有《湖州刺史厅壁记》(《全唐文》卷五二九)，末署"贞元十有五年十二月哉生魄，华阳山人顾况述"(又可参见宋谈钥《嘉泰吴兴志》卷十八碑碣："湖州刺史题名记：唐广德元年补阙内供奉李纾撰，后记正元十六年华阳顾况撰")。可见贞元十五年冬他曾到过湖州。十六年正月又在宣州，作《宛陵公署记》，此文末署"庚辰年正月下旬日，前秘书著作郎顾况记"。庚辰即贞元十六年。据《新唐书》卷四十一《地理志》五，宣州宣城郡所属县有南陵，境内有"梅根、宛陵二监钱官"。也于同年，他在扬州遇见后来为韩门弟子、中晚唐时期著名古文家皇甫湜。皇甫湜记这段经历说：

> 湜以童子见君扬州孝感寺，君披黄衫白绢鞲头，眸子瞭然，炯炯清立，望之真白圭振鹭也。既接欢然，以我为扬雄、孟轲。(《顾君诗集序》)

皇甫湜文中又说："顾恨不及见三十年于兹矣，知音之厚曷尝忘诸。去年从丞相凉公襄阳，有白顾非熊生者在门，讯之即君之子也，出君之诗集二十卷泣示余发之。凉公适移莅宣武军，余装归洛阳，诺而未副，念又稔矣，生来速文，乃题其集之首为序。"按，文中的丞相凉公，为李逢吉。据《旧唐书》卷一六七《李逢吉传》，李逢吉曾于宪宗元和十一年(816)四月为门下侍郎同平章

(接上页)任常州刺史时，其时乃在贞元中，确切年仍不可考知。綦毋诚，据《全唐诗》小传，云"官正字"，其他无考，此诗当与韦夏卿同时所作。

事,敬宗时又封凉国公。后又任襄州刺史、山南东道节度使,"大和二年,改汴州刺史、宣武军节度使。"《旧唐书》卷十七上《文宗纪》上也载,大和二年十月癸酉,"以逢吉为宣武军节度使,代令狐楚。"据此,则顾况之子顾非熊谒皇甫湜于襄阳,当在大和二年十月间李逢吉正要由襄阳移治汴州之时,第二年,皇甫湜在汴州,乃为顾况文集作序。大和二年为公元828年,第二年大和三年为829年。皇甫湜序中说"顾恨不及见三十年于兹矣",由829年上推三十年,即800年,贞元十六年。当然,此所谓三十年,可能举成数而言,也就是说,皇甫湜尚在童子时,约贞元十六年前后,曾在扬州见到过顾况,顾况那种"眸子瞭然,炯炯清立"的神情给他留下深刻的印象,以致三十年后他为顾况的诗文集作序,还不能忘怀。

在这之后,顾况的事迹可考者就更少了。我们仅从其《嘉兴监记》(《全唐文》卷五二九),知其作此文时为贞元十七年正月,那时他可能又曾到过嘉兴。其诗文最晚可考者,则为《送宣歙李衙推八郎使东都序》(《全唐文》卷五二九),当为宪宗元和元年(806)前后所作,此事前第一节已有论述,此处不再重复。可见他在元和元年左右尚在人世,此后就不可考见了。据《太平广记》卷二〇二引《尚书故实》,谓:"顾况志尚疏逸,近于方外,有时宰曾招致,将以好官命之,况以诗答之曰:'四海如今已太平,相公何事唤狂生。此身还似笼中鹤,东望沧溟叫数声。'后吴中皆言况得道解化去。"据此,则顾况晚年居茅山时,当时宰相曾又聘请过他,被他辞却了。至于得道解化云云,自然是传说,不足信,大约他暮年入山已久，与世隔绝，他的事迹已早被人遗忘了[1]。

八

宋严羽著《沧浪诗话》，曾称"顾况诗多在元、白之上，稍有盛唐风骨处"[2]。他的诗，唐人已有记载[3]。《新唐书·艺文志》集部别集类载"顾况集二十卷"。《旧唐书》本传也说"有文集二十卷"。而据皇甫湜所作序，称其子非熊见皇甫湜时，"出君之诗集二十卷"。似新旧《唐书》所载的二十卷，即皇甫湜为之作序的二十卷，则皆为诗，无文。而顾况之文，今见于《全唐文》的就有三卷（卷五二八至五三〇），则应当在二十卷诗集之外，尚有辑集其文的若干卷。南宋人晁公武在《郡斋读书志》卷四二，著录《顾况集》二十卷于别集类，不言是否包括诗文，但称"集有皇甫湜序"，可证皇甫湜所作者确为顾况诗集的序，即二十卷本的。同时人陈振孙《直斋书录解题》于卷十九诗集类上著录《顾况集》五卷，可见

①又可参见五代时人王定保所著《唐摭言》卷八"入道"条："顾况全家隐居茅山，竟莫知所止。其子非熊及第庆，既莫知况宁否，亦隐居旧山。或闻有所遇长生之秘术也。"

②此见魏庆之《诗人玉屑》卷二《沧浪诗评》。

③见唐孟棨《本事诗》："顾况在洛，乘间与三诗友游于苑中，坐流水上，得大梧叶题诗，上曰：'一入深宫里，年年不见春，聊题一片叶，寄与有情人。'况明日于上游亦题叶上，放于波中，诗曰：'花落深宫莺亦悲，上阳宫女断肠时。帝城不禁东流水，叶上题诗欲寄谁？'……"（《情感》第一）此又见《太平广记》卷一九八《文章》一。

陈振孙所藏有五卷本的诗集，陈氏又说："集本十五卷，今止五卷，不全。"新旧《唐书》都作二十卷，不作十五卷，此当为陈氏误记，但他说"今止五卷，不全"，则陈振孙也认为他所藏的五卷本系不全之本。现在所见《全唐诗》编录顾况之诗为四卷（卷二六四至二六七），又卷八八二补遗一，有顾况诗四首，由此可见，顾况的诗已经散失很多了。

顾况以诗著称，但他的文也颇可注意。他有《文论》（《全唐文》卷五二九），立论与中唐时期的一些古文家相似，可以见出当时文学思想的趋势。他的几篇序，如《礼部员外郎陶氏集序》、《信州刺史刘府君集序》、《右拾遗吴郡朱君集序》、《监察御史储公集序》（皆见《全唐文》卷五二八），分别记了陶翰、刘太真、朱放、储光羲的事迹及诗文编集的情况，为我们提供了文学研究的资料。他的《戴氏广异记序》（亦见《全唐文》同卷），论述了唐人志怪传奇作品如唐临《冥报记》、王度《古镜记》等，说明他对当时传奇这一新体文学也颇为注意，可见其兴趣之广泛。

另外，据《新唐书·艺文志》子部杂艺术类，载有"顾况《画评》一卷"。张彦远《历代名画记》卷一《叙画之兴废》条，记载南朝至唐的画论，也说"著作郎顾况兼有《画评》"。顾况的《画评》今已不传。张彦远将他与同时的裴孝源、窦蒙等人的同类著作并提，说是"率皆浅薄漏略，不越数纸"，可能数量既不多，议论又无新见，就随着时间的推移而被淘汰了。

最后附带谈一下关于顾况亲属的两条材料。

张继有《送顾况泗上觐叔父》诗（《全唐诗》卷二四二），云："吴乡岁贡足嘉宾，后进之中见此人。别业更临洙泗上，拟将书卷对残春。"顾况为至德二载登进士第,此诗或当作于至德二载前后。张继是天宝十二载(753)进士及第的,因此把顾况视为后进。顾况在《虎丘西寺经藏碑》(《全唐文》卷五三○)中曾提到他有叔父名七觉:"……是名虎丘,东晋王珣、王珉舍山造寺。……山中塔庙,叔父有功。叔讳七觉,字惟旧,容相端静。神龙初,八岁剃度,万言一览,学际天人。……况受经于叔父,根钝智短,曾不得乎少分。至德三年,示终本山。"神龙为唐中宗年号,共三年,即公元705—709年,此曰神龙初,当为705年,是年其叔父八岁,则当生于697年(武后万岁通天二年),至至德三年(758),为六十二岁。据此,则张继此诗最晚不得晚于至德三年,时张继在苏州。

又,《太平广记》卷二七七《吕諲》条载:"吕諲尝昼梦地府所追,随见判官,判官云此人勋业甚高,当不为用。諲便仰白,母老子幼,家无所主,控告甚切。判官令将过王,寻闻左右白王,此人已得一替,问替为谁,云是蒯适,王曰蒯适名士,职当其任,遂放諲。諲时与妻兄顾况同宿,既觉,为况说之。后数十日,而适摄吴县丞,甚无恙,而况数玩諲,以为欢笑。……"此处所载事情本身当然是怪诞无稽,但其中说吕諲之妻兄为顾况,故事的地点在吴县,顾况又为苏州人,因此就有一个顾况是否为吕諲妻兄的问题。岑仲勉先生《元和姓纂四校记》(卷六)即据此以諲妻兄为顾况。《太平广记》此条,据其所注乃出《广异记》,顾况又曾作《戴氏广异记序》(《全唐文》卷五二八),其作者戴孚与顾况同年登第,已见上述,则所述似当可信。但据史书所载,《太平广记》所载实不足据。《旧唐书》卷一八五下《良吏传下》有《吕諲传》,谓:"吕諲,蒲州河东人。……少孤贫,不能自振,里人程楚宾家富于财,諲娶其女,楚宾及子震皆重其才,厚与资给,遂游京师。"(《新唐书》卷一四〇《吕諲传》所载略同)则吕諲之妻程姓,为程楚宾之女,且为河东人,与吴人顾况了不相涉。且吕諲入仕年岁也远较顾况为早,据本传所载,他于天宝初便进士及第,早于顾况十六七年。天宝年间曾充哥舒翰陇右河西的节度判官,乾元二年(759)拜相,而这时顾况刚登进士第不久。史又载:"諲既为相,用妻父程楚宾为卫尉少卿,子震为员外郎。"则直至顾况登第以后,吕諲之妻父仍为程楚宾,吕諲并未改娶他女。则所谓諲之妻兄顾况,纯属不根之言。顾况的情况,顾况为之作序的《广异记》的作者戴孚不可能毫无所知,其书所写虽属志怪神鬼,但牵涉到其友人的亲属关系自不会凭空捏造。因此,颇疑《太平广记》所载之《广异记》并非戴孚之《广异记》。且《太平广记》所载之《广异记》,其叙事有唐以后事者,则与戴孚所著,自为两书,这就更可证明吕諲妻兄顾况云云,乃是后世小说家之言,不足为据,岑仲勉先生据以佐证《元和姓纂》,似失于不考。

[附记]

关于《瘗鹤铭》,宋人记载中还有论及其事的,如蔡絛《西清诗话》:"丹阳焦山断崖有《瘗鹤铭》……或传为王逸少,自晋迄唐,论书者未尝及之,而碑言华阳真逸撰。欧公《集古跋》云顾况道号,苏子美诗云'山阴不见换鹅经,京口空传瘗鹤铭',真作右军书矣。余读《道藏·陶隐居外传》,隐号华阳真人,晚号华阳真逸。道书言华阳金坛之地,第八洞天东北门俱润州境也。丹阳与茅山地相犬牙,又三茅陶故居,则《瘗鹤铭》为隐居不疑。"(转录自《宋诗话辑佚》)录以备考。

皇甫冉皇甫曾考

　　皇甫冉、皇甫曾兄弟也是肃、代时的著名诗人。高仲武《中兴间气集》编选大历时诗人,称皇甫冉"于词场为先辈,推钱(起)、郎(士元)为伯仲"[①],并认为他的诗"可以雄视潘(岳)、张(载、协兄弟),平揖沈(约)、谢(朓)"。皇甫曾,则大历时诗人如钱起、卢纶等都有诗提及(如钱起《钱考功集》卷四《岁初归旧山酬寄皇甫侍御》,《全唐诗》卷二七七卢纶《同兵部李纾侍郎刑部包佶侍郎哭皇甫侍御曾》)。因此,宋朝人江邻几曾将皇甫曾列为大历十才子之一,清人管世铭《读雪山房唐诗钞》则以皇甫冉为大历十才子诗人之一(详见本书《卢纶考》文)。冉、曾二人与当时作者如刘长卿、戴叔伦、独孤及、李嘉祐、张继以及颜真卿、皎然等都有交往。但两人的事迹不见于《旧唐书》,《新唐书》附见于卷二〇二《文艺

---

①此据《唐诗纪事》卷二十七所引,单行本《中兴间气集》各种刻本都没有这两句。

中·萧颖士传》后,谓:"皇甫冉字茂政,十岁便能属文,张九龄叹异之。与弟曾皆善诗。天宝中,踵登进士,授无锡尉。王缙为河南元帅,表掌书记。迁累右补阙,卒。曾字孝常,历监察御史。其名与冉相上下,当时比张氏景阳、孟阳云。"另外,《新唐书》卷六十《艺文志》丁部集录别集类著录"皇甫冉诗集三卷",其下小注云:

> 字茂政,润州丹阳人,秘书少监、集贤院修撰彬侄也。天宝末无锡尉,避难居阳羡,后为左金吾卫兵曹参军、左补阙,与弟曾齐名。曾字孝常,历侍御史,坐事贬徙舒州司马,阳翟令。

此处所载较之《萧颖士传》稍详一些,可以互相补充。但无论《萧颖士传》或《艺文志》,所叙皇甫冉、皇甫曾事迹,都只是一个大致轮廓,而且其中还有缺略。现据有关材料,为考述其事迹于下。

一

《新唐书·艺文志》说皇甫冉为润州(今江苏镇江)丹阳人。在这之前,唐姚合《极玄集》卷下于皇甫冉名下就记载冉为"丹阳人"。但辛文房《唐才子传》卷三皇甫冉小传则谓:"冉字茂政,安定人,避地来寓丹阳。"《唐才子传》这几句甚为含混,似乎皇甫冉本为安定人,后因避安史之乱才迁徙南下,寓居丹阳。实际上却不然。

今按,独孤及有《唐故左补阙安定皇甫公集序》(《毗陵集》卷十三),曾叙述皇甫冉、曾的世系,说:"补阙讳冉字茂政,玄晏先生之后,银青光禄大夫、泽州刺史讳敬德之曾孙,朝散大夫、饶州乐平县令讳价之孙,中散大夫、潭州刺史讳颙之子。"独孤及的序中又称其伯父为秘书少监彬。皇甫彬又见于《元和姓纂》卷十一:"户部尚书滑国公皇甫无逸之从弟彬(中间有脱字)郎中、秘书少监,安定朝那县人。"按,皇甫无逸,为隋末唐初人,有传见《旧唐书》卷六十二,《新唐书》卷九十一,而皇甫彬,新旧《唐书》虽无传,但《新唐书》卷六《肃宗纪》曾载:"开元四年,为安西大都护。性仁孝,好学,玄宗尤爱之,遣贺知章、潘肃、吕向、皇甫彬、邢璹等侍读左右。"可见皇甫彬为开元时人,而且他又是皇甫冉兄弟的伯父,与皇甫无逸所处的隋末唐初相距有一百年光景。因此《元和姓纂》说皇甫彬为皇甫无逸的从弟,是不确实的,恐怕《姓纂》此处的文字有脱误。但皇甫无逸与皇甫彬为同一家族,据《姓纂》所载,则是可以肯定的。据《旧唐书·皇甫无逸传》:"皇甫无逸字仁俭,安定乌氏人。父诞,隋并州总管府司马。其先安定著姓,徙居京兆万年。"《新唐书·皇甫无逸传》则径称无逸为"京兆万年人"。可见皇甫无逸一支,其先虽称为安定人,但至少在隋唐之际已定居于京兆万年县。至于皇甫冉兄弟的曾祖敬德,据《嘉定镇江志》所载,则为丹阳人,其书卷十八载:

> 皇甫敬德,丹阳人,官银青光禄大夫、泽州刺史。价,敬德子,官朝散大夫、饶州乐平县令。彬,价子,官秘书少监、集贤

院修撰。

由此可见，皇甫无逸以后，其家族中曾有一支后来继续南下，至皇甫敬德，其籍贯已属于润州丹阳；所谓安定，只不过虚指其先世郡望而已。由此可证，《唐才子传》所谓皇甫冉本为安定人，"避地来寓丹阳，耕山钓湖，放适闲淡"，仿佛是因避安史之乱而来寓居丹阳的，实误。

二

为了叙述方便起见，拟先考皇甫曾事迹。

皇甫曾的生年未能考知。现在仅知他于天宝十二载（753）登进士第。此事最早见于《极玄集》卷下，谓："天宝十二载进士，历官监察御史。"《唐才子传》卷三皇甫曾小传也称："天宝十二年杨儇榜进士。"登第后授何官，未见记载。《极玄集》说"历官监察御史"。《新唐书·萧颖士传》同，说"历监察御史"，但同是《新唐书》，其《艺文志》则又说是"历侍御史"。《直斋书录解题》（卷十九诗集类上）、《唐才子传》也都说是侍御史。考《新唐书》卷四十八《百官志》三，御史台所属有三院："一曰台院，侍御史隶焉；二曰殿院，殿中侍御史隶焉；三曰察院，监察御史隶焉。"侍御史与监察御史的官阶与职务也有不同，侍御史是从六品下，监察御史是正八品下。据独孤及《唐故左补阙安定皇甫公集序》，称"君母弟殿中侍御史曾"，独孤及诗中又屡次称"皇甫侍御"（详见下），另据赵璘《因话录》所载[①]，则可考知皇甫曾在贬舒州司马以前所任官职，当为殿中侍御史或监察御史，而非侍御史，《新唐书·艺文志》、《书录解题》及《唐才子传》等误。但皇甫曾何时始任此职，则不可考。

　　根据现有材料，皇甫曾于永泰二年、即大历元年（766）已在长安。《全唐诗》卷二一○载皇甫曾《送汤中丞和蕃》诗，其中说："春草乡愁起，边城旅梦移。莫嗟行远地，此去答恩私。"写的是春日。按，《旧唐书》卷一九六下《吐蕃传》下："永泰二年二月，命大理少卿兼御史中丞杨济修好于吐蕃。四月，吐蕃遣首领论位藏等百余人随济来朝，且谢申好。"《通鉴》卷二二四大历元年（永泰二年十一月改元为大历元年）二月"己亥，命大理少卿杨济修好于吐蕃"。《旧唐书》卷十一《代宗纪》大历元年虽未载命使事，但同年十月载："和蕃使杨济与蕃使论位藏等来朝。丙申，命宰臣宴论位藏于中书省。"此外，郎士元也有《送杨中丞和蕃》诗（《全唐诗》卷二四八）。由此可见，《全唐诗》卷二一○所载皇甫曾的诗，诗题"汤中丞"的汤字是错的，应为杨。杨济于二月出使，因此皇甫曾诗中说"春草乡愁起"，时节正合。

　　另外，皇甫曾又有《送徐大夫赴南海》诗（《全唐诗》卷同上。按，皇甫曾诗编于《全唐诗》者为一卷，即卷二一○，以下录皇甫曾诗，即不注《全唐诗》卷数）。《旧唐书·代宗纪》，大历元年四月

---

① 《因话录》卷五征部："御史台三院：一曰台院，其僚曰侍御史，众呼为端公。……二曰殿院，其僚曰殿中侍御史，众呼为侍御。……三曰察院，其僚曰监察御史，众呼亦曰侍御。"可见殿中侍御史或监察御史，都可称呼为侍御，而独侍御史则称呼为端公。侍御史的官阶也比其他二者要高。

"癸酉,以工部侍郎徐浩为广州刺史、岭南节度观察使"。又《旧唐书》卷一三七《徐浩传》:"寻迁工部侍郎,岭南节度观察使兼御史大夫。"皇甫曾诗所称之徐大夫,盖即徐浩。

由以上二诗,可见大历元年皇甫曾已在长安。至于他从进士登第年(天宝十二载,753),至大历元年(766)这十余年内的事迹,则不可考。

大历三年(768)闰六月,王缙以河南副元帅兼幽州节度使,七月赴幽州。当时诗人如钱起、韩翃等都有诗送行①。李肇《国史补》卷上曾说:"送王相公之镇幽朔也,韩翃擅场。"当时,皇甫曾也有《送王相公赴幽州》诗,其中写道:"暮日平沙迥,秋风大斾翻。渔阳在天末,恋别信陵门。"所写时地与史籍所载均合。由此可知,皇甫曾大历三年在河南。

《新唐书·艺文志》载皇甫曾"历侍御史,坐事贬徙舒州司马"。《唐才子传》同,但都未载为舒州司马的时间。要确定皇甫曾为舒州司马的时间,得先考查独孤及任舒州刺史的年月。

按,《新唐书》卷一六二《独孤及传》:"迁礼部员外郎,历濠、舒二州刺史,……徙常州……"②又崔祐甫《故常州刺史独孤公神道碑铭》(《全唐文》卷四〇九):"以公为濠州刺史。……课绩闻上,加朝散大夫,迁舒州刺史。……擢拜常州刺史。"都未载刺舒州的时间。考梁肃《独孤公行状》(《全唐文》卷五二二)云:"除濠州刺史。……三年而阖境大穰,优诏褒美,移拜舒州刺史。……

---

①关于王缙赴幽州的政治背景及具体情况,以及当时诗人的送行之作,详参本书《钱起考》及关于韩翃事迹考等文。
②按,独孤及,《旧唐书》无传,仅见于《新唐书》。

擢拜常州刺史、本州都团练使。……为郡之四载，大历十二年四月
壬寅晦暴疾，薨于位。”由此，知独孤及于大历九年至十二年为常
州刺史。又《旧唐书》卷一二五《张镒传》：“大历五年，除濠州刺
史。”而《毗陵集》卷五《谢濠州刺史表》中云：“伏奉今年五月一
日敕授臣使持节濠州诸军事、濠州刺史。……以闰六月十二日到
所部。”大历三年有闰六月。由此可以推断，独孤及于大历三年闰
六月为濠州刺史，大历五年为张镒所代，在濠州三年，与梁肃所作
行状“三年而阖境大穰”合。由此并可知，独孤及任舒州刺史的时
间是在大历五年至九年之间（770—774）。

再进而言之，《毗陵集》卷五有《谢舒州刺史兼加朝散大夫
表》，中云：“臣奉七月十八日敕，加臣朝散大夫、使持节舒州诸军
事、舒州刺史。……今以九月二十七日到州上讫。”也就是说，独孤
及于大历五年七月受命为舒州刺史，九月到任，所署官衔为朝散
大夫、使持节舒州诸军事、舒州刺史。而大历七年四月所作的
《祭贾尚书》文（《毗陵集》卷二十），所署官衔已为朝散大夫、检
校尚书司封郎中、兼舒州刺史、赐紫金鱼袋。《毗陵集》卷五《谢
加司封郎中赐紫金鱼袋表》云“臣到官始半岁，职事未有所补”，
又云“伏奉三月一日敕，加臣检校司封郎中、使持节舒州诸军事、
兼舒州刺史……赐紫金鱼袋”。由此可知，加司封郎中，赐紫金
鱼袋，是在他到任将近半年时的事。据前所考，独孤及于大历五
年九月抵舒州任，而此处“奉三月一日敕”云云，则正好将近半年，
由此可知，《谢加司封郎中赐紫金鱼袋表》为大历六年（771）三月
所作。

这样，我们就可以考定皇甫曾在舒州司马的时间。独孤及有

《暮春于山谷寺上方遇恩命加官赐服酬皇甫侍御见贺之作》(《毗陵集》卷三),所谓加官,即加检校司封郎中,所谓赐服,即赐紫金鱼袋。诗题云"暮春",与前面所引谢表"伏奉三月一日敕"云云也相合。诗题称皇甫侍御,即是皇甫曾。由此可见,大历六年春皇甫曾已为舒州司马。我们在前面曾引述过皇甫曾送王缙赴幽州诗,时间是在大历三年秋,那时他还在河南。则他贬为舒州司马的时间,当在大历三年秋之后,大历六年春之前;至于因何事而贬,则因史料阙乏,未可考知。

独孤及在上述诗题中,称为"酬皇甫侍御见贺之作",诗中又说"佳句惭相及,称仁岂易当"。可知皇甫曾先曾有贺作。独孤及在舒州期间所作诗,有好几首诗是与皇甫曾唱和的,如《登山谷寺上方答皇甫侍御卧疾阙陪车骑之赠》(《毗陵集》卷三),说:"不见戴逵心莫展,赖将新赠比琅玕。"以皇甫曾比晋朝高士戴逵。又有《酬皇甫侍御望天灊山见示之作》(同上),说"永日诵佳句,持比秋兰佩"。独孤及是中唐时期所谓古文运动的先驱,他用散文写作,也提倡文以明道,但他不像一般古文家那样狭隘,他较为关心现实,集中有好几篇反映了当时人民生活贫困、政治腐败的文章。同时,他与当时诗文作家也有较广泛的交游,如与高适、贾至、皇甫曾等不同风格的作家,都有文字来往。但现存皇甫曾的诗作,却一篇也没有述及舒州的,独孤及诗题中提到的皇甫侍御见贺见赠之作,都已不存,可见皇甫曾诗篇散失的情况是相当严重的。

可以注意的是,《毗陵集》卷三另有题为《答皇甫十六侍御北归留别作》一诗:

正当楚客伤春地,岂是骚人道别时。俱徇空名嗟欲老,况将行役料前期。劳生多故应同病,羸马单车莫自悲。明日相望隔云水,解颜唯有袖中诗。

诗的感情是写得很诚挚的。这里是说皇甫曾要离开舒州北归,时节是在春日。按,《毗陵集》卷二十有《祭韦端公炎文》,称:"维年月日,司封郎中兼舒州刺史独孤及、前舒州司马皇甫曾等,谨以清酌庶羞之奠,敬祭于故侍御史、舒州桐城县丞韦公之灵。"此处称皇甫曾已为"前舒州司马",可见已卸舒州司马之任。但未能考定这篇祭文作于何时,因此未能确切考定皇甫曾离舒州的年岁。但此篇祭文独孤及自称为"司封郎中兼舒州刺史",则当在大历六年暮春以后,而前面引述过的独孤及加官赐服时皇甫曾有贺作,则大历六年春当不可能,可能在大历七年或八年春。

考定皇甫曾在舒州的时间,不仅对皇甫曾本人的事迹,而且对考证皇甫冉的生卒年、考证李嘉祐为袁州刺史的时间,都提供了很重要的线索[①]。

上引独孤及的诗,诗题称皇甫曾为"北归"。另外,戴叔伦有《京口送(一作逢)皇甫司马副端曾舒州辞满归去(一本无去字)东都》诗(《全唐诗》卷二七三):"潮水忽复过,云帆焱欲飞。故园双阙下,左宦十年归。晚景照华发,凉风吹绣衣。淹留更一醉,老去莫相违。"从此诗,知皇甫曾辞舒州司马任后,经长江水路东下,在

[①] 李嘉祐在任袁州刺史时曾有《酬皇甫十六侍御曾见寄》(《全唐诗》卷二〇七),题下自注:"此公时贬舒州司马。"详见本书《李嘉祐考》。

京口遇见戴叔伦,然后大约即沿漕河北上赴洛阳。戴诗云"故园双阙下",似乎皇甫曾的家此时安顿在洛阳,此次北上乃是归家。但这点仍可怀疑。

按,释皎然有《春日陪颜使君真卿皇甫曾西亭重会海韵诸生》诗(四部丛刊本《皎然集》卷三),又有《喜皇甫侍御见过南楼玩月联句》(同上卷上),作者有颜真卿、陆羽、皇甫曾、李萼、皎然等,此诗也见于四部丛刊本《颜鲁公文集》卷十五。颜集同卷在此诗之后还有《七言重联句》,则只是颜真卿与皇甫曾二人,诗为:"顷持宪简推高步,独占诗流横素波。不是中情深惠好,岂能千里远经过(真卿)。诗书宛是陪康乐,少长还同宴永和。夜酌此时香碾玉,晨趋几日重鸣珂(皇甫曾)。"

《皎然集》中有几首是与皇甫曾交往的,如《建元寺集皇甫侍御书阁》(卷三),《建元寺皇甫侍御院寄李员外纵联句》(卷十),《建安寺夜会对雨怀皇甫侍御曾联句》(卷十),当为同时所作。此时皎然居湖州,颜真卿为湖州刺史。据宋留元刚《颜鲁公年谱》(《颜鲁公文集》附录),颜真卿于大历八年(773)正月为湖州刺史任,至大历十二年(777)四月又应召入京。则皇甫曾在此时期内曾在湖州。皎然有《送皇甫侍御曾还丹阳别业》(《皎然集》卷四):"云阳别夜忆春耕,花发菱湖问去程。积水悠扬何处梦,乱山稠叠此时情。将离有月教弦断,赠远无兰觉意轻。朝右要君持汉典,明年北墅可须营?"又有《同颜鲁□泛舟送皇甫侍御曾》(同上卷五)。由此可见大历八年至十二年间,皇甫曾不仅在湖州与皎然、颜真卿等游,而且此时还在丹阳营有别业。可能他在离舒州司马赴洛阳后不久即又回到家乡丹阳。皇甫曾在湖州时所作的《乌

程水楼留别》①,是可以代表他诗风的一首佳作:

> 悠悠千里去,惜此一尊同。客散高楼上,帆飞细雨中。山程随远水,楚思在青枫。共说前期易,沧波处处同。

三

皇甫曾晚年的事迹不易考知。他有《寄刘员外长卿》诗,说是"南忆新安郡,千山带夕阳"。新安郡即睦州。刘长卿约于大历八年以后至大历末为睦州司马。刘长卿则有《酬皇甫侍御见寄时前相国姑臧公初临郡》(《刘随州集》卷一):"离别江南北,汀洲叶再黄。路遥云共水,砧迥月如霜。岁俭依仁政,年衰忆故乡。伫看宣室召,汉法倚张纲。"此诗为大历十二年所作(详见本书《刘长卿事迹考辨》一文)。皇甫曾诗说是"南忆新安郡",刘长卿诗说是"离别江南北",则应当说皇甫曾于大历末年确是居住于长江沿边的丹阳。

这里牵涉到皇甫曾何时任阳翟令的问题。《新唐书·艺文志》说是"坐事贬徙舒州司马,阳翟令",把阳翟令放在舒州司马之后。《唐才子传》则更进一步说成为"贬舒州司马,量移阳翟令"。唐时阳翟属许州。可是戴叔伦诗明明说皇甫曾于舒州司马辞满后归洛阳,并没有说是赴阳翟。据李肇《国史补》卷上:"李翰文虽宏畅,而思甚苦涩。晚居阳翟,常从邑令皇甫曾求音乐,思涸则奏乐,神

---

① 据《新唐书》卷四十一《地理志》五,乌程为湖州所属县。

全则缀文。"此事又见《新唐书》卷二〇三《文艺下·李华传》附载李翰事，云："翰擢进士第，调卫尉。……翰累迁左补阙，翰林学士。大历中，病免，客阳翟，卒。翰为文精密而思迟，常从令皇甫曾求音乐，思涸则奏之，神逸乃属文。"《国史补》与《新唐书》都说是大历中李翰居阳翟，而此时阳翟令为皇甫曾。但《旧唐书》卷一九〇下《文苑下·李华传》附载李翰事则云："天宝中，寓居阳翟。为文精密，用思苦涩，常从阳翟令皇甫曾求音乐，每思涸则奏乐，神逸则著文。禄山之乱，从友人张巡客宋州。"则以李翰于天宝中居阳翟。今按，梁肃有《补阙李君前集序》(《全唐文》卷五一八)，其中叙述李翰的仕履为：

> 弱冠进士登科，解褐卫县尉，其后以书记再参淮南节度军谋，累迁大理司直。天子闻其才，召拜左补阙，俄加翰林学士。夫士之处世，用舍系乎才，进退牵乎时。始君筮仕，值蔽善者当路，故屈于下位，中岁多难，时方用武，故委于外藩。及夫入宣室而挥宸翰也，方用人文以饰王度，则因疾罢免。……君既退，归居于河南之阳翟，家愈贫而禄不及，志愈迈而文益壮。

按，梁肃文中称翰"以书记再参淮南节度军谋，累迁大理司直。天子闻其才，召拜左补阙，俄加翰林学士"。而李翰《淮南节度行军司马厅壁记》(《全唐文》卷四三〇)称"翰获庇于有礼之俗，遂安于无虞之境"，文末又署为"大历五祀夏五月丁丑记"。则大历五年(770)李翰尚在淮南军幕。又据岑仲勉《翰林学士壁记注补》(前《历史语言研究所集刊》第十五本)引《册府元龟》卷六三五,谓大历八年十月敕左补阙李翰等考吏却选人判,则是大历八年(773)李翰任左补阙。其免官居阳翟,当在大历八年以后,即在大历后期。由此也可知,皇甫曾之为阳翟令,也当在大历八年之后。由此,可证《旧唐书》说李翰天宝中寓居阳翟是不确的。可能皇甫曾于辞满舒州司马任后,于大历末曾有一段时期任阳翟令,至于究竟在哪几年,则已不可确知。

皇甫曾的卒年,向无记载。今按,卢纶有《同兵部李纾侍郎刑部包佶侍郎哭皇甫侍御曾》诗(《全唐诗》卷二七七):"攀龙与泣麟,哀乐不同尘。九陌霄汉侣,一灯冥漠人。舟沉惊海阔,兰折怨霜频。已矣复何见,故山应更春。"从诗题中,可见此时李纾为兵部侍郎,包佶为刑部侍郎。据《旧唐书》卷十二《德宗纪》上,贞元元年三月丙申朔,"以汴东水陆运等使、左庶子包佶为刑部侍郎";二年正月,包佶则又以国子祭酒知礼部贡举。可见包佶最迟于贞元二年正月前,也即贞元元年冬已由刑部侍郎转国子祭酒。包佶有《酬兵部李侍郎晚过东厅之作》(《全唐诗》卷二〇五),其中说:"酒礼惭先祭,刑书已旷官","庭槐暂摇落,幸为入春看。"此诗题下自注:"时自刑部侍郎拜祭酒。"由此,可见包佶由刑部侍郎转国子祭酒确在贞元元年冬,而此诗所谓之兵部李侍郎,也就是卢纶诗题中所称的"兵部李纾侍郎"。据《旧唐书》卷一三七《李纾传》:"德宗居奉天,择为同州刺史,寻弃州诣梁州行在,拜兵部侍郎。反正,兼知选事。李怀光诛,河东节度及诸军会河中,诏往宣劳节度,使还,敷奏会旨,拜礼部侍郎。"按,德宗居奉天及往梁州,在兴元元年,诛李怀光在贞元元年八月。李纾当于贞元元年八月李怀光平后往河中等地宣劳。再参以上述包佶诗,可见贞元元年包佶为刑部侍郎,李纾为兵部侍郎,卢纶之诗既称包佶为刑侍,李纾为兵侍,可见是贞元元年之作。由此可以推断,皇甫曾之卒年即在贞元元年(785)。至于他的年岁,则不得而知。

四

闻一多先生《唐诗大系》定皇甫冉的生卒年为723—767年。723年为开元十一年,767年为大历二年。就是说,皇甫冉活了四十五岁。闻一多先生没有注明其根据。现经考查,《唐诗大系》所定的皇甫冉生年和卒年都有问题。譬如,皇甫冉有《送王相公之幽州》诗(《全唐诗》卷二五〇),即是送王缙赴幽州的[①]。据前关于皇甫曾事迹所考,及本书关于钱起、韩翃等人事迹考所载,王缙赴幽州乃在大历三年(768)七月,这已经是闻一多先生所定卒年767年的后一年了。

现存有关皇甫冉事迹的材料,最早要算是独孤及所作的《唐故左补阙安定皇甫公集序》(《毗陵集》卷十三)。序中说:"大历二年,迁左拾遗,转右补阙。奉使江表,因省家至丹阳,朝廷虚三署郎位以待君之复,不幸短命,年方五十四而没。"这里的"大历二年",系指迁左拾遗而说的,与后面奉使江表,省家丹阳而死是两件事。闻一多先生当是看到过独孤及的这篇序,但他误以大历二年连下至"不幸短命"为一个意思,就以为是大历二年卒,并又将"年五十四"

---

① 诗中"遮虏关山静,防秋鼓角雄"二句,曾为皎然《诗式》所引。

误倒为四十五,因此就得出了 723—767 年的错误结论。

独孤及的序中又说:"君母弟殿中侍御史曾字孝常,与君同禀学诗之训,君有诲诱之助焉。既而丽藻竞爽,盛名相亚,同乎声者,方之景阳、孟阳。孝常既除丧,惧遗制之坠于地也,以及与茂政前后为谏官,故衔痛编次,以论撰见托,遂著其始终以冠于篇。"据前面所考,独孤及于大历五年至九年(770—774)为舒州刺史,在大历六年(771)春所作诗中已提及皇甫曾,皇甫曾此时正因事贬为舒州司马。而大历七或八年(772—773),皇甫曾已辞舒州司马任。独孤及与皇甫曾的交游往还,只有这段时间内最为密切,他的这篇序,当是作于舒州刺史任内。云"孝常既除丧",则此时皇甫冉已死,且据此数句文意看来,当是冉死未久之时。

皇甫冉既然于大历三年秋作诗送王缙赴幽州,且此时尚在河南,还没有"奉使江表"。至于他究在何年"省家至丹阳",则限于史料,难于确考。皇甫冉有《和樊润州秋日登城楼》(《全唐诗》卷二四九)、《同樊润州游郡东山》(同上卷二五〇)等诗。这所谓樊润州,即是樊晃。《元和姓纂》卷四载:"文孙晃,兵部员外、润州刺史。"《新唐书·艺文志》丁部集录别集类著录"杜甫小集六卷",下注云:"润州刺史樊晃集。"可见樊晃曾任润州刺史。又据《宋高僧传》卷十七《唐金陵钟山元崇传》,有"大历五年刺史南阳樊公"之语。《嘉定镇江志》卷十四"唐润州刺史"条,载大历六年正月,樊晃也在润州刺史任上。樊晃,新旧《唐书》无传,史籍中也未明载其刺润州的起讫年月。但据此处所引史料,至少大历五、六年间在润州,当然也可能在此前后还仍在润州。由此,则皇甫冉秋日与樊晃同游润州城楼及东山等地,当大致不出大历四、五年之间,也就是皇甫冉奉使江表、回家省家及不幸而死的年岁。大历四、五年为公元 769、770 年，其享年五十四岁，则其生年当为 716、717 年，即开元四年或五年。由此可见，皇甫冉的生卒年只不过比杜甫晚几年，他是不应列入大历时期的诗人的。

五

独孤及《唐故左补阙安定皇甫公集序》中说皇甫冉"十岁能属文，十五岁而老成，右丞相曲江张公深所叹异，谓清颖秀拔，有江、徐之风"。"右丞相曲江张公"即张九龄，是开元时的名相，也是在当时文坛上有影响的诗人。张九龄称许少年时皇甫冉的诗作有江淹、徐陵的风格，可见皇甫冉年轻时学诗还是走南朝人讲求词藻声律的路子，这也影响了他以后的诗歌创作道路。

独孤及序中说："举进士第一，历无锡县尉。"未言登第年。姚合《极玄集》卷下皇甫冉名下则云"天宝十五载进士"。又《唐才子传》卷三小传："天宝十五年卢庚榜进士。"徐松《登科记考》卷九即据此系皇甫冉于天宝十五载进士登第名下[1]。按，《唐摭言》

---

[1] 徐松于皇甫冉名下并引有高适《皇甫冉集序》。今查其文，乃见于《唐诗纪事》卷二十七皇甫冉条，但明明言"高仲武云"，高仲武即编《中兴间气集》者。《唐诗纪事》所引与单刻本《中兴间气集》关于皇甫冉的评语文字虽颇有出入，但决非高适所作。按，徐松所引题为高适所作的《皇甫冉集序》者，又见于《全唐文》卷三五七高适名下，其中有"恨长辔未骋，而芳兰早凋"之语，是说皇甫冉已死，而高适则卒于永泰元年（765），早于皇甫冉之卒好几年，可见《全唐文》馆臣疏漏之甚。

卷十四《主司称意》条云："天宝十二载,礼部侍郎阳浚四榜,共放一百五十人。后除左丞。"此处所谓四榜,当即为连续典主天宝十二载至十五载贡举。《唐诗纪事》卷二十七刘舟与长孙铸条,都说他们系天宝十二载阳浚舍人下登第[①]。又同卷房由条又说是"天宝十三载阳浚舍人下登第"。《册府元龟》卷一六二帝王部"命使",有云:"(天宝)十四年三月,给事中裴士淹、礼部侍郎杨浚、太常少卿姚子彦往河南、河北、江淮宣慰。"而《唐语林》卷八"累为主司"条则谓:"阳涣再:天宝十二载、十五载。"据此处所引材料,则涣应作浚,因形近而讹,而其文则应作天宝十二载至天宝十五载。皇甫冉有《上礼部杨侍郎》诗(《全唐诗》卷二四九),诗中说:"末学惭邹鲁,深仁录弟兄。"皇甫冉之弟皇甫曾先于天宝十二载登第,是年知贡举者亦为阳浚,至天宝十五载皇甫冉又于阳浚下登第,故云"深仁录弟兄"。由此也可证明阳浚连主天宝十二载至十五载的贡举。

天宝十五载(756),皇甫冉为四十或四十一岁,也就是说,至天宝末年,皇甫冉已进入中年。

据独孤及所作序及《唐才子传》等书,皇甫冉于进士登第后,大约已调为无锡尉。也就是肃宗至德年间。这时安禄山军队正攻占东西二都,盘据中原,唐朝军队则在长安西北集结,与安史之军

---

① 四部丛刊本《颜鲁公文集》卷五《元次山表墓碑铭》中也说:"天宝十二载举进士,作《文编》,礼部侍郎阳浚曰:'一第污元子耳。'"此篇又见《金石萃编》卷九十八、《全唐文》卷三四四,及《新唐书》卷一四二《元结传》,文字均同。由此可见作阳浚为是。

交战。皇甫冉有《太常魏博士远出贼庭江外相逢因叙其事》(《全唐诗》卷二四九),说:"烽火惊戎塞,豺狼犯帝畿。川原无稼穑,日月翳光辉。里社枌榆毁,宫城骑吏非。群生被惨毒,杂虏耀轻肥。"反映安史之乱带给中原地区的极大破坏。诗中又说"京华长路绝,江海故人稀",当是长安尚未收复之时(长安于至德二载〔757〕十月收复),诗作于至德元载、二载间,说"江外相逢",大约即在无锡尉任上。皇甫冉又有《同温丹徒登万岁楼》诗(同上卷二五〇):"高楼独立思依依,极浦遥山含翠微。江客不堪频北顾,塞鸿何事复南飞。丹阳古渡寒烟积,瓜步空洲远树稀。闻道王师犹转战,谁能谈笑解重围?"万岁楼即在润州。从这首诗的末二句,看来也作于至德年间。安史之乱带来的大动荡,使得有些诗人不得不正视现实,写出一些反映时事的诗篇。比起皇甫曾来,皇甫冉的诗歌较有社会内容,如他还有《雨雪》诗(同上):

风沙悲久戍,雨雪更劳师。绝漠无人境,将军苦战时。山川迷向背,氛雾失旌旗。徒念天涯隔,年年芳草期。

这首诗不知其写作年月,诗中写边塞从军的劳苦,与盛唐时期一些边塞诗有相通之处。又譬如宝应、广德间(762—763)浙东袁晁农民起义,起义军最终为唐统治者所镇压。皇甫冉作为地主阶级文人,当然与其他一些诗人一样歌颂镇压起义的唐朝将领的武功[1],如《和袁郎中破贼后经剡中山水》(《全唐诗》卷二五〇)、《送袁郎

---

[1]关于袁晁起义及当时反映此次起义者,可参看本书有关刘长卿、李嘉祐诸考。

中破贼北归》(同上),但其中写道:"万里长闻随战角,十年不得掩郊扉。"还是多少反映了这个动乱的时代和残破的社会①。

大约肃宗时,皇甫冉曾往游越中,他有《奉和独孤中丞游云门寺》诗,说:"苍翠新秋色,莓苔积雨痕。"按,独孤及《唐故浙江东道节度掌书记越州剡县主簿独孤不墓志》(《毗陵集》卷十)中说:"乾元二年,从季父峻为御史中丞、都督江东军事。"又据《嘉泰会稽志》卷二,李希言于乾元元年初置浙江东道节度使时自礼部侍郎授,后即云:"独孤峻,自陈州刺史授,加御史中丞,召拜金吾卫大将军。"独孤峻之后为吕延之,而吕延之为浙江东道节度使在乾元二年六月(据《旧唐书·萧宗纪》)。由此可知,独孤峻为浙江东道节度使在乾元元年、二年间,乾元二年六月即由吕延之继任。皇甫冉奉和独孤峻的诗写于秋日,可知是在乾元元年(758)。

独孤及所作序中说:"历无锡县尉、左金吾兵曹。今相国太原公之推毂河南也,辟为书记。"②《新唐书》卷二〇二《文艺中·萧颖士传》附皇甫冉事,也说:"王缙为河南元帅,表掌书记。"按,据《旧唐书》卷十一《代宗纪》,广德二年(764)七月己酉,李光颜卒,"八月丁卯,宰臣王缙为侍中,持节都统河南、淮西、淮南、山南东道节度行营事……癸巳,王缙兼领东京留守。"(又可参见《旧唐书》卷一一八《王缙传》)皇甫冉入王缙幕,为掌书记,在洛阳,当在广

---

① 又如《全唐诗》卷八八二补遗一,载皇甫冉《田家作》诗,中云:"卧见高原烧,闲寻空谷泉。……荒村三数处,衰柳百余年。"乃写北方农村凋敝之状。
② 据独孤及此处所述,皇甫冉为左金吾兵曹系在入王缙幕之前,而《唐才子传》则谓:"大历初,王缙为河南节度,辟掌书记,后人为左金吾兵曹参军。"殆误。

德二年以及大历初。他有《河南郑少尹城南亭送郑判官还河东》诗(《全唐诗》卷二四九),其中有"泉声喧暗竹,草色引长堤;故绛青山在,新田绿树齐"之句。又有《归渡洛水》(同上卷二五〇):

> 暝色赴春愁,归人南渡头。渚烟空翠合,滩月碎光流。澧浦饶芳草,沧浪有钓舟。谁知放歌客,此意正悠悠。

这些当都是在洛中所作。高仲武《中兴间气集》(卷上)评皇甫冉诗为"巧于文字,发调新奇,远出情外",这些诗句是表现了这种特色的。他还有《巫山峡》诗(《全唐诗》卷二四九):

> 巫峡见巴东,迢迢出半空。云藏神女馆,雨到楚王宫。朝暮泉声落,寒暄树色同。清猿不可听,偏在九秋中。

这是他的传诵之作,据说刘禹锡认为是唐人咏巫峡最好的四篇诗之一,其他同题之作的三诗,其作者为王无竞,沈佺期,李端(见晚唐人范摅著《云溪友议》卷上《巫咏难》条)。而明朝人胡应麟则认为皇甫冉的一篇是其中最佳者,《诗薮》外编卷四云:"《巫山高》,唐人旧选四篇,当以皇甫冉为最。"又说:"唐人每同赋一题,必推擅场,……若……沈佺期、皇甫冉、李端、王无竞题《巫山高》四五言律,皆才格相当,足可凌跨百代,就中更杰出者,……《巫山》,皇甫尤工。"

皇甫冉在王缙幕不久,即入朝任拾遗、补阙之职,后又奉使江南,至丹阳省亲而卒,考已见前。同时与交游者,钱起有《苦雨忆皇甫冉》(《钱考功集》卷一),崔峒有《送皇甫冉往白田》(《全唐诗》卷二九四),张南史有《江北春望赠皇甫补阙》(《全唐诗》卷二九六)。皇甫冉又有《归阳羡兼送刘八长卿》(《全唐诗》卷二五〇),说:"湖上孤帆别,江南谪宦归。前程愁更远,临水泪沾衣。云梦春山遍,潇湘过客稀。武陵招我隐,岁晚闭柴扉。"诗中说刘长卿为"谪宦",又用"潇湘"、"云梦"字,当是刘长卿至德二载贬南巴尉时所作(详见本书《刘长卿事迹考辨》)。诗题说"归阳羡",诗中说"武陵招我隐,岁晚闭柴扉",这当为《唐才子传》所谓"营别墅阳羡山中"所本。

钱起考

一

钱起的生年,闻一多先生的《唐诗大系》定于公元722年,也就是唐玄宗开元十年。"文化大革命"前,游国恩先生等为高等学校文科教材编写的《中国文学史》,即本闻说[①],但他们都没有注明材料根据。有些文学史著作和唐诗选本没有记载钱起的生卒年。

722年之说颇值得怀疑。

今按,钱起有《奉和张荆州巡农晚望》一诗(四部丛刊本《钱考功集》卷二):"太清霁云雷,阳春陶物象。明牧行春令,仁风助昇长。时和俗勤业,播殖农厥壤。阴阴桑陌连,漠漠水田广。郡中忽无事,方外还独往。日暮驻归轩,湖山有佳赏。宣城传逸韵,

---

① 文学研究所编注的《唐诗选》也同样将钱起的生年定于722年,当是沿袭闻说。

千载谁此响。"这首诗中的张荆州,即是张九龄。张九龄于开元二十五年(737)四月被贬为荆州长史(见《旧唐书》卷九《玄宗纪》下)。开元二十八年(740)春省亲南归,同年五月,卒于曲江①。钱起此诗写于春日,当作于开元二十六、二十七年(738—739)之间。如果钱起生于722年,则这时只有十七八岁。以十七八岁的青年,又长途跋涉,由家乡吴兴来到湖北江陵一带,与曾任宰相、现为荆州地方长官,年逾六十的张九龄作诗唱和,是不可能的。此诗又见于《全唐诗》卷二三六,并未注明又见于他人所作。应当说,钱起作此诗时,起码是二十多岁了。这时孟浩然也一度曾在张九龄的荆州幕府,有好几首诗与张九龄相唱和②。但我们还没有发现孟浩然与钱起有酬答之作。钱起的这首诗并没有什么特色,而孟浩然这时已是享盛名的诗人,恐怕不会把钱起放在眼里。

《新唐书》卷二○三《文艺下·卢纶传》把卢纶与吉中孚、韩翃、钱起、司空曙、苗发、崔峒、耿纬、夏侯审、李端列在一起,称为"大历十才子"。实际上,钱起生活的时代要比其他九人早得多。如果他在荆州作此诗时是二十几岁的话,那末他的生年比起杜甫(712年生)来,晚不了几年。只不过从现存他的诗作看来,可以确

①《通鉴》卷二一四唐玄宗开元二十八年载张九龄卒于是年二月。徐浩《唐尚书右丞相中书令张公神道碑》(《全唐文》卷四四○)谓:"开元二十八年春,请拜扫南归。五月七日,遘疾薨于韶州曲江之私第,享年六十五。"当以徐碑为是。

②《新唐书》卷二○三《文艺下·孟浩然传》:"张九龄为荆州,辟置于府。"孟浩然有《荆门上张丞相》、《从张丞相游纪南城猎戏赠裴迪张参军》(《孟浩然集》卷一)、《陪张丞相自松滋江东泊渚宫》(同上卷二)、《和张丞相春朝对雪》(同上卷三)。

定写于开元、天宝年间的只寥寥几篇，而他的大部分作品还是写作于肃宗、代宗时期，因此说他是中唐前期的诗人，是可以的。

钱起字仲文，籍贯为吴兴，见于姚合《极玄集》卷上："字仲文，吴兴人。"关于他的籍贯是吴兴人的记载，又见于《新唐书》卷二〇三《文艺下·卢纶传》，陈振孙《直斋书录解题》卷十九诗集类上，宋谈钥《嘉泰吴兴志》（吴兴丛书本）卷十六《著姓·贤贵事实》。又《太平寰宇记》卷九十四江南东道六，湖州人物门，载钱起为长兴人；长兴即属于吴兴，因此并不矛盾。只是《旧唐书》卷一六八《钱徽传》说是吴郡人（钱徽为钱起之子），后来宋代的晁公武《郡斋读书志》卷四上别集类上也说是吴郡人。根据以上的材料，钱起为吴兴人的说法是正确的。清人钱大昕《廿二史考异》卷六十也说"当作吴兴人"。

二

钱起自开元二十六、七年荆州之游以后，大约有十余年的时间，他的行迹不可考见。天宝年间，关于他的事迹的记载，就是那以"曲终人不见，江上数峰青"著名的《湘灵鼓瑟》诗的故事。据《旧唐书》卷一六八《钱徽传》载：

> 父起，天宝十年登进士第。起能五言诗。初从乡荐，寄家江湖，尝于客舍月夜独吟，遽闻人吟于庭曰："曲终人不见，江上数峰青。"起愕然，摄衣视之，无所见矣，以为鬼怪，而志其

一十字。起就试之年,李暐所试《湘灵鼓瑟》诗题中有青字,起即以鬼谣十字为落句,暐深嘉之,称为绝唱。是岁登第,释褐秘书省校书郎。

"曲终人不见"二句,全诗见《钱考功集》卷六,题为《省试湘灵鼓瑟》,全诗为:"善鼓云和瑟,常闻帝子灵。冯夷空自舞,楚客不堪听。苦调凄金石,清音入杳冥。苍梧来怨慕,白芷动芳馨。流水传潇浦,悲风过洞庭。曲终人不见,江上数峰青。"《诗话总龟》后集卷三十一曾引《丹阳集》云:"省题诗自成一家,非他诗之比也。首韵拘于见题,则易于牵合;中联缚于法律,则易于骈对;非若游戏于烟云月露之形,可以纵横在我者也。王昌龄、钱起、孟浩然、李商隐辈,皆有诗名,至于作省题诗,则疏矣。"《丹阳集》指的是钱起的另一省题诗《巨鱼纵大壑》(也见《钱考功集》卷六)。至于《湘灵鼓瑟》一诗,虽然一向以末二句著称,但以省题诗来说,它的格调却是与众不同的,它显然受到《楚辞·九歌》的影响,极力渲染在神话色彩十分浓厚的特殊环境中的音乐之美,整篇诗的艺术风格是和谐的,表现了钱起的诗才[1]。

《旧唐书》所载钱起月夜闻鬼谣的事,当然是后人的附会,人们认为"曲终人不见,江上数峰青"的艺术意境之美,是非人工所能及的,因此虚构出这一情节。此事后又见于《诗话总龟》(卷四十八鬼神门)、《唐诗纪事》(卷三十)、《郡斋读书志》(卷四上别

---

[1]关于唐代人对此诗的评论,可参见《云溪友议》卷中《贤君鉴》条,又见《太平广记》卷一九九《唐宣宗》条。

集类上）等书。不过《诗话总龟》载主考官为李时，《唐诗纪事》所载为崔暟，《郡斋读书志》与《新唐书》同，作李暟。《诗话总龟》与《唐诗纪事》所载李时与崔暟，一个名字错，一个姓氏错，当应以李暟为正。

《旧唐书》说钱起是天宝十载登进士第的，姚合《极玄集》（卷上）也说钱起"天宝十载进士"。《唐诗纪事》《直斋书录解题》（卷十九诗集类上），以及徐松《登科记考》，都系于天宝十载。但此事尚有问题。按，《唐语林》卷八累为主司条中载："李岩三：天宝六年、七载、八载。李麟再：天宝十载、十一载。"其中缺九年的主考官。据《唐诗纪事》卷二十七贾邕条："邕，天宝九年李暟侍郎下登第。"可见天宝九载主文者为李暟。李暟，新旧《唐书》无传，其事又见《通鉴》卷二一六，天宝十载正月，"丁酉，命李林甫遥领朔方节度使，以户部侍郎李暟知留后事"[1]。李暟于天宝九载四月，尚在中书舍人、权知礼部侍郎任[2]。大约他在天宝九载下半年改户部侍郎，十载正月又为朔方节度留后，礼部侍郎一任则由李麟继任，并典天宝十载、十一载贡举。李麟有传见《旧唐书》卷一一二、《新唐书》卷一四二，都曾叙及为礼部侍郎，并权主礼部贡举，但未载何年。

从以上材料看来，凡述及钱起登进士第的，都说是主文者为李暟，不是李麟。看来李暟为钱起的座主是不会错的，则钱起登进士第的时间，应当改正旧说，为天宝九载（750），而不是十载。

---

[1]《旧唐书》卷九《玄宗纪》下，天宝九载正月亦记此事，但仅叙李林甫名，未提及李暟。

[2] 参见《全唐文》卷三十八玄宗册凉王张妃文。

钱起有《夜雨寄寇校书》诗(《钱考功集》卷五),云:"秋馆烟雨合,重城钟漏深。……此时蓬阁友,应念昔同衾。"蓬阁即喻秘书省(详见本书《王昌龄事迹考略》)。《新唐书·钱徽传》说钱起登进士第后"释褐秘书省校书郎",从他本人的诗中可以得到证明。大约进士登第后至天宝末,钱起即任秘书省校书郎之职。天宝九载登第以前,他也曾数次来过长安应试,不曾中第,如《长安落第作》(《钱考功集》卷六)有云:"故山归梦远,新岁客愁多。"但总的说来,安史之乱以前,钱起的事迹可考者甚少,这时期的诗作,虽然也已经表现了他的艺术才能,但今天留存的、可以确考其为这一时期所作的,则确实不多。

<h1 style="text-align:center">三</h1>

安禄山、史思明的军队攻占长安时,钱起不知在何地。现在可以考见的是,当至德二载(757)十月,唐朝的军队收复长安,肃宗自凤翔还京时[1],钱起在新收复的长安城。他有《观法驾自凤翔回》诗(《钱考功集》卷六),其中说:"搀抢一扫灭,阊阖九重开。海晏鲸鲵尽,天旋日月来。"表现出他对唐王朝重又振兴的喜悦。但安史之乱带来的社会大动乱,以及在这一大动乱中的现实矛盾和人民的苦难生活,在钱起的诗中却很少能得到反映。这是他的根本弱点。

---

① 《旧唐书》卷十《肃宗纪》,至德二载十月,"癸亥,上自凤翔还京"。

过了两年，即肃宗乾元二年（759），这年的春天，钱起已为京都畿县的蓝田县县尉，并且与著名诗人王维有诗篇酬答。所有过去关于钱起的传记资料，都没有记载他为蓝田尉事，其实钱起在任蓝田尉这几年的生活，是颇有可记的。

王维有《春夜竹亭赠钱少府归蓝田》诗（赵殿成《王右丞集笺注》卷二）："夜静群动息，时闻隔林犬。却忆山中时，人家涧西远。羡君明发去，采蕨轻轩冕。"钱起则有《酬王维春夜竹亭赠别》（《钱考功集》卷一）："山月随客来，主人兴不浅。今宵竹林下，谁觉花源远。惆怅曙莺啼，孤云还绝巘。"从这两首诗，可考知钱起曾为蓝田尉，至于在何时任蓝田尉，还不能确知。钱起另有《初黄绶赴蓝田县作》（《钱考功集》卷二），说："蟠木无匠伯，终年弃山樊。苦心非良知，安得入君门。忽忝英达顾，宁窥造化恩。"又说："一叨尉京甸，三省惭黎元。贤尹止趋府，仆夫俨归轩。眼中县胥色，耳里苍生言。"对于这个职务似乎并不太满意的。但这首诗本身也未提供作蓝田尉的时间。

王维另有《送钱少府还蓝田》（《王右丞集笺注》卷八）："草色日向好，桃源人去稀，手持平子赋，目送老莱衣。每候山樱发，时同海燕归。今年寒食酒，应得返柴扉。"钱起和作则有《晚归蓝田酬王维给事赠别》（《钱考功集》卷四）："卑栖却得性，每与白云归。徇禄仍怀橘，看山免采薇。暮禽先去马，新月待开扉。霄汉时回首，知音青琐闱。"据赵殿成《右丞年谱》（《王右丞集笺注》附录），乾元元年，王维因授安禄山伪官事，责授太子中允，后迁太子中庶子，中书舍人，复拜给事中。乾元二年秋后转尚书右丞。上面所引的王维、钱起赠答诗写于春日，则当作于乾元二年。就是说，肃宗乾元二年春,钱起在蓝田尉任上。至于他何时始授此职,又于何时罢职,则均不可考。当然,我们知道,至德二载(757)十月肃宗返京时钱起已在长安,则他受命为蓝田尉,很可能是乾元元年(758)的事。

高仲武《中兴间气集》卷二载钱起诗,并有评云:"员外诗体格新奇,理致清赡。越从登第,挺冠词林。文宗右丞,许以高格;右丞没后,员外为雄。"这几句评论后来为《唐才子传》所本,说"王右丞许以高格"(卷四钱起小传)。但我们今天从上面引述过的王、钱二人赠答之作以外,从王维的其他诗文中并没有见到王维有称许钱起诗作"高格"的话。钱起对于这位前辈诗人倒是很怀念的,王维死后,他有《故王维右丞堂前芍药花开凄然感怀》诗(《钱考功集》卷十):"芍药花开出旧栏,春衫掩泪再来看。主人不在花长在,更胜青松守岁寒。"王维晚年某些山水田园诗的风格对钱起是可能有影响的,《中兴间气集》的这几句评语触及了他们二人诗歌创作上的某种继承关系,不完全确切,但仍有一定见地。

钱起在蓝田尉时,尚有《蓝溪休沐寄赵八给事》、《县内水亭晨兴听讼》(以上《钱考功集》卷一)、《赠邻东鄙少府》(同上卷二)、《县城秋夕》(同上卷四)等作①。

---

①钱起另有《蓝上茆茨期王维补阙》(《钱考功集》卷四):"山中人不见,云去夕阳过。浅濑寒鱼少,丛兰秋蝶多。老年疏世事,幽性乐天和。酒熟思才子,溪头望玉珂。"据《旧唐书》卷一九〇下《文艺下·王维传》,云:"历右拾遗、监察御史、左补阙、库部郎中。居母丧,柴毁骨立,殆不胜丧。服阕,拜吏部郎中。天宝末,为给事中。"王维母卒在天宝前期。钱起诗题称王维为补阙,则诗当作于天宝时。但诗中又云"老年疏世事",天宝中期,无论王维与钱起,都不能算是老年。钱起此诗的系年不易确定,或者诗题中的"补阙"二字可能有误。

钱起在乾元年间及后数年间的交游,可记者还有毕曜与苏端。

《钱考功集》卷一《白石枕》诗,钱起自序云:"起与监察御史毕公耀交之厚矣①。顷于蓝水得片石,皎然霜明,如其德也,许为枕赠之。及琢磨成,炎暑已谢,俗曰此犹班女之扇,可退也,君子曰不然,此真毕公之佳赏也,故珍而赋之。"卷六并有《宿毕侍御宅》,中云:"交情频更好,子有古人风。晤语清霜里,平生苦节同。"这里都说毕曜此时任监察御史之职。按,杜甫有《秦州见敕目薛三璩授司议郎毕四曜除监察与二子有故远喜迁官兼述索居凡三十韵》(《钱注杜诗》卷十),杜甫在秦州,正是乾元二年秋,这年冬他又由秦州赴成都。由此可知毕曜除监察御史当在乾元二年夏秋间。杜甫对薛、毕的除官是很欣喜的,诗的一开头就说:"大雅何寥阔,斯人尚典刑。交期余潦倒,材力尔精灵。二子声同日,诸生困一经。文章开突奥,迁擢润朝廷。旧好何由展,新诗更忆听。"远在西僻秦州的杜甫,希望能听到他们有新诗传来。在这之前,在唐军刚刚收复长安时,杜甫就有诗赠毕曜,如《逼仄行赠毕曜》(《钱注杜诗》卷二),说:"逼仄何逼仄,我居巷南子巷北,可恨邻里间,十日不一见颜色。……焉能终日心拳拳,忆君诵诗神凛然。辛夷始花亦已落,况我与子非壮年。"又《赠毕四曜》(同上卷十):"才大今诗伯,家贫苦宦卑。饥寒奴仆贱,颜状老翁为。同调嗟谁惜,论文笑自知。流传江鲍体,相顾免无儿。"从杜甫的这些诗看来,毕曜在乾元二年除监察御史以前,在长安与杜甫时相过从,经济大约也不富

---

①毕曜之曜,又写作燿,此处作耀,皆为一人,详见岑仲勉《元和姓纂四校记》卷十所考。

裕,但其诗才却受到杜甫的称道。另外,孟浩然有《家园卧疾毕太祝曜见寻》(《全唐诗》卷一五九)。孟浩然卒于开元二十八年,则毕曜在开元二十八年以前就曾任太祝。古文家独孤及也有诗酬及毕曜,如《夏中酬于逖毕燿问病见赠》《客舍月下对酒醉后别毕四燿》(皆见《毗陵集》卷一)。可见毕曜与当时的一些著名文人是有广泛交游的,而以与钱起的情谊为最深。

钱起有《送毕侍御谪居》诗(《钱考功集》卷三),其中说:"崇兰香死玉簪折,志士吞声甘徇节。忠荩不为明主知,悲来莫向时人说。"卷四又有《再得毕侍御书闻巴中卧疾》。据《旧唐书》卷一八六下《酷吏传》下,当时人称毛若虚、敬羽、裴升、毕曜四人为酷吏,《酷吏传》中的《敬羽传》说:"羽与毛若虚在台五六年间,台中囚系不绝。又有裴升、毕曜同为御史,皆酷毒,人之陷刑,当时有毛、敬、裴、毕之称。"据传中称,毛若虚是上元元年(760)贬宾化死,"裴、毕寻又流黔中。羽,宝应元年贬为道州刺史。"宝应元年为762年。由此看来,则毕之贬谪当在760—762年之间。钱起《送毕侍御谪居》诗认为毕曜是冤枉的,在这首诗中又说:"自怜黄绶老婴身,妻子朝来劝隐沦。桃花洞里举家去,此别相思复几春。"则760—762年之间,即上元、宝应年间,钱起仍在蓝田县尉任上。

《钱考功集》卷五有《苏端林亭对酒喜雨》诗:"小雨飞林顶,浮凉入晚多。能知留客处,偏与好风过。濯锦翻红蕊,跳珠乱碧荷。芳樽深几许,此兴可酣歌。"苏端也是杜甫所称道的人。至德二载(757)春,杜甫困居于安史军队盘据的长安,日常的生活也发生困难,有时就得到苏端的资助。他的《雨过苏端》(《钱注杜诗》卷二)中说:"鸡鸣风雨交,久旱云亦好。杖藜入春泥,无食起我早。诸家忆所历,一饭迹便扫。苏侯得数过,欢喜每倾倒。也复可怜人,呼儿具梨枣,浊醪必在眼,尽醉撼怀抱。……"而在《苏端薛复筵简薛华醉歌》(同上卷)中又说:"文章有神交有道,端复得之名誉早。"对苏端的道义与文章都作了肯定。据钱谦益注引卜圜唐科名记,苏端当于乾元元年登进士第(参徐松《登科记考》卷十)。又据《旧唐书》卷一一九《杨绾传》,苏端官至比部郎中[1],代宗大历时,杨绾卒后,因议谥不合,被贬为广州员外司马(《新唐书》卷一四二《杨绾传》载苏端贬为巴州员外司马)。

钱起何时罢蓝田尉之职,现有的材料并未有明确的记载,但大致在代宗宝应二年春,尚任这一职务。当时与钱起并称的诗人郎士元,于宝应元年(762)为渭南尉。《新唐书·艺文志》丁部集录别集类"郎士元诗一卷"下有云:"字君胄,中山人。宝应元年选畿县官,诏试中书,补渭南尉。"郎士元有《酬王季友题半日村别业兼呈李明府》诗(《全唐诗》卷二四八):"村映寒原日已斜,烟生密竹早归鸦。长溪南路当群岫,半景东邻照数家。门通小径连芳草,马饮春泉踏浅沙。欲待主人林上月,还思潘岳县中花。"此时王季友任华阴尉[2]。据《太平寰宇记》卷二十九华州渭南县:"半日村:此

---

①《元和姓纂》卷四也载:"(苏)端,比部郎中。"
②岑参有《送王录事却归华阴》诗(《岑嘉州诗》卷三)又见《全唐诗》卷二〇〇,《全唐诗》于题下载岑参自注云:"王录事自华阴尉授虢州录事参军,旬日却复旧官。"同卷又有《送王七录事赴虢州》。《岑嘉州诗》卷一并有《潼关使院怀王七季友》。此王七录事即王七季友。岑参于代宗宝应元年(762)由虢州长史改太子中允,兼殿中侍御史,充关西节度判官,在华州。十月,雍王李适为天下兵马元帅会师陕州,岑参为掌书记(参闻一多(转下页)

村山高亏蔽,阳影常照其一半。"半日村当以此命名,其地则在渭南。另外,钱起也有《题郎士元半日吴村别业兼呈李长官》诗(《钱考功集》卷八):"半日吴村带晚霞,闲门高柳乱飞鸦。横云岭外千重树,流水声中一两家。愁人昨夜相思苦,闰月今年春意赊。自叹梅生头似雪,却怜潘令县如花。"钱起这首诗中"闰月今年春意赊"句颇可注意。查《旧唐书》卷十一《代宗纪》,宝应二年有闰正月。于此可证郎士元、钱起的诗都写于宝应二年的闰正月(王季友的同题之作今已不传),郎士元于宝应元年为渭南尉,则宝应二年闰正月郎士元仍在渭南尉任上,半日村即是他所构的别业之一。钱起诗中还有"自叹梅生头似雪"之句,用《汉书》卷六十七《梅福传》事,梅福曾做过南昌尉。由此可知,宝应二年闰正月,钱起当仍任蓝田尉。蓝田与渭南相接,不妨时相过从。诗句说"头似雪",则已入老境,至少也当在五十岁以上。从这里,也可证明本文第一节关于钱起生年的推测是正确的,即当生于710年左右。如依《唐诗大系》所说生于722年,则此时钱起只是四十二、三岁,无论如何是不能说"头似雪"的。

(接上页)《岑嘉州系年考证》)。由此可知,王季友任华阴尉(一度任虢州录事参军),在宝应元年、二年间。岑参又有《喜华阴王少府使到南池宴集》(《岑嘉州诗》卷三)、《六月十三日水亭送华阴王少府还县》(同上卷四)、《五月四日送王少府归华阴》(同上卷七),王少府也均指王季友。唐人例以少府称县尉。戎昱《苦哉行五首》(《全唐诗》卷二七〇),题下自注:"宝应中过滑州、洛阳后同王季友作。"亦可备参。

四

从上一节的叙述中，可以考知，钱起在任蓝田县尉的几年中，与其交游者，大多是一些官职不高或并无官职的文士。他这时候的一部分诗作，表现了对一些地主阶级较低阶层文人仕途失意的同情，此外，还有少数作品正面触及当时的社会矛盾，如《观村人牧山田》（《钱考功集》卷二）：

> 六府且未盈，三农争务作。贫民乏井税，瘠土皆垦凿。禾黍入寒云，茫茫半山郭。秋来积霖雨，霜降方铚获。中田聚黎甿，反景空村落。顾惭不耕者，微禄同卫鹤。遮追周任言，敢负谢生诺。

这首诗是写山田耕作的情况，当是蓝田尉时所作。从整篇诗来说，并不能代表钱起的艺术风格，但是它写了当时贫苦农民因为要缴纳租税，就不辞辛劳，开垦山上的瘠土，到秋来却并未能得温饱。诗中对劳动者表示了同情，"顾惭不耕者"二句，感情也是真实的。另外，又如《秋霖曲》（《钱考功集》卷三），写秋天霖雨成灾，"愁阴惨淡时殷雷，生灵垫溺若寒灰"。接下去的两句是："公卿红粒爨丹桂，黔首白骨封青苔。"这两句采用强烈对比的艺术手法，写出社会上富人和穷人截然不同的处境，使我们想起杜甫"朱门酒肉臭，路有冻死骨"的有名的诗句。应当说，钱起在这里是继承了杜甫的这一现实主义传统的。

可惜的是，这些诗在钱起的整个诗作中毕竟是极少数，钱起并没有由这样的创作道路走下去。随着他官位的升迁,他的作品的社会内容越来越单薄了。

上面一节曾说及宝应二年,也就是广德元年(763),那年的春日,钱起当还在蓝田尉任上。就在那年十月,发生了吐蕃军队进攻关中,并攻占了长安的事件,代宗匆忙出奔至陕州,后来由郭子仪率领唐朝的一部分军队收复长安,十二月,代宗才从陕州回到京都。长安失陷的时间虽然并不长,但这一事件充分反映了唐朝廷国力的虚弱,说明了由于当时封建统治者的昏庸和腐朽,社会矛盾不但并没有因安史之乱的平定而解决,而且实际上仍在向前发展,随时可以爆发。

据《旧唐书》卷十一《代宗纪》,广德元年十月长安失陷、代宗出奔陕州后,"从官多由南山诸谷赴行在"。钱起当时也与一些官员逃奔至终南山一带,他有《东城初陷与薛员外王补阙暝投南山佛寺》(《钱考功集》卷二)一诗记其事。他有好几首诗记述此事,如《广德初銮驾出关后登高愁望二首》(同上卷一)、《銮贺避狄岁别韩云卿》(卷四)、《寇中送张司马归洛》(卷六)等。但这些诗除了表现封建臣子对皇帝的忠心外,似乎再也没有什么思想深度。

《极玄集》(卷上)载钱起历官,说:"终尚书郎、太清宫使。"《新唐书·卢纶传》说他"终考功郎中"。《郡斋读书志》(卷四上别集类上)与《新唐书》同。清人所编《全唐文》(卷三一九)钱起小传则所载较详,说:"大历中官司勋员外郎、司封郎中,终考功郎中。"总之,钱起自蓝田尉以后,就逐步在朝中任郎官之职了①。

---

①钱起有《赴章陵酬李卿赠别》(《钱考功集》卷十)、《罢章陵令山居过中峰道者二首》(同上卷二),则又曾为章陵令。据岑仲勉《读全唐诗札记》,谓:"此非文宗之章陵,殆指章怀太子陵。"但任职的具体年月仍不详。

高仲武《中兴间气集》卷下评郎士元诗,其中说:"右丞以往,与钱更长。自丞相以下,更出作牧,二公无诗祖饯,时论鄙之。"高仲武为大历、贞元间人,时代与钱、郎接近,其言当有所据。宋晁公武《郡斋读书志》说得更明白:"时朝廷公卿出牧奉使,若两人无诗祖行,人以为愧。"这一记载说明了钱起与郎士元在代宗广德至大历年间诗歌的内容,从现存两人的诗集看来,他们呈献或赠送给达官贵人之作确实不少,也在一定程度上代表了所谓的"大历诗风"。我们不妨举几个例子。

一、据《旧唐书·代宗纪》,李勉于广德二年(764)九月以后为洪州刺史,王季友则以监察御史为李勉的副使,于邵有《送王司议季友赴洪州序》以记其事(于邵文见《全唐文》卷四二七)。此时钱起也有《送王季友赴洪州幕下作》(《钱考功集》卷一),其中说:"问我何功德,负恩留玉墀。"可见广德二年钱起已由蓝田尉入朝任职。就在那一年,钱起有《咏门上画松上元王杜三相公》诗(同上卷五)。据《新唐书》卷六十二《宰相表》,宝应元年(762)元载同中书门下平章事,五月丙寅,行中书侍郎。广德二年正月癸亥,"右散骑常侍王缙为黄门侍郎,太常卿杜鸿渐为兵部侍郎,并同中书门下平章事"。至该年八月,王缙为侍中,出为持节河南、淮南、淮西、山南东道行营节度使。就是说,广德二年正月至八月,元载、王缙、杜鸿渐同在长安为相,钱起的诗当作于这一时期之中,是在一首诗中同时献给这三个宰相的。他又有《题樊川杜相公别业》(《钱考功集》卷五),称杜鸿渐为"贤相"("数亩园林好,人知贤相家")。又有《奉和杜相公移长兴宅奉呈元相公》(同上卷七),说:"道高仍济代,恩重岂投簪。报国谁知己,推贤共作霖。兴来文雅振,清韵掷双金。"其实我们只要翻检一下唐代的有关史籍,就可知道,这三人并非是什么"贤相",元载贪赂擅权,后来被杀,王缙和杜鸿渐都是庸俗圆滑的大官僚。钱起却将此三人推崇备至。早在乾元二年(759),钱起就在《送元中丞江淮转运》诗(《钱考功集》卷五)中称颂元载:"薄税归天府,轻徭赖使臣。"[1] 而据《通鉴》卷二二二宝应元年所载:"租庸使元载以江淮虽经兵荒,其民比诸道犹有赀产,乃按籍举八年租调之违负及逋逃者,计其大数而征之;择豪吏为县令而督之,不问负之有无,赀之高下,察民有粟帛者发徒围之,籍其所有而中分之,甚者什取八九,谓之白著。有不服者,严刑以威之。民有蓄谷十斛者,则重足以待命,或相聚山泽为群盗,州县不能制。"《通鉴》的这条材料足以说明钱起诗中称颂元载的功绩,所谓"薄税"、"轻徭"云云,与现实的真实相去有多么远。

二、郎士元有《奉和杜相公益昌路作》(《全唐诗》卷二四八):"春半梁山正落花,台衡受律向天涯。南去猿声傍双节,西来江色绕千家。风吹画角孤城晓,林映蛾眉片月斜。已见庙谟能喻蜀,新文更喜报京华。"钱起也有《赋得青城山歌送杨杜二郎中赴蜀军》诗(《钱考功集》卷三):"……星台二妙逐王师,阮瑀军书王粲诗。日落猿声连玉笛,晴来山翠傍旌旗。绿萝春月营门近,知君对酒遥相思。"郎、钱二诗写的都是同一件事,这就是大历元年(766)杜鸿渐为山南西道、剑南西川节度使,赴成都平定蜀中战乱事,郎诗

---

[1] 元载为江淮载运使,《旧唐书》卷一一八《元载传》等皆未明载年月,只说是肃宗时。独晚唐时人所著的《大唐传载》记:"乾元二年,御史中丞元载为江淮五道租庸使,高户定数征钱,谓之白著榷酤。"

是送杜鸿渐,钱诗是送杜幕府中的杨、杜二郎中。两首诗都是写得颇有风韵的,而事件的实际情况则是:

> 崔旰杀郭英乂据成都,邛州牙将柏贞节、泸州牙将杨子琳、剑州牙将李昌夔以兵讨旰,蜀、剑大乱。命鸿渐以宰相兼成都尹、山南西道剑南东川副元帅、剑南西川节度副大使往镇抚之。鸿渐性畏怯,无它远略,而晚节溺浮图道,畏杀戮。及逾剑门,惩艾张献诚败,且惮旰雄武,先许以不死。既见,礼遇之,不敢加谯责,反委以政,日与从事杜亚、杨炎纵酒高会,因荐旰为成都尹,而授贞节邛州刺史,子琳泸州刺史,各罢兵。
> (《新唐书》卷一二六《杜鸿渐传》)

郎、钱二诗所写,与杜鸿渐的实际所为,又相去多远。

这里可以附带考一下钱起诗题中"送杨杜二郎中赴蜀军"的杨、杜为谁的问题。因为岑参诗中也提到他们二人,他有《入剑门作寄杜杨二郎中时二公并为杜元帅判官》诗(四部丛刊本《岑嘉州诗》卷三),闻一多先生的《岑嘉州系年考证》没有考出杜、杨二人。现据《新唐书·杜鸿渐传》,可知为杨炎和杜亚。杨炎后为宰相,创立两税法,但《旧唐书》卷一一八、《新唐书》卷一四五的《杨炎传》都未载为杜鸿渐判官随从入蜀事,以前出版的有关研究刘晏、杨炎的著作及年谱,也从未提及。《旧唐书》卷一四六《杜亚传》载:"永泰末,剑南叛乱,鸿渐以宰相出领山、剑副元帅,以亚及杨炎并为判官。使还,授吏部郎中、谏议大夫;炎为礼部郎中、知制诰、中书舍人。"(《新唐书》卷一七二《杜亚传》也载:"鸿渐为山南、剑南副元帅,亚与杨炎并为判官。"但不及《旧唐书》详细。)此外,独孤及也有《送吏部杜郎中兵部杨郎中入蜀序》(《毗陵集》卷十五)。可见这时杨炎任兵部郎中之职。以上这些材料,可以补正过去有关杨炎传记及年谱的缺失,有助于对杨炎事迹的研究。本文因系考钱起事迹,因此对杨炎本年前后的官职迁转,只能顺便带及,不作深考。

此外,钱起于大历元年(766)有送刘晏赴江淮转运诗:《奉送刘相公江淮催转运》(《钱考功集》卷六)①。大历三年(768)有送王缙赴幽州诗:《送王相公赴范阳》(《钱考功集》卷七)。李肇《国史补》(卷上)曾载当时文士在钱送一些达官贵人的宴集上赋诗取胜的情况,说:"送王相公之镇幽朔,韩翃擅场。送刘相公之巡江淮,钱起擅场。"钱起在送刘晏的诗中称"国用资戎事,臣劳为主忧。"对于著名理财家刘晏说来,还算是恰当的。而在送王缙诗中称王缙"安危皆报国,文武不缘名。……料敌知无战,安边自有征",则是近于谀词了。当时的情况是,大历三年六月,幽州节度使李怀仙为其部将朱希彩所杀,朱希彩自称留后,这是安史之乱以后藩镇擅权常有的情况,节镇拥兵自立,迫使朝廷加以承认。当时唐朝廷就任命王缙以宰臣充河南副元帅兼幽州节度使,想以此来显示中央

① 《新唐书》卷六十二《宰相表》,广德元年(763),"正月癸未,京兆尹刘晏为吏部尚书、同中书门下平章事"。因此钱起诗题中称"刘相公"。又《旧唐书》卷十一《代宗纪》,大历元年正月"丙戌,以户部尚书刘晏充东都京畿、河南、淮南、江南东西道、湖南、荆南、山南东道转运、常平、铸钱、盐铁等使,以户部侍郎第五琦充京畿、关内、河东、剑南西道转运、常平、铸钱、盐铁等使。至是天下财赋,始分理焉。"钱起诗中有"落叶淮边雨,孤山海上秋。"可能刘晏授命为大历元年正月,而成行则在秋日。

的权力。但王缙本来就是一无作为的圆滑官僚,他到达幽州,朱希彩以盛兵严备接待他,表面上很恭顺,实际上以兵力相威胁,"缙度终不可制,劳军,旬余日而还。"(见《通鉴》卷二二四大历三年,又参见《旧唐书》卷十一《代宗纪》,卷一一八《王缙传》)当时送王缙的,还有皇甫冉(《送王相公之幽州》,《全唐诗》卷二五〇),皇甫曾(《送王相公赴幽州》,《全唐诗》卷二一〇),韩翃(《奉送王相公缙赴幽州巡边》,《全唐诗》卷二四五)等。诸人的诗都是称颂之词,以擅场之作韩翃的诗来说,虽然其中有可以吟诵的句子,如"双旌过易水,千骑入幽州;塞草连天暮,边风动地秋",但以此来赞颂王缙的幽州之行,是与当时的实际情形不符的。这是大历十才子诗人一个带根本性的普遍弱点。

五

闻一多先生《唐诗大系》系钱起的卒年为780(?)。780年即德宗建中元年,代宗于前一年即大历十四年死去。《唐诗大系》于780年后打一问号,盖表示其卒年无法确定,当大致在这年前后。从现有的材料看来,《唐诗大系》关于钱起卒年的这一记载还是较为审慎的。

根据钱起本人的诗作,可以考知其时间的,如《送陆贽擢第还苏州》诗(《钱考功集》卷五),作于大历八年(773),见《唐诗纪事》卷三十二陆贽条:"大历八年试《禁中春松》云……"又据《郡斋读书志》卷四上别集类"陆贽奏议十二卷":"贽,嘉兴人,大历八年进士。"《钱考功集》卷四有《贞懿皇后挽词》,据《旧唐书》卷五十二《代宗贞懿皇后传》,贞懿皇后卒于大历十年五月。钱起诗中有"晓月孤秋殿,寒山出寂台",则当作于大历十年秋。《钱考功集》卷六有《送鲍中丞赴太原军营》,乃送鲍防者。《旧唐书》卷十一《代宗纪》,大历十一年十二月,鲍防为河东节度留后[①];《代宗纪》于大历十二年三月癸亥,又称鲍防为太原尹、御史大夫,充北都留守,河东节度使。钱起诗称中丞,则当在此之前,可能即作于大历十一年(776)。《钱考功集》卷八又有《送严维尉河南》。严维为河南尉大约在大历十二、三年间(详见本书《刘长卿事迹考辨》文)。在此之后,就未见有记载他行迹的诗篇了。因此,他有可能即卒于大历末或建中初,公元780年前后,大致近是。

钱起与当时诗人多有交往。其交游可考者,除前面提到过的,还有:

戴叔伦有《送别钱起》(《全唐诗》卷二七三):"阳关多古调,无奈醉中闻。归梦吴山远,离情楚水分。孤舟经暮雨,征路入秋云。后夜同明月,山窗定忆君。"戴叔伦大历四年(769)在荆南转运,此诗云"离情楚水分",不知是否为这一时期所作。

韩翃有《褚主簿宅会毕庶子钱员外郎使君》诗(《全唐诗》卷二四三):"开瓮腊酒熟,主人心赏同。斜阳疏竹上,残雪乱天中。更喜宣城印,朝廷与谢公。"郎使君即郎士元,郎士元于大历中为郑州刺史。钱起与韩翃都有寄赠之作,钱起之作为《寄郓州郎士

---

① 《旧唐书》此处原文有脱误,钱大昕《廿二史考异》卷五十七对此有订正,中华书局校点本《旧唐书》曾引及。

元使君》(《钱考功集》卷四),韩翃有《送郧州郎使君》(《全唐诗》卷二四四)。

卢纶有《将赴阌乡灞上留别钱起员外》(《全唐诗》卷二七六),为卢纶任阌乡尉时所作,时间较早。又有《客舍苦雨即事寄钱起郎士元二员外》(《全唐诗》卷二七八),此时郎士元尚未出为郧州刺史。卢纶又有《同钱郎中晚春过慈恩寺》(《全唐诗》卷二七九),诗中说"惜花将爱寺,俱是白头人",当是钱起年老时为考功郎中,卢纶与他同游长安慈恩寺所作。

长期居住于会稽的隐逸诗人秦系①,也有诗寄赠钱起:《山中奉寄钱起员外兼简苗发员外》(《全唐诗》卷二六〇),赞颂钱起的诗说:"高吟丽句惊巢鹤,闲闭春风看落花。"

刘湾有《对雨愁闷寄钱大郎中》(《全唐诗》卷一九六):"积雨细纷纷,饥寒命不分。揽衣愁见肘,窥镜觅从文。九陌成泥海,千山尽湿云。龙钟驱款段,到处倍思君。"刘湾的诗今存者不多,编于《全唐诗》者仅六首,但他的诗在当时颇可注意。他的《云南曲》诗抨击唐玄宗用兵云南,同情人民的痛苦,说:"妻行求死夫,父行求死子,苍天满愁云,白骨积空垒。"可与杜甫的《兵车行》相参看。他的《出塞曲》写当时军队中的阶级差别:"一朝随召募,百战争王公。去年桑干北,今年桑干东。死是征人死,功是将军功。"这样的诗在天宝年间是富有现实性的。他与元结是故交。代宗永泰元年乙巳(765),元结在湖南遇见他,特地写了《刘侍御月夜宴会》诗(《元次山集》卷三),他在诗前自序中说:"文章道丧盖久矣,

---

① 秦系事迹可参见本书《刘长卿事迹考辨》一文。

时之作者,烦杂过多,歌儿舞女,且相喜爱,系之风雅,谁道是耶?诸公尝欲变时俗之淫靡,为后生之规范……"刘湾字灵源,彭城人,此时以侍御史居衡阳,因而与元结相游处(参见《唐诗纪事》卷二十五刘湾条)。元结在诗前自序中所发的这通议论,显然认为刘湾与他是同道,有相同的文学主张。这样的诗人,在寄与钱起的诗中说"到处倍思君",是有助于我们对钱起的研究的。

另外,钱起有《寄袁州李嘉祐员外》诗(《钱考功集》卷六),李嘉祐大历年间为袁州刺史。但现存李嘉祐诗无言及钱起者。

六

《新唐书·艺文志》著录"钱起诗一卷"。《郡斋读书志》卷四上别集类上著录其诗为二卷。《直斋书录解题》卷十九诗集类上著录则为《钱考功集》十卷,并说"蜀本作前后集十三卷"。这个十卷本即为元明以后留传的本子。清朝编《四库全书》时,即以内府所藏本编入,为《钱考功集》十卷。四部丛刊影印明活字本《钱考功集》十卷,当就是这个本子①。但其中有他人所作而误编入钱起

①余嘉锡《四库提要辨证》卷二十叙及钱起集的版本流传,可供参考,其文云:"案起集除《唐志》、《读书志》著录外,《崇文总目》(卷六十一)、《通志·艺文略》均作一卷,《宋史·艺文志》作十二卷,惟《直斋书录解题》(卷十九)作十卷,且云'蜀本作前后集十三卷'。《苕溪渔隐丛话》后集卷十七引《夷白堂小集》(宋鲍慎由撰,慎由元祐六年进士,见《书录解题》卷十七)云:'钱起考功诗,世所藏本皆不同,宋次道旧有五卷,王仲至续为八卷,号为最完,然如牛羊上山小,烟火隔云深,鸟道隔疏雨,人家恋夕阳,(转下页)

下

诗的,关于此点,宋人葛立方在《韵语阳秋》(卷二)中就曾指出:

> 钱起集,前八卷,后五卷。鲍钦止谓昭宗时有中书舍人钱珝,亦起之诸孙,今起集中恐亦有珝所作者。余初未知其所据也,比见前集中有《同程七早入中书》一篇云:"不意云霄能自致,空惊鹓鹭忽相随。腊雪新晴柏子殿,春风欲上万年枝。"《和王员外晴雪早朝》云:"紫微晴雪带恩光,绕仗偏随鹓鹭行。长信月留宁避晓,宜春花满不飞香。"二诗皆珝所作无疑,盖起未尝入中书也。集中又有《登彭祖楼》一诗,而薛能集亦载,则知所编甚驳也。

按,葛立方所指出的二诗即见于四部丛刊本的《钱考功集》卷八,一题为《同程九早入中书》,字句稍有不同,一题为《和晴雪早朝》,而无"和王员外"四字,诗句文字相同。

此外,《钱考功集》卷九尚有整整一卷的《江行无题一百首》,这一百首的五言绝句,前人曾指出也为钱起后人钱珝所作(见《全唐诗》卷七一二引《唐音统签》),但是仍有些研究者把它们作为钱起的作品。如马茂元先生《唐诗选》,未收钱起的其他诗作,仅选

(接上页)穷通恋明主,耕桑亦近郊,长乐钟声花外尽,龙池柳色雨中深,此等句皆当时相传为警绝,而八卷无之,知其所遗多矣。'鲍慎由所举诸联,乃《中兴间气集》所盛称者,今十卷中皆有之,当为最完之本。尝试论之,钱起诗集在两宋时当有四本,二卷者盖即一卷本所分,五卷、八卷者各为一本,此三本皆不传,十卷之本既为慎由所未见,盖其出最后,当为南宋人所重编,陈振孙言蜀本作十三卷,而不言文字有异,当即一本,编次不同耳。《宋志》作十二卷,显系传写之误,《提要》谓后人分二卷为十卷,未必然也。"

《江行无题》中的两首。因此这个问题还有重提的必要。

从《江行无题》诗的本身来看，这一组诗是写作者因贬谪，由中朝官而为地方郡守，如说："自念平生意，曾期一郡符。可知因谪宦，斑鬓入江湖。""憔悴异灵均，非谗作逐臣。如逢渔父问，未是独醒人。"但考查钱起一生的事迹，却从未受到过贬谪，更没有做过地方长官。据《新唐书》卷一七七《钱徽传》："子可复、方义。可复死郑注时。方义终太子宾客，子珝，字瑞文，善文辞，宰相王抟荐知制诰，进中书舍人。抟得罪，珝贬抚州司马。"又据《旧唐书》卷二十上《昭宗纪》，光化三年（900）六月，"戊辰，特进、司空、门下侍郎、平章事、监修国史王抟贬崖州司户，寻赐死于蓝田驿，枢密使宋道弼、景务修并赐死。为崔胤所诬，言三人中外相结也。"这是当时的一个大狱，其事可详参《新唐书》卷一一六《王缀传》。唐王朝到这时已极端腐朽，朝臣相互倾轧，又互相勾结握有兵权的方镇，王抟就是当时封建统治集团内部斗争的一个牺牲者。钱珝既然曾为王抟所荐，当然也受累贬官。他有《舟中录序》（《文苑英华》卷七〇七），其中说：

> 乙卯岁冬十一月，余以尚书郎得掌诰命。庚申岁夏六月以舍人获谴，佐抚州，驰暑道病。秋八月，自襄阳浮而下，舟行无役，因解束书，视所为辞薮，剪剪冗碎，可存者得五百四十篇，丞相表奏百篇，区别编联为二十卷。

《新唐书·艺文志》丁部集录别集类著录"钱珝《舟中录》二十卷"。今其书已佚，但其《江行无题一百首》却传存下来。从

诗中所描写的路线与时节来看,完全与钱珝被贬的事迹及《舟中录序》所说的吻合,如:

> 今日秋风至,萧疏过沔南。
> 叶舟维夏口。
> 晚泊武昌岸。
> 咫尺愁风雨,匡庐不可登。
> 浔阳江畔菊,应似古来秋。
> 湖口分江水,东流独有情。

叙述长江的水程,只到九江为止,这与钱珝为抚州司马的路线正合。因此,完全可以断定这《江行无题一百首》乃是钱珝所作,而不是钱起所作。钱徽为钱起之子,珝则为起之曾孙(《全唐诗》钱珝小传说珝为徽之子,误,珝应系方义之子,方义又为徽的次子)①。

当然,从诗的本身来看,应当说,这一组诗是写得有特色的,用五言绝句这一短小的形式,联结起来,反映长江中下游两岸的景色,以及唐末经过长期战乱以后农村的萧条和破败,都写得相当逼真,如:

> 兵火有余烬,贫村才数家。无人争晓渡,残月下寒沙。

---

① 文学研究所编注的《唐诗选》,也说钱珝为钱起的孙子,当是未经检核有关史料(其实《新唐书·钱徽传》所载甚明),而沿袭《全唐诗》小传之误。

黔日多乔木，维舟取束薪。静听江叟语，俱是厌兵人。
月下江流静，村荒人语稀。鹭鸶虽有伴，仍共影双飞。

诗中有时也写出农民收获的喜悦，劳动者对远客殷勤招待的纯朴感情，如：

万木已清霜，江边村事忙。故溪黄稻熟，一夜瓮中香。
细竹渔家路，晴阳看结罾。喜来邀客坐，分与折腰菱。

这些描写虽然仍带有封建地主文人的感情色彩，但还是可以使人看到当时长江两岸的一些生活情景，有一定的时代气息，是唐末时期应当肯定的较好的诗篇。

［附记］

姚合《极玄集》卷上载钱起仕履，说是"终尚书郎、太清宫使"。后人因此也以太清宫使称他的，如宋人诗话《诗史》谓"唐太清宫使、翰林学士钱起多作佳篇"云云。而按之于唐代官制，钱起是否曾为太清宫使，是颇可疑的。唐代太清宫使之称一般是宰相兼的，如《新唐书》卷四十六《百官志》一，谓："宰相事无不统，故不以一职名官，自开元以后，常以领他职；实欲重其事，而反轻宰相之体。故时方用兵，则为节度使；时崇儒学，则为大学士；时急财用，则为盐铁转运使，又其甚则为延资库使。至于国史、太清宫之类，其名颇多，皆不足取法,故不著其详。"这里说得很清楚,宰相时有兼职,如节度使、大学士、盐铁转运使等,而修国史及大清宫使也是宰相所带的名号。北宋时宋敏求的《春明退朝录》曾说:"唐制,宰相四人,首相为太清宫使,次三相皆带馆职:弘文馆大学士、监修国史、集贤殿大学士,以此为次序。"(卷上)《春明退朝录》这里更明确地说,只有首相才能带太清宫使。宋敏求藏书甚富,于唐史号称精熟,他的这段话可以和《新唐书·百官志》相印证。而我们知道,钱起的官位最高不过是考功郎中,就是说,只是尚书省的一个郎官,是不可能为太清宫使的。《极玄集》所载当误。

关于《柳氏传》与《本事诗》所载韩翃事迹考实

一

韩翃,《旧唐书》无传,《新唐书》见卷二〇三《文艺传下·卢纶传》附,云:

> 翃字君平,南阳人。侯希逸表佐淄青幕府,府罢,十年不出。李勉在宣武,复辟之。俄以驾部郎中知制诰。时有两韩翃,其一为刺史,宰相请孰与,德宗曰:"与诗人韩翃。"终中书舍人。

《新唐书》以后,如《唐诗纪事》(卷三十),《郡斋读书志》(卷八上别集类)、《直斋书录解题》(卷十九诗集类上)等,所载都与此相同。再以后,就是元辛文房的《唐才子传》(卷四),较《新唐书》稍详一些,今录于下:

翃字君平,南阳人。天宝十三载杨纮榜进士。侯希逸素重其才,至是表佐淄青幕府。罢,闲居十年。及李勉在宣武,复辟之。德宗时,制诰阙人,中书两进除目,御笔不点,再请之,批曰:"与韩翃。"时有同姓名者为江淮刺史,宰相请孰与,上复批曰:"春城无处不飞花韩翃也。"俄以驾部郎中知制诰。终中书舍人。翃工诗,兴致繁富,如芙蓉出水,一篇一咏,朝士珍之。比讽深于文房,筋节成于茂政,当时盛称焉。有诗集五卷,行于世。

　　此处"翃工诗"以下评诗部分取材于唐高仲武《中兴间气集》(卷上),事迹部分较《新唐书》为详,但却有不确切之处,如在天宝十三载进士登第后,就说"侯希逸素重其才,至是表佐淄青幕府",似乎韩翃于登第后即被侯希逸辟佐淄青幕府,而实际上侯希逸于肃宗宝应元年(公元762)五月始为淄青节度使(说详下),这时距天宝十三载(公元754),尚有八、九年的时间,怎么能说"至是表佐淄青幕府"呢?

　　无论《新唐书》与《唐才子传》,它们所记韩翃的事,都有所本,这就是唐许尧佐的《柳氏传》和孟棨的《本事诗》,也可以说,后世所有有关韩翃事迹的记述,包括现在的一些文学史著作与唐诗选本,都莫不出此二书。但《柳氏传》向来属传奇小说;《本事诗》,如《四库全书总目》(卷一九五集部诗文评类)所说,也有传写脱误及失实之处,只不过因为记载一些唐代诗人的轶事,而为"谈艺者所不废"。就是说,《柳氏传》既为传奇,《本事诗》也多得之传闻,那么,它们所载韩翃的事迹是否可靠,是否可以作为今天研究韩翃及其诗作的依据？本文即拟根据有关的历史记载以及韩翃本人的诗文，就《柳氏传》与《本事诗》所载，加以考核，其间并对韩翃的事迹作若干补充，又连带评论他的一些作品。

二

为便于进行比较研究，拟大致钞录《柳氏传》与《本事诗》的原文如下。

《柳氏传》先说"天宝中，昌黎韩翃有诗名，性颇落托，羁滞贫甚"。这里作韩翃，实际即是指韩翃；昌黎，也是唐人好称郡望的习俗，如称韩愈为昌黎韩愈一样，是不可靠的，与韩翃为南阳人并不矛盾。《柳氏传》于这之后，即写韩翃与一李生友善，此李生者乃富家子，"负气爱才"，因看重韩翃，就将家中的歌姬柳氏送与韩翃。以下即展开故事情节：

> 天宝末，盗覆二京，士女奔骇。柳氏以艳独异，且惧不免，乃剪发毁形，寄迹法灵寺。是时侯希逸自平卢节度淄青，因借翃名，请为书记。洎宣皇帝以神武返正，翃乃遣使间行求柳氏，以练囊盛麸金，题之曰："章台柳，章台柳，昔日青青今在否？纵使长条似旧垂，亦应攀折他人手。"柳氏捧金呜咽，左右悽悯，答之曰："杨柳枝，芳菲节，所恨年年赠离别。一叶随风忽报秋，纵使君来岂堪折！"
>
> 无何，有蕃将沙吒利者，初立功，窃知柳氏之色，劫以归

第，宠之专房。及希逸除左仆射，入觐，翊得从行。至京师，已失柳氏所止，叹想不已。偶于龙首冈见苍头以驳牛驾辎軿，从两女奴。翊偶随之。自车中问曰："得非韩员外乎？某乃柳氏也。"使女奴窃言失身沙咤利，阻同车者，请诘旦幸相待于道政里门。及期而往，以轻素结玉合，实以香膏，自车中授之，曰："当遂永诀，愿置诚念。"乃回车，以手挥之，轻袖摇摇，香车辚辚，目断意迷，失于惊尘。翊大不胜情。

会淄青诸将合乐酒楼，使人请翊。翊强应之，然意色皆丧，音韵悽咽。有虞侯许俊者，以材力自负，抚剑言曰："必有故。愿一效用。"翊不得已，具以告之。俊曰："请足下数字，当立致之。"乃衣缦胡，佩双鞬，从一骑，径造沙咤利之第。候其出行里余，乃被衽执辔，犯关排闼，急趋而呼曰："将军中恶，使召夫人！"仆侍辟易，无敢仰视。遂升堂，出翊札示柳氏，挟之跨鞍马，逸尘断鞅，倏忽乃至，引裾而前曰："幸不辱命。"四座惊叹。柳氏与翊执手涕泣，相与罢酒。是时沙咤利恩宠殊等，翊、俊惧祸，乃诣希逸。希逸大惊曰："吾平生所为事，俊乃能尔乎？"遂献状曰："检校尚书金部员外郎兼御史韩翊，久列参佐，累彰勋效。顷从乡赋，有妾柳氏，阻绝凶寇，依止名尼。今文明抚运，遐迩率化。将军沙咤利凶恣挠法，凭恃微功，驱有志之妾，干无为之政。臣部将兼御史中丞许俊，族本幽蓟，雄心勇决，却夺柳氏，归于韩翊。义切中抱，虽昭感激之诚；事不先闻，固乏训齐之令。"寻有诏，柳氏宜还韩翊，沙咤利赐钱二百万。柳氏归翊。翊后累迁至中书舍人。（据《太平广记》卷四八五杂传记类）

文末还有作者的一些评论，比起前面叙事的色泽绚丽、兴会淋漓来，逊色多了，此处就省略不录。

另外，《本事诗》情感第一有云：

　　韩翃少负才名，天宝末举进士，孤贞静默，所与游皆当时名士，然而荜门圭窦，室唯四壁。（以下叙李将者赠柳氏事，略）……后数年，淄青节度侯希逸奏为从事。以世方扰，不敢以柳自随，置之都下，期至而迎之。连三岁不果迎，因以良金置练囊中寄之，题诗曰："章台柳，章台柳，往日依依今在否？纵使长条似旧垂，亦应攀折他人手。"柳复书答诗曰："杨柳枝，芳菲节，可恨年年赠离别。一叶随风忽报秋，纵使君来岂堪折。"

　　柳以色显独居，恐不自免，乃欲落发为尼，居佛寺。后翃随侯希逸入朝，寻访不得，已为立功蕃将沙吒利所劫，宠之专房。翃怅然不能割，会入中书，至子城东南角，逢犊车，缓随之。车中问曰："得非青州韩员外耶？"曰："是。"遂披帘曰："某柳氏也。失身沙吒利，无从自脱。明日尚此路还，愿更一来取别。"韩深感之，明日如期而往。犊车寻至，车中投一红巾包小合子，实以香膏，呜咽言曰："终身永诀。"车如电逝。韩不胜情，为之雪涕。

　　是日，临淄大校置酒于都市酒楼邀韩，韩赴之，怅然不乐。座人曰："韩员外风流谈笑，未尝不适，今日何惨然耶？"韩具话之。有虞候将许俊，年少被酒，起曰："寮尝以义烈自许，愿得员外手笔数字，当立置之。"座人皆激赞，韩不得已与之。俊乃急装，乘一马、牵一马而驰，径趋沙吒利之第。会吒利已出，即以入曰："将军坠马且不救，遣取柳夫人。"柳惊出，即以韩札示之，挟上马，绝驰而去。座未罢，即以柳氏授韩曰："幸不辱命。"一座惊叹。时吒利初立功，代宗方优藉，大惧祸作，阖座同见希逸，白其故。希逸扼腕奋髯曰："此我往日所为也，而俊复能之。"立修表上闻，深罪沙吒利。代宗称叹良久，御批曰："沙吒利宜赐绢二千匹，柳氏却归韩翃。"

后事罢，闲居将十年。李相勉镇夷门，又署为幕吏。时韩已迟暮，同职皆新进后生，不能知韩，举目为恶诗，韩邑邑殊不得意，多辞疾在家。唯末职韦巡官者，亦知名士，与韩独善。一日，夜将半，韦扣门急，韩出见之，贺曰："员外除驾部郎中、知制诰。"韩大愕然曰："必无此事，定误矣。"韦就座曰："留邸状报制诰阙人，中书两进名，御笔不点出，又请之，且求圣旨所与，德宗批曰：'与韩翃。'时有与翃同姓名者，为江淮刺史。又具二人同进。御笔复批曰：'春城无处不飞花，寒食东风御柳斜。日暮汉宫传蜡烛，轻烟散入五侯家。'又批曰：'与此韩翃。'"韦又贺曰："此非员外诗也？"韩曰："是也，是知不误矣。"质明，而李与僚属皆至。时建中初也。

自韩复为汴职以下，开成中，余罢梧州，有大梁夙将赵唯为岭外刺史，年将九十矣，耳目不衰，过梧州，言大梁往事，述之可听，云此皆目击之，故因录于此也。（据汲古阁津逮秘书本）

今按，许尧佐为许康佐之弟，康佐有传，见《旧唐书》卷一八九《儒学传》下，《新唐书》卷二〇〇《儒学传》下。《新唐书》本传说许康佐于德宗贞元中（公元785—805）举进士、宏辞，文宗时（公元 827—840）曾为兵部侍郎、礼部尚书。许尧佐则附见于许康佐传后，《新唐书》说："诸弟皆擢进士第，而尧佐最先进，又举宏辞，为太子校书郎。八年，康佐继之。尧佐位谏议大夫。"① 而《本事诗》的作者孟棨，自称于开成中罢梧州守时听到大梁凤将赵唯讲述韩翃的事，开成即为文宗的年号，公元 836—840 年。这就是说，许尧佐与孟棨当是同时的人，可能许尧佐稍在前，他于德宗贞元中即已入仕，而孟棨之写成《本事诗》则要在僖宗光启二年，即公元 886 年，见《本事诗》自序。

《柳氏传》与《本事诗》所载韩翃事，各有所侧重。《柳氏传》主要描写韩翃与柳氏的悲欢离合，情节曲折，文词华丽，生活气息浓厚，为唐人传奇的代表作之一。《本事诗》则较写实，尤其是任李勉汴州幕以后，是记载韩翃后期生活的第一手材料。这两篇文章可以互相补充。至于两文中所写的蕃将沙吒利，则不见于史传。这个蕃将也不知是哪一个少数民族的。但从当时的情况看来，很可能是回纥。唐朝廷之平定安史之乱，其军事上很大一部分是借助于回纥的军队，而回纥的军队自进入中原一带以后，烧杀抢劫，加深了人民的痛苦。这在历史上不乏记载。《通鉴》于代宗广德元年（公元 763）闰正月，即刚刚平定了安史之乱以后，就载：

① 又许尧佐有文六篇，见《全唐文》卷六三三，为：《五经阁赋》、《清济贯浊河赋》、《埙篪相须赋》、《日载中赋》、《庐山东林寺律大德熙怡大师碑铭》、《粲律师碑铭》，无《柳氏传》。另外，宋陈思《宝刻丛编》卷十五江州有《唐东林寺律大德粲公碑》，引《复斋碑录》云："唐吉州司户许尧佐撰，吴郡陆蔚之书并篆额，元和八年端午建，武宗时废，大中八年七月再立。"许尧佐任吉州司户为新旧《唐书》所未载，或即在元和八年，《新唐书》所说的谏议大夫当在此以后。

闰月己酉夜,有回纥十五人犯含光门,突入鸿胪寺,门司不敢遏。……

回纥登里可汗归国,其部众所过抄掠,廪给小不如意,辄杀人,无所忌惮。陈郑、泽潞节度使李抱玉欲遣官属置顿,人人辞惮。

这种情况正发生于韩翃在侯希逸淄青节度使幕府任职之时。韩翃与柳氏的离合遭遇,不一定实有其事,但回纥上层将领的专横跋扈,以及唐朝统治者的懦弱与对他们的放纵,不仅给人民带来灾难,即使对统治阶层的某些人也会带来不幸,这种情况在当时一定是不少见的。这也就是韩、柳的遭遇在中唐以后之所以受到注意,以致许尧佐、孟棨等不约而同地加以描写的社会原因,因为他们的作品从一个侧面反映了这个社会的动乱与不安,以及因此而造成的人们的不幸,这种不幸甚至在统治阶级的中下层,在社会的大动乱中,也往往是难以避免的。这就使得《柳氏传》虽以团圆结局,却仍带有浓厚的悲剧气氛与色彩,联系中唐以后接连不断的战乱来看,也就自然可以理解的了。

三

以下拟就《柳氏传》与《本事诗》的记载,分几个问题加以论述。第一,韩翃是否曾在侯希逸的淄青节度使幕中任过职?第二,所谓"事罢,闲居将十年"的情况如何?第三,所谓"李相勉镇夷门,又署为幕吏"的前后经过。

由于史料缺乏,我们还未能考知韩翃生于何年,他的早期生活情况,也所知甚少。姚合《极玄集》卷下于韩翃名下注云:"韩翃,字君平,南阳人,天宝十三载进士。"这是最早的有关韩翃事迹的概括记述,与《本事诗》所说的"天宝末,举进士"相合。《柳氏传》先说韩翃于天宝中如何如何,后又说:"明年,礼部侍郎杨度擢翃上第。"《柳氏传》关于天宝时的记载并未注明具体年月,因此所谓"明年",也不知其究在何年。查天宝时典知贡举的,并无杨度其人。又据《唐语林》卷八"累为主司"条,典天宝十二、十三载贡举的为杨浚[①]。《柳氏传》此处所述与事实稍有出入,当然,作为传奇小说,在具体的细节方面原是可以不必太讲究的。

韩翃有《寄哥舒仆射》一诗(《全唐诗》卷二四三),其中说:"万里长城家,一生唯报国。腰垂紫文绶,手控黄金勒。……先麾牙门将,转斗黄河北。帐下亲兵皆少年,锦衣承日绣行缠。……左盘右射红尘中,鹘入鸦群有谁敌。杀将破军白日余,回旗舞旆北风初。群公楯鼻好磨墨,走马为君飞羽书。"这个哥舒仆射,就是天宝时期的名将哥舒翰。据《旧唐书》卷九《玄宗纪》下,天宝十五载正月,"甲子,哥舒翰进位尚书左仆射,同中书门下平章事"。韩翃诗题称哥舒仆射,则此诗当是天宝十五载(公元756)正月以后所作。安禄山于上年冬发动叛乱,向南进兵,并且很快占领了东都洛阳。哥舒翰这时正奉命在潼关防守。从韩翃的诗题所称,是哥

[①]又见李华《三贤论》(《文苑英华》卷七四四)。《唐才子传》卷四韩翃小传谓:"天宝十三载杨纮榜进士。"

舒翰于天宝十五载进位左仆射后,韩翃曾寄呈此诗,诗中盛称哥舒翰的武功与军容之盛。从诗的末二句,似乎韩翃此时曾在哥舒翰幕中,担任书记一类的职务;但没有旁证,韩翃的诗中也未明写,因此只能猜测而已。当然,由于唐朝统治集团如李隆基(唐玄宗)、杨国忠等人的昏庸和猜忌,使得潼关防守战役完全失败,哥舒翰本人也为安史叛军所俘。总之,从韩翃的诗及有关记载看来,天宝末年,韩翃居住在长安是无可疑的。

韩翃在天宝末年以前,即安史叛军攻占长安以前的情况,据现有材料,所知道的大致就只有这一些。

《旧唐书》卷一二四《侯希逸传》说:"侯希逸,平卢人也。……乾元元年冬,(王)玄志病卒,军人共推立希逸为平卢军使,朝廷因授节度使。……会田神功、能元皓于兖州,青州遂陷于希逸,诏就加希逸为平卢、淄青节度使。自是迄今,淄青节度使皆带平卢之名也。"新旧《唐书》都没有记侯希逸为淄青节度使的时间。只有《通鉴》卷二二二肃宗宝应元年(公元762)五月载,"甲申,以平卢节度使侯希逸为平卢、青淄等六州节度使,由是青州节度有平卢之号"。由此可以确知,侯希逸是在宝应元年五月为淄青节度使的。他是当时与安史叛军作战的一个藩镇,长期驻扎在青州一带。据说早期的政绩尚可,但"后渐纵恣,政事怠惰,尤崇奉释教,且好畋游,兴功创寺宇,军州苦之"(《旧唐书·侯希逸传》)。终于为其部将所逐,奔还长安。关于此事,《通鉴》有较详的叙述:

> 平卢节度使侯希逸镇淄青,好游畋,营塔寺,军州苦之。兵马使李怀玉得众心,希逸忌之,因事解其军职。希逸与巫宿

于城外，军士闭门不纳，奉怀玉为帅。希逸奔滑州，上表待罪。诏赦之，召还京师。秋七月壬辰，以郑王邈为平卢、淄青节度大使，以怀玉知留后，赐名正己。（《通鉴》卷二二三，代宗永泰元年）

侯希逸的情况大致如此。今考韩翃文有《代人至渭南县降服请罪表》（《全唐文》卷四四四）。表中先说："臣出自边鄙，素无才术。顷因寇难，累效驱驰，遂荷殊私，谬膺重寄，介于偏僻，密迩寇仇。……辽阳移拔，赵北扫除，皆仗威灵，非臣力致。"按，《通鉴》卷二二二肃宗上元二年十二月载："平卢节度使侯希逸与范阳相攻连年，救援既绝，又为奚所侵，乃悉举其军二万余人袭李怀仙，破之，因引兵而南。"韩翃表中所说的"辽阳移拔，赵北扫除"，与《通鉴》此处所记相合。又表中所说的"出自边鄙"，以及"介于偏僻，密迩寇仇"，也与侯希逸为平卢人，以及他镇守淄青，与安史叛军控制的地区紧相连接等等，都相一致。

韩翃的表中又说：

幸逢青廓，辄自宽闲。麾下不虞，舟中生变。坐贻颠沛，实愧无谋。纵欲粉身，于何塞责。陛下念臣微效，未即书刑，许归朝廷，俾露诚恳。王畿日近，圣问荐临。

在此篇之后，韩翃又有《代人奉御批不许请罪谢恩表》，其中说：

奏事官苏翼迥，伏奉圣造答表，勒臣即复章绶，速赴阙

庭,捧读震惊,心魂爽越。臣某中谢。臣智谢统戎,罪深负国,
本期死所,翻荷生成。

　　代宗时,地方节镇为其部下所逐,奔还长安的,除侯希逸以外,
还有发生于大历十年的薛嵝和常休明①,以及大历十四年的李忠
臣(详见后)。薛嵝和常休明的事迹都与韩翃表中所写的不合。至
于李忠臣,他是为其部将李希烈所逐的,事后唐朝廷只好承认既成
事实,授李希烈为淮西留后,而韩翃恰恰有《为李希烈谢留后表》
(此事后面还要详论),可见上面的两个表绝不会代李忠臣草拟的。
这样看来,韩翃的《代人至渭南县降服请罪表》及《代人奉御批不
许请罪谢恩表》,所代的"人",即是侯希逸。而韩翃之所以为侯希
逸草拟表奏,逻辑的推论,当然是因为他在侯希逸的淄青节度使幕
中为从事。当是韩翃随侯希逸在淄青节度使幕,侯希逸既为部将
李怀玉所逐,奔还长安,韩翃也随侯希逸离开淄青,到达长安的近
郊渭南县时,又为侯希逸草拟这两个谢恩表。
　　又,《柳氏传》叙述韩翃随侯希逸入朝后,在一个偶然的机会
于路上遇见柳氏的车子,柳氏在车中问:"得非韩员外乎?"《本
事诗》于此则作:"得非青州韩员外耶?"都称韩翃为员外。《柳氏
传》后又载侯希逸上表,称"检校尚书金部员外郎兼御史韩翃"。
这是否是小说家随意捏造的呢?今按,高仲武《中兴间气集》卷上
评韩翃诗,说"韩员外诗,匠意近于史"云云。高仲武为大历、贞

---

① 《旧唐书》卷十一《代宗纪》,大历十年正月,"昭义牙将裴志清逐其帅薛嵝。
薛嵝奔洺州,上章待罪"。二月乙丑,"是日河阳军乱,逐城使常休明。……
休明奔东都"。三月"乙巳,薛嵝、常休明至阙下,素服待罪"。

元时人,差不多与韩翃同时,其说当可信。他既称韩翃为员外,与《柳氏传》、《本事诗》皆合,可见韩翃在侯希逸幕中,所带的中朝官官衔为检校金部员外郎。《本事诗》又说韩受侯希逸之辟赴青州,而将柳氏留在长安,"连三岁不果迓"。按,侯希逸于肃宗宝应元年(公元762)五月为淄青节度使,代宗永泰元年(公元765)七月被逐。所谓"连三岁不果迓",则韩翃至少有三年在淄青节度使幕,从永泰元年七月上推三年,则很可能侯希逸在被任命为淄青节度使不久,就辟请韩翃为其从事了。

据《旧唐书·侯希逸传》,侯希逸被逐入朝后,拜检校右仆射。这是有空名而无实职的位置,只是对侯希逸这个已失去节镇实权的人的一个安抚而已。《旧唐书》本传后又说,"以私艰去职,大历十一年九月,起复检校尚书右仆射,上柱国,封淮阳郡王";"久之,加知省事,迁司空"。《新唐书》卷一四四《侯希逸传》记:"建中二年(公元781),迁司空,未及拜,卒,年六十二。"可见侯希逸自永泰元年(765)被逐入朝一直到死的十六、七年里,官位虽高,但无实权,已成为长安城中无足轻重的一名寓公。但《柳氏传》与《本事诗》却有声有色地叙述侯希逸到长安后的排场和气势,《柳氏传》说"及希逸除左仆射,入觐",而且还有"淄青诸将合乐酒楼",侯希逸还有"虞侯许俊",在许俊把柳氏夺还给韩翃后,侯希逸还为之上表求情,等等,似乎侯希逸并无狼狈被逐出淄青事,似乎他这时仍为淄青节度使,只是暂时入朝觐见皇帝,因而尚握有地方实权,还有手下的文武部员,——当然,这都是传奇作者的虚构之辞,为的使韩、柳的不幸遭遇有一个团圆的结局,但却是不符合历史事实的。

由以上所考，我们可以得出这样的结论，韩翃于唐玄宗天宝十三载登进士第，登第后是否授予官职，不详，但自此至天宝末则居住于长安。肃宗宝应元年五月侯希逸为淄青节度使，大约在此后不久，韩翃即应侯希逸之辟，在其淄青节度使幕中为从事，而其官衔则为检校员外郎（是否是金部，因只有《柳氏传》所载，仅作参考）。代宗永泰元年七月，侯希逸为其部将所逐，韩翃也就随侯希逸还长安。至于他与柳氏的离合悲欢的情节，因为出于后人所作的传奇或得之于传闻，是否确有其事，还未能考定。

四

本节拟进而讨论《本事诗》所谓"后事罢，闲居将十年。李相勉镇夷门，又署为幕吏"的问题。

据上所述，韩翃是在代宗永泰元年七月随侯希逸入朝的。侯希逸既失淄青节度使之职，韩翃当然也因而罢使幕之职；是否改任他官，史无明文，《本事诗》说是"闲居"，当可信。

韩翃有《奉送王相公缙赴幽州巡边》诗（《全唐诗》卷二四五）。据《旧唐书》卷十一《代宗纪》，大历三年六月，"壬辰，幽州节度使、检校侍中、幽州大都督府长史李怀仙为麾下兵马使朱希彩所杀"。又"（闰月）庚申，宰臣充河南副元帅王缙兼幽州节度使"。七月"乙亥，王缙赴镇州"。韩翃的这首诗即是大历三年（公元768）七月送王缙赴幽州巡边而作。同时诗人如皇甫曾、皇甫冉兄弟也有同题之作，皇甫曾《送王相公赴幽州》（《全唐诗》卷二一

○）中说："暮日平沙迥，秋风大旆翻。"皇甫冉《送王相公赴幽州》（《全唐诗》卷二五○）中说："遮虏关山静，防秋鼓角雄。"写的都是秋景，与历史记载相合。韩翃的诗也是如此，先是赞颂王缙的功德，所谓"黄阁开帏幄，丹墀侍冕旒。……不改周南化，仍分赵北忧。双旌过易水，千骑入幽州。"①又说："塞草连天暮，边风动地秋。"以这二句而论，是写得颇有气势的，怪不得李肇《国史补》（卷上）说："送王相公之镇幽朔也，韩翃擅场。"但实际上王缙的所作所为不足以当诗人的这些赞誉之词。《旧唐书》卷一一八《王缙传》说："大历三年，幽州节度使李怀仙死，以缙领幽州、卢龙节度。缙赴镇而还，委政于燕将朱希彩。"《通鉴》卷二二四，代宗大历三年更有具体的记载：七月"乙亥，王缙如幽州，朱希彩盛兵严备以逆之。缙晏然而行，希彩迎谒甚恭。缙度终不可制，劳军，旬余日而还"。王缙作为一个圆滑的老官僚，对边将的骄横跋扈，采取敷衍苟安的应付态度。韩翃在大历期间所作的这类诗作，只不过是粉饰现实、掩盖矛盾，虽有名句，但经不起事实的检核。

冷朝阳于大历四年（公元 769）登进士第，不待授官，归金陵省亲（据《唐才子传》卷四小传）。临行时，当时在长安的，有钱起、李嘉祐、李端等送行之作，韩翃也有《送冷朝阳还上元》诗（《全唐诗》卷二四五），中间两联为："落日澄江乌榜外，秋风疏柳白门前。桥通小市家林近，山带平湖野寺连。"写得工整而清丽。由此可知大历四年，韩翃也在长安。此后，及至大历九年以前，还未能从他的

---

① 这四句曾被采入皎然《诗式》卷三，作为"直用事"的诗例（据十万卷楼丛书本《诗式》）。

诗文中考知他的行迹。

韩翃有《为田神玉谢诏葬兄神功毕表》(《全唐文》卷四四四),其中说:"臣亡兄某以今月二十日诏葬永毕,感恩追恸,肝心如裂。臣某中谢。臣亡兄俯归幽夐,更轸皇慈,易以大名,赐夫秘器,王人加赠,京兆护丧……"《全唐文》同卷所载韩翃文,又有《为田神玉谢不许赴上都获丧表》(其中说"伏奉批表,以军府政殷,藉卿镇辑,不赴上都也")、《为田神玉谢兄神功于京兆府界择葬地表》、《为田神玉母太夫人谢男神功葬赐钱及神玉领节度表》、《为田神玉谢赐钱供兄葬事表》等。由此我们可以考知韩翃的事迹,而为过去的有关记载所未及的。

田神功也是安史之乱时起来的地方藩镇,肃宗上元二年(公元 761)在平定刘展时,曾在江淮一带大肆掳掠(可参考《通鉴》等书的记载)。后来官做到汴宋节度使。据《旧唐书》卷十一《代宗纪》,大历八年十一月,"庚戌,汴宋节度使田神功来朝"。大历九年正月,"壬寅,汴宋节度使、太子少师、检校尚书右仆射、兼御史大夫、汴州刺史田神功卒"。"二月己丑,以田神功弟神玉权知汴宋留后"。由此可知,田神功是在大历八年(公元 773)十一月入朝,时仍任汴宋节度使,不料在长安得病,而于第二年正月死于长安。这年二月,唐朝廷照旧对藩镇采取姑息态度,以其弟神玉权知汴宋留后。又据《旧唐书》卷一二四《田神功传》,大历十年正月,即以田神玉为汴州刺史。

根据这些历史记载,可以考知韩翃上述的这些表,当作于大历九年正月田神功卒、二月田神玉为汴宋留后期间,代田神玉所作。这时,韩翃当已在田神玉幕中。韩翃另有《寄上田仆射》诗

（《全唐诗》卷二四五），其中说："仆射临戎谢安石，大夫持宪杜延年。"据《旧唐书》田神功本传，田神功于上元二年平刘展后，即授御史大夫、汴宋等八州节度使；大历三年三月朝京师，又加检校右仆射。由此，应当说，在田神功于大历九年正月卒前，韩翃就已在田神功的汴宋节度使幕了，其时当在大历八年或八年以前，总之是在大历四年至八年之间。大历八年是公元773年，那末自永泰元年（765）至大历八年，也确实将近十年，《本事诗》所谓"闲居将十年"，是很正确的（比较起来，《唐才子传》韩翃小传只说"罢，闲居十年"，省略将字，就不如其所本《本事诗》准确）。但《本事诗》于闲居之后接着就说"李相勉镇夷门，又署为幕吏"，则不确，因在李勉之前，韩翃已在田神功、田神玉的汴宋节度使幕。又据其《为田神玉谢茶表》、《谢敕书赐腊日口脂表》（皆为《全唐文》卷四四四），大约他在田神玉幕一直到田神玉于大历十一年死去为止①。

　　《旧唐书》卷一二四《田神功传》说"（大历）十一年（田神玉）卒，诏滑州李勉代之"。那么是不是韩翃就在此时即转入李勉幕中呢？从有关的历史记载看来，还有问题。因为汴州在田神玉死后，发生了复杂的情况。

---

①关于韩翃曾在田神功、田神玉幕中任职一事，自《本事诗》后，所有的有关记载都未说及，有些选本，如马茂元《唐诗选》小诗说："安史乱后，流浪江湖，曾参淄青及宣武节度使幕。"按，在田神功、田神玉时，汴宋节度使还尚未称宣武军，此处所述似乎未考唐时宣武军建置的时间。又所谓"安史乱后，流浪江湖"，也不知何所据，从韩翃的诗篇中，以及据上所考，安史乱后不久，韩翃即应淄青节度使侯希逸所辟，以后又居住于长安。

大历十一年以前,李勉本为滑亳永平军节度使,治滑州。据《旧唐书》卷一三一《李勉传》:"十一年,汴宋留后田神玉卒,诏加勉汴州刺史、汴宋节度使。"这所谓加李勉为汴州刺史、汴宋节度使,乃是兼领的意思,李勉的实际治所仍在滑州。而且正在这个时候,又发生了汴州将领李灵曜据州作乱的事件。这件事的经过,据《旧唐书·代宗纪》与《李勉传》所载,是这样的:

　　　　(大历十一年)五月癸巳,以永平军节度使李勉为汴州刺
　　史,充汴宋等八州节度观察留后。时汴将李灵曜专杀濮州刺
　　史孟鉴,北连田承嗣,故命勉兼领汴州。授灵曜濮州刺史,灵
　　曜不受诏。……(八月丙寅)李灵曜据汴州叛。甲申,命淮西
　　李忠臣、滑州李勉、河阳马燧三镇兵讨之。……(十月)汴州
　　平。丁未,滑将杜如江生擒灵曜而献。(《旧唐书·代宗纪》)
　　　　(大历)十一年,汴宋留后田神玉卒,诏加勉汴州刺史、汴
　　宋节度使。未行,汴州将李灵曜阻兵,北结田承嗣,承嗣使佺
　　悦将锐兵戍之。诏勉与李忠臣、马燧等攻讨,大破之,悦仅以
　　身免。灵曜北走,勉骑将杜如江擒之以献。……既而李忠臣
　　代镇汴州,而勉仍旧镇。忠臣遇下贪虐,明年为麾下所逐,诏
　　复加勉汴宋节度使,移理汴州,余并如故。(《旧唐书·李勉
　　传》)

原来事情是这样的:田神玉死后,唐朝廷于大历十一年五月命滑州刺史李勉兼领汴州刺史,但原汴州部将李灵曜不受代,于这年八月据汴州作乱,李勉实际未到汴州。唐朝廷命令李勉及淮西节度

使李忠臣、河阳节度使马燧统兵征伐李灵曜,李灵曜则连结北面的魏博节度使田承嗣,对抗唐军。同年十月,李灵曜兵败被擒,汴州平。十二月,即以李忠臣兼汴州刺史。李忠臣在汴州数年,于大历十四年三月,又为其部将李希烈所逐,奔还长安①。于是唐朝廷又以李希烈为蔡州刺史、淮西留后,而复命李勉以永平节度使兼汴州刺史,并将治所徙于汴州②。由此可见,在田神玉于大历十一年五月前死后,李勉实际上并没有真正治汴州,中间还经过李灵曜的叛乱,李忠臣的汴州刺史,以及李希烈之逐李忠臣,直到大历十四年三月,即过了整整三年以后,李勉才正式为汴州刺史、汴宋节度史。

在这几年中,韩翃的情况怎样呢?《全唐文》卷四四四载有韩翃的《为李希烈谢留后表》,提供了重要的线索。表中先说:"中使梁某至,伏奉今月日制书,授臣使持节、蔡州刺史、兼御史中丞、充淮西节度观察度支营田等使留后。" 这就是说,此表是在大历十四年三月,李希烈驱逐了李忠臣以后,唐朝廷任命他为蔡州刺史、淮西节度留后时作的。由此可见,韩翃这时竟又在李希烈的幕中。《旧唐书》卷一四五《李忠臣传》载李忠臣被逐事为:

> 忠臣性贪残好色,将吏妻女多被诱胁以通之。又军无纪纲,所至纵暴,人不堪命。而以妹婿张惠光为衙将,恃势凶虐,军中苦之。……忠臣所信任大将李希烈,素善骑射,群情所伏,因众心之怒,以十四年三月,与少将丁暠、贾子华、监军判

①以上据《旧唐书·代宗纪》。
②此据《通鉴》卷二二五。

官蒋知璋等举兵斩惠光父子,以胁逐忠臣。

李忠臣之被逐,咎由自取,而李希烈的驱逐李忠臣,则是当时地方武将篡夺军权、扩张实力这一趋势的继续。后来的事实更进一步证明,李希烈在逐走李忠臣以后,又在淮西一带形成独立王国,与唐朝政权对抗,终于酿成了德宗初年的淮西之乱。

值得研究的是韩翃在为李希烈草拟的奏表中,对于驱逐李忠臣一事,是这样说的:

> 臣少小孤遗,又无艺术,叔父忠臣,励以成人。自属艰难,亲承任使,备牙门之将,总帐下之兵。耳目腹心,臣当职分;毫厘丝发,臣合知委。而依阿从事,暧昧居心。群小用权,臣不能规谏;三军潜怨,臣不能警觉。苍黄之际,遂成祸阶。十起之恩,低回未报,一朝之难,逼迫见留。白刃交前,脱身无路。……在臣情地,何以自容。虽早殄仇雠,才雪家怨,而自惭面目,有负国恩,岂谓降以殊私,副兹重镇。

这一段文字,把李希烈的逐走李忠臣,写得完全是出于不得已,这里既掩盖了李希烈的篡夺野心,也粉饰了李忠臣的虐政。韩翃作这样的文字,是毫无政治原则可言的。事情是这样的凑巧,十四、五年前,韩翃在侯希逸淄青节度使幕,为其被部将所逐的主帅草奏表,而这时,又为逐主帅的部将草奏表,这可以见出当时在地方节镇任职的文士的政治生涯。

通过以上的考察,关于韩翃的事迹,可以大致推知是这样的:韩翃于大历九年至十一年间在汴宋节度留后田神玉幕中任职。田神玉死后,汴州发生战乱,战乱平定后,李忠臣为汴州刺史,韩翃当继续留在汴州,又在李忠臣幕中。正因为如此,所以当李忠臣被逐出汴州后,李希烈才有可能命在幕中任职的韩翃为他草拟奏表。不久,李希烈被任命为蔡州刺史,李勉移治汴州,即《本事诗》所谓"李相勉镇夷门",韩翃则继续留在汴州,而为李勉的幕吏。不过《本事诗》以及其后的有关各书,都是说韩翃于大历头十年闲居之后始为李勉幕吏的,而忽略了韩翃所经历的这些年的频繁战乱和复杂情况,把韩翃的经略简单化了,现在据有关的记载,补充了韩翃在大历后期动乱年代中的事迹,对于研究韩翃的作品当有所帮助。

五

关于韩翃的后期生活,唯一的史料记载,即是孟棨的《本事诗》。据《本事诗》所载,韩翃在汴州李勉幕时,已是老年(所谓"韩已迟暮"),一些新进后生称他的作品为"恶诗"。"韩邑邑殊不得意,多辞疾在家"。后来由德宗亲自点名,除驾部郎中、知制诰,产生了两个韩翃的戏剧性情节。《本事诗》记载说,韩翃这时由汴州得以内迁,受到李勉及其僚属的祝贺,"时建中初也"。现在需要考证的,这个时间是否符合李逸在汴州任职的情况。

据《旧唐书》卷十二《德宗纪》,建中二年正月,"丙子,以汴宋滑亳陈颍泗节度观察使、检校吏部尚书、同平章事李勉为永平军节度、汴滑陈等州观察等使";同时,"以宋州刺史刘洽为宋亳颍节度使"。又据吴廷燮《唐方镇年表》二宣武军,建中二年正月以后,乃由刘洽代李勉。建中共四年(公元780—783),《本事诗》所说的建中初,也就是建中元年,这时李勉尚在汴州。孟棨说,关于韩翃在李勉幕中任职的情况,是他在开成中罢梧州守时听大梁凤将赵唯说的。开成为文宗年号,共五年,公元836—840年,距建中初将近六十年,赵唯开成时年近九十,"耳目不衰,过梧州,言大梁往事,述之可听,云此皆目击之"。则建中初赵唯年近三十岁,关于韩翃的事迹,他是在汴州从军而得以闻见的。参以史实的记载,可以证明,赵唯所说建中初韩翃内迁为驾部郎中、知制诰,是准确的,因此,《本事诗》所载的这一情节可以信从。

《本事诗》载:"制诰阙人,中书两进名,御笔不点出,又请之,且求圣旨所与,德宗批曰'与韩翃'。时有与翃同姓名者为江淮刺史,又具二人同进,御笔复批曰:'春城无处不飞花,寒食东风御柳斜。日暮汉宫传蜡烛,轻烟散入五侯家。'又批曰:'与此韩翃。'"按,与韩翃同姓名为江淮刺史的韩翃,不知何许人,待考。唐林宝《元和姓纂》卷四,二十五寒,有韩朝宗,"生贲、赏、质",质"生翃,拾遗"。王维有《大唐吴兴郡别驾前荆州大都督府长史山南东道采访使京兆尹韩公墓志铭》(《全唐文》卷三二七)[1],提及长子某、次子某、次子某,未言贲、赏、质三人。韩朝宗比王维年齿较大,他的孙子韩翃当也是代宗、德宗时候的人。这个韩翃肯定不是大历

---

①按,此文,清赵殿成《王右丞集笺注》未载。

十才子的诗人韩翃,但是否即为江淮刺史的韩翃,由于史料缺乏,就难于考知了①。

姚合《极玄集》(卷下)载韩翃"以寒食诗受知德宗,官至中书舍人"。中书舍人的官阶要比驾部郎中高②,大约韩翃后来又升至中书舍人。钱起有《同王錞起居程浩郎中韩翃舍人题安国寺用上人院》诗(《钱考功集》卷八),称韩翃为舍人,与《极玄集》合。这大约是建中、贞元之际的事。至于韩翃的卒年,就现有史料来说,已无法考知,很可能是在贞元初期,因为现存韩翃的诗文,以及当时候的其他诗人,在建中以后,就再也不见有关他的记载了。

韩翃的诗,编于《全唐诗》的为三卷,即卷二四三至卷二四五。在大历十才子中,他与钱起、卢纶三人,是存诗较多的。对于他的诗,中唐时的高仲武评价很高,其《中兴间气集》卷上评曰:

> 韩员外诗,匠意近于史,兴致繁富,一篇一咏,朝士珍之,多士之选也。如"星河秋一雁,砧杵夜千家",又"客衣筒布润,山舍荔支繁",又"疏帘看雪卷,深户映花关",方之前载,芙蓉出水,未足多也。其比兴深于刘员外,筋节成于皇甫冉也。

此处所举的例句,都可以算得上佳句,其他如"雨余衫袖冷,风急马蹄轻"(《送故人归鲁》),"鸣磬夕阳尽,卷帘秋色来"(《题僧房》),"山色遥连秦树晚,砧声近报汉宫秋"(《同题仙游观》),都是

---

①这个曾任拾遗的韩翃,其父韩质,韦应物与卢纶都有诗赠之,可参考岑仲勉先生《元和姓纂四校记》。
②中书舍人为正五品上,尚书左右司郎中是从五品上。

传诵人口的①。他另有《送孙泼赴云中》,七古,是十才子中难得见的从军边塞诗,其中说:"寒风动地气苍茫,横吹先悲出塞长。敲石军中传夜火,斧冰河畔汲朝浆。前锋直指阴山外,虏骑纷纷胆应碎。"是写得比较真切而有气势的。

但总的说来,韩翃的诗反映社会现实是很不够的。根据前面所考,在大历十才子中,他的个人经历,可以说较其他人为复杂,所经历的变乱较多,当时的社会矛盾,如安史之乱,藩镇割据,武将跋扈,等等,韩翃都有亲身接触,但都没有正面的反映。在这点上,他是比不上刘长卿、皇甫冉的,即使钱起、李嘉祐也有反映社会现实的诗篇,而韩翃,在这方面的弱点就较为明显,这恐怕是由于他有较长时期任地方节镇的幕吏,在某种程度上把自己的命运与他们联系在一起的缘故。

韩翃较传诵的一首七绝,即是《寒食》,有些评论者认为这首诗意含讽刺。按,据《唐会要》卷二十九"节日"条:"天宝十载三月敕:礼标纳火之禁,语有钻燧之文,所以燮理寒燠,节宣气候。自今以后,寒食并禁火三日。"可见唐朝是有这种习俗,而且是有明文规定的。《全唐诗》卷二八一,史延、韩濬、郑辕、王濯都有《清明日赐百僚新火》诗,这四人都是大历九年进士及第,这个诗题大约即是该年的进士试题。从这些情况看来,韩翃的《寒食》诗,即使含有讽刺之意,也只不过讽一而劝百罢了,正因为如此,才博得德宗的赞赏,特地提拔他担任知制诰的职务。

---

①韩翃的诗,也为清人王士禛所赞赏,其所著《池北偶谈》卷十一曾考释他的"春衣晚入青杨巷"的诗;又《分甘余话》卷一也论及韩翃"春城无处不飞花"、"鸳鸯赭白齿新齐"等诗句。

卢纶考（附吉中孚、苗发、崔峒、夏侯审）

　　根据现有的材料，大历十才子的称号及具体人名，最早见于姚合的《极玄集》，其卷上李端名下注云："与卢纶、吉中孚、韩翃、钱起、司空曙、苗发、崔洞（峒）、耿湋、夏侯审唱和，号十才子。"姚合是中晚唐之际的人，与大历时期相距不远。其后，五代时编纂的《旧唐书》，在卷一六三《李虞仲传》中也提到大历十才子的名称，但并未列举十子的名字，只说："父端，……大历中，与韩翃、钱起、卢纶等文咏唱和，驰名都下，号大历十才子。"北宋时修的《新唐书》，在卷二〇三《文艺下·卢纶传》所载，与《极玄集》同，说："纶与吉中孚、韩翃、钱起、司空曙、苗发、崔峒、耿湋、夏侯审、李端皆能诗齐名，号大历十才子。"可见从中晚唐之际到北宋中期，关于大历十才子的人名，记载是一致的，没有什么出入。但在这之后，却有不同。严羽《沧浪诗话》中《诗评》一节说："冷朝阳在大历才子中为最下。"把冷朝阳列入十才子之一。又清王士禛《分甘余话》卷三："唐大历十才子传闻不一，江邻几所志乃卢纶、钱起、郎士元、司空曙、李益、李端、李嘉祐、皇甫曾、耿湋、苗发、吉中孚共十一人，或又云有夏侯审。按，发、审诗名不甚著，未可与诸子颉颃，且皇甫兄弟齐名，不应有曾而无冉，又韩翃同时盛名，而亦不之及，皆不可解。"江休复字邻几，所著有《嘉祐杂志》，他与欧阳修是同时人。王士禛已不同意江休复的说法，江休复之说确也有矛盾之处。另外，清人管世铭《读雪山房唐诗钞》（卷十八）则以卢纶、韩翃、刘长卿、钱起、郎士元、皇甫冉、李嘉祐、李益、李端、司空曙为大历十才子，他当是以这些人所留存的作品作根据的，而把存诗极少的夏侯审、吉中孚等略去。这一分法看似有理，其实并不符合唐代当时号大历十才子的原意，像被管世铭删去的崔峒，《中兴间气集》就选了他的诗九首，并给了较高的评价。夏侯审的诗，现仅存一首，但李嘉祐在当时就曾说他"袖中多丽句"（《送夏侯审参军游江东》，《全唐诗》卷二〇六）。可见不能以现存诗的数量来定十才子的去留。我们对他们的评价是一回事，文学史上的记载又是一回事。我们可以对这些记载加以分析，但并无必要去更改这些记载。因此，从史料探源的角度说，大历十才子的具体名数，还是应以《极玄集》和《新唐书·卢纶传》所载为准。

这十人中，钱起、卢纶、司空曙、李端、耿湋、韩翃六人存诗较多，对他们的事迹已有专文考述。《新唐书·卢纶传》是把其他几人附载于传后的。王士禛也曾说"卢纶大历十才子之冠冕"（《分甘余话》卷四），这个评价不尽确当，但卢纶诗中确实较多地保存了考证其他几个诗人的事迹材料。因此，本文除了主要考述卢纶的事迹外，也将吉中孚、苗发、崔峒、夏侯审的事迹，穿插在有关部分中叙述，以便为今天研究大历十才子或大历时期的诗风，提供有

卢纶考（附吉中孚、苗发、崔峒、夏侯审） | 557

关的材料。

一

卢纶的生年,据闻一多先生的《唐诗大系》,定于公元 748 年,也就是唐玄宗天宝七载。闻一多先生的《少陵先生年谱会笺》于天宝七载下也说是年卢纶生。此后,游国恩先生等主编的《中国文学史》及文学研究所编注的《唐诗选》,即本闻说,定其生年为 748 年,似乎已成定论。但经考察,所谓 748 年之说是不能成立的。

闻、游等先生并未注明他们所定生年的依据,但从现有材料加以判断,他们所能依据的唯一的材料,是卢纶本人的一首诗,此诗诗题颇长,今加以点读并抄录于下:《纶与吉侍郎中孚、司空郎中曙、苗员外发、崔补阙峒、耿拾遗湋、李校书端风尘追游向三十载,数公皆负当时盛称,荣耀未几,俱沈下泉,畅博士当感怀前踪,有五十韵见寄,辄有所酬,以申旧悲,兼寄夏侯侍御审、侯仓曹钊》(《全唐诗》卷二七七)。这首诗感怀其同辈诗友的遭遇,追叙作者自己的身世,带有自传的性质,诗中说:"八岁始读书,四方遂有兵。童心幸不羁,此去负平生。是月胡入洛,明年天陨星。夜行登灞陵,惝恍靡所征。"闻一多先生大约是根据此处所述卢纶八岁读书时,四方兵起,安史胡军攻入洛阳这一情节。按,安禄山的军队攻陷洛阳是在天宝十四载(755),以此年为八岁推算,则卢纶当生于 748 年,也就是天宝七载。此说看来似言之有据,但却与其他有关材料直接相抵触。

第一　《极玄集》卷下选载卢纶诗，于其名下注云："天宝末举进士，不第。"《极玄集》编者姚合为中晚唐之际的人，与卢纶的时代相距不远，这一记载应当考虑。此后，《旧唐书》卷一六三《卢简辞传》载："父纶，天宝末举进士，遇乱不第，奉亲避地于鄱阳。"另外，《新唐书》卷二〇三《文艺下·卢纶传》虽没有说天宝末举进士的话，但也同样说"避天宝乱，客鄱阳"。《极玄集》与《旧唐书》都明确记载卢纶于天宝末年曾应举进士，遇乱不第。天宝共十五年（742—756），如卢纶生于天宝七载，则天宝末只是一个八九岁的孩童，绝不可能有举进士之事。因此就有两种可能，一是748年之说不确，一是《极玄集》与《旧唐书》关于天宝末举进士的记载不可靠。

第二　卢纶有一首为后世各种选本都选的诗，即《晚次鄂州》（《全唐诗》卷二七九），是一首有名的七律："云开远见汉阳城，犹是孤帆一日程。估客昼眠知浪静，舟人夜语觉潮生。三湘衰鬓逢秋色，万里归心对月明。旧业已随征战尽，更堪江上鼓鼙声。"《全唐诗》于题下注："至德中作。"至德为肃宗年号（756—758）。按，安禄山军队于天宝十四载十二月陷洛阳，十五载六月攻破潼关，唐玄宗出奔四川，安史叛军即占据长安。这年七月，肃宗在灵武即位，改元为至德。至德共三年。如依748年之说，则卢纶此时也不过十岁左右，当然不可能作此诗。此诗题下注"至德中作"四字，一向是以为卢纶原注的，高步瀛《唐宋诗举要》更以为后二句"疑指永王璘事"。卢纶此处是否实有所指，当然还有待于研究，但写安史之乱发生以后的情事则是完全可以肯定的。此外，卢纶另有

《至德中途中书事郤寄李僴》(《全唐诗》卷二八〇),其中说:"乱离无处不伤情,况复看碑对古城。路绕寒山人独去,月临秋水雁空惊。"《至德中赠内兄刘赞》(同上卷),中云:"时难访亲戚,相见喜还悲。好学年空在,从戎事已迟。"这两首诗也都是写战乱,前一首诗与《晚次鄂州》诗都写的是秋景,而且似乎也是写于长江水程。既然在诗题中明确标有"至德中"的字样,也就可以证明《晚次鄂州》题下"至德中作"四字当是卢纶自注。这就可以证明《极玄集》与《旧唐书》所载是属实的,即天宝末卢纶当已成人,虽然所谓"衰鬓逢秋色"云云,不免有所夸张,但此时他决非是十岁左右的孩童[①]。

第三 卢纶与司空曙、耿湋等号称大历十才子,卢纶在大历初期即已与诸人相唱和,在诗坛上已相当活跃,决非年轻新手。而大历则是公元 766—779 年,如依 748 年之说,则大历初年,卢纶还不到二十岁,即使大历中期,也只不过二十余岁,这与当时诗坛的实际情况不相符合。

根据以上三点,应当说,《极玄集》与《旧唐书》的有关记载比较可靠,天宝末卢纶曾举进士当是事实,即是说,他那时即已成年,至少已是二十岁或二十岁以上,他的生年决不可能是 748 年(天宝七载),而应当大大提前,如以天宝末为二十岁计算,则其生年也应为 737 年(开元二十五年),或在此以前。

但前面所引卢纶诗中"八岁始读书,四方遂有兵"六句确实费

[①]文学研究所编注的《唐诗选》选了《晚次鄂州》诗,并注云:"卢纶避安史之乱在南行途中写了这首诗。"但该书于作者介绍中又将卢纶的生年定于 748 年,不免自相矛盾。

解,如果不考虑到其他因素,闻一多先生据此定其生年为748年,似也不为无据。现在综合各种情况,应作全面理解,那就是,这里所谓的"四方遂有兵",并非专指安史之乱,而是指玄宗于天宝前期所发动的数次开边战争,这种情况,在杜甫、李白、高适、岑参等诗中都有所反映。就是说,此句是泛指。至于"是月胡入洛,明年天陨星",则是专指安史之乱而言,但这并非与"八岁始读书"直接相联。闻一多先生由于没有考虑到卢纶其他诗篇的系年,又把此数句连读,因此错误地得出生于748年的结论,后来的一些文学史著作以及唐诗选本,也未考虑原始材料,直接沿袭闻说,现在则应当加以改正①。

二

《新唐书·卢纶传》说:"卢纶字允言,河中蒲人。"未载其先世。《旧唐书·卢简辞传》则说:"卢简辞字子策,范阳人,后徙家于蒲。祖翰。父纶。"说是本为范阳人,后来才徙居于蒲州的(据《新唐书》卷三十九《地理志》三,河东道有河中府河东郡,本为蒲州)。但《新唐书》也只提及卢纶之父卢翰,未及其他。赵璘《因话录》卷三商部下有一段记载说:

---

① 四川省文史馆于"文化大革命"前所编的《杜甫年谱》(四川人民出版社出版),谓卢纶与李益等皆于天宝七载登进士第,则更不知何据,显系谬误。

余宗侄橹,应进士时,著《乡籍》一篇,大夸河东人物之盛,皆实录也。同乡中,赵氏轩冕文儒最著,曾祖父、祖父世掌纶诰,橹昆弟五人进士及第,皆历台省。卢少傅弘宣、卢尚书简辞、弘正、简求,皆其姑子也。时称赵家出。外家敬氏先世亦出自河中,人物名望,皆谓至盛,橹著《乡籍》载之。

从这段记载中,可见卢简辞之母为赵橹之姑母,也即卢纶之妻为赵橹父亲的姊妹。赵橹本人未见两《唐书》的传及表,他自称先世的门第显赫。但我们从《新唐书》卷七十三上《宰相世系表》三上所载卢纶的上几代,官职却并不高。据《新表》所载,卢纶的远祖为后魏青州刺史度世之第四子尚之,号卢氏第四房,尚之本人曾任后魏济州刺史。在这之后,世系不详。见于表者,卢纶的曾祖钊,为永宁令;祖祥玉,济州司马;父之翰①,临黄尉。由此可见,卢纶自曾祖以下,都只是地方县以下的低级官吏。卢纶在《纶与吉侍郎中孚……兼寄夏侯侍御审侯仓曹钊》诗中也自称"禀命孤且贱,少为病所婴"。他在诗中所提到的亲属中,也大多是地方县丞、县尉等官,或在一些州刺史幕中任职,如《送姨弟裴均尉诸暨》(《全唐诗》卷二七六),《送从舅成都县丞广归蜀》(同上),《送从叔程归西川幕》(同上),《送从叔准赴任润州司士》(同上),《送钱从叔辞丰州幕归嵩阳旧居》(同上),等等,似乎只有一个从叔做到永州刺史(《送从叔牧永州》,《全唐诗》卷同上)。卢纶的这种社会地位使他有依附达官贵人、以诗干进的一面,也有使他能接触较广的社会

---

① 《旧唐书·卢简辞传》仅作"翰",似当以《新表》为正。

现实的一面,这些都在他的诗中有所反映。这一点,在大历十才子以及同时期的其他一些诗人中,有一定的普遍性。

<h1 style="text-align:center">三</h1>

前面引用过的《纶与吉侍郎中孚……》诗说:"是月胡入洛,明年天陨星。夜行登灞陵,悄悦靡所征。云海一翻荡,鱼龙俱不宁。因浮襄江流,远寄鄱阳城。"《晚次鄂州》诗所写也是由长安东南行,由汉水东下入长江的路程,诗中说"旧业已随征战尽",大约他的一家在长安还置有一些产业,安史军队攻入关中,当然也就荡然无存。他另有《赴池州拜觐舅氏留上考功郎中舅》诗(《全唐诗》卷二七六),说:"孤贱易蹉跎,其如酷似何。衰荣同族少,生长外家多。别国桑榆在,沾衣血泪和。应怜失行雁,霜霰寄烟波。"又一次提到自己是"孤贱",又说"衰荣同族少,生长外家多",由此推测,他之所以由长安远赴鄱阳,可能其外家,即其舅氏家此时在鄱阳一带居住,因此"奉亲避地于鄱阳"(《旧唐书·卢简辞传》)。他在鄱阳住了不少年,大约在永泰及大历初(765—766)又曾往长安应举。

《旧唐书·卢简辞传》说他在鄱阳时"与郡人吉中孚为林泉之友。"卢纶在《纶与吉侍郎中孚……》的长诗中也说:"因浮襄江流,远寄鄱阳城。鄱阳富学徒,诮我戆无营。谕以诗礼义,勖随宾荐名。"可见他与吉中孚早年就有交往。

吉中孚的事迹不甚可考。《旧唐书》这里说是"郡人吉中孚",

似当为鄱阳人。《新唐书》卷二○三《文艺下·卢纶传》附吉中孚事，更明载："中孚，鄱阳人。"实则新旧《唐书》所载吉中孚的籍贯是不确实的，而且《新唐书》本身的记载自相矛盾，其卷六○《艺文志》丁部集录别集类著录吉中孚诗，下注云"楚州人"。此点宋人吴缜《新唐书纠谬》就已经指出（见其书卷十二）。

按，《元和姓纂》卷十载有："淮阴：贞元户部侍郎吉中孚。"据《新唐书》卷四十一《地理志》五，淮南东道有楚州淮阴郡。可见中唐时的林宝是以吉中孚为楚州人的。这一点我们还可以在有关的一些诗作中得到证明。李嘉祐有《晚春送吉校书归楚州》诗（《全唐诗》卷二○六），说"诗人饶楚思，淮上及春归"，又说"高名乡曲重"。李端《送吉中孚拜官归楚州》（《全唐诗》卷二八四）中说："孤帆淮上归，商估夜相依。……乡树尚和云，邻船犹带月。"卢纶《送吉中孚校书归楚州旧山》（《全唐诗》卷二七六）也说："年来倦萧索，但说淮南乐"，"喜逢邻舍伴，遥语问乡园。"这都是后来（约大历时）吉中孚为校书郎期间诸人所作的诗，他们都把吉中孚赴楚州说成归，又都称楚州为其乡园。卢纶在《纶与吉侍郎中孚……》的长诗中，提及吉中孚时，更明确地说："侍郎文章宗，杰出淮楚灵。"由以上材料，可以确知，吉中孚原是楚州淮阴人，但后来移居于江西鄱阳。至于他的生年及早期生活，则均无考。

四

据新旧《唐书》所载，卢纶于大历初由鄱阳赴长安应举，但几次都未登第。如《旧唐书·卢简辞传》说卢纶"大历初,还京师"。《新唐书·卢纶传》:"大历初,数举进士不入第。"这在卢纶的诗作中也可以得到印证,如《与从弟瑾同下第后出关言别》四首(《全唐诗》卷二七六),其中两首说:

> 同作金门献赋人,二年悲见故园春。到阙不沾新雨露,还家空带旧风尘。
>
> 出关愁暮一沾裳,满野蓬生古战场。孤村树色昏残雨,远寺钟声带夕阳。

诗题说"出关",诗中说"还家",不知是回鄱阳还是回河中。但从其他几首诗看来,似乎他在未中举时曾就近在长安南面的终南山居住。如《落第后归终南别业》(同上卷二八〇),说:"久为名所误,春尽始归山。落羽羞言命,逢人强破颜。交疏贫病里,身老是非间。不及东溪月,渔翁夜往还。"又如《落第后归山下旧居留别刘起居昆季》(同上卷二七六),其中说:"风尘知世路,衰贱到君门。醉里因多感,愁中欲强言。花林逢废井,战地识荒园。怅别临晴野,悲春上古原。"可见他在终南山寓居,准备应试。他另有《郊居对雨寄赵涓给事包佶郎中》诗(同上卷二七八),说是"应怜在泥滓,无路托高车"。显系指尚未登第入仕之事。按,《旧唐书》卷一三七《赵涓传》:"河南副元帅王缙奏充判官,授检校兵部郎中、兼侍御史,迁给事中、太常少卿,出为衢州刺史。"王缙为河南副元帅在永泰元年(765)八月,则赵涓为给事中当为大历初几年的事。由此可知,大约永泰年间及大历初几年,卢纶曾在长安郊区终南山居住，并几次应举，他的诗中所说"方逢粟比金，未识公与卿。十上不可待，三年竟无成"（《纶与吉侍郎中孚……兼寄夏侯侍御审侯仓曹钊》，同上卷二七七），就是写的这一情况。

卢纶在上述《落第后归山下旧居》诗中说"花林逢废井，战地识荒园"，又屡次称自己为"衰贱"，"在泥滓"，"未识公与卿"，较低的社会地位，自身的不遇，使他有机会、有可能写出当时屡经战乱的社会破败的情景。他的一些较有现实性的诗篇，从他的一生遭际来看，当作于早年未入仕或入仕不久为低级官吏之时。如《逢病军人》（《全唐诗》卷二七七）：

> 行多有病住无粮，万里还乡未到乡。蓬鬓哀吟古城下，不堪秋气入金疮。

又《村南逢病叟》（同上）：

> 双膝过颐顶在肩，四邻知姓不知年。卧驱鸟雀惜禾黍，犹恐诸孙无社钱。

这些诗都反映了安史之乱及藩镇混战以后人民生活的贫困不安及社会经济的萧条。与此相对照的，是写长安富贵人家的豪华奢侈，如："万条银烛引天人，十月长安半夜春。步障三千隘将断，几多珠翠落香尘。""人主人臣是亲家，千秋万岁保荣华。几时曾向高天上，得见今宵月里花"（《王评事驸马花烛诗》四首，《全唐诗》卷二七七）。封建统治阶级上层的挥霍浪费与广大农村的凋敝荒凉,形成鲜明的对照,这对于我们研究大历时期的唐代社会,是有认识意义的。这是卢纶诗歌中积极的一方面。

大约不久,卢纶就受到当时宰相元载、王缙等人的推荐,步入仕途。《旧唐书·卢简辞传》载:"宰相王缙奏为集贤学士、秘书省校书郎。王缙兄弟有诗名于世,缙既官重,凡所延辟,皆辞人名士,以纶能诗,礼待逾厚。会缙得罪,坐累。久之,调陕府户曹、河南密县令。建中初,为昭应令。"《新唐书·卢纶传》则谓:"元载取纶文以进,补阌乡尉。累迁监察御史,辄称疾去。坐与王缙善,久不调。"新旧《唐书》所载详略不同,叙述的事迹也有稍异,但从卢纶本人的诗篇与他人的寄赠之作考之,两者却可以互相补充。如卢纶《纶与吉侍郎中孚……兼寄夏侯侍御审侯仓曹钊》诗中说:

偶为达者知,扬我于王廷。素志且不立,青袍徒见萦。昏屏夙自保,静躁本殊形。始趋甘棠阴,旋遇密人迎。考实绩无取,责能才固轻。新丰古离宫,宫树锁云扃。中复莅兹邑,往惟曾所经。缭垣何逶迤,水殿亦峥嵘。夜雨滴金砌,阴风吹玉楹。官曹虽检率,国步日夷平。命蹇固安分,祸来非有萌。因逢骇浪飘,几落无辜刑。

这段诗大致叙述了作者在大历至建中初期十余年的经历,与新旧《唐书》所载可以互参。卢纶另有《将赴阌乡灞上留别钱起员外》(《全唐诗》卷二七六),而耿湋则有《秋晚卧疾寄司空拾遗曙卢少府纶》诗(同上卷二六八),少府即县尉之别称,可见卢纶为阌乡尉是确实的,而其为阌乡尉曾因元载的奏荐,也就是卢纶诗中所说的"偶为达者知，扬我于王廷。素志且不立，青袍徒见紫"。当时元载任宰相（据《新唐书》卷六十二《宰相表》，元载于宝应元年即762年五月起即入相）。阌乡尉当是卢纶初次入仕所任的官职，以后又因王缙的礼聘，为集贤学士等职，其间又曾任河南密县令，但都无确切年代可考。大历十一年（776）三月元载因得罪代宗而死，王缙贬括州刺史（皆据《旧唐书》卷十一《代宗纪》），卢纶因曾为元、王所推荐，大约也因而坐累，可能因此而曾经被拘系，他有《雪谤后书事上皇甫大夫》（《全唐诗》卷二七八），《雪谤后逢李叔度》（同上卷二七九）、《罪所送苗员外上都》（同上卷二八〇）等诗，当是记此事的。过了几年，德宗即位，于建中元年（780）才又被任为昭应令。据《太平寰宇记》卷二十七雍州昭应县条："天宝初，玄宗每岁十月幸温汤，岁尽而归。"又谓："温泉在骊山之西北，……开元十一年置温泉宫于骊山，至天宝六年改为华清宫，始移于岳南。"《新唐书》卷三十七《地理志》一，京兆府京兆郡所属有昭应县："本新丰。……有宫在骊山下，贞观十八年置，咸亨二年始名温泉宫。……（天宝）六载，更温泉曰华清宫，宫治汤井为池，环山列宫室，又筑罗城，置百司及十宅。"这些，在上面引述的卢纶诗中都可得到印证，所谓"新丰古离宫，宫树锁云扃"。不过卢纶在具体描写中，说"夜雨滴金砌，阴风吹玉楹"，这种凄凉的情景已非天宝盛时的峥嵘气象，我们只要读一读李白天宝初期所作的《驾去温泉宫后赠杨山人》诗中所写的："幸陪鸾辇出鸿都，身骑飞龙天马驹。王公大人借颜色，金章紫绶来相趋"（见王琦注《李太白全集》卷九），前后有多大的不同，唐朝政治、经济的衰落，终究在文学艺术的情调气氛中表现出来。

这一时期,卢纶与大历十才子的其他一些诗人唱酬颇多,如《客舍喜崔补阙司空拾遗访宿》(《全唐诗》卷二七八),《同耿湋司空曙二拾遗题韦员外东斋花树》(同上卷二七九),《洛阳早春忆吉中孚校书司空曙主簿因寄清江上人》(同上卷二七八),等等,所谓大历诗风,在很大程度上,就是卢纶诸人在大历时期及其前后,在长安的互相酬唱以及呈赠一些达官贵人的诗篇中所表现出来的某种风格而言。与卢纶交游的,如钱起、司空曙、李端、耿湋等已另有考,此处拟考索苗发、崔峒、吉中孚等人的事迹。

五

卢纶早年避乱寓居于鄱阳时,曾与吉中孚为友。但据《新唐书》卷六十《艺文志》丁部集录别集类,说他"始为道士,后官校书郎,登宏辞"。李端有《闻吉道士还俗因而有赠》(《全唐诗》卷二八五),说:"闻有华阳客,儒裳谒紫微。旧山连药卖,孤鹤带云归。柳市名犹在,桃源梦已稀。还乡见鸥鸟,应愧背船飞。"可见吉中孚原先曾一度为道士,后来还俗,大约在大历年间任校书郎之职,其间又曾归楚州故乡,卢纶、李端都有送行之诗。卢纶《送吉中孚校书归楚州旧山》(同上卷二七六),题下自注:"中孚自仙官入仕。"诗中说:"青袍芸阁郎,谈笑挹侯王。旧箓藏云穴,新诗满帝乡。名高闲不得,到处人争识。谁知冰雪颜,已杂风尘色。"李端《送吉中孚拜官归楚州》(同上卷二八四),中说:"初戴莓苔帻,来过丞相宅。满堂归道师,众口宗诗伯。须臾里巷传,天子亦知贤,出诏升高士,驰声在少年。"大约吉中孚是未经应试,因诗名为上层统治者所知,乃征召拜官的。这一点,李端的诗写得更为清楚。唐朝最高统治者以老子为本宗,素来推崇道士,由道士入仕者不乏其人。明代胡应麟在《诗薮》中就已谈及此点,其外编卷四说:"唐羽流还俗率显荣。"还举例说:"唐世以羽流显者甚众,魏玄成[1]初亦为道士,尹愔至散骑常侍,吉中孚至侍郎。"卢纶、李端上述的诗当作于大历时。至建中时,吉中孚又已为长安京兆府的万年尉。令狐楚《白杨神新庙碑》(《文苑英华》卷八七六),记太原以北雁门郡的白杨神庙事,其中有说:"建中初,吉公以万年尉为黜陟判官至此。"建中共四年(780—783),此所谓建中初,或当指建中元年,可见此时吉中孚已为万年尉[2]。韦应物在建中二年(781)在长安西郊闲居期间,也有《春日郊居寄万年吉少府中孚三原少府伟夏侯校书审》(见四部丛刊本《韦江州集》卷二),又有《春宵燕万年吉少府中孚南馆》(同上卷一)[3]。可见此时吉中孚已由校书郎改为万年尉。

卢纶有《酬苗员外仲夏归郊居遇雨见寄》(《全唐诗》卷二七六),《题苗员外竹间亭》(同上卷二七九),《春日瀼亭同苗员外寄皇甫侍御》(同上卷二八〇)等诗,当作于大历时期,苗员外

---

①即魏征。
②令狐楚此文在此句之前有"户部侍郎吉公中孚申而明之"语,由此可见这里所说的万年尉吉公即系吉中孚。
③关于韦应物建中二年闲居长安西郊,可参见本书《韦应物系年考证》一文。

即苗发。按,《新唐书·卢纶传》附载苗发事,称:"发,晋卿子,终都官员外郎。"《唐诗纪事》卷三十载其诗二首:《送司空曙之苏州》《送孙德谕罢官往黔州》,并云:"发,晋卿子。终都官员外郎。"《全唐诗》卷二九五录苗发诗,也只此二诗,所载小传文字也相同。可见《唐诗纪事》《全唐诗》关于苗发事迹的记载都本之于《新唐书·卢纶传》,并无所增益。苗晋卿在肃、代时曾拜相,《旧唐书》卷一一三《苗晋卿传》称为"上党壶关人",并载永泰元年四月卒。《新唐书》卷一四〇《苗晋卿传》谓"潞州壶关人"①,并载其十子,为:发、丕、坚、粲、垂、向、吕、稷、望、咸。则苗发为晋卿的长子。但《新唐书》卷七十五上《宰相世系表》五上,载苗晋卿之子为:收(太子通事舍人),发(驾部员外郎),丕(河南少尹),坚,粲(给事中),稷,垂,向,昌(户部员外郎),与新传所载略有不同,晋卿的长子为收,苗发为其次子,且其官职为驾部员外郎。从唐人的记载中,可以考知,苗发既曾任都官员外郎,又曾任驾部员外郎,如李嘉祐有诗题为《和都官苗员外秋夜省直对雨简诸知己》(《全唐诗》卷二〇六),而李端则有《酬前驾部员外郎苗发》(同上卷二八六)。《全唐文》卷四一一常衮有《授苗发都官员外郎制》,全文为:

敕:朝散大夫、前守秘书丞、龙门县开国男苗发,德厚流光,相门才子,代重一经之业,家承万石之风。理诣精微,行归

---

① 据《新唐书》卷三十九《地理志》三,河东道有潞州上党郡,壶关为其属县之一。

纯至。丽以文藻,振以英华。端其诚而有恒,敏于事而兼适。
早登学省,用汰儒流。丧纪外除,素冠未改,弟兄有裕,清论多
之。处以弥纶之职,当兹俊茂之选。可行尚书都官员外郎,赐
绯鱼袋,散官、封如故。

常衮于大历九年由中书舍人转礼部侍郎。则此制当作于大历前
期。由此制词,还可考知苗发在任都官员外郎之前曾为秘书丞,这
是诸书所未及的。

苗发除了上述官职外,还曾任乐平县令。《唐才子传》卷四苗
发小传说"初为乐平令",但唐时以乐平名县的有二,一属太原府,
见《新唐书》卷三十九《地理志》三河东道;一属饶州鄱阳郡,见
《新唐书》卷四十一《地理志》五江南西道。《唐才子传》仅载为乐
平令,但未言究为何地。今考司空曙有《送乐平苗明府》诗(《全
唐诗》卷二九二),可以证明苗发确曾为乐平令,但从司空曙诗中
还未能确知这一乐平究竟是在山西还是在江西。卢纶与李端也
有同题之作,从诗中所写,地域就比较清楚了。卢纶《送乐平苗明
府》(同上卷二八〇)中说:"累职比柴桑,清秋入楚乡。"李端《送
乐平苗明府得家字》(同上卷二八五)中说:"本自求彭泽,谁云道
里赊。山从石壁断,江向弋阳斜。"写的都是江西,可见苗发任的
是属于饶州的乐平令,这时卢纶与司空曙、李端当都在长安。

唐代诗人中有诗与苗发往还的,还有耿湋,他有《春日题苗发
竹亭》(《全唐诗》卷二六八)、《赠苗员外》(同上)等诗。耿湋另
有《哭苗垂》诗(同上卷二六九),这一苗垂即是苗发之弟(耿湋此
诗又见李端诗,载《全唐诗》卷二八六)。另外钱起有《酬苗发员

外宿龙池寺见寄》(《钱考功集》卷四)，李益有《竹窗闻风寄苗发司空曙》(《全唐诗》卷二八三)，秦系有《山中奉寄钱起员外兼简苗发员外》(同上卷二六〇)等诗。需要说明的是《文苑英华》卷二五〇、《全唐诗》卷一三一载有祖咏《赠苗发员外二首》。祖咏为开元时人，苗发为大历时人，时代相距甚远，开元时苗发绝不可能即已任都官或驾部员外郎之职。今查祖咏名下的这两首诗，第一首"朱户敞高扉"，见李端《奉赠苗员外》(《全唐诗》卷二八六)，第二首"宿雨朝来歇"，也见李端诗，题作《茂陵山行陪韦金部》(同上卷二八五)。可见作祖咏著者误，祖咏与苗发时代不相及，二人根本不可能有诗篇酬答。

《新唐书·卢纶传》附载崔峒事，仅云"峒终右补阙"。《唐诗纪事》卷三十崔峒条所载稍详一些，谓："峒登进士第，为拾遗，入集贤为学士，后终州刺史，或云终玄武令。"虽较《新唐书》为详，也难于系年。今按，卢纶有《客舍喜崔补阙司空拾遗访宿》诗(《全唐诗》卷二七八)，司空曙任拾遗在大历前期，则崔峒任补阙也当在同时。戴叔伦有《送崔拾遗峒江淮(一作东)访图书》(同上卷二七三)，严维有《送崔峒使往睦州兼寄薛司户》(同上卷二六三)，大约当大历时崔峒与耿湋一样，也曾赴江淮一带搜求图书(耿湋事见本书《耿湋考》)①。《唐才子传》卷四崔峒小传谓："初辟潞府功曹，后历左拾遗，终右补阙。"按，卢纶有诗题为《得耿湋司法书，因叙长安故友零落，兵部苗员外发、李校书端相次倾逝，潞府崔功曹

①钱起有《送集贤崔八叔承恩括图书》(《钱考功集》卷六)。岑仲勉《唐人行第录》谓此崔八即崔峒，可参。

岿、长林司空丞曙俱谪远方……》（《全唐诗》卷二七七），可见司空曙为长林丞时，崔峒正为潞府功曹。司空曙有《酬崔峒见寄》诗（同上卷二九三），说："趋陪禁掖雁行随，迁放江潭鹤发垂……嵩南春遍愁魂梦，壶口云深隔路歧……"也是司空曙贬谪长江边的长林丞时所作，"壶口云深"云云，正好说明崔峒此时谪为潞州府的功曹参军。司空曙为长林丞大约在建中或贞元初（详见本书《司空曙考》），而大历时崔峒已任拾遗、补阙等职。由此可以考知，《唐才子传》所谓"初辟潞府功曹"数句，所叙官职，前后时间误倒。

六

《旧唐书·卢简辞传》载："朱泚之乱，咸宁王浑瑊充京城西面副元帅，乃拔纶为元帅判官、检校金部郎中。"又《新唐书·卢纶传》："浑瑊镇河中，辟元帅判官，累迁检校户部郎中。"卢纶于德宗建中元年（780）任昭应令。泾州士卒在长安发动兵变，朱泚乘机称帝在建中四年（783），当时浑瑊与李晟、马燧等联兵收复长安，平定这场叛乱。《旧唐书》卷十二《德宗纪》上，兴元元年（784）三月，"己亥，以行在都知兵马使浑瑊检校左仆射、同平章事、灵州大都督、充朔方节度使、邠宁振武永平奉天行营副元帅。"又《旧唐书》卷一三四《浑瑊传》："（兴元元年）七月，德宗还宫，以瑊守本官，兼河中尹、河中绛慈隰节度使，仍充河中同陕虢节度及管内诸军行营兵马副元帅；改封咸宁郡王。"据《旧传》，浑瑊自此时起，至贞元十五年卒时，一直镇守河中。在泾卒之变前，卢纶曾有

《送畅当赴山南幕》诗（《全唐诗》卷二七六），送诗人畅当从军（参本书《韦应物系年考证》）。朱泚乱时，卢纶可能一度陷于长安，他有《贼中与严越卿曲江看花》（《全唐诗》卷二七九），所谓"贼中"在曲江看花，在当时只能是在朱泚作乱的建中四年及兴元元年间。严越卿为严武之子（参《元和姓纂》卷五）。在此不久，卢纶当受浑瑊之辟，在浑瑊军幕中任职。浑瑊镇河中，他也跟随至河中，他在河中大约是在贞元前期。这时他有《奉陪浑侍中五日登白鹤楼》《九日奉陪浑侍中登白楼》《奉陪侍中游石笋溪十二韵》《奉陪浑侍中上巳日泛渭河》《奉陪侍中春日过武安君庙》等诗作（皆见《全唐诗》卷二七九）。这些都是奉陪宴游的应酬之作，无论思想与艺术，均无甚特色。但卢纶究竟是在河中军幕，军营生活较之他在大历时期在长安奉职守官来，视野要开阔多了，诗风也较为粗犷和雄放，如七言歌行体《腊日观咸宁王部曲娑勒禽豹歌》（同上卷二七七）[①]，写得很有生气，为大历十才子其他诗人所未及的。

卢纶在河中期间，大历时期的一些诗人，不久就大多去世了。这方面的材料见之于他的两首题目颇长的诗，一为：《得耿湋司法书，因叙长安故友零落，兵部苗员外发、秘省李校书端相次倾逝，潞府崔功曹峒、长林司空丞曙俱谪远方，余以摇落之时，对书增叹，因呈河中郑仓曹、畅参军昆季》，一为：《纶与吉侍郎中孚、司空郎中曙、苗员外发、崔补阙峒、耿拾遗湋、李校书端，风尘

———————

① 诗中所写擒虎壮士娑勒，当是浑瑊的部将白娑勒，可参见《通鉴》卷二三二，贞元三年正月条。

追游向三十载,数公皆负当时盛称,荣耀未几,俱沈下泉,畅博士当感怀前踪,有五十韵见寄,辄有所酬,以申悲旧,兼寄夏侯侍御审、侯仓曹钊》(皆见《全唐诗》卷二七七)。这两首诗为我们提供了研究这些诗人事迹的重要材料。现在我们可以确知的是,畅当于贞元三年(787)已为太学博士(详见本书《戴叔伦生平系年……》一文),在此之前为参军之职,前一诗诗题中的畅参军即畅当,则此诗之作不能迟至贞元三年,即只能在贞元三年以前。司空曙于贞元四年已在四川韦皋幕(见本书《司空曙考》),在此之前为长林丞。卢纶作此诗时又在河中。因此其时间当在兴元元年(784)秋至贞元二年(786)秋之间,李端与苗发即死于这几年间,耿湋则在长安为大理司法,崔峒在潞州,司空曙在湖北的长林。大历时期相与酬唱的诗友,在几年的兵乱中,有的死去,有的远谪,使卢纶在诗中发出"鬓似衰蓬心似灰,惊悲相集老相催"的感叹。

后一诗的时间不易确定。可资考证的有两条,一是称畅当为博士,则肯定是在贞元三年以后,二是吉中孚已死,肯定是在贞元四年以后。关于吉中孚事,此处再补叙一些。按,《旧唐书·卢简辞传》:"贞元中,吉中孚为翰林学士、户部侍郎,典邦赋,荐纶于朝。会丁家艰,而中孚卒。"吉中孚事见于《旧唐书》本纪者有几处:卷十二《德宗纪》上,兴元元年六月癸丑,"考功郎中、知制诰陆贽,司封郎中、知制诰吉中孚,并为谏议大夫。"贞元二年(786)正月癸丑,"谏议大夫、知制诰、翰林学士吉中孚为户部侍郎、判度支两税,元琇判诸道盐铁、榷酒"。卷十三《德宗纪》下,贞元四年(788)"八月,以权判吏部侍郎吉中孚为中书舍人。"(又可参见

《旧唐书》卷一九〇下《文苑下·吴通玄传》："贞元初，召充翰林学士。迁起居舍人，知制诰，与陆贽、吉中孚、韦执谊等同视草。"）贞元四年八月以后，即未载吉中孚事，可能此后不久即死，因而本来拟奏荐卢纶于朝的事也就作罢。《新唐书》卷六十《艺文志》丁部集录别集类著录吉中孚诗一卷，下面注中有云"贞元初卒"，与上面推测的贞元四年后不久去世也大致相合。由此可见，卢纶的后一首诗，当作于贞元四年后数年间①。

从上面所引的卢纶后一长诗题，可以推知崔峒也与吉中孚差不多时候去世。崔峒的诗，《新唐书·艺文志》著录为一卷，《全唐诗》卷二九四即编其诗为一卷，约近五十首诗。《中兴间气集》卷下载其诗九首，并评云："崔拾遗，文彩炳然，意思方雅，如'清磬渡山翠，闲云来竹房'，又'流水声中视公事，寒山影里见人家'，斯亦披沙拣金，往往见宝。"高仲武选载大历时期的诗人，大历十才子中只选了三人，即钱起、韩翃与崔峒，这里的评语对崔峒的诗相当赞赏。崔峒的诗格较为清新，不足之处是缺乏社会内容。大历时期有一个不著名的诗人叫王烈，曾有《酬崔峒》诗（《全唐诗》卷二九五），对他与崔峒的友情倒是写得很真挚的："徇世甘长往，逢时忝一官。欲朝青琐去，羞向白云看。荣宠无心易，艰危抗节难。

---

① 现存吉中孚诗仅一首，见《全唐诗》卷二九五《送归中丞使新罗册立吊祭》。无文。据《金石录》卷八："唐定光上人塔铭，吉中孚撰，行书，姓名残缺，贞元元年十月。"此文已佚，仅存篇目。又《唐摭言》卷十三"无名子谤议"条载吉中孚判词数句。可见他的诗文散失甚多。又明胡应麟《诗薮》外编卷四："吉中孚列大历才子，而篇什殊不经见，独其妻张氏有《拜月》七言古，可参张籍、王建间。"张氏见《唐诗纪事》卷七十九："张夫人，吉中孚侍郎妻。"书中载其《拜新月》诗一首。

思君写怀抱，非敢和幽兰。"王烈的诗现在仅存五首，这首酬赠崔峒的诗写得朴质有力。他另有《塞上曲》二首，也颇可读，其一云："红颜岁岁老金微，砂碛年年卧铁衣。白草城中春不入，黄花戍上雁长飞。"

从卢纶诗题中所说"辄有所酬，以申悲旧，兼寄夏侯侍御审、侯仓曹钊"看来，卢纶写此诗时夏侯审尚在世。关于夏侯审的事迹，所知甚少，其生卒年更无法确定。看来在大历十才子中他的年岁较轻。他是直到德宗建中元年（780）才制科及第的，《唐会要》卷七十六"制科举"条载建中元年军谋越众科及第有夏侯审（又见《册府元龟》卷六四五贡举部）。及第后任校书郎之职，韦应物于建中二年（781）间在长安郊区闲居时曾有《春日郊居寄万年吉少府中孚三原少府伟夏侯校书审》诗（《韦江州集》卷二，关于此诗系年见本书《韦应物系年考证》一文）。夏侯审可能在授校书郎初期曾东归故乡，钱起有《送夏侯审校书东归》（《钱考功集》卷五），韩翃也有《送夏侯审》诗（《全唐诗》卷二四四），中说："他日吴中路，千山入梦思。"大约是江东人。据上所述，当夏侯审步入仕途，与诸人唱酬时，大历时期已经过去了。卢纶有《送夏侯校书归华阴别墅》（《全唐诗》卷二七六），当也在建中年间所作，此时卢纶为昭应令，与华阴邻近。夏侯审大约后来曾任参军之职（见李嘉祐《送夏侯参军游江东》，《全唐诗》卷二〇六），仕终侍御史（见《新唐书·卢纶传》附："审，侍御史"）。此外，在某一时期，夏侯审曾为宣州宁国县丞，如司空曙有《送夏侯审赴宁国》（《全唐诗》卷二九二），其中说："如接玄晖集，江丞独见亲。"卢纶有《送宁国夏侯丞》（同上卷二八〇）。据《新唐书》卷四十一《地理志》五，宣州宣城郡所属有宁国县，天宝三载析宣城、当涂置。南朝诗人谢朓曾官宣城，因此司空曙、卢纶诗中都用谢朓的典故以喻夏侯审[1]。夏侯审任宁国县丞，为史籍所未载，只可从当时诸人的交酬诗篇中考知。李嘉祐在《送夏侯审参军游江东》诗中称其"袖中多丽句"，可惜今天见到的夏侯审诗仅存一首，题为《咏被中绣鞋》(《全唐诗》卷二九五)，无论思想与艺术均无可称，可见他的作品已散失很多。

七

贞元九年(793)至十一年(795)之间，卢纶曾因事至江西。他有《上巳日陪齐相公花楼宴》诗(《全唐诗》卷二八〇)，云："锺陵暮春月，飞观延群英。晨霞耀中轩，满席罗金琼。……"此处的齐相公当为齐映。据《旧唐书》卷十二《德宗纪》上，贞元二年正月"壬寅，以散骑常侍刘滋、给事中崔造、中书舍人齐映并守本官，同中书门下平章事"；三年正月壬子，"中书舍人、平章事齐映贬夔州刺史"(齐映于贞元二年拜相，又可参见《旧唐书》卷一三六《齐映传》)。因此卢纶诗题中称为齐相公。又据《旧唐书》卷十三《德宗纪》下，贞元八年七月甲寅，"以桂管观察使齐映为洪州刺史、江西观察使"；贞元十一年七月"辛卯，江西观察使、洪州刺史齐

---

[1] 李端有《送夏中丞赴宁国任》(《全唐诗》卷二八五)，其中说："楚县入青枫，长江一派通。板桥寻谢客，古邑事陶公。"从司空曙、卢纶的诗看来，李端此诗就是送夏侯审赴宁国丞的，但诗题却误作"夏中丞"，应改正作"夏侯丞"。又，李端与耿湋都有《送夏侯审游蜀》诗(见《全唐诗》卷二八五、二六八)。

映卒"。卢纶诗中说"锺陵暮春月",洪州古称锺陵,诗作于上巳春日,则应在贞元九年至十一年的暮春。至于确在何年、因何事赴江西,则已不可考知。

卢纶有《和张仆射塞下曲》六首(《全唐诗》卷二七八),其中三首为传颂之作:

> 鹫翎金仆姑,燕尾绣蝥弧。独立扬新令,千营共一呼。
> 林暗草惊风,将军夜引弓。平明寻白羽,没在石稜中。
> 月黑雁飞高,单于夜遁逃。欲将轻骑逐,大雪满弓刀。

按,这里所谓的张仆射,当为张建封。据《旧唐书》卷一四〇《张建封传》:"贞元四年,以建封为徐州刺史、兼御史大夫、徐泗濠节度支度营田观察使。……十二年,加检校右仆射。十三年冬,入觐京师,德宗礼遇加等,特以双日开延英召对,又令朝参入大夫班,以示殊宠。……十四年春上巳,赐宰臣百僚宴于曲江亭,特令建封与宰相同座而食。……建封将还镇,特赐诗。"张建封卒于贞元十六年。卢纶诗题称张仆射,当然应是在贞元十二年(796)张建封加检校右仆射之后。而据上引《旧唐书·张建封传》,卢纶此诗有极大可能作于贞元十三年冬张建封入朝及第二年贞元十四年(797—798)还镇期间①。张建封的诗今存二首:《竞渡歌》、《酬韩

① 权德舆有《送张仆射朝觐毕归徐州序》(《权载之文集》卷三十六),称张建封于贞元十四年春朝觐毕归徐州时,"中朝贤士大夫皆举酒为寿,征诗为礼,盖悦公之风而惜别也"。文中又盛称张建封的文才:"文锋师律,奇正相合,以气为主,与古为徒,故其缘情放言,多以莫邪自况,然则天下(转下页)

校书愈打球歌》(《全唐诗》卷二七五),其《塞下曲》原作已佚。卢纶当是在张建封入朝时,为称颂张建封的武功而作此诗,由于他已有从军河中的生活经历,因此诗中所写的边塞战争的情景,是写得有气魄的。不过这已是卢纶晚年时期的作品,距离大历时期已有十七八年了。

《旧唐书·卢简辞传》载:"太府卿韦渠牟得幸于德宗,纶即渠牟之甥也,数称纶之才,德宗召之内殿,令和御制诗,超拜户部郎中。方欲委之掌诰,居无何,卒。"《新唐书·卢纶传》也载:"尝朝京师,是时舅韦渠牟得幸德宗,表其才,召见禁中,帝有所作,辄使赓和。异日问渠牟:'卢纶、李益何在?'答曰:'纶从浑瑊在河中。'驿召之,会卒。"这是有关卢纶晚年的材料。按,韦渠牟有《览外生卢纶诗因以示此》(《全唐诗》卷三一四):"卫玠清谈性最强,明时独拜正员郎。关心珠玉曾无价,满手琼瑶更有光。谋略久参花府盛,才名常带粉闱香。终期内殿联诗句,共汝朝天会柏梁。"卢纶则有《敬酬大府二十四舅览诗卷因以见示》(同上卷二七七),前四句说:"郄公怜蹇亦怜愚,忽赐金盘径寸珠。彻底碧潭滋涸溜,压枝红艳照枯株。"对韦渠牟表示了感激之意。据岑仲勉先生《唐人行第录》考,卢纶诗题中的"大府二十四舅",大府应作太府,韦渠牟曾为太府卿。

(接上页)之肯綮,适所以资公之断割耶?"文学研究所《唐诗选》谓卢纶此诗之张仆射为张延赏,并谓张延赏"唐德宗贞元三年(787)官至左仆射同平章事"。按,据《旧唐书·德宗纪》及《张延赏传》,《通鉴》卷二三二,张延赏官左仆射同平章事在贞元元年八月,贞元三年七月乃卒。《唐诗选》误记。且张延赏无文才,《唐诗选》所云不知何据。

据《旧唐书》卷一三五《韦渠牟传》，韦渠牟于贞元十二年四月，因参与儒道释三教辩说，得到德宗的宠信："渠牟枝词游说，捷口水注，上谓其讲耨有素，听之意动。数日，转秘书郎，奏诗七十韵，旬日，迁右补阙、内供奉。……岁终，迁右谏议大夫。"后又迁太府卿，赐金紫，转太常卿。贞元十七年卒。可见韦渠牟是有一定的口辩的。而且他早年还曾得到大诗人李白的赏识，曾从李白学诗，《新唐书》卷一六七《韦渠牟传》说："少警悟，工为诗，李白异之，授以古乐府。"权德舆所作韦渠牟墓志铭中也说他"年十二，善赋诗属书，未弱冠，博极今古，尤精史籍，力行过人"，后又说他"敏于歌诗，缛采绮合"（《权载之文集》卷二十三《唐故太常卿赠刑部尚书韦公墓志铭》）。权德舆以当时人为韦渠牟作墓志，当然不免有溢美之词，但韦渠牟当时能以文辞动人当是事实，问题在于他受到德宗宠信后，"颇张恩势以招趋向者，门庭填委"（《旧唐书·韦渠牟传》）。《刘宾客嘉话录》也载："贞元末，太府卿韦渠牟、金吾李齐运、度支裴延龄、京兆尹嗣道王实，皆承恩宠事，荐人多得名位。"（见《太平广记》卷一八八"权倖"韦渠牟条引）卢纶既是他的外甥，当也受到他的推荐。

据权德舆所作墓志，韦渠牟于贞元十二年（796）因讲论三教受到信用，"岁中历右补阙、左谏议大夫"，而"间一岁，迁太府卿，锡以命服；又间一岁，迁太常卿"，则是于贞元十三年（797）为太府卿，十四年（798）为太常卿，十七年（801）七月卒。卢纶诗题称韦渠牟为"太府"，则诗当作于贞元十三、四年之间。又卢纶有《奉和圣制麟德殿宴百僚》诗（《全唐诗》卷二七六），按，《旧唐书》卷十三《德宗纪》下载，贞元十四年二月，"戊午，上御麟德殿，宴文武百僚，初奏《破阵乐》，遍奏《九部乐》。……上又赋《中春麟德殿宴群臣诗》八韵，群臣颁赐有差。"《全唐诗》卷四即载有德宗《麟德殿宴百僚》等诗。由此可见，卢纶的这首《奉和圣制麟德殿宴百僚》诗，即作于贞元十四年春。这个时间，与韦渠牟于贞元十三、四年间任太府卿，卢纶和韦渠牟诗称其为"太府"等等均合。也就是说，卢纶因韦渠牟的推荐，为德宗所召见，并且"帝有所作，辄使赓和"（《新唐书·卢纶传》），也就在这个时候。而卢纶因此也就"超拜户部郎中"（《旧唐书·卢简辞传》）。又，浑瑊卒于贞元十五年十二月，韦渠牟卒于贞元十七年七月，卢纶卒于他们二人之前（见上引《新唐书·卢纶传》），则其卒应在贞元十四年、十五年间，即公元798—799年间。卢纶的这一卒年是较有史料根据的。大历时期的诗人，恐怕要数他死得最晚了，这时，韩愈、柳宗元、白居易、张籍等都已开始走上文学舞台，唐代的诗歌与散文，都已进入一个新的发展时期。

[附记]

　　上文《卢纶考》关于卢纶生年的考证，应有所辨正。

　　《卢纶考》不同意生于公元748年（唐玄宗天宝七载）之说，主要依据为：（1）《极玄集》卷下选载卢纶诗，于其名下注云："天宝末举进士，不第。"《极玄集》编者姚合为中晚唐之际人，与卢纶的时代相距不远，其说当可信。又《旧唐书》卷一六三《卢简辞传》亦载："父纶，天宝末举进士，遇乱不第，奉亲避地于鄱阳。"（2）卢纶《晚次鄂州》诗，《全唐诗》于题下注："至德中作。"另《全唐诗》所载卢纶两诗，诗题中皆有"至德中"字样(《至德中途中书事郤寄李僴》、《至德中赠内兄刘赞》)。至德为肃宗年号（756—758），如卢纶生于748年，则此时不过十岁光景，不可能有此经历与交游。

按，以上两点在当时看来是有一定道理的，但随着研究的进展，这两点就不能成立。我于90年代初作《唐人选唐诗新编》（此书后由陕西人民教育出版社于1996年7月出版），其中《极玄集》，经查，有现藏于上海图书馆的影宋抄本，这是现存最早的《极玄集》本子，为一卷本（即不分卷），这与后来明人重刻的二卷本有明显的不同。最大的不同，是明以后的通行二卷本，所收二十一人诗，各人名下均有小传，这些小传一向以为即姚合所撰。但影宋抄本却无小传，今存南宋以前文献，也未有引录或提及《极玄集》之小传者。二卷本之小传，当系南宋以后（可能为宋元之际）书贾采掇通行所能见到的资料，剪辑而成，其间还有明显的错误（如谓钱起官"终尚书郎、太清宫使"），详见拙著《唐人选唐诗新编》中《极玄集》前记。由此可证，《极玄集》卢纶名下所云"天宝末举进士，不第"，并非出自姚合。

我在作《唐才子传校笺》卢纶传笺注时，曾引述上海古籍出版社赵昌平先生的来信，他援引卢纶赠冯著诗，并加考述，认为卢纶诗中"八岁始读书，四方遂有兵"，当即指天宝末（详见《唐才子传校笺》第二册，卷四，中华书局1989年3月出版）。

又上海古籍出版社曾于1989年9月出版刘初棠先生《卢纶诗集校注》，中云《晚次鄂州》题下"至德中作"四字，唐人所编《才调集》即无此注。另外两首诗题中"至德中"字也恐为后人所加。

另有一新材料发现。1991年5月,我应西安联合大学与蓝田县人民政府之邀,参加王维诗歌研讨会,会议期间结识了蓝田县中学教师王文学同志。王文学同志向我提供了一个信息,说1990年5月在长安县韦曲北塬发现一块墓志,志主名卢绶,乃卢纶之弟。这引起了我很大兴趣,就请求他设法把墓志的拓片给我寄一份。王文学同志后来寄给我一份,我遂就此写了《卢纶家世事迹石刻新证》一文(刊于南京大学中文系编的《文学研究》第1期,南京大学出版社,1992年5月)。

这篇墓志题为《大唐故卢府君墓志铭》,志中提及卢绶之兄为"户部郎中府君讳纶"。志文一开始即言:"唐元和五年三月廿四日,河中府宝鼎县尉范阳卢府君终于邠州新平县长乐里第,享年六十。"元和五年为公元810年,享年六十,则其生年为天宝十载(751)。此为确数,而卢纶为其兄,则纶生于天宝七载(748),于情事正合。

此墓志对考证卢纶家世,亦有助益,详参拙文《卢纶家世事迹石刻新证》,此不赘。

耿湋考

一

耿湋的生年无可考,闻一多先生《唐诗大系》虽定其生年为734年(开元二十二年),实则并无根据。耿湋事迹最早可以记述的是宝应二年(763)登进士第。据姚合《极玄集》卷上耿湋评语云:"或作纬。宝应二年进士。"《直斋书录解题》卷十九诗集类上也作宝应二年,至元辛文房的《唐才子传》(卷四)记载得更为具体,说是"宝应二年洪源榜进士"。徐松《登科记考》卷十即根据《唐才子传》定宝应二年进士科的状元为洪源,登第者则有耿湋等①。但晁公武《郡斋读书志》卷四上别集类记耿湋为宝应元年(762)进士,清人编的《全唐诗》同此,不知晁氏有何根据。据徐

---

① 马茂元《唐诗选》关于耿湋的记述,说他字洪源,实则据《唐才子传》,洪源为另一人,系宝应二年进士榜的榜首。此当是沿袭《全唐诗》卷二六八耿湋小传之误。

松《登科记考》（卷十），宝应元年停贡举，则当以宝应二年为是。

　　耿湋于进士登第后授何官职，史无明载。《极玄集》说："宝应二年进士，官至左拾遗。"《郡斋读书志》谓："宝应元年进士，为左拾遗。"《直斋书录解题》仅称："耿湋集二卷；唐右拾遗河东耿湋撰，宝应二年进士。"至于《新唐书》所载则更简单，其《艺文志》四，丁部集录别集类只说是"耿湋诗集二卷"；卷二〇三《文艺传下·卢纶传》所附也只是简单的一句话："湋右拾遗。"到《唐才子传》，对他的事迹才总算多写了一些，说："湋，河东人也。宝应二年洪源榜进士。与古之奇为莫逆之交。初为大理司法。充括图书使来江淮，穷山水之胜。仕终左拾遗。"但根据现有材料考察耿湋的事迹，《唐才子传》这里的叙述，实有可疑与不确切之处；当然，还有可以补充其不足的。

二

　　《唐诗纪事》卷五十六雍陶条曾记载说："唐诗人最重行卷，陶首篇上裴度，或云耿湋行卷首篇上第五琦，遂指为二子邪正。虽然，方琦未有衅时，上诗亦何足多怪。"所谓行卷，是唐代士子在应试前先以所作诗文投于当时的达官贵人或知名之士，希求引荐，造成声誉，以利于登第。因此，行卷先投于谁，不只影响考试的结果，而且影响个人的名声及今后的仕途，因此《唐摭言》卷十五《旧话》门有"卷头有眼"的话，注云："投谒必其地也。"《唐诗纪事》的这条记载也说明当时的这种风气。这条记载的作者倒是为耿湋辩护的，但他所说的这一事实前提却有问题。

考现在所存耿湋诗，保存于《全唐诗》的，有关第五琦的诗共有两篇，一是《奉和第五相公登鄱阳郡城西楼》（《全唐诗》卷二六九），这是大历时耿湋充括图书使经饶州所作，后面要谈到；另一是《得替后书怀上第五相公》（卷同上），诗为："谁语恓惶客，偏承顾盼私。应逾骨肉分，敢忘死生期。山县唯荒垒，云屯尽老师。庖人宁自代，食蘗谬相推。黄绶名空罢，青春鬓又衰。还来扫门处，犹未报恩时。独立花飞满，无言月下迟。不知丞相意，更欲遣何之。"这首诗所说的第五相公，当然是指第五琦，但据《旧唐书》卷一二三《第五琦传》，及卷十《肃宗纪》，第五琦是以乾元二年（759）三月以户部侍郎同中书门下平章事，同年十一月，因滥铸钱币，造成经济混乱，贬为忠州长史，又配流夷州。而耿湋此诗的诗题称"得替后书怀"，诗中又说"山县唯荒垒"，"黄绶名空罢"，无疑是作于宝应二年（763）登进士第后授官而又罢任时所作，可知这首诗根本不是行卷之作。《唐诗纪事》的这一记载不知出于何书，作此记载者可能看见诗题有"上第五相公"字，就当作行卷一类的作品了。

但耿湋此诗对于我们考证其行迹却有帮助。据上所述，第五琦仅于乾元二年约有八个月时间任宰相之职，随即受到贬谪，后来量移为朗州刺史。据《旧唐书》卷十一《代宗纪》，广德元年（763）十月吐蕃犯长安，代宗出奔陕州，郭子仪率师谋收复京城，就以"朗州刺史第五琦为京兆尹、兼御史大夫"。广德二年（764），正月，"罢度支使，以户部侍郎第五琦专判度支及诸道盐铁、转运、铸钱等使"。大历元年（766）正月，又与刘晏分领天下财赋，"第五琦充京畿、关内、河东、剑南西道转运、常平、铸钱、盐铁等使。"直至宦官鱼朝恩于大历五年（770）正月被杀，第五琦因与鱼朝恩亲近，坐牵连而被贬为处州刺史。第五琦于肃、代两朝较长时期管理财政，并在大历初年与著名理财家刘晏分掌全国财赋，可见还是有一定才干的。

今考戴叔伦有《酬盩厔耿少府湋见寄》诗（《全唐诗》卷二七三）："方丈萧萧落叶中，暮天深巷起悲风。流年不尽人自老，外事无端心已空。家近小山当海畔，身留环卫荫墙东。遥闻相访频逢雪，一醉寒宵谁与同。"唐时县尉称少府。从诗题可知，耿湋此时任盩厔尉。盩厔是京兆的畿县之一。联系以上所述第五琦的历官，他于大历元年正月与刘晏分工，所管辖的范围大致是潼关以西的地区，其中就有京畿。我们有理由推断，耿湋于宝应二年进士登第以后，即授为盩厔县尉，大约至大历初年得替，因而作诗上呈第五琦，其后即入朝任拾遗之职。所谓"山县唯荒垒，云屯尽老师"，所写也是有时代特点的。就在大历元年的前一年永泰元年（765），八九月间，仆固怀恩引诱吐蕃等兵数十万众进犯长安西边，前锋直达凤翔府与盩厔县，郭子仪等又率兵救援，九月"己酉，郭子仪自河中至，进屯泾阳，李忠臣屯东渭桥，李光进屯云阳，马璘、郝玉屯便桥，骆奉仙、李伯越屯盩厔，李抱玉屯凤翔，周智光屯同州，杜冕屯坊州"（《旧唐书》卷十一《代宗纪》）。但尽管当时唐朝的这些有名镇将分屯京城四郊，吐蕃等合围的形势仍未能打开，直到十月间郭子仪单骑赴回纥营，拆散回纥与吐蕃的联盟，才逼使吐蕃军队离去，而长安以西的州县又遭受一次兵乱的破坏。从这些情况看来，耿湋这首上第五琦的诗作于大历初年，这一推断是较为合理的。由此可知,他在登进士第后大约有三、四年的时间任盩厔尉,在此之后,即入朝任左拾遗(一说右拾遗),而与卢纶等相往还。这一点,过去的耿湋材料是从未道及的。

三

《唐才子传》说耿湋曾"充括图书使来江淮"。此事见于卢纶《送耿拾遗湋充括图书使往江淮》诗(《全唐诗》卷二八〇):"传令收遗籍,诸儒喜饯君。孔家唯有地,禹穴但生云。编简知还续,虫鱼亦自分。如逢北山隐,一为谢移文。"《唐才子传》所记当本于卢纶的诗题。现在所要考证的是耿湋充括图书使的时间。

由上所述,耿湋于大历初年由盩厔尉入为左拾遗。卢纶有《同耿湋司空曙二拾遗题韦员外东斋花树》诗(《全唐诗》卷二七九)。所谓韦员外花树,在当时的长安是著名的园林形胜之地,岑参有《韦员外家花树歌》(四部丛刊本《岑嘉州诗》卷二),独孤及有和岑参的诗,题为《同岑郎中屯田韦员外花树歌》(《毗陵集》卷二),岑参与独孤及的这两首诗作于永泰元年(765),这时他们二人都在长安①。另外,李端也有《韦员外东斋看花》诗(《全唐诗》卷二八五)。岑参与独孤及的诗是七言,卢纶与李端的则是五言,当不是同时所作。耿湋另有《秋晚卧疾寄司空拾遗曙卢少府纶》(《全唐诗》卷二六八),卢纶则于大历初几年为阌乡尉(也可能

_____

①参闻一多《岑嘉州系年考证》,见《唐诗杂论》。

是昭应尉，见本书《卢纶考》）。由此可见，大历前期，卢纶、耿湋、司空曙、李端等都在长安，耿湋与司空曙则同时任拾遗之职。

耿湋有《奉送蒋尚书兼御史大夫东都留守》（《全唐诗》卷二六九），说："副相威名重，春卿礼乐崇。锡珪仍拜下，分命遂居东。高旆翻秋日，清铙引细风。蝉稀金谷树，草遍德阳宫。……"所谓副相，即指御史大夫，唐时御史大夫有亚相之称。这里的蒋尚书，为蒋涣。蒋涣，新旧《唐书》无传，据《旧唐书》卷十一《代宗纪》，大历七年（772）五月"癸亥，以检校礼部尚书蒋涣充东都留守"。耿湋诗中"高旆翻秋日"云云，写的是秋日，当是蒋涣受命是在五月，而成行则在秋天。由此可见，大历七年秋，耿湋尚在长安，他之往江淮求遗书，当在大历七年以后。

《颜鲁公文集》（四部丛刊影明刊本）卷十五载《送耿湋拾遗联句》：

> 尧舜逢明王，严徐得侍臣。分行接三事，高兴柏梁新。（真卿）楚国千山道，秦城万里人。镜中看齿发，河上有烟尘。（湋）望阙飞青翰，朝天忆紫宸。喜来欢宴洽，愁去咏歌频。（真卿）顾盼情非一，睽携处亦频。吴兴贤太守，临水最殷勤。（湋）

这首联句是当时的湖州刺史（湖州一名吴兴）颜真卿送耿湋归朝之作，诗中所写即是耿湋奉使搜求图书之事。据唐令狐峘《颜鲁公神道碑铭》，殷亮《颜鲁公行状》，宋留元刚《颜鲁公年谱》（皆见《颜鲁公文集》附录），以及《旧唐书》卷一二八、《新唐书》卷一五三《颜真卿传》,颜真卿于大历七年九月除湖州刺史,大历八年正月抵任,大历十二年(777)四月自湖州召还,八月为刑部尚书。又据梁肃《送耿拾遗归朝廷序》(《文苑英华》卷七二五):

> 国家方偃武事,行文道,命有司修图籍,且虑有阙文遗编,逸诗坠礼,分命史臣求之天下,若汲冢墓陵山穴之徒,必从而搜焉。拾遗耿君于是乎拥轻轩,奉明诏,有江湖之役,亦勉已事,将复命阙下。七月乙未,改辕而西,将朝夕论思,左右帝宸,用广乎天禄石渠之籍,托讽求吟咏情性之作。当尧舜之聪明,魏丙之谟猷,以拾遗之才之美,其翰飞远迩,不可度已,众君子盖将贺不暇。彼吴秦离别,于我何有,作者之志,小子承命而序之。

这也是梁肃在吴中送耿湋归朝之作,时间是在七月。由此可知,耿湋之充括图书使往江淮,以及还朝,当在大历八年(773)至十一年(776)秋的四年之内。因为颜真卿既然在湖州刺史任内送耿湋,作联句诗,则当在颜真卿离任之前,而颜之离湖州任在大历十二年五月,梁肃送耿湋序则在七月,因此耿湋之归朝最晚不得超过大历十一年秋。

由上所引的卢纶送耿湋赴江淮诗,以及颜真卿、梁肃送耿湋还朝之作,都称耿湋为拾遗,梁肃序中还说"分命史臣求之天下"。可见耿湋这次是以左拾遗之职充使的。但《唐才子传》却说:"初为大理司法。充括图书使来江淮,穷山水之胜。仕终左拾遗。"似乎耿湋充括图书使前未任拾遗,而为大理司法,直至还朝之后,才

"仕终左拾遗"。这完全把事情颠倒了。事实是,卢纶在建中末、贞元初作诗提及耿湋、司空曙等人时,才称耿湋为司法(详见《卢纶考》文)。据《新唐书》卷四十七《百官志》二,左拾遗属门下省,官阶为从八品上,又卷四十八《百官志》三,大理寺所属有司直,官阶为从六品上。司直当即为司法。则耿湋由拾遗为大理司直,正是正常的升迁次序,不可能初为大理司直,未有其他事故反而降阶为左拾遗之事。

耿湋这次出使,在浙江还曾与严维、刘长卿、秦系等诗人唱酬。严维有《酬耿拾遗题赠》(《全唐诗》卷二六三):"掩扉常自静,驿吏忽传呼。水巷惊驯鸟,藜床起病躯。顾身悲欲老,戒子力为儒。明日公西去,烟霞复作徒。"耿湋则有《赠严维》(《全唐诗》卷二六八),以严维比之为东晋的许询,说是:"许询清论重,寂寞住山阴。"这时严维任诸暨尉,不久即赴河南严郢幕。大约大历十一、二年间,刘长卿正被贬谪为睦州司马[①],他有送耿湋的一首七言律诗,题为《送耿拾遗归上都》(《刘随州集》卷八):"若为天畔独归秦,对水看山欲暮春。穷海别离无限路,隔河征战几归人。长安万里传双泪,建德千峰寄一身。想到邮亭愁驻马,不堪西望见风尘。"刘长卿比梁肃高明之处,就是梁肃的序中只是一味地写什么偃武修文,刘长卿的诗已经见到大历末年逐渐酝酿着藩镇的新混战了。刘长卿大历十一年前即已为睦州司马,这个时间与上面所考的耿湋充使求书的时间正好相合。

另外,长期隐居于越中的隐逸诗人秦系,这时也有《山中赠耿

---

① 以上关于严维与刘长卿事迹均见本书《刘长卿事迹考辨》一文。

拾遗漳兼两省故人》之作(《全唐诗》卷二六〇)。

从卢纶的诗中,可知耿漳在贞元三年以前尚在长安,为大理司法,大约贞元三年以后的数年间去世,确切的卒年无考(详见《卢纶考》一文)。

四

耿漳于宝应二年登进士第时,安史之乱还未平定。进士登第后任盩厔尉时,又碰到吐蕃、回纥等的侵扰。只是在大历前期任左拾遗时还算是相对平静的时期,但不久他又遇上了朱泚之乱。他的一生确实是久经离乱的。这些在他的诗作中都有所反映。他所经过的地方也较广,据戴叔伦的《送耿十三漳复往辽海》(《全唐诗》卷二七三),他似曾从军于辽城一带,诗中说:"仗剑万里去,孤城辽海东。……辕门正休暇,投策拜元戎。"他也到过西北。因此他有好几首以边塞为题材的诗篇,一般是写得比较真切的,也有一定的思想内容,如《凉州词》(《全唐诗》卷二六九):

> 国使翻翻随旆旌,陇西歧路足荒城。毡裘牧马胡雏小,日暮蕃歌三两声。

又如《塞上曲》(卷同上),写从小在边疆从事鞍马干戈的将士,并未受到应有的赏赐,年老时仍在边塞度过晚年:"懒说疆场曾大获,且悲年鬓老长征。塞鸿过尽残阳里,楼上悽悽暮角声。"

不过耿湋较好的诗还是反映他那一时代的破败荒落。看来他的生活是并不富裕的，一再叹贫伤病，如："贫病催年齿，风尘掩姓名。"（《华州客舍奉和崔端公春城晓望》，《全唐诗》卷二六八）"贫病仍为客，艰虞更问津。"（《酬李文》，同上）"贫病休何日，艰难过此身。"（《赠兴平郑明府》，同上卷二六九）他似乎曾因某事贬谪至许州，如《赴许州留别洛中亲故》（同上卷二六八）："淳风今变俗，末学误为文。幸免投湘浦，那辞近汝坟。"又《许下书情寄张韩二舍人》（同上卷二六九），其中说："谪宦军城老更悲，近来频夜梦丹墀。银杯乍灭心中火，金镊唯多鬓上丝。"时代的纷乱和他个人的遭际，使他的诗篇带上感伤的色彩，写出经过长年战乱后的荒凉情景，如：

> 日暮黄云合，年深白骨稀。旧村乔木在，秋草远人归。废井莓苔厚，荒田路径微。唯余近山色，相对似依依。（《宋中》，《全唐诗》卷二六八）
>
> 落日向林路，东风吹麦陇。藤草蔓古渠，牛羊下荒冢。骊宫户久闭，温谷泉长涌。为问全盛时，何人最荣宠。（《晚次昭应》，同上）

他对人民所遭受的苦难是深表同情的，著名的如《路傍老人》（《全唐诗》卷二六九）："老人独坐倚官树，欲语潸然泪便垂。陌上归心无产业，城边战骨有亲知。余生尚在艰难日，长路多逢轻薄儿。绿水青山虽似旧，如今贫后复何为。"写贫苦老人无所依靠、走投无路的处境，使人读了仿佛透不过气来，这是肃、代时期的真

实写照,比起那一时期大多数奉呈达官贵人的粉饰时世之作,当然有价值得多。耿湋还有一首《赠田家翁》(同上卷二六八):

老人迎客处,篱落稻畦间。蚕屋朝寒闭,田家昼雨闲。门间新薤草,蹊径旧谙山。自道谁相及,邀予试往还。

这首诗可能还带有封建士大夫的那种生活趣味,但对农村生活的自然和真朴,作者是抱着向往的心情的。这样的诗,在当时也是不可多得的。

据陆游《老学庵笔记》所载,宋代的苏辙作诗,还有意用耿湋的句子,其书卷四书:"唐拾遗耿湋《下邽喜叔孙主簿郑少府见过》诗云:'不是仇梅至,何人问百忧。'苏子由作绩溪令时有赠同官诗云:'归报仇梅省文字,麦苗含穟欲蚕眠。'盖用湋语也。近岁均州刻本辄改为'仇香'。"按,耿湋此诗见《全唐诗》卷二六八,题作《下邽客舍喜叔孙主簿郑少府见过》,系五律,所引"不是仇梅至,何人问百忧"为诗的末二句。全诗则无甚特色。耿湋诗以清淡质朴见长,是十才子中最接近于宋诗者。但如"横空过雨千峰出,大野新霜万壑铺"(见《全唐诗》卷八八三补遗二,题为《九日》),写的是有气势的,代表了他的诗风的另一面。

司空曙考

一

关于司空曙事迹的记载,始见于姚合《极玄集》卷上,云:"字文初,广平人。举进士,贞元中水部郎中,终虞部郎中。"后又见于《新唐书》卷二〇三《文艺下·卢纶传》附:"曙字文初,广平人。从韦皋于剑南,终虞部郎中。"这是唐宋时候人的记载,虽稍嫌简略,但大致不差,而从元代辛文房的《唐才子传》起,记载似乎较详了,但却出现了错误以及含混不清的地方。《唐才子传》卷四司空曙小传说:

> 曙字文明,广平人也。磊落有奇才。韦皋节度剑南,辟致幕府。授洛阳主簿,未几迁长林县丞,累官左拾遗,终水部郎中。

此处关于司空曙所历官职的叙述较《极玄集》与《新唐书》详,

也提供了一些有参考价值的线索，但官职迁转的次序却十分混乱，其中也影响了后人关于他的事迹的记述。举一个例子：《唐才子传》先说"韦皋节度剑南，辟致幕府"，然后又历述洛阳主簿、长林县丞、右拾遗等等，接着说："终水部郎中。"而本文在下面所提供的无容争辩的材料，说明司空曙在韦皋的剑南西川节度使幕中时，所带的官衔正是水部郎中，二者实为同一时间的事。唐代文士一方面在节镇使府中任职，一方面又同时带有京朝官的官衔，这在当时极为常见。《唐才子传》却将此分为前后两事，而清人所编的《全唐诗》，其卷二九二司空曙小传也说："从韦皋于剑南，贞元中为水部郎中。"马茂元《唐诗选》关于司空曙的简略介绍也说："韦皋任剑南节度使时，曾招致幕府。德宗时官水部郎中。"都把在韦皋使府中任职与官水部郎中截然分为二事，显然都是未经检核有关史籍，照抄《唐才子传》，因而误载。

二

司空曙的籍贯与字，过去的记载都有歧异，难于确定。

关于籍贯，有下列几种记载：

一、京兆人，或河内人。《元和姓纂》卷二："司徒……京兆上元润州刺史司徒袭成云河内人，署，虞部郎中；孙图。"此处因文字脱误，不可卒读。据岑仲勉先生《元和姓纂四校记》，说《姓纂》原文"司徒"一节，自"禹为尧司徒"至此处所引，"皆司徒兼冒司空之文也，应补目，别为一条"。意即此处所引的京兆司徒，应作京兆司空。《四校记》又说此处的"成"，库本作"或"；"人"，库本作"人"。又据《新唐书》卷一九二《张巡传》："始，肃宗诏中书侍郎张镐代（贺兰）进明节度河南，率浙东李希言、浙西司空袭礼、淮南高适、青州邓景山四节度掎角救睢阳。"则《姓纂》的"袭"字下脱一"礼"字。"署"又为"曙"之误字。因此，《姓纂》的这段文字，应作：

> 司空……京兆　上元润州刺史司空袭礼，或云河内人；曙，虞部郎中；孙图。

但即使如此，也还有问题。这里并没有记载司空曙与司空袭礼的关系，按照《姓纂》的体例，是应标明其亲属关系的。司空袭礼，新旧《唐书》无传。司空曙本人的诗作中从未提及司空袭礼，或说及在他的家族中上元时曾官润州刺史者。另外，《姓纂》又说司空曙之孙为司空图。司空图是晚唐时的著名诗人，新旧《唐书》有专传。《旧唐书》卷一九〇下《文艺下·司空图传》，说他是临淮人，其曾祖名遂，祖名彖，父名舆；《新唐书》卷一九四《卓行·司空图传》则称图为河中虞乡人，其父名舆。无论籍贯与先世，都与《姓纂》完全不同。而且《元和姓纂》的作者林宝是中晚唐之际的人，其时代较司空图为早。因此，《姓纂》的"孙图"二字当为后人附会加入。既然如此，司空曙是否应列在司空袭礼之后，林宝是不是会搞错，也是可以怀疑的。

又，宋陈振孙的《直斋书录解题》卷十九诗集类上于"司空文明集二卷"下，称"唐虞部郎中京兆司空曙"，也说司空曙是京兆人。陈振孙是抄自《元和姓纂》，还是别有所据，不详。

二、广平人。关于司空曙是广平人，见于上面已引过的《极玄集》与《新唐书·卢纶传》，也见于《唐才子传》、《全唐诗》小传等。这里也有问题。按，唐时地名称广平的不止一处，如《新唐书》卷四十二《地理志》六，剑南道的恭州恭化郡，"开元二十四年以静州之广平置"，静州也属剑南道。恭州所属县有名和集者，"本广平，天宝元年更名"。可见广平曾为剑南道恭州恭化郡的一个属县。但这一广平县地处西南僻远之地，与司空曙的行迹不相涉，当不会是他的籍贯所在之地。另外，据《新唐书》卷三十九《地理志》三，河北道有洺州广平郡，其属县有永年、平恩、临洺、鸡泽、肥乡、曲周等。又同卷载幽州范阳郡属县有广平："天宝元年析蓟置，三载省，至德后复置。"则广平一为郡名，属河北道，在现在河北省邯郸专区永年县；一为县名，属幽州范阳郡，在现在的北京附近。

按，司空曙有《贼平后送人北归》（《全唐诗》卷二九二）："世乱同南去，时清独北还。他乡生白发，旧国见青山。晓月过残垒，繁星宿故关。寒禽与衰草，处处伴愁颜。"这首诗描写北方遭受安史之乱的大破坏以后的情景，很有认识价值。诗题所谓"贼平"，诗中所谓"时清"，当指代宗广德元年（763）正月，史朝义带领乱军残部逃奔到范阳，走投无路，自缢而死，前后历经九年之久的安史之乱总算得以平定。这首诗是司空曙送他友人北归的，所谓北归，范围当然是比较广泛，但我们知道，长安早于肃宗至德二载（757）九月即已收复，在这之后，由于唐朝统治者上层互相之间的利害矛盾和指挥无能，战事一直主要在河南进行，直至宝应元年（762）冬唐军才进入河北大部，第二年广德元年正月最后消灭史朝义军，范阳收归唐的版图。联系这些历史事实，则司空曙这首诗送人北归要待"贼平后"，诗中又说"他乡生白发，旧国见青山"，那末他应当是河北一带的人，——但是，他的所谓广平人，是指广平郡，还是幽州的广平县，则还是不能确定，因为这首诗再没有提供更多的情况，而司空曙的其他诗作，以及他的友人涉及他的有关诗作，也都没有记载他的籍贯问题。

总起来说，司空曙为京兆人，或河内人，可能性似不大，他当是广平人，而这个广平，是河北的广平郡，还是幽州的广平县，根据现有的材料，还难于最后确定。

关于他的字，也有两说。马茂元《唐诗选》是说他"字文明"，并有注，说《新唐书》作文初，此系据《唐才子传》。但《新唐书》成书远在《唐才子传》之前，而且它是记述唐代史事的专书，在它之前，《极玄集》也已称司空曙"字文初"。看来司空曙的字作文明是较妥当一些的。

其实，司空曙的友人，在他们与司空曙酬赠的诗篇中已称司空曙的字为文明，如卢纶《春日忆司空文明》（《全唐诗》卷二七八），李端《九日赠司空文明》（同上卷二八四），《杂歌呈郑锡司空文明》（同上），《秋日旅舍别司空文明》（同上卷二八五），《江上喜逢司空文明》（同上），等等。这样的例子甚多，何必求之于元人所作的《唐才子传》？

但是另外，司空曙字文初，也不独《极玄集》与《新唐书》，贞元四年（788）符载在成都作《剑南西川幕府诸公写真赞并序》（《全唐文》卷六九〇），这时司空曙正在剑南西川幕府（关于此事，后文将详细论及），为符载所赞的"诸公"之一。关于司空曙的赞，符载即题为:"水部司空郎中曙字文初。"这也是司空曙同时代人的著录。因此,关于他的字,我们从文献材料出发,只能说,一说为文明,一说为文初。

三

关于司空曙事迹的材料,现在所存的实在太少,因此有关他的生平,特别是他早年生活的情况,所能考见的也极少。

据上面所引的《贼平后送人北归》诗,说"世乱同南去,时清独北还",则安史之乱发生时,司空曙曾避乱到南方一带居住,安史之乱平定后不久,还滞留南方。又说"他乡生白发,旧国见青山",所谓"生白发",则当是中年以后了,如果此诗作于安史乱平后数年间,即广德年间(763—764),则其生年或当在720年左右。闻一多先生《唐诗大系》定其生年为740年,则至广德时司空曙才二十余岁,就不应说"他乡生白发"的话。

大约永泰元年(765)到大历二年(767)期间,司空曙已在长安。常衮有《晚秋集贤院即事寄徐薛二侍郎》诗(《全唐诗》卷二五四),当时卢纶、独孤及、钱起和司空曙都有和作,卢纶为《和常舍人晚秋集贤院即事十二韵寄赠江南徐薛二侍郎》(《全唐诗》卷二七六),独孤及为《和中书常舍人晚秋集贤院即事寄赠徐薛二侍郎》(《毗陵集》卷三),钱起为《奉和中书常舍人晚秋集贤院即事》(《钱考功集》卷七),司空曙为《奉和常舍人晚秋集贤院即事寄徐薛二侍郎》(《全唐诗》卷二九三)。按,《旧唐书》卷一一九

《常衮传》："永泰元年,迁中书舍人。……时朝廷多事,西北边虏,连为寇盗,衮累上章陈其利害,代宗甚顾遇之,加集贤院学士。大历元年,迁礼部侍郎,仍为学士。"(《新唐书》卷一五〇《常衮传》未载官职迁转的年岁)《旧唐书》本传说常衮于大历元年由中书舍人迁为礼部侍郎,时间有误。据《旧唐书》卷十一《代宗纪》,大历九年四月,"甲申,中书舍人常衮率两省官一十八人诣阁请论事",可见此时常衮尚为中书舍人。《旧唐书·代宗纪》又载同年十二月庚寅,"中书舍人常衮为礼部侍郎"。《唐语林》卷八累为主司条,载常衮典大历十年、十一年、十二年贡举。大历九年十二月任命为礼部侍郎,第二年春典贡举,正合于唐朝科试的惯例。可见《旧唐书·常衮传》所说的大历元年应是大历九年之误。司空曙等人诗题称常衮为中书舍人,则当在永泰元年至大历九年之间。又,独孤及于大历三年五月出为濠州刺史(详见本书《皇甫冉皇甫曾考》),诸人的和作又都说是"晚秋",则作诗的时间就更可缩短在永泰元年至大历二年的三年之内,这时司空曙已在长安,且与卢纶、钱起等人酬唱了。

这时司空曙有何官职,尚无确切材料能够说明。耿湋有《秋晚卧疾寄司空拾遗曙卢少府纶》诗(《全唐诗》卷二六八),称司空曙为拾遗,卢纶为少府,少府为县尉的称呼。据《新唐书》卷二〇三《文艺下·卢纶传》:"大历初,数举进士不入第。元载取纶文以进,补阌乡尉。累迁监察御史,辄称疾去。坐与王缙善,久不调。"卢纶也有《将赴阌乡灞上留别钱起员外》(《全唐诗》卷二七六)。按,元载于宝应元年(762)五月行中书侍郎拜相,直至大历十二年(777)三月被杀。元载被杀,王缙也因同党而被贬。由此看来,卢绪之为阌乡尉,似当在大历前期。再据耿湋此诗,卢纶任阌乡尉之时,司空曙为拾遗,其时也当在大历前期。

《唐才子传》说司空曙曾任洛阳主簿。此事在司空曙的诗中未有记载,卢纶有诗题为《洛阳早春忆吉中孚校书司空曙主簿因寄清江上人》(《全唐诗》卷二七八),《早春游樊川野居却寄李端校书兼呈崔峒补阙司空曙主簿耿湋拾遗》(同上卷二七九),称司空曙为主簿。前一诗是卢纶在洛阳作,但只是说"忆吉中孚校书司空曙主簿",似并不能由此就说司空曙即为洛阳主簿;后一诗是长安时所作,说是"兼呈……司空曙主簿……",就更不能断定他为洛阳主簿。因此,《唐才子传》所说的司空曙曾任洛阳主簿,只可作为参考,而未能找到直接的例证。

如果司空曙确曾任洛阳主簿,那就只能在他任左拾遗之前,而不能在任左拾遗之后,因为他在左拾遗任中,即因某事而被贬外出为长林县丞。

四

《唐才子传》载司空曙曾为长林县丞,但未言时间。今按,司空曙有《秋日趋府上张大夫》诗(《全唐诗》卷二九二):"重城洞启肃秋烟,共说羊公在镇年。鞞鼓暗惊林叶落,旌旗遥拂雁行偏。石过桥下书曾受,星降人间梦已传。谪吏何能沐风化,空将歌颂拜车前。"此诗说"羊公在镇",用西晋时羊祜为都督荆州诸军事的典故(见《晋书》卷三十四《羊祜传》),可见这个张大夫这时镇江陵,而司空曙则因贬谪而在其属下。据《新唐书》卷四十《地理志》四，"江陵府江陵郡，本荆州南郡，天宝元年更郡名"；所属县八，长林即其中之一。

这个张大夫是谁？考《旧唐书》卷十二《德宗纪》上，建中三年三月戊戌，"以岭南节度使张伯仪检校兵部尚书，兼江陵尹、御史大夫、荆南节度等使"。诗中称张大夫，是因张伯仪带御史大夫的官衔。张伯仪有传，附于《新唐书》卷一三六《李光弼传》之后，但传中只说"后为江陵节度使"，没有说在何年。又《旧唐书》卷十二《德宗纪》上，贞元元年四月"丁丑，以江西节度使嗣曹王皋为江陵尹、荆南节度使"。则张伯仪为荆南节度使的时间是在建中三年（782）三月以后，贞元元年（785）以前。又司空曙有《送高胜重谒曹王》诗（《全唐诗》卷二九二）："江上青枫岸，阴阴万里春。朝辞郢城酒，暮见洞庭人。兴比乘舟访，恩怀倒屣迎。想君登旧榭，重喜扫芳尘。"从这首诗看来，司空曙是在某年的一个春日，在江陵送高胜赴湖南去谒见曹王李皋。据《旧唐书》卷十二《德宗纪》上，李皋于建中元年（780）四月为潭州刺史、湖南团练观察使，建中三年（782）十月又转为洪州刺史、江西节度使。联系上面所说的司空曙《秋日趋府上张大夫》诗，张伯仪建中三年三月为荆南节度使，则送高胜的诗最晚不得迟于建中三年春，也就是说建中三年春或在此之前，司空曙已贬为长林丞。

又戴叔伦《赠司空拾遗》诗（《全唐诗》卷二七三）："侍臣何事辞云陛，江上弹冠见雪花。望阙未承丹凤诏，开门空对楚人家。陈琳草奏才还在，王粲登楼兴不赊。高馆更容尘外客，仍令归去待琼华。"诗中说"开门空对楚人家"，又以王粲于荆州登楼比喻司空曙,可见作此诗时,戴叔伦乃在荆州见到司空曙,而司空曙乃由左拾遗而贬为长林丞,因此说"侍臣何事辞云陛,江上弹冠见雪花"。戴叔伦曾于建中四年(783)冬奉江西节度使李皋之命赴奉天朝见德宗,第二年兴元元年初又自奉天返回江西(详见本书《戴叔伦事迹的系年及作品真伪的考辨》一文)。可能是他在这次往返的途中过江陵时见到司空曙的。

卢纶有《送张调参军侍从归觐荆南因寄长林司空十四曙》(《全唐诗》卷二七六):"玉勒侍行襜,郄超未有髯。守儒轻猎骑,承诲访沈潜。云势将峰杂,江声与屿兼。还当见王粲,应念二毛添。"卢纶的诗题明确标明司空曙这时在长林,并且也以王粲比司空曙。司空曙则有《酬郑十四望驿不得同宿见赠因寄张参军》(《全唐诗》卷二九二):"逢君喜成泪,暂似故乡中。谪宦犹多惧,清宵不得终。月烟高有鹤,宿草净无虫。明日郄超会,应思下客同。"这二首诗都以郄超比喻张参军,似当为同一人。司空曙的诗中更明白地说自己出为长林丞是贬谪,而且是"谪宦犹多惧",似乎案情还是相当重的,至于被贬的具体原因究竟如何,由于材料缺乏,已不可考知了。

司空曙任长林丞直到何时为止,确切的年月不易考得。卢纶有一首诗,诗题颇长,钞录并标点如下:《得耿湋司法书,因叙长安故友零落,兵部苗员外发、秘省李校书端相次倾逝,潞府崔功曹峒、长林司空丞曙俱谪远方,余以摇落之时,对书增叹,因呈河中郑仓曹、畅参军昆季》(《全唐诗》卷二七七)。按,卢纶于兴元元年(784)七月以后随浑瑊至河中;诗题中的畅参军指畅当,畅当曾任参军,而贞元三年(787)又已为太学博士(关于卢纶与畅当的系年皆见本书《卢纶考》一文)。由此可见卢纶此诗当作于兴元元年至贞元三年之间,即784—787的几年之内,这时司空曙尚为长林县丞。卢纶诗中说:"故友九泉留语别,逐臣千里寄书来。"司空曙则有《江园书事寄卢纶》(《全唐诗》卷二九三),说"种柳江南边,闭门三四年",又说"平生故交在,白首远相怜"。可见两人虽分居南北,相隔千里,仍有诗书往来,而司空曙在长林至少也有三、四年的时间,这时与卢纶都已彼此白首了。

丞是县令的副职,当时任长林令的是卫象。司空曙有好几首诗中提到此点,如《长林令卫象饷丝结歌》、《玩花与卫象(一作卫长林)同醉》、《独游寄卫长林》、《酬卫长林岁日见呈》(皆见《全唐诗》卷二九三)。看来他与卫象的交情是不错的。《元和姓纂》卷八有:"(卫)象,侍御史。"司空曙后来在蜀中所作有《送况上人还荆州因寄卫侍御象》(《全唐诗》卷二九三),也称卫象为侍御,卫象或当由侍御史而出为长林令的。关于这点,还可从权德舆的诗中得到印证,权德舆有《和司门殷员外早秋省中书直夜寄荆南卫象端公》(《权载之文集》卷二),其中说:"共嗟王粲滞荆州,才子为郎忆旧游。凉夜偏宜粉署直,清言远待玉人酬。"唐时称侍御史为端公,可见卫象在长林令之前在长安任侍御史,与权德舆等交游。今存卫象诗有二首(见《全唐诗》卷二九五),一为《伤李端》,对大历十才子之一的诗人李端表示深切的悼念之情,另一首题为《古词》:"鹊血雕弓湿未干,鸊鹈新淬剑光寒。辽东老将鬓成雪,犹向旄头夜夜看。"描写老将壮志未衰的磊落气概,诗写得很有气势,在中唐大历、贞元年间可称佳作。

<h1 style="text-align:center">五</h1>

从《新唐书》以后,都说司空曙曾在韦皋的剑南节度使幕中任职,但都未载在何年。现在我们从符载的《剑南西川幕府诸公写真赞并序》(《全唐文》卷六九〇)中,可以确知贞元四年(788),司空曙已在韦皋幕中。符载的文说:

> 戊辰岁,尚书韦公授钺之四年也。初尚书以汧陇殊勋,拜执金吾,天子犹以为功重而报轻,俾作镇于蜀,得自开幕府,延纳贤隽焉。韦公虚中下体,爱敬士大夫,故四方文行忠信豪迈倜傥之士,奔走接武,麇至幕下,搢绅峨峨,为一时伟人。时符子客于成都,叹其盛美,又咸得众君子之欢,而尝思欲赞颂之,事无由缘,殆似行佞,蕴蓄浩思,殊郁郁不快也。适会有沙门义全者,善丹青,尤工写真,诸公博雅好事,皆使图画之,山客由是得书囊意,因述写真赞十三章,使士林才彦,不独仰大府得贤之盛,抑亦欲属词比踪,各明其为人也。

戊辰即贞元四年。韦皋于贞元元年六月由左金吾卫大将军为检校户部尚书,兼成都尹、御史大夫、剑南西川节度观察使(见《旧唐书》卷十二《德宗纪》上)。韦皋任此职直至顺宗永贞时(805)。符载的文中称韦尚书,就是因为韦皋此时所带京朝官的官衔为检校户部尚书。

符载的赞词有十三章,其中的一章即写司空曙,题为"水部司空郎中曙字文初",词为:

风仪朗迈,振拔气器。玉气凝润,鹤情超辽。文烛翰苑,德成士标。问望何有,羽仪中朝。

这首赞词无甚特色,除了一般地赞美司空曙的风度和文翰以外,没有提供更多的值得研究的材料。但是符载的序和关于司空曙赞的题目很重要,使我们可以由此确定贞元四年司空曙确已在剑南西川节度使府中,而且从序中所说的,自韦皋到蜀中以后,即"自开幕府,延纳贤隽","四方文行忠信豪迈倜傥之士,奔走接武,麇至幕下",则很可能贞元四年以前,贞元元年以后的几年中,司空曙即已从长林县丞应聘来到韦皋幕中。另外,虽然我们还不知道他在节度使幕中担任何种具体职务,但其官衔则是水部郎中;当然这也是一种检校官,只是虚衔,好似杜甫在严武的东西川节度使幕中为检校工部员外郎一样。

司空曙在韦皋幕中究竟有多少年,不得而知。《元和姓纂》、《极玄集》、《新唐书》都记载他终于虞部郎中,或者他在贞元四年以后又入朝担任虞部郎中的官职,或者虞部郎中也仍然是检校官,他晚年即在剑南度过,也都未可知。卢纶另有一诗,题为《纶与吉侍郎中孚、司空郎中曙、苗员外发、崔补阙峒、耿拾遗湋、李校书端,风尘追游向三十载,数公皆负当时盛称,荣耀未几,俱沈下泉,畅博士当感怀前踪,有五十韵见寄,辄有所酬,以申悲旧,兼寄夏侯侍御审、侯仓曹钊》(《全唐诗》卷二七七)。我们从上面叙述中已经知道,大约贞元三年以前的几年中,苗发与李端已经去世。卢纶作这首诗的确切年月不可知,但当在贞元三年畅当为太学博士之后,在贞元四年吉中孚还担任官职之后(详见《卢纶考》)。从司空曙的行迹中，由符载的文章，知道贞元四年司空曙尚在剑南西川韦皋幕，后又为虞部郎中，则其卒应当还有几年的时间。闻一多先生《唐诗大系》以司空曙之卒年为790（？），即贞元六年左右。虽然因材料所限，司空曙的卒年不可确考，但贞元六—十年前后大致是不差的。

卢纶的上述诗中，讲到司空曙时说："郎中善余庆，雅韵与琴清，郁郁松带雪，萧萧鸿入冥。"大致概括了司空曙的诗歌风格。《新唐书》卷六十《艺文志》四，丁部集录别集类著录"司空曙诗集二卷"，《直斋书录解题》卷十九诗集类上也作二卷，《全唐诗》编其诗也为二卷（卷二九二、二九三），可见司空曙的诗自宋以后，散佚不多。从以上关于他的事迹的考订，我们知道司空曙早年曾经历了安史之乱，中年时即大历年间有一个较长时间在京都长安作官，后来又遭到贬谪，晚年则又在蜀中节镇幕中任职。他的诗，大部分写交游唱酬，比起其他大历诗人来，赞颂达官贵人的作品不多，有些作品写安史乱后的社会残破情况，写当时一些文士遭际不遇的感叹，都还有认识意义；也有少数诗篇描写农村和农民的，如《田家》（《全唐诗》卷二九三）：

> 田家喜雨足，邻老相招携。泉溢沟塍坏，麦高桑柘低。呼儿催放犊，宿客待烹鸡。搔首蓬门下，为将轩冕齐。

这样的诗，当然还带有封建士大夫文人的阶级色彩，但它写出了农村的自然风光，劳动人民的喜悦和质朴感情，都较真切，在当时追求词藻、声律的风气中还是别具一格的。

李端考

一

　　李端的事迹,最早见于姚合《极玄集》(卷上)的记载,说:"字正己,赵郡人,大历五年进士。与卢纶、吉中孚、韩翃、钱起、司空曙、苗发、崔峒、耿湋、夏侯审唱和,号十才子。历校书郎。终杭州司马。"在这之后,又见于《旧唐书》卷一六三《李虞仲传》,李虞仲为李端之子。传中有关李端的事迹如下:

　　　　李虞仲字见之,赵郡人。祖震,大理丞。父端,登进士第,工诗。大历中,与韩翃、钱起、卢纶等文咏唱和,驰名都下,号大历十才子。时郭尚父少子暧尚代宗女升平公主,贤明有才思,尤喜诗人,而端等十人多在暧之门下。每宴集赋诗,公主坐视帘中,诗之美者,赏百缣。暧因拜官,会十子曰:"诗先成者赏。"时端先献,警句云:"薰香荀令偏怜小,傅粉何郎不解

李端考 | 611

愁。"主即以百缣赏之。钱起曰:"李校书诚有才,此篇宿构也。愿赋一韵正之,请以起姓为韵。"端即襞笺而献曰:"方塘似镜草芊芊,初月如钩未上弦。新开金坞教调马,旧赐铜山许铸钱。"暖曰:"此愈工也。"起等始服。端自校书郎移疾江南,授杭州司马而卒。

《新唐书》卷二〇三《文艺下·卢纶传》也附载李端事,与《旧唐书》相似:

> 端,赵州人。始,郭暖尚升平公主,主贤明有才思,尤招纳士,故端等多从暖游。暖尝进官,大集客,端赋诗最工,钱起曰:"素为之,请赋起姓。"端立献一章,又工于前,客乃服,主赐帛百。后移疾江南,终杭州司马。

《新唐书》的记载,除了在升平公主宴集赋诗略简以外,在记事方面与《旧唐书》并无不同;李虞仲事,则见卷一七七,有专传,关于李端,则仅云"父端,附见《文艺传》"。

实际上,新旧《唐书》关于李端赋诗事都有所本,此事始见于李肇《国史补》卷上:

> 郭暖,升平公主驸马也。盛集文士,即席赋诗,公主帷而观之。李端中晏诗成,有荀令、何郎之句,众称妙绝。或谓宿构,端曰:"愿赋一韵。"钱起曰:"请以起姓为韵。"复有金坞、铜山之句,暖大出名马金帛遗之。是会也,端擅场。

此事不单见于唐、五代人的记载，而且也引起宋代人的评论，说是："起之妒贤，徒增愧，而端之捷思，为可服也。"（宋葛立方《韵语阳秋》卷四）而实际上根据李肇的记载，说李端诗为宿构者并非钱起，而是所谓"众人"，自从《旧唐书》开始，就都以为是钱起了。李端原诗题为《赠郭驸马》（《全唐诗》卷二八六），共二首，全诗为：

> 青春都尉最风流，二十功成便拜侯。金距斗鸡过上苑，玉鞭骑马出长楸。熏香荀令偏怜少，傅粉何郎不解愁。日暮吹箫杨柳陌，路人遥指凤凰楼。

> 方塘似镜草芊芊，初月如钩未上弦。新开金埒看调马，旧赐铜山许铸钱。杨柳入楼吹玉笛，芙蓉出水炉花钿。今朝都尉如相顾，愿脱长裾学少年。

这两首诗，除了对仗工整、音调铿锵以外，无论思想与艺术，都无任何特色，在唐代诗歌创作上也并无任何地位。这两首诗和有关这两首诗的记载，只不过从一个方面反映了所谓大历诗风思想上和艺术上的一个带根本性的弱点，就是当时聚集在长安的一些诗人，依附于达官贵人的门下，以诗歌来博得他们的青睐，而这些诗作又只能追求对仗和词藻，缺乏深刻的社会内容和艺术上的独创精神。只有当他们中的一些人，因为某种缘故，离开长安，接触了较为广阔的现实，才写出某些可以称道的诗篇。

郭暧见《旧唐书》卷一二〇《郭子仪传》，为郭子仪子，载其尚代宗女升平公主。据《旧唐书》卷十一《代宗纪》，永泰元年（765）

七月，"甲午，升平公主出降驸马都尉郭暖"。李端于大历五年（770）登进士第，则在郭暖第赋诗当在大历五年前后，这时钱起等人也正好都在长安。

据《极玄集》等记载，李端当于进士登第后任秘书省校书郎之职。卢纶有《早春归盩厔旧居却寄耿拾遗湋李校书端》诗（《全唐诗》卷二七八），具体年月不可考，大约当作于大历五年以后。同时诗人与李端唱酬寄赠的，还有司空曙《赠李端》、《过坚上人故院与李端同赋》（以上《全唐诗》卷二九二）、《酬李端校书见赠》、《深上人见访忆李端》（同上卷二九三）。另外，严维有《送李端》诗（《全唐诗》卷二六三）[①]，写的感情较为诚挚："故关衰草遍，离别正堪悲。路出寒云外，人归暮雪时。少孤为客早，多难识君迟。掩泣空相向，风尘何所期。"此诗也不可确知其写作时间。严维于大历中居住在越中，刘长卿贬为睦州司马时，曾与严维唱酬甚多。严维约于大历十二年前赴河南（详见本书《刘长卿事迹考辨》一文），此诗或是严维在河南，李端因事出为杭州司马时的送别之作。

二

根据《极玄集》、新旧《唐书》等的记载，李端系终于杭州司马任上。此外，晁公武《郡斋读书志》卷四上别集类著录李端的集子，称为《李端司马集》，陈振孙《直斋书录解题》卷十九诗集

---

① 此诗题下注"一作卢纶诗"，但《全唐诗》所载卢纶诗未见。

类上著录《李端集》,也称"唐杭州司马赵郡李端撰"。但我们不知他何时出为杭州司马之职。李端有《代宗挽歌》(《全唐诗》卷二八五):"祖庭三献罢,严卫百灵朝。警跸移前殿,宫车上渭桥。寒霜凝羽葆,野吹咽笳箫。已向新京兆,谁云天路遥。"按,据《旧唐书》卷十一《代宗纪》,代宗卒于大历十四年(779)五月辛酉,同年"十月己酉,葬于元陵"。李端这首诗中称"寒霜凝羽葆",记的是冬天的时节,诗当作于十月代宗葬后,这时李端似还在长安。在此前后,从李端的诗中就很难考见其行迹①。

卢纶有诗题为《得耿湋司法书,因叙长安故友零落,兵部苗员外发、秘省李校书端相次倾逝,潞府崔功曹峒,长林司空丞曙俱谪远方,余以摇落之时,对书增叹,因呈河中郑仓曹、畅参军昆季》(《全唐诗》卷二七七)。我们从卢纶事迹中,已可考知此诗作于兴元元年(784)至贞元三年(787)之间,则李端之卒也当在这几年之中。闻一多先生《唐诗大系》定李端的生卒年为:743—782(?)。743年不知何据,782年为建中三年,这时卢纶还未至河中浑瑊幕府,朱泚之乱还未发生,畅当还未任参军之职,卢纶诗中毫无提及李端之卒事(以上关于卢纶、畅当事迹的记述,可参看本书《卢纶考》一文)。可见,李端之卒,当在兴元元年之后数年间卢纶在河中之时。闻一多先生所定李端卒年不确。

---

①李端另有《张左丞挽歌二首》(《全唐诗》卷二八五),此张左丞不知为谁。查与李端同时,有史籍可据,任左丞者,有张重光,《旧唐书》卷十一《代宗纪》,大历三年九月"庚寅,以前华州刺史张重光为尚书左丞"。又常衮有《授张重光尚书左丞制》(《全唐文》卷四一一)。张重光,新旧《唐书》无传,其卒年亦不可知。

李端死后，卫象有《伤李端》诗(《全唐诗》卷二九五)："才子浮生促，泉台此路赊。官卑扬执戟，年少贾长沙。人去门栖鹏，灾成酒误蛇。唯余封禅草，留在茂陵家。"卫象曾于建中及贞元初为荆南长林县令，与此同时司空曙为长林县丞(见本书《司空曙考》文)。很可能此诗即作于卫象为长林令时。从此诗中，可见李端卒时尚有官职，而官职卑微，故以扬雄相比；而他之为杭州司马，恐是贬谪而出的，故以贾谊作《鹏鸟赋》相喻。

　　另外，卢纶有诗题为《送李校书赴东川幕》(《全唐诗》卷二八〇)，诗云："泥坂望青城，浮云与栈平。字形知国号，眉势识山名。编简尘封阁，戈铤雪照营。男儿须聘用，莫信笔堪耕。"诗题仅云李校书，当然不一定就是李端。但李端有《巫山高》诗(《全唐诗》卷二八五)："巫山十二峰，皆在碧虚中。回合云藏月，霏微雨带风。猿声寒过涧，树色暮连空。愁向高唐望，清秋见楚宫。"这首诗将神话传说与巫山凄迷渺茫的景色联结起来写，在艺术手法上是有一定特色的。晚唐人范摅在《云溪友议》中曾记载白居易的话，说："历阳刘郎中禹锡，三年理白帝(按，指刘禹锡为夔州刺史事——引者)，欲作一诗于此，怯而不为。罢郡经过，悉去千余首诗，但留四章而已。此四章者，乃古今之绝唱也，而人造次不合为之。"此处所说的四章，即以"巫山高"为题的沈佺期、王无竞、李端、皇甫冉的四首诗。《云溪友议》说，白居易过巫山时，也"但吟四篇"，"竟而不为"(卷上《巫咏难》)。至五代时王定保作《唐摭言》，则更进了一步，说是："蜀路有飞泉亭，亭中诗板百余，然非作者所为。后薛能佐李福于蜀，道过此，题曰：'贾掾曾空去，题诗岂易哉！'悉打去诸板，唯余李端《巫山高》一篇而已。"(卷十三《惜名》条）薛能也是晚唐时以诗著称者，他于所有题巫山诗中独取李端的一篇，可见当时人的评价。这些记载使得我们有理由相信，上述卢纶《送李校书赴东川幕》诗，乃是送李端，《巫山高》诗当是李端途经时所作。但至于李端何时赴东川幕，在东川几年，均不可考。

李端为诗人李嘉祐从侄，李嘉祐有《送从侄端之东都》诗（《全唐诗》卷二〇六）。李端还有一个弟弟名李方，见于卢纶《送李方东归》诗（《全唐诗》卷二八〇），题下自注："即故李校书端亲弟。"作此诗时李端已卒，因此诗中说："故交三四人，闻别共沾巾。举目是陈事，满城无至亲。"又说："此去何堪远，遗孤在旧邻。"说"遗孤"，当是李端之子年岁尚少。但据《旧唐书·李虞仲传》，李端子虞仲，后来于元和初登进士第，历任中书舍人、华州刺史、尚书右丞、兵部侍郎、吏部侍郎等要职，比起李端来，要显赫多了。

根据现有的材料，我们知道的李端的生平事迹，大致就是如此。但《唐才子传》卷四李端小传却添加了不少枝叶，说：

> 授秘书省校书郎。以清羸多病，辞官，居终南山草堂寺。未几起为杭州司马，牒诉敲朴，心甚厌之，买田园在虎丘下，为耽深癖，泉石少幽。移家来隐衡山，自号衡岳幽人。

按照此处所述，李端似在杭州司马后，又移居衡山，而且似乎最终即卒于衡山者。此事不见于唐宋人的任何记载，而元代人的辛文房却记载得如此详细，颇使人怀疑。考李端有《江上逢柳中庸》诗（《全唐诗》卷二八六）："旧住衡山曾夜归，见君江客忆荆扉。星沉岭上人行早，月过湖西鹤唳稀。弱竹万枝频碍帻，新泉数步一褰衣。今来唯有禅心在，乡路翻成向翠微。"李端在此诗中提到衡山，但只说"旧住衡山"，现在在江上逢见柳中庸，又想起旧居（"见君江客忆荆扉"），从这首诗中并不能得出晚年定居衡山的结论。李端又有《赠衡岳隐禅师》（同上卷二八五），其中说："旧住衡州寺，随缘偶北来。"说的是诗题所称的衡岳隐禅师，而且作诗的地点是在北方。

《唐才子传》又说他"少时居庐山，依皎然读书，意况清虚，酷慕禅侣"。现在所见到的《皎然集》（四部丛刊本），其中未有涉及李端的。李端有《忆皎然上人》（《全唐诗》卷二八五）、《送皎然上人归山》（同上卷二八六），都没有说少时曾依皎然读书事。他另有《戏赠韩判官绅卿》诗（同上），说："少寻道士居嵩岭，晚事高僧住沃洲。齿发未知何处老，身名且被外人愁。欲随山水居茅洞，已有田园在虎丘。独怪子猷缘掌马，雪时不肯更乘舟。"此诗明明说他年少时居住在嵩山，向慕的是道士，到晚年才从高僧学习，他这时已有田园在虎丘，看来这首诗还是在杭州司马时所作。而《唐才子传》对有关情节的记载，则是随意拾取其诗作中的某些句子，编掇而成，因此是不可靠的。

三

《唐才子传》李端小传说李端"与处士京兆柳中庸、大理评事江东张芬友善唱酬"。从《全唐诗》所载李端诗中，与柳中庸、张芬唱酬的有:《酬前大理评事张芬》《送张芬归江东兼寄柳中庸》《山中期张芬不至》《宿瓜洲寄柳中庸》《江上别柳中庸》(卷二八五),《江上逢柳中庸》《溪行逢雨遇柳中庸》(卷二八六)等。

《唐才子传》说柳中庸是京兆人,不知何据。柳宗元《先君石表阴先友记》(世绿堂本《柳河东集》卷十二)曾记柳中庸为其族人,则应是河东人,文中说:"柳氏兄弟者,先君族兄弟也。最大并,字伯存,为文学,至御史,病瘖,遂废。次中庸、中行,皆名有文,咸为官早死。"柳中庸本名淡,字中庸,他还是《因话录》作者赵璘的外祖父(赵璘为韦应物甥,见本书《韦应物系年考证》文)。《因话录》卷三商部下:"太子陆文学鸿渐名羽……与余外祖户曹府君(外族柳氏,外祖洪府户曹,讳澹,字中庸,别有传)交契至深。外祖有筮事状,陆君所撰。"同卷又云:"功曹①以其子妻门人柳君讳澹,字中庸,即余之外王父也。"又拓本开成五年《柳尊师志》②:"父淡,幼善属文,学通百氏,诏授洪州户曹掾,不就。……娶扬府萧功曹颖士女。"又见《新唐书》卷二〇二《文艺中·柳并传》:"并弟谈,字中庸,颖士爱其才,以女妻之。"(《新唐书》此处误作"谈",应作"淡")可见柳中庸在当时也是以诗文著称的。他的诗,今编于《全唐诗》(卷二五七)者有十三首,其中有几首以边塞为题材的,有盛唐风味,如《征怨》:"岁岁金河复玉关,朝朝马策与刀环。三春白雪归青冢,万里黄河绕黑山。"

李端《江上别柳中庸》诗:"秦人江上见,握手便沾衣。近日相

---

①按,此功曹指萧颖士,萧颖士曾为扬州大都督府功曹。
②此据岑仲勉《元和姓纂四校记》卷七引。

知少,往年亲故稀。远游何处去,旧业几时归。更向巴陵宿,堪闻雁北飞。"《唐才子传》说柳中庸为京兆人,恐系据此处"秦人江上见"句,但秦人是泛指,不能据此即以柳中庸为京兆人。李端这首诗写的虽只是友朋之间的零落之感,但仍可使人感觉到现实社会的萧条和冷落。他另有《代村中老人答》(《全唐诗》卷二八五):"京洛风尘后,村乡烟火稀。少年曾失所,衰暮欲何依。夜静临江哭,天寒踏雪归。时清应不见,言罢泪盈衣。"写出了唐朝自从安史之乱以后社会经济一蹶不振、广大乡村人烟稀少的荒凉景象。这些诗与上面所述在长安宴集所赋的献酬之作全不相类,只有这些少数的诗篇才是李端的好诗。

关于张芬的材料,现在所知的不多。《唐才子传》说是大理评事江东张芬,乃是根据李端的《酬前大理评事张芬》以及《送张芬归江东兼寄柳中庸》的诗题揣知的。实际上张芬的官职不止大理评事。符载于贞元四年(788)在成都作《剑南西川幕府诸公写真赞并序》(《全唐文》卷六九〇)[1],其中就有张芬,题为"兵部张郎中芬字茂宗",赞词是:"襟灵洒散,挥斥尘细。佩服五常,翱翔六艺。储和养正,含器经世。风裁伊何,空山松桂。"这当是李端卒后的事了。由此知张芬于贞元四年间在剑南西川节度使韦皋幕府,其所带官衔为兵部郎中。他的字是茂宗。据《太平广记》所载,张芬不但是一个文士,而且是武艺过人,其卷二二七《张芬》条说:"张芬曾为韦皋行军,曲艺过人,力举七尺碑,定双轮水硙。常于福感寺趯鞠,高及半塔,弹弓力五斗。"又同卷《西蜀客》条还记

---

[1] 关于此文及作文的时间,详见本书《司空曙考》。

载了一则有趣的故事："又张芬在韦皋幕中，有一客于宴席上，以筹椀中绿豆击蝇，十不失一，一座惊笑。芬曰：'无费吾豆。'遂指起蝇，拈其后脚，略无脱者。"从这两条记载看来，张芬确是一个异人。这与符载赞词中所说的"襟灵洒散，挥斥尘细。佩服五常，翱翔六艺"也是相应的。但这些，在李端诗中却并没有得到充分的反映。

李端的诗，《新唐书·艺文志》丁部集录别集类著录为三卷，注明是"李端诗集三卷"。后来《郡斋读书志》与《直斋书录解题》也都著录为三卷。《全唐诗》编其诗为二卷（卷二八五、二八六）。其文未见。但《宝刻丛编》卷八，万年县，据《京兆金石录》，有："唐左监门卫大将军刘光朝碑，唐李端撰，张焕书，大历八年。"可见李端所作碑文在宋朝曾有著录，而在这之后则连这篇碑文也散佚不传了。

《唐代诗人丛考》摭谈

关于唐代文学,我在 70 年代中期曾有个设想,即大致用十年的时间,编著成五部书,那就是:《唐代诗人丛考》《唐五代人物传记资料综合索引》《李德裕年谱》《唐代科举与文学》《唐才子传校笺》。现在,前两种已分别于 1980 年和 1982 年由中华书局出版(第二种与张忱石、许逸民同志合编),第三种于 1984 年由齐鲁书社出版,第四种将于 1986 年内由陕西人民出版社印出,纳入该社的"唐代文学研究丛书"。第五种《唐才子传校笺》拟分四册,前两册已完稿,正由中华书局排印中,后两册将在 1987 年初定稿;这部书除由我承担一部分外,其他则邀约国内的有关学者撰写。上述五部书,总计字数将近四百万字。其进度与规模大致与我原来的设想相接近。

唐代文学研究要做的事情很多,我所做的只是极小的一部分。不过我感到自慰的是,这些书对于研究唐代文学和唐代历史,还是切实有用的,不是一些凿空之言和浮泛之辞。它们可以是学术进程中的一个新的序列，提供给研究者作为继续探讨的材料，而尚不致成为如顾炎武讥笑过的辗转贩卖的旧铜。

回头来看，《唐代诗人丛考》出版后，曾得到过一些不虞之誉。我觉得，它的社会反应超过了它本身的价值。这主要决定于时机。前言写于1978年11月，书则出版于1980年1月。这时虽然距离粉碎"四人帮"已有四年，报纸杂志上已陆续有学术文章刊登，但是应该看到，我们新时期的学术是在十年劫难后的荒漠上起步的，在这之前，不少老专家和中年学者被迫停笔，多年积累的资料散失殆尽，研究者学术上的探讨精神遭到长时期的和严重的打击，而新一代的学术工作者还未能得到培养，我们形成整整一代的空白。在这种情况下，要求有分量的学术专著成批地产生，显然是不可能的，而如果有少数几种问世，就会受到学界的瞩目。

另外，由于"左"的思想的影响，在过去一个相当长的时期内，古典文学研究中也存有一种假、大、空的学风，再加上后来"四人帮"所推行的文化专制主义，强使学术研究为他们的篡权阴谋服务，使人们对一些空论产生反感，对某些所谓实学感到兴趣。《唐代诗人丛考》是一部考辨性的著作，虽然所用的方法还是旧的，却使人产生某种新鲜感，就因为正是在那一时际出版的缘故。

我对古典文学研究的某些想法的形成，是在60年代初。那时我因胃出血住院，随身携带一本新出版的丹纳《艺术哲学》的傅雷译本在病床上阅读。胃出血似乎是一种很惬意的病，它毫不影响思维的正常活动。从丹纳的书我得到很大启发，我觉得研究文学应当从文学艺术的整体出发，这所谓整体，包括文学作为独立的实体的存在，还应包括不同流派、不同地区互相排斥而又互相渗透的作家群,以及作家所受社会生活和时代思潮的影响。这牵涉到总的研究观念的改变,但具体如何着手呢?我就想到了编年史。我觉得文学编年史将会较好地解决研究整体的问题。这也是对于当时文学史著作的体例所感到的一种不足,后来就写入《唐代诗人丛考》的前言中,那就是:"我们现在的一些文学史著作的体例,对于叙述复杂情况的文学发展,似乎也有很大的局限。我们的一些文学史著作,包括某些断代文学史,史的叙述是很不够的,而是像一个个作家评传、作品介绍的汇编。为什么我们不能以某一发展阶段为单元,叙述这一时期的经济和政治,这一时期的群众生活和风俗特点呢?为什么我们不能这样来叙述,在哪几年中,有哪些作家离开了人世,或离开了文坛,而又有哪些年轻的作家兴起;在哪几年中,这一作家在做什么,那一作家又在做什么,他们有哪些交往,这些交往对当时及后来的文坛具有哪些影响;在哪一年或哪几年中,创作的收获特别丰硕,而在另一些年中,文学创作又是那样的枯槁和停滞,这些又都是因为什么?"

在这篇短文中当然不可能来详细说明文学编年史的种种问题,不过我到现在还是认为这一体裁是会有生命力的,有志从事于斯者定将大有所获。在这之前,我本来在宋代文学资料中徘徊,编了两本资料书(《黄庭坚和江西诗派研究资料汇编》《杨万里范成大研究资料汇编》),这时却忽发奇想,拟在中国古代文学充分发展的时代唐朝来作一番试验。于是病愈出院之后,陆续看了一些唐代史书和唐人别集。但不久"文革"事起,天翻地覆,救死不暇,这些想法也就烟云消散,无从谈起了。

不料到"文革"后期,我却忽然有读古书的机会,那是在文化部的湖北咸宁五七干校,紧张的劳动已经过去,大部分人已复归于京华,只剩下一小部分人,于"农耕"之隙,竟大有余暇,可以"时还读我书"起来,而且相当自由,爱读什么就读什么。云梦大泽的平芜广野,似乎也给读书提供一个舒展宽松的气氛。我就继续思考一些问题,感到要弄清唐代文学的来龙去脉,非上溯魏晋南北朝不可,陈寅恪先生在撰写《唐代政治史述论稿》以外,还得写一本《隋唐制度渊源略论稿》,是不无道理的。我就弄来了一些书,杨伯峻先生还特地从北京给我寄来裴注《三国志》和范注《文心雕龙》。这一段静心专注的读书生活是难以忘怀的。那时我就开始积累魏晋南北朝文学系年的资料,而且竟然在一灯(煤油灯)如豆的情况下写了两三篇魏晋作家的考证文章。

1973年年中回到北京,参加"二十四史"点校本的编辑工作,我一边继续查阅魏晋至初唐的有关文献。这时我对编年工作又产生了另一种想法。我逐渐发觉,我们搞了那么多年的作家评论,文章和著作也已不少,但细究起来,众多作家的生平却仍然若明若暗,有些事迹叙述不确切,有些则基本上搞错了。有些大作家可能还有大致的轮廓,不少中小作家却无人过问,不知道他们在当时社会上是怎么生活着来的。显然,在这种情况下,要做精确的编年工作是不可能的。一定要有作家事迹研究的基础,才能再加概括和综合,编年史也才有符合历史实际的内容。这就使我从编年中回过头来做作家考证的工作,而又因为有编年的基础,事迹的考辨就易于收到纵横参照的效果。《唐代诗人丛考》就是这样产生的。

总的说来,作家研究是文学史研究的基础。具体地说来,我觉得又可补充两点:第一,作家研究中,作家生平事迹的考辨是整个研究的支撑点，没有这个支撑点，思想评论和艺术分析就难免落空。如近年来李白研究中，我认为有两大进展，一是考证出李白曾两入长安，除了传统的天宝说以外，还有在此之前的开元十八、九年的一次；二是李白于天宝初应诏进京，并非如传统所说的由吴筠推荐，吴筠根本与李白没有交往。这两点的确认，影响李白思想变化的评价，也牵涉到对其名篇《蜀道难》《将进酒》等的论述。可惜我们有些研究者还未能正视这些考证工作的成就，这就会大大影响他们论说的科学性。在历史学上，这种情况是更明显的，如果今天的历史学家不重视、不随时注意考古发掘的新情况，那将会产生什么样的后果呢？当然，我并无意夸大作家事迹考证的意义，我只是说它是一个支撑点，有才华的研究者尽可以凭藉这个支撑点来展开他宏大而华丽的论述，把文学研究推向一个又一个新的高度，但如果没有这个支撑点，那就不难想象，会发生什么情况。

第二点，无论理论阐发和资料考证，要考虑到作家群。我们过去对作家群的观念是较为淡薄的。视角只落在少数几个大家身上，于是文学史往往形成孤立的点的联缀，而不是永流不歇的作家群体的发展。我们可以闭目想一想，历史上哪一个伟大的、杰出的作家周围没有好几个较为不大杰出的或次要的作家呢？他们有的是好朋友，在创作上互相切磋和支持，有些又可能是对立面，在思想和艺术上又常有诘难和竞争。大作家往往受到小作家的影响。时代特色往往在一些小作家的作品中更能体现出来。研究大家与小家的关系，研究他们怎么共同承受社会的影响而又如何各异地表现出时代的音响和色彩，这会给文学史研究带来多少吸引人的新鲜题材。《唐代诗人丛考》的前言中丹纳《艺术哲学》第一章《艺术品的本质》的两段话,就是有感于此而引录的。在《丛考》中,我较为注意了唐诗发展的两个转折阶段,即初唐向盛唐的转变,盛唐向中唐的过渡。特别是后一阶段的大历时期,过去的叙述大都模糊,或者作笼统的判语式的否定,加一顶空洞的"形式主义"的帽子。这其实是不顶事的。我在书中分别考核了这一时期的十几位诗人,指出他们怎样由个人的特殊经历而影响其创作的复杂面貌,并由皎然《诗式》的议论,对当时的作家分布作了群体的分析:"在当时众多的诗人中,除了李白、杜甫、高适、岑参、元结少数杰出的以外,大致可以分为两大群,一是以长安和洛阳为中心,那就是钱起、卢纶、韩翃等大历十才子诗人,他们的作品较多地呈献当时的达官贵人。一是以江东吴越为中心,那就是……刘长卿、李嘉祐等人,他们的作品大多描写风景山水。当然,这其间也有交错,如卢纶、司空曙也写过南方景色,皇甫冉、严维等也曾在洛阳做过官。但据诗歌史的材料,大致可以分为这两大群,两个地区,诗歌的内容和风格也有所不同。"这样做也是作家群研究的一种尝试,后来有些评论者对此给予肯定,有些研究者并以此为起点,对大历时期的南北两派作了进一步的发挥。我觉得,小作家的考证和研究,不仅仅是面的扩大,更重要的是探索的深入,使我们更能把握文学主体的交错发展中的复杂契机。

在这里,我想附带谈一下《唐才子传》。《唐才子传》是元代辛文房所作。辛文房是西域人,但由书中记述的广博和文笔的隽洁看来,他的汉文化的修养是相当高的。全书十卷,立专传者二百七十八人,附见者一百二十人,共三百九十八家。辛文房为一代诗人写传,其中绝大多数是小作家,他写这部书,应当看作是一项开拓性的工作。在中国古代，似乎只有钱谦益的《列朝诗集小传》能与它相并比。这部书一直为唐诗研究者所重视，就是因为他搜集并排比了这众多小家的生平材料。但是，这部书的缺点实在也是很多的，有些唐诗研究者为图省事，引用时不作复核，以致踵谬增讹，产生新的错误。马茂元先生曾告诉我，他在"文革"前曾有志于作《唐才子传》笺证，材料已搜集了不少，十年浩劫，马先生身心受到极大的摧残，一气之下，把积稿都毁了。这实在是莫大的损失。

应该说，日本学者对《唐才子传》所作的努力和取得的成绩是受人注目的。这部书的最早刻本存在日本，日本学者对此书所作的版本考证，切实详尽，足资参考。1972年又出版了布目潮渢、中村乔两位所作的《唐才子传之研究》，用力所在在"资料探源"一节。关于此书的研究，前一阶段，日本学者是走在前头的。《唐才子传》是中国古代的一部著名的著作，作为本国的文化遗产，中国的学者有义务对此作出更大的努力。有鉴于此，也为了全面研究唐代诗人的事迹，我就在《唐代科举与文学》告一段落后，即着手规划此书的校笺。我认为，为《唐才子传》作笺证，实际上是一部扩大了的《唐代诗人丛考》。我用了好几年的积累，才为初唐至肃、代时期二十八位诗人作了事迹考证，现在要对从唐初到五代将近四百位诗人作全面考辨，工程浩大，由于精力和条件所限，由一个人来做，即使是怎样的辛勤，也不可能取得理想的成绩。于是先由我拟订体例，写出几个样子，邀约各有关学者专家共同来做。这样既发挥各自的长处，保证一定的学术质量，又能争取在较短的时间内完成。鉴于《唐才子传》的具体情况，我个人觉得，这是目前所能采取的最好的方式，是个人单独进行所远不能相比的。开放型的学术研究应当鼓励多种样式的试验，按照内容的要求，选择最佳的工作程序和组织方式。从已完成的两册看来，情况是良好的。

由此我有一个希望，就是是否可由有关的研究机构或出版社出面，来组织一套中国古典作家传记丛书，凡在中国文学史上有过贡献、有其特色的作家，从屈原开始，到清末，分别写出传记。这套传记丛书，要立足于信实，要吸收已有的研究成果，又经过撰写者的独立研究，对作家的生平事迹能写得清清楚楚，不回避矛盾，也不强作解人，从材料出发，而这些材料又是经过核验的。无论今后对作家的思想、艺术评价有何等样的变化，要做到这套丛书所写的基本事实是推翻不掉的，而无论评论是如何的花样翻新，它们对这些作家的生平必须以这套传记丛书为依据。要做到这一点是不容易的，但不是不可达到的，而如果我们真的做成了，则将是一项中国文学史研究的基本工程，在世界上也会产生影响。一个作家传记丛书，一个历代的文学编年，我们有了这些，中国古代文学的研究，就有了雄厚的基础，尽可以在这上面做出宏文巨制来了。

最后，我想再谈一下有关考证的问题。《唐代诗人丛考》出版后，从听到的一些反映看来，这本书对古典文学研究的治学方法是有一些影响的，作家事迹考证的文章多了起来，尤其是前几年中一些研究生的学位论文，有不少也以作家考证作为基本内容。这曾引起我某种担心和顾虑，怕形成不好的风气，也担心会遭致一些人的责难。通过几年来的观察，我认为担心和顾虑是不必要的，虽然也有一些考证文章流于繁琐，但大多数是有价值的。有些人担心社会上有所谓"回到乾嘉学风"的口号，我觉得这种担心也属多余。乾嘉考据学有它产生的社会条件和思想文化环境，在我国目前开放的情况下，各种学术思想多元存在，中外文化又处于频繁接触和交流之中，那种原来形态的乾嘉考据学不可能恢复，更谈不上占主导地位。我认为我们应当树立两种观念：第一，考据并不神秘，更不必害怕，考据不仅不会对学术的整体有害，而且是有利的，微观与宏观只是相对而言，有时也是很难截然分开的。陈寅恪先生治学，时下有些人认为是微观，殊不知他的这些"微观"论著却牵涉到唐代历史与文化的基本问题。又如陈垣先生的《通鉴胡注表微》，表面看起来是考析胡三省注《通鉴》的几种体例，似乎很细小，但实际上，这部书牵动到宋元之际一代知识分子的出处进退，可以作宋元之际知识分子活动史来读；假如再联系到这部书又写于抗战时期，它的现实意义就更为明显。这能说搞考据必然要脱离现实吗？第二，年轻人搞考据，实际上就是练习对文献材料的搜集、整理和辨析，是一种调查研究工作，这是整个研究工作的起始点。如果方法对头，路子走得正，将对今后的深入研究带来方便。这里也根本不存在方向或学风问题。

通过对唐代诗人事迹的研究和考辨，我愈来愈感觉到，我们现在的问题不是谈论应不应该搞考据，而是如何力求扩大我们的知识面，怎样尽可能学会多种的研究手段。举例来说，文学与历史的密切关系，是为很多人所深知的，但我们搞唐代文学的人往往对唐代的历史缺乏具体的了解。写文学史介绍某一作家，在论到历史背景时，往往只根据通行的几部通史著作概括几条，显得与后面的内容很不协调。不是说要我们从头去研究历史，而是说要对所研究的作家作品或文学现象，他们那时的社会环境，有一个具体的认识,进行一定程度的独立的研究。如果不知道两税法产生的根据和它在施行过程中的变化,怎么能对白居易的《重赋》有深切的了解呢? 西安乾陵地区章怀太子墓壁画的发现,对我们研读唐人描写宫中生活及打马球的诗篇,会增进多少新鲜的认识。读沈从文先生《中国古代服饰研究》,从对传世《宫乐图》的评析就会对白居易《元和时世妆》一诗有感性的认识,而后陕洛唐墓出土的实物——妇女头上金银牙玉小梳,就能对温庭筠"小山重叠金明灭"有确切的解释。至于沈从文先生在这部书中从男子圆领内加衬领的变化及"叉手示敬"的姿态,来论证《文苑图》《韩熙载夜宴图》的时代,看过这部书的人对此当更有深切的印象。

傅璇琮

1986 年 9 月